Zürcher Planungs- und Baurecht
Planungsrecht, Verfahren und Rechtsschutz
Christoph Fritzsche Peter Bösch Thomas Wipf
Band 1

Zitiervorschlag:
Fritzsche/Bösch/Wipf,
**Zürcher Planungs- und Baurecht,
5. Auflage, Zürich 2011, Seite 645**

Herausgegeben vom
Verein Zürcher Gemeindeschreiber
und Verwaltungsfachleute vzgv

Verlag KDMZ, 8090 Zürich

Schriftenreihe VZGV Nr. 15
5. Auflage 2011
ISBN 978-3-905839-17-3

Druck: Verlag KDMZ Zürich
Gestaltung: Caroline Hösli
caroline@grafik-zh.ch
Foto Buchumschlag: Walter Mair
www.waltermair.ch
(Schulhaus Leutschenbach, Zürich)

Alle Rechte vorbehalten, insbesondere
das Recht der Vervielfältigung, der Verbreitung
und der Übersetzung. Das Werk oder Teile
davon dürfen ohne schriftliche Genehmigung
des Verlags weder in irgendeiner Form
reproduziert (z.B. fotokopiert) noch elektronisch
gespeichert, verarbeitet, vervielfältigt oder
verbreitet werden.

Vorwort zur 5. Auflage

Die vierte Auflage, welche im November 2006 erschienen war, war bald vergriffen. Seither hat sich das Planungs- und Baurecht fortentwickelt und neue Rechtsmittelentscheide waren zu beachten. Die nun vorliegende 5. Auflage enthält verschiedene Änderungen:

- Der gesamte Text wurde überprüft, soweit nötig ergänzt und aktualisiert.
- Wir haben Rechtsanwalt Dr. Thomas Wipf als weiteren Coautor beigezogen, welcher sich wesentlich an der Überarbeitung beteiligt hat.
- Anstelle des bisherigen Loseblattsystems erscheint die Neuauflage in zwei Bänden, wobei der erste Band dem Planungs- und Verfahrensrecht, der zweite Band dem Baupolizeirecht und dem Umweltrecht gewidmet ist.
- Das Layout wurde von Caroline Hösli völlig neu gestaltet. Das Buch soll nicht nur (hoffentlich) lehrreich, sondern auch ansprechend gestaltet sein.

Nach wie vor ist das Buch vor allem bestimmt für Praktiker, also Baubehörden und Mitarbeiter von Bauverwaltungen, Architektinnen und Architekten sowie weitere Bauinteressierte, die Antworten auf Grundfragen wie auch eine übersichtsweise Darstellung der gesetzlichen Regelungen suchen. Gesetzgebung, Rechtsprechung und Literatur wurden bis Ende November 2010 berücksichtigt.

Wir sind überzeugt, dass Frauen und Männer gleichwertige Baufachleute und Behördenmitglieder sind. Die Damen mögen verzeihen, dass wir aus Platzgründen und typografischen Gründen auf geschlechtsneutrale Formulierungen weitgehend verzichteten.

Wir haben mehreren Personen zu danken, welche teilweise schon bei den Vorauflagen Beiträge für das jetzt vorliegende Werk leisteten:

- Dipl. arch. HTL Stefan Reimann, dipl. arch. ETH Andreas Lichti, Architekt Philipp Rämi und Raumplaner FH Heinz Beiner zeichneten mehrere Grafiken.
- Rechtsanwalt Dr. Dominik Bachmann gab Hinweise zum Kapitel Natur- und Heimatschutz.
- Claudia Baldassarre fotografierte zahlreiche Bauten.
- Christoph Gmür, Leiter Energietechnik, AWEL, gab wertvolle Hinweise für das Kapitel 17.

Schliesslich schulden wir aber auch unseren Familien für ihre Geduld und ihr Verständnis Dank, weil wir wegen dieses Manuskripts weniger Zeit für sie hatten. Ihnen ist dieses Buch gewidmet. Für Anregungen und konstruktive Kritik sind wir den Leserinnen und Lesern dankbar.

Meilen/Pfäffikon ZH/Urdorf, im April 2011

Christoph Fritzsche   Peter Bösch   Thomas Wipf

Zu den Autoren

Lic. iur. Christoph Fritzsche, 1946, studierte Rechtswissenschaft in Zürich. Nach den Gerichtspraktika wurde er Sekretär der Baurekurskommissionen des Kantons Zürich. Von 1987 bis 2004 war er als Abteilungsleiter Hochbau der Stadt Uster tätig und dort in erster Linie verantwortlich für die Durchführung der baurechtlichen Bewilligungsverfahren. Er beriet die Ustermer Behörden in bau- und planungsrechtlichen Fragen und vertrat sie in Rechtsmittelverfahren. Seit August 2004 führt er eine Praxis für Baurecht in Meilen. Seine Spezialgebiete sind das Bau- und Planungsrecht sowie das Umweltschutzrecht. In diesen Gebieten übt er eine umfassende Beratungstätigkeit aus und vertritt Private, Gemeinden wie auch Verbände in Rekurs- und Beschwerdeverfahren. Während zehn Jahren war er Lehrbeauftragter für Planungs- und Baurecht an der Ingenieurschule Zürich. Er ist seit 2002 Mitglied des SIA. www.fritzsche-baurecht.ch

Dr. iur. Peter Bösch, 1949, studierte Rechtswissenschaft in Zürich. Nach dem Gerichtspraktikum erwarb er 1975 das Anwaltspatent und schrieb eine Dissertation über ein strafprozessrechtliches Thema. Er arbeitete kurze Zeit als Anwalt und wurde für drei Jahre Sekretär der Baurekurskommissionen des Kantons Zürich. Von 1982 bis 1989 war er Mitarbeiter des Bauamtes II der Stadt Zürich (heute Hochbaudepartement der Stadt Zürich), wo er vor allem planungsrechtliche Fragen behandelte. Er leitete zudem 1987 bis 1989 interimistisch die Baupolizei der Stadt Zürich. Seit November 1989 führt er ein eigenes Anwaltsbüro. In diesem Büro bearbeitet er bevorzugt Mandate aus dem Gebiet des öffentlichen und privaten Planungs- und Baurechts und des Verwaltungsrechts. Zudem schlichtet er Streitigkeiten zwischen Nachbarn, Bauherren, Unternehmern, Planern und öffentlichen Verwaltungen (Mediation). Er war während zehn Jahren Lehrbeauftragter für Baurecht an der Architekturabteilung der Zürcher Hochschule Winterthur. Er ist seit 2004 Mitglied des SIA. Seit Ende 2007 ist er Fachanwalt SAV Bau- und Immobilienrecht. www.boesch-anwaelte.ch

Dr. iur. Thomas Wipf, 1969, studierte Rechtswissenschaft an der Universität Zürich. Nach erfolgreichem Studienabschluss arbeitete Thomas Wipf am Bezirksgericht Zürich und erlangte im Jahr 1998 das Anwaltspatent. In der Folge war er wissenschaftlicher Assistent bei Prof. Dr. Tobias Jaag an der Universität Zürich und verfasste gleichzeitig eine Dissertation im Planungs- und Baurecht. Nach seiner Promotion zum Dr. iur. praktizierte Thomas Wipf mehrere Jahre in einer renommierten Anwaltskanzlei in Zürich, bevor er im Jahr 2003 Partner bei Meyer & Wipf Rechtsanwälte wurde.

Thomas Wipf ist Fachanwalt SAV Bau- und Immobilienrecht; er berät beziehungsweise vertritt im öffentlichen und privaten Planungs- und Baurecht sowie im Immobilienrecht hauptsächlich Gemeinwesen und institutionelle wie auch private Bauherrschaften. Neben seiner anwaltlichen Tätigkeit übt Thomas Wipf im Rahmen der Ausbildung der Zürcher Bausekretäre und Gemeindeschreiber einen Lehrauftrag für Planungs- und Baurecht an der Zürcher Hochschule für Angewandte Wissenschaften (ZHAW) aus. Ausserdem ist er Mitglied der Anwaltsprüfungskommission des Kantons Zürich. www.meyer-wipf.ch

Band 1

Planungsrecht, Verfahren und Rechtsschutz

	Vorwort	7
	Zu den Autoren	8
	Detailliertes Inhaltsverzeichnis	12
	Literaturverzeichnis	46
	Abkürzungen	56
1	Grundlagen des Planungs- und Baurechts	69
2	Raumplanung, Richtplanung und Nutzungsplanung	95
3	Erschliessung, Landsicherung und Landumlegung	151
4	Natur- und Heimatschutz	201
5	Planung und Entschädigung	233
6	Baurechtliches Verfahren	253
7	Baurechtliche Zuständigkeiten, Entscheide und Auskünfte	335
8	Ausführung von Bauarbeiten	389
9	Rechtsschutz	421
10	Widerrechtliche Bauten und deren Sanktionierung	475

Band 2

Bau- und Umweltrecht

	Detailliertes Inhaltsverzeichnis	508
11	Allgemeine Bestimmungen des Baupolizeirechts	543
12	Baureife	559
13	Weitere Grundanforderungen an Bauten und Anlagen	651
14	Nutzungsdichte und Nutzungsart	723
15	Lage von Gebäuden	781
16	Gebäudedimensionen und Umgebung	883
17	Gebäude und Räume; Ausrüstungen	967
18	Brandschutz	1027
19	Baulicher Umweltschutz	1055
20	Ausnahmetatbestände bei vorschriftswidrigen Bauten und Anlagen	1123
21	Bauen ausserhalb der Bauzonen	1149
22	Privatrechtliche Bauvorschriften	1195
23	Glossar Architektur	1213
	Index	1224

Inhalt Band 1

Planungsrecht, Verfahren und Rechtsschutz

	Vorwort	7
	Zu den Autoren	8
	Literaturverzeichnis	46
	Abkürzungen	56
1	**Grundlagen des Planungs- und Baurechts**	**69**
1.1	Einleitung	70
1.2	Einbettung des Planungs- und Baurechts in das Rechtssystem	71
1.3	Quellen des Planungs- und Baurechts	72
1.3.1	Geschriebenes Recht	72
1.3.2	Richtlinien und Normalien	73
1.3.2.1	Verwaltungsinterne Richtlinien und Dienstanweisungen	73
1.3.2.2	Normen und Richtlinien privater Institutionen	73
1.3.3	Weitere Rechtsquellen	75
1.4	Grundprinzipien des Planungs- und Baurechts	75
1.4.1	Gesetzmässigkeit	75
1.4.1.1	Grundsatz der Gesetzmässigkeit	75
1.4.1.2	Auslegung und Anwendung von Gesetzen	77
1.4.2	Betätigung von Ermessen	80
1.4.2.1	Arten des Ermessens	80
1.4.2.2	Grenzen des Ermessens	81
1.4.2.3	Ermessensfehler	82
1.4.3	Rechtsgleichheit	83
1.4.4	Verhältnismässigkeit	84
1.4.5	Bindung der Behörde und Überprüfungsbefugnis	84
1.4.6	Weitere Grundprinzipien	85
1.5	Öffentliches Planungs- und Baurecht	86
1.5.1	Begriff	86
1.5.2	Bundesverfassung	87
1.5.3	Das eidgenössische Raumplanungsgesetz (RPG)	88
1.5.4	Das eidgenössische Umweltschutzgesetz (USG)	89
1.5.5	Interkantonale Vereinbarung über die Harmonisierung der Baubegriffe (IVHB)	89
1.5.6	Das Planungs- und Baugesetz des Kantons Zürich (PBG)	90
1.5.6.1	Entstehung des Planungs- und Baugesetzes	90
1.5.6.2	Aufbau des Planungs- und Baugesetzes	90
1.6	Allgemeine Bestimmungen des PBG	91
1.6.1	Zuständigkeiten	91
1.6.2	Begriffe	91
2	**Raumplanung, Richtplanung und Nutzungsplanung**	**95**
2.1	Grundlagen der Raumplanung	96
2.1.1	Begriff der Raumplanung	96
2.1.2	Ziele der Raumplanung	96

2.1.3	Träger und Instrumente der Raumplanung	98
2.1.4	Verfahrensgrundsätze der Raumplanung	99
2.1.5	Instrumente zur Sicherung der Raumplanung	100
2.1.5.1	Übersicht	100
2.1.5.2	Planungszone	100
2.1.5.3	Projektierungszone	101
2.1.6	Sachpläne und Konzepte	102
2.1.6.1	Verhältnis zur Richtplanung und Nutzungsplanung	102
2.1.6.2	Energieplan als Beispiel	102
2.1.7	Planungsverträge	104
2.1.7.1	Definition der Planungsverträge	104
2.1.7.2	Bedürfnis für Planungsverträge	104
2.1.7.3	Probleme mit Planungsverträgen	104
2.1.7.4	Schranken der Planungsverträge	105
2.2	**Richtplanung**	**106**
2.2.1	Übersicht über die Richtplanung	106
2.2.2	Zweck und Inhalt der Richtplanung	107
2.2.3	Teilrichtpläne	107
2.2.3.1	Siedlungsplan	107
2.2.3.2	Landschaftsplan	107
2.2.3.3	Verkehrsplan	109
2.2.3.4	Versorgungsplan	109
2.2.3.5	Plan der öffentlichen Bauten und Anlagen	109
2.2.4	Richtplanstufen	109
2.2.5	Verbindlichkeit der Richtplanung	114
2.2.6	Rechtswirkungen der Richtplanung	114
2.2.7	Verfahren der Richtplanung	114
2.3	**Nutzungsplanung**	**117**
2.3.1	Übersicht über die Nutzungsplanung	117
2.3.2	Zweck und Bestandteile	117
2.3.2.1	Zweck	117
2.3.2.2	Kantonale und regionale Nutzungsplanung	118
2.3.2.3	Kommunale Nutzungsplanung	118
2.3.3	Rechtswirkungen	118
2.3.4	Verfahren	119
2.3.4.1	Öffentliche Auflage	119
2.3.4.2	Festsetzung	119
2.3.4.3	Publikation und Rechtsmittelverfahren	120
2.3.4.4	Genehmigung	120
2.3.5	Kantonale Rahmennutzungsplanung	121
2.3.5.1	Freihaltezone	121
2.3.5.2	Landwirtschaftszone	121
2.3.5.3	Wald	123
2.3.5.4	Gewässer	125
2.3.5.5	Gewässerschutzbereiche und Grundwasserschutzzonen	125
2.3.6	Kommunale Rahmennutzungsplanung	125

Inhalt Band 1

2.3.6.1		Rechtsgrundlagen	125
2.3.6.2		Kommunale Bauzonen	126
2.3.6.3		Kommunale Nichtbauzonen	133
2.3.6.4		Besondere Instrumente der kommunalen Bau- und Zonenordnung	134
2.3.7		Sondernutzungsplanung	142
2.3.7.1		Sonderbauvorschriften	142
2.3.7.2		Gestaltungsplan	142
3		**Erschliessung, Landsicherung und Landumlegung**	**151**
3.1		**Begriff und Arten der Erschliessung**	**152**
3.1.1		Begriff der Erschliessung	152
3.1.2		Arten der Erschliessung	152
3.2		**Instrumente der Erschliessung, Landsicherung und Baulandumlegung**	**152**
3.3		**Verkehrsplan**	**154**
3.4		**Erschliessungsplan**	**156**
3.4.1		Pflicht zur Festsetzung	156
3.4.2		Inhalt	156
3.4.3		Etappen	158
3.4.4		Verfahren	158
3.5		**Baulinien**	**159**
3.5.1		Allgemeine Grundsätze	159
3.5.2		Verkehrsbaulinien	160
3.5.3		Andere Baulinien	162
3.5.3.1		Baulinien für Betriebsanlagen zu Verkehrsbauten	162
3.5.3.2		Baulinien für Fluss- und Bachkorrektionen	162
3.5.3.3		Baulinien für Versorgungsleitungen	162
3.5.3.4		Niveaulinien	162
3.5.3.5		Ski- und Schlittellinien	165
3.6		**Landsicherung für öffentliche Werke**	**165**
3.6.1		Werkplan	165
3.6.2		Vorsorgliches Bauverbot	166
3.6.3		Projektierungszone	167
3.7		**Erstellung der Groberschliessungsanlagen**	**167**
3.7.1		Erstellungspflicht	167
3.7.2		Eisenbahnen und ähnliche Verkehrsträger	167
3.7.3		Groberschliessungsstrassen	168
3.7.3.1		Nationalstrassen	168
3.7.3.2		Staats- und Gemeindestrassen	169
3.7.4		Versorgungs- und Entsorgungsleitungen	172
3.8		**Quartierplan**	**172**
3.8.1		Vorbemerkungen	172
3.8.1.1		Zweck des Quartierplans	172
3.8.1.2		Arten von Quartierplänen	174

3.8.1.3	Abgrenzungen Quartierplan zu anderen Sondernutzungsplanungen	175
3.8.2	Verfahren	177
3.8.2.1	Einleitung des Quartierplans	177
3.8.2.2	Aufstellung des Quartierplans	180
3.8.2.3	Festsetzung und Genehmigung des Quartierplans	183
3.8.2.4	Entlassung aus dem Quartierplan	184
3.8.2.5	Fristen im Quartierplan	184
3.8.2.6	Rechtsschutz	185
3.8.2.7	Revision des Quartierplans	185
3.8.2.8	Ausleitung des Quartierplans	185
3.8.3	Inhalte des Quartierplans	185
3.8.3.1	Landumlegung, Landsicherung	186
3.8.3.2	Landbewertung	186
3.8.3.3	Erschliessung	187
3.8.3.4	Kosten	187
3.8.3.5	Ordnung der Rechtsverhältnisse	188
3.8.3.6	Änderungen an Dienstbarkeiten im Quartierplanverfahren im Speziellen	188
3.8.4	Vollzug	191
3.8.4.1	Administrativer Vollzug	192
3.8.4.2	Baulicher Vollzug	192
3.8.5	Verpflichtung auf das Erschliessungskonzept des Quartierplans	195
3.9	**Grenzbereinigung**	**196**
3.10	**Gebietssanierung**	**196**
3.11	**Erschliessung durch Private**	**197**
3.12	**Exkurs: Güterzusammenlegung**	**197**
4	**Natur- und Heimatschutz**	**201**
4.1	**Rechtsgrundlagen und Zuständigkeiten**	**202**
4.1.1	Internationale Ebene	202
4.1.2	Nationale und kantonale Ebene	203
4.2	**Schutzobjekte**	**204**
4.2.1	Übersicht	204
4.2.2	Naturschutzobjekte	204
4.2.3	Denkmalschutzobjekte	205
4.2.4	Gartendenkmäler	208
4.2.5	Archäologie-Objekte	209
4.3	**Schutzmassnahmen**	**210**
4.3.1	Inventare	210
4.3.1.1	Bundesinventare	210
4.3.1.2	Kantonale, überkommunale und kommunale Inventare	211
4.3.2	Vorsorgliche Schutzmassnahmen	211
4.3.2.1	Inventareröffnung	211
4.3.2.2	Vorsorgliche Unterschutzstellung	214
4.3.3	Spezialfall: Provokation	214

Inhalt Band 1

4.3.4	Definitive Schutzmassnahmen	215
4.3.4.1	Planungsrecht	215
4.3.4.2	Schutzverordnungen	216
4.3.4.3	Unterschutzstellung durch Verfügung	218
4.3.4.4	Unterschutzstellung durch Vertrag	220
4.3.5	Sonderfall: Selbstbindung	220
4.3.6	Pflegemassnahmen	221
4.3.7	Massnahmen im Baubewilligungsverfahren	222
4.4	**Verhältnismässigkeit und Interessenabwägung**	**223**
4.5	**Verfahren**	**224**
4.5.1	Ablauf	224
4.5.2	Zuständigkeiten	224
4.5.3	Zutrittsrecht	224
4.5.4	Kommissionen	224
4.5.5	Beiträge und Kosten	226
4.5.6	Rechtsschutz	227
4.5.7	Aufhebung einer Schutzmassnahme	228
4.5.8	Inventarentlassung	229
4.5.9	Widerruf einer Nichtunterschutzstellung	229
5	**Planung und Entschädigung**	**233**
5.1	**Wertänderungen an Grundstücken durch Planungsmassnahmen und Projekte**	**234**
5.2	**Formelle Enteignung**	**234**
5.2.1	Grundsätzliches	234
5.2.2	Voraussetzungen der formellen Enteignung	235
5.2.3	Enteignungsfähige Rechte	235
5.2.4	Entschädigungsansprüche von Grundeigentümern in Flughafennähe im Besonderen	235
5.2.4.1	Entschädigung für Lärmimmissionen	236
5.2.4.2	Entschädigung für direkte Überflüge	237
5.2.4.3	Minderwertermittlung und Schallschutzmassnahmen	237
5.2.5	Formelle Enteignung und Planungsmassnahmen	238
5.3	**Materielle Enteignung**	**238**
5.3.1	Begriff der materiellen Enteignung	238
5.3.2	Fallgruppen von materieller Enteignung im Planungs- und Baurecht	239
5.3.2.1	Umzonung von Bauzonenland in eine Nichtbauzone (Auszonung oder Rückzonung)	239
5.3.2.2	Nichteinbezug von Nichtbauzonenland in eine Bauzone (Nichteinzonung)	240
5.3.2.3	Abzonung	241
5.3.2.4	Baulinien, Wald- und Gewässerabstandslinien	242
5.3.2.5	Natur- und Heimatschutzmassnahmen	242
5.3.2.6	Polizeiliche Eingriffe	243
5.3.2.7	Befristete Bauverbote	244

5.4	**Weitere Enteignungsinstrumente**	**245**
5.4.1	Heimschlagsrecht	245
5.4.2	Zugrecht und Übernahmeanspruch	245
5.4.3	Vorkaufsrecht	246
5.4.4	Treu und Glauben als Grundlage der Entschädigungspflicht	246
5.4.5	Mehrwertabschöpfung	247
5.5	**Feststellung der Enteignungsentschädigung**	**247**
5.5.1	Überblick über das Enteignungsverfahren	247
5.5.2	Zürcher Schätzungsverfahren	248
5.5.3	Höhe der Enteignungsentschädigung	251
5.5.4	Vollzug der Enteignung	251
6	**Baurechtliches Verfahren**	**253**
6.1	**Rechtsgrundlagen**	**254**
6.2	**Zweck und Umfang des Bewilligungsverfahrens**	**254**
6.2.1	Grundsätze	254
6.2.2	Entscheid über Vorfragen	255
6.3	**Bewilligungspflicht**	**256**
6.3.1	Bedeutung	256
6.3.2	Beurteilung von Zweifelsfällen	256
6.3.3	Bewilligungspflicht und Baubewilligungsverfahren	257
6.4	**Bewilligungspflichtige Vorhaben**	**258**
6.4.1	Bauten und Anlagen im Allgemeinen	258
6.4.1.1	Bundesrechtliche Minimalanforderungen	258
6.4.1.2	Begriff der Bauten und Anlagen	258
6.4.2	Gebäude und gleichgestellte Bauwerke	261
6.4.2.1	Erstellung von Gebäuden	261
6.4.2.2	Änderung von Gebäuden	261
6.4.2.3	Abbruch von Gebäuden	262
6.4.3	Besondere Bauten und Anlagen	263
6.4.3.1	Mauern und Einfriedungen	263
6.4.3.2	Fahrzeugabstellplätze/Werk- und Lagerplätze	263
6.4.3.3	Seilbahnen und andere Transportanlagen	264
6.4.3.4	Aussenantennen	264
6.4.3.5	Reklameanlagen	264
6.4.3.6	Bauten und Anlagen auf Baustellen	264
6.4.3.7	Weitere Beispiele von Bauten und Anlagen	265
6.4.4	Ausstattungen und Ausrüstungen	266
6.4.4.1	Begriff und Grundsätze	266
6.4.4.2	Ausstattungen wie etwa Spiel- und Erholungsanlagen	267
6.4.4.3	Anlagen zur Nutzung von Sonnenenergie	267
6.4.4.4	Ausrüstungen	267
6.4.5	Nutzungsänderungen	267
6.4.5.1	Grundsätze	267
6.4.5.2	Besonderheiten in der Landwirtschaftszone	269
6.4.5.3	Besonderheiten in der Freihaltezone	269

Inhalt Band 1

6.4.6	Unterteilung von Grundstücken	269
6.4.7	Änderung der Umgebung	270
6.4.7.1	Geländeveränderungen	270
6.4.7.2	Bäume und andere Pflanzen	270
6.4.8	Sonderfall der bundesrechtlich geregelten Bauten	271
6.4.8.1	Eisenbahnrecht	271
6.4.8.2	Militärrecht	273
6.4.8.3	Weitere Sonderregelungen	273
6.5	**Das Baugesuch**	**274**
6.5.1	Berechtigung zur Einreichung des Baugesuchs	274
6.5.1.1	Persönliche Erfordernisse	274
6.5.1.2	Dingliche Berechtigung	274
6.5.1.3	Aktuelles Interesse	278
6.5.2	Inhalt und Form	280
6.5.2.1	Unterlagen	280
6.5.2.2	Formvorschriften	288
6.6	**Verfahrensgebote**	**296**
6.6.1	Koordinationsgebot	296
6.6.1.1	Anforderungen	296
6.6.1.2	Kommunale und kantonale Zuständigkeiten	297
6.6.1.3	Umfang und Grenzen der Koordination	298
6.6.1.4	Koordinationspflichtige Entscheide	300
6.6.2	Gebot der beförderlichen Behandlung	300
6.6.2.1	Behandlungsfristen	300
6.6.2.2	Besonderheiten beim Anzeigeverfahren	302
6.7	**Verfahrensablauf**	**302**
6.7.1	Übersicht	302
6.7.2	Einreichung des Baugesuchs und Vorprüfung	302
6.7.2.1	Summarische Vorprüfung	302
6.7.2.2	Eigentliche Vorprüfung	305
6.7.3	Nachreichung von Unterlagen	308
6.7.3.1	Ergänzung unvollständiger Baugesuchsunterlagen	308
6.7.3.2	Spätere Klärung von Detailfragen	308
6.7.4	Aussteckung	308
6.7.4.1	Umfang	308
6.7.4.2	Dauer	309
6.7.4.3	Folgen von Mängeln	310
6.7.5	Publikation	310
6.7.5.1	Inhalt	311
6.7.5.2	Folgen von Mängeln	312
6.7.5.3	Verzicht auf Publikation	312
6.7.6	Aktenauflage	312
6.7.6.1	Gesuchsunterlagen	312
6.7.6.2	Akteneinsichtsrecht	313
6.7.6.3	Anspruch auf Fotokopien	313
6.7.6.4	Folgen von Mängeln	314

6.7.7	Wahrung von Ansprüchen	314
6.7.7.1	Anforderungen an das Begehren	314
6.7.7.2	Bedeutung des Begehrens	316
6.7.7.3	Bekanntgabe der Begehren	317
6.7.7.4	Besonderheiten bei Betrieben mit Schwerverkehr	318
6.7.8	Koordination und Entscheidfindung	318
6.7.8.1	Prüfung des Baugesuchs	318
6.7.8.2	Grundsätze der Koordination	318
6.7.8.3	Kantonale Gesamtverfügung	318
6.7.8.4	Abgekürzte kantonale Behandlungsfrist	319
6.7.8.5	Entscheide	319
6.7.8.6	Besonderheiten bei Betrieben mit Schwertransporten	321
6.7.9	Anzeigeverfahren	321
6.7.9.1	Voraussetzungen	321
6.7.9.2	Vorgehen in Zweifelsfällen	324
6.7.9.3	Verfahrensablauf	324
6.7.9.4	Behandlungsfrist	327
6.7.9.5	Erledigung und Rechtsmittel	327
6.8	**Private Kontrolle**	**328**
6.8.1	Bereiche	328
6.8.2	Befugnis zur privaten Kontrolle	329
6.8.3	Aufgaben	329
6.8.4	Form der Projektbestätigung	330
6.8.5	Bestätigung über die Ausführungskontrolle	330
6.8.6	Behördliche Kontrolle	331
6.9	**Empfehlungen zum baurechtlichen Verfahren**	**332**
7	**Baurechtliche Zuständigkeiten, Entscheide und Auskünfte**	**335**
7.1	**Der kommunale baurechtliche Entscheid**	**336**
7.1.1	Rechtsnatur	336
7.1.2	Zuständigkeiten	336
7.1.2.1	Begriff der Baubehörde	336
7.1.2.2	Zulässige Kompetenzdelegationen	337
7.1.2.3	Ausschluss des gemeindeinternen Einspracheverfahrens	340
7.1.2.4	Ausstandspflicht der Baubehörde	340
7.1.3	Inhalt des baurechtlichen Entscheids	341
7.1.3.1	Rubrum	342
7.1.3.2	Begründung	342
7.1.3.3	Dispositiv	344
7.1.3.4	Nebenbestimmungen im Besonderen	345
7.1.3.5	Kostenentscheid	351
7.1.3.6	Rechtsmittelbelehrung	356
7.1.3.7	Mitteilungssatz	357
7.1.3.8	Unterschrift	357
7.1.4	Zustellung und Eröffnung des Entscheids	358

Inhalt Band 1

7.1.4.1	Zustellungsadressaten	358
7.1.4.2	Kosten für die Zustellung	359
7.1.4.3	Zustellungsform	360
7.1.5	Gültigkeit der Baubewilligung	362
7.1.5.1	Dauer und Beginn der Frist	362
7.1.5.2	Ende der Frist	363
7.1.6	Widerruf des baurechtlichen Entscheids	363
7.2	**Besondere Zuständigkeiten und Entscheide**	**365**
7.2.1	Bedeutung des Anhangs zur BVV	365
7.2.1.1	Im Allgemeinen	365
7.2.1.2	Besonderheiten des Genehmigungsverfahrens	365
7.2.2	Vorhaben an Staatsstrassen und Nationalstrassen	366
7.2.3	Vorhaben ausserhalb von Bauzonen	367
7.2.3.1	Im Allgemeinen	367
7.2.3.2	Besonderheiten in der Erholungszone	367
7.2.3.3	Vorhaben im und am Wald	368
7.2.4	Natur- und Heimatschutz	369
7.2.4.1	Natur- und Landschaftsschutz	369
7.2.4.2	Ortsbildschutz	369
7.2.4.3	Denkmalschutz und Archäologie	370
7.2.5	Gewässerschutz und Wasserbaupolizei	370
7.2.5.1	Vorhaben im Bereich von Grundwasser	370
7.2.5.2	Vorhaben an Oberflächengewässern	370
7.2.6	Bauten und Anlagen mit besonderer Art der Abwasserbeseitigung	371
7.2.6.1	Einleitung in Oberflächengewässer und Versickerung	371
7.2.6.2	Weitere Sachverhalte	371
7.2.7	Belastete Standorte und Altlastenverdachtsflächen	371
7.2.8	Lärmschutz	372
7.2.8.1	Vorhaben in lärmbelasteten Gebieten	372
7.2.8.2	Vorhaben an geplanten Verkehrsanlagen	373
7.2.9	Besonderheiten bei Gewerbe, Industrie, Landwirtschaft	373
7.2.9.1	Abwasserbeseitigung	373
7.2.9.2	Lärm	373
7.2.9.3	Luftreinhaltung	374
7.2.9.4	Arbeitnehmerschutz	375
7.2.9.5	Kiesabbau, Deponien, Abfallanlagen	375
7.2.9.6	Betriebe gemäss Störfallverordnung	375
7.2.10	Technische Anlagen	376
7.2.10.1	Grossfeuerungsanlagen	376
7.2.10.2	Nutzung von Erdwärme, Sondierbohrungen	376
7.2.10.3	Beförderungsanlagen	376
7.2.10.4	Seilbahnen und Skilifte	376
7.2.11	Diverse Zuständigkeiten	376
7.2.11.1	Hochhäuser und hohe Bauten	376
7.2.11.2	Schutzräume	377

7.2.11.3	Strassenreklamen	377
7.2.11.4	Schiessanlagen	378
7.2.11.5	Bauten und Anlagen im Nahbereich von Eisenbahnanlagen	378
7.2.11.6	UVP-pflichtige Anlagen	378
7.3	**Der baurechtliche Vorentscheid**	**381**
7.3.1	Sinn und Zweck	381
7.3.2	Gegenstand und Voraussetzungen	381
7.3.2.1	Konkrete und grundlegende Fragen	381
7.3.2.2	Abgrenzungen	382
7.3.3	Unterlagen	382
7.3.4	Bindung der Behörde	382
7.3.5	Verfahren	382
7.4	**Baurechtliche Auskünfte und Verhandlungslösungen**	**384**
7.4.1	Im Allgemeinen	384
7.4.2	Auskünfte	385
7.4.3	Verhandlungslösungen	386
8	**Ausführung von Bauarbeiten**	**389**
8.1	**Bauausführung und Baukontrolle**	**390**
8.1.1	Baubeginn	390
8.1.1.1	Bedeutung	390
8.1.1.2	Begriff	390
8.1.1.3	Voraussetzungen	390
8.1.2	Baufreigabe und vorzeitige Baufreigabe	391
8.1.3	Meldepflichten	391
8.1.3.1	Im Allgemeinen	391
8.1.3.2	Zum Gebäudeabbruch im Besonderen	392
8.1.4	Baupolizeiliche Kontrollen	392
8.1.4.1	Grundlagen und Zuständigkeiten	392
8.1.4.2	Zeitpunkt	393
8.1.4.3	Durchführung	394
8.1.4.4	Auswertung	395
8.1.4.5	Folgen der Unterlassung der Baukontrolle	396
8.1.4.6	Bezugsbewilligung	397
8.1.4.7	Schlusskontrolle	398
8.2	**Unterbruch der Bauarbeiten**	**399**
8.2.1	Grundlagen	399
8.2.2	Begriff des «Unterbruchs»	400
8.2.3	Rechtsfolgen des Unterbruchs	401
8.2.4	Spezialfall der Arealüberbauungen	401
8.3	**Sicherheit der Baustelle**	**402**
8.3.1	Regeln der Baukunde	402
8.3.1.1	Anforderungen	402
8.3.1.2	Aufgaben der Behörden	402
8.3.1.3	Schutz benachbarten Grundeigentums	403
8.3.2	Feuerpolizeiliche Anforderungen	403

Inhalt Band 1

8.3.3		Arbeitnehmerschutz	404
8.3.3.1		Gesetzliche Grundlagen und Anforderungen	404
8.3.3.2		Vorgehen bei besonders umweltgefährdenden Stoffen	405
8.3.3.3		Adressaten und Vollzug	405
8.4		**Baustellenentsorgung**	**406**
8.4.1		Abfälle	406
8.4.1.1		Vermeidung von Bauabfällen	406
8.4.1.2		Zweckmässige Trennung	406
8.4.1.3		Entsorgung von Sonderabfällen und anderer kontrollpflichtiger Abfälle	406
8.4.1.4		Behandlung von Altlasten	408
8.4.1.5		Trennung und Entsorgung der übrigen Abfälle	409
8.4.2		Entwässerung von Baustellen	411
8.5		**Bauemissionen**	**412**
8.5.1		Lärm und Erschütterungen	412
8.5.2		Luftreinhaltung	413
8.5.3		Baustellenverkehr	415
8.5.4		Überwachung durch die Behörden	415
8.6		**Amtliche Vermessung**	**416**
9		**Rechtsschutz**	**421**
9.1		**Vorbemerkungen**	**422**
9.2		**Rechtliche Grundlagen**	**422**
9.3		**Rechtsmittelinstanzen**	**423**
9.3.1		Übersicht über den typischen Rechtsmittelweg	423
9.3.2		Wichtigste Rechtsmittelinstanzen	424
9.3.2.1		Baurekursgericht des Kantons Zürich	424
9.3.2.2		Verwaltungsgericht des Kantons Zürich	426
9.3.2.3		Bundesgericht	427
9.3.3		Weitere Rechtsmittelinstanzen	428
9.3.3.1		Bezirksrat/Statthalter	428
9.3.3.2		Kantonale Direktion/Zürcher Regierungsrat	429
9.3.3.3		Bundesverwaltungsgericht	429
9.3.3.4		Europäischer Gerichtshof für Menschenrechte	430
9.3.4		Schiedsgericht	430
9.4		**Verfahrensgrundsätze**	**431**
9.4.1		Offizialmaxime/Dispositionsmaxime	431
9.4.2		Untersuchungsmaxime/Verhandlungsmaxime	431
9.4.3		Eventualmaxime	432
9.4.4		Rechtsanwendung von Amtes wegen	432
9.4.5		Rechtliches Gehör	432
9.4.6		Gleichbehandlung der Parteien	433
9.4.7		Beschleunigungsgebot/Verbot der Rechtsverzögerung	433
9.4.8		Anspruch auf rechtmässige Willensbildung der Rechtsmittelinstanz	434
9.4.8.1		Ausstand	434

9.4.8.2	Willensbildungsfehler	435
9.5	**Verfahrensbeteiligte**	**435**
9.5.1	Urheber von Anordnungen	435
9.5.2	Adressaten von Anordnungen	436
9.5.3	Drittbeteiligte	436
9.5.4	Vertreter von Parteien	436
9.6	**Sachurteilsvoraussetzungen/Kognition**	**437**
9.6.1	Zuständigkeit	437
9.6.2	Anfechtungsobjekt	438
9.6.3	Rechtsmittelberechtigung/Legitimation	439
9.6.3.1	Gesetzliche Grundlagen	439
9.6.3.2	Legitimation von Adressaten	439
9.6.3.3	Legitimation von Nachbarn	440
9.6.3.4	Legitimation von Konkurrenten	442
9.6.3.5	Legitimation von Verbänden	442
9.6.3.6	Legitimation von Verbänden mit ideellen Zwecken im Besonderen	443
9.6.3.7	Legitimation von Gemeinden und anderen Trägern von öffentlichen Aufgaben mit Rechtspersönlichkeit	444
9.6.3.8	Besonderheiten bei der Anfechtung von Baubewilligungen	445
9.6.3.9	Besonderheiten bei der Anfechtung von raumplanungsrechtlichen Festlegungen	445
9.6.4	Rechtsmittelgründe	446
9.6.4.1	Erste Rechtsmittelinstanz	446
9.6.4.2	Verwaltungsgericht des Kantons Zürich	446
9.6.4.3	Bundesgericht	446
9.6.5	Überprüfungsbefugnis der Rechtsmittelinstanz	447
9.6.6	Rechtsmittelschrift	448
9.6.7	Rechtsmittelfrist	449
9.6.8	Leistung eines Kostenvorschusses	450
9.7	**Ablauf des Rechtsmittelverfahrens**	**451**
9.7.1	Einleitungsphase	451
9.7.1.1	Allgemeines	451
9.7.1.2	Vorsorgliche Massnahmen	451
9.7.2	Ermittlungsphase	453
9.7.2.1	Schriftenwechsel	453
9.7.2.2	Beiladung	454
9.7.2.3	Beweisverfahren	455
9.7.2.4	Parteiverhandlung	456
9.7.3	Entscheidungsphase	457
9.7.3.1	Verpflichtung zum Endentscheid	457
9.7.3.2	Abschreibung des Verfahrens	457
9.7.3.3	Nichteintreten	458
9.7.3.4	Materieller Entscheid	458
9.7.3.5	Kosten- und Entschädigungsfolgen	458
9.7.3.6	Eröffnung Rechtsmittelentscheid	459

Inhalt Band 1

9.7.4	Vollstreckungsphase	460
9.8	**Formlose Rechtsbehelfe und ausserordentliche förmliche Rechtsmittel**	**460**
9.8.1	Wiedererwägungsgesuch	460
9.8.2	Aufsichtsbeschwerde	461
9.8.3	Revision	462
9.8.4	Erläuterung und Berichtigung	462
9.9	**Alternativen zum staatlichen Rechtsschutz**	**463**
9.9.1	Übersicht	463
9.9.2	Charakteristika der Konfliktlösungswege	464
9.9.2.1	Gericht/Schiedsgericht	464
9.9.2.2	Verhandlungen zwischen den Parteien	465
9.9.3	Mediation im Besonderen	466
9.9.3.1	Begriff der Mediation	466
9.9.3.2	Vorteile der Mediation	466
9.9.3.3	Grenzen der Mediation	467
9.9.3.4	Grundsätze der Mediation	467
9.9.3.5	Spezielle Fragen bei Mediationen in Baustreitigkeiten	468
9.9.3.6	Ablauf der Mediation im Baustreit	469
9.9.3.7	Wege zur Mediation	472
9.9.3.8	Beispiele für Mediationen im öffentlich-rechtlichen Bereich	472
10	**Widerrechtliche Bauten und deren Sanktionierung**	**475**
10.1	**Übersicht**	**476**
10.2	**Widerrechtliche Bauten und Anlagen**	**478**
10.2.1	Formelle und materielle Baurechtswidrigkeit	478
10.2.2	Vorsorgliche Massnahmen	479
10.2.2.1	Bedeutung von vorsorglichen Massnahmen	479
10.2.2.2	Voraussetzungen von vorsorglichen Massnahmen	479
10.2.2.3	Zuständigkeiten und Verfahren bei vorsorglichen Massnahmen	480
10.2.2.4	Arten von vorsorglichen Massnahmen	480
10.2.2.5	Vollstreckung von vorsorglichen Massnahmen	482
10.2.3	Nachträgliches Baubewilligungsverfahren	482
10.2.4	Wiederherstellung des rechtmässigen Zustands	483
10.2.4.1	Allgemeines zur Wiederherstellung	483
10.2.4.2	Relevante Kriterien im Besonderen	484
10.2.4.3	Wiederherstellungsfrist	487
10.3	**Verwaltungsrechtliche Sanktionen**	**488**
10.3.1	Übersicht	488
10.3.2	Arten von verwaltungsrechtlichen Sanktionen	488
10.3.2.1	Schuldbetreibung	488
10.3.2.2	Ersatzvornahme	489
10.3.2.3	Direkter Zwang	490
10.3.3	Adressaten von verwaltungsrechtlichen Sanktionen	491
10.3.3.1	Störerprinzip	491

10.3.3.2	Auswahl des Störers	491
10.3.4	Vollstreckungsverjährung	492
10.4	**Strafrechtliche Sanktionen**	**492**
10.4.1	Straftatbestände	492
10.4.1.1	Tatbestände des Verwaltungsstrafrechts	492
10.4.1.2	Tatbestände des Allgemeinen Strafrechts	493
10.4.1.3	Verjährung der Übertretungsstraftatbestände	494
10.4.2	Einziehung von Vermögenswerten	495
10.4.3	Strafrechtliches Verfahren	495
10.4.3.1	Grundsätze des strafrechtlichen Verfahrens	496
10.4.3.2	Zuständigkeiten im Strafrecht	496
10.4.3.3	Ablauf des Übertretungsstrafverfahrens	497

Inhalt Band 2

Bau- und Umweltrecht

11	**Allgemeine Bestimmungen des Baupolizeirechts**	**543**
11.1	Übersicht	544
11.2	Bauvorschriften	544
11.2.1	Rechtsnatur der Bauvorschriften	544
11.2.2	Abgrenzungen	545
11.2.2.1	Bauvorschriften des Bundesrechts	545
11.2.2.2	Bauvorschriften des interkantonalen Rechts	545
11.2.2.3	Bauvorschriften des Privatrechts	546
11.2.2.4	Private Bauvorschriften	546
11.2.3	Verschärfung und Milderung von Bauvorschriften	547
11.3	Gemeinschaftswerke	547
11.3.1	Inhalt und Voraussetzungen	547
11.3.2	Regelung der Rechtsverhältnisse	548
11.3.3	Bau der Anlagen	548
11.4	Immissionsschutz	549
11.4.1	Inhalt	549
11.4.2	Abgrenzung zum privatrechtlichen Immissionsschutz	549
11.4.3	Schranken	550
11.4.4	Schwertransporte	550
11.5	Unterhalt und Parzellierung von Grundstücken	551
11.5.1	Unterhaltspflichten	551
11.5.2	Parzellierung von Grundstücken	551
11.5.2.1	Gesetzliche Regelung und Schranken	551
11.5.2.2	Spätere Rechtsänderungen	551
11.5.2.3	Parzellierungen an der Bauzonengrenze	552
11.6	Inanspruchnahme von Drittgrundstücken	552
11.6.1	Inanspruchnahme von Nachbargrundstücken	552
11.6.1.1	Voraussetzungen	552
11.6.1.2	Verfahren	553
11.6.1.3	Beispiele	554
11.6.2	Inanspruchnahme von öffentlichem Grund	554
11.6.2.1	Im Allgemeinen	554
11.6.2.2	Fernmeldedienste im Besonderen	556
11.6.3	Inanspruchnahme privater Grundstücke durch das Gemeinwesen	556
11.6.4	Leitungsbaurecht	556
12	**Baureife**	**559**
12.1	Allgemeines	560
12.1.1	Baureife als Element der Grundanforderungen	560
12.1.2	Gemeinsame Bestimmungen	560
12.1.2.1	Gesetzliche Ausgangslage	560
12.1.2.2	Massgebender Zeitpunkt	560
12.1.2.3	Geltung für Umbauten und Nutzungsänderungen	560

12.2	**Planungsrechtliche Baureife**	**561**
12.2.1	Begriff und Zweck	561
12.2.1.1	Ziel der Planungssicherung	561
12.2.1.2	Negative Vorwirkung der künftigen Planung	562
12.2.1.3	Abgrenzungen	562
12.2.2	Voraussetzungen	563
12.2.2.1	Übersicht	563
12.2.2.2	Planerische Festlegungen	564
12.2.2.3	Fehlende oder zu ändernde Planung	565
12.2.2.4	Ernsthafte Realisierungschancen	565
12.2.2.5	Nachteilige Beeinflussung	566
12.2.2.6	Behördlicher Antrag	566
12.2.3	Dauer des Präjudizierungsverbots	569
12.2.4	Intertemporale Anwendung von § 234 PBG	569
12.2.4.1	Antrag als veränderte Sachlage	569
12.2.4.2	Praxis des Verwaltungsgerichts	569
12.2.4.3	Berücksichtigung neuer Tatsachen vor Bundesgericht	570
12.2.4.4	Abgrenzungen	571
12.3	**Zugänglichkeit**	**571**
12.3.1	Begriffliches und Rechtsgrundlagen	571
12.3.1.1	Zugänge und Zufahrten	571
12.3.1.2	Anwendbares Recht	571
12.3.1.3	Geltungsbereich der Anforderungen	572
12.3.1.4	Ermessensspielraum der Behörden	572
12.3.2	Erreichbarkeit	572
12.3.2.1	Distanz zum Bauvorhaben	572
12.3.2.2	Bauvorhaben mit Abstellplätzen	573
12.3.2.3	Notzufahrt als Minimallösung	574
12.3.2.4	Anforderungen an weiterführende Strassen	574
12.3.3	Technische Anforderungen	574
12.3.3.1	Zugangsarten	574
12.3.3.2	Kriterium der Wohneinheiten	575
12.3.3.3	Zum Kehrplatz	575
12.3.3.4	Erhöhung der Grenzwerte	578
12.3.3.5	Fussgängerschutz	579
12.3.3.6	Sonderfälle	580
12.3.3.7	Erleichterungen	582
12.3.3.8	Besonderheiten im Quartierplan	584
12.3.3.9	Anforderungen des Umweltschutzrechts	584
12.3.4	Besondere Anforderungen für grössere Überbauungen	585
12.3.4.1	Gleisanschlüsse	585
12.3.4.2	Strassenverkehr	585
12.3.5	Erreichbarkeit mit dem öffentlichen Verkehr	586
12.3.5.1	Allgemeines	586
12.3.5.2	Zum Begriff der «grösseren Überbauung»	588
12.3.5.3	Erreichbarkeit	589

Inhalt Band 2

12.3.6		Rechtliche Sicherung der Erschliessung	592
12.3.6.1		Grundsätze	592
12.3.6.2		Verfahren	592
12.3.6.3		Anforderungen an die privatrechtliche Regelung	593
12.3.6.4		Flurwege als Zufahrten	594
12.3.6.5		Exkurs: Anspruch auf Notwegrecht	596
12.4		**Versorgung mit Wasser und Energie**	**597**
12.4.1		Grundlagen	597
12.4.2		Wasserversorgung	597
12.4.2.1		Aufgaben der Gemeinden	597
12.4.2.2		Schutz des Grundwassers	599
12.4.3		Energieversorgung und Energieplanung	601
12.4.3.1		Energieversorgung	601
12.4.3.2		Erschliessungsbeiträge und Gebühren	604
12.4.3.3		Energieplanung	605
12.4.3.4		Energiesparmassnahmen	605
12.4.3.5		Förderung von Energiesparmassnahmen	606
12.5		**Abwasserbeseitigung**	**607**
12.5.1		Begriff und Rechtsgrundlagen	607
12.5.1.1		Rechtsgrundlagen	607
12.5.1.2		Arten von Abwasser	608
12.5.1.3		Trenn- und Mischsystem	608
12.5.2		Genereller Entwässerungsplan (GEP)	609
12.5.2.1		Zweck	609
12.5.2.2		Inhalt der kommunalen Entwässerungsplanung	609
12.5.3		Bau und Betrieb von Kanalisationsanlagen	610
12.5.3.1		Öffentliche Anlagen	610
12.5.3.2		Private Anlagen	611
12.5.4		Voraussetzungen für Baubewilligungen	612
12.5.4.1		Grundlagen	612
12.5.4.2		Abwasserbeseitigung als Erschliessungsvoraussetzung	612
12.5.4.3		Technische Voraussetzungen	612
12.5.4.4		Bewilligung	613
12.5.5		Kanalisationsgebühren	613
12.5.5.1		Rechtsgrundlagen	613
12.5.5.2		Grundsätze und Verjährung	613
12.5.5.3		Anschlussgebühren	614
12.5.6		Ableitung von verschmutztem Abwasser	617
12.5.6.1		Arten der Ableitung	617
12.5.6.2		Abwasser besonderer Herkunft	618
12.5.6.3		Anschlusspflicht ausserhalb der Bauzonen	620
12.5.7		Ableitung von Fremd- und Meteorwasser	622
12.5.7.1		Fremdwasser	622
12.5.7.2		Meteorwasser	623
12.5.8		Unterhalt und Sanierung von Abwasseranlagen	625
12.5.8.1		Kontroll- und Unterhaltspflichten	625

12.5.8.2	Sanierungsmassnahmen	626
12.5.8.3	Besonderheiten	627
12.6	**Beseitigung von Abfallstoffen und Kehricht**	**628**
12.6.1	Grundlagen	628
12.6.1.1	Rechtsgrundlagen	628
12.6.1.2	Grundsätze der Abfallwirtschaft	628
12.6.2	Abfallplanung, Abfallanlagen	629
12.6.2.1	Abfallkonzept	629
12.6.2.2	Abfallanlagen	629
12.6.2.3	Deponien	629
12.6.3	Behandlung von Abfällen	630
12.6.3.1	Pflichten und Zuständigkeiten	630
12.6.3.2	Ablagerungs- und Verbrennungsverbot	630
12.6.3.3	Räume und Plätze für das Abfuhrgut	631
12.6.4	Rücknahme- und Abgabepflichten	632
12.6.4.1	Generell	632
12.6.4.2	Besondere Bestimmungen für Einkaufszentren	633
12.7	**Altlasten**	**633**
12.7.1	Ausgangslage	633
12.7.1.1	Rechtsgrundlagen	633
12.7.1.2	Konsequenzen für den Grundeigentümer	634
12.7.2	Begriffe	634
12.7.2.1	Belastete Standorte	634
12.7.2.2	Sanierungsbedürftige belastete Standorte (Altlasten)	635
12.7.3	Kataster der belasteten Standorte	635
12.7.3.1	Der kantonale Verdachtsflächenkataster	635
12.7.3.2	Vorgaben des Bundesrechts	636
12.7.3.3	Kantonalrechtliche Umsetzung	637
12.7.4	Überwachungs- und Sanierungsbedürftigkeit	638
12.7.4.1	Voruntersuchung	638
12.7.4.2	Beurteilung	639
12.7.5	Sanierung	639
12.7.5.1	Detailuntersuchung	639
12.7.5.2	Ziele und Dringlichkeit	639
12.7.5.3	Massnahmen und Projekt	640
12.7.5.4	Sanierung im Rahmen von Baubewilligungsverfahren	641
12.7.5.5	Zuständigkeiten	642
12.7.5.6	Pflichten der Behörden	643
12.7.6	Finanzierung	644
12.7.6.1	Verursacherprinzip	644
12.7.6.2	Verfügung der Behörde	645
12.7.6.3	Abgabe zur Finanzierung der Massnahmen	646

Inhalt Band 2

13	**Weitere Grundanforderungen an Bauten und Anlagen**	**651**
13.1	**Einordnung**	**652**
13.1.1	Generalklausel	652
13.1.1.1	Befriedigende Gesamtwirkung	652
13.1.1.2	Wirkung des Objekts an sich	654
13.1.1.3	Bezug zur Umgebung	655
13.1.1.4	Verhältnis zur Zonenordnung	660
13.1.1.5	Abgrenzungen	661
13.1.2	Besondere Rücksichtnahme auf Natur- und Heimatschutzobjekte	662
13.1.2.1	Anwendungsbereich	662
13.1.2.2	Begriff der Schutzobjekte	663
13.1.2.3	Gestaltungsanforderungen	664
13.1.3	Beurteilungsmassstab und Beurteilungsspielraum	668
13.1.3.1	Interessenabwägung	668
13.1.3.2	Überprüfungsbefugnisse	669
13.1.3.3	Begründungspflicht	671
13.1.4	Interessenabwägung bei besonderen Anlagen	672
13.1.4.1	Grundsätze	672
13.1.4.2	Wertstoffsammelstellen	672
13.1.4.3	Antennenanlagen	673
13.1.4.4	Reklameanlagen	675
13.1.4.5	Sonnenenergieanlagen	679
13.1.4.6	Landwirtschaftliche Bauten	681
13.1.4.7	Weitere Beispiele	682
13.1.5	Gestaltung der Umgebung	684
13.1.5.1	Gesetzliche Regelung	684
13.1.5.2	Erhaltung und Herrichtung von Grünflächen und Vorgärten	685
13.1.5.3	Erhaltung von Bäumen	686
13.1.5.4	Neupflanzungen	688
13.2	**Sonstige Beschaffenheit von Bauten und Anlagen**	**688**
13.2.1	Übersicht	688
13.2.2	Regeln der Baukunde	689
13.2.2.1	Anforderungen	689
13.2.2.2	Bedeutung im Baubewilligungsverfahren	690
13.2.3	Baumaterialien	690
13.2.4	Hygiene, Brandschutz, Wärmedämmung	691
13.2.5	Bedürfnisse der Behinderten	691
13.3	**Verkehrssicherheit**	**692**
13.3.1	Allgemeines Gebot und Rechtsgrundlagen	692
13.3.2	Ausfahrten und Sichtbereiche	692
13.3.2.1	Unterscheidungen	692
13.3.2.2	Lage und Gestaltung von Ausfahrten	693
13.3.2.3	Technische Anforderungen	693
13.3.2.4	Ausnahmen	697
13.3.2.5	Bauten und Anlagen mit starkem Verkehr	699

13.3.3	Verkehrserschliessungen im Bereich wichtiger Strassen und Strassen mit Durchgangsverkehr	699
13.3.3.1	Wichtige Strassen	699
13.3.3.2	Strassen mit Durchgangsverkehr	700
13.3.4	Anlagen und Pflanzen	700
13.3.4.1	Tankstellen	700
13.3.4.2	Reklamen	700
13.3.4.3	Abschrankungen	702
13.3.4.4	Weitere Bauten und Anlagen	702
13.3.4.5	Bäume und Sträucher	702
13.3.4.6	Immissionen im Bereich von Strassen	703
13.3.5	Bedürfnisse von Behinderten und Betagten	703
13.4	**Fahrzeugabstellplätze**	**703**
13.4.1	Anzahl	703
13.4.1.1	Grundanforderungen	703
13.4.1.2	Rechtsgrundlagen	704
13.4.2	Erstellungspflicht	707
13.4.2.1	Allgemeine Voraussetzungen	707
13.4.2.2	Besonderheiten bei Umbauten und Nutzungsänderungen	707
13.4.2.3	Massnahmen bei bestehenden Bauten und Anlagen	708
13.4.3	Lage	709
13.4.3.1	Lage auf dem Baugrundstück oder in nützlicher Entfernung	709
13.4.3.2	Anforderungen an die Verkehrssicherheit	711
13.4.3.3	Besucherparkplätze an leicht zugänglicher Lage	712
13.4.4	Gestaltung und Betrieb von Fahrzeugabstellplätzen	712
13.4.4.1	Unterirdische Anordnung oder Überdachung	712
13.4.4.2	Anlage	714
13.4.4.3	Technische Anforderungen	714
13.4.4.4	Betriebsvorschriften	715
13.4.5	Ersatzlösungen	716
13.4.5.1	Primat der Realerfüllung	716
13.4.5.2	Gemeinschaftsanlage	717
13.4.5.3	Ersatzabgabe	717
13.4.6	Besondere Anforderungen an Veloabstellplätze	718
13.4.6.1	Verpflichtung und Lage	718
13.4.6.2	Geometrie und Anordnung	718
13.5	**Spiel- und Ruheflächen; Gärten**	**719**
14	**Nutzungsdichte und Nutzungsart**	**723**
14.1	**Nutzungsdichte**	**724**
14.1.1	Übersicht	724
14.1.2	Massgebliche Grundstücksfläche	724
14.1.2.1	Begriff	724
14.1.2.2	Grundstücke in verschiedenen Zonen	725
14.1.2.3	Anrechenbare beziehungsweise nicht anrechenbare Flächen	725
14.1.2.4	Verkehrsanlagen im Besonderen	728

Inhalt Band 2

14.1.2.5	Ausnützungsübertragung	732
14.1.3	Besonderheiten bei Nutzungsziffern	737
14.1.3.1	Erhöhte Nutzungsziffern	737
14.1.3.2	Bürogebäude in Industriezonen	738
14.1.3.3	Messtoleranzen	738
14.1.3.4	Anwendung auf altrechtliche Verhältnisse	739
14.1.4	Ausnützungsziffer	741
14.1.4.1	Begriff	741
14.1.4.2	Wohn- und Arbeitsräume	741
14.1.4.3	Räume für den dauernden Aufenthalt	742
14.1.4.4	Für entsprechende Nutzungen verwendbare Räume	743
14.1.4.5	Erschliessungsflächen	748
14.1.4.6	Sanitärräume	752
14.1.4.7	Innere Trennwände und Aussenwände	752
14.1.4.8	Dach- und Untergeschosse	752
14.1.4.9	Ausdrücklich nicht anrechenbare Nebenräume	756
14.1.4.10	Verglaste Balkone und dergleichen im Besonderen	757
14.1.5	Überbauungsziffer	759
14.1.5.1	Begriff	759
14.1.5.2	Abzüge	760
14.1.6	Baumassenziffer	761
14.1.6.1	Begriff	761
14.1.6.2	Oberirdisch umbauter Raum	762
14.1.6.3	Abzüge	764
14.1.7	Freiflächenziffer	768
14.1.7.1	Begriff	768
14.1.7.2	Anrechenbare Flächen	768
14.1.7.3	Ausser Ansatz fallende Flächen	769
14.2	**Nutzungsart**	**769**
14.2.1	Übersicht	769
14.2.2	Umschreibung der zulässigen Nutzungen	769
14.2.2.1	Allgemeines	769
14.2.2.2	Wohnnutzung	770
14.2.2.3	Betriebliche Nutzungen	772
14.2.3	Weitere Vorschriften über die Nutzweise	777
14.2.3.1	Wohnanteil	777
14.2.3.2	Besondere Nutzungsanordnungen	778
14.2.3.3	Übertragung von Nutzweisen	778
15	**Lage von Gebäuden**	**781**
15.1	**Einleitung**	**782**
15.1.1	Übersicht	782
15.1.2	Gemeinsame Bestimmung	782
15.1.3	Hinweis auf Begriffe	782
15.2	**Abstand zu politischen Grenzen**	**783**
15.3	**Abstand von Zonengrenzen**	**783**

15.4	**Waldabstand**	**784**
15.4.1	Zweck	784
15.4.2	Der massgebliche Abstandsbereich	784
15.4.3	Kantonalrechtliche Abstände	786
15.4.3.1	Abstandspflichtige Gebäude	786
15.4.3.2	Zulässige Bauten und Anlagen im Waldabstandsbereich	786
15.4.3.3	Ausnahmen	787
15.4.4	Mindestabstände nach Forstpolizeirecht	787
15.4.4.1	Zweck	787
15.4.4.2	Kriterien	788
15.4.4.3	Geltungsbereich	788
15.5	**Gewässerabstand**	**789**
	Revision der eidgenössischen Gewässerschutzverordnung (GSchV)	789
15.5.1	Wasserbaupolizeilicher Mindestabstand	794
15.5.1.1	Grundlagen	794
15.5.1.2	Grösse und Messweise	796
15.5.1.3	Ausnahmebewilligungen	801
15.5.2	Gewässerabstandslinien	802
15.5.2.1	Zweck und Anwendungsbereich	802
15.5.2.2	Ausnahmen	804
15.5.3	Baulinien für Fluss- und Bachkorrektionen	805
15.5.4	Massnahmen in Hochwasser-Gefahrenbereichen	805
15.5.4.1	Grundlagen	805
15.5.4.2	Gefahrenkarten	806
15.5.4.3	Massnahmen	807
15.6	**Baulinienabstand**	**810**
15.6.1	Zwecke und Arten von Baulinien	810
15.6.1.1	Allgemein	810
15.6.1.2	Verkehrsbaulinien insbesondere	810
15.6.1.3	Gestaltungsbaulinien	811
15.6.2	Rechtswirkungen von Baulinien	812
15.6.2.1	Grundsätzliches Bauverbot	812
15.6.2.2	Anspruch auf Überprüfung	812
15.6.2.3	Weitere Rechtswirkungen	812
15.6.3	Neubauvorhaben innerhalb des Baulinienbereichs	812
15.6.3.1	Vorhaben, die dem Baulinienzweck nicht widersprechen	812
15.6.3.2	Einzelne oberirdische Gebäudevorsprünge	816
15.6.3.3	Weitergehende Beanspruchungen	817
15.6.4	Änderungen an baulinienwidrigen Bauten und Anlagen	821
15.6.4.1	Allgemeines	821
15.6.4.2	Unterhalt und Modernisierung	821
15.6.4.3	Weitergehende Vorkehren	822
15.7	**Strassen- und Wegabstand**	**824**
15.7.1	Strassenabstand von Gebäuden	824
15.7.1.1	Voraussetzungen und Messweise	824

Inhalt Band 2

15.7.1.2	Unterscheidung zwischen Strassen/Plätzen und Wegen	828
15.7.1.3	Besonderheiten beim Wegabstand	830
15.7.2	Weitere Abstandsvorschriften	832
15.7.2.1	Vorplätze von Garagen	832
15.7.2.2	Mauern, Einfriedungen und Pflanzen	833
15.7.2.3	Reklamen	834
15.8	**Grenzabstände von Nachbargrundstücken**	**835**
15.8.1	Begriffe	835
15.8.1.1	Gebäude und Gebäudeteile	835
15.8.1.2	Messweise ab Fassade	838
15.8.1.3	Massgebliche Grenzlinie	840
15.8.2	Zusammensetzung des Grenzabstandes	842
15.8.3	Kantonaler Mindestgrenzabstand	842
15.8.3.1	Minimalabstand	842
15.8.3.2	Mehrhöhenzuschlag	842
15.8.4	Kommunaler Grenzabstand	844
15.8.4.1	Begriff	844
15.8.4.2	Grundabstand	844
15.8.4.3	Mehrlängenzuschlag	845
15.8.4.4	Kommunaler Mehrhöhenzuschlag	849
15.8.5	Abstandsfreie Gebäude und Gebäudeteile	849
15.8.6	Einzelne Vorsprünge	850
15.8.6.1	Begriff und Beispiele	850
15.8.6.2	Abstand	855
15.8.6.3	Längenbeschränkung	856
15.8.7	Weitere Erleichterungen	859
15.8.7.1	Reduzierter Grenzabstand	859
15.8.7.2	Hohe Bauwerke	859
15.8.7.3	Besondere Gebäude	859
15.8.7.4	Familiengartenhäuser	860
15.8.7.5	Aussenisolation	860
15.8.8	Näherbaurecht	861
15.8.8.1	Anwendungsbereich	861
15.8.8.2	Zustimmungsberechtigter Nachbar	862
15.8.8.3	Die Vereinbarung und deren Rechtsfolgen	862
15.8.8.4	Widerruf des Näherbaurechts	865
15.8.8.5	Bindung der Behörde	865
15.9	**Gebäudeabstand**	**867**
15.9.1	Allgemeines und Messweise	867
15.9.1.1	Gesetzliche Regelung	867
15.9.1.2	Zur Abstandspflicht zwischen Gebäudeteilen	867
15.9.1.3	Abstand über Verkehrsräume	868
15.9.2	Erleichterungen	868
15.9.2.1	Allgemein	868
15.9.2.2	Besondere Gebäude	869
15.9.2.3	Weitere Erleichterungen	871

15.9.3	Verschärfungen	872
15.9.3.1	Bei brennbaren Aussenwänden	872
15.9.3.2	Bei feuer- oder explosionsgefährlichen Nutzungen	873
15.10	**Abstand von Starkstromanlagen**	**873**
15.11	**Abstand von Öl- und Gasleitungen**	**873**
15.12	**Offene und geschlossene Überbauung; Grenzbau**	**874**
15.12.1	Grundsatz der offenen Überbauung	874
15.12.2	Begriffe	874
15.12.3	Geschlossene Überbauung	875
15.12.3.1	Zulässigkeit	875
15.12.3.2	Gesamtlänge	876
15.12.4	Grenzbau	877
15.12.4.1	Hauptgebäude	877
15.12.4.2	Besondere Gebäude	878
15.12.4.3	Öffnungen in Grenzfassaden	879
15.12.4.4	Verbot der überragenden Bauteile	879
15.12.4.5	Brandmauern	880
16	**Gebäudedimensionen und Umgebung**	**883**
16.1	**Geschosse**	**884**
16.1.1	Horizontale Gebäudeabschnitte	884
16.1.1.1	Grundsatz	884
16.1.1.2	Gestaffelte und nicht durchgehende Geschosse	885
16.1.1.3	Besonderheiten bei zusammengebauten Häusern	886
16.1.1.4	Geschosszählung bei terrassierten Baukörpern	886
16.1.2	Voll-, Dach- und Untergeschosse	890
16.1.2.1	Vollgeschosse	890
16.1.2.2	Dachgeschosse	890
16.1.2.3	Untergeschosse	891
16.1.3	Zulässige Anzahl von Geschossen	893
16.1.4	Kniestock	895
16.1.4.1	Entscheidendes Mass	895
16.1.4.2	Messweise	896
16.1.4.3	Kniestock bei besonderen Dachformen	901
16.2	**Gewachsener Boden**	**906**
16.2.1	Ausgangslage	906
16.2.2	Gewachsener Boden bei Neubauten	907
16.2.2.1	Massgeblichkeit des aktuellen Terrains	907
16.2.2.2	Aufschüttungen in den vergangenen 10 Jahren	910
16.2.3	Gewachsener Boden bei Umbauten und Erweiterungen	911
16.2.3.1	Anwendungsfälle	911
16.2.3.2	Massgeblicher Boden	912
16.2.3.3	Einschränkungen des «Rückgriffs»	914
16.2.4	Abgrabungen und Aufschüttungen zur Umgehung von Bauvorschriften	915
16.2.5	Zusammenfassender Überblick	916

Inhalt Band 2

16.3	**Gebäudehöhe**	**916**
16.3.1	Regelungskompetenzen der Gemeinden	916
16.3.2	Berechnung	917
16.3.2.1	Nach Massgabe der Vollgeschosszahl	917
16.3.2.2	Aufgrund von Verkehrsbaulinien	917
16.3.3	Messweise der Gebäudehöhe	917
16.3.3.1	Im Allgemeinen und bei Schrägdächern	917
16.3.3.2	Gebäudehöhe beim Flachdach	919
16.3.3.3	Gebäudehöhe bei besonderen Dachformen	923
16.4	**Firsthöhe**	**925**
16.4.1	Begriff	925
16.4.2	Messweise	926
16.4.3	Das zulässige Gebäudeprofil beim Flachdach und bei besonderen Dachformen	928
16.4.3.1	Zum Begriff des Flachdachs	928
16.4.3.2	Das hypothetische Dachprofil	929
16.4.3.3	Massgebliche Fassade	933
16.5	**Hochhäuser und weitere hohe Bauwerke**	**935**
16.5.1	Hochhäuser	935
16.5.1.1	Begriff und Zulässigkeit	935
16.5.1.2	Anforderungen	935
16.5.1.3	Verfahren	937
16.5.1.4	Hohe Bauwerke	937
16.6	**Gebäudelänge und Gebäudebreite**	**938**
16.6.1	Umschreibung	938
16.6.1.1	Messweise	938
16.6.1.2	Besondere Gebäude	940
16.6.1.3	Vorsprünge	940
16.6.1.4	Abgrenzungen	940
16.7	**Dachaufbauten**	**941**
16.7.1	Begriff und Beispiele	941
16.7.1.1	Ziel der Beschränkung von Dachaufbauten	941
16.7.1.2	Kommunale Regelungskompetenzen	941
16.7.1.3	Typische Dachaufbauten	941
16.7.1.4	Dachaufbauten und ihre Teile	943
16.7.1.5	Privilegierung technisch bedingter Aufbauten	945
16.7.2	Abgrenzungen	948
16.7.2.1	Besondere Dachformen	948
16.7.2.2	Kreuzfirst	948
16.7.2.3	Vorgelagerte Baukonstruktionen	950
16.7.2.4	Dacheinschnitte	954
16.7.3	Massgebliche Dachebene	955
16.7.4	Zur Messweise des Drittels	958
16.7.4.1	Breite der Dachaufbaute	958
16.7.4.2	Fassadenlänge	959
16.8	**Freilegung von Untergeschossen**	**962**

16.8.1	Nach kantonalem Recht	962
16.8.1.1	Grundsatz	962
16.8.1.2	Ausnahmen	963
16.8.2	Kommunale Bestimmungen	964
16.8.2.1	Zulässigkeit	964
16.8.2.2	Zur Auslegung	964
16.8.3	Nachbarrechtliche Bedeutung	965
17	**Gebäude und Räume; Ausrüstungen**	**967**
17.1	**Grundlagen**	**968**
17.1.1	Überblick	968
17.1.2	Berücksichtigung des Standes der Technik	968
17.2	**Vorschriften für Wohn- und Arbeitsräume**	**968**
17.2.1	Ausgestaltung; Ausrüstungen	968
17.2.1.1	Wohnungen und Gemeinschaftsunterkünfte	968
17.2.1.2	Arbeitsräume und Räume für den Publikumsverkehr	968
17.2.2	Besonnung, Belichtung, Belüftung	970
17.2.2.1	Wohnräume	970
17.2.2.2	Weitere Räume	973
17.2.3	Bezug neu erstellter Wohn- und Arbeitsräume	975
17.2.4	Lärm und Luftreinhaltung	975
17.2.4.1	Schutz gegen Aussen- und Innenlärm	975
17.2.5	Mindestflächen, Raumhöhen, innere Erschliessung	976
17.2.5.1	Geltung der Vorschriften	976
17.2.5.2	Massvorschriften im Einzelnen	976
17.3	**Besondere Bestimmungen für Einstellräume**	**977**
17.3.1	Garagen	977
17.3.1.1	Lüftungsanlage	977
17.3.1.2	Heizung	977
17.3.1.3	Hinweise	977
17.3.2	Weitere Einstellräume	978
17.3.2.1	Kehrichtbeseitigung	978
17.3.2.2	Hausräte und Vorrat	978
17.4	**Gebäudehülle und Heizenergiebedarf**	**978**
17.4.1	Grundlagen	978
17.4.1.1	Rechtsgrundlagen	978
17.4.1.2	Begriffe	979
17.4.1.3	Vollzugsordner Energie	980
17.4.2	Winterlicher Wärmeschutz an Neubauten	980
17.4.2.1	Bestandteile	980
17.4.2.2	Wärmedämmung der Gebäudehülle	980
17.4.2.3	Höchstanteil an nicht erneuerbaren Energien	981
17.4.3	Anforderungen an Umbauten und Nutzungsänderungen	983
17.4.3.1	Geltungsbereich der Anforderungen	983
17.4.3.2	Grundsätze	983
17.4.3.3	Einzelbauteilanforderungen	983

Inhalt Band 2

17.4.3.4	Systemanforderungen	984
17.4.4	Sommerlicher Wärmeschutz	984
17.4.4.1	Anforderungen	984
17.4.4.2	Ausnahmen	985
17.4.5	Technische Anforderungen an besondere Räume	985
17.4.5.1	Verglaste Vorbauten («Wintergärten»)	985
17.4.5.2	Kühlräume	986
17.4.5.3	Gewächshäuser und beheizte Traglufthallen	986
17.4.5.4	Spezialfälle	986
17.4.6	Das Minergie-Konzept	986
17.4.6.1	Grundlagen	986
17.4.6.2	Standards	987
17.5	**Behinderte und Betagte**	**988**
17.5.1	Rechtsgrundlagen	988
17.5.1.1	Behindertengleichstellungsgesetz	988
17.5.1.2	Kantonales Recht	988
17.5.2	Pflichtige Bauten und Anlagen	990
17.5.2.1	Kategorien	990
17.5.2.2	Öffentlich zugängliche Bauten und Anlagen	990
17.5.2.3	Wohngebäude mit mehr als acht Wohneinheiten	990
17.5.2.4	Gebäude mit mehr als 50 Arbeitsplätzen	990
17.5.2.5	Bauten und Anlagen des öffentlichen Verkehrs	991
17.5.2.6	Bauten und Anlagen mit Beiträgen des Gemeinwesens	991
17.5.3	Pflichtauslösende bauliche Massnahmen	991
17.5.3.1	Bestandesgarantie	991
17.5.3.2	Neubauten	992
17.5.3.3	Erneuerung von Bauten und Anlagen	992
17.5.4	Anforderungen an die behindertengerechte Gestaltung	992
17.5.4.1	Gesetzliche Grundlagen	992
17.5.4.2	Anforderungen an Zugänge	992
17.5.4.3	Weitergehende kantonale Anforderungen	993
17.5.4.4	Verhältnismässigkeitsprinzip	994
17.5.5	Auskünfte und Hilfsmittel	996
17.6	**Arbeitsrechtliche Bestimmungen**	**996**
17.7	**Sicherheit**	**997**
17.7.1	Statik	997
17.7.1.1	Grundlegende Anforderungen	997
17.7.1.2	Die anerkannten Regeln der Baukunde	997
17.7.2	Abschrankungen, Geländer	998
17.7.2.1	Grundlagen	998
17.7.2.2	Die SIA-Norm 358	999
17.7.3	Störfallvorsorge	1001
17.7.3.1	Anforderungen der Störfallverordnung	1001
17.7.3.2	Vollzug im Kanton Zürich	1001
17.7.3.3	Brandschutz und Baumaterialien	1002
17.7.4	Schutzraumbaupflicht	1002

17.7.4.1	Rechtsgrundlagen	1002
17.7.4.2	Baupflicht	1002
17.7.4.3	Gemeinsame Schutzräume	1002
17.7.4.4	Ersatzabgabe	1002
17.7.4.5	Bewilligung und Kontrollen	1003
17.7.4.6	Planung der Schutzbauten	1003
17.8	**Haustechnische Anlagen**	**1003**
17.8.1	Grundlagen	1003
17.8.1.1	Inhalt des Kapitels	1003
17.8.1.2	Stand der Technik	1004
17.8.1.3	Energierechtliche Anforderungen	1004
17.8.2	Heizungsanlagen	1005
17.8.2.1	Begriff und Bewilligungspflicht	1005
17.8.2.2	Anforderungen beim Umbau einer Heizungsanlage	1006
17.8.2.3	Standortgerechte Heizzentralen	1006
17.8.2.4	Anschluss an Fernwärmeversorgung	1007
17.8.2.5	Nutzung von Erdwärme, Luft und Wasser zu Heizzwecken	1008
17.8.2.6	Abwärmenutzung und Wärmerückgewinnung, Wärmekraftkoppelung	1009
17.8.2.7	Energie aus eigenen Erzeugeranlagen	1010
17.8.2.8	Feuerungen mit Öl, Gas oder Holz	1011
17.8.2.9	Elektroheizungen	1013
17.8.2.10	Kamine	1013
17.8.2.11	Warmwasser, Wärmeverteilleitungen, Wärmespeicher	1015
17.8.2.12	Verbrauchsabhängige Heiz- und Warmwasserkostenabrechnung (VHKA)	1015
17.8.2.13	Besondere Heizungen	1016
17.8.3	Klima- und Belüftungsanlagen	1018
17.8.3.1	Allgemeine Anforderungen	1018
17.8.3.2	Vorschriften für Garagen und Restaurants	1019
17.8.3.3	Klimaanlagen im Besonderen	1020
17.8.4	Elektroinstallationen	1021
17.8.4.1	Vorschriften für Beleuchtungsanlagen	1021
17.8.4.2	Verantwortung für Niederspannungsanlagen	1021
17.8.5	Beförderungsanlagen	1021
17.8.6	Briefkästen	1022
18	**Brandschutz**	**1027**
18.1	**Rechtsgrundlagen**	**1028**
18.1.1	Feuerpolizeirecht	1028
18.1.1.1	Feuerpolizeigesetz und Verordnungen	1028
18.1.1.2	Brandschutznorm und Brandschutzrichtlinien	1028
18.1.1.3	Erläuterungen und Arbeitshilfen	1029
18.1.1.4	Reglemente, Weisungen und Merkblätter der GVZ	1030
18.1.2	Baurecht	1030
18.1.3	Bundesvorschriften	1030

Inhalt Band 2

18.2	**Brandschutzbehörden**	**1030**
18.2.1	Gemeinden	1030
18.2.2	Statthalter	1031
18.2.3	Kantonale Feuerpolizei	1031
18.3	**Ziele und Grundsätze**	**1031**
18.3.1	Geltungsbereich der Brandschutzvorschriften	1031
18.3.1.1	Betroffene Bauten und Anlagen	1031
18.3.1.2	Adressaten	1032
18.3.1.3	Definitionen	1032
18.3.2	Schutzziel und Anforderungskriterien	1033
18.3.2.1	Schutzziel	1033
18.3.2.2	Kriterien für Brandschutzanforderungen	1033
18.3.3	Normalfall und Abweichungen	1033
18.3.3.1	Normalfall	1033
18.3.3.2	Alternative Brandschutzmassnahmen	1033
18.3.3.3	Ausnahmen	1033
18.3.3.4	Brandrisikobewertung	1034
18.4	**Allgemeiner Brandschutz**	**1034**
18.4.1	Pflichten	1034
18.4.2	Sorgfalts- und Unterhaltspflicht im Besonderen	1034
18.5	**Baulicher Brandschutz**	**1034**
18.5.1	Baustoffe und Bauteile	1034
18.5.1.1	Baustoffe	1034
18.5.1.2	Bauteile	1035
18.5.2	Schutzabstände	1036
18.5.2.1	Begriff und Messweise	1036
18.5.2.2	Bemessung	1036
18.5.2.3	Ungenügende Schutzabstände	1037
18.5.3	Tragwerke	1038
18.5.3.1	Begriff	1038
18.5.3.2	Feuerwiderstand	1038
18.5.4	Brandabschnitte	1038
18.5.4.1	Begriffe	1038
18.5.4.2	Erstellungspflicht	1038
18.5.4.3	Feuerwiderstand	1039
18.5.4.4	Brandmauern	1039
18.5.5	Fluchtwege	1040
18.5.5.1	Begriff	1040
18.5.5.2	Anordnung und Messweise	1040
18.5.5.3	Treppen, Türen, Korridore	1040
18.5.5.4	Breiten und Gestaltung	1042
18.5.5.5	Besondere Bestimmungen	1042
18.5.6	Erläuterungen und Arbeitshilfen für bestimmte Bauten und Nutzungen	1043
18.5.6.1	Erläuterungen der VKF	1043
18.5.6.2	Merkblätter der Kantonalen Feuerpolizei	1043

18.6	**Hinweise auf weitere Brandschutzvorschriften**	**1043**
18.6.1	Technischer Brandschutz	1043
18.6.1.1	Begriff und Anforderungen	1043
18.6.1.2	Abnahmen und Kontrollen durch die Kantonale Feuerpolizei	1044
18.6.2	Abwehrender Brandschutz	1044
18.6.3	Haustechnische Anlagen	1044
18.6.3.1	Allgemeine Hinweise	1044
18.6.3.2	Ableitung der Abgase von Feuerungsanlagen	1044
18.6.4	Gefährliche Stoffe	1045
18.6.5	Betrieblicher Brandschutz	1045
18.7	**Bewilligungen und Kontrollen**	**1046**
18.7.1	Feuerpolizeiliche Auflagen im Baubewilligungsverfahren	1046
18.7.1.1	Im Allgemeinen	1046
18.7.1.2	Bauten und Anlagen mit erhöhtem Brandrisiko	1046
18.7.1.3	Weitere Abweichungen	1047
18.7.1.4	Besondere Bewilligungen	1047
18.7.2	Feuerpolizeiliche Bewilligungen	1047
18.7.2.1	Wärmetechnische Anlagen	1047
18.7.2.2	Bewilligungspflichten für gefährliche Stoffe	1048
18.7.3	Feuerpolizeiliche Kontrollen und Reinigung von Feuerungsanlagen	1048
18.7.3.1	Kontrollen	1048
18.7.3.2	Reinigung und Kontrolle von Feuerungsanlagen	1049
18.8	**Staatsbeiträge an den Brandschutz**	**1051**
18.9	**Rechtsschutz und Sanktionen**	**1051**
19	**Baulicher Umweltschutz**	**1055**
19.1	**Grundlagen**	**1056**
19.1.1	Rechtliche Grundlagen	1056
19.1.1.1	Verfassungs- und Gesetzesstufe	1056
19.1.1.2	Verordnungsstufe	1056
19.1.2	Prinzipien des Umweltschutzrechts	1059
19.1.3	Grundsätze zur Beschränkung von Emissionen und Immissionen	1061
19.1.3.1	Emissionen	1061
19.1.3.2	Immissionen	1064
19.2	**Luftreinhaltung**	**1065**
19.2.1	Grundsätze	1065
19.2.2	Emissionen	1065
19.2.2.1	Neue Anlagen	1065
19.2.2.2	Bestehende Anlagen	1068
19.2.3	Immissionen	1069
19.2.3.1	Begrenzungen bei Neuanlagen	1069
19.2.3.2	Massnahmen gegen übermässige Immissionen	1069
19.3	**Lärmschutz**	**1070**
19.3.1	Grundlagen	1070

Inhalt Band 2

19.3.1.1	Ziel der Lärmschutzbestimmungen	1070
19.3.1.2	Begriffe	1071
19.3.1.3	Begrenzung von Emissionen	1071
19.3.1.4	Begrenzung von Immissionen	1072
19.3.1.5	Lärmermittlung	1072
19.3.1.6	Lärmbeurteilung gestützt auf Grenzwerte	1073
19.3.1.7	Belastungen ohne Grenzwerte	1075
19.3.1.8	Verhältnis zum kantonalen Recht und zum Privatrecht	1076
19.3.2	Massnahmen bei lärmerzeugenden Anlagen	1077
19.3.2.1	Schallschutzmassnahmen bei neuen oder geänderten ortsfesten Anlagen	1077
19.3.2.2	Beispiele zum «Alltagslärm»	1080
19.3.2.3	Verkehrsanlagen und (andere) öffentliche Anlagen	1083
19.3.2.4	Verfahren	1084
19.3.3	Sanierung von bestehenden ortsfesten Anlagen	1085
19.3.3.1	Lärmermittlungen	1085
19.3.3.2	Sanierungspflicht	1085
19.3.3.3	Sanierungsmassnahmen	1086
19.3.3.4	Lärmsanierung öffentlicher und konzessionierter Anlagen	1087
19.3.3.5	Strassenlärmsanierung im Besonderen	1089
19.3.4	Bauvorhaben in lärmbelasteten Gebieten	1092
19.3.4.1	Massgebende Immissionsgrenzwerte	1092
19.3.4.2	Wesentliche Neu- und Umbauten	1093
19.3.4.3	Massgebende Lärmquellen	1093
19.3.4.4	Schallschutzmassnahmen	1095
19.3.4.5	Baubewilligung trotz überschrittener Grenzwerte	1099
19.3.4.6	Baubewilligung und Kontrolle	1100
19.3.5	Lärm von Flugplätzen im Besonderen	1101
19.3.5.1	Schallschutzanforderungen	1101
19.3.5.2	Schallschutzmassnahmen	1102
19.3.5.3	Massgebende Lärmkurven	1102
19.4	**Schutz vor nicht ionisierender Strahlung**	**1103**
19.4.1	Rechtliche Grundlagen	1103
19.4.1.1	Umweltschutzgesetz	1103
19.4.1.2	Verordnung über den Schutz vor nicht ionisierender Strahlung (NISV)	1103
19.4.1.3	Vollzugsempfehlungen zur NISV	1103
19.4.2	Begriffe und Grundsätze	1104
19.4.2.1	Nicht ionisierende Strahlung im Allgemeinen	1104
19.4.2.2	Lichtimmissionen im Besonderen	1104
19.4.2.3	Schutz elektrischer Geräte und Produktionsbetriebe	1105
19.4.2.4	Anlage	1105
19.4.2.5	Zweistufiges Schutzkonzept	1106
19.4.2.6	Änderungen neuer Anlagen und Sanierung alter Anlagen	1108
19.4.2.7	Anforderungen an die Ausscheidung von Bauzonen	1108
19.4.2.8	Orte mit empfindlicher Nutzung	1109

19.4.2.9	Technisch und betrieblich mögliche sowie wirtschaftlich tragbare Massnahmen	1111
19.4.3	Mobilfunkanlagen im Besonderen	1111
19.4.3.1	Grundlagen	1111
19.4.3.2	Planungs- und baurechtliche Behandlung von Mobilfunkanlagen	1114
19.4.3.3	Umweltrechtliche Behandlung von Mobilfunkanlagen	1117
19.4.3.4	Verfahrensrechtliche Behandlung von Mobilfunkanlagen	1119

20	**Ausnahmetatbestände bei vorschriftswidrigen Bauten und Anlagen**	**1123**
20.1	**Übersicht**	**1124**
20.2	**Ausnahmebewilligung gemäss § 220 PBG**	**1124**
20.2.1	Geltungsbereich	1124
20.2.2	Abgrenzungen	1125
20.2.2.1	Ausnahmebewilligungen des Bundesrechts	1126
20.2.2.2	Weitere Ausnahmetatbestände des kantonalen Rechts	1126
20.2.2.3	Ausnahmetatbestände des kommunalen Rechts	1127
20.2.3	Voraussetzungen	1127
20.2.3.1	Besondere Verhältnisse	1127
20.2.3.2	Wahrung des Gesetzeszwecks und öffentlicher Interessen	1130
20.2.3.3	Nachbarschutz	1131
20.2.4	Zuständigkeiten und Verfahren	1131
20.3	**Änderungen an vorschriftswidrigen Bauten und Anlagen**	**1132**
20.3.1	Allgemeines zu § 357 PBG	1132
20.3.2	Tatbestand von § 357 Abs. 1 PBG	1133
20.3.2.1	Bestehende Bauten, Anlagen und Nutzungen	1133
20.3.2.2	Widerspruch zu den Bauvorschriften	1136
20.3.2.3	Zulässige Massnahmen	1137
20.3.2.4	Schranke der öffentlichen oder nachbarlichen Interessen	1143
20.3.2.5	Weitergehende Abweichungen	1143
20.3.3	Verbesserungen gemäss § 357 Abs. 4 PBG	1144
20.3.4	Milderung von Bauvorschriften gemäss § 357 Abs. 5 PBG	1144
20.4	**Massnahmen bei baupolizeilichen Missständen**	**1145**
20.5	**Wiederaufbau (Brandstattrecht)**	**1145**

21	**Bauen ausserhalb der Bauzonen**	**1149**
21.1	**Grundlagen**	**1150**
21.1.1	Rechtliche Grundlagen	1150
21.1.2	Rechtsetzung und Rechtsprechung	1150
21.1.3	Zuständigkeiten und Verfahren	1151
21.1.3.1	Zuständigkeit des Kantons und Koordination	1151
21.1.3.2	Anmerkung im Grundbuch	1152
21.2	**Zonenkonformität in der Landwirtschaftszone**	**1153**
21.2.1	Zweck der Landwirtschaftszone	1153
21.2.2	Nutzung nicht mehr zonenkonformer Bauten und Anlagen	1154
21.2.3	Allgemeine Zonenkonformität gemäss Art. 16a Abs. 1 RPG	1154

Inhalt Band 2

21.2.3.1	Grundsätze und Interessenabwägung	1154
21.2.3.2	Bauten und Anlagen für die landwirtschaftliche Nutzung	1155
21.2.3.3	Bauten und Anlagen für den Verkauf von Produkten	1157
21.2.3.4	Bauten und Anlagen für den Wohnbedarf	1158
21.2.3.5	Bauten und Anlagen für die Freizeitlandwirtschaft	1160
21.2.4	Bauten und Anlagen zur Energiegewinnung aus Biomasse gemäss Art. 16a Abs. 1bis RPG	1160
21.2.5	Innere Aufstockungen gemäss Art. 16a Abs. 2 RPG	1161
21.2.5.1	Grundsätze	1161
21.2.5.2	Tierhaltung	1162
21.2.5.3	Gemüse- und Gartenbau	1162
21.2.6	Intensivlandwirtschaftszonen gemäss Art. 16a Abs. 3 RPG	1163
21.2.7	Solaranlagen gemäss Art. 18a RPG	1163
21.3	**Zonenkonformität in der Freihaltezone, der Erholungszone und der Reservezone**	**1164**
21.3.1	Freihaltezone	1164
21.3.2	Erholungszone	1165
21.3.3	Reservezone	1165
21.4	**Zonenwidrige Bauten und Anlagen ausserhalb der Bauzonen**	**1166**
21.4.1	Grundtatbestand von Art. 24 RPG	1167
21.4.1.1	Gesetzliche Regelung	1167
21.4.1.2	Zum Begriff «ausserhalb der Bauzonen»	1167
21.4.1.3	Gegenstand	1167
21.4.1.4	Voraussetzung der Standortgebundenheit	1167
21.4.1.5	Voraussetzung der umfassenden Interessenabwägung	1170
21.4.1.6	Abgrenzung zur Planungspflicht	1171
21.4.1.7	Standortgebundene Bauten und Anlagen gestützt auf Art. 39 RPV	1173
21.4.2	Zweckänderungen ohne bauliche Massnahmen (Art. 24a RPG)	1175
21.4.2.1	Voraussetzungen	1175
21.4.2.2	Vorbehalt	1175
21.4.3	Nicht landwirtschaftliche Nebenbetriebe (Art. 24b RPG)	1176
21.4.3.1	Gesetzliche Umschreibung	1176
21.4.3.2	Berechtigte landwirtschaftliche Gewerbe	1176
21.4.3.3	Voraussetzungen an den Nebenbetrieb	1177
21.4.3.4	Weitere Bestimmungen	1178
21.4.4	Bestehende zonenwidrige Bauten und Anlagen (Art. 24c RPG)	1179
21.4.4.1	Allgemeines	1179
21.4.4.2	Besitzstandsgarantie	1180
21.4.4.3	Umfang der zulässigen baulichen Änderungen	1180
21.4.4.4	Zweckänderungen	1182
21.4.4.5	Wiederaufbau	1183
21.4.4.6	Vereinbarkeit mit den wichtigen Anliegen der Raumplanung	1184
21.4.5	Zonenfremde gewerbliche Bauten und Anlagen gemäss Art. 37a RPG	1184
21.4.5.1	Systematische Einordnung von Art. 37a RPG	1184
21.4.5.2	Begriff der gewerblichen Bauten und Anlagen	1185

21.4.5.3	Zulässige Zweckänderungen	1185
21.4.5.4	Zulässige bauliche Änderungen	1186
21.4.5.5	Erneuerungen und Wiederaufbau	1187
21.4.6	Weitere Ausnahmetatbestände gemäss Art. 24d RPG	1187
21.4.6.1	Übersicht über die Ausnahmetatbestände von Art. 24d RPG	1187
21.4.6.2	Gemeinsame Voraussetzungen für die weiteren Ausnahmetatbestände	1189
21.5	**Bauen im Wald**	**1191**
21.5.1	Allgemeines	1191
21.5.2	Betreten und Befahren des Waldes	1191
21.5.3	Bauten und Anlagen im Wald	1192
21.5.3.1	Forstliche Bauten und Anlagen	1192
21.5.3.2	Nicht forstliche Bauten und Anlagen	1192
22	**Privatrechtliche Bauvorschriften**	**1195**
22.1	**Einleitung**	**1196**
22.2	**Graben und Bauen**	**1196**
22.3	**Grenzen und Grenzvorrichtungen**	**1197**
22.3.1	Art der Abgrenzung	1197
22.3.2	Abmarkung	1197
22.3.3	Grenzvorrichtungen	1197
22.3.4	Einfriedung	1198
22.4	**Überragende Bauteile, Überbau**	**1199**
22.4.1	Grundsatz	1199
22.4.2	Legalisierung des Überbaus	1199
22.5	**Wasser**	**1200**
22.6	**Erschliessungsanlagen**	**1200**
22.6.1	Leitungen	1200
22.6.2	Notbrunnen	1201
22.6.3	Wege/Strassen	1201
22.7	**Pflanzen**	**1201**
22.7.1	Eigentumsrecht	1201
22.7.2	Kapprecht	1201
22.7.3	Anries	1202
22.7.4	Abstände von Pflanzen	1202
22.7.5	Beseitigungsklage	1206
22.8	**Private Baubeschränkungsnormen**	**1206**
22.8.1	Rechtsnatur von privaten Baubeschränkungsnormen	1206
22.8.2	Keine Berücksichtigung von bauhindernden Dienstbarkeiten im Baubewilligungsverfahren	1207
22.9	**Dienstbarkeiten im Speziellen**	**1208**
22.9.1	Aufhebung oder Änderung von Dienstbarkeiten	1208
22.9.2	Verbot erheblicher Mehrbelastung bestehender Dienstbarkeiten im Baubewilligungsverfahren	1209
22.9.3	Auslegung von Dienstbarkeiten	1210
23	**Glossar**	**1213**

Literatur

Zitat	Beleg
AEMISEGGER/KUTTLER/ MOOR/RUCH/	AEMISEGGER Heinz / KUTTLER Alfred / MOOR Pierre / RUCH Alexander (Hrsg.): Kommentar zum Bundesgesetz über die Raumplanung, Zürich 1999 ff.
AEMISEGGER/MOOR/ RUCH/TSCHANNEN	AEMISEGGER Heinz / MOOR Pierre / RUCH Alexander / TSCHANNEN Pierre (Hrsg.): Kommentar zum Bundesgesetz über die Raumplanung, Zürich 2010.
AESCHIMANN	AESCHIMANN Ernst: Kanton Zürich klärt «Altlastensituation» in Betrieben ab, in: ZUP Nr. 41/Juli 2005, S. 37 ff.
BACHMANN 2000	BACHMANN Dominik: Ausgewählte Fragen zum Denkmalrecht, in: PBG aktuell 1/2000, S. 5 ff.
BACHMANN 2004	BACHMANN Dominik: Berechtigungsnachweis bei Baurechtsbauten, in: PBG aktuell 4/2004, S. 5 ff.
BACHMANN 2010	BACHMANN Dominik: (Massen-)Entlassungen aus dem Denkmalinventar, in: PBG aktuell 1/2010, S. 35 ff.
BANDLI	BANDLI Christoph: Bauen ausserhalb der Bauzonen (Art. 24 RPG), in: Reihe Verwaltungsrecht, Band 11, Grüsch 1989.
BAUMBERGER	BAUMBERGER Xaver: Aufschiebende Wirkung bundesrechtlicher Rechtsmittel im öffentlichen Recht, in: Zürcher Studien zum Verfahrensrecht Nr. 146, Zürich 2006.
BEELER	BEELER Urs: Die widerrechtliche Baute, Zürich 1984.
BIRCHER	BIRCHER Doris: Die Sachverständigenkommissionen im Bereich des Natur- und Heimatschutzes, in: PBG aktuell 3/2008, S. 5 ff.
BLASER	BLASER Roland: Mobilfunk – Rechtsprechung im Spannungsfeld zwischen Kommunikation und Gesundheit, in: PBG aktuell 2/2008, S. 5 ff.
BOLLER	BOLLER Felix H.: Zur Problematik schadstoffbelasteter Grundstücke, in: Hauseigentümer 11/2002, S. 680 ff.
BÖSCH 1993	BÖSCH Peter: Grundbuch und Baubewilligungsverfahren, in: ZBl 1993, S. 481 ff.
BRÜNGGER	BRÜNGGER Elisabeth: Bedeutung kantonaler und kommunaler Nutzungsvorschriften unter Berücksichtigung des Bundesumweltrechtes, in PBG aktuell 2/1994, 5 ff.
BRUNNER/ WICHTERMANN	BRUNNER Christoph / WICHTERMANN Jürg: in: Basler Kommentar, ZGB II; 3. Aufl., Basel 2007.
BUCHER	BUCHER Herbert: Vorgezogene Neubeurteilung von Verdachtsflächen, in: Hauseigentümer 12/2002, S. 749 ff.
BUDLIGER	BUDLIGER Michael: Zur Kostenverteilung bei Altlastensanierung mit mehreren Verursachern: in URP 1997, S. 296.
BYLAND	BYLAND Daniela: Die Auslegung von Dienstbarkeiten unter Berücksichtigung der neueren bundesgerichtlichen Rechtsprechung, in: Edition Weblaw, Reihe Magister, 2007, abrufbar unter www.weblaw.ch/de/content_edition/edition_weblaw/magister.asp
CASANOVA	CASANOVA Hugo: La réparation du préjudice causé par l'opposition injustifiée à un projet de construction, in: BR 1986, S. 75 ff.
CATRINA	CATRINA W.: Ein begrüntes Dach als Visitenkarte, in: Kommunalmagazin 3/1997, S. 11 ff.

Zitat	Beleg
CONRAD	CONRAD Peter: Baubewilligungsverfahren: Praxisferner Entscheid des Bundesgerichts, in: Anwaltsrevue 3/2010, S. 138 ff.
EGGER	EGGER Hans: Einführung in das zürcherische Baurecht, in: Schriftenreihe VZGV Nr. 5, 3. Aufl., Wädenswil 1970.
EGLI	EGLI Walter: Auch kleine Baustellen sind lärmig: Die Einfamilienhaus-Baustelle, in: ZUP Nr. 43 vom Dezember 2005, S. 25 ff.
EHRENZELLER/MASTRO-NARDI/SCHWEIZER/VALLENDER	EHRENZELLER Bernhard / MASTRONARDI Philippe / SCHWEIZER Rainer J. / VALLENDER Klaus A. (Hrsg.): Die schweizerische Bundesverfassung, Kommentar, Zürich 2002
ENGELER 1976	ENGELER Peter: Die Erschliessung von Baugrundstücken nach zürcherischem Recht, Zürich 1976.
ENGELER Walter	Engeler Walter: Das Baudenkmal im schweizerischen Recht – Untersuchungen zum materiellen Baudenkmalbegriff und dem Verfahren der Unterschutzstellung, Zürich 2008.
ESCHMANN Beat	ESCHMANN Beat: Auslegung und Ergänzung von Dienstbarkeiten, Zürcher Studien zum Privatrecht Nr. 192, Zürich 2005
EYMANN	EYMANN Urs: Grundzüge des Enteignungsrechts in der Schweiz, in: URP 2003, S. 555 ff.
FAHRLÄNDER	FAHRLÄNDER Karl Ludwig: Zur Bedeutung des Enteignungsrechts gemäss Art. 58 USG, in: URP 1995, S. 3 ff.
FREY 1987	FREY Fritz: Die Erstellungspflicht von Abstellplätzen für Motorfahrzeuge nach zürcherischem Recht, Winterthur 1987.
FREY 1999	FREY Fritz: Die Erstellungspflicht von Abstellplätzen für Motorfahrzeuge, in: PBG aktuell 3/1999, S. 5 ff.
FRIES	FRIES David: Reverse in der zürcherischen Baurechtspraxis, Band 1, Allgemeiner Teil (ohne Grundbuchrecht), Zürich 1990
FRITZSCHE 2005	FRITZSCHE Christoph: Absturzsicherheit in Wohngebäuden zur Anwendung der SIA-Norm 358, in: PBG aktuell 2/2005, S. 5 ff.
FROMMHOLD/GAREISS	FROMMHOLD Peter / GAREISS Erwin, Bauwörterbuch, Begriffsbestimmungen aus dem Bauwesen, Düsseldorf 1986
GADOLA 1994	GADOLA Attilio R.: Die unbegründete Drittbeschwerde im öffentlich-rechtlichen Bauprozess – Korrektiv zum Schutz des Baubewilligungspetenten, in: ZBl 1994, S. 97 ff.
GANZ George	GANZ George: Nachhaltigkeit: eine Herausforderung auch für Bauwirtschaft und Baugewerbe, in: PBG aktuell 2/2003, S. 5 ff.
GARDET	GARDET Gilles: Quelles chances pour un urbanisme contractuel?, in: Hottelier Michel / Foëx Bénédict (Hrsg.): L'aménagement du territoire. Planification et enjeux, Basel 2001, S. 137 ff.
GILGEN 1988	GILGEN Kurt: Lärmschutz und Raumplanung, Bern 1988.
GILGEN/GEISSBÜHLER	GILGEN Kurt / GEISSBÜHLER Urs: Abbau von Steinen und Erden, Deponie von Materialien, Bern 1988.
GRIFFEL 2001	GRIFFEL Alain: Die Grundprinzipien des schweizerischen Umweltrechts, Zürich 2001.

Literatur

Zitat	Beleg
GRIFFEL 2006a	GRIFFEL Alain: Das Verbandsbeschwerderecht im Brennpunkt zwischen Nutz- und Schutzinteressen, in: URP 2006, S. 95 ff.
GRIFFEL 2006b	GRIFFEL Alain: Auswirkungen der neuen Bundesrechtspflege, insbesondere auf den Rechtsschutz im Raumplanungs-, Bau- und Umweltrecht, in: URP 2006, S. 822 ff.
GRIFFEL 2009	GRIFFEL Alain. Rechtsfragen im Zusammenhang mit dem Abbau überzähliger Parkplätze bei bestehenden privaten Parkierungsanlagen, in URP 1/2009 S. 1 ff.
GRIFFEL/RAUSCH	GRIFFEL Alain / RAUSCH Heribert, Kommentar zum Umweltgesetz, Ergänzungsband zur 2. Auflage, Zürich 2011
GSPONER 1999	GSPONER Daniel: Die Zone für öffentliche Bauten und Anlagen, Diss. Zürich 1999.
HÄBERLI/SCHNEEBELI	HÄBERLI Manuel / SCHNEEBELI Doris: Bauen ausserhalb der Bauzonen, in: PBG AKTUELL 1/2009, S. 5 ff.
HADORN 1995	HADORN Robert: Sind die Vorschriften über die Abstände durch die Einführung des Näherbaurechts in § 270 Abs. 3 PBG dispensfeindlich geworden?, in: PBG aktuell 3/1995, S. 28 ff.
HADORN 1996a	HADORN Robert: Der Schutz von Grünräumen; eine rechtliche Übersicht, in: PBG aktuell 2/1996, S. 5 ff.
HADORN 1996b	HADORN Robert: Akteneinsicht nach Abschluss des Baubewilligungsverfahrens, in: PBG aktuell 4/1996, S. 36 ff.
HADORN 2000	HADORN Robert: Das Schätzungsverfahren in Abtretungsstreitigkeiten des Kantons Zürich, in: PBG aktuell 3/2000, S. 5 ff.
HADORN 2006	HADORN Robert: Revidierte Art. 95–100 SSV über Strassenreklamen, in: PBG aktuell 1/2006 S. 34 ff.
HAEFLIGER	HAEFLIGER Arthur: Die Europäische Menschenrechtskonvention und die Schweiz, Bern 1993.
HÄFELIN/MÜLLER/UHLMANN	HÄFELIN Ulrich / MÜLLER Georg / UHLMANN Felix: Allgemeines Verwaltungsrecht, 6. Aufl., Zürich 2010.
HALLER/KARLEN 1998	HALLER Walter / KARLEN Peter: Rechtsschutz im Raumplanungs- und Baurecht (Neubearbeitung des vierten Teils der zweiten Auflage des Raumplanungs- und Baurechts), Zürich 1998.
HALLER/KARLEN 1999	HALLER Walter / KARLEN Peter: Raumplanungs-, Bau- und Umweltrecht, Bd. I, 3. Aufl., Zürich 1999.
HÄNER 2007	HÄNER Isabelle: Neuerungen im USG unter besonderer Berücksichtigung des Verbandsbeschwerderechts, in: PBG aktuell 3/2007, S. 5 ff.
HÄNNI 2005	HÄNNI Peter: Lärmsanierung bei Eisenbahnanlagen, in: BR 2/2005, S. 62 ff.
HÄNNI 2008	HÄNNI Peter: Planungs-, Bau- und besonderes Umweltschutzrecht, 5. Aufl., Bern 2008.
HEER 1996	HEER Peter: Die raumplanungsrechtliche Erfassung von Bauten und Anlagen im Nichtbaugebiet – Unter besonderer Berücksichtigung von Nutzungsplanung und Ausnahmebewilligung und ihrer Abgrenzung, in: Zürcher Studien zum öffentlichen Recht Nr. 118, Zürich 1996

Zitat	Beleg
HEER 2004	HEER Peter: UVP-Pflicht und funktioneller Zusammenhang, in: PBG aktuell 2/2004, S. 37 ff.
HERZ 2004	HERZ Nadja: Behindertengleichstellungsgesetz – Auswirkungen auf das Bauen, in: PBG aktuell 3/2004, S. 5 ff.
HERZ 2007	HERZ Nadja: 3 Jahre Behindertengleichstellungsgesetz – Erfahrungen aus der Praxis, in PBG aktuell 1/2007 S. 5 ff.
HESS	HESS Jürg: Der Denkmalschutz im zürcherischen Planungs- und Baugesetz, Entlebuch 1986
HESS/WEIBEL	HESS Heinz / WEIBEL Heinrich: Das Enteignungsrecht des Bundes, Kommentar zum Bundesgesetz über die Enteignung, zu den verfassungsrechtlichen Grundlagen und zur Spezialgesetzgebung des Bundes, 2 Bde., Bern 1986.
HESS-ODONI	HESS-ODONI Urs: Revision der Bauarbeitenverordnung: Der Bauherr ist nicht verantwortlich, in: Hauseigentümer, 15. Dezember 2005, S. 7 ff.
HÖSLI	HÖSLI Bruno: Ziele der kommunalen Energieplanung, in: Thema Umwelt 2/2005, S. 10 ff.
HUBER 1986	HUBER Felix: Die Ausnützungsziffer, Zürich 1986.
HUBER 1995a	HUBER Felix: Die Ausnützungsziffer gemäss PBG-Revision 1991, in: PBG aktuell 1/1995, S. 5 ff.
HUBER 1995b	HUBER Felix: Akteneinsicht und Kopien von Baueingaben bei der öffentlichen Auflage, in: PBG aktuell 4/1995, S. 33.
HUBER 2002a	HUBER Felix: Grenzabstände von Gebäuden gegenüber der jenseits des Weges liegenden Parzelle, in: PBG aktuell 1/2002, S. 34 ff.
HUBER 2002b	HUBER Felix: Der gewachsene Boden, in: PBG aktuell 4/2002, S. 5 ff.
HUBER-WÄLCHLI/ KELLER	HUBER-WÄLCHLI Veronika / KELLER Peter M.: Zehn Jahre Rechtsprechung zum neuen Gewässerschutzgesetz, in: URP 2003, S. 1 ff.
HUBMANN TRÄCHSEL 1995	HUBMANN TRÄCHSEL Michèle: Die Koordination von Bewilligungsverfahren für Bauten und Anlagen im Kanton Zürich, in: Zürcher Studien zum öffentlichen Recht Nr. 116, Zürich 1995.
HUBMANN TRÄCHSEL 2000	HUBMANN TRÄCHSEL Michèle: Konsens statt Konfrontation – Instrumente der Projektentwicklung und Baurechtspflege, in: SIA Nr. 4/2000, S. 72 ff.
HUNGERBÜHLER	HUNGERBÜHLER Adrian: Grundsätze des Kausalabgaberechts, in: ZBl 2003, S. 507.
HUSER 2001	HUSER Meinrad: Schweizerisches Vermessungsrecht, Fribourg 2001.
JAAG 2005	JAAG Tobias: Staats- und Verwaltungsrecht des Kantons Zürich, 3. Aufl., Zürich 2005.
JAISSLE	JAISSLE Stefan M.: Der dynamische Waldbegriff und die Raumplanung. Eine Darstellung der Waldgesetzgebung unter raumplanerischen Aspekten, Zürcher Studien zum öffentlichen Recht Nr. 115, Zürich 1994.
JARDIN SUISSE	JARDIN SUISSE (Hrsg.): Bäume und Sträucher im Nachbarrecht – Gesetzliche Bestimmungen von Bund und Kantonen in Diagrammen und Tabellen, 2. Aufl., Zürich 2007.

Literatur

Zitat	Beleg
JENNI	JENNI Hans-Peter: Vor lauter Bäumen den Wald doch noch sehen: Ein Wegweiser durch die neue Waldgesetzgebung, Schriftenreihe Umwelt Nr. 210, Bern 1993.
KAPPELER	KAPPELER Rudolf: Die baurechtliche Regelung bestehender Gebäude, Das postfinite Baurecht, Zürich 2001.
KARLEN 1993	KARLEN Peter: Grundsätze des Erschliessungsabgaberechts, in: RPG-NO 3/93, S. 11 ff.
KARLEN 1998a	KARLEN Peter: Raumplanung und Umweltschutz – Zur Harmonisierung zweier komplexer Staatsaufgaben, in: ZBl 1998, S. 145 ff.
KARLEN 1999	KARLEN Peter: Die Erhebung von Abwasserabgaben aus rechtlicher Sicht, in: URP 1999, S. 539 ff.
KASA/FURRER	KASA Carl N. / FURRER Frank: Industriegleise – ein komplettes Vademekum: Raumplanung, Verfahrensrecht, Technik, Zürich 1995.
KEEL/ZIMMERMANN	KEEL Alois / ZIMMERMANN Willi: Bundesgerichtliche Rechtsprechung zur Waldgesetzgebung 2000–2008, in: URP 2009, S. 237 ff.
KEISER	KEISER Andreas: Quartiererhaltungszonen – Ein neues Instrument der zürcherischen Ortsplanung, in: PBG aktuell 1/1994, S. 5 ff.
KELLER/HAUSER	KELLER Helen / HAUSER Matthias: Ideell oder wirtschaftlich – die Gretchenfrage im Verbandsbeschwerderecht, in: URP 2009, S. 835 ff.
KELLER/ZUFFEREY/FAHRLÄNDER	KELLER Peter M. / ZUFFEREY Jean-Baptiste / FAHRLÄNDER Karl Ludwig (Hrsg.): Kommentar NHG / Kommentar zum Bundesgesetz über den Natur- und Heimatschutz, Zürich 1997.
KLEB	KLEB Peter: Kosten und Entschädigungen im zürcherischen Quartierplanverfahren, in: Zürcher Studien zum öffentlichen Recht Nr. 163, Zürich 2005.
KOCH	KOCH Richard: Das Strassenrecht des Kantons Zürich (Strassenpolizeirecht) unter Berücksichtigung des Nationalstrassen- und Umweltschutzrechts, Zürich 1997.
KOEPF/BINDING	KOEPF Hans / BINDING Günther: Bildwörterbuch der Architektur, 4. Aufl., Stuttgart 2005
KÖLZ/BOSSHART/RÖHL	KÖLZ Alfred / BOSSHART Jürg / RÖHL Martin: Kommentar zum Verwaltungsrechtspflegegesetz des Kantons Zürich, 2. Aufl., Zürich 1999.
KRIEG	KRIEG Petra: Doppelte Bewilligungspflicht für Gartenwirtschaften, in: PBG aktuell 1/2008, S. 36 ff.
KULL 2001	KULL Erich, Höhenbeschränkung bei Terrassenhäusern, in: PBG aktuell 2/2001, S. 39 ff.
KÜNG DOMINIK	KÜNG Dominik: Die neuen Bestimmungen über die Koordination und Vereinfachung der Entscheidverfahren auf Bundesebene, in: Raum & Umwelt November 1999, Bern 1999, S. 61 ff.
KÜNG MANFRED	KÜNG Manfred: Strassenreklamen im Verkehrs- und Baurecht, Bern 1991.
LEIMBACHER 1995	LEIMBACHER Jörg: Planungen und materielle Enteignung, VLP-Schrift Nr. 63, Bern 1995.

Zitat	Beleg
LEIMBACHER 2005	LEIMBACHER Jörg: Bundesinventare – Die Bedeutung der Natur- und Landschaftsschutzinventare des Bundes und ihre Umsetzung in der Raumplanung, VLP-Schrift Nr. 71, Bern 2000.
LIMACHER/GUGERLI	LIMACHER Herbert / GUGERLI Heinrich: Asbest – die Dimension jenseits von Spritzasbest, in: ZUP Nr. 41, Juli 2005, S. 23 ff.
LINDENMANN ALFRED	LINDENMANN Alfred: Bäume und Sträucher im Nachbarrecht, 4. Aufl., Baden 1988.
LINDENMANN CHRISTIAN 1989	LINDENMANN Christian: Beiträge und Gebühren für die Erschliessung nach zürcherischem Planungs- und Baugesetz, Freiburg 1989.
LINDENMANN CHRISTIAN 1993	LINDENMANN Christian: Erschliessungsfinanzierung in der Praxis der Stadt Zürich und im Kanton Zürich, in: RPG-NO 1/93, S. 41 ff.
LORETAN 2005	LORETAN Theo: Fahrten- und Fahrleistungsmodell, in: URP 2005, S. 494 ff.
LUSTENBERGER	LUSTENBERGER Erik: Verzichtsvereinbarungen im öffentlichen Bauverfahren, Zürich 2008.
LUSTENBERGER SCHLÄPFER	LUSTENBERGER SCHLÄPFER Béatrice: Erfordernis der Zustimmung der Stockwerkeigentümerversammlung für die Einreichung eines Baugesuchs, in: PBG aktuell 4/1996, S. 37 ff. und PBG aktuell 1/1997, S. 32.
MÄCHLER	MÄCHLER August: Vertrag und Verwaltungsrechtspflege – Ausgewählte Fragen zum vertraglichen Handeln der Verwaltung und zum Einsatz des Vertrages in der Verwaltungsrechtspflege, Zürich 2005.
MÄDER 1991	MÄDER Christian: Das Baubewilligungsverfahren, Zürcher Studien zum Verfahrensrecht Nr. 93, Zürich 1991.
MÄDER 1998a	MÄDER Christian: Zur Bedeutung der VRG-Revision für das Raumplanungs- und Baurecht sowie das Enteignungsrecht, in: PBG aktuell 1/1998, S. 5 ff.
MARTI 2000	MARTI Arnold: Zum Inkrafttreten des Bundeskoordinationsgesetzes und weiteren Neuerungen im Bereich des Umwelt-, Bau- und Planungsrechtes, in; URP 2000, S. 291 ff.
MARTI 2005	MARTI Arnold: Bundesinventare – eigenständige Schutz- und Planungs- instrumente des Natur- und Heimatschutzrechts, in: URP 2005, S. 619 ff.
MARTIN	MARTIN Jürg: Leitfaden für den Erlass von Verfügungen, Grundlagen – Inhalt – Form – Rechtswirkungen, Zürich 1996.
MEISSER	MEISSER Gregor: Messweise der Gebäude- und Firsthöhe bei besonderer Dachform, in: PBG aktuell 2/2010 S. 45 ff.
MERKLI	MERKLI Thomas: Vorsorgliche Massnahmen und die aufschiebende Wirkung bei Beschwerden in öffentlich-rechtlichen Angelegenheiten und subsidiären Verfassungsbeschwerden, in: ZBl 2008, S. 416 ff.
MUGGLI 2001	MUGGLI Rudolf: Theorie und Praxis der Kooperativen Planung, in: Raum & Umwelt 2001, Bern 2002, S. 24 ff.
MUGGLI 2003	MUGGLI Rudolf: Begriffe zum Bauen ausserhalb der Bauzone, in: Raum&Umwelt 2003, Bern 2003, S. 18 ff.
MÜLLER	MÜLLER Peter, Begriffsbrevier zum Planungs- und Baugesetz, 1976

Literatur

Zitat	Beleg
MÜLLER/ROSENSTOCK/ WIPFLI/ZUPPINGER	MÜLLER Peter / ROSENSTOCK Peter / WIPFLI Peter / ZUPPINGER Werner: Kommentar zum Zürcher Planungs- und Baugesetz vom 7. September 1975, Zürich 1985 (es sind nur die §§ 120–186 kommentiert, wird nicht weitergeführt).
NEERACHER	NEERACHER Jürg O., Brandschutz im Kanton Zürich – Entwicklung zu mehr Eigenverantwortung, in: PBG aktuell 2/2010, S. 5 ff.
PFANNKUCHEN HEEB	PFANNKUCHEN HEEB Silvia, Ermessensspielraum und Willkürgrenze bei Gestaltungsfragen, in: PBG aktuell 3/2010, S. 5 ff.)
PFISTERER 1990	PFISTERER Thomas: Entschädigungspflichtige raumplanerische Massnahmen, in: BVR 1990, S. 25 ff.
PIOTET	PIOTET Denis: Le transfert du coefficient d'utilisation ou d'occupation du sol et le droit privé fédéral, in: BR 2/2000, S. 39 ff.
PREISIG/DUBACH/ KASSER/VIRIDEN	PREISIG Hansruedi / DUBACH Werner / KASSER Ueli / VIRIDEN Karl: Ökologische Baukompetenz, Handbuch für die kostenbewusste Bauherrschaft, Zürich 1999.
RAUSCH	RAUSCH Heribert: Panorama des Umweltrechts, Umweltschutzvorschriften des Bundes im Überblick, 4. Aufl., Bern 2005.
RAUSCH/MARTI/ GRIFFEL	RAUSCH Heribert / MARTI Arnold / GRIFFEL Alain (HALLER Walter [Hrsg.]): Umweltrecht, Zürich 2004.
REY 1996	REY Heinz: Die privatrechtliche Rechtsprechung des Bundesgerichts im Jahre 1994, in: ZBJV 1996, S. 302 ff.
ROOS	ROOS Lukas: Pflanzen im Nachbarrecht, in: Zürcher Studien zum Privatrecht Nr. 175, Zürich 2002.
ROTACH TOMSCHIN	ROTACH TOMSCHIN Bea: Die Revision des Zürcher Verwaltungsrechtspflegegesetzes, in: ZBl 1997, S. 433 ff.
RUCH 2010	RUCH Alexander: Schweizerisches Bundesverwaltungsrecht – Umwelt – Boden – Raum, Bd. VI, Basel 2010.
RUOSS FIERZ	RUOSS FIERZ Magdalena: Massnahmen gegen illegales Bauen – unter besonderer Berücksichtigung des zürcherischen Rechts, in: Zürcher Studien zum öffentlichen Recht Nr. 126, Zürich 1999.
RÜSSLI	RÜSSLI Markus: Die Heimschlagsrechte des zürcherischen Planungs- und Baugesetzes, in: Zürcher Studien zum öffentlichen Recht Nr. 119, Zürich 1996.
RÜSSLI 2007	RÜSSLI Markus: Landanlagen und Bauten auf Landanlagen im Kanton Zürich, in: ZBl 108/2007, S. 666 ff.
SAPUTELLI 2008	SAPUTELLI Maja: Einfachere Umweltverträglichkeitsprüfung, in: PBG aktuell 4/2008, S. 39 ff
SAPUTELLI 2010	SAPUTELLI Maja, Bauten auf Rädern, in PBG aktuell 3/2010 S. 39 ff.
SCHALTEGGER 1997	SCHALTEGGER Simon: Haftung des Nachbarn für Verzögerungsschaden infolge Erhebung von Rechtsmitteln gegen eine Baubewilligung?, in: BR 1997, S. 101.
SCHERRER	SCHERRER Karin, Handlungs- und Kostentragungspflichten bei der Altlastensanierung, Abhandlungen zum schweizerischen Recht, Heft 703, Bern 2005.

Zitat	Beleg
SCHEIDEGGER	SCHEIDEGGER Stephan: Publikumsintensive Einrichtungen: Einkaufszentrum scheitert an ungenügender Anbindung an den öffentlichen Verkehr, in: BR 3/2002, S. 107.
SCHNEIDER	SCHNEIDER Adrian: Der angemessene Ausgleich für erhebliche Planungsvorteile nach Art. 5 Abs. 1 RPG, in: Arbeiten aus dem Iuristischen Seminar der Universität Freiburg, Schweiz; Zürich 2006.
SCHNYDER	SCHNYDER François: Belasteten Bodenaushub rechtzeitig erkennen, in: Umwelt Perspektiven Nr. 2, April 2006
SCHÖBI	SCHÖBI Felix: Zur Unterscheidung von formeller und materieller Enteignung am Beispiel von Immissionsstreitigkeiten, in: recht 1985 S. 126 ff.
SCHUMACHER 2005	SCHUMACHER Rainer: Arbeitssicherheit und Gesundheitsschutz bei Bauarbeiten, in: BR 4/2005, S. 200 ff.
SCHUMACHER 2010	SCHUMACHER Rainer: Sicheres Bauen und sichere Bauwerke – Wer haftet? Alle!, Zürich 2010.
SCHÜPBACH SCHMID	SCHÜPBACH SCHMID Maja: Das Näherbaurecht in der zürcherischen baurechtlichen Praxis, Unter Berücksichtigung weiterer die nachbarliche Zustimmung erfordernder Normen des Planungs- und Baugesetzes des Kantons Zürich, Diss. Zürich 2000 (Entlebuch 2001).
SCHWENDENER	SCHWENDENER Niklaus: Werden Flachdächer bei einem Verzicht auf Geschosszahlvorschriften privilegiert?, in: PBG aktuell 2/1998, S. 45 ff.
SIEBER	SIEBER Roman: Die bauliche Verdichtung aus rechtlicher Sicht, in: Arbeiten aus dem Iuristischen Seminar der Universität Freiburg, Schweiz, 159, Freiburg 1996,
SOMMER 2002	SOMMER Monika: Stockwerkeigentum, Zürich 2002 (unveränderter Nachdruck 2009).
SOMMER 2007	SOMMER Monika: Nachbarrecht, 2. Aufl., Zürich 2007.
SPOERRI	SPOERRI Thomas: Fahrtenmodell – Stapellauf ins Ungewisse, in: PBG aktuell 4/2003, S. 5 ff.
SPORI	SPORI Niklaus: Nutzungsübertragung als Mittel zur baulichen Verdichtung, in: VLP-Info Nr. 3/06, Mai 2006 Nr. 8/2006.
SPÜHLER 1993	SPÜHLER Karl: Aktuelle Rechtsfragen zum zürcherischen Bau- und Planungsrecht aus der Sicht des Bundesgerichts, in: ZBl 1993, S. 109 ff.
STEINER	STEINER Marc: Das Bundesverwaltungsgericht – ein kurzer Überblick, in: PBG aktuell 2/2007, S. 24 ff.
STÖRI 1996	STÖRI Fridolin: Grob- und Feinerschliessung durch die Grundeigentümer, in: PBG aktuell 3/1996, S. 5 ff.
STÖRI 2006	STÖRI Fridolin: Entschädigungen für Flur- und Genossenschaftswege im Zürcher Quartierplanverfahren, in: PBG aktuell 2/2006, S. 5 ff.
STÖRI 2007	STÖRI Fridolin: Probleme bei Bewilligungen aus der Sicht der Baubehörde, in: PBG aktuell 2/2007, S. 5 ff.
STUTZ 2001	STUTZ Hans W.: Die Kostentragung bei Altlastensanierung und beim Umgang mit schadstoffbelasteten Bauabfällen, in: PBG aktuell 2/2001, S. 5 ff.

Literatur

Zitat	Beleg
STUTZ 2006	STUTZ Hans W.: Das revidierte Altlastenrecht des Bundes, in: URP 2006, S. 329 ff.
STUTZ 2008	STUTZ Hans W: Schweizerisches Abwasserrecht, in: Schriftenreihe zum Umweltrecht, Bd. 20, Zürich 2008.
STUTZ HANS-PETER	STUTZ Hans-Peter: Waldrand – wertvoller Naturraum unter Druck, in: ZUP Nr. 43, Dezember 2005, S. 31 ff.
STUTZ/CUMMINS	STUTZ Hans W. / CUMMINS Mark: Die Sanierung von Altlasten – Rechtsfragen der Behandlung kontaminierter Grundstücke unter besonderer Berücksichtigung des zürcherischen Rechts, Zürich 1996.
THALMANN	THALMANN Hans Rudolf: Kommentar zum Zürcher Gemeindegesetz, in: Schriftenreihe VZGV, Nr. 6a, 3. Aufl., Wädenswil 2000.
TSCHANNEN	TSCHANNEN Pierre: Umsetzung von Umweltrecht in der Raumplanung, in: URP 2005, S. 415 ff.
TSCHANNEN/FRICK	TSCHANNEN Pierre / FRICK Martin: Der Verursacherbegriff nach Art. 32d USG, Bern 2002, zusammengefasst in: URP 2003, S. 286 ff.:
VASELLA	VASELLA A.: Die extensive Dachbegrünung aus bauökologischer Sicht, in: Schweizer Ingenieur und Architekt, Nr. 4/1992, S. 56.
VEREINIGUNG FÜR UMWELTRECHT/KELLER	VEREINIGUNG FÜR UMWELTRECHT / KELLER Helen (Hrsg.): Kommentar zum Umweltschutzgesetz, 2. Aufl., Zürich 2000 ff. (zit.: BEARBEITER: Kommentar USG)
VILLA	VILLA Heinz: Grossverbraucher im Kanton Zürich zur Energieanalyse aufgefordert, in: ZUP Nr. 41, Juli 2005, S. 19 ff.
VILLIGER ALOIS	VILLIGER Alois: Was bringt die neue Verordnung über den Verkehr mit Abfällen (VeVA)?, in: ZUP Nr. 43 vom Dezember 2005, S. 39 ff.
VON ARX	VON ARX Peter: Der Ästhetikparagraph (§ 238) im zürcherischen Planungs- und Baugesetz, Zürich 1983.
WAGNER PFEIFFER 2010	WAGNER PFEIFFER Beatrice: Parkraumbeschränkungen bei verkehrsintensiven Einrichtungen, in: SJZ 106/2010, S. 257 ff.
WALDMANN 1997	WALDMANN Bernhard: Der Schutz von Mooren und Moorlandschaften: Inhalt, Tragweite und Umsetzung des «Rothenturmartikels» (Art. 24^{sexies} Abs. 5 BV), in: Arbeiten aus dem Iuristischen Seminar der Universität Freiburg, Schweiz, Nr. 162, Fribourg 1997.
WALDMANN 2003	WALDMANN Bernhard: Bauen und Denkmalschutz: Hindernisse und Chancen, BRT 2003, S. 109 ff.
WALDMANN 2005	WALDMANN Bernhard: Der Schutz vor ideellen Immissionen in Wohngebieten – eine kritische Würdigung, in: BR 2005 S. 156 ff.
WALDMANN/HÄNNI	WALDMANN Bernhard / HÄNNI Peter: Raumplanungsgesetz – Bundesgesetz vom 22. Juni 1979 über die Raumplanung (RPG), Bern 2006.
WALKER	WALKER Urs: Baubewilligung für Mobilfunkantennen; bundesrechtliche Grundlagen und ausgewählte Fragen, in: BR 1/2000, S. 3 ff.
WALKER SPÄH 1994a	WALKER SPÄH Carmen: Berechnung der Baumassenziffer, in: PBG aktuell 4/1994, S. 28 ff.
WALKER SPÄH 1994b	WALKER SPÄH Carmen: Messweise der Gebäudehöhe bei begrünten Flachdächern, in: PBG aktuell 2/1994, S. 29 ff.

Zitat	Beleg
WALKER SPÄH 1996	WALKER SPÄH Carmen: Definition der Terrassenbauweise nach § 77 PBG, in: PBG aktuell 2/1996, S. 23 ff.
WALKER SPÄH 1999	WALKER SPÄH Carmen: Das Wichtigste zur neu(st)en Bauverfahrensverordnung (BVV), in: PBG aktuell 4/1999, S. 29 ff.
WALKER SPÄH 2002	WALKER SPÄH Carmen: Der Entscheid: Quartierplanfestsetzung insb. die Frage der Fein- oder Groberschliessung und die Frage der Verteilung der Prozesskosten und Prozessentschädigung, in: PBG aktuell 4/2002, S. 31 ff.
WALKER SPÄH 2004	WALKER SPÄH Carmen: Pferdehaltung in der Wohnzone – Stand der Rechtsprechung, in: PBG aktuell 1/2004, S. 23 ff.
WALKER SPÄH 2006a	WALKER SPÄH Carmen: Der Prüfperimeter für Bodenverschiebungen, in: PBG aktuell 2/2006 S. 32 ff.
WALKER SPÄH 2006b	WALKER SPÄH Carmen: Behördenbeschwerde – Ein Instrument zugunsten der Umwelt, in: PBG aktuell 3/2006, S. 5 ff.
WALKER SPÄH 2008	WALKER SPÄH Carmen: Zur Wiederherstellung des rechtmässigen Zustandes, in: PBG aktuell 1/2008, S. 5 ff.
WALKER SPÄH 2009	WALKER SPÄH Carmen:, Ermessensspielraum bei Gestaltungsfragen und Rechtsweggarantie, in: PBG aktuell 4/2009, S. 5 ff.
WEGELIN	WEGELIN Fritz: Die Herausforderungen für die Raumentwicklung Schweiz, in: PBG aktuell 3/2009, S. 5 ff.
WIEDERKEHR SCHULER	WIEDERKEHR SCHULER Elsbeth: Denkmal- und Ortsbildschutz – Die Rechtsprechung des Bundesgerichts und des Zürcher Verwaltungsgerichts, Zürich 1999.
WIESTNER KOLLER	WIESTNER KOLLER Heidi: Altlastenrecht – Neue Aufgaben für Kantone und Gemeinden, in: Raum & Umwelt 1998, Bern 1999, S. 40 ff.
WIESTNER/MEYER STAUFFER	WIESTNER Heidi / MEYER STAUFFER Florence: Gewässerschutz, Neue Aufgaben für die Gemeinden, in: Raum & Umwelt 1995, Bern 1996, S. 9 ff.
WILLI	WILLI Konrad: Die Besitzstandsgarantie für vorschriftswidrige Bauten und Anlagen innerhalb der Bauzonen – Eine Darstellung unter besonderer Berücksichtigung des zürcherischen Rechts, in: Zürcher Studien zum öffentlichen Recht Nr. 158, Zürich 2003.
WIPF	WIPF Thomas: Das Koordinationsgesetz des Bundes, in: Zürcher Studien zum öffentlichen Recht, Zürich 2001.
WITTWER	WITTWER Benjamin: Bewilligung von Mobilfunkanlagen, in: Zürcher Studien zum öffentlichen Recht Nr. 173, 2. Aufl., Zürich 2008.
WOLF 1994	WOLF Robert: Umstrittenes Lärmschutzrecht: Alltagslärm – kantonale Lärmschutzvorschriften – Bestimmung von Empfindlichkeitsstufen im Einzelfall, in: URP 1994, S. 97 ff.
WOLF 1996	WOLF Robert: Auswirkungen des revidierten Art. 19 RPG auf das Erschliessungsrecht des Kantons Zürich, in: Raum & Umwelt 1996, Bern 1997, S. 29 ff.
WOLF/KULL	WOLF Robert / KULL Erich: Das revidierte Planungs- und Baugesetz (PBG) des Kantons Zürich, VLP-Schrift Nr. 58, Bern 1992.
ZÜRCHER François	ZÜRCHER François, Koordination zwischen Raumplanung und bäuerlichem Bodenrecht, in: Raum&Umwelt 2004, S. 1 ff.

Abkürzungen

Allgemeine Abkürzungen

Abl	Amtsblatt des Kantons Zürich
Abs.	Absatz
AbstellplatzV	Kommunale Abstellplatzverordnung (teilweise auch als Parkplatzverordnung bezeichnet)
AEAI	Association des Etablissements cantonaux d'assurance incendie
AGVE	Aargauische Gerichts- und Verwaltungsentscheide
AJP	Aktuelle juristische Praxis
AK	Archäologiekommission
ALN	Kantonales Amt für Landschaft und Natur
ARA	Abwasserreinigungsanlage
ARE	1) Bundesamt für Raumentwicklung 2) Amt für Raumentwicklung des Kantons Zürich
Art.	Artikel
ARV	Amt für Raumordnung und Vermessung des Kantons Zürich; ab 1.10.2010 Amt für Raumentwicklung des Kantons Zürich (ARE)
ASTRA	Bundesamt für Strassen
Aufl.	Auflage
AW	Alarmwert
AWA	Kantonales Amt für Wirtschaft und Arbeit
AWEL	Kantonales Amt für Abfall, Wasser, Energie und Luft
B	Beschluss
BAFU	Bundesamt für Umwelt (das BAFU ist die Umweltfachstelle des Bundes und gehört zum Eidg. Departement für Umwelt, Verkehr, Energie und Kommunikation UVEK)
BAKOM	Bundesamt für Kommunikation
BAKU	Leitstelle für Baubewilligungen
BAV	Bundesamt für Verkehr
BAZL	Bundesamt für Zivilluftfahrt
BB	Bundesbeschluss
BBl	Bundesblatt der Schweizerischen Eidgenossenschaft
BEZ	Baurechtsentscheide des Kantons Zürich
Bfu	Schweizerische Beratungsstelle für Unfallverhütung
BG	Bundesgesetz
BGE	Entscheide des Schweizerischen Bundesgerichts (Amtliche Sammlung)
BGer	Entscheide des Bundesgerichts (abrufbar über die Geschäftsnummer auf der Seite www.bger.ch/index/juridiction/)
BJM	Basler Juristische Mitteilungen
BLN	Bundesinventar der Landschaften und Naturdenkmäler von nationaler Bedeutung
BLVGE	Basellandschaftliche Verwaltungsgerichtsentscheide
BO	Kommunale Bauordnung
BPUK	Schweizerische Bau-, Planungs- und Umweltdirektoren-Konferenz
BR	Baurecht (Zeitschrift)

BRG	Baurekursgericht des Kantons Zürich (BRG), früher Baurekurskommission
BRGE	Entscheid des Baurekursgerichts des Kantons Zürich
BRK	Baurekurskommission des Kantons Zürich, ab 1.1.2011 Baurekursgericht des Kantons Zürich (BRG)
BRKE	Entscheid der Baurekurskommission (des Kantons Zürich)
BRT	Unterlagen der Schweizerischen Baurechtstagung in Freiburg
BSN	Brandschutznorm
BUWAL	Bundesamt für Umwelt, Wald und Landschaft, heute BAFU
BVR	Bernische Verwaltungsrechtsprechung
BZO	Bau- und Zonenordnung einer Gemeinde
CAD	Computer aided design
C-Horizont	Untergrundhorizont, in der Regel Ausgangsmaterial (Gestein)
dB	Dezibel
DVB-H	DVB-H (englisch: Digital Video Broadcasting – Handhelds, deutsch: Digitaler Videorundfunk für Handgeräte)
EBF	Energiebezugsfläche
EDI	Eidgenössisches Departement des Innern
EGMR	Europäischer Gerichtshof für Menschenrechte
EGW	Emissionsgrenzwerte
EKAS	Eidgenössische Koordinationskommission für Arbeitssicherheit
EKD	Eidgenössische Kommission für Denkmalpflege
EKZ	Elektrizitätswerke des Kantons Zürich
EMPA	Eidgenössische Materialprüfungsanstalt
ENHK	Eidgenössische Natur- und Heimatschutzkommission
ERP	Equivalent radiated power (maximale äquivalente Strahlungsleistung)
ES	Empfindlichkeitsstufe
ETCS	European Train Control System
EWG	Einwohnergleichwerte
FaBo	Fachstelle Bodenschutz des Kantons Zürich
FAQ	Frequently asked questions = häufig gestellte Fragen und zugehörige Antworten zu einem bestimmten Thema
FAT	Forschungsanstalt für Agrarwirtschaft und Landtechnik in Tänikon TG
FN	Fussnote
G	Gesetz
GEP	Genereller Entwässerungsplan
GHz	Gigaherz
GIS	Geographic information system
GKP	Generelles Kanalisationsprojekt
GRB	Gemeinderatsbeschluss
GSM	Global System for Mobile Communication = weltweit verwendeter digitaler Mobilfunkstandard
GSM-R	Global System for Mobile Communications – Rail(way) = Mobilfunksystem für die Verwendung bei den Eisenbahnen

Abkürzungen

GVZ	Gebäudeversicherung des Kantons Zürich
HQ	Wiederkehrintervall eines Hochwassers (Beispiel: HQ100 = Hochwasser, welches alle hundert Jahre vorkommt)
Hrsg.	Herausgeber
Hz	Herz
ICNIRP	Internationale Kommission zum Schutz vor nicht ionisierender Strahlung
IGW	Immissionsgrenzwert
ILO	International Labour Organization
ILS	Instrumentenlandesystem (engl. instrument landing system)
INFORAUM	Informationsorgan der Schweizerischen Vereinigung für Landesplanung
IOTH	Interkantonales Organ Technische Handelshemmnisse
ISO	Internationale Organisation für Normung/EN: Europäische Norm
ISOS	Bundesinventar der schützenswerten Ortsbilder der Schweiz
IVS	Bundesinventar der historischen Verkehrswege der Schweiz
KDK	Denkmalpflegekommission
KFP	Kantonale Feuerpolizei
KNI	Kosten-Nutzen-Index
KOFU	Kantonale Koordinationsstelle für Umweltschutz
LGVE	Luzerner Gerichts- und Verwaltungsentscheide
LS	Zürcher Loseblattsammlung
MIFLU	Schätzungsmodell «MInderwert FLUglärm»
MuKEn	Mustervorschriften der Kantone im Energiebereich
N	Note
NHK	Natur- und Heimatschutzkommission
NOK	Nordostschweizerische Kraftwerke
OG	Obergeschoss
OKA	Orte für den kurzfristigen Aufenthalt
OMEN	Orte mit empfindlicher Nutzung
PBG aktuell	PBG aktuell, Zürcher Zeitschrift für öffentliches Baurecht
PCB	polychlorierte Biphenyle
PM	Partikelgrösse gemessen in Mikrometer
PM10	Bezeichnung für Feinstaub, dessen Partikel höchstens 10 Mikrometer (μm), das heisst 0.01 Millimeter Durchmesser haben
PPV	Parkplatzverordnung
Pra	Praxis des Bundesgerichts (Basel)
PW	Planungswert
R	Reglement
RB	Rechenschaftsbericht des Verwaltungsgerichts des Kantons Zürich (ab 2009 enthält der Rechenschaftsbericht keine Entscheide mehr)
REKO INUM	Eidgenössische Rekurskommission für Infrastruktur und Umwelt (heute abgelöst durch das Bundesverwaltungsgericht)
RPG-NO	Informationsblatt der Raumplanungsgruppe Nordostschweiz RPG-NO
RRB	Beschluss des Zürcher Regierungsrates
Rz.	Randziffer
SAC	Schweizerischer Alpenclub
SAK	Standardarbeitskraft

SBA	Schweizerische Blätter für Arbeitssicherheit
SBB	Schweizerische Bundesbahnen
SBI	Schweizerische Bauindustrie
SBV	Sonderbauvorschriften
SECO	Staatssekretariat für Wirtschaft
SEVO	kommunale Verordnung über Siedlungsentwässerungsanlagen
SIA	Schweizerischer Ingenieur- und Architektenverein
SIL	Sachplan Infrastruktur der Luftfahrt
SJZ	Schweizerische Juristenzeitung
SR	Systematische Sammlung des Bundesrechts
SUVA	Schweizerische Unfallversicherungsanstalt
SWKI	Schweizerischer Verein von Gebäudetechnik-Ingenieuren
TEC21	Fachzeitschrift für Architektur, Ingenieurwesen und Umwelt; offizielles Publikationsorgan des Schweizerischen Ingenieur- und Architektenvereins SIA
UMTS	Universal Mobile Telecommunications System (Mobilfunk der dritten Generation)
UNESCO	United Nations Educational, Scientific and Cultural Organization (deutsch: Organisation der Vereinten Nationen für Erziehung, Wissenschaft und Kultur)
URP	Umweltrecht in der Praxis
UVEK	Eidgenössisches Departement für Umwelt, Verkehr, Energie und Kommunikation
UVP	Umweltverträglichkeitsprüfung
V	Verordnung
VB	Entscheid des Zürcher Verwaltungsgerichts
VBR	vorläufiges Betriebsreglement
VBS	Eidgenössisches Departement für Verteidigung, Bevölkerungsschutz und Sport
VHKA	Verbrauchsabhängige Heizkostenabrechnung
VK	Entscheid des Zürcher Verwaltungsgerichts im Klageverfahren
VKF	Vereinigung Kantonaler Feuerversicherungen
VLP	Schweizerische Vereinigung für Landesplanung
VR	Entscheide des Zürcher Verwaltungsgerichts im Rekursverfahren (vor allem gegen die Schätzungskommissionen)
VSA	Verband Schweizer Abwasser- und Gewässerschutzfachleute
VSBM	Verband der Schweizerischen Baumaschinenimporteure
VSS	Schweizerischer Verband der Strassen- und Verkehrsfachleute
VZGV	Verein Zürcherischer Gemeindeschreiber und Verwaltungsbeamter
W_{ERP}	Abgestrahlte Sendeleistung in Watt beim Mobilfunk
WLL	«Wireless Local Loop» = «drahtloser Teilnehmeranschluss»
ZBJV	Zeitschrift des Bernischen Juristenvereins
ZBl	Schweizerisches Zentralblatt für Staats- und Verwaltungsrecht
ZR	Blätter für Zürcherische Rechtsprechung
ZUP	Zürcher Umweltpraxis

Abkürzungen

Abkürzungen von Gesetzen und anderen Erlassen

Abkürzung	Ord.-Nr.	Titel
AbfG	LS 712.1	G über die Abfallwirtschaft (Abfallgesetz) vom 25. September 1994
AbfV	LS 712.11	Abfallverordnung vom 24. November 1999
AbtrG	LS 781	G betreffend die Abtretung von Privatrechten vom 30. November 1879
ABV	LS 700.2	V über die nähere Umschreibung der Begriffe und Inhalte der baurechtlichen Institute sowie über die Mess- und Berechnungsweisen (Allgemeine Bauverordnung) vom 22. Juni 1977
AlgV	SR 451.34	V über den Schutz der Amphibienlaichgebiete von nationaler Bedeutung (Amphibienlaichgebiete-Verordnung) vom 15. Juni 2001
AltlV	SR 814.680	V über die Sanierung von belasteten Standorten (Altlastenverordnung) vom 26. August 1998
AnGG	SR 742.141.5	BG über die Anschlussgleise vom 5. Oktober 1990
AnGV	SR 742.141.51	V über die Anschlussgleise vom 26. Februar 1992
ArG	SR 822.11	BG über die Arbeit in Industrie, Gewerbe und Handel (Arbeitsgesetz) vom 13. März 1964
ArGV 3	SR 822.113	V 3 zum Arbeitsgesetz (Gesundheitsvorsorge) vom 18. August 1993
BauAV	SR 832.311.141	V über die Sicherheit und den Gesundheitsschutz der Arbeitnehmerinnen und Arbeitnehmer bei Bauarbeiten (Bauarbeitenverordnung) vom 29. Juni 2005
BauG		Baugesetz für Ortschaften mit städtischen Verhältnissen vom 23. April 1893 (mit Änderungen bis zum 2. Juli 1967)
BaulärmV	LS 713.5	V über den Baulärm vom 27. November 1969
BauPG	SR 933.0	BG über Bauprodukte (Bauproduktegesetz) vom 8. Oktober 1999
BBV I	LS 700.21	V über die ordentlichen technischen und übrigen Anforderungen an Bauten, Anlagen, Ausstattungen und Ausrüstungen (Besondere Bauverordnung I) vom 26. Mai 1981 samt Anhang
BBV II	LS 700.22	V über die Verschärfung oder die Milderung von Bauvorschriften für besondere Bauten und Anlagen (Besondere Bauverordnung II) vom 26. August 1981

Abkürzung	Ord.-Nr.	Titel
BehiG	SR 151.3	BG über die Beseitigung von Benachteiligungen von Menschen mit Behinderungen (Behindertengleichstellungsgesetz) vom 13. Dezember 2002
BehiV	SR 151.31	V über die Beseitigung von Benachteiligungen von Menschen mit Behinderungen (Behindertengleichstellungsverordnung) vom 19. November 2003
BezVG	LS 173.1	Bezirksverwaltungsgesetz vom 10. März 1985
BGBB	SR 211.412.11	BG über das bäuerliche Bodenrecht vom 4. Oktober 1991
BGG	SR 173.110	BG über das Bundesgericht (Bundesgerichtsgesetz) vom 17. Juni 2005
BGLE	SR 742.144	BG über die Lärmsanierung der Eisenbahnen vom 24. März 2000
BV	SR 101	Bundesverfassung der Schweizerischen Eidgenossenschaft vom 18. April 1999
BVV	LS 700.6	Bauverfahrensverordnung mit Anhang vom 3. Dezember 1997
BZG	SR 520.1	BG über den Bevölkerungsschutz und den Zivilschutz (Bevölkerungs- und Zivilschutzgesetz) vom 4. Oktober 2002
ChemG	SR 813.1	BG über den Schutz vor gefährlichen Stoffen und Zubereitungen vom 15. Dezember 2000 (Chemikaliengesetz)
ChemRRV	SR 814.81	V zur Reduktion von Risiken beim Umgang mit bestimmten besonders gefährlichen Stoffen, Zubereitungen und Gegenständen (Chemikalien-Risikoreduktions-Verordnung) vom 18. Mai 2005
ChemV	SR 813.11	V über den Schutz vor gefährlichen Stoffen und Zubereitungen (Chemikalienverordnung) vom 18. Mai 2005
DeponieV	LS 712.12	V über die Nachsorge und Sanierung von Deponien vom 8. März 2000
EBG	SR 742.101	Eisenbahngesetz vom 20. Dezember 1957
EG GSchG	LS 711.1	Einführungsgesetz zum Gewässerschutzgesetz vom 8. Dezember 1974
EG ZGB	LS 230	Einführungsgesetz zum Schweizerischen Zivilgesetzbuch vom 2. April 1911
Einheiten-V	SR 941.202	Einheiten-Verordnung vom 23. November 1994
EKZ-G	LS 732.1	Gesetz betreffend die Elektrizitätswerke des Kantons Zürich vom 19. Juni 1983

Abkürzungen

Abkürzung	Ord.-Nr.	Titel
EKZ-V	LS 732.11	V über die Organisation und Verwaltung der Elektrizitätswerke des Kantons Zürich (EKZ-Verordnung) vom 13. Februar 1985
EleG	SR 734.0	BG betreffend die elektrischen Schwach- und Starkstromanlagen (Elektrizitätsgesetz) vom 24. Juni 1902
EMRK	SR 0.101	(Europäische) Konvention zum Schutze der Menschenrechte und Grundfreiheiten vom 4. November 1950
EnerG	LS 730.1	Energiegesetz vom 19. Juni 1983
EnG	SR 730.0	Energiegesetz vom 26. Juni 1998
EntG	SR 711	BG über die Enteignung vom 20. Juni 1930
EnV	SR 730.01	Energieverordnung vom 7. Dezember 1998
EnV-ZH	LS 730.11	V über die Energieplanung und die Förderung von Pilotprojekten (Energieverordnung) vom 6. November 1985
EV LMG	LS 817.1	Einführungsverordnung zum eidgenössischen Lebensmittelgesetz vom 2. Mai 2007
EV UVP	LS 710.5	Einführungsverordnung über die Umweltverträglichkeitsprüfung vom 16. April 1997
FDV	SR 784.101.1	V über Fernmeldedienste vom 9. März 2007
FFG	LS 861.1	G über die Feuerpolizei und das Feuerwehrwesen vom 24. September 1978
FMG	SR 784.10	Fernmeldegesetz vom 30. April 1997
FMV	SR 451.33	V über den Schutz der Flachmoore von nationaler Bedeutung (Flachmoorverordnung) vom 7. September 1994
FWG	SR 704	BG über Fuss- und Wanderwege vom 4. Oktober 1985
GBV	SR 211.432.1	V betreffend das Grundbuch vom 22. Februar 1910
Gemeindegebühren V	LS 681	V über die Gebühren der Gemeindebehörden vom 8. Dezember 1966
GG	LS 131.1	G über das Gemeindewesen (Gemeindegesetz) vom 6. Juni 1926
GGG	LS 935.11	Gastgewerbegesetz vom 1. Dezember 1996
GGV	LS 935.12	V zum Gastgewerbegesetz vom 16. Juli 1997
GOG	LS 211.1	G über die Anpassung der kantonalen Behördenorganisation und des kantonalen Prozessrechts in Zivil- und Strafsachen an die neuen Prozessgesetze des Bundes (Gerichtsorganisationsgesetz) vom 10. Mai 2010.

Abkürzung	Ord.-Nr.	Titel
GSchG	SR 814.20	BG über den Schutz der Gewässer (Gewässerschutzgesetz) vom 24. Januar 1991
GSchV	SR 814.201	Gewässerschutzverordnung vom 28. Oktober 1998
GSchV-ZH	LS 711.11	V über den Gewässerschutz vom 22. Januar 1975
HMV	SR 451.32	V über den Schutz der Hoch- und Übergangsmoore von nationaler Bedeutung (Hochmoorverordnung) vom 21. Januar 1991
HWV	LS 724.112	V über den Hochwasserschutz und die Wasserbaupolizei vom 14. Oktober 1992
HygieneV	LS 710.3	V über allgemeine und Wohnhygiene vom 20. März 1967
HyV	SR 817.024.1	Hygieneverordnung des EDI vom 23. November 2005
IDG	LS 170.4	G über die Information und den Datenschutz vom 12. Februar 2007
IVHB		Interkantonale Vereinbarung über die Harmonisierung der Baubegriffe (beschlossen von der Schweizerischen Bau-, Planungs- und Umweltdirektoren-Konferenz [BPUK] anlässlich der Hauptversammlung vom 22.09.2005 [mit redaktionellen Ergänzungen vom 31.01.2006])
IVöB		Interkantonale Vereinbarung über das öffentliche Beschaffungswesen vom 25. November 1994/ 15. März 2001
KEG	SR 732.1	Kernenergiegesetz vom 21. März 2003
KV	LS 101	Kantonsverfassung vom 27. Februar 2005
KZV	LS 522.1	Kantonale Zivilschutzverordnung vom 17. September 2008
LeV	SR 734.31	V über elektrische Leitungen (Leitungsverordnung) vom 30. März 1994
LFG	SR 748.0	BG über die Luftfahrt (Luftfahrtgesetz) vom 21. Dezember 1948
LG	LS 910.1	G über die Förderung der Landwirtschaft (Landwirtschaftsgesetz) vom 2. September 1979
LGV	SR 817.02	Lebensmittel- und Gebrauchsgegenständeverordnung vom 23. November 2005
LMG	SR 817.0	BG über Lebensmittel und Gebrauchsgegenstände vom 9. Oktober 1992 (Lebensmittelgesetz)
LRV	SR 814.318.142.1	Luftreinhalteverordnung vom 16. Dezember 1985

Abkürzungen

Abkürzung	Ord.-Nr	Titel
LSV	SR 814.41	Lärmschutzverordnung vom 15. Dezember 1986
LVA	SR 814.610.1	V des UVEK über Listen zum Verkehr mit Abfällen vom 18. Oktober 2005
LwG	SR 910.1	BG über die Landwirtschaft (Landwirtschaftsgesetz) vom 29. April 1998
MG	SR 510.10	BG über die Armee und die Militärverwaltung (Militärgesetz) vom 3. Februar 1995
MWStV	SR 641.201	Mehrwertsteuerverordnung vom 27. November 2009 (MWStV)
NHG	SR 451	BG über den Natur- und Heimatschutz vom 1. Juli 1966
NHV	SR 451.1	V über den Natur- und Heimatschutz vom 16. Januar 1991
NHV-ZH	LS 702.11	V über den Natur- und Heimatschutz und über kommunale Erholungsflächen vom 20. Juli 1977 (Natur- und Heimatschutz-Verordnung)
NISV	SR 814.710	V über den Schutz vor nicht ionisierender Strahlung vom 23. Dezember 1999
NIV	SR 734.27	V über elektrische Niederspannungsinstallationen (Niederspannungsinstallationsverordnung) vom 7. November 2001
NSG	SR 725.11	BG über die Nationalstrassen vom 8. März 1960
NSV	SR 725.111	V über die Nationalstrassen vom 7. November 2007
OR	SR 220	BG betreffend die Ergänzung des Schweizerischen Zivilgesetzbuches (Fünfter Teil: Obligationenrecht) vom 30. März 1911
OV BRG	LS 700.7	Organisationsverordnung des Baurekursgerichts vom 12. November 2010
PBG	LS 700.1	G über die Raumplanung und das öffentliche Baurecht (Planungs- und Baugesetz) vom 7. September 1975
PVG	LS 740.1	G über den öffentlichen Personenverkehr vom 6. März 1988
QPV	LS 701.13	V über den Quartierplan (Quartierplan-Verordnung) vom 18. Januar 1978
RDV	LS 701.11	V über die einheitliche Darstellung der Richtplanungen (mit Anhang) vom 8. Dezember 1976
RLG	SR 746.1	BG über Rohrleitungsanlagen zur Beförderung flüssiger oder gasförmiger Brenn- oder Treibstoffe (Rohrleitungsgesetz) vom 4. Oktober 1963
RLV	SR 746.11	Rohrleitungsverordnung vom 2. Februar 2000

Abkürzung	Ord.-Nr.	Titel
RPG	SR 700	BG über die Raumplanung vom 22. Juni 1979
RPV	SR 700.1	Raumplanungsverordnung vom 28. Juni 2000
RTVG	SR 784.40	BG über Radio und Fernsehen vom 21. Juni 1991
SchKG	SR 281.1	BG über Schuldbetreibung und Konkurs vom 11. April 1889
SebG	SR 743.01	BG über Seilbahnen zur Personenbeförderung (Seilbahngesetz) vom 23. Juni 2006
SGV	LS 700.3	V über die private Inanspruchnahme öffentlichen staatlichen Grundes (Sondergebrauchs-Verordnung) vom 24. Mai 1978
SSV	SR 741.21	Signalisationsverordnung vom 5. September 1979
SSV-ZH	LS 741.2	Kantonale Signalisationsverordnung vom 21.11.2001
StFV	SR 814.012	V über den Schutz vor Störfällen (Störfallverordnung) vom 27. Februar 1991
StGB	SR 311.0	Schweizerisches Strafgesetzbuch vom 21. Dezember 1937
StPO	SR 312.0	Schweizerische Strafprozessordnung (Strafprozessordnung) vom 5. Oktober 2007
StrAV	LS 700.4	V über den Abstand von Mauern, Einfriedungen und Pflanzen von Strassen (Strassenabstandsverordnung) vom 19. April 1978
StrG	LS 722.1	G über den Bau und den Unterhalt der öffentlichen Strassen (Strassengesetz) vom 27. September 1981
StromVG	SR 734.7	BG über die Stromversorgung vom 23. März 2007
StromVV	SR 734.71	Stromversorgungsverordnung vom 14. März 2008
StSG	SR 814.50	Strahlenschutzgesetz vom 22. März 1991
StSV	SR 814.501	Strahlenschutzverordnung vom 22. Juni 1994
SVG	SR 741.01	Strassenverkehrsgesetz vom 19. Dezember 1958
TVA	SR 814.600	Technische V über Abfälle vom 10. Dezember 1990
TwwV	SR 451.37	V über den Schutz der Trockenwiesen und -weiden von nationaler Bedeutung (Trockenwiesenverordnung) vom 13. Januar 2010
URG	SR 231.1	BG über das Urheberrecht und verwandte Schutzrechte (Urheberrechtsgesetz) vom 9. Oktober 1992
USG	SR 814.01	BG über den Umweltschutz vom 7. Oktober 1983
UVG	SR 832.20	BG über die Unfallversicherung vom 20. März 1981

Abkürzungen

Abkürzung	Ord.-Nr.	Titel
UVPV	SR 814.011	V über die Umweltverträglichkeitsprüfung vom 19. Oktober 1988
VASA	SR 814.681	V über die Abgabe zur Sanierung von Altlasten vom 5. April 2000
VAV	LS 255	V über die amtliche Vermessung vom 17. Dezember 1997
VBBo	SR 814.12	V über Belastungen des Bodens vom 1. Juli 1998
VBLN	SR 451.11	V über das Bundesinventar der Landschaften und Naturdenkmäler vom 10. August 1977
VBO	SR 814.076	V über die Bezeichnung der im Bereich des Umweltschutzes sowie des Natur- und Heimatschutzes beschwerdeberechtigten Organisationen vom 27. Juni 1990
VeVA	SR 814.610	V über den Verkehr mit Abfällen vom 22. Juni 2005
VGG	SR 173.32	BG über das Bundesverwaltungsgericht (Verwaltungsgerichtsgesetz) vom 17. Juni 2005
VHW	LS 724.112	V über den Hochwasserschutz und die Wasserbaupolizei vom 14. Oktober 1992
VIL	SR 748.131.1	V über die Infrastruktur der Luftfahrt vom 23. November 1994
VISOS	SR 451.12	V über das Bundesinventar der schützenswerten Ortsbilder der Schweiz vom 9. September 1981
VIVS	SR 451.13	V über das Bundesinventar der historischen Verkehrswege der Schweiz vom 14. April 2010
VLE	SR 742.144.1	V über die Lärmsanierung der Eisenbahnen vom 14. November 2001
VMWG	SR 221.213.11 *	Verordnung vom 9. Mai 1990 über die Miete und Pacht von Wohn- und Geschäftsräumen
VOG RR	LS 172.11	V über die Organisation des Regierungsrates und der kantonalen Verwaltung vom 18. Juli 2007
VPVE	SR 742.142.1	V über das Plangenehmigungsverfahren für Eisenbahnanlagen vom 2. Februar 2000
VRG	LS 175.2	G über den Rechtsschutz in Verwaltungssachen (Verwaltungsrechtspflegegesetz) vom 24. Mai 1959
VSBG	LS 861.21	Verordnung über die Subventionen der Gebäudeversicherungsanstalt an den Brandschutz
VSiV	LS 722.15	V über die Anforderungen an die Verkehrssicherheit und die Sicherheit von Strassenkörpern vom 15. Juni 1983 (Verkehrssicherheitsverordnung)
VUV	SR 832.30	V über die Verhütung von Unfällen und Berufskrankheiten (V über die Unfallverhütung) vom 19. Dezember 1983

Abkürzung	Ord.-Nr.	Titel
VVB	LS 861.12	V über den vorbeugenden Brandschutz vom 8. Dezember 2004
VWF	SR 814.202	V über den Schutz der Gewässer vor wassergefährdenden Flüssigkeiten vom 1. Juli 1998
VwVG	SR 172.021	BG über das Verwaltungsverfahren vom 20. Dezember 1968
WaG	SR 921.0	BG über den Wald (Waldgesetz) vom 4. Oktober 1991
WaG-ZH	LS 921.1	Kantonales Waldgesetz vom 7. Juni 1998
WaV	SR 921.01	V über den Wald (Waldverordnung) vom 30. November 1992
WBG	SR 721.100	BG über den Wasserbau vom 21. Juni 1991
WEG	SR 843	Wohnbau- und Eigentumsförderungsgesetz vom 4. Oktober 1974
WWG	LS 724.11	Wasserwirtschaftsgesetz vom 2. Juni 1991
ZGB	SR 210	Schweizerisches Zivilgesetzbuch vom 10. Dezember 1907
ZN	LS 700.5	Normalien über die Anforderungen an Zugänge (Zugangsnormalien) vom 9. Dezember 1987
ZPO	SR 271	Schweizerische Zivilprozessordnung (Zivilprozessordnung) vom 19. Dezember 2008
ZSG	LS 522	Zivilschutzgesetz vom 19. März 2007
ZSV	SR 520.11	V über den Zivilschutz (Zivilschutzverordnung) vom 5. Dezember 2003

1
Grundlagen des Planungs- und Baurechts

1	**Grundlagen des Planungs- und Baurechts**
1.1	Einleitung

1.1 Einleitung

Schon im Mittelalter bestanden in den Städten detaillierte Bauvorschriften. Sie dienten vor allem der Feuersicherheit (Abstands- und Materialvorschriften), der Hygiene (Seuchenbekämpfung usw.) und der Freihaltung von Strassen. Im 19. Jahrhundert kamen dann eigentliche Baugesetze auf. Das Ziel dieser Baugesetze blieb aber in erster Linie die Gefahrenabwehr. Im 20. Jahrhundert entwickelte sich das Planungsrecht, und nach dem zweiten Weltkrieg, besonders aber in den 60er- und 70er-Jahren des letzten Jahrhunderts wurde die Raumplanung zu einem vorrangigen politischen und gesetzgeberischen Thema.

Das Bauen ist heute durch zahlreiche Vorschriften eingegrenzt. Diese Vorschriften kreisen um die beim Bauen wesentlichen Fragen:
- Wo darf gebaut werden?
- Was darf gebaut werden?
- Wie darf gebaut werden?
- Wer ist zuständig für die Beantwortung dieser Fragen?

In diesem Buch werden Antworten auf diese Fragen gegeben. Da das Planungs- und Baurecht nach wie vor schwergewichtig auf kantonalen und kommunalen Vorschriften beruht, beschränken wir uns – wie der Titel des Buches «Zürcher Planungs- und Baurecht» schon sagt – grundsätzlich auf die Darstellung der Verhältnisse im Kanton Zürich.

Einfluss des Rechts auf das Bauen

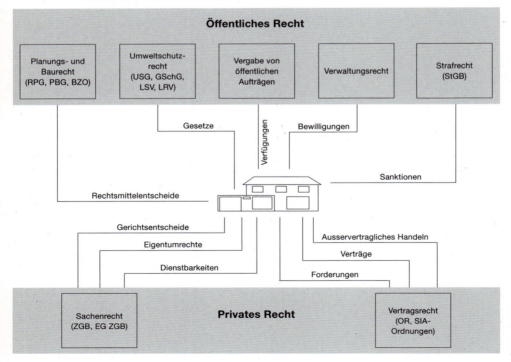

1.2 Einbettung des Planungs- und Baurechts in das Rechtssystem

Wie schon aus der vorstehenden Grafik hervorgeht, wird das Bauen durch Vorschriften des Planungs- und Baurechts aus dem Bereich des Privatrechts und des öffentlichen Rechts beeinflusst. Die Unterscheidung zwischen privatem und öffentlichem Planungs- und Baurecht hat vor allem bei Fragen der Durchsetzbarkeit und der Rechtsmittelwege ihre Bedeutung (vgl. den illustrativen Fall im Zusammenhang mit der Bereinigung von Dienstbarkeiten bei einer Güterzusammenlegung in: ZBl 2003, S. 437 ff.).

Öffentliches Planungs- und Baurecht
- beruht ausschliesslich auf gesetzlicher Grundlage;
- dient dem Schutz der öffentlichen Interessen;
- regelt das Verhältnis Staat – Privater;
- wird im baurechtlichen Bewilligungsverfahren überprüft;
- ist zwingendes, nicht änderbares Recht (unter Vorbehalt von § 218 Abs. 2 PBG und von Ausnahmebewilligungen gemäss § 220 PBG beziehungsweise Art. 24 ff. RPG);
- löst Streitfälle im Verwaltungsverfahren beziehungsweise Verwaltungsprozess (häufiger Instanzenzug: örtliche Baubehörde – Baurekursgericht – Verwaltungsgericht – Bundesgericht; vgl. auch § 1 VRG und § 317 PBG).

Die Rechtsnormen des öffentlichen Rechts regeln also die Rechtsbeziehungen zwischen dem Staat und den Privaten. Der Staat hat – zumindest vom Prinzip her – gegenüber dem Privaten die mächtigere Stellung, indem er als Träger von Hoheitsrechten dem Privaten «mit obrigkeitlicher Gewalt» gegenübertritt (Subordinationsverhältnis).

Privates Planungs- und Baurecht
- beruht auf Vertrag (z.B. sachenrechtlicher Dienstbarkeitsvertrag oder obligationenrechtlicher Werkvertrag beziehungsweise Auftrag);
- dient dem Schutz privater Interessen;
- regelt das Verhältnis unter Privaten;
- bleibt – zumindest im Kanton Zürich – im baurechtlichen Bewilligungsverfahren grundsätzlich unberücksichtigt (§ 317 PBG);
- ist durch die Privaten änderbar (zum Teil sogar durch blosses Gewährenlassen);
- bringt Streitigkeiten vor die zivilen Gerichte (häufiger Instanzenzug: Bezirksgericht – Obergericht – Bundesgericht; BEZ 1991 Nr. 45).

Das Privatrecht – auch Zivilrecht oder bürgerliches Recht genannt – regelt die Rechtsbeziehungen zwischen den Privaten. Die beteiligten Privaten sind bezüglich ihrer Rechte und Pflichten grundsätzlich gleichgestellt (Koordinationsverhältnis). Es können aber auch Beziehungen zwischen dem Staat und einem

Privaten dem Privatrecht unterstehen (Beispiele: Eine Gemeinde erteilt einem Architekten einen Planungsauftrag oder räumt in ihrer Funktion als Grundeigentümerin dem Nachbarn eine Dienstbarkeit ein.).

Überschneidungen zwischen öffentlichem und privatem Recht ergeben sich vor allem im Nachbarrecht und beim Immissionsschutz.

1.3 Quellen des Planungs- und Baurechts

1.3.1 Geschriebenes Recht

Geschriebenes Recht (auch positives Recht genannt) besteht aus generell-abstrakten Rechtsnormen, die sich – aufgrund der Hierarchie der Rechtsordnung – in Verfassung, Gesetz und Verordnung finden und angesichts des föderalistischen Aufbaus unseres Staates von unterschiedlicher Herkunft (Bund, Kanton, Gemeinde) sein können. Geschriebenes Recht ergibt sich aber auch aus internationalen Vereinbarungen (Staatsverträgen).

Staatsvertrag
Völkerrechtliche Verträge zwischen zwei oder mehreren Staaten (bi- oder multilaterale Verträge), welche rechtssetzend und unmittelbar anwendbar sind, verschaffen den Privaten Rechte, die auch innerstaatlich durchgesetzt werden können. So hat der Private etwa Anspruch auf Einhaltung der Verfahrensgarantien der EMRK (vgl. Seite 430). Im Planungs- und Baurecht des Kantons Zürich haben zuweilen auch Staatsverträge mit Deutschland über Infrastrukturanlagen oder Umweltschutzmassnahmen ihre Bedeutung. Dabei gilt es stets zu prüfen, ob diese überhaupt rechtssetzender Natur beziehungsweise unmittelbar anwendbar sind.

Verfassung
Die Verfassung ist der oberste generell-abstrakte Erlass auf Stufe Bund (Bundesverfassung; BV), Kanton (Kantonsverfassung; KV) und Gemeinde (Gemeindeordnung; GO). In ihr werden insbesondere die wichtigsten Zuständigkeiten und Staatsorgane festgelegt und die Grundrechte normiert. Auf die für das Planen und Bauen relevanten Bestimmungen der Bundesverfassung wird auf Seite 87 hingewiesen.

Konkordat
Konkordate sind innerstaatliche Vereinbarungen zwischen Kantonen, die rechtssetzender Natur beziehungsweise unmittelbar anwendbar sein können (Art. 48 BV). Im Gebiet des Planungs- und Baurechts spielen Konkordate bislang nur eine geringe Bedeutung. Als Beispiel sei die Interkantonale Vereinbarung über das öffentliche Beschaffungswesen (IVöB) genannt. Mit der Interkantonalen Vereinbarung über die Harmonisierung der Baubegriffe (IVHB) könnte die Bedeutung von Konkordaten im Planungs- und Baurecht allerdings zunehmen.

Gesetz
Hauptquelle des Planungs- und Baurechts ist das Gesetz. Gesetze enthalten detaillierte generell-abstrakte Normen und sind in den Gesetzessammlungen des

Bundes (SR) beziehungsweise des Kantons Zürich (LS) enthalten, welche beide im Loseblattsystem geführt werden. Auf Stufe Gemeinde kommt namentlich der Bau- und Zonenordnung (BZO) Gesetzescharakter zu.

Verordnung

In Verordnungen wird das Gesetz präzisiert. Vor allem technische Details werden in Verordnungen umschrieben. Bestimmungen von Verordnungen dürfen aufgrund der Hierarchie der Rechtsordnung aber nicht dem Gesetz widersprechen (vgl. BEZ 1995 Nr. 24). Verordnungen sind ebenfalls in den Gesetzessammlungen des Bundes (z.B. RPV, LSV, LRV) beziehungsweise des Kantons Zürich (z.B. ABV, BVV, QPV) enthalten, finden sich aber auch auf kommunaler Stufe (z.B. kommunale Gebührenverordnung).

1.3.2 Richtlinien und Normalien

1.3.2.1 *Verwaltungsinterne Richtlinien und Dienstanweisungen*

Verwaltungsinterne Richtlinien und Dienstanweisungen (auch Verwaltungsverordnungen genannt) verpflichten den Privaten nicht direkt zu einem bestimmten Tun. Sie stellen nur Regeln für das verwaltungsinterne Verhalten auf und geben namentlich generelle Anweisungen, wie die Verwaltung oder eine Behörde das ihr zustehende Ermessen zu handhaben hat. Im Verkehr zwischen Kanton und Gemeinden werden solche Dienstanweisungen zuweilen als «Kreisschreiben» abgefasst. Da sie nicht vom verfassungsmässigen Gesetzgeber stammen, sondern von der Verwaltung, können sie keine von der gesetzlichen Ordnung abweichenden Bestimmungen vorsehen (BGE 121 II 478). Vom materiellen Gehalt sind sie an den Rahmen gebunden, den ihnen das Verfassungs-, Gesetzes- und Verordnungsrecht vorgibt (URP 2000, S. 149 ff.). Richtlinien und Weisungen können aber immerhin bewirken, dass von den Behörden eine einheitliche und rechtsgleiche Praxis befolgt wird. Für die Gerichte sind sie grundsätzlich nicht massgebend, werden aber immerhin bei der Einzelfallbeurteilung berücksichtigt (vgl. auch HÄFELIN/MÜLLER/UHLMANN: Rz. 123 ff.).

1.3.2.2 *Normen und Richtlinien privater Institutionen*

Als weitgehend technisches Recht unterliegt das öffentliche Planungs- und Baurecht steten Wandlungen. Es verweist daher häufig (stillschweigend oder ausdrücklich) auf Richtlinien, Normalien, Normen und Empfehlungen, welche im Unterschied zu generell-abstrakten Rechtsnormen (Verfassung, Gesetz, Verordnung) vereinfacht geändert und der technischen Entwicklung angepasst werden können. Während von Bauvorschriften mit Gesetzesrang gemäss § 220 Abs. 1 PBG nur beim Vorliegen besonderer Verhältnisse abgewichen werden darf, können bei Normalien gemäss § 360 Abs. 3 PBG «wichtige Gründe» ein Abweichen rechtfertigen (VB.2004.00461; VB.2009.00390; BEZ 2010 Nr. 4). Normalien sind lediglich richtungsgebend. Sie zeigen, was Fachleute bei durchschnittlichen örtlichen Verhältnissen für angemessen halten (RB 1981 Nr. 130; RB 1982 Nr. 142; RB 1984 Nr. 100). Kommt die rechtsanwendende Behörde im Einzelfall zum Schluss, dass unter den gegebenen Umständen die gesetzlichen Bewilligungsvoraussetzungen erfüllt sind, ohne dass die technischen Anforderungen der Normalien eingehalten werden, so ist deren Durchsetzung unverhältnismässig.

Verbindliche Normen
Gewisse «Normen» sind ausdrücklich als verbindlich erklärt worden (§ 3 Abs. 2 BBV I). Diesen kommt der Charakter von ordentlichen Bauvorschriften zu, von denen Abweichungen nur unter Ausnahmevoraussetzungen (vgl. hierzu Seite 1124 ff.) möglich sind. Beispiele: SIA-Norm 181 «Schallschutz im Hochbau», verbindlich erklärt durch Art. 32 LSV; SIA-Norm 380/1 «Thermische Energie im Hochbau», teilweise verbindlich erklärt durch die Wärmedämmvorschriften 2009 der Baudirektion (die ihrerseits als Verordnungsbestimmungen gelten; Ziff. 1.11 Anhang BBV I).

Beachtliche Normen
Ferner ist der Regierungsrat zuständig und verpflichtet, in den vom PBG vorgesehenen Fällen Richtlinien und Normalien zu erlassen. Er kann solche auch für weitere planungs- und baurechtliche Bereiche technischer Natur aufstellen (§ 2 lit. a und § 360 Abs. 1 und 2 PBG). Der Regierungsrat hat dies einerseits durch den Erlass eigener Normalien und Richtlinien vollzogen (zum Beispiel Richtlinien der Baudirektion über den Bezug neu erstellter Wohn- und Arbeitsräume). Anderseits verweist er in diesem Sinne ausdrücklich auf Werke gesamtschweizerischer Normenvereinigungen (SIA, VSS usw.), welche er als «beachtlich» erklärt. Insbesondere die BBV I baut weitgehend auf gesamtschweizerischen Normen auf (§ 3 BBV I). Soweit sie beachtlich sind, werden sie in Ziff. 2 des Anhangs zur BBV I abschliessend aufgezählt. Von ihnen darf die Baubehörde aus «wichtigen Gründen» abweichen (§ 360 Abs. 3 PBG), auch wenn die Voraussetzungen für eine formelle Ausnahmebewilligung nicht erfüllt sind. Das unterscheidet diese Normen von den als «verbindlich» erklärten. Wichtige Gründe können zum Beispiel neuere technische Entwicklungen sein, mit welchen die Ziele der fraglichen Norm ebenso gut (und allenfalls kostengünstiger) oder noch besser erfüllt werden können. Abzuweichen ist auch, wenn die Anwendung der Norm im Einzelfall unverhältnismässig wäre (RB 1992 Nr. 72). Abweichungen sind aber auch hier zu begründen (§ 3 Abs. 4 BBV I). Beispiele: Empfehlungen BUWAL über die Mindesthöhen von Kaminen, SIA-Empfehlung 430 über die Entsorgung von Bauabfällen, Norm SIA 500: 2009 «Hindernisfreie Bauten».

Weitere Normen
Die eidgenössischen Fachverbände haben zahlreiche weitere Normen und Empfehlungen erlassen, welche zwar nicht «verbindlich» oder «beachtlich» sind, doch den Baubehörden immerhin als Auslegungshilfen dienen (BEZ 1996 Nr. 30 betreffend die SIA-Empfehlung «Flachdächer»). Sie helfen den Baubehörden etwa bei der Handhabung des pflichtgemässen Ermessens oder bei der Auslegung von § 239 Abs. 1 PBG, wo auf die anerkannten Regeln der Baukunde verwiesen wird. Sie dienen einer einheitlichen Rechtsanwendung sowie grösserer Rechtsklarheit und Rechtssicherheit, können aber nicht eine vom

Gesetzes- oder Verordnungsrecht abweichende Behandlung rechtfertigen. Da sie auf durchschnittliche Gegebenheiten abstellen, ist von ihnen abzuweichen, wenn es die Umstände des Einzelfalles gebieten; Ausnahmevoraussetzungen (§ 220 PBG) oder «wichtige Gründe» (§ 360 Abs. 3 PBG) müssen nicht gegeben sein. Beispiele: SIA-Norm 160 «Einwirkungen auf Tragwerke», SIA-Norm 358 «Geländer und Brüstungen», SIA Norm V 414/10 «Masstoleranzen im Hochbau», VSS Norm SN 640 291a «Parkierung – Geometrie».

Die Normen, Empfehlungen, Richtlinien usw. werden nachfolgend im entsprechenden Zusammenhang erläutert.

1.3.3 Weitere Rechtsquellen

Gewohnheitsrecht

Im Gebiet des Planungs- und Baurechts kann Gewohnheitsrecht (Beispiel: ZBl 1989, S. 550 f.) nur dann durchsetzbar sein, wenn

- es sich um eine langjährige, ununterbrochene und einheitliche Praxis der Behörde handelt;
- mit dieser Praxis eine Gesetzeslücke ausgefüllt wird, d.h. das geschriebene Recht Raum für eine ergänzende Regelung durch Gewohnheitsrecht lässt;
- deren Ausfüllung durch die Rechtsgleichheit und die Rechtsüberzeugung der Behörden und betroffenen Privaten gefordert wird.

Gerichtspraxis/Richterliche Rechtsfindung

Rechtsnormen sind generell-abstrakt und können niemals Antwort auf jede Frage geben. Es ist nötig, dass der Richter diese Rechtsnormen im Einzelfall auslegt, wobei er sich von bereits ergangenen Entscheiden leiten lässt. Entscheide von Gerichten und von Verwaltungsinstanzen zu einer bestimmten Frage stellen daher eine bedeutende Rechtsquelle dar. Solche Entscheide werden vor allem in den Periodika veröffentlicht.

Lehre

Eine letzte Quelle bildet die sogenannte Lehre, das heisst die Literatur zu einem bestimmten Thema, wie namentlich Lehrbücher, Kommentare, Dissertationen, Zeitschriftenaufsätze.

1.4 Grundprinzipien des Planungs- und Baurechts

1.4.1 Gesetzmässigkeit

1.4.1.1 *Grundsatz der Gesetzmässigkeit*

Der Grundsatz der Gesetzmässigkeit besagt zweierlei:
- Aufgrund der Hierarchie der Rechtsordnung und des föderalistischen Staatsaufbaus darf kein Rechtssatz einem ranghöheren widersprechen. Eine Verordnung darf nicht im Widerspruch zu einem Gesetz stehen. Ebenso wenig darf ein kommunaler Erlass einem kantonalen Gesetz wi-

dersprechen beziehungsweise eine kantonale Norm einem eidgenössischen Erlass zuwiderlaufen (Art. 49 Abs. 1 BV).
- In einem Rechtsstaat dürfen öffentlich-rechtliche Pflichten nur gestützt auf eine gesetzliche Grundlage auferlegt werden. Diese Grundlage muss auch hinreichend bestimmt sein (Art. 5 Abs. 1 und Art. 36 Abs. 1 BV; Art. 2 Abs. 1 KV).

Der Grundsatz der Gesetzmässigkeit der Verwaltung (Legalitätsprinzip) hat das Verhältnis zwischen Gesetz (das heisst generell-abstrakten Normen) und Verwaltung zum Gegenstand. Staatsorgane und Verwaltung sind an das Recht gebunden. Damit soll der Rechtsstaat die Gerechtigkeit im Sinne der Rechtssicherheit und Rechtsgleichheit gewährleisten, die in den Rechtssätzen bereits enthalten ist (Erfordernis des Rechtssatzes). Im Weiteren ist das Legalitätsprinzip auch demokratisch motiviert: Nur die Bindung der Staatsorgane an das vom Volk gesetzte Recht kann den Willen des Volkes überhaupt zur Anwendung bringen (Erfordernis der Gesetzesform). Die gewichtigste Funktion des Legalitätsprinzips besteht damit in der Bindung der Verwaltung an die Rechtssätze. Der Private soll vor nicht voraussehbaren staatlichen Eingriffen, vor rechtsungleicher Behandlung und bis zu einem gewissen Grad auch vor Willkür geschützt werden (HÄFELIN/MÜLLER/UHLMANN: Rz. 368 ff.).

Die Hauptforderung des Legalitätsprinzips besteht darin, dass die Verwaltungstätigkeit auf einer durch Gesetz eingeräumten Zuständigkeit beruht und dass der Inhalt der Verwaltungstätigkeit sich im Rahmen des Gesetzes bewegt. Eine Behörde darf also Verfügungen nur erlassen, wenn ein Rechtssatz ihr die Befugnis hierzu gibt. Dies gilt sowohl für belastende wie auch für ausschliesslich begünstigende Anordnungen.

Diesen Anforderungen hat auch eine baurechtliche Bewilligung zu entsprechen, selbst wenn sie ohne Auflagen gemäss § 321 Abs. 1 PBG erteilt wird. Die Bewilligung muss sich auf das öffentliche Recht, insbesondere auf das Planungs- und das Baurecht stützen. Sie darf diesem nicht widersprechen. Auflagen müssen ebenfalls im öffentlichen Recht ihre Grundlage finden. Anderseits besteht ein Rechtsanspruch auf eine Baubewilligung, wenn das Bauvorhaben den anwendbaren Vorschriften entspricht (§ 320 PBG). Die Bewilligung kann in diesem Fall nicht aus politischen oder andern sachfremden Gründen verweigert werden.

Ist der Wortlaut einer Bestimmung nicht von vornherein eindeutig, muss der Sinn durch Auslegung ermittelt werden. Der durch Auslegung gewonnene Sinngehalt hat aber in den Schranken dessen zu bleiben, was die im Gesetz enthaltenen Ausdrücke in ihrer Satzverbindung sprachlich noch bedeuten können. Unbestimmte Gesetzesbegriffe sind entsprechend ihrem Sinn einzelfallbezogen auszulegen und anzuwenden. Dies erfordert – gerade bei komplexen verwaltungsrechtlichen Regelungen – häufig auch eine Interessenabwägung, was namentlich für das Planungs-, Bau- und Umweltrecht gilt (KÖLZ/BOSSHART/RÖHL: § 50 Rz. 40).

1 Grundlagen des Planungs- und Baurechts
1.4 Grundprinzipien des Planungs- und Baurechts

1.4.1.2 *Auslegung und Anwendung von Gesetzen*

Im Planungs- und Baurecht räumt der Gesetzgeber den Verwaltungsorganen oft einen mehr oder weniger weitgehenden Entscheidungs- und Handlungsspielraum ein, damit eine zu starre, jedes Detail regelnde Gesetzgebung vermieden werden kann.

Vorliegend wird nur der den Rechtsanwendungsorganen eingeräumte Handlungsspielraum behandelt, nicht aber auch jener, der dem Gesetzgeber insbesondere in Form des Planungsermessens zur Verfügung steht. Es geht also um den Spielraum, welcher der Verwaltung beziehungsweise der Baubehörde bei der Rechtsanwendung beziehungsweise beim Vollzug der Gesetze und Verordnungen zusteht.

Die Anwendung unbestimmter Gesetzes- beziehungsweise Rechtsbegriffe (das heisst der dabei gegebene Beurteilungsspielraum) wird unterschieden vom eigentlichen Ermessen. Während sich der Beurteilungsspielraum meistens auf den Tatbestand einer Norm bezieht, räumt das Ermessen Wahlfreiheit bei der Rechtsfolge ein.

Beide gleichen sich insofern, als sie den Bereich der oberinstanzlichen Kontrolle abgrenzen und der Verwaltung Entscheidungsfreiheit zugestehen. Der unbestimmte Gesetzesbegriff ist aber der Auslegung zugänglich. Diese Verdeutlichung des unbestimmten Gesetzesbegriffs ist Rechtsfrage und räumt kein eigentliches Ermessen ein. Anderseits verschafft die Einräumung von Ermessen Handlungsspielräume, welche die Verwaltung sachgerecht, aber eben doch mit einer gewissen Freiheit handhaben kann. Beide – Ermessensbetätigung und die Anwendung unbestimmter Gesetzesbegriffe – sind durch die Oberinstanzen nur beschränkt überprüfbar: Sie unterscheiden sich aber durch die Rechtfertigung der Zurückhaltung. Diese wird beim Ermessen durch das Verfahrensrecht vorgeschrieben. So steht dem Verwaltungsgericht von Gesetzes wegen keine Ermessensüberprüfung zu (§ 50 Abs. 2 VRG [in Kraft seit 1. Juli 2010]). Beim Beurteilungsspielraum ist sie in der fehlenden Kontrollmöglichkeit der Oberinstanz, namentlich in der mangelnden Kenntnis der sachlichen oder örtlichen Gegebenheiten, begründet.

Auslegung unbestimmter Gesetzesbegriffe
Der Gesetzgeber verwendet nicht nur klar umschriebene Begriffe (zum Beispiel Meter, Grenze, Gesuchsteller, Fahrzeugabstellplatz), sondern auch solche ohne eindeutigen Inhalt (sogenannte offene Normen). Das bedeutet bewusste Einräumung von Beurteilungsspielraum an die Baubehörde. Die Auszählung eines kantonalen Planungs- und Baugesetzes ergab ein Verhältnis von einem Begriff mit eindeutigem Inhalt zu mindestens 15 Begriffen mit nicht eindeutigem Inhalt. Das bedeutet, dass der Gesetzgeber durch die Schaffung von offenen Normen seine Befugnisse in sehr hohem Masse an die Behörde abgegeben hat, aber auch, dass für den Privaten ohne Mithilfe der Verwaltung die Rechtsfolgen aus den Gesetzen kaum mehr ersichtlich sind (vgl. auch HÄFELIN/MÜLLER/UHLMANN: Rz. 445 ff.). Beispiele unbestimmter Gesetzesbegriffe:

- besondere Verhältnisse (§ 220 Abs. 1 PBG)
- zumutbare bauliche oder betriebliche Massnahmen (§ 226 Abs. 1 PBG)

- befriedigende Gesamtwirkung (§ 238 Abs. 1 PBG; vgl. dazu auch ZBl 2006, S. 430 ff. [mit Bemerkungen von Arnold Marti]; PBG aktuell 4/2009, S. 5 ff.)
- besondere Rücksichtnahme auf Objekte des Natur- und Heimatschutzes (§ 238 Abs. 2 PBG; vgl. etwa VB.2008.00030)
- technische und wirtschaftliche Zumutbarkeit (§ 243 Abs. 2 PBG)
- wesentliche Umbauten oder Zweckänderungen, geeignete Grösse und Lage (§ 249 Abs. 1 PBG)
- Dachaufbauten (§ 292 PBG)
- Verkehrssicherheit (BEZ 2007 Nr. 39; BEZ 2010 Nr. 4)

Gewisse Gesetzesbegriffe sind zuweilen in Verordnungen aller Stufen (ABV, BBV I, BBV II, Parkplatzverordnung etc.), verbindlichen Richtlinien, Normen oder in langjähriger Gerichts- und Verwaltungspraxis konkretisiert. Das schränkt den Beurteilungsspielraum der Verwaltung ein.

Ziel und Wesen der Auslegung

Der unbestimmte Gesetzesbegriff ist im Grundsatz wie ein bestimmter direkt anwendbar. Weil er aber nicht aus sich selbst heraus sofort klar wird, ist er auszulegen, das heisst zu verdeutlichen. Diese Verdeutlichung des unbestimmten Gesetzesbegriffs ist eine blosse Rechtsfrage und räumt kein Ermessen ein. Auslegung ist notwendig, wenn der Wortlaut einer Norm nicht klar (somit mehrdeutig) ist oder wenn Zweifel bestehen, ob der Wortlaut den vollen Sinn der Norm ausdrückt.

Die Auslegung hat zum Ziel, den wahren Rechtssinn einer Bestimmung (Norm) zu ermitteln. Sie ist kein mechanischer Vorgang, sondern ein Argumentationsprozess, der immer auch schöpferische, wertende Anteile des Auslegenden selbst enthält und insofern subjektive Komponenten aufweist. Letztlich geht es darum, für eine bestimmte Auslegung, das heisst, für die «Lesart» der Norm Zustimmung der unmittelbar Betroffenen und der Rechtsgemeinschaft zu gewinnen. Dies geschieht durch die Offenlegung der Argumente und die Sachlichkeit der Begründung, weshalb der Begründungspflicht (Art. 29 Abs. 2 BV; Art. 18 Abs. 2 KV; § 10 Abs. 1 VRG) eine wichtige Funktion zukommt. So hat etwa die örtliche Baubehörde ihre Begründung für die pflichtgemässe Auslegung der Gestaltungsvorschrift von § 238 PBG spätestens in der Rekursvernehmlassung nachzubringen (BEZ 2007 Nr. 21).

Auslegungsmethoden

Die Gerichtspraxis lässt sich bei der Auslegung von Rechtsnormen von einem Methodenpluralismus leiten. Sie berücksichtigt verschiedene Auslegungskriterien, wobei keines dieser Kriterien einen grundsätzlichen Vorrang gegenüber den anderen geniesst. Vielmehr kommen alle Kriterien zur Anwendung, die für den konkreten Fall im Hinblick auf ein vernünftiges und praktikables Ergebnis am meisten überzeugen.

- Die grammatikalische Auslegungsmethode geht vom Wortlaut aus und versucht ihn (etwa mithilfe von Wörterbüchern, Enzyklopädien, Wortverwandtschaften) zu ergründen. Abgesehen von einem eindeutigen Re-

1 Grundlagen des Planungs- und Baurechts
1.4 Grundprinzipien des Planungs- und Baurechts

daktionsversehen darf die Verwaltung vom klaren Wortlaut nur dann abweichen, wenn triftige Gründe dafür bestehen, dass er nicht den wahren Sinn der Bestimmung wiedergibt.
- Die systematische Methode fragt nach der Stellung der fraglichen Bestimmung im Rechtssystem. Ein solches System lässt sich etwa an den Überschriften und Randtiteln erkennen. Das Bundesgericht legt selten eine Bestimmung allein gestützt auf das systematische Element aus.
- Die teleologische Methode fragt nach dem Zweck der Norm. Dabei soll die Bestimmung nicht isoliert betrachtet werden, sondern der mit einem Rechtsinstitut oder Gesetz verfolgte Zweck muss berücksichtigt werden. Aber nur in seltenen Fällen ist es möglich, dass der Zweck ein Abweichen vom klaren Wortlaut erlaubt (BEZ 2009 Nr. 45 betreffend die teleologische und zeitgemässe Auslegung von § 78 PBG).
- Die historische Auslegungsmethode ihrerseits nimmt den Willen des historischen Gesetzgebers als Massstab, wie er etwa in den Gesetzesmaterialien (Protokollen des Parlaments, Entwürfen, Abstimmungsvorlagen etc.) zum Ausdruck kommt. Diese Auslegungsmethode kommt vor allem bei jüngeren Gesetzen und Verordnungen zur Anwendung, die im Planungs- und Baurecht sehr häufig sind.
- Die zeitgemässe Auslegung sucht nach dem Sinn einer Norm, wie er heute aller Vernunft nach gelten muss. Es sind nicht wie bei der historischen Methode die Verhältnisse zur Zeit der Entstehung massgebend, sondern die aktuellen Gegebenheiten und die heutigen Wertvorstellungen (vor allem bei älteren Gesetzen von Bedeutung).

Die verschiedenen Methoden lassen sich kaum konsequent trennen und kommen meistens kombiniert vor. Das Bundesgericht formuliert das etwa wie folgt: Das Gesetz ist in erster Linie nach seinem Wortlaut auszulegen. Ist der Text nicht ganz klar und sind verschiedene Auslegungen möglich, so muss nach seiner wahren Tragweite gesucht werden unter Berücksichtigung aller Auslegungselemente, namentlich des Zwecks, des Sinns und der dem Text zugrunde liegenden Wertung. Wichtig ist ebenfalls der Sinn, der einer Norm im Kontext zukommt. Vom klaren, das heisst eindeutigen und unmissverständlichen Wortlaut darf nur ausnahmsweise abgewichen werden, unter anderem dann nämlich, wenn triftige Gründe dafür vorliegen, dass der Wortlaut nicht den wahren Sinn der Bestimmung wiedergibt. Solche Gründe können sich aus der Entstehungsgeschichte der Bestimmung, aus ihrem Grund und Zweck oder aus dem Zusammenhang mit anderen Vorschriften ergeben (Pra. 1999 Nr. 79, S. 444 f.)

Im Verwaltungsrecht ist die teleologische Auslegung besonders bedeutsam. Das schliesst nicht aus, dass sich das Bundesgericht – gerade auch bei jüngeren Normen – auf eine historische Auslegung stützt. Neben den herkömmlichen Auslegungsmethoden spielt im Verwaltungsrecht aber auch die Interessenabwägung und die Verfassungs- beziehungsweise Völkerrechtskonformität eine besondere Rolle (HÄFELIN/MÜLLER/UHLMANN: Rz. 214 ff.).

Beispiele:
- Worauf beziehen sich «einzelne Vorsprünge» in § 260 Abs. 3 PBG? Dürfen sie auch in den Strassenabstand hineinragen? Der Wortlaut sagt nichts.

Die Überschrift «III. Die Abstände, 1. Gemeinsame Bestimmung» liesse den Schluss zu, dass auch die Strassenabstände gemeint sind. Das aber widerspricht dem Randtitel «Grenz- und Gebäudeabstand» und § 260 Abs. 1 PBG («Der Grenzabstand»). Aus dem Zusammenhang wird klar, dass sich Abs. 3 auf Abs. 1 beziehen muss. Daher ist der Strassenabstand nicht erfasst.
- Bezieht sich das Näherbaurecht nach § 270 Abs. 3 PBG auch auf den Gebäudeabstand? Der Wortlaut sagt nichts hierzu. Die Einordnung im Titel «Grenzabstände von Nachbargrundstücken» führt zum falschen Resultat. Aus der Entstehungsgeschichte (historische Methode) ergibt sich aber klar, dass auch der Gebäudeabstand unterschritten werden darf.
- Müssen Verkehrsanlagen von der anrechenbaren Grundstücksfläche abgezogen werden? Nach dem klaren Wortlaut von § 259 Abs. 2 PBG ist die Antwort nein. Die Aufzählung in § 259 Abs. 2 PBG ist abschliessend. Doch kann dies nach den Absichten des Gesetzgebers nicht so gemeint sein.

Im Rahmen der Auslegung ist es unter Umständen zulässig, Lücken im Gesetz zu schliessen. Dies nämlich dann, wenn eine gesetzliche Regelung unvollständig ist und die Unvollständigkeit nicht durch ein qualifiziertes (das heisst bewusstes) Schweigen bedingt ist. Die Rechtsanwender haben die Lücke nach jener Regel zu schliessen, die sie als Gesetzgeber aufgestellt hätten.

1.4.2 Betätigung von Ermessen

1.4.2.1 *Arten des Ermessens*

Entschliessungsermessen

Entschliessungsermessen liegt vor, wenn ein Rechtssatz der Behörde freistellt, ob überhaupt eine bestimmte Rechtsfolge anzuordnen ist. Das Gesetz lässt mithin offen, ob eine Rechtsfolge anzuordnen ist oder nicht, wenn der Sachverhalt gegeben ist. Meistens erfolgt dies durch eine Kann- oder Darf-Vorschrift, aber auch etwa durch die Wendung «in der Regel».
Beispiele:
- Mit der Baubewilligung kann verlangt werden, dass der Baustellenverkehr über bestimmte Verkehrswege erfolgt (§ 226 Abs. 5 PBG).
- Für die richtige Erfüllung von Nebenbestimmungen in unmittelbarem Zusammenhang mit der Bauausführung kann Sicherstellung verlangt werden (§ 321 Abs. 3 PBG).

Auswahlermessen

Auswahlermessen ist gegeben, wenn ein Rechtssatz der Behörde freistellt, welche von mehreren möglichen Rechtsfolgen anzuordnen ist. Der Gesetzgeber kann der Verwaltung also einen gewissen Spielraum in Bezug auf die Zumessung von Rechtsfolgen im Einzelfall einräumen. Dies ermöglicht, in besonderen Fällen die individualisierende Fallgerechtigkeit über die typisierende Normgerechtigkeit zu stellen. Zum Beispiel ist der Verwaltung Ermessen dadurch eingeräumt, dass ein Rechtssatz mit dem Wort «oder» einen Rahmen oder eine Schranke setzt (zum Entschliessungs- und Auswahlermessen vgl. auch HÄFELIN/MÜLLER/UHLMANN: Rz. 431 ff.).

Beispiele:
- Die Abstellplätze müssen auf dem Baugrundstück oder in nützlicher Entfernung davon liegen (§ 244 Abs. 1 PBG)
- Im Rahmen der umweltrechtlichen Vorgaben steht dem Kanton bei der Wahl der Entsorgungsmöglichkeiten ein breites Auswahlermessen zu (ZBl 2007, S. 520).

1.4.2.2 *Grenzen des Ermessens*

Ermessen ist eine der Verwaltung obliegende Kompetenz: eine Obliegenheit also und keine Freiheit. Die Verwaltung besitzt, wo ihr Ermessen zusteht, eine relativ erhebliche Entscheidungsbefugnis. Sie hat einen Bereich eigener Wertung, der nicht aus dem geschriebenen Recht abgeleitet werden kann. Das bedeutet aber nicht ungebundene Handlungs- und Gestaltungsfreiheit. Ermessen ist vielmehr pflichtgemäss, das heisst verfassungs- und gesetzeskonform auszuüben. Es ist ein pflichtgemässer Entscheid aufgrund eigener, nicht aus dem geschriebenen Recht abzuleitender Wertung zu treffen, soweit der Gesetzgeber der Verwaltung einen Entscheidungsspielraum einräumt. Damit ist ausgedrückt, dass die im geschriebenen Recht enthaltenen Werturteile stets den Wertungen der Behörde vorzugehen haben. Mit anderen Worten: Solange ein Rechtssatz der Auslegung fähig ist, bleibt für Ermessen kein Raum.

Die Norm muss also zuerst entsprechend dem gesetzgeberischen Willen ausgelegt werden. Darüber sind auch die allgemeinen, insbesondere aus der Verfassung abgeleiteten Grundprinzipien des Verwaltungsrechts zu berücksichtigen, so etwa:

- Pflicht zur Rechtsanwendung von Amtes wegen (nicht nach Belieben oder per Zufall betroffener Personen; § 7 Abs. 4 VRG) und Legalitätsprinzip (Pflicht zur Respektierung des übergeordneten Rechts, insbesondere auch der Grundrechte wie etwa der Eigentumsgarantie).
- Pflicht zur Wahrung der öffentlichen Interessen: Indem die Bundesverfassung in Art. 5 Abs. 2 und die Kantonsverfassung in Art. 2 Abs. 2 fordern, alles staatliche Handeln müsse im öffentlichen Interesse liegen, erinnern sie die Verwaltung und die Behörden an ihre Aufgabenverpflichtung. Öffentliche Interessen sind Anliegen, welche die Öffentlichkeit (verstanden als Allgemeinheit, Bevölkerung, Publikum) für schützenswert und verwirklichenswert erachtet. Dieses öffentliche Interesse muss die allenfalls entgegenstehenden privaten (oder anderen öffentlichen) Interessen überwiegen. Ob dies der Fall ist, wird durch Interessenabwägung ermittelt.
- Grundsatz der Verhältnismässigkeit: Dieser Grundsatz, welcher sich ebenfalls aus Art. 5 Abs. 2 BV und Art. 2 Abs. 2 KV ergibt, knüpft unmittelbar am öffentlichen Interesse an. Er fordert, dass die Massnahmen zur Verwirklichung der im öffentlichen Interesse liegenden Ziele im Einzelfall geeignet und erforderlich sind und in einem vernünftigen Verhältnis zu den Einschränkungen stehen, die den Privaten auferlegt werden. Die sich aus der Verhältnismässigkeit abgeleiteten Erfordernisse der Eignung, Erforderlichkeit und Zumutbarkeit sind demnach stets zu berücksichtigen (BEZ 2006 Nr. 66).

1 Grundlagen des Planungs- und Baurechts
1.4 Grundprinzipien des Planungs- und Baurechts

- Rechtsgleichheit (Art. 8 BV): Dieselbe Behörde darf nicht zwei sachlich gleiche Gegebenheiten unterschiedlich behandeln. Dabei genügt die Übereinstimmung der rechtlich relevanten Sachverhalte.
- Gebot von Treu und Glauben: Nach Art. 5 Abs. 3, Art. 9 und Art. 29 Abs. 1 BV hat jede Person Anspruch darauf, von den staatlichen Organen nach Treu und Glauben behandelt zu werden. Jede Person muss somit in ihrem berechtigten Vertrauen in behördliche Zusicherungen oder ein anderes, bestimmte Erwartungen begründendes Verhalten der Behörden geschützt werden. Sodann dürfen Behörden von einem Standpunkt, den sie einmal eingenommen haben, nicht ohne sachlichen Grund abweichen (Verbot widersprüchlichen Verhaltens).
- Willkürverbot (materielle Rechtsverweigerung): Nach Art. 9 BV hat jede Person Anspruch darauf, von den staatlichen Organen ohne Willkür behandelt zu werden. Ein Entscheid ist dann willkürlich, wenn er offensichtlich unhaltbar ist, mit der tatsächlichen Situation in klarem Widerspruch steht, eine Norm oder einen unumstrittenen Rechtsgrundsatz krass verletzt oder in stossender Weise dem Gerechtigkeitsgedanken zuwiderläuft. Beispiele: Verweigerung einer Mobilfunkantenne, obwohl die relevanten Grenzwerte der NISV und die übrigen massgeblichen planungs- und baurechtlichen Vorschriften eingehalten sind; Entscheide nach sachfremden Motiven, zum Beispiel politischen Gründen (vgl. auch § 320 PBG).

Ermessensentscheide sind zu begründen. An die Begründungspflicht gemäss Art. 29 Abs. 2 BV, Art. 18 Abs. 2 KV und § 10 Abs. 1 VRG werden desto höhere Anforderungen gestellt, je weiter der Ermessensspielraum der Verwaltung ist.

1.4.2.3 *Ermessensfehler*

Wird das Ermessen nicht pflichtgemäss ausgeübt, kann dies – je nach Schwere des Verstosses – blosse «Unangemessenheit» bedeuten oder aber einen eigentlichen Rechtsfehler darstellen. Die Unterscheidung ist bedeutsam: Die Unangemessenheit einer behördlichen Anordnung kann mit Rekurs an das Baurekursgericht gerügt werden (§ 20 Abs. 1 lit. c VRG). Nur ausnahmsweise ist aber die Beschwerde ans Verwaltungsgericht (§ 50 Abs. 2 VRG) und nie die Beschwerde in öffentlich-rechtlichen Angelegenheiten ans Bundesgericht (Art. 95 BGG) zulässig. Demgegenüber sind die drei nachstehend genannten Fälle – Ermessensüberschreitung, Ermessensunterschreitung und Ermessensmissbrauch – Rechtsverletzungen, die auch von den Gerichten korrigiert werden können.

- Beansprucht die Behörde Ermessen, wo gar keines besteht, trifft sie eine im Gesetz nicht vorgesehene Anordnung oder überschreitet sie einen Ermessensrahmen, begeht sie eine Ermessensüberschreitung. Beispiele: Die Behörde verfügt eine Gebühr, die den vorgesehenen Mindest- oder Maximalrahmen unter- beziehungsweise überschreitet. Oder sie legt eine Parkplatzzahl fest, die unterhalb des Minimal- oder oberhalb des Maximalrahmens liegt. Oder sie misst den Wörtern «kann» oder «soll» Ermessen bei, obwohl sie nicht so ausgelegt werden dürfen (etwa: «Zufahrten sollen für jedermann verkehrssicher sein»; § 237 Abs. 2 PBG räumt gar kein Ermessen ein).

1 Grundlagen des Planungs- und Baurechts
1.4 Grundprinzipien des Planungs- und Baurechts

- Ermessensunterschreitung dagegen liegt vor, wenn sich die Behörde als gebunden erachtet, obwohl Ermessensspielraum besteht. Die Behörde schöpft also einen Ermessensspielraum nicht aus; sie verzichtet von vornherein auf die Ermessensausübung. Beispiel: Die Behörde spricht eine Bauverweigerung aus, obwohl die festgestellten Mängel ohne besondere Schwierigkeiten mit den gebotenen Nebenbestimmungen geheilt werden könnten (§ 321 Abs. 1 PBG).
- Beim Ermessensmissbrauch schliesslich hält sich die Behörde zwar formell an den Rahmen des Ermessens, übt es aber so fehlerhaft aus, dass es dem Zweck der massgebenden Vorschriften oder des Gesetzes widerspricht, unverhältnismässig oder geradezu willkürlich ist oder ein spezifisches Grundrecht verletzt.

1.4.3 Rechtsgleichheit

Gesetze müssen auf alle Leute gleich angewandt werden (Art. 8 und Art. 29 Abs. 1 BV). «Gleich» heisst, dass bei vergleichbaren Verhältnissen von den Behörden gleich entschieden wird. Die Verletzung des Gleichheitsgebotes ist nur dann gegeben, wenn dieselbe Behörde einen unbegründeten Unterschied oder eine unbegründete Gleichstellung bezüglich einer wesentlichen Tatsache macht (BGE 123 I 7; BEZ 2006 Nr. 15; BEZ 2007 Nr. 39). Bei der Rechtsgleichheit handelt es sich um ein verfassungsmässiges Recht, auf das sich der Einzelne zur Abwehr von ungerechtfertigten Eingriffen des Staates berufen kann. Rechtsträger ist dabei nur derjenige, der von einer konkreten hoheitlichen Anordnung betroffen ist. Aufgrund dieser negativen Ausgestaltung als Abwehrrecht kann unter Berufung auf die Rechtsgleichheit kein Eingriff des Staates in die Rechtssphäre eines Dritten verlangt werden. Der Betroffene kann sich nur zu seinen Gunsten und nicht zulasten eines Dritten auf das Gleichheitsgebot berufen.

Dem Gleichheitsgebot geht der Grundsatz der Gesetzmässigkeit vor. Es kann niemand daraus, dass einem anderen ein unrechtmässiger Vorteil gewährt wurde, einen Anspruch ableiten (kein Anspruch auf Gleichbehandlung im Unrecht). Wenn die Behörde allerdings eine eigentliche widerrechtliche Praxis verfolgt und es ablehnt, sie aufzugeben, kann ein Anspruch auf unrechtsgleiche Behandlung entstehen, falls keine gewichtigen öffentlichen oder privaten Interessen entgegenstehen (BGE 108 Ia 214; BEZ 2006 Nr. 15; HÄFELIN/MÜLLER/UHLMANN: Rz. 518 ff.).

Die Frage, ob für eine rechtliche Unterscheidung ein vernünftiger Grund in den zu regelnden Verhältnissen ersichtlich ist, kann zu verschiedenen Zeiten verschieden beantwortet werden, je nach den herrschenden Anschauungen und Zeitverhältnissen (vgl. etwa BGE 121 I 104). Praxisänderungen, das heisst die spätere Beurteilung eines analogen Falles anders als früher, sind daher unter bestimmten Voraussetzungen zulässig. Sie lassen sich im Allgemeinen nur rechtfertigen, wenn die neue Lösung besserer Erkenntnis des Gesetzeszwecks, veränderten äusseren Verhältnissen oder gewandelten Rechtsanschauungen entspricht (BGE 122 I 59). Sie müssen qualifiziert begründet sein, das Gebot der Rechtssicherheit beachten, grundsätzlich und ernsthaft erfolgen sowie dem Grundsatz von Treu und Glauben entsprechen. Die Baubehörde kann also aufgrund gewandelter Ansichten (etwa hinsichtlich der Anwendung von Gestaltungsvorschriften) strengere Massstäbe ansetzen als früher. Doch muss es sich um eine sachlich (und nicht persönlich) motivierte, ernsthafte, durchgreifende und für alle gleichartigen Sachverhalte angewandte Neuausrichtung handeln, ansonsten die Rechtsgleichheit verletzt ist (RB 1984 Nr. 108, 1977 Nr. 103; Häfelin/Müller/Uhlmann: Rz. 509 ff.).

Im Planungsrecht hat der Grundsatz der Rechtsgleichheit nur eine abgeschwächte Bedeutung. Nach der Praxis liegt es im Wesen der Planung, dass Zonenabgrenzungen Ungleichheiten schaffen und dass unter Umständen nebeneinander liegende Grundstücke verschiedenen Zonen zugewiesen werden (BGE 114 Ia 257; BEZ 2003 Nr. 2 betreffend eine unterschiedliche Wohnanteilfestlegung).

1.4.4 Verhältnismässigkeit

In die Freiheitsrechte eines Privaten darf nur so weit eingegriffen werden, als dies verhältnismässig ist (Art. 36 Abs. 3 BV). So muss das gewählte Mittel sowohl geeignet als auch notwendig sein, um das angestrebte Ziel zu erreichen (Eignung und Erforderlichkeit). Im Zweifel ist demnach die mildere Massnahme zu wählen. Die Massnahme muss zudem in einem vernünftigen Verhältnis zwischen Eingriffszweck (aus Sicht des Staates) und Eingriffswirkung (aus Sicht des betroffenen Privaten) stehen, andernfalls die Verhältnismässigkeit verletzt wird (Zumutbarkeit).

Dem Verhältnismässigkeitsgrundsatz kommt vor allem bei der Erteilung von Ausnahmebewilligungen (§ 220 Abs. 1 PBG), der Statuierung von Nebenbestimmungen (§ 321 Abs. 1 PBG), bei Vollstreckungsmassnahmen (§ 341 PBG; BEZ 2009 Nr. 3 und Nr. 16; PBG aktuell 2/2009, S. 29 ff.; PBG aktuell 1/2008, S. 5 ff.) und bei der Enteignung (Art. 26 Abs. 1 BV) besondere Bedeutung zu.

1.4.5 Bindung der Behörde und Überprüfungsbefugnis

Bei der Auslegung von unbestimmten Begriffen hat die Behörde auch die allgemeinen Verwaltungsgrundsätze, wie insbesondere diejenigen der Rechtsgleichheit und des öffentlichen Interesses zu beachten. Aus dem Verhältnismässigkeitsprinzip folgt etwa die Abgrenzung zwischen der Gestaltungsfreiheit des Bauherrn, die sich namentlich aus der Eigentumsgarantie gemäss Art. 26 BV und der Wirtschaftsfreiheit gemäss Art. 27 BV ergibt, und der Rechtsanwendung der Behörde. So hat das Verwaltungsgericht mehrfach entschieden, dass bei der ästhetischen Gestaltung eines Gebäudes der Bauherrschaft ein nicht zu enger schöpferischer Spielraum gelassen werden muss. Die Behörde darf trotz des ihr zustehenden Beurteilungsspielraumes nicht schon deshalb eine Baubewilligung verweigern, weil sie ein Projekt für verbesserungswürdig hält. Vielmehr hat sie unter Beachtung des Verhältnismässigkeitsprinzips alle massgebenden Interessen zu berücksichtigen und sorgfältig gegeneinander abzuwägen. Nur ein qualifiziertes öffentliches Interesse, das die privaten Anliegen des Gesuchstellers überwiegt, rechtfertigt eine Einschränkung von dessen gestalterischem Freiraum und die Verweigerung der Bewilligung gestützt auf § 238 Abs. 1 PBG (RB 1989 Nr. 36).

1 Grundlagen des Planungs- und Baurechts
1.4 Grundprinzipien des Planungs- und Baurechts

1.4.6 Weitere Grundprinzipien

In der Praxis haben sich weitere Rechtsgrundsätze entwickelt, welche für die gesamte Rechtsanwendung, also auch im öffentlichen beziehungsweise privaten Planungs- und Baurecht, von Bedeutung sind. Ein Teil davon ist in den Einleitungsartikeln des ZGB (Art. 1–10) enthalten.

Treu und Glauben

Jedermann ist verpflichtet, nach Treu und Glauben zu handeln. Unredliches Handeln und Rechtsmissbrauch finden keinen Rechtsschutz (Art. 5 Abs. 3 und Art. 9 BV; Art. 2 Abs. 3 KV; Art. 2 ZGB). Dieser Grundsatz gilt sowohl für die am Rechtsverkehr beteiligten Privaten als auch für die Behörden. Er schützt den Privaten in seinem berechtigten Vertrauen auf behördliches Verhalten und bedeutet unter anderem, dass falsche Auskünfte von Verwaltungsbehörden unter bestimmten Voraussetzungen eine vom materiellen Recht abweichende Behandlung des Rechtssuchenden gebieten. Vgl. im Detail Seite 385. Anderseits wird beispielsweise der Grundsatz von Treu und Glauben verletzt, wenn die Baubehörde eine erteilte Baubewilligung im Nachhinein ohne zwingende Gründe und umfassende Interessenabwägung widerruft (zum Widerruf vgl. Häfelin/Müller/Uhlmann: Rz. 994 ff.; BEZ 2004 Nr. 57) oder die Bauherrschaft im Rahmen des Bewilligungsverfahrens einer Kompromisslösung zugestimmt hat und hernach geltend macht, die Durchsetzung dieser in der Folge bewilligten Lösung sei unverhältnismässig. Im Interesse des Vertrauensschutzes und der Rechtssicherheit ist in einem solchen Fall die Herbeiführung des bewilligten Zustands auch dann gerechtfertigt, wenn die Abweichung von der vereinbarten und bewilligten Lösung nur geringfügig ist (BEZ 2005 Nr. 3). Verstösst die Ergreifung eines Rechtsmittels gegen den Grundsatz von Treu und Glauben, fehlt dem Beschwerdeführer das schutzwürdige Interesse (BEZ 2004 Nr. 67). Ebenso liegt eine Verletzung von Treu und Glauben vor, wenn der Nachbar eine klar erkennbar grenzabstandswidrige Baute (gedeckter Gartensitzplatz) lange Zeit toleriert und erst im Nachhinein deren Baurechtswidrigkeit moniert (BEZ 2008 Nr. 28; vgl. auch PBG aktuell 3/2009, S. 33 ff.).

Guter Glauben

Bei der Beurteilung eines Rechtsproblems darf davon ausgegangen werden, dass jeder Beteiligte gutgläubig gehandelt hat (Art. 3 ZGB). Zur Frage des guten Glaubens bei widerrechtlichen Bauten vgl. etwa PBG aktuell 2/2009, S. 29 ff.

Beweislast

Wer etwas geltend machen will, muss es beweisen können, zum Beispiel mit Schriftstücken oder Zeugenaussagen (Art. 8 ZGB). Dieser Grundsatz (Verteilung der materiellen Beweislast), welcher sowohl für die Verwaltung als auch für den Privaten gilt, erfährt durch das Untersuchungsprinzip, wonach die Verwaltungs- und Justizbehörden von Amtes wegen den Sachverhalt abzuklären haben, freilich eine Einschränkung (§ 7 Abs. 1 VRG). Immerhin bestehen

Mitwirkungspflichten der Privaten bei der von Amtes wegen vorzunehmenden Sachverhaltsabklärung (§ 7 Abs. 2 VRG).

Wo kein Kläger ist, da ist auch kein Richter
Bei privatrechtlichen Streitigkeiten greift ein Gericht erst dann ein, wenn sich eine Partei wehrt und Klage erhebt (sogenanntes Dispositionsprinzip). Anders verhält es sich bei öffentlich-rechtlichen Streitigkeiten. Dort kann und muss eine Behörde – auch ohne Anzeige eines Privaten – eingreifen, wenn sich ein Missstand zeigt (sogenanntes Offizialprinzip; vgl. auch § 358 PBG und HÄFELIN/MÜLLER/UHLMANN: Rz. 1618 ff.).

Keine Strafe ohne Gesetz
Als Ausfluss des verfassungsrechtlichen Legalitätsprinzips darf niemand ohne eine entsprechende gesetzliche Grundlage bestraft werden (Art. 1 StGB; vgl. auch Art. 7 Ziff. 1 EMRK).

1.5 Öffentliches Planungs- und Baurecht

1.5.1 Begriff

Planungs- und Baurecht ist eine Kurzformel für die sich auf den Boden beziehenden öffentlich-rechtlichen Vorschriften von Bund, Kantonen und Gemeinden. Es umfasst:
- das Planungsrecht, das in einem weiteren Rahmen die geordnete Besiedlung und zweckmässige Nutzung des Bodens anstrebt;
- das Erschliessungs- und Landumlegungsrecht, das die Überbaubarkeit der Grundstücke herbeiführt;
- das Baupolizeirecht, das im Einzelnen die Vorschriften über die Grundstücksnutzung enthält.

Neben dem Planungs- und Baurecht (im umschriebenen Sinne) existiert aber eine grosse Anzahl weiterer Vorschriften des Bundes, der Kantone und Gemeinden, die ebenfalls der Raumordnung dienen; so etwa in den Bereichen Gewässerschutz, Wald, Strassenverkehr, Landwirtschaft, Energie, Umweltschutz, Natur- und Heimatschutz.

Es würde zu weit führen, alle diese Sachgebiete hier ausführlich behandeln zu wollen. Wir beschränken uns daher im Wesentlichen auf das eigentliche Planungs- und Baurecht, auf den Natur- und Heimatschutz, das Energierecht und das Umweltschutzrecht. Im Vordergrund stehen die Bestimmungen, welche die Projektierung und Ausführung von Bauvorhaben mehr oder weniger beeinflussen.

Das öffentliche Planungs- und Baurecht im Kanton Zürich wird hauptsächlich durch Bestimmungen der Bundesverfassung sowie dreier Gesetze geprägt: das eidgenössische Raumplanungsgesetz (RPG), das eidgenössische Umweltschutzgesetz (USG) und das Planungs- und Baugesetz des Kantons Zürich (PBG).

1 Grundlagen des Planungs- und Baurechts
1.5 Öffentliches Planungs- und Baurecht

1.5.2 Bundesverfassung

Die Bundesverfassung der Schweizerischen Eidgenossenschaft stammt ursprünglich aus dem Jahr 1848 und wurde 1874 erstmals totalrevidiert. Seither erfolgten unzählige Teilrevisionen, sodass die Bundesverfassung bald einmal unleserlich, unsystematisch und wenig benutzerfreundlich wurde. Am 18. April 1999 nahmen die Stimmberechtigten eine totalrevidierte Bundesverfassung an. Diese neue Verfassung (BV) trat am 1. Januar 2000 in Kraft. Die Totalrevision bestand vor allem in einer Nachführung. Überholte Bestimmungen wurden gestrichen, ungeschriebene Verfassungsrechte wurden neu aufgenommen. Für den Bereich des Planungs- und Baurechts änderte sich abgesehen von einer Neu-Nummerierung der Artikel materiell praktisch nichts. Die nachfolgende Tabelle listet die für das Planungs- und Baurecht wesentlichen Bestimmungen in der aktuellen BV auf:

Bundesverfassung vom 18. April 1999

Artikel	Bezeichnung
Art. 5	Grundsätze rechtsstaatlichen Handelns
Art. 8 und Art. 29 Abs. 1	Anspruch auf rechtsgleiche Behandlung
Art. 9	Schutz vor Willkür/Treu und Glauben
Art. 13	Schutz der Privatsphäre
Art. 16	Meinungs- und Informationsfreiheit
Art. 26	Eigentumsgarantie
Art. 27	Wirtschaftsfreiheit
Art. 29	Allgemeine Verfahrensgarantien
Art. 29a	Rechtsweggarantie
Art. 30	Gerichtliches Verfahren
Art. 49	Vorrang und Einhaltung des Bundesrechts
Art. 50 Abs. 1	Gemeindeautonomie
Art. 72 Abs. 3	Minarettverbot
Art. 73	Nachhaltigkeit
Art. 74	Umweltschutz
Art. 75	Raumplanung
Art. 75a	Vermessung
Art. 76	Wasser
Art. 77	Wald
Art. 78	Natur- und Heimatschutz
Art. 79	Fischerei und Jagd
Art. 81	Öffentliche Werke
Art. 82	Strassenverkehr
Art. 83	Nationalstrassen
Art. 87	Eisenbahnen und weitere Verkehrsträger
Art. 88	Fuss- und Wanderwege
Art. 89	Energiepolitik
Art. 90	Kernenergie
Art. 91	Transport von Energie
Art. 92	Post- und Fernmeldewesen
Art. 104	Landwirtschaft
Art. 108	Wohnbau- und Wohneigentumsförderung

1 Grundlagen des Planungs- und Baurechts
1.5 Öffentliches Planungs- und Baurecht

1.5.3 Das eidgenössische Raumplanungsgesetz (RPG)

Früher war das Raumplanungsrecht praktisch ausschliesslich Sache der Kantone. Gestützt auf die Ende der 60er-Jahre des letzten Jahrhunderts eingeführte Grundsatzgesetzgebungskompetenz (heute: Art. 75 Abs. 1 BV) hat der Bund im Jahr 1979 das Raumplanungsgesetz (RPG) erlassen, das seit 1980 in Kraft ist und seither verschiedene Male teilrevidiert wurde. Eine Totalrevision des RPG, mit welcher das RPG durch ein neues Raumentwicklungsgesetz (REG) ersetzt werden sollte, scheiterte im Jahr 2009.

Das RPG formuliert die gesamtschweizerischen Planungsziele und -grundsätze (Art. 1 und Art. 3 RPG). Oberstes Ziel ist es, den Boden haushälterisch zu nutzen. Dabei ist auf die Bedürfnisse der Bevölkerung und der Wirtschaft Rücksicht zu nehmen, aber auch auf die Erhaltung der natürlichen Lebensgrundlagen und der Landesversorgung (Fruchtfolgeflächen) zu achten. Ebenso ist die Landesverteidigung zu gewährleisten. Zur Erreichung dieser Ziele verpflichtet das RPG die Kantone zur Erstellung von Richtplänen (Art. 6 ff. RPG) beziehungsweise den Bund zur Erstellung von Konzepten und Sachplänen (Art. 13 RPG).

Erstmals gesamtschweizerisch wurde mit dem RPG die Festsetzung von Nutzungsplänen vorgeschrieben (Art. 14 ff. RPG). Das RPG setzt aber auch hinsichtlich der Nutzungsplanung nur den Rahmen. So unterscheidet es grob zwischen Bauzonen (die für einen Bedarf von maximal 15 Jahren auszuscheiden sind), Landwirtschaftszonen (für die Sicherstellung der Fruchtfolgeflächen) und Schutzzonen (Natur- und Heimatschutz). Das Waldareal wird von der Raumplanung ausgeschlossen. Es erfährt durch das eidgenössische Waldgesetz eine Regelung.

Das RPG enthält sodann eine generelle Bewilligungspflicht für Bauten und Anlagen und legt die wichtigsten Voraussetzungen für die Bewilligung in den Grundzügen fest (Art. 22 RPG). Für die Ausnahmebewilligung von Bauten und Anlagen ausserhalb der Bauzonen findet sich im RPG eine einlässliche Regelung (Art. 24 ff. RPG).

Schliesslich enthält das RPG auch Bestimmungen zum Verfahren und Rechtsschutz (Art. 25 f. und Art. 33 f. RPG). Danach sind beispielsweise schon von Bundesrechts wegen alle von einem Entscheid Betroffenen, insbesondere auch Nachbarn, zur Einreichung eines Rechtsmittels berechtigt (Art. 33 Abs. 3 lit. a RPG; vgl. dazu auch Art. 111 Abs. 1 BGG).

Gesamthaft stellt das RPG den bundesrechtlichen Rahmen, die Mindestanforderungen des Planungs- und Baurechts dar. Die Kantone und Gemeinden haben aber in sehr weitgehendem Masse zusätzliche Kompetenzen. Sie können die bundesrechtlichen Bestimmungen ergänzen und näher ausführen. Insbesondere enthält das Bundesrecht keine Mindestanforderungen an das Baupolizeirecht; dieses ist nach wie vor weitgehend Sache der Kantone und der Gemeinden.

1 Grundlagen des Planungs- und Baurechts
1.5 Öffentliches Planungs- und Baurecht

1.5.4 Das eidgenössische Umweltschutzgesetz (USG)

Im Jahr 1971 wurde der Umweltschutz als Bundeskompetenz in der Bundesverfassung festgeschrieben (heute: Art. 74 BV). Gestützt auf diese Verfassungsgrundlage ist 1983 das Bundesgesetz über den Umweltschutz (USG) erlassen und per 1. Januar 1985 in Kraft gesetzt worden. Es enthält unter anderem auch Bestimmungen, die sich auf das Bauen auswirken.

Der bauliche Umweltschutz ist technischer Umweltschutz. In diesem Sinne umfasst er Teilgebiete der Luftreinhaltung, Lärmbekämpfung, Bekämpfung von Erschütterungen, im weiteren Sinne auch der Abwasserreinigung und Abfallbeseitigung, des Gewässer- und Strahlenschutzes. Die im Rahmen dieses baulichen Umweltschutzes zu treffenden Massnahmen haben allesamt dem in Art. 74 BV definierten Ziel, nämlich dem Schutze des Menschen und seiner natürlichen Umwelt, zu dienen.

1.5.5 Interkantonale Vereinbarung über die Harmonisierung der Baubegriffe (IVHB)

Die Regelung des Baupolizeirechts – alle Vorschriften zum Schutze der öffentlichen Ordnung, der Sicherheit und der Gesundheit bei Bauten und Anlagen – ist Sache der Kantone. Deshalb hat jeder Kanton sein eigenes Baugesetz mit unterschiedlichen Definitionen, Messweisen und Verfahren.

Die Vereinheitlichung der Baubegriffe und Messweisen entspricht immer mehr einem breiten Bedürfnis der Praxis. Sachliche Gründe für die unterschiedliche Definition von Begriffen, welche die gleichen Sachverhalte regeln, bestehen grundsätzlich keine.

Die Vereinheitlichung im Rahmen eines Bundesbaugesetzes ist derzeit aber politisch nicht mehrheitsfähig. Stattdessen arbeitete die Schweizerische Bau-, Planungs- und Umweltdirektoren-Konferenz (BPUK) im Hinblick auf die angestrebte Vereinheitlichung der Begriffe ein Konkordat aus, die Interkantonale Vereinbarung über die Harmonisierung der Baubegriffe (IVHB). Mit diesem Konkordat werden einheitliche Begriffe für Gebäudedimensionen (Höhe, Längen) und Abstandsregelungen und deren Differenzierung nach Gebäudetypen sowie das Verhältnis von Gebäudegrössen zu Grundstücksflächen (Nutzungsziffern) geschaffen. Die Kantone werden verpflichtet, ihre Baugesetze bis Ende 2012 anzupassen. Bis heute haben sich sieben Kantone für den Beitritt zur IVHB ausgesprochen: Graubünden (2006), Bern (2008), Freiburg (2008), Basel-Landschaft (2009), Aargau (2009), Thurgau (2010) und Schaffhausen (2011). Damit die IVHB in Kraft tritt, müssen ihr sechs Kantone beitreten. Diese Schwelle ist unterdessen überschritten. Der Kanton Zürich gedenkt diesem Konkordat ebenfalls beizutreten und die dort geregelten Messweisen zu übernehmen. Derzeit ist allerdings noch offen, ob und wann der Beitritt des Kantons Zürich tatsächlich erfolgt.

Neben der IVHB sind auch Bestrebungen des SIA im Gang, das Planungs- und Baurecht zu harmonisieren. Bisher sind erschienen: SIA-Norm 421 (Raumplanung – Nutzungsziffern), SIA-Norm 422 (Bauzonenkapazität) und SIA-Norm 423 (Gebäudedimensionen und Abstände). Weitere Normen sind in Erarbeitung, so zu den Rahmennutzungsplänen, zur Erschliessungsplanung und zum Sondernutzungsplan.

1 Grundlagen des Planungs- und Baurechts
1.5 Öffentliches Planungs- und Baurecht

1.5.6 Das Planungs- und Baugesetz des Kantons Zürich (PBG)

1.5.6.1 *Entstehung des Planungs- und Baugesetzes*

Bereits das kantonale «Baugesetz für Ortschaften mit städtischen Verhältnissen» aus dem Jahre 1893, kurz Baugesetz (BauG) genannt, kannte einen – wenn auch nur rudimentären – Vorschriftenteil über die Beplanung unserer Landschaft. Im Zuge der Zeit erliessen praktisch alle zürcherischen Gemeinden Bau- und Zonenordnungen (spätestens in den 60er-Jahren des letzten Jahrhunderts). Indessen vermochte das alte kantonale Baugesetz den sich wandelnden Bedürfnissen der geordneten Besiedlung des Landes, der Architektur und den neuen Baumaterialien immer weniger zu genügen, weshalb bereits Ende der 50er-Jahre des letzten Jahrhunderts der Ruf nach einem neuen Baugesetz laut wurde. Am 7. September 1975 nahm das Gesetz nach mehrjährigem Ringen in Behörden und Parlament die Hürde der Volksabstimmung.

Hauptziele des PBG waren:
- Kodifizierung der in langjähriger Praxis bewährten Grundsätze;
- Einführung eines dem eidgenössischen Recht entsprechenden Planungsrechts unter Mitwirkung des Volks;
- Einführung eines Lenkungsinstruments für die Nutzung des Baugebiets (Baugebietsetappierung);
- Einführung der Erschliessungsplanung, um der Baulandhortung entgegenzuwirken;
- Einführung eines beschleunigten Verfahrens für die Durchführung von Quartierplänen;
- Einführung der Planungsinstrumente «Gestaltungsplan» und «Sonderbauvorschriften»;
- Schaffung von verwaltungsunabhängigen Rekursinstanzen (Baurekurskommissionen);
- Klare Verankerung des Natur- und Heimatschutzes auf Kantonsebene.

In einer Teilrevision des PBG 1984 wurde dann den Gemeinden etwas mehr Freiheit zugebilligt. Umfassender war sodann die Teilrevision 1991, welche am 1. Februar 1992 in Kraft trat. Im Jahre 1997 wurden mit der Revision des VRG zudem einige Verfahrensbestimmungen geändert. Nachdem eine Totalrevison des PBG aufgrund der mehrheitlich negativen Vernehmlassungen im Jahr 2006 fallen gelassen wurde, sind 2009 drei grössere Teilrevisionsprojekte zu den Themen «Verfahren und Rechtsschutz», «Behindertengerechtes Bauen» sowie «Parkierungsregelungen und stark verkehrserzeugende Nutzungen» initiiert worden (vgl. PBG aktuell 3/2009, S. 38 ff.).

1.5.6.2 *Aufbau des Planungs- und Baugesetzes*

Das Planungs- und Baugesetz legt Ziele und Zwecke der Raumplanung fest und gewährt die Planungsmittel für die Aufteilung des Bodens in verschiedene Nutzungsbereiche, für deren Einteilung, Erschliessung und Ausstattung sowie für die Ausübung der zulässigen Bodennutzung (§ 1 Abs. 1 PBG). Es regelt die Zuständigkeiten und das Verfahren im Bereich der Raumplanung sowie das öffentliche Baurecht (Abs. 1 Abs. 2 PBG).

1 Grundlagen des Planungs- und Baurechts
1.6 Allgemeine Bestimmungen des PBG

Demgemäss gliedert sich das PBG wie folgt:

I.	Titel: Allgemeine Bestimmungen	§§	1–7
II.	Titel: Das Planungsrecht	§§	8–202
III.	Titel: Der Natur- und Heimatschutz	§§	203–217
IV.	Titel: Das öffentliche Baurecht	§§	218–328
V.	Titel: Der Rechtsschutz	§§	329–339a
VI.	Titel: Strafen und Zwangsanwendung	§§	340–341
VII.	Titel: Einführungs- und Schlussbestimmungen	§§	342–361

1.6 Allgemeine Bestimmungen des PBG

1.6.1 Zuständigkeiten

Soweit dieses Gesetz oder das übrige kantonale Recht nichts Besonderes bestimmt, sind nach § 2 PBG zuständig:

a) der Regierungsrat zum Erlass der in diesem Gesetz vorgesehenen Verordnungen, Richtlinien und Normalien, zur Festsetzung der vom Staat aufzustellenden Richtpläne, zur Oberaufsicht über das gesamte Planungs- und Bauwesen sowie zum Entscheid über die Genehmigung von kommunalen Richt- und Nutzungsplänen, soweit sie nicht oder nicht vorbehaltlos erfolgen kann;

b) die Baudirektion zur Festsetzung der vom Staat aufzustellenden Nutzungspläne und von Planungszonen, zum Entscheid über die Genehmigung von kommunalen Richt- und Nutzungsplänen, soweit sie ohne Vorbehalte erfolgen kann, sowie über genehmigungsbedürftige Verfügungen und zur Aufsicht über die Gemeinden in den vom PBG geordneten Sachbereichen;

c) die politischen Gemeinden zum Erlass der ihnen vorbehaltenen Ausführungsvorschriften, zur Festsetzung kommunaler Pläne und zur erstinstanzlichen Gesetzesanwendung.

Im Rahmen des 2009 initiierten Teilrevisionsprojekts zum Verfahren und Rechtsschutz soll die Genehmigung kommunaler Richt- und Nutzungspläne der zuständigen Direktion (in der Regel die Baudirektion, ausnahmsweise die Volkswirtschaftsdirektion für die Genehmigung kommunaler Baulinien) übertragen werden. Damit entfällt die bisherige Differenzierung zwischen Nichtgenehmigungen (durch den Regierungsrat; § 2 lit. a PBG) und Genehmigungen (durch die Baudirektion; § 2 lit. b PBG).

1.6.2 Begriffe

Das PBG enthält vor allem am Anfang eine Reihe von Begriffsbestimmungen, sogenannte Legaldefinitionen.

Gesetz

Soweit das PBG von «diesem Gesetz» oder von «Vorschriften dieses Gesetzes» spricht, sind darunter das PBG, die zugehörigen Verordnungen und auch die kommunalen Erlasse (zum Beispiel Bau- und Zonenordnungen) zu verstehen (§ 3 Abs. 1 und 2 PBG).

Gemeinde

Verwendet das PBG den Begriff «Gemeinde», so wird den Gemeinden eine Kompetenz zugewiesen, ohne dass ein bestimmtes Organ der Gemeinde für diese Aufgabe vorgesehen ist (Beispiel: Das PBG lässt für kommunale Baulinien ausserhalb eines Quartierplans offen, ob diese durch den Gemeinderat oder die Gemeindeversammlung festgesetzt werden [§ 108 Abs. 1 PBG; vgl. BGE 111 Ia 284]).

Gemeinderat

Wenn im PBG vom «Gemeinderat» gesprochen wird, ist die Gemeinde-Exekutive gemeint, in Stadtgemeinden also der Stadtrat (§ 3 Abs. 4 PBG).

Direktion des Regierungsrates

Im PBG wird, wenn eine Direktion des Regierungsrates für eine Aufgabe zuständig ist, diese namentlich bezeichnet. So ist nach § 2 lit. b PBG beispielsweise die «Baudirektion» zuständig für die Festsetzung von kantonalen Nutzungsplänen oder die Genehmigung von kommunalen Richt- und Nutzungsplänen.

Mit dem Inkrafttreten des Gesetzes über die Organisation des Regierungsrates und der kantonalen Verwaltung vom 6. Juni 2005 (OG RR) hat der Regierungsrat die Kompetenz, die Zuständigkeit von einer Direktion zur anderen zu verschieben (§ 38 OG RR). Er muss dafür nur die Verordnung über die Organisation des Regierungsrates und der kantonalen Verwaltung vom 18. Juli 2007 (VOG RR) entsprechend ändern.

So ist entgegen dem Wortlaut von § 109 PBG in Verbindung mit § 2 lit. b PBG heute für die Genehmigung von kommunalen Verkehrsbaulinien nicht mehr die Baudirektion, sondern die Volkswirtschaftsdirektion zuständig (VB.2008.00439).

Im Rahmen von Gesetzesrevisionen wird nicht mehr eine bestimmte Direktion für eine bestimmte Aufgabe als zuständig erklärt, sondern der Begriff «zuständige Direktion» verwendet (vgl. zum Beispiel § 89 PBG). Mit dem 2009 initiierten Teilrevisionsprojekt zum Verfahren und Rechtsschutz soll denn auch die allgemeine Zuständigkeitsnorm von § 2 lit. b PBG entsprechend angepasst werden.

In diesem Buch wird die aktuell zuständige Direktion zur besseren Verständlichkeit namentlich erwähnt.

Zinssatz

Wo das PBG eine Verzinsung vorschreibt, gilt der Zinsfuss der Zürcher Kantonalbank für bestehende erste Hypotheken auf Wohnliegenschaften (§ 4 PBG).

Für Mietzinsanpassungen aufgrund von Änderungen des Hypothekarzinssatzes gilt seit September 2008 für die ganze Schweiz ein einheitlicher Referenzzinssatz. Dieser stützt sich auf den hypothekarischen Durchschnittszinssatz der Banken und ersetzt den in den Kantonen früher massgebenden Zinssatz für variable Hypotheken. Sollte der einheitliche Referenzzinssatz im Planungs- und Baurecht ebenfalls zum Tragen kommen, bedürfte dies einer entsprechenden Anpassung von § 4 PBG.

Genehmigung

Soweit der Regierungsrat beziehungsweise die Baudirektion Erlasse und Verfügungen zu genehmigen hat (zum Beispiel Zonenplanänderung einer Gemein-

1 Grundlagen des Planungs- und Baurechts
1.6 Allgemeine Bestimmungen des PBG

de), überprüft er beziehungsweise sie deren Rechtmässigkeit, Zweckmässigkeit und Angemessenheit (§ 5 Abs. 1 PBG). Es ist möglich, nicht (durch Rechtsmittel) angefochtene Teile eines Erlasses oder einer Verfügung vorweg zu genehmigen, was vor allem bei Zonenplänen häufig geschieht (§ 5 Abs. 3 PBG).

Mit dem 2009 initiierten Teilrevisionsprojekt zum Verfahren und zum Rechtsschutz soll die Genehmigung von Erlassen und raumplanungsrechtlichen Festlegungen direkt anschliessend an den Beschluss über den zu genehmigenden Akt erfolgen. Damit werden – im Sinne einer Verfahrensbeschleunigung – die Rechtsmittelbehörden in einem Rechtsgang über die kommunale Festsetzung und die kantonale Genehmigung gleichzeitig entscheiden.

Kundmachung
Öffentliche Bekanntmachungen haben im kantonalen Amtsblatt (erscheint jede Woche am Freitag) und gleichzeitig in den üblichen amtlichen Publikationsorganen der Gemeinden zu erscheinen. Fehlt ein solches kommunales Publikationsorgan, so erfolgt die Bekanntmachung durch öffentlichen Anschlag (§ 6 Abs. 1 lit. a PBG).

Schriftliche Mitteilung
Schriftliche Mitteilungen sind (aus Beweisgründen) mit eingeschriebenem Brief zuzustellen, soweit die betreffende Person in der Schweiz wohnt oder ein inländisches Zustelldomizil bezeichnet hat (§ 6 Abs. 1 lit. b PBG).

Schriftlichen Mitteilungen sind Hinweise auf die möglichen Eingaben und Rechtsmittel samt Fristen, erforderlichem Inhalt und Einreichungsstelle beizufügen (§ 6 Abs. 2 PBG; vgl. auch Art. 112 Abs. 1 BGG, Art. 18 Abs. 2 KV und § 10 Abs. 1 VRG).

Öffentliche Auflage
Ist eine öffentliche Auflage vorgeschrieben, so erfolgt diese bei der Gemeindeverwaltung am Ort der gelegenen Sache (sind mehrere Gemeinden betroffen, bei jeder dieser Gemeinden). Die öffentliche Auflage ist mit Ort und Zeit öffentlich bekannt zu machen (§ 6 Abs. 1 lit. c und Abs. 2 PBG).

Bei einer öffentlichen Auflage ist auf die möglichen Eingaben und Rechtsmittel samt Fristen, erforderlichem Inhalt und Einreichungsstelle hinzuweisen (§ 6 Abs. 2 PBG).

Anhörung
Bei der Aufstellung und bei Änderungen der Richt- und Nutzungsplanung sind nach- und nebengeordnete Planungsträger rechtzeitig anzuhören (§ 7 Abs. 1 PBG).

Vor der Festsetzung der Richt- und Nutzungsplanung ist jedermann Gelegenheit zu geben, sich zum Planinhalt und BGE 136 I 265 zu äussern (§ 7 Abs. 2 PBG; vgl. auch Art. 4 RPG, BGE 135 II 286 und BGE 136 I 265).

2
Raumplanung, Richtplanung und Nutzungsplanung

2 Raumplanung, Richtplanung und Nutzungsplanung
2.1 Grundlagen der Raumplanung

2.1 Grundlagen der Raumplanung

2.1.1 Begriff der Raumplanung

Die Richtplanung und die Nutzungsplanung fallen unter den Oberbegriff der Raumplanung. Mit der Raumplanung wird gezielt die räumliche Entwicklung der Gesellschaft, der Wirtschaft und der Umwelt in einem bestimmten Bereich beeinflusst. Die Raumplanung erfasst alle räumlichen Planungen, so insbesondere in den Bereichen Bebauung, Verkehr, Umwelt, Wirtschaft und Gesellschaft. Die Raumplanung beschäftigt sich – wie der Name schon sagt – mit dem Raum, dem Lebensraum für Menschen, Tiere und Pflanzen. Unter Raum ist in erster Linie die Erdoberfläche (Bauland, Nichtbauland, Gewässer, Wald) zu verstehen. Dazu gehören aber auch andere Medien, welche den Lebensraum ausmachen, so etwa der Luftraum und die Atmosphäre.

Die Raumplanung soll die mit der räumlichen Entwicklung verbundenen Probleme erkennen, Lösungen für diese Probleme zeigen und die verschiedenen – teilweise auch widerstrebenden – Interessen aufeinander abstimmen. Zu diesem Zweck werden mit der Raumplanung in allen raumrelevanten Bereichen (Verkehr, Umwelt, Wirtschaft, Gesellschaft) Steuerungshilfen und -mittel sowie Eingriffsmassnahmen (Grundlagenforschungen, Pläne, Statistiken und Rechtserlasse) zusammengefasst und koordiniert.

Für die Durchführung der Raumplanung enthält das RPG die Grundsätze und schreibt im Wesentlichen die Festsetzung von Richtplänen (Art. 6 ff. RPG) und Nutzungplänen (Art. 14 ff. RPG) vor. Danach skizziert die Richtplanung in der Form einer Grobplanung, wie sich der Kanton räumlich entwickeln soll, und setzt Prioritäten bei sich widersprechenden Planungsinteressen fest. Mit der Nutzungsplanung wird sodann die Richtplanung verfeinert und konkretisiert.

Die Unterschiede zwischen Richtplanung und Nutzungsplanung lassen sich wie folgt zusammenfassen:

Richtplanung	Nutzungsplanung
Planungsziel 20–25 Jahre	Planungsziel 15 Jahre
Grobplanung mit Unschärfen	parzellenscharfe Planung
(nur) behördenverbindlich	(auch) grundeigentümerverbindlich
nicht direkt anfechtbar (von Grundeigentümern)	direkt anfechtbar (von Grundeigentümern)

Nach dem PBG erarbeiten hauptsächlich drei Planungsträger die Richtplanung und die Nutzungsplanung, nämlich der Kanton, die Region und die Gemeinde.

2.1.2 Ziele der Raumplanung

Das RPG und das PBG umschreiben eine Reihe von Zielen, welche mit der Raumplanung erreicht werden sollen. Diese Ziele widersprechen sich zum Teil. Es wäre an und für sich Aufgabe der Richtplanung, für jedes Teilgebiet zu umschreiben, welches Ziel hier erreicht werden soll. Wie die Praxis allerdings zeigt, nehmen die Zürcher Richtpläne gleich welcher Stufe eine solche Gewichtung vielfach nicht vor. Die bestehenden Planungskonflikte werden somit zuweilen erst auf der Stufe Nutzungsplanung entschieden. Zu den Herausforderungen der Raumplanung vgl. auch WEGELIN.

2 Raumplanung, Richtplanung und Nutzungsplanung
2.1 Grundlagen der Raumplanung

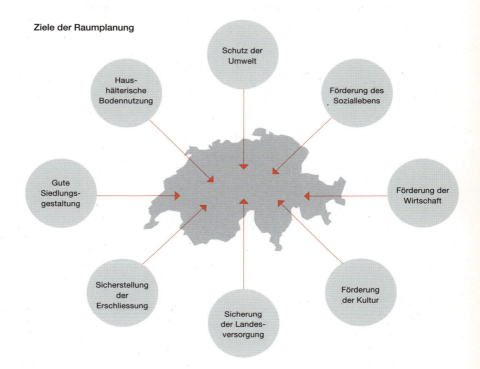

Ziele der Raumplanung

Haushälterische Nutzung des Bodens
Der Boden soll von den Einwohnern möglichst schonend genutzt werden (Art. 1 Abs. 1 RPG; § 18 Abs. 2 lit. b PBG). Wichtigstes Prinzip ist, dass das Siedlungs- vom Nichtsiedlungsgebiet getrennt und Bauten grundsätzlich nur in Bauzonen erstellt werden dürfen. Bauzonen dürfen sodann nur so viele ausgeschieden werden, als sie in den nächsten 15 Jahren voraussichtlich benötigt und erschlossen werden (Art. 15 lit. b RPG).

Schutz der Umwelt
Mit der schonenden Bodenbehandlung hängt zusammen, dass die Umwelt, die natürlichen Lebensgrundlagen (Wasser, Luft, Boden, Tier- und Pflanzenwelt) und der Mensch geschützt werden müssen (Art. 1 Abs. 2 lit. a, Art. 3 Abs. 2, Art. 3 Abs. 3 lit. b und e, Art. 3 Abs. 4 lit. c RPG; § 18 Abs. 2 lit. h, i, l und m PBG).

Förderung des sozialen und kulturellen Lebens
Das soziale und kulturelle Leben verdient besondere Unterstützung durch die Raumplanung (Art. 1 Abs. 2 lit. c und Art. 3 Abs. 4 lit. b RPG; § 18 Abs. 2 lit. f PBG).

Förderung der Wirtschaft
Die Raumplanung hat Voraussetzungen zu schaffen für eine gesunde Wirtschaft und deren angemessene räumliche Verteilung (Dezentralisierung; Art. 1 Abs. 2 lit. b und c RPG; § 18 Abs. 2 lit. g PBG).

2 Raumplanung, Richtplanung und Nutzungsplanung
2.1 Grundlagen der Raumplanung

Sicherung der Versorgungsbasis
Mit der Raumplanung soll die Versorgung der Bevölkerung mit den lebensnotwendigen Gütern sichergestellt werden (Art. 1 Abs. 2 lit. d und Art. 3 Abs. 2 lit. a RPG; § 18 Abs. 2 lit. h PBG). Dazu gehört insbesondere auch die Bereitstellung von genügend Land für die Ernährung (sogenannte Fruchtfolgeflächen; vgl. dazu auch Art. 26 ff. RPV).

Siedlungsgestaltung und Erschliessung
Siedlungen sollen sich in die Landschaft einordnen. Genügend Grünflächen sollen für die Erholung der Bevölkerung zur Verfügung stehen (BEZ 2009 Nr. 34). Die Siedlungen sollen auch zweckmässig erschlossen sein. Zur Erschliessung gehören Strassen sowie Werkleitungen für Wasser, Abwasser und Energieträger (Art. 1 Abs. 2 lit. b, Art. 3 Abs. 3 lit. a RPG; § 18 Abs. 2 lit. d und n PBG).

2.1.3 Träger und Instrumente der Raumplanung
Träger der Raumplanung sind im Kanton Zürich der Bund, der Kanton, die Regionen und die Gemeinden. In Ausnahmefällen können auch Private mit Planungsaufgaben betraut und mithin Planungsträger sein.

Instrumente der Raumplanung

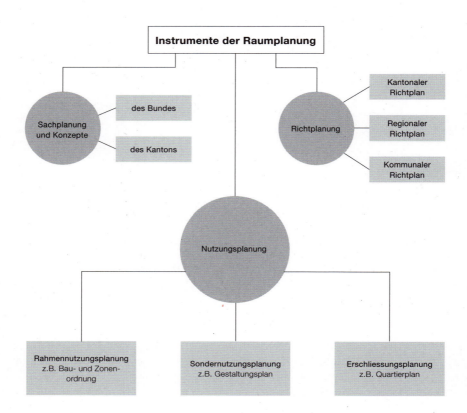

2 Raumplanung, Richtplanung und Nutzungsplanung
2.1 Grundlagen der Raumplanung

2.1.4 Verfahrensgrundsätze der Raumplanung

Koordinationsgebot
Bund, Kantone und Gemeinden haben ihre raumwirksamen Aufgaben aufeinander abzustimmen. Die übergeordneten Planungsträger haben den nachgeordneten Planungsträgern einen Ermessensspielraum zu belassen (Art. 75 Abs. 2 und 3 BV; Art. 2 RPG; § 16 PBG). Nach- und nebengeordnete Planungsträger, wie zum Beispiel Nachbargemeinden, haben ihre Planungen gegenseitig abzustimmen (Art. 2 RPG; § 7 Abs. 1 PBG).

Information und Mitwirkung der Bevölkerung
Die Bevölkerung ist angemessen über die Planungsvorgänge zu orientieren und an der Planung zu beteiligen. Dies geschieht hauptsächlich durch die Information und die Mitwirkung der Bevölkerung (Art. 4 RPG; § 7 PBG).

Planungspflicht und Planungsvollständigkeit
Die Planung hat sich auf das ganze Planungsgebiet zu erstrecken (Art. 14 RPG). Es ist nicht zulässig, gewisse Bereiche von der Planung auszuklammern. Die Ausscheidung von sogenanntem «weissem Gebiet» oder «übrigem Gemeindegebiet» in einem Zonenplan ist daher aufgrund von Art. 14 RPG ausgeschlossen.

Plananpassung und Planbeständigkeit
Die Raumplanung ist im Sinn einer rollenden Planung geänderten Verhältnissen anzupassen. Nach Art. 21 Abs. 2 RPG werden die Nutzungspläne überprüft und nötigenfalls angepasst, wenn sich die Verhältnisse wesentlich geändert haben. Anderseits haben die von der Planung Betroffenen Anspruch auf eine Planungsbeständigkeit. Die Planung darf nur bei Vorliegen gewichtiger Gründe geändert werden (§ 9 Abs. 2 PBG; BEZ 2003 Nr. 2; BEZ 2007 Nr. 1; PBG aktuell 1/2002, S. 28; PBG aktuell 4/2008, S. 23 ff., insbesondere S. 27 f.; Urteil des BGer 1C_202/2009). Pläne können aber revidiert werden, da dem Grundeigentümer kein Anspruch auf dauernden Verbleib seines Landes in derselben Zone zukommt. Planung und Wirklichkeit müssen bei Bedarf in Übereinstimmung gebracht werden (BGE 123 I 182 f.). Ob die Veränderung der Verhältnisse erheblich ist und damit ein öffentliches Interesse an einer Planänderung besteht, entscheidet sich aufgrund der Geltungsdauer des anzupassenden Zonenplans, seines Inhalts, des Ausmasses der beabsichtigten Änderung und deren Begründung (vgl. BGE 128 I 198 f.). Je neuer ein Zonenplan ist, umso mehr darf mit seiner Beständigkeit gerechnet werden, und je einschneidender sich die beabsichtigte Änderung auswirkt, umso gewichtiger müssen die Gründe sein, die für die Planänderung sprechen (BGE 120 Ia 233; BGE 113 Ia 455). Nach Ablauf des Planungshorizonts, der für Bauzonen 15 Jahre beträgt (Art. 15 lit. b RPG), sind Zonenpläne grundsätzlich einer Überprüfung zu unterziehen und nötigenfalls anzupassen (ZBl 1996, S. 36). Im Rahmen dieser Gesamtrevision können auch veränderte politische Vorstellungen zum Ausdruck gelangen. Je näher eine Planungsrevision dieser Frist kommt, desto geringer ist deshalb das Vertrauen auf

die Beständigkeit des Plans und umso eher können auch geänderte Anschauungen und Absichten der Planungsorgane als zulässige Begründung für eine Revision berücksichtigt werden (ZBl 2003, S. 654).

Grundlagenbeschaffung

Der Kanton ist – zusammen mit dem Bund – verpflichtet, die für die Planung notwendigen Grundlagen zu beschaffen (§§ 10 f. PBG). Dazu dienen zum Beispiel Statistiken oder Leitbilduntersuchungen (Beispiel: Raumplanungsbericht 2009, Bericht des Zürcher Regierungsrates an den Kantonsrat vom 12. August 2009).

Für die technische Durchführung von Planungen ist jedermann verpflichtet, Handlungen des Gemeinwesens – wie etwa Begehungen, Vermessungen, Schallschutzmessungen, Bodenuntersuchungen – gegen Ersatz des allfällig angerichteten Schadens zu dulden (§ 17 PBG).

2.1.5 Instrumente zur Sicherung der Raumplanung

2.1.5.1 *Übersicht*

Die Durchführung der Raumplanung benötigt längere Zeiträume. Insbesondere müssen die Festlegungen der behördenverbindlichen Richtpläne zuerst in der Nutzungsplanung umgesetzt werden, damit sie grundeigentümerverbindlich werden. Es fragt sich deshalb, ob und inwieweit den in Vorbereitung oder Änderung stehenden Planungsmassnahmen eine Vorwirkung zukommt. Im Planungs- und Baurecht wird eine sogenannte «negative Vorwirkung» durch verschiedene Plansicherungsmassnahmen erreicht, indem das geltende Recht nicht angewendet wird, weil mit dem baldigen Inkrafttreten neuen Rechts zu rechnen ist (zur Vorwirkung vgl. HÄFELIN/MÜLLER/UHLMANN: Rz. 350 ff.).

Auf Bundesebene besteht die Projektierungszone als Instrument der Planungssicherung (vgl. Seite 101). Das PBG kennt folgende Instrumente der Planungssicherung:

- Planungszone (§ 346 PBG; vgl. nachfolgend)
- «planungsrechtliche Baureife» (§§ 234 f. PBG; vgl. Seite 561 ff.)

Die beiden kantonalen Instrumente Planungszone und «planungsrechtliche Baureife» dürfen nicht kumuliert werden. Wenn die Frist der Planungszone abgelaufen ist, kann ein Bauvorhaben nicht mehr wegen der gleichen Planungsänderung gestützt auf §§ 234 f. PBG verweigert werden. Sind die Planungsziele aber verschieden, ist eine solche Kumulation zulässig (BEZ 1986 Nr. 14; BEZ 1995 Nr. 4).

2.1.5.2 *Planungszone*

Gestützt auf Art. 27 RPG und die entsprechende Umsetzung in § 346 PBG können bis zum Erlass oder während der Revision von Richt- oder Nutzungsplänen für genau bezeichnete Gebiete Planungszonen bezeichnet werden. Innerhalb dieser Planungszonen dürfen keine baulichen Veränderungen oder sonstigen Vorkehren getroffen werden, die der im Gang befindlichen Planung widersprechen (vgl. BEZ 2002 Nr. 61; BEZ 2006 Nr. 47). Zuständig für die Festsetzung ist die Baudirektion (§ 2 lit. b PBG). Planungszonen dürfen für höchstens drei Jahre festgesetzt werden (§ 346 PBG). Soweit nötig, kann die Frist längstens um zwei Jahre verlängert werden. Die in Aussicht genommenen Änderungen müssen weniger konkret feststehen als bei der Anwendung von §§ 234 f. PBG.

Eine Baubewilligung darf in einem von einer Planungszone betroffenen Gebiet nur dann erteilt werden, wenn diese den künftigen planungsrechtlichen Festlegungen nicht widerspricht. Massgebend ist dabei der Planungsstand zum Zeitpunkt des Bewilligungsentscheids. Zu berücksichtigen sind nicht nur die beim Erlass der Planungszone herrschenden Planungsvorstellungen, sondern auch die sich im Laufe des Planungsverfahrens ergebenden Änderungen der Planungsideen und -ziele (BEZ 2004 Nr. 45).

Der Erlass einer Planungszone, die im Wesentlichen das ganze Baugebiet einer Gemeinde umfasst und die für dieses Gebiet ein vorläufiges generelles Verbot der Errichtung «freistehender Aussenantennen» statuiert, ist unzulässig. Die mit der Schaffung einer Planungszone verbundene öffentlich-rechtliche Eigentumsbeschränkung muss auf einem öffentlichen Interesse beruhen, das sich in einem Planungsbedürfnis niederschlägt. Sie muss zudem verhältnismässig sein (URP 2004, S. 144 ff.; BGer 1C_472/2009).

2.1.5.3 *Projektierungszone*

Insbesondere im Bereich der Planung und des Baus von bedeutenden Infrastrukturanlagen verfügt der Bund aufgrund der geltenden Kompetenzausscheidung in der Bundesverfassung über weitreichende Gesetzgebungskompetenzen. So hat der Bund beispielsweise für Nationalstrassen (Art. 83 BV), Eisenbahnen (Art. 87 BV) und Flugplätze (Art. 87 BV) die entsprechenden Gesetze erlassen (Nationalstrassengesetz [NSG]; Eisenbahngesetz [EBG]; Luftfahrtgesetz [LFG]) und sorgt auch für deren Vollzug.

Gestützt auf Art. 14 ff. NSG kann das zuständige Departement zur vorsorglichen Freihaltung des Strassenraums für Nationalstrassen nach Anhörung des Kantons eine Projektierungszone festlegen. Die gleiche Möglichkeit besteht u.a. bei Eisenbahnen (Art. 18n ff. EBG) und Flugplätzen (Art. 37n ff. LFG). Auch wenn das Instrument der Projektierungszone hauptsächlich der Freihaltung von Land für bestimmte Projekte dient und mithin eine eigentliche Landsicherungsmassnahme darstellt, entsprechen seine Wirkungen weitgehend derjenigen einer kantonalrechtlichen Planungszone (grundsätzliches Verbot von Bauten, welche die künftige Realisierung des Projekts erschweren könnten).

Die Projektierungszone hat im Kanton Zürich bislang keine Bedeutung erlangt. Soweit ersichtlich, wurde im März 2006 erstmals eine Projektierungszone festgesetzt. Mit Höhenbeschränkungen für Bauten soll im Bereich dieser Projektierungszone der Anflugkorridor auf die Piste 28 des Flughafens Zürich freigehalten werden. Vgl. dazu sowie zum Verhältnis zwischen Projektierungszone und Planungszone auch BGer 1C_442/2008, wiedergegeben in PBG aktuell 3/2009, S. 27 ff.

2 Raumplanung, Richtplanung und Nutzungsplanung
2.1 Grundlagen der Raumplanung

2.1.6 Sachpläne und Konzepte

2.1.6.1 *Verhältnis zur Richtplanung und Nutzungsplanung*

Sachpläne und Konzepte lassen sich nicht klar der üblichen Einteilung «Richtplanung» und «Nutzungsplanung» zuordnen. Es handelt sich – auf Bundesebene – um ein raumplanerisches Instrument für alle raumwirksamen Tätigkeiten von Sachbereichen, in denen der Bund über verfassungsrechtliche Kompetenzen verfügt (Art. 13 RPG). Als Beispiele seien die Sachpläne «Fruchtfolgeflächen», «Verkehr, Teil Programm», «Verkehr, Teil Strasse», «Verkehr, Teil Schiene», «Infrastruktur der Luftfahrt (SIL)» oder «Geologische Tiefenlager» erwähnt (vgl. Näheres bei AEMISEGGER/KUTTLER/MOOR/RUCH: Art. 13 Rz. 1 ff.; WALDMANN/HÄNNI: Art. 13 Rz. 1 ff.). Die bundesrechtlichen Sachpläne und Konzepte sind auf kantonaler und kommunaler Ebene bei der Ausarbeitung von Richt- und Nutzungsplänen zu berücksichtigen (Art. 2 Abs. 1 RPG; Art. 23 Abs. 1 RPV).

Die Details für die Konzepte und Sachpläne gemäss Art. 13 RPG sind in Art. 14 ff. RPV geregelt. Danach erstellt der Bund Konzepte und Sachpläne zur Planung und Koordination seiner Aufgaben, soweit sich diese erheblich auf Raum und Umwelt auswirken. Er zeigt in diesen, wie er von seinem planerischen Ermessen Gebrauch machen will (Art. 14 Abs. 1 und 2 RPV). Art. 15 f. RPV regeln die formellen und materiellen Anforderungen, Art. 17–21 RPV die Erarbeitung und Anpassung. Konzepte und Sachpläne sind behördenverbindlich (vgl. Art. 22 RPV). Die in einem Sachplan mit Bezug auf die Realisierung konkreter Vorhaben getroffenen Anordnungen sind für den Kanton soweit verbindlich, als der Bund im betreffenden Bereich von Verfassungs und Gesetzes wegen über entsprechende Kompetenzen verfügt (Art. 23 Abs. 1 RPV). Zum Verhältnis der Sachplanung zur Richtplanung vgl. auch BGer 1C_101/2007, wiedergegeben in PBG aktuell 2/2008, S. 38 ff.

Im Kanton Zürich werden ebenfalls Sachpläne erarbeitet, so etwa Strassenbauprogramme, Spitalplanungen, Energiepläne oder Kiesabbaupläne. Solche Sachpläne beeinflussen dann wiederum die kantonalen und kommunalen Richt- und Nutzungspläne. Sie sind behördenverbindlich.

2.1.6.2 *Energieplan als Beispiel*

Im EnG-ZH sind Energieplanungen des Staates und der Gemeinden vorgesehen. Die Energieplanung des Staates ist Sache des Regierungsrates (§ 4 EnG-ZH). Sie ist im Bereich der Energieversorgung und -nutzung Entscheidungsgrundlage für Massnahmen der Raumplanung sowie Projektierungen von Anlagen und Förderungsmassnahmen und dient zudem den Gemeinden als Grundlage für ihre Energieplanung. Sie besteht aus dem alle vier Jahre erscheinenden Energieplanungsbericht des Regierungsrates (derzeit aktuell: 5. Energieplanungsbericht von 2006) und dem eigentlichen Energieplan. So erstattet der Regierungsrat dem Kantonsrat aufgrund von § 4 EnG-ZH und der EnV-ZH alle vier Jahre Bericht über die Grundlagen der gegenwärtigen und künftigen Energieversorgung und -nutzung sowie über die langfristig anzustrebende Entwicklung. Bei Gebietsausscheidungen zur Wärmeversorgung ist unter Be-

2 Raumplanung, Richtplanung und Nutzungsplanung
2.1 Grundlagen der Raumplanung

rücksichtigung der Wirtschaftlichkeit, der Versorgungs- und Betriebssicherheit eine Prioritätenreihenfolge zu beachten: An erster Stelle steht ortsgebundene hochwertige Abwärme.

Mit der Durchführung einer kommunalen beziehungsweise regionalen Energieplanung können die Gemeinden und Regionen ihre Energieversorgung analysieren und Voraussetzungen schaffen, um das vorhandene Angebot an Abwärme und erneuerbaren Energien vermehrt zu nutzen sowie Doppelerschliessungen bei der Wärmeversorgung zu vermeiden. Sie überprüfen und verfeinern damit die Vorgaben der übergeordneten Planungen. Die kommunale Energieplanung kann für das Angebot der Wärmeversorgung mit leitungsgebundenen Energieträgern Gebietsausscheidungen enthalten, die insbesondere bei Massnahmen der Raumplanung als Entscheidungsgrundlage dienen (vgl. dazu auch § 295 Abs. 2 PBG). Sie unterliegt der Genehmigung des Regierungsrates. Kommunale Energieplanung ist von Gesetzes wegen nicht zwingend. Der Regierungsrat kann aber einzelne Gemeinden zur Durchführung einer Energieplanung verpflichten (§ 7 EnG-ZH). Das entsprechende Verfahren ist in § 5 EnV-ZH geregelt. Vgl. zur Energieplanung auf Stufe der Gemeinde auch Hösli.

Die Richtplanung soll dazu beitragen, dass keine Sachzwänge für ein weiteres Ansteigen des Energieverbrauchs geschaffen werden. Demzufolge sind im kantonalen Versorgungsplan Elemente aus der kantonalen Energieplanung enthalten, so etwa Gebiete mit hoher Wärmedichte, die sich aus wirtschaftlicher und technischer Sicht für eine Versorgung mit leitungsgebundenen Energieträgern besonders eignen, oder Verbrennungs- und Abwasserreinigungsanlagen als Abwärmequellen. In der regionalen Richtplanung werden die kantonalen Vorgaben präzisiert und ergänzt. Auf kommunaler Stufe wird die Energieplanung in der Richt- und Nutzungsplanung berücksichtigt (§ 6 Abs. 2 EnV-ZH). Es ist zweckmässig, geeignete Inhalte des kommunalen Energieplans auch im Richtplan formell festzulegen (Teilrichtplan Versorgung).

Verbindung der Energieplanung zur Raumplanung

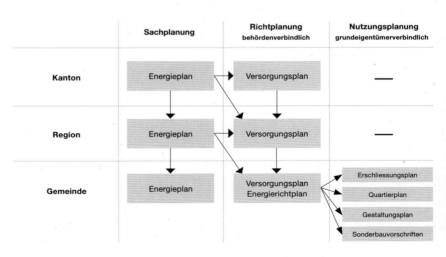

2 Raumplanung, Richtplanung und Nutzungsplanung
2.1 Grundlagen der Raumplanung

2.1.7 Planungsverträge

2.1.7.1 *Definition der Planungsverträge*

Ein Planungsvertrag ist ein Vertrag zwischen öffentlichen Institutionen (Gemeinde, Kanton, Werkträger etc.) und Privaten beziehungsweise unter Privaten und öffentlichen Institutionen allein, welcher planungsrechtliche Materien regelt.

Ein Planungsvertrag setzt voraus (vgl. GARDET: S. 137 ff.; MUGGLI 2001: MÄCHLER: S. 155 ff.):
- mindestens zwei handlungsfähige Vertragsparteien (Kanton, Gemeinde, privater Grundeigentümer, Infrastrukturunternehmen etc.);
- bestimmte definierte Raumplanungsziele, welche mit dem Vertrag erreicht werden sollen;
- Kompetenz der Vertragsparteien, den fraglichen Vertrag abzuschliessen;
- übereinstimmende Willensäusserung der Vertragsparteien (Art. 1 ff. OR).

2.1.7.2 *Bedürfnis für Planungsverträge*

In der Praxis werden zahlreiche Planungsverträge geschlossen, vor allem in folgenden Bereichen:
- Umnutzung von Industriebrachen oder anderer Entwicklungsgebiete (Zürich-Nord, Zürich-West, Sulzer-Areal Winterthur);
- private Landumlegungs- und Erschliessungsverträge, sogenannte superprivate Quartierpläne (vgl. STÖRI 1996 und Seite 174);
- Verträge zwischen Gemeinden und Privaten über die Bereitstellung von Infrastrukturanlagen und Abgeltung von Planungsvorteilen.

Wegen des komplizierten und langen Verfahrens bei der Richt- und Nutzungsplanung dürfte der Bedarf nach Planungsverträgen gross sein, weil diese:
- eine grössere Flexibilität als die im Gesetz vorgesehenen Verfahren bieten, kreativere Wege ermöglichen, schnellere Lösungen begünstigen;
- eine bessere Identifikation von Grundeigentümern und anderer Beteiligter am Planungsergebnis sicherstellen;
- für die kooperativen Planungen das adäquate Mittel sind.

2.1.7.3 *Probleme mit Planungsverträgen*

Im Zuge der Abwicklung von Planungsverträgen tauchten zuweilen Probleme im folgenden Zusammenhang auf:
- Bei der Umnutzung von Industriebrachen sind Fragen der Richtplanung, der Rahmennutzungsplanung, der Sondernutzungsplanung und der Erschliessungsplanung vernetzt zu bearbeiten. Wenn die Umnutzung auf vertraglicher Basis entwickelt wird, stellen sich Zuständigkeits- und Finanzierungsfragen (unter anderem Einbezug der Gemeindelegislative; Beispiel: Entscheid Baurekurskommission i.S. Sulzerareal Oberwinterthur [PBG aktuell 3/2001, S. 31 ff.] und der daran anschliessende Entscheid des Verwaltungsgerichts [PBG aktuell 2/2002, S. 23 ff.]).
- Für grössere Bauvorhaben ist der Ausbau der Groberschliessung, namentlich auch des öffentlichen Verkehrs, nötig (vgl. Bundesgerichts-

2 Raumplanung, Richtplanung und Nutzungsplanung
2.1 Grundlagen der Raumplanung

entscheide Adliswil [URP 2001, S. 1061 ff.] und Dietikon [URP 2002, S. 441 ff.]). Der Ausbau ist teilweise nur via Vorfinanzierung durch Private realisierbar.
- Grundeigentümer haben die Möglichkeit, die Landumlegung und Erschliessung ihrer Grundstücke auf rein privatrechtlicher Basis zu regeln. Solche Verträge unterstehen dem Privatrecht. Damit aber die Grundeigentümer aufgrund eines solchen superprivaten Quartierplans bauen können, müssen sie bei der Dimensionierung der Erschliessungsanlagen die öffentlich-rechtlichen Vorschriften beachten. Ob die Erschliessung gemäss superprivatem Quartierplan genügt, wird spätestens im Baubewilligungsverfahren geprüft (vgl. auch § 237 Abs. 4 PBG). Der superprivate Quartierplan ermöglicht Festlegungen, welche im staatlichen Quartierplanverfahren nicht getroffen werden können. Anderseits können bauwillige Grundeigentümer von nicht bauwilligen in einem superprivaten Quartierplan – da Einstimmigkeit erforderlich ist – zu grösseren Konzessionen gezwungen werden, die sie in einem staatlichen Quartierplan nicht eingehen müssten. Sicherungen der Vertragsabwicklung und die Konfliktbeilegung bereiten zuweilen Mühe.
- Die Überführung von Privaterschliessungen in Gemeindeeigentum geht nicht immer reibungslos vor sich und kann nicht erzwungen werden (Beispiel: PBG aktuell 4/2001, S. 27 f.).

2.1.7.4 *Schranken der Planungsverträge*

Der Planungsvertrag hat den Charakter eines verwaltungsrechtlichen Vertrages. Daher sind die Schranken dieses Rechtsinstituts grundsätzlich zu beachten (zum verwaltungsrechtlichen Vertrag vgl. HÄFELIN/MÜLLER/UHLMANN: Rz. 1052 ff.).

Der Planungsvertrag muss gesetzlich zulässig oder zumindest nicht ausdrücklich ausgeschlossen sein. Es sind selbstredend die entsprechenden Formvorschriften einzuhalten (zum Beispiel braucht es für einen Vertrag über Landumlegungen die öffentliche Beurkundung [VK.2004.00002]). Wenn das Gesetz die Verfügungsform vorschreibt, darf kein Planungsvertrag geschlossen werden. Im Bereich des Planungs- und Baurechts ist der Vertrag nur ausdrücklich vorgesehen für natur- und heimatschutzrechtliche Unterschutzstellungen (§ 205 lit. d PBG) und bei Enteignungen.

Die Schranke der gesetzlichen Zulässigkeit kann freilich «umgangen» werden: Wenn für einen bestimmten Vorgang die Verfügungsform zwingend vorgeschrieben ist, können die Parteien problemlos in einem Vertrag den Inhalt der Verfügung aushandeln. Die Verfügung selbst wird dann von der zuständigen Verwaltungsinstanz erlassen. Werden im Rahmen solcher Verhandlungen die üblichen Schranken beachtet (Gesetzmässigkeit, Rechtsgleichheit, Verhältnismässigkeit, rechtliches Gehör), ist ein solches Vorgehen zulässig. Das «Aushandeln» einer Verfügung wird für manche Fälle von der Lehre als sinnvoll angesehen und von der Rechtsprechung zumindest nicht ausgeschlossen (vgl. URP 2006, S. 361 ff.). Gängig sind beispielsweise Verträge zwischen einem Grundeigentümer und dem Gemeinwesen über die Unterschutzstellung eines bestimmten Objekts (Natur- oder Denkmalschutzobjekt). Der Abschluss des Vertrags wird dann mit Rechtsmittelbelehrung veröffentlicht, damit Drittbetroffene Rekurs einreichen können. Ähnlich ist der Ablauf bei privaten Gestaltungsplänen: Der Gestaltungsplan wird unter Privaten ausgehandelt. Er wird dann dem Gemeinderat eingereicht, um die Zustimmung des Gemeinderats beziehungsweise der Gemeindeversammlung einzuholen (vgl. § 86 PBG). Die Beteiligten und auch Drittbetroffene haben die Möglichkeit, ihre Rechte im Mitwirkungsverfahren gemäss § 7 PBG und im Rechtsmittelverfahren gemäss §§ 329 ff. PBG geltend zu machen.

2.2 Richtplanung

2.2.1 Übersicht über die Richtplanung

Planungsstufe: Bund

Planungsmittel	Festsetzung	Genehmigung
Konzepte und Sachpläne	Bundesrat	–

Planungsstufe: Kanton

Planungsmittel	Festsetzung	Genehmigung
Kantonaler Siedlungsplan	Kantonsrat	Bundesrat
Kantonaler Landschaftsplan		
Kantonaler Versorgungsplan		
Kantonaler Verkehrsplan		
Kantonaler Plan der öffentlichen Bauten und Anlagen		

Planungsstufe: Region

Planungsmittel	Festsetzung	Genehmigung
Regionaler Siedlungsplan	Regierungsrat auf Antrag der regionalen Planungsvereinigung	–
Regionaler Landschaftsplan		
Regionaler Versorgungsplan		
Regionaler Verkehrsplan		
Regionaler Plan der öffentlichen Bauten und Anlagen		

Planungsstufe: Gemeinde

Planungsmittel	Festsetzung	Genehmigung
Kommunaler Siedlungsplan*	Gemeindeversammlung/ Gemeindeparlament	Baudirektion/ Regierungsrat
Kommunaler Landschaftsplan*		
Kommunaler Versorgungsplan*		
Kommunaler Verkehrsplan		
Kommunaler Plan der öffentlichen Bauten und Anlagen*		

* Festsetzung fakultativ

2 Raumplanung, Richtplanung und Nutzungsplanung
2.2 Richtplanung

2.2.2 Zweck und Inhalt der Richtplanung

Die Richtplanung soll als Grobplanung die wesentlichen räumlichen Voraussetzungen für die Entfaltung des Menschen und für die Erhaltung der natürlichen Lebensgrundlagen schaffen oder sichern sowie der Bevölkerung gesamthaft räumlich möglichst gleichwertige Lebensgrundlagen gewähren (§ 18 Abs. 1 PBG). Sie dient der Abstimmung raumwirksamer Aufgaben innerhalb des Kantons, aber auch mit dem Bund und den Nachbarkantonen.

Die Richtpläne haben Angaben über die wirtschaftlichen, sozialen und ökologischen Auswirkungen der Planfestlegungen und über die Durchführung in technischer, finanzieller und zeitlicher Hinsicht zu enthalten (§ 20 Abs. 2 PBG).

Die Richtplanung wird in Teilrichtplänen und dazugehörigen schriftlichen Berichten dargestellt, welche die einzelnen Sachbereiche näher ordnen. Das PBG sieht folgende vier Teilrichtpläne vor (§ 20 Abs. 1 PBG):
- Siedlungs- und Landschaftsplan
- Verkehrsplan
- Versorgungsplan
- Plan der öffentlichen Bauten und Anlagen

Bei Bedarf können weitere Teilrichtpläne festgesetzt werden (§ 20 Abs. 3 PBG). Die Teilrichtpläne bilden zusammen den Richtplan.

2.2.3 Teilrichtpläne

2.2.3.1 *Siedlungsplan*

Der Siedlungsplan enthält das auf längere Sicht (20–25 Jahre) für die Überbauung benötigte und hierfür geeignete Land. Er unterteilt das Siedlungsgebiet in Gebiete zur Bildung von Zentren, für Wohnnutzungen, für gemischte Nutzungen sowie für gewerbliche und industrielle Nutzungen und bezeichnet schutzwürdige Ortsbilder (§§ 21 f. PBG).

2.2.3.2 *Landschaftsplan*

Bestandteile

Der Landschaftsplan wird mit dem Siedlungsplan in einem Plan dargestellt. Sein wichtigster Bestandteil ist die Festlegung des Landwirtschaftsgebiets. Er weist sodann die Fruchtfolgeflächen, das Erholungsgebiet, Naturschutz- und Landschaftsschutzgebiete, Landschaftsförderungsgebiete, Trenngebiete, Gebiete für Materialgewinnung und -ablagerung sowie das «übrige Gebiet» aus (§ 23 PBG). Zudem werden in ihm Moorlandschaften, Auengebiete, Wald und Gewässer ausgewiesen.

Landwirtschaftsgebiet

Der Bericht zum kantonalen Richtplan enthält in Ziffer 3.2.3 Grundsätze für Bauten und Anlagen, die über eine innere Aufstockung hinausgehen und nach Art. 16a Abs. 3 RPG bewilligt werden sollen.

Besondere Landschaftsgebiete

Die Landschaft erfüllt eine Reihe wichtiger Funktionen. Sie ist Arbeits- und Lebensraum, Freizeit- und Erholungsraum, Lebensraum für Tiere und Pflanzen, Basis für die Nahrungsmittelproduktion sowie der Ressourcen für Wasser, Kies und Lehm. Sie beinhaltet Merkmale der geomorphologischen und kulturlandschaftlichen Entwicklung, strukturiert den Siedlungsraum und enthält Infrastrukturanlagen, namentlich zur Verbindung der Siedlungsgebiete. Um diese Landschaftsfunktionen auch auf lange Sicht zu gewährleisten, müssen die zahlreichen Nutzungsinteressen sorgfältig und umfassend aufeinander abgestimmt werden. Mit der letzten Teilrevision des Landschaftsplans (2001) wurden Landschaftsschutzgebiete, Landschaftsförderungsgebiete und Gebiete für Landschaftsverbindung geschaffen.

Landschaftsschutzgebiete
Dabei handelt es sich um einzelne ausgewählte Flächen, welche in erster Linie aus ästhetischer und kulturgeografischer Sicht sowie aufgrund ihrer geologischen und geomorphologischen Qualitäten erhalten werden sollen (vgl. §19 NHV). Teilweise sind für diese Gebiete bereits Schutzanordnungen erlassen worden. Die übrigen Flächen wurden aufgrund der übergeordneten Festlegungen (Moorlandschaften und Auengebiete von nationaler Bedeutung, Kernbereiche der BLN-Gebiete) sowie einer umfassenden Landschaftsbewertung aufgenommen.

Die Beurteilung von Bauvorhaben oder anderen raumwirksamen Vorhaben erfolgt aufgrund der Zonenbestimmungen der Schutzverordnungen. Ergänzend gelten die Anforderungen für Bauten und Anlagen ausserhalb der Bauzonen und – in gestalterischer Hinsicht – §238 Abs. 2 PBG (soweit nicht durch die Schutzverordnung derogiert).

Landschaftsförderungsgebiete
Mit der Bezeichnung dieser Gebiete sollen die Bewirtschaftung sowie die Erhaltung und Förderung von Eigenart, Vielfalt, Natürlichkeit und Erholungswert entsprechender Flächen langfristig sichergestellt werden. Die vorhandenen land- und forstwirtschaftlichen Nutzungen haben Priorität und können deshalb auch je nach den aktuellen Bedürfnissen und Anforderungen weiterentwickelt werden.

In Landschaftsförderungsgebieten kommen primär die gesetzlichen Bestimmungen der überlagerten Flächen zur Anwendung, das heisst die Landwirtschafts- und die Waldgesetzgebung sowie die Bestimmungen des RPG über das Bauen ausserhalb der Bauzonen. Bei der Beurteilung und Interessenabwägung ist sowohl der sozioökonomischen Entwicklung der Land- und Forstwirtschaft als auch der dauerhaften Schonung und Förderung der Landschaft sowie den Erkenntnissen aus allfälligen Landschaftsentwicklungskonzepten Rechnung zu tragen.

Landschaftsverbindung
Mit der Vernetzung von isolierten Erholungs- und Lebensräumen sollen grossräumige, attraktive und funktionsfähige Landschaften angestrebt werden. Als Landschaftsverbindung werden in erster Linie Abschnitte von Autobahnen, anderen stark befahrenen Strassen und Bahnlinien bezeichnet, welche Lebensräume von Wildtieren zerschneiden und Erholungsräume teilen. Die genaue Lage und

2 Raumplanung, Richtplanung und Nutzungsplanung
2.2 Richtplanung

die Dimensionierung der Übergänge ist im Rahmen der Projektierung von Unterhalt und Erneuerung der zu querenden Infrastrukturanlagen zu bestimmen. Die entsprechenden öffentlichen Interessen sind bei der Beurteilung von Bauvorhaben gestützt auf die bestehenden Rechtsgrundlagen zu berücksichtigen.

2.2.3.3 *Verkehrsplan*

Der Verkehrsplan gibt Aufschluss über bestehende und geplante Verkehrsflächen und Anlagen. Dazu zählen neben Strassen der verschiedensten Stufen auch Rad- und Fusswege, Bahnanlagen, Wasserwege und öffentliche Parkierungsanlagen (§ 24 PBG).

2.2.3.4 *Versorgungsplan*

Der Versorgungsplan macht Aussagen zur gesamten Ver- und Entsorgung: Wassergewinnung und Wasserverteilung, Energieversorgung mit Elektrizität und Gas, Fernwärme, Erdöl, Übermittlung, Abwasser und Abfallbeseitigungsanlagen, Versorgung mit Rohstoffen, zum Beispiel Kies und Sand (§ 25 PBG).

2.2.3.5 *Plan der öffentlichen Bauten und Anlagen*

Der Plan der öffentlichen Bauten und Anlagen dient der Bedürfnisfestlegung für Bauten der öffentlichen Verwaltung: von Justiz, Bildung, Kultur, Kultuspflege, des Gesundheitswesens sowie der Erholung und des Sports (§ 26 PBG).

2.2.4 *Richtplanstufen*

Nach dem gesetzlichen Auftrag (Planungspflicht gemäss § 8 PBG) haben der Kanton, die Regionen und die Gemeinden Richtpläne aufzustellen. Dabei dürfen diese Planungsträger räumlich und sachlich nur so weit Festlegungen treffen, als dies ihre Aufgaben erfordern (Art. 2 Abs. 3 RPG; § 9 PBG). Die Planungen der unteren Stufe haben jenen der oberen Stufe zu entsprechen (§ 16 PBG; Planung von oben nach unten; vgl. BEZ 2000 Nr. 15).

Der kantonale Richtplan gemäss § 20 PBG ordnet in den Grundzügen die Nutzung des Bodens. Er überlässt den nachgeordneten Planungsträgern die Verfeinerung und Verdeutlichung (RB 1980 Nr. 96).
→ Siehe Grafik nächste Seite

Der regionale Richtplan ergänzt und verfeinert die Festlegungen im kantonalen Richtplan nach den Verhältnissen und Bedürfnissen der Region (§ 30 PBG).
→ Siehe Grafik Seite 111

Der kommunale Richtplan umschreibt die Planungsziele der Gemeinde aufgrund der beiden übergeordneten Richtplanstufen. Die Gemeinden haben in der Richtplanung jedoch nur noch einen relativ geringen Spielraum. Deshalb können die Gemeinden auf einzelne Teilrichtpläne verzichten. Obligatorisch für sie bleibt jedoch der Verkehrsrichtplan (§ 31 PBG).
→ Siehe Grafik Seite 112

2	**Raumplanung, Richtplanung und Nutzungsplanung**
2.2	Richtplanung

Kantonaler Richtplan

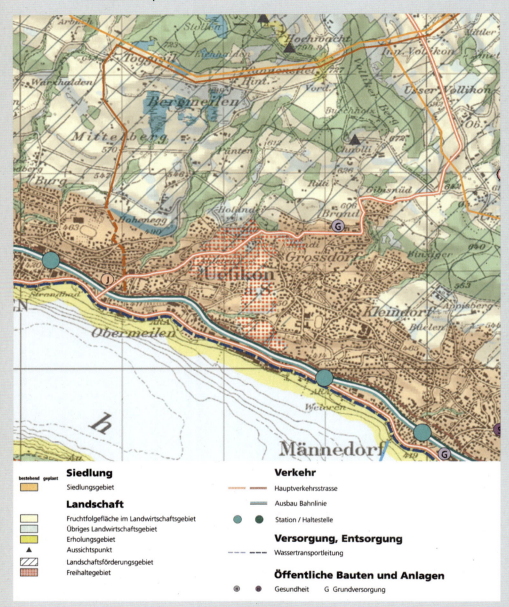

2 **Raumplanung, Richtplanung und Nutzungsplanung**
2.2 Richtplanung

Regionaler Richtplan

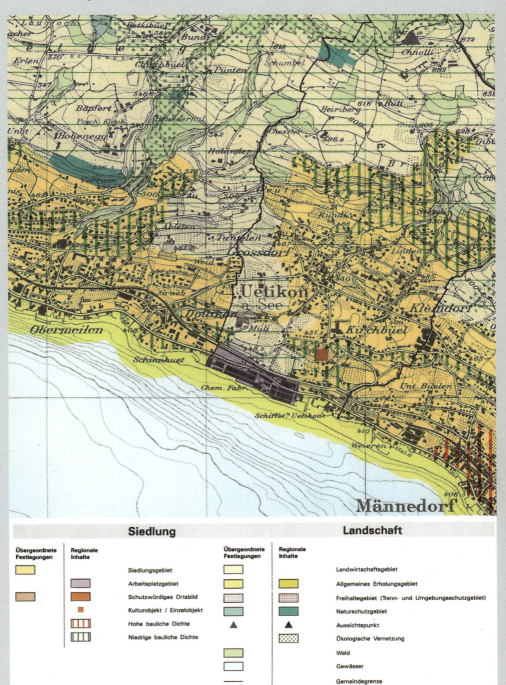

2 Raumplanung, Richtplanung und Nutzungsplanung
2.2 Richtplanung

Kommunaler Richtplan

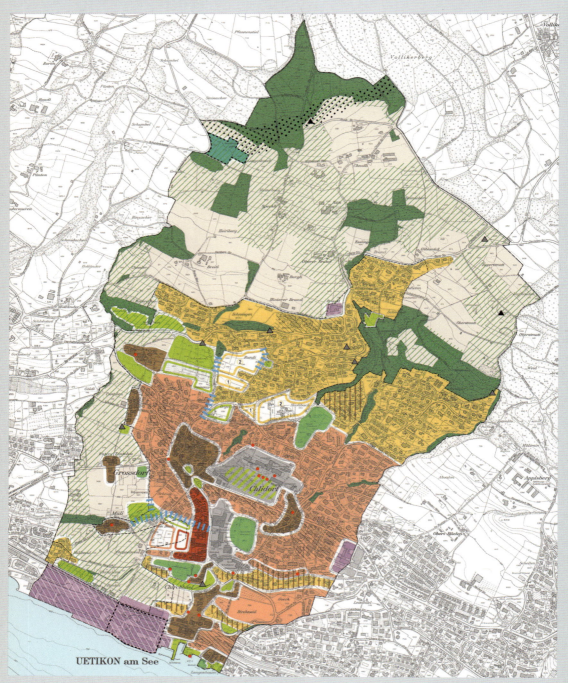

2 Raumplanung, Richtplanung und Nutzungsplanung
2.2 Richtplanung

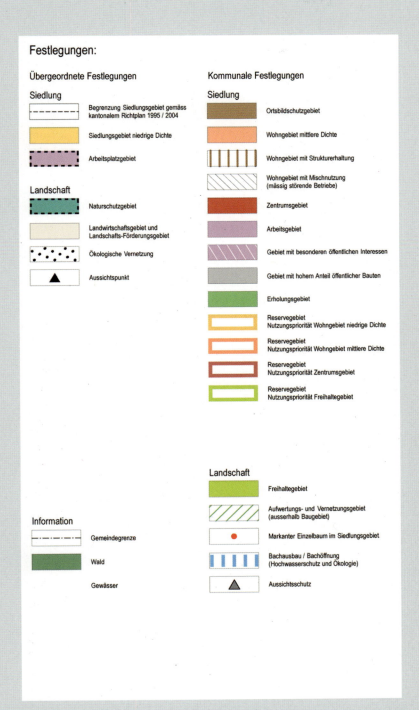

2 Raumplanung, Richtplanung und Nutzungsplanung
2.2 Richtplanung

2.2.5 Verbindlichkeit der Richtplanung

Die Richtpläne sind eine wesentliche Grundlage für die nachfolgende Nutzungsplanung (§ 16 Abs. 1 PBG). Nach Art. 9 Abs. 1 RPG beziehungsweise § 19 Abs. 1 PBG sind Richtpläne für die Behörden verbindlich. Sie sind – im Gegensatz zur Nutzungsplanung – aber nicht für die Grundeigentümer verbindlich (vgl. RB 1999 Nr. 96). Ihre Inhalte sind allgemein gehalten und lassen den Behörden erheblichen Spielraum für die Festlegungen in der Nutzungsplanung (vgl. ZBl 2005, S. 167).

Zulässig sind jedoch geringfügige Abweichungen der Nutzungsplanung von der Richtplanung. Sie werden als «Durchstossungen» bezeichnet. So kann in begründeten Fällen innerhalb des Landwirtschaftsgebiets eine Freihaltezone, eine Erholungszone (PBG aktuell 3/2002, S. 16 ff.), eine Zone für öffentliche Bauten (BEZ 1981 Nr. 36 und BEZ 2004 Nr. 1) oder ein Gestaltungsplan (BEZ 2006 Nr. 1; BEZ 2007 Nr. 15) festgesetzt werden.

Die Verlegung eines öffentlichen Fusswegs, welche eine Verlängerung von über 60 m zur Folge hat, ist beispielsweise nicht mehr von untergeordneter Bedeutung. Die Wegverlegung liegt daher nicht mehr im Anordnungsspielraum der kommunalen Baubehörde (vgl. BEZ 2004 Nr. 62). Der Anordnungsspielraum wurde nach Auffassung des Verwaltungsgerichts auch verletzt bei der Ausscheidung einer Zone für öffentliche Bauten in einem Fall in Volketswil (RB 2003 Nr. 71).

2.2.6 Rechtswirkungen der Richtplanung

Private – wie insbesondere Grundeigentümer – können die Richtpläne nicht direkt mit Rechtsmitteln anfechten (vgl. BEZ 1981 Nr. 10; BEZ 1984 Nr. 39; BEZ 1985 Nr. 52). Behörden hingegen, welche von übergeordneten oder nebengeordneten Richtplanfestlegungen in ihrer Planungsfreiheit eingeschränkt werden, dürfen gegen solche Festlegungen Rechtsmittel erheben (vgl. BGE 111 Ia 129 ff.; URP 1993, S. 434 ff.; BEZ 1989 Nr. 40; BEZ 2002 Nr. 58; BGer 1C_101/2007, wiedergegeben in PBG aktuell 2/2008, S. 38 ff.; BGE 136 I 265). Die fehlende Recht- und Zweckmässigkeit von Richtplänen kann von Privaten jedoch im Rechtsmittelverfahren gegen die Nutzungsplanung angefochten werden (BEZ 2009 Nr. 34 betreffend die akzessorische Überprüfung eines regionalen Richtplans). Die Recht- und Zweckmässigkeit von Richtplänen wird sodann auch im Genehmigungsverfahren überprüft (§ 19 Abs. 2 PBG).

2.2.7 Verfahren der Richtplanung

Richtpläne und Richtplanänderungen werden meist in der Verwaltung vorbereitet. Bei der Aufstellung von Richtplänen sind die nach- und nebengeordneten Planungsträger rechtzeitig anzuhören (vgl. auch BGE 136 I 265). Sie müssen sodann vor der Festlegung während 60 Tagen öffentlich aufgelegt werden. Während dieser Auflagefrist kann jedermann Einwendungen erheben. Diese sind bei der Festsetzung zu behandeln. Der Gemeinderat muss in seinem Antrag an die Gemeindeversammlung darlegen, welche Einwendungen aus welchen Gründen nicht berücksichtigt werden konnten (§ 7 PBG).

2.2 Richtplanung

Der kantonale Richtplan wird vom Kantonsrat festgesetzt (§ 32 Abs. 1 PBG) und untersteht weder dem obligatorischen noch dem fakultativen Referendum (PBG aktuell 4/2007, S. 27 ff.). Er bedarf der Genehmigung durch den Bundesrat (Art. 11 RPG). Der Kantonsrat unterzog den Richtplan letztmals 1995 einer gesamthaften Überprüfung. Diese Neufestsetzung des kantonalen Richtplans brachte vor allem eine massive Reduktion des sogenannten «Bauentwicklungsgebiets». Die Folge war, dass die Gemeinden einen grossen Teil ihrer Reservezonen, welche bis zur Richtplanrevision im «Bauentwicklungsgebiet» lagen, endgültig auszonen mussten. Seither erfolgten verschiedene Teilrevisionen, so etwa beim Landschaftsplan (2001), beim Verkehrsplan (2007; vgl. dazu PBG aktuell 4/2007, S. 5 ff.) und beim Versorgungsplan (2009). Nunmehr soll der kantonale Richtplan einer erneuten Gesamtüberprüfung unterzogen werden, wobei die Neufestsetzung durch den Kantonsrat für das Jahr 2013 vorgesehen ist. Neu soll dem aus Karte und Text bestehenden kantonalen Richtplan ein Raumordnungskonzept vorangestellt werden (vgl. PBG aktuell 1/2007, S. 28 f.; Umweltpraxis Nr. 59/2009, S. 9 ff.).

Auf Antrag der regionalen Planungsverbände gemäss §§ 12 f. PBG wird der regionale Richtplan durch den Regierungsrat festgesetzt (§ 2 lit. a, § 13 und § 32 Abs. 2 PBG).

Der kommunale Richtplan wird je nach Gemeindeordnung von der Gemeindeversammlung, vom Gemeindeparlament oder durch Urnenabstimmung festgesetzt (§ 32 Abs. 3 PBG). Es ist zulässig, den kommunalen Richtplan und die Nutzungsplanung, speziell die Bau- und Zonenordnung, in derselben Gemeindeversammlung zur Abstimmung zu bringen (BEZ 1984 Nr. 9). Wenn keine Vorbehalte angebracht werden müssen, sind die kommunalen Richtpläne durch die Baudirektion zu genehmigen (§ 32 Abs. 3 Satz 2 in Verbindung mit § 2 lit. b PBG). Sind Vorbehalte anzubringen, erfolgt die Genehmigung durch den Regierungsrat (§ 2 lit. a PBG). Im Rahmen des 2009 initiierten Teilrevisionsprojekts zu Verfahren und Rechtsschutz soll die Genehmigung kommunaler Richtpläne ausschliesslich der zuständigen Direktion übertragen werden, womit die bisherige Differenzierung zwischen Nichtgenehmigungen und Genehmigungen entfällt.

Die festgesetzten und genehmigten Richtpläne stehen jederzeit zur Einsicht offen (Art. 4 Abs. 3 RPG; § 7 PBG).

→ Siehe Grafik nächste Seite

2 Raumplanung, Richtplanung und Nutzungsplanung
2.2 Richtplanung

Ablauf der Richtplanung in einer Landgemeinde

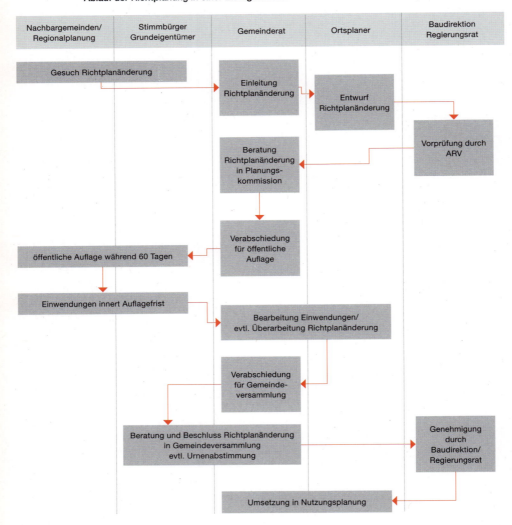

2 Raumplanung, Richtplanung und Nutzungsplanung

2.3 Nutzungsplanung

2.3.1 Übersicht über die Nutzungsplanung

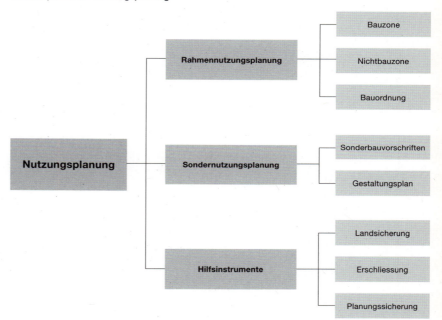

Übersicht über die Nutzungsplanung

2.3.2 Zweck und Bestandteile

2.3.2.1 *Zweck*

Die Nutzungsplanung stellt sicher, dass die in den Richtplänen enthaltenen Ziele auch erreicht werden können. Sie gewährleistet dies, indem sie für private Bauvorhaben die Nutzung vorschreibt (Rahmennutzungs- und Sondernutzungsplanung) und für öffentliche Bauvorhaben die nötigen Flächen sichert (Hilfsinstrumente).

Die Nutzungsplanung konkretisiert demnach die Richtplanung in räumlicher und sachlicher Hinsicht. Die der Richtplanung anhaftende Unschärfe, welche insbesondere in den Anordnungsspielräumen (vor allem weisser Rand um Siedlungsgebiet) zum Ausdruck kommt, wird durch parzellengenaue Festlegungen ergänzt. Dieser Anordnungsspielraum wurde im kantonalen Richtplan von 1995 jedoch praktisch aufgehoben.

2 Raumplanung, Richtplanung und Nutzungsplanung

2.3 Nutzungsplanung

Zur Nutzungsplanung werden nach PBG gerechnet:

2.3.2.2 Kantonale und regionale Nutzungsplanung

Rahmennutzungsplanung:
- Landwirtschaftszone
- überkommunale Freihaltezone

Sondernutzungsplanung:
- überkommunale Gestaltungspläne

Hilfsinstrumente:
- Bau- und Niveaulinien für überkommunale Strassen und Leitungen
- Werkpläne

Das PBG sieht somit bei der Rahmennutzungsplanung auf der Stufe Kanton und Region keine Festsetzung von Bauzonen, sondern nur von Nichtbauzonen vor.

2.3.2.3 Kommunale Nutzungsplanung

Rahmennutzungsplanung:
- Bauordnung und Zonenplan der Gemeinden (zusammengefasst meist als Bau- und Zonenordnung [BZO] bezeichnet)

Sondernutzungsplanung:
- Sonderbauvorschriften und Gestaltungspläne

Hilfsinstrumente:
- Erschliessungsplan
- kommunale Bau- und Niveaulinien
- Ski- und Schlittellinien
- Werkpläne

2.3.3 Rechtswirkungen

Die Festlegungen der Nutzungsplanung sind nicht nur für die Behörden oder Planungsträger verbindlich, sondern für jedermann (Art. 21 Abs. 1 RPG). Sie werden auch als grundeigentümerverbindlich bezeichnet. Dementsprechend wirken sie direkt auf das Grundeigentum und dessen Nutzung ein. Als Folge der Verbindlichkeit der Nutzungsplanung darf eine Baubewilligung nur erteilt werden, wenn die geplante Baute und Anlage zonenkonform ist (Art. 22 Abs. 2 lit. a RPG; § 253 PBG). Das bedeutet, dass ausserhalb der Bauzonen nur in Ausnahmefällen gebaut werden darf (vgl. Art. 24 ff. RPG; Seite 1149 ff.).

Die Nutzungspläne sind anfechtbar, und zwar insbesondere durch die direkt Betroffenen, in beschränktem Masse aber auch durch die Stimmberechtigten (vgl. § 338a Abs. 1 PBG und § 151 GG; VB.2001.00245). Im Rekursverfahren wird geprüft, ob die angefochtene Planungsmassnahme den Geboten der Rechtmässigkeit, Zweckmässigkeit und Angemessenheit entspricht. Insbesondere wird dabei abgewogen, ob für die Einschränkung der Eigentumsgarantie (Art. 26 BV), welche die Planungsmassnahme zwangsläufig mit sich bringt, ausreichend gewichtige öffentliche Interessen bestehen, welche die privaten Interessen des Grundeigentümers zu überwiegen vermögen (Art. 36 Abs. 2 und 3 BV).

2.3.4 Verfahren

2.3.4.1 *Öffentliche Auflage*

Die Nutzungspläne müssen vor ihrer Festlegung während 60 Tagen öffentlich aufgelegt werden. Während dieser Auflagefrist kann jedermann Einwendungen erheben. Diese sind bei der Festsetzung zu behandeln. Ist nur eine Teilrevision der Nutzungsplanung vorgesehen, dürfen sich dagegen erhobene Einwendungen im Rahmen der Anhörung nur mit den vorgeschlagenen Änderungen auseinandersetzen. Es dürfen nicht beliebige Zonenplanänderungen zum Gegenstand eines nachfolgenden Rekursverfahrens gemacht werden (BEZ 1995 Nr. 20). Dies gilt auch hinsichtlich des unselbstständigen Antragsrechts der Stimmberechtigten (§ 46a GG), weshalb im Rahmen einer Teilrevison nicht beliebige Änderungsanträge gestellt werden dürfen. Grundeigentümer, die zugleich Stimmbürger sind, haben aber die Möglichkeit, solche anbegehrten Zonenplanänderungen mit einer Initiative zu lancieren.

Der Gemeinderat hat in seinem Antrag an die Gemeindeversammlung darzulegen, welche Einwendungen aus welchen Gründen nicht berücksichtigt werden konnten (§ 7 PBG). Ein Mitwirkungsverfahren im Sinne von Art. 4 RPG findet also nicht nur bei der Richtplanung, sondern auch bei der Nutzungsplanung statt.

Das Verfahren mit öffentlicher Auflage ist auch zu beachten, wenn eine eingereichte Initiative oder ein parlamentarischer Vorstoss Ausgangspunkt für Änderungen der Nutzungsplanung bilden. Die öffentliche Auflage hat vor dem Entscheid der Legislative stattzufinden. Die gemeinderechtlichen Behandlungsfristen (vgl. § 50b Abs. 1 und 2 GG) verlängern sich also um die Dauer des planungsrechtlichen Mitwirkungsverfahrens.

Die öffentliche Auflage erübrigt sich selbst dann nicht, wenn die Behörde einen negativen Antrag an die Gemeindeversammlung oder das Parlament stellt. Die Anhörung und Mitwirkung nach § 7 PBG sind obligatorisch. Die Legislative soll ihren Entscheid in Kenntnis der Einwendungen fällen. Ebenso wenig kann auf die öffentliche Auflage und Mitwirkung bei privaten Gestaltungsplänen verzichtet werden, die lediglich der Zustimmung des Gemeinderats bedürfen (§ 86 Satz 2 PBG; BEZ 2010 Nr. 7).

2.3.4.2 *Festsetzung*

Festgesetzt wird die kommunale Nutzungsplanung entsprechend § 88 PBG durch das nach der Gemeindeordnung zuständige Legislativorgan (Gemeindeversammlung oder Gemeindeparlament, bei einem Referendum allenfalls durch eine Urnenabstimmung). Die Begründungsanforderungen an einen entsprechenden Legislativbeschluss sind dabei beschränkt, muss es aufgrund des kommunalen Planungsermessens doch genügen, wenn die Motive des Legislativbeschlusses erst in einem allfälligen Rechtsmittelverfahren vorgebracht werden (BEZ 2008 Nr. 46).

Für die regionale und kantonale Nutzungsplanung ist die Baudirektion zuständig (§ 2 lit. b PBG).

Gleichzeitig mit der Festsetzung ist über die nichtberücksichtigten Einwendungen formell Beschluss zu fassen (§ 7 Abs. 3 PBG). Ist der Beschluss zustande gekommen, ist die Festsetzung öffentlich bekannt zu machen und aufzulegen.

Bei Änderungen des Zonenplans ist der Generelle Entwässerungsplan gleichzeitig anzupassen und der Baudirektion zur Genehmigung vorzulegen (§ 8 GSchV ZH). Damit wird die Koordination der Entwässerungs- mit der Nutzungsplanung sichergestellt.

2.3.4.3 *Publikation und Rechtsmittelverfahren*

Kommunale Beschlüsse über die Festsetzung der Nutzungsplanung sind öffentlich bekannt zu machen und aufzulegen (Art. 33 Abs. 1 RPG; § 88 Abs. 2 PBG).

Innert 30 Tagen nach der öffentlichen Bekanntmachung ist bei der kommunalen Nutzungsplanung ein Rekurs beziehungsweise eine Gemeindebeschwerde an das Baurekursgericht zulässig. Wird lediglich die Verletzung der politischen Rechte (etwa im Zusammenhang mit deren Ausübung in der Gemeindeversammlung) gerügt, ist Rekurs in Stimmrechtssachen beim Bezirksrat zu erheben (§ 151a GG in Verbindung mit § 19 Abs. 1 lit. c VRG [in Kraft seit 1. Juli 2010]; VB.2001.00245). Nutzungspläne – und in engem Zusammenhang stehende planerische Festlegungen – sind grundsätzlich im Anschluss an deren Festsetzung anzufechten, weshalb eine spätere akzessorische Überprüfung in einem konreten Anwendungsfall (d.h. in einem Baubewilligungsverfahren) nur ausnahmsweise zulässig ist (BGE 135 II 209 [E. 5.1] = URP 2009, S. 509 ff.).

Die regionale und kantonale Nutzungsplanung wird von der Baudirektion festgesetzt (§ 2 lit. b PBG). Dagegen kann beim Regierungsrat Rekurs geführt werden (§ 329 Abs. 2 lit. c PBG). Das 2009 initiierte Teilrevisionsprojekt zu Verfahren und Rechtsschutz sieht als Rekursinstanz neu die Baurekurskommission beziehungsweise das Baurekursgericht vor.

Bei einer Totalrevision der Nutzungsplanung können sämtliche Elemente der Nutzungsplanung angefochten werden. Bei einer blossen Teilrevision sind jedoch die Anfechtungsmöglichkeiten eingeschränkt. In diesem Fall muss mindestens die angefochtene Festlegung im Rahmen des Festsetzungsverfahrens behandelt worden sein. Dies kann aufgrund eines Antrags an der Gemeindeversammlung oder aufgrund einer Einwendung im Rahmen der öffentlichen Auflage geschehen (BEZ 1995 Nr. 20; BEZ 2002 Nr. 2).

2.3.4.4 *Genehmigung*

Nach § 89 PBG sind Bau- und Zonenordnungen, Sonderbauvorschriften und Gestaltungspläne, die nicht von der Baudirektion festgesetzt werden, von der Baudirektion zu genehmigen, soweit die Genehmigung ohne Vorbehalte erfolgen kann (§ 2 lit. b PBG). Andernfalls ist der Regierungsrat für vollständige oder teilweise Nichtgenehmigungen zuständig (§ 2 lit. a PBG).

Im bundesrechtlich zwingend vorgeschriebenen Genehmigungsverfahren (Art. 26 RPG) werden die betreffenden Erlasse auf Rechtmässigkeit, Zweckmässigkeit und Angemessenheit geprüft (§ 5 Abs. 1 PBG). Keiner kantonalen Genehmigung bedarf indes der Verzicht auf eine Anpassung des kommunalen Nutzungsplans (BEZ 2007 Nr. 1).

2 Raumplanung, Richtplanung und Nutzungsplanung
2.3 Nutzungsplanung

Wenn ein kommunaler Erlass beim Verwaltungsgericht angefochten ist, veranlasst dieses Gericht die Baudirektion, für den Genehmigungsentscheid zu sorgen (§ 329 Abs. 4 PBG; VB.2002.00249). Das Bundesgericht tritt auf Beschwerden in öffentlich-rechtlichen Angelegenheiten gegen kantonale Rechtsmittelentscheide über die Festsetzung von Nutzungsplänen nur ein, wenn bereits ein Genehmigungsentscheid im Sinne von Art. 26 RPG vorliegt. Da die Genehmigung rechtsbegründende Wirkung entfaltet (Art. 26 Abs. 3 RPG; § 5 Abs. 2 PBG), liegt vor ihrer Erteilung kein vor Bundesgericht anfechtbarer Entscheid vor. Dies gilt auch bei Baulinienplänen (PBG aktuell 1/2009, S. 20 ff.).

Mit dem 2009 initiierten Teilrevisionsprojekt zu Verfahren und Rechtsschutz soll die Genehmigung von Erlassen und raumplanungsrechtlichen Festlegungen direkt anschliessend an den Beschluss über den zu genehmigenden Akt erfolgen. Damit werden die Rechtsmittelbehörden (also auch das Baurekursgericht) in einem Rechtsgang über die kommunale Festsetzung und die kantonale Genehmigung gleichzeitig entscheiden. Bislang ist diese Koordination von Planfestsetzung und Plangenehmigung erst vor Verwaltungsgericht erfolgt (vgl. dazu auch ZBl 2008, S. 679 ff.).
→ Siehe Grafik nächste Seite

2.3.5 Kantonale Rahmennutzungsplanung

2.3.5.1 *Freihaltezone*

Als Freihaltezonen sind auf kantonaler und regionaler Stufe jene Flächen auszuscheiden, die für die Erholung der Bevölkerung nötig sind oder die ein Natur- und Heimatschutzobjekt bewahren. Ebenso können den Freihaltezonen Flächen zugewiesen werden, die der Trennung und Gliederung von Bauzonen, Stadt- oder Dorfteilen dienen (sogenannte innen liegende Freihaltezonen). Die Funktionszuordnung ist mit der Richtplanung vorzunehmen (§ 39 PBG).

Oberirdische Bauten und Anlagen sind in der Freihaltezone entsprechend § 40 PBG nur zulässig, sofern sie der Bewirtschaftung oder unmittelbaren Bewerbung der Freifläche dienen und soweit sie den Zonenzweck nicht schmälern (Zonenkonformität). Andere Bauten und Anlagen sowie unterirdische bauliche Massnahmen sind entsprechend Art. 24 ff. RPG nur bei nachgewiesener Standortgebundenheit bewilligungsfähig (vgl. zum Beispiel RB 1989 Nr. 59). Handelt es sich um eine innen liegende Freihaltezone (das heisst eine vollständig im Siedlungsgebiet gelegene Freihaltezone), so sind Art. 24 ff. RPG nicht unmittelbar als Bundesrecht, sondern kraft Verweisung im kantonalen Recht bloss analog anwendbar. Zuständig zur Erteilung einer entsprechenden Ausnahmebewilligung ist daher nicht die kantonale Baudirektion, sondern die örtliche Baubehörde (VB.2007.00468).

2.3.5.2 *Landwirtschaftszone*

Der Begriff der Landwirtschaftszone ergibt sich abschliessend aus dem Bundesrecht und wird in Art. 16 RPG konkretisiert. Danach umfassen Landwirtschafszonen Flächen, die sich entweder für die landwirtschaftliche Bewirtschaftung oder den produzierenden Gartenbau eignen und zur Erfüllung der verschiedenen Auf-

2 Raumplanung, Richtplanung und Nutzungsplanung
2.3 Nutzungsplanung

Ablauf der Nutzungsplanung in einer Landgemeinde

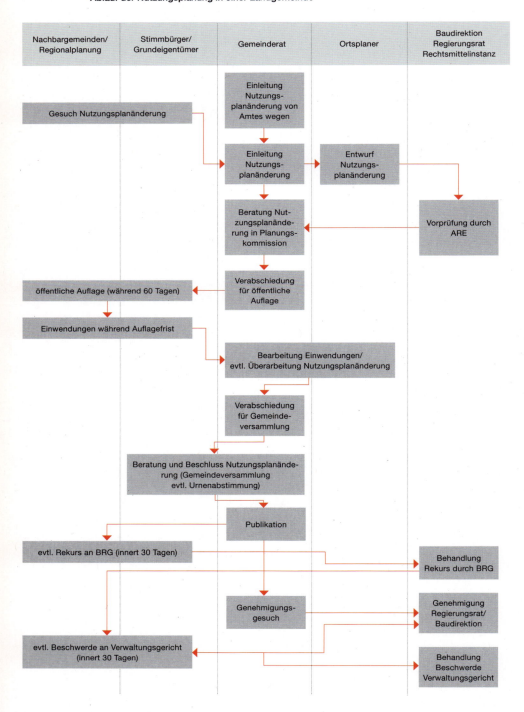

gaben der Landwirtschaft benötigt werden oder aber im Gesamtinteresse landwirtschaftlich bewirtschaftet werden sollen (Art. 16 Abs. 1 RPG; zu den bundesrechtlichen Vorgaben zur Landwirtschaftszone vgl. etwa Hänni 2008: S. 169 ff.). Dementsprechend kommt der Bestimmung von § 36 PBG keine eigenständige Bedeutung zu.

Unter Landwirtschaft wird auch der Reb-, Obst- und Gartenbau verstanden, soweit er eine bodenabhängige Bewirtschaftung voraussetzt. Da als landwirtschaftliche Nutzungen grundsätzlich nur bodenabhängige Nutzungen gelten, sind in dieser Zone beispielsweise industrielle Tierhaltungen oder Treibhäuser, in welchen die Pflanzen gar nicht mehr in den Boden gesetzt werden, nicht zulässig beziehungsweise zonenkonform (zum Beispiel Hors-sol-Produktion; Art. 16a Abs. 1 RPG; Bandli: S. 160 ff.; BEZ 1990 Nr. 5; RB 1988 Nr. 51; RB 1988 Nr. 49).

Für die erwähnten zulässigen Nutzungen dürfen angemessene Bauten und Anlagen erstellt werden (Art. 16a Abs. 1 RPG; Art. 34 RPV). Andernfalls richtet sich die Bewilligungsfähigkeit von Bauten und Anlagen wiederum nach den bundesrechtlichen Vorschriften zu den Ausnahmetatbeständen gemäss Art. 24 ff. RPG (vgl. Seite 1166 ff.).

Mit den 1999 beschlossenen Änderungen des RPG ist es indes möglich, durch Ausscheidung von speziellen Zonen für Intensivgartenbau beziehungsweise für Intensivlandwirtschaft entsprechende Bauten und Anlagen als zonenkonform zu gestatten (Art. 16a Abs. 3 RPG). In ihrer Richtplanung oder in der Planungs- und Baugesetzgebung haben die Kantone die bei der Gebietsausscheidung zu beachtenden Kriterien allgemein festzulegen, wobei sie für eine geordnete und regional abgestimmte Ausscheidung der «Intensivlandwirtschaftzonen» sorgen müssen. Angesichts der in Art. 1 und 3 RPG umschriebenen Planungsgrundsätze ist eine haushälterische Bodennutzung anzustreben, was verbietet, «Intensivlandwirtschaftszonen» überall dort festzusetzen, wo der Eigentümer Land dafür zur Verfügung stellt. Der Wunsch, einen höheren Landpreis zu erzielen, reicht für eine Zuweisung zur Intensivlandwirtschaftszone nicht aus. Die Flächen müssen nach objektiven Kriterien und aus einer Gesamtsicht heraus in einem dem planerischen Stufenbau entsprechenden Vorgehen bezeichnet werden. Solange eine solche Bezeichnung im kantonalen Recht nicht erfolgt ist, kommt das Privileg gemäss Art. 16a Abs. 3 RPG nicht zum Tragen. Der Kanton Zürich legte im revidierten Landschaftsplan (Teilrevision 2001) entsprechend den bundesrechtlichen Vorgaben die Kriterien für die Ausscheidung von Zonen nach Art. 16a Abs. 3 RPG im Einzelnen fest. Eine Ausscheidung entsprechender Zonen hat bisher vereinzelt stattgefunden, namentlich aufgrundlage eines entsprechenden Gestaltungsplans.

2.3.5.3 *Wald*

Gesetzliche Grundlagen

Das Bundesgesetz über den Wald vom 4. Oktober 1991 (WaG) setzt sich die flächenmässige Erhaltung des Walds zum Ziel. Daneben wird grosses Gewicht auf die qualitative Erhaltung des Walds gelegt. Der Wald soll vor Naturereignissen schützen, dem Menschen als Erholungsraum dienen, für Pflanzen und Tiere

Lebensraum darstellen und nicht zuletzt auch einen wirtschaftlichen Nutzen bringen.

Im Rahmen der Raumplanung stellt der Wald eine Nichtbauzone dar. Bauten und Anlagen sind nur zulässig, soweit sie forstlichen Zwecken dienen (Art. 22 Abs. 2 lit. a RPG; zum Beispiel Forststrassen oder forstwirtschaftliche Werkhöfe). Für andere Bauten und Anlagen bedarf es einer Ausnahmebewilligung (Art. 24 ff. RPG, vgl. Seite 1192).

Zur neueren bundesgerichtlichen Rechtsprechung zur Waldgesetzgebung vgl. KEEL/ZIMMERMANN.

Waldbegriff

Nach Art. 2 WaG gilt als Wald jede Fläche, welche mit Waldbäumen oder Waldsträuchern bestockt ist (vgl. auch die detaillierte Umschreibung bei JENNI: S. 31 f. und JAISSLE: S. 53 f.; ZBl 2005, S. 251 ff. und 255 ff.). Als Wald gelten auch Weidwälder (vgl. BGE 120 Ib 339 ff.) oder Waldlichtungen sowie Grundstücke, welche aufgeforstet werden müssen. Die Herkunft des Waldes – natürliches Wachstum oder künstliche Pflanzung – wie auch Bezeichnungen im Grundbuch oder Plänen sind für die Unterscheidung von Wald gegen Nichtwald nicht massgebend. § 2 des kantonalen Waldgesetzes (WaG-ZH) umschreibt den Waldbegriff für den Kanton Zürich näher:

«Eine mit Waldbäumen oder Waldsträuchern bestockte Fläche gilt als Wald, wenn sie folgende Minimalerfordernisse aufweist:
a) 800 m² Fläche mit Einschluss eines zweckmässigen Waldsaumes,
b) 12 m Breite mit Einschluss eines zweckmässigen Waldsaumes,
c) ein Alter von 20 Jahren bei Einwuchsflächen.»

Das Bundesgericht hat allerdings diese Bestimmung in einem Entscheid (URP 1999, S. 625 ff.) als unvollständig und missverständlich bezeichnet. Es ist deshalb davon auszugehen, dass auch im Kanton Zürich in Abweichung von § 2 WaG-ZH schon eine bestockte Fläche ab einer Grösse von 500 m², einer Breite von 12 m und einem Alter von 15 Jahren als Wald gelten muss.

Waldfeststellung

Wald ist kein statisches Gebilde. Ohne Pflegemassnahmen weitet er sich stetig aus. Dies führte vor allem in Bauzonen zum Problem, dass plötzlich Teile von Bauzonengrundstücke am Waldrand unüberbaubar wurden (BGE 118 Ib 433 ff.). Art. 10 WaG hilft diesem Missstand ab, indem es die Kantone verpflichtet, beim Erlass und bei der Revision der Zonenpläne den Wald von der Bauzone verbindlich abzugrenzen.

Die Waldfestlegungspläne werden vom zuständigen Kreisforstamt zusammen mit den Gemeindebehörden im Rahmen der Zonenplanrevisionen ausgearbeitet. Nach einem Auflage- und Einspracheverfahren werden diese Pläne vom Regierungsrat festgelegt. Im gleichen Verfahren wird auf Antrag eines Grundeigentümers allenfalls eine Waldfeststellung ausserhalb einer Bauzone getroffen.

2 Raumplanung, Richtplanung und Nutzungsplanung
2.3 Nutzungsplanung

Wald, der über die festgelegten Waldgrenzen in eine Bauzone wächst, gilt rechtlich nicht als Wald. Er kann ohne Rodungsbewilligung gerodet und der Boden überbaut werden.

2.3.5.4 *Gewässer*

Bei oberirdischen Gewässern, sogenannten Oberflächengewässern, wie Seen, Teichen, Flüssen und Bächen einschliesslich deren Bett mit Uferböschungen, Vorländern und Dämmen, handelt es sich um Nichtbauzonen (§ 3 WWG; vgl. BEZ 1986 Nr. 34, RB 1986 Nrn. 85 und 103; URP 1986, S. 10 ff.). Dies gilt unabhängig davon, ob das betreffende Gewässer Eigentum der Öffentlichkeit oder eines Privaten ist. Bei unterirdischen Gewässern wie Grundwasservorkommen, Quellen oder unterirdischen Flüssen und Seen ist die an der Erdoberfläche festgesetzte Zone massgebend.

Bauten und Anlagen sind nur zulässig, soweit sie standortgebunden sind (Ufermauern, Schleusen usw.; vgl. BGE 115 Ib 473). Für andere Bauten bedarf es einer Ausnahmebewilligung (Art. 24 ff. RPG).

2.3.5.5 *Gewässerschutzbereiche und Grundwasserschutzzonen*

Der Kanton ist verpflichtet, Bereiche zum Schutz der ober- und unterirdischen Gewässerschutzbereiche und Grundwasserschutzzonen auszuscheiden (Art. 19 GSchG).

Für die Grundwasserfassungen und Grundwasseranreicherungsanlagen sind Grundwasserschutzzonen auszuscheiden. In diesen Zonen sind – abgestuft nach dem Gefährdungspotenzial – bauliche Massnahmen untersagt (Art. 20 GSchG; vgl. zu den möglichen Kriterien für die Festlegung BEZ 2002 Nr. 7).

An der Festlegung einer Grundwasserschutzzone muss ein öffentliches Interesse bestehen. Dient das Grundwasser nur einem beschränkten Benützerkreis, so liegt kein genügendes Interesse vor (ZBl 2003, S. 106).

Zuständig für die Festsetzung von Grundwasserschutzzonen ist die Baudirektion. Näheres vgl. Seite 600.

2.3.6 Kommunale Rahmennutzungsplanung
2.3.6.1 *Rechtsgrundlagen*

Bauordnung
Die kommunale Bauordnung enthält über die Anforderungen des PBG hinaus die für die einzelnen Zonen geltenden Bauvorschriften. Sie hat sich an die Institute, die Begriffe sowie die Mess- und Berechnungsweisen des PBG zu halten. Regelungen auf Stufe Gemeinde sind somit gestützt auf §§ 49 f. PBG namentlich noch möglich bezüglich:

- Ausnützungs-, Baumassen-, Überbauungs- und Freiflächenziffern;
- Mindestausnützung;
- Abstände;
- Geschosszahl;
- Gebäudelänge;
- Gebäudebreite;

- Gebäudehöhe;
- Zulassung von Arealüberbauungen;
- offene und geschlossene Überbauungen;
- Dachformen;
- Kernzone (§ 50 PBG);
- Quartiererhaltungszone (§ 50a PBG).

In zahlreichen Gemeinden sind in die Bauordnung auch die AbstellplatzV oder ParkplatzV und allenfalls die AntennenV integriert.

Zonenplan

Der Zonenplan – bei Landgemeinden meist im Massstab 1:5000 – teilt das Gemeindegebiet parzellengenau in kommunale Bauzonen und Nichtbauzonen ein. Die überkommunalen Zonen (insbesondere die überkommunalen Landwirtschafts- und Freihaltezonen) werden in der Regel ebenfalls im kommunalen Zonenplan dargestellt, ebenso die übrigen Nichtbaugebiete (Wald und Gewässer). Der Zonenplan wird nach Bedarf durch weitere Spezialpläne in zum Teil grösserem Massstab ergänzt (zum Beispiel Spezialpläne für Kernzonen, Waldabstand, Gewässerabstand oder Aussichtsschutz).

→ Siehe Plan Seite 128

2.3.6.2 *Kommunale Bauzonen*

Festsetzungskriterien

In eine Bauzone darf nur Land gelegt werden, das bereits weitgehend überbaut ist oder das voraussichtlich innert 15 Jahren für eine Überbauung benötigt und erschlossen wird (Art. 15 RPG). Ob ein Bedarf an Bauzonen besteht, wird nach konstanter Praxis aufgrund einer Reserverechnung oder Kapazitätsrechnung festgestellt. Dabei wird aufgrund des Baulandverbrauchs der letzten Jahre – in der Regel einer Erfassungsperiode von 15 Jahren – der Baulandverbrauch für die nächsten 15 Jahre hochgerechnet und mit den vorhandenen Bauzonenreserven verglichen (sogenannte Trendmethode; vgl. RB 1996 Nr. 63; BEZ 2001 Nr. 1; BEZ 2003 Nr. 21; BEZ 2007 Nr. 37). Bauzonen dürfen nur innerhalb des Siedlungsgebiets und eines allfällig vorhandenen Anordnungsspielraumes gemäss Richtplanung festgesetzt werden (§ 47 PBG; BEZ 1998 Nr. 1).

Nicht an das Siedlungsgebiet gebunden sind die Gemeinden bei den sogenannten Weilereinzonungen. Kleinsiedlungen wie Weiler, abgelegene Ortsteile und andere Gebäudegruppen, die nicht oder die nur noch teilweise landwirtschaftlich genutzt werden, gelten als Siedlungsgebiet, auch wenn sie kartografisch im Siedlungsplan nicht als solches dargestellt sind. Die Gemeinden können zur Erhaltung ihrer Lebensfähigkeit durch Einzonung die im Einzelfall zweckmässige baurechtliche Ordnung bestimmen. Die Zonengrenzen haben die Kleinsiedlung eng zu umgrenzen; eine über den bestehenden Siedlungsumfang hinausgreifende Entwicklung darf nicht ermöglicht werden (vgl. BEZ 1982 Nr. 45, 1993 Nr. 1; RB 1996 Nr. 63; PBG aktuell Nr. 1/2001, S. 24 ff.).

Ausserhalb des Baugebiets darf auch eine Zone für öffentliche Bauten (BEZ 1981 Nr. 36) oder eine Erholungszone (PBG aktuell 3/2002, S. 16 ff.) festgelegt werden. Dies darf aber nur aufgrund einer umfassenden Interessenabwägung erfolgen. Verstösst die Ausscheidung einer Zone für öffentliche Bauten oder einer Erholungszone ausserhalb des Baugebiets gegen wesentliche öffentliche Interessen, so ist sie nicht zulässig (RB 2003 Nr. 71).

Die vom PBG zur Verfügung gestellten Zonentypen sind abschliessend. Die Gemeinden dürfen demnach nicht eigene Typen kreieren (vgl. BEZ 1994 Nr. 20; VB.2005.00244). Die ausgeschiedenen Zonen sollen sodann eine angemessene Grösse haben. Die Ausscheidung von sogenannten «Briefmarkenzonen» ist zu vermeiden (PBG aktuell 3/2002, S. 16 ff.; RB 2005 Nr. 55).

Zonenarten
Kernzone
Kernzonen dienen der Erhaltung oder Erweiterung bestehender Stadt- und Dorfkerne oder einzelner Gebäudegruppen mit besonderen, von der Grundordnung abweichenden Bauvorschriften, die dem Zonenzweck Rechnung tragen (§ 50 PBG). Diese Zone dient als Bauzone vor allem Denkmalschutzanliegen. Eine Kernzone kann nur festgelegt werden, wenn in deren Bereich ein Minimum von erhaltungswürdigen Bauten und Anlagen vorhanden ist (BEZ 1988 Nr. 8). In der Kernzone sind sehr detaillierte Vorschriften über die Gestaltung und die Lage von Bauten möglich. Häufige Regelungen sind:
- Bezeichnung von Bauten, die in ihrer Erscheinungsweise erhalten werden sollen und nur durch Ersatzbauten an gleicher Stelle ersetzt werden dürfen (BEZ 2000 Nr. 2; BEZ 2005 Nr. 11);
- gesonderte Vorschriften für Neubauten;
- Gebäude- und Firsthöhen;
- Ausscheidung unüberbaubarer Freibereiche (vgl. BEZ 1986 Nr. 13);
- Freihaltung von Höfen mit Hofbaulinien (vgl. BEZ 1987 Nr. 43);
- Festlegung von Firstrichtungen;
- detaillierte Gestaltungsvorschriften (Material, Fenstergrössen, Dachaufbauten, Sonnenkollektoren).

→ Siehe Plan Seite 130

Quartiererhaltungszone
Die Quartiererhaltungszone ermöglicht ähnliche Regelungen wie in Kernzonen. Sie ist bestimmt für geschlossene Ortsteile, die wegen ihrer hohen Siedlungsqualität in ihrer Nutzungsstruktur oder baulichen Gliederung erhalten oder erweitert werden sollen (§ 50a PBG; vgl. BEZ 1994 Nr. 4; KEISER: S. 5 ff.). Als die Quartiererhaltungszone geschaffen wurde, dachte man in erster Linie an Wohnsiedlungen der Nachkriegsjahre. Der Erlass einer Quartiererhaltungszone setzt nicht voraus, dass ein Siedlungsbereich hohe architektonische oder andere herausragende Ansprüche erfüllen müsse. Es genügt, wenn ein Ortsteil «geschlossen» ist. Er muss eine «bauliche Gliederung» aufweisen, die ihn meist unter Mitberücksichtigung der Aussenraumgestaltung einheitlich (oder vielfältig) erscheinen lässt. Zusätzliches wird nicht verlangt (RB 2002 Nr. 71; BEZ 1995 Nr. 5).

2 Raumplanung, Richtplanung und Nutzungsplanung
2.3 Nutzungsplanung

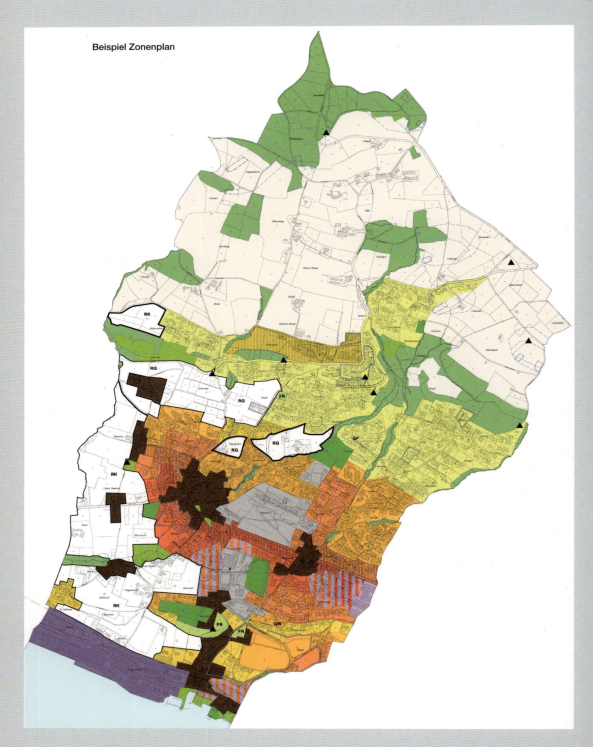

Beispiel Zonenplan

2 Raumplanung, Richtplanung und Nutzungsplanung
2.3 Nutzungsplanung

Kantonale und regionale Nutzungszonen

	L	Landwirtschaftszone	III
FR	FR	Freihaltezone regional	
RK	RK	Reservezone kantonal	--

Kommunale Nutzungszonen

	K1	Kernzone 1	III
	K2	Kernzone 2	III
	Q	Quartiererhaltungszone QF = Forbüel QW = Weissenrain	II
	W 1.1	Wohnzone	II
	W 1.3	Wohnzone	II
	W 1.7	Wohnzone	II
	W 2.3	Wohnzone	II
	W 2.7	Wohnzone	II
	WG 2.3	Wohnzone mit Gewerbeerleichterung	III
	WG 2.7	Wohnzone mit Gewerbeerleichterung	III
		Zentrumsbereich Riedsteg	
		Mässig störende Betriebe zulässig	III
	G	Gewerbezone	III
	I	Industriezone	IV
	OeB	Zone für öffentliche Bauten	*
	E	Erholungszone	*
	F	Freihaltezone	*
RG	RG	Reservezone Gemeinde	--
•		Markanter Einzelbaum	

Informelle Angaben

		Gestaltungsplan bestehend
		Gebiet mit Aussichtsschutzbestimmungen
▲		Aussichtspunkt
		Gewässer
		Wald

2 Raumplanung, Richtplanung und Nutzungsplanung
2.3 Nutzungsplanung

Beispiel Kernzonenplan

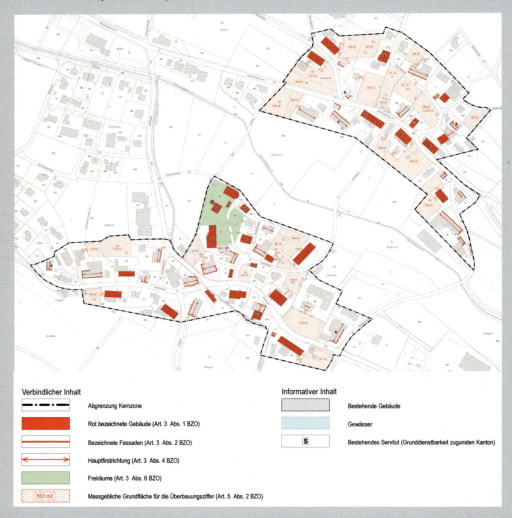

Zentrumszone
Zentrumszonen sind vorgesehen für eine dichte Überbauung zur Entwicklung von Zentren, die ausser dem Wohnen insbesondere der Ansiedlung von Dienstleistungs- und anderen Betrieben sowie von Verwaltungen dienen (§ 51 PBG).

Wohnzone
In Wohnzonen (mit oder ohne Gewerbeerleichterung) sollen in erster Linie Wohnbauten angesiedelt werden. Zulässig sind je nach Umschreibung in den kommunalen Bauordnungen aber auch gemischte Nutzungen. Gewerbliche Nutzungen sind beschränkt zulässig (§ 52 PBG; BEZ 2010 Nr. 1 betreffend Kindertagesstätte; BGer 1C_66/2010 [in Aufhebung von BEZ 2010 Nr. 2] betreffend die Zonenkonformität von Freitodbegleitungen in einer Wohnzone mit Gewerbeerleichterung). Betriebe der Schwerindustrie und Betriebe, welche einen übermässigen Verkehr auslösen (zum Beispiel Einkaufszentren), sind hingegen klar ausgeschlossen (§ 52 Abs. 3 PBG). Nicht statthaft ist sodann, für eine Wohnzone die gewerbliche Nutzung in den Vordergrund zu stellen (BEZ 1994 Nr. 20). Eine Tierhaltung zu Hobbyzwecken kann in der Wohnzone zonenkonform sein (BEZ 2007 Nr. 36 betreffend einen Hühnerstall mit Freilaufgehege für vier Hühner und einen Hahn).

Industrie- und Gewerbezone
Industrie- und Gewerbezonen sind für die Ansiedlung industrieller und gewerblicher Betriebe der Produktion, der Gütergrossverteilung, der Lagerhaltung und des Transports bestimmt (§ 56 Abs. 1 PBG). Der Begriff des industriellen und gewerblichen Betriebes ist weit zu fassen. Gemeint sind in erster Linie Betriebe des primären und sekundären Sektors. Aber auch Bereiche des tertiären Sektors sind teilweise zulässig (zum Beispiel Lagerhäuser, Cash+Carry-Märkte, Terminals für den Güterfernverkehr). Zonenkonform in der Industrie- und Gewerbezone sind trotz ihres Dienstleistungscharakters Betriebe, welche einen grossen Raumbedarf, einen hohen Technisierungsgrad und ungewöhnliche Arbeitszeiten (24-Stunden-Betrieb) haben (zum Beispiel Rechenzentren, Telekommunikationszentralen oder Fernsehstudios; vgl. BEZ 1988 Nr. 31). Dienstleistungsbetriebe beziehungsweise -flächen können zudem erstellt werden, wenn sie einem Industrie- oder Gewerbebetrieb dienen (zum Beispiel Büros oder Labors für einen Industriebetrieb, Kantinen, Läden in abgelegenen Industriezonen) oder zumindest dem gleichen Unternehmen wie ein Industriebetrieb zugehören (zum Beispiel Holdinggesellschaft einer Industriegruppe, selbstständige Immobiliengesellschaft eines Bauunternehmens).

Wohnbauten und wohnungsähnliche Nutzungen (zum Beispiel Hotels oder Spitäler, vgl. BEZ 1987 Nr. 1) sind hingegen grundsätzlich ausgeschlossen. Einzig betriebsnotwendige Wohnungen (für Hauswart, Betriebsinhaber, Pikettdienst usw.) können in der Industrie- und Gewerbezone erstellt werden. Die Bau- und Zonenordnung einer Gemeinde kann aber zusätzlich provisorische Gemeinschaftsunterkünfte für vorübergehend angestellte Personen in dieser Zone zulassen (§ 56 Abs. 4 PBG). Ebenso ist nicht ausgeschlossen, dass mittels einer Sondernutzungsplanung (Sonderbauvorschriften, Gestaltungsplan) eine Wohnnutzung in der Industriezone zugelassen wird (PBG aktuell 4/2008, S. 23 ff.).

Soweit es planerische oder infrastrukturelle Gründe rechtfertigen, können Gemeinden Handels- oder Dienstleistungsbetriebe in ihren Industrie- und Gewerbezonen generell zulassen oder aber bestimmte Betriebsarten (zum Beispiel Einkaufszentren) ausschliessen (§ 56 Abs. 3 PBG). Im Entscheid BEZ 2002 Nr. 44 hat das Verwaltungsgericht aber den generellen Ausschluss des Autooccasionsgewerbes in einer Industriezone als unzulässig erklärt.

Zone für öffentliche Bauten
In Zonen für öffentliche Bauten sind Grundstücke einzuteilen, die von ihren Eigentümern für die Erfüllung öffentlicher Aufgaben beansprucht werden (§ 60 Abs. 1 PBG). Zu denken ist an Grundstücke des Bundes, des Kantons, von Zweckverbänden und der Gemeinden, aber auch an Liegenschaften von privaten Institutionen, welche öffentliche Aufgaben erfüllen wie Kirchenstiftungen, Spital- oder Heimvereine (vgl. auch Art. 98 KV). Bedingung für die Einteilung in diese Zone ist, dass das Grundstück bereits einer Institution gehört, welche eine öffentliche Aufgabe erfüllt. Diese Zone kann damit keine Landsicherungsaufgaben übernehmen. Dafür stehen je nach Art der Aufgabe der Werkplan (vgl. Seite 165 ff.) oder die Baulinien (vgl. Seite 159 ff.) zur Verfügung. Welche Bauten und Anlagen in der Zone für öffentliche Bauten zulässig sind, bestimmt § 60 Abs. 1 PBG nicht ausdrücklich. Der Sinn dieser besonderen Zone besteht jedoch darin, mit grosszügigeren Bauvorschriften (§ 60 Abs. 3 PBG) die Erfüllung öffentlicher Aufgaben zu ermöglichen, die nach den Bestimmungen der umgebenden Zonen nicht oder nur erschwert zulässig wären. Entsprechend dieser Privilegierung bei den primären Bauvorschriften sind die Nutzungen in solchen Zonen aber auf Bauvorhaben zu beschränken, die in einem engen Zusammenhang mit der Erfüllung öffentlicher Aufgaben stehen. Näheres zur Zone für öffentliche Bauten vgl. Gsponer 1999, PBG aktuell 2/2008, S. 48 ff., sowie BEZ 2010 Nr. 20 (Wohncontainer für Asylanten), PBG aktuell 2/2008, S. 48 ff.

Erholungszone
Als Erholungszone können auf kommunaler Ebene Bereiche ausgeschieden werden für die Erstellung von Bauten und Anlagen, die in der Richtplanung vorgesehen sind und Erholungszwecken dienen (zum Beispiel grössere Sportanlagen wie Hallenbäder oder Fussballstadien; § 61 und § 62 Abs. 2 PBG). Bei kleineren Bauten oder Anlagen für Erholungszwecke kann allenfalls ein entsprechender Richtplaneintrag fehlen.

Die Erholungszone wurde mit der PBG-Revision 1991 eingeführt. Erholungszonen nach zürcherischem Recht können als Schutz- oder Spezialzonen sowohl innerhalb wie ausserhalb des Siedlungsgebietes ausgeschieden werden (BGE 118 Ib 503).

Nach ihrer Zweckbestimmung ist die Erholungszone keine Bauzone im Sinne von Art. 15 RPG, da sie nicht primär Siedlungszwecken dient (RB 1996 Nr. 70, auch zum Folgenden). Eine Bauzone nach Art. 15 RPG liegt eben nur dann vor, wenn die Hauptbestimmung der Zone regelmässig Bautätigkeiten zulässt, die weder mit bodenerhaltenden Nutzungen (z.B. Landwirtschaft) verbunden noch sonstwie von ihrer Bestimmung her auf einen ganz bestimmten

Standort angewiesen sind. Bauvorhaben, die nicht dem Zonenzweck entsprechen, bedürfen daher einer kantonalen Ausnahmebewilligung für Bauvorhaben ausserhalb der Bauzonen (Art. 24 ff. und Art. 25 Abs. 2 RPG).

Die Erholungszone ist aber anderseits keine Landwirtschaftszone (Art. 16 RPG) und auch keine Schutzzone (Art. 17 RPG), sondern gilt als weitere Nutzungszone gemäss Art. 18 Abs. 1 RPG (BEZ 1993 Nr. 31; PBG aktuell 3/2002, S. 22 ff.; VB.2005.00244; HALLER/KARLEN 1999: S. 87 f.). Diese Bestimmung ermächtigt die Kantone, neben den drei Hauptzonentypen Bauzonen, Landwirtschaftszonen und Schutzzonen (Art. 14 Abs. 2 RPG) weitere Nutzungszonen vorzusehen. Diese können einerseits die Hauptnutzungsarten von Art. 15–17 RPG innerhalb ihrer Zweckbestimmung weiter unterteilen (zum Beispiel in verschiedene Arten von Bauzonen) beziehungsweise nach bestimmten Richtungen hin besonders ausgestalten oder aber mit neuen Nutzungszwecken zu ihnen hinzutreten oder sie überlagern (zum Beispiel Freihaltezonen, die nicht Schutz-, sondern Erholungsfunktion haben, oder eben Erholungszonen).

Da die Erholungszone also nicht zu den Bauzonen im Sinne von Art. 15 RPG gehört, kann sie auch ausserhalb des richtplanerisch festgelegten Siedlungsgebietes ausgeschieden werden (vgl. Seite 114). Sie erfordert dann grundsätzlich die Ausscheidung eines Erholungsgebiets im Sinne von Art. 6 Abs. 2 lit. b RPG und § 23 Abs. 1 lit. c PBG (BEZ 2001 Nr. 44; VB.2002.00028).

Die Gemeinden erlassen die nötigen Bauvorschriften. Bei diesen sind sie allerdings an die Zweckumschreibung der Erholungzone gebunden. Andere als standortgebundene Wohnnutzungen können daher grundsätzlich nicht zugelassen werden (VB.2005.00244).

2.3.6.3 *Kommunale Nichtbauzonen*

In den nachfolgenden Zonen können nur in Ausnahmefällen Bauten und Anlagen erstellt werden:

Freihaltezone
Für die kommunale Freihaltezone gemäss § 61 PBG gelten die gleichen Bestimmungen wie für die kantonale Freihaltezone (§ 62 Abs. 1 in Verbindung mit § 40 PBG; vgl. Seite 121).

Landwirtschaftszone
Für die kommunale Landwirtschaftszone (sogenannte ergänzende Landwirtschaftszone; § 46 Abs. 3 PBG) gelten die gleichen Bestimmungen wie für die kantonale Landwirtschaftszone (vgl. Seite 121 f.).

Reservezone
Reservezonen umfassen jene Flächen, deren Nutzung noch nicht bestimmt ist oder in denen eine bestimmte Nutzung erst später zugelassen werden soll (Art. 18 Abs. 2 RPG; § 65 PBG). Darin einzuteilen sind insbesondere die im kantonalen Richtplan derzeit noch bezeichneten Bauentwicklungsgebiete, aber auch sonst noch nicht innerhalb der nächsten 15 Jahre benötigte Siedlungsflächen. Damit sind die Reservezonen Instrumente der Baugebietsetappierung.

Nicht zulässig ist aber, mit Reservezonen die Ausscheidung von Freihaltezonen zu etappieren (vgl. BEZ 1989 Nr. 29).

Eigentümer von Reservezonengrundstücken haben Anspruch auf Überprüfung der Bauzonendimensionierung. Dieser Anspruch kann frühestens acht Jahre nach der Festsetzung oder Revision des Zonenplans geltend gemacht werden (Art. 65 Abs. 4 PBG). Wenn sich die Verhältnisse aber schon vorher erheblich geändert haben, kann ein Grundeigentümer ein solches Gesuch bereits früher stellen (Art. 21 Abs. 2 RPG). Auch wenn grundsätzlich in einer Gemeinde ein Baulandbedarf besteht, hat ein Eigentümer eines Reservezonengrundstückes keinen absoluten Anspruch, dass ausgerechnet sein Grundstück eingezont wird (vgl. BEZ 1986 Nr. 8; RB 2001 Nr. 59). Immerhin ist sein Begehren auf Einzonung aber zwingend der Gemeindelegislative vorzulegen und darf nicht vom Gemeinderat kurzerhand abgelehnt werden. Anders verhält es sich nur, wenn die formellen Voraussetzungen für ein Einzonungbegehren (Grundeigentümereigenschaft, Zonierung, Frist) nicht erfüllt sind (BEZ 2009 Nr. 10).

Bauten und Anlagen sind – analog zu anderen Gebieten ausserhalb der Bauzonen – kraft Bundesrecht nur ausnahmsweise gestützt auf Art. 24 ff. RPG zu bewilligen (vgl. Seite 1166 ff.). Demgemäss sind Bauten und Anlagen in der Reservezone nie zonenkonform gemäss Art. 22 Abs. 2 lit. a RPG und erfordern stets eine Ausnahmebewilligung.

2.3.6.4 *Besondere Instrumente der kommunalen Bau- und Zonenordnung*

Arealüberbauung

Arealüberbauungen im Sinne von §§ 69–73 PBG sind Überbauungen von Grundstücken mit einer bestimmten in der Bauordnung festgesetzten Mindestfläche nach einer einheitlichen Baueingabe (RB 1997 Nr. 81). Sie dürfen je nach den Bestimmungen in der Bauordnung zudem bezüglich der Ausnützung (meist eine Erhöhung durch einen Arealüberbauungsbonus; dazu vgl. Seite 737), der Abstände und der höchstzulässigen Geschosszahl von der Regelbauweise abweichen, müssen dafür aber erhöhten Anforderungen an Gestaltung, Ausrüstung und Ausstattung entsprechen. Bei der Beurteilung sind insbesondere die Beziehungen zum Orts- und Landschaftsbild, die kubische Gliederung und der architektonische Ausdruck, Umfang und Gestaltung der Freiflächen, die Wohnlichkeit und Wohnhygiene, die Versorgungs- und Entsorgungslösung sowie Grad und Art der Ausrüstung zu beachten (§§ 71 f. PBG).

§ 71 Abs. 1 PBG umschreibt die Anforderungen an Arealüberbauungen mit unbestimmten Rechtsbegriffen, die der Verwaltungsbehörde einen von der Rekursinstanz zu respektierenden Entscheidungsspielraum öffnen. Dieser wird durch § 71 Abs. 2 PBG insoweit strukturiert, als in einer nicht abschliessenden Aufzählung die massgeblichen Beurteilungskriterien genannt werden. Damit wird der örtlichen Baubehörde gleichsam ein Programm vorgegeben, nach der sie die Erfüllung der in Absatz 1 genannten Qualitätsanforderungen zu prüfen hat (vgl. ausführlich hierzu BEZ 2003 Nr. 22; BEZ 2005 Nr. 19). Der Bauherr ist grundsätzlich auch bei Arealüberbauungen in der künstlerisch-architektonischen Gestaltung seiner Baute und deren Umschwung frei. § 71 PBG stellt jedoch an Bauten, Anlagen und Umschwung erhöhte ästhetische Anforderungen.

2 Raumplanung, Richtplanung und Nutzungsplanung
2.3 Nutzungsplanung

Ob ein Vorhaben diese Anforderungen erfüllt, ist nach objektiven und grundsätzlichen Kriterien zu beurteilen, wobei es weder auf den Eindruck ästhetisch besonders empfindlicher Personen noch auf das Volksempfinden ankommt. Dennoch muss dem Bauherrn insbesondere für die übliche und naturgemäss individuelle Ausstattung seines Gartens etwa mit Gartenzwergen, Gartenmöbeln, Spielgeräten und ähnlichen Artefakten, die volumenmässig nicht ins Gewicht fallen, ein nicht zu enger Gestaltungsspielraum belassen werden. Die ihm kraft der Eigentumsgarantie gemäss Art. 26 BV zustehende Freiheit ist – im Rahmen der gesetzlichen Schranken von §71 PBG – zu achten. Die Baubehörde darf nicht lediglich deshalb eine Baubewilligung verweigern, weil sie die Gestaltung eines Bauvorhabens nicht für optimal hält. Sie muss entsprechend dem in Art. 36 Abs. 3 BV verankerten Verhältnismässigkeitsprinzip alle in der Sache erheblichen Interessen berücksichtigen und sorgfältig gegeneinander abwägen. Nur ein hinreichendes öffentliches Interesse, das die privaten Interessen des Bauherrn überwiegt, rechtfertigt einen Eingriff in dessen gestalterischen Freiraum und damit eine Bauverweigerung gestützt auf §71 Abs. 1 PBG.

Gemäss ausdrücklichem Wortlaut von §71 Abs. 1 PBG fordert die Bestimmung lediglich – aber immerhin – eine zweckmässige Ausrüstung und Ausstattung. Aus dieser Formulierung kann nicht geschlossen werden, dies erfordere in jedem Fall eine Zusatzleistung gegenüber der in §239 Abs. 4 PBG statuierten Forderung nach einer angemessenen Berücksichtigung der Bedürfnisse von Behinderten und Betagten (VB.2005.00558).

Die Gemeinden können Arealüberbauungen allgemein, aber auch nur zonen- oder gebietsweise zulassen (§69 PBG). Um verdichtete Bauformen zu ermöglichen, kann die Bauordnung auch die Unterschreitung der kantonalen Mindestabstände zulassen (§72 Abs. 1 PBG). Abstände gegenüber Wald, Gewässer, Nachbargrundstücken und Strassen dürfen jedoch nicht verringert werden (§72 Abs. 2 PBG). Arealüberbauungen können auch bereits überbaute Grundstücke umfassen, wenn die Überbauung als Ganzes den Anforderungen der Arealüberbauung genügt (§71 Abs. 3 PBG).

Vorschriften betreffend Arealüberbauung (Ziff. 7.1 BO Uetikon a. S.)

7.1 Arealüberbauungen
7.1.1 Ausser in der Wohnzone W/1.1 und in der Kernzone sind Arealüberbauungen in allen Bauzonen zulässig, sofern keine Sonderbauvorschriften bestehen.
7.1.2 Die Mindestarealfläche beträgt 4000 m².
7.1.3 Für Hauptgebäude gelten folgende maximale Baumassenziffern:

Zone	W/1.3	W/1.7	W/2.3	W/2.7	WG/2.3	WG/2.7	G	I
BZ (max.)	1.5	1.9	2.5	2.9	2.5	2.9	5.0	7.0

7.1.4 Für dauernd gewerblich genutzte Gebäudeteile in den Wohnzonen mit Gewerbeerleichterung gelten folgende maximale Baumassenziffern für Hauptgebäude:
– in der WG/2.3: 2.7
– in der WG/2.7: 3.8
7.1.5 Gehört das Areal unterschiedlichen Zonen an, darf durch Nutzungsverschiebungen die Mehrausnützung in keinem Teil mehr als den doppelten Nutzungszuschlag betragen.

- 7.1.6 Gegenüber Grundstücken und Gebäuden ausserhalb der Arealüberbauungen sind die zonengemässen Abstände einzuhalten.
- 7.1.7 Die Gebäudelänge kann überschritten werden, sofern die Qualitätsanforderungen gemäss PBG erfüllt sind.
- 7.1.8 Veränderungen an bestehenden Arealüberbauungen sind nur zulässig, wenn
  a) die ursprüngliche Grundkonzeption beibehalten oder
  b) eine neue Arealüberbauung vorgelegt wird.
- 7.1.9 Im Übrigen gelten die Bauvorschriften für die Regelbauweise.

Teile einer Arealüberbauung können nachträglich geändert werden, sofern mit der Änderung die Voraussetzungen für die Bewilligung der Arealüberbauung gesamthaft erfüllt bleiben (RB 1987 Nr. 69; RB 1997 Nr. 94). Vgl. zur nachträglichen Abparzellierung einer Arealüberbauung auch BEZ 2008 Nr. 57 sowie Seite 740.

Eine Eigentumsbeschränkung (etwa in Form eines Arealüberbauungsrevers), die eine von der Regelüberbauung abweichende Gesamtüberbauung (Arealüberbauung) vor Veränderungen bewahrt, verliert ihre rechtliche Grundlage, wenn der alte Baubestand nach einer Rechtsänderung als Regelüberbauung bewilligt werden könnte und deshalb keine Privilegierung mehr beansprucht (RB 1989 Nr. 71). Anderseits kann anstelle der ursprünglichen Nebenbestimmung ein erweiterter Arealüberbauungsrevers treten, wenn eine nach früherem Recht bewilligte Gesamtüberbauung gegen die neuen Vorschriften zur Arealüberbauung verstösst (BEZ 2008 Nr. 1).

Seitdem die Unterschreitung von Grenz- und Gebäudeabständen durch Vereinbarung möglich ist (§ 270 Abs. 3 PBG), kommt die Arealüberbauung vor allem zum Zug, wenn eine höhere Ausnützung oder eine höhere Geschosszahl verwirklicht werden soll, als dies mit einer zonengemässen Einzelüberbauung zulässig wäre.

Die baurechtliche Bewilligung, die von der örtlichen Baubehörde zu erteilen ist, setzt eine vollständige Baueingabe voraus (§ 73 Abs. 1 PBG). Mit der baurechtlichen Bewilligung sind die sichernden Nebenbestimmungen nach § 73 Abs. 2 PBG zu verbinden. Nach der Praxis gehört zu einer vollständigen Baueingabe für eine Arealüberbauung auch zwingend die Einreichung eines Umgebungsplans (RB 1997 Nr. 81). Nur so kann beurteilt werden, ob die besonderen Gestaltungs- und Ausstattungsanforderungen an eine Arealüberbauung erfüllt sind.

Eine Etappierung einer Arealüberbauung ist lediglich auf einen Zeitraum von zwei Jahren zulässig (§ 328 Abs. 1 PBG; BEZ 1982 Nr. 14). Bei einer Arealüberbauung soll der Bauherr nicht nur die attraktiven Teile seiner Überbauung erstellen, sondern eben auch die weniger attraktiven. Demnach ist eine Arealüberbauung relativ zügig zu vollenden, damit von einer Arealüberbauung nicht bloss ein Torso erstellt wird.

Nutzungsvorschriften

Vorschriften, wie ein Bauzonengrundstück genutzt werden darf oder muss, kommen in verschiedenen Spielarten vor (Nutzung zu Wohn- oder Gewerbezwecken; vgl. § 49a Abs. 3 PBG).

Zu den zulässigen Nutzungsarten vgl. Seite 770 ff.

Erscheinung der Untergeschosse
Die Gemeinden haben die Befugnis, die Freilegung von Untergeschossen in ihren Bauordnungen näher zu regeln (§ 293 Abs. 4 PBG). Vgl. hierzu Seite 964 f.

Gestaltungsplanpflicht
Bei wesentlichem öffentlichem Interesse (zum Beispiel Orts- oder Landschaftsschutz, Aussichtsschutz, Immissionsschutz, differenzierte bauliche Verdichtung) kann in bestimmten Zonen oder Teilen von Zonen eine Gestaltungsplanpflicht festgelegt werden (§ 48 Abs. 3 PBG; vgl. BGE 115 Ia 333 ff.). Sowohl der Wortlaut von § 48 Abs. 3 PBG («mit der Zonenzuweisung») wie auch die im RPG verankerte Planungspflicht (vgl. etwa Art. 2 und Art. 14 RPG) erfordern eine Grundordnung beziehungsweise eine Zone, welche jene Sachverhalte oder Massnahmen regelt, die vom künftigen Gestaltungsplan nicht erfasst werden oder bereits vor dessen Inkrafttreten zulässig sind.

Der Regierungsrat verlangt in seiner Genehmigungspraxis, dass die mit der Gestaltungsplanpflicht verknüpften öffentlichen Interessen in der Bauordnung umschrieben werden. Wenn § 48 Abs. 3 PBG für die Festlegung einer Gestaltungsplanpflicht ein «wesentliches» öffentliches Interesse an einer solchen zusätzlichen planerischen Grundlage als einer weiteren Stufe zwischen Rahmennutzungsplanung und Baubewilligung voraussetzt, so ist damit ein qualifiziertes öffentliches Interesse gemeint. Das Verwaltungsgericht hat in VB.2005.00046 ein solches Interesse für mehrere private Grundstücke im Bereich des Bahnhofs Küsnacht verneint.

Die Gestaltungsplanpflicht bedeutet, dass der Grundeigentümer vor Einreichung eines Baugesuchs erst einen Gestaltungsplan erwirken muss (zum Gestaltungsplan im Einzelnen vgl. Seite 142 ff.). Diese Pflicht kann der betroffene Grundeigentümer mit einem öffentlichen oder einem privaten Gestaltungsplan erfüllen. Kommt ein privater Gestaltungsplan nicht zustande, ist es die Pflicht der Gemeinde, auf eigene Kosten einen öffentlichen Gestaltungsplan zu erarbeiten. Dabei kann das Fehlen eines solchen Gestaltungsplans – und damit der Baureife – einem Bauvorhaben nur während der in § 235 PBG statuierten Frist von drei Jahren entgegengehalten werden (BEZ 2009 Nr. 8; vgl. auch BEZ 2009 Nr. 9).

Um ein bestimmtes Grundstück bebauen zu können, genügt es, wenn darüber ein Gestaltungsplan festgelegt wird. Es ist daher nicht nötig, für die ganze Zone, welche mit einer Gestaltungsplanpflicht belegt ist, einen einzigen Gestaltungsplan zu erlassen. Die Erstellung eines Gestaltungsplans für die ganze betroffene Zone kann nur verlangt werden, wenn dies in der Bauordnung ausdrücklich vorgesehen ist.

Waldabstandslinien
Waldabstandslinien müssen im Zonenplan oder in speziellen Plänen für das ganze Bauzonengebiet festgesetzt werden, und zwar in der Regel in einem Abstand von 30 m von der Waldgrenze (§ 66 PBG).

Weil § 66 Abs. 2 PBG mit Bezug auf den im Zonenplan zu definierenden Waldabstand als Regelmass 30 m statuiert, erfordert ein davon abweichendes Mass eine Ausnahmesituation (BEZ 1996 Nr. 18).

Meistens werden Gebäude, welche näher beim Wald stehen, mit der Abstandslinie umfahren, damit sie nicht baurechtswidrig werden. Stehen solche Gebäude derart nahe am Wald, dass wohnhygienische Probleme entstehen, ist auf eine Umfahrung zu verzichten (BEZ 2002 Nr. 60). Dem gesetzlichen Regel-Waldabstand von 30 Meter ist auch dadurch Rechnung zu tragen, dass Unterschreitungen möglichst gering zu halten sind und stets ein Mindestabstand einzuhalten ist, der nur in sehr seltenen Ausnahmefällen kleiner als 10 Meter sein darf (RB 2002 Nr. 73).

Ausserhalb der Bauzonen beträgt der Waldabstand 30 m (§ 262 Abs. 1 PBG). Innerhalb des Waldabstandbereichs sind keine oberirdischen Gebäude zulässig (§ 262 PBG; vgl. Seite 784 ff.).
→ Siehe Plan rechte Seite oben

Gewässerabstandslinien

Gewässerabstandslinien können im Zonenplan oder in speziellen Plänen festgesetzt werden (§ 67 PBG). Sie können den kantonalrechtlich festgesetzten Mindestabstand erhöhen, aber nicht unterschreiten und vom Grenzabstand gegenüber Nachbargrundstücken abweichen (vgl. Seite 802 ff.; zu den Ausscheidungskriterien vgl. RB 1999 Nr. 111).
→ Siehe Plan rechte Seite unten

Hochhausgebiet

Als Hochhausgebiete im Zonenplan können Gebiete bezeichnet werden, in denen Hochhäuser gestattet sind (§ 68 PBG; vgl. zum Begriff «Hochhäuser» § 282 PBG und zu den Anforderungen an Hochhäuser §§ 284 f. PBG. Nur in solchen Gebieten dürfen Hochhäuser überhaupt erstellt werden (vgl. Seite 935 ff.).

Aussichtsschutz

Die Bau- und Zonenordnung kann für bestimmte Lagen, auch zeichnerisch, Anordnungen treffen, welche die Aussicht oder die Sicht auf besondere Geländeformen schützen (§ 75 PBG).

Beispiel einer Aussichtsschutzbestimmung in der BO Uetikon a. S.

7.4　Aussichtsschutz
7.4.1　Im Aussichtsschutzbereich Brandrain dürfen die Gebäude und Firsthöhen sowie Bepflanzungen, ausgenommen einzelne hochstämmige Bäume, die Höhenkote
von 566,00 m ü. M. nicht überschreiten.
7.4.2　Im Aussichtsschutzbereich nördlich Rundi dürfen die Gebäude- und Firsthöhen sowie Bepflanzungen, ausgenommen einzelne hochstämmige Bäume, die Höhenkote
von 552,50 m ü. M. nicht überschreiten.

Baumschutz

Die Bau- und Zonenordnung kann zur Erhaltung des vorhandenen Baumbestands sowie zur Sicherstellung einer angemessenen Neu- und Ersatzpflanzung besondere Bestimmungen erlassen. Ebenso kann die Begrünung von Flachdächern vorgeschrieben werden. Diese Massnahmen dürfen jedoch die ordentliche Grundstücksnutzung nicht übermässig erschweren (§ 76 PBG).

2 Raumplanung, Richtplanung und Nutzungsplanung
2.3 Nutzungsplanung

Beispiel Waldabstandslinienplan

Beispiel Gewässerabstandslinienplan

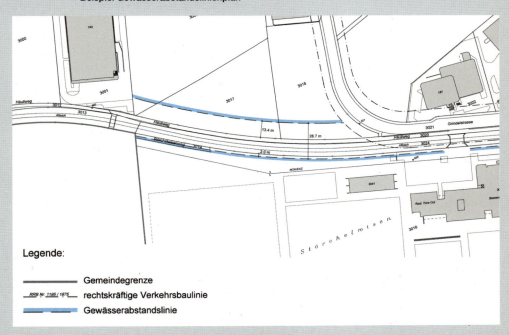

Die durch solche Bestimmungen geschützten Bäume sind in der Bau- und Zonenordnung näher zu bezeichnen. Es ist nicht zulässig, die Beseitigung sämtlicher Bäume in einem Gemeindegebiet mit einem bestimmten Stammdurchmesser nur unter ganz bestimmten Voraussetzungen zu gestatten und diese Eingriffe generell einer Bewilligungspflicht zu unterstellen (URP 1997, S. 63 f.; BEZ 2008 Nr. 9).

Auch ohne eine solche Festlegung in der Bau- und Zonenordnung kann aber mit der baurechtlichen Bewilligung verlangt werden (wo die Verhältnisse es zulassen), dass vorhandene Bäume bestehen bleiben, neue Bäume und Sträucher gepflanzt werden sowie der Vorgarten als Grünfläche hergerichtet wird (§ 238 Abs. 3 PBG). Vgl. Seite 686 ff.

Terrassenhäuser

Die Bau- und Zonenordnung kann für Terrassenhäuser und ähnliche Überbauungen Bestimmungen aufstellen, die – vorbehältlich der Ausnützungsziffer – von den normalen Zonenvorschriften abweichen (§ 77 PBG). Vgl. hierzu PBG aktuell 2/1996, S. 23 f.; RB 1995 Nr. 77.

Beispiel einer Terrassenhausvorschrift in der BO Pfäffikon

Art. 38
1 Terrassenhäuser und ähnliche Überbauungsarten sind in der Zone W1,25 zwischen der Waldfrieden- und der Bodenackerstrasse (Areal bestehende Überbauung) und südlich der Näppenrainstrasse sowie in den Zonen W1,6 und W2,1 gestattet.
2 Jedes Geschoss ist abzustufen, wobei der Winkel der Abstufung nicht mehr als 30° alter Teilung betragen darf. Die einzelnen Stufen sind seitlich zu staffeln und dürfen keine geschlossenen Seitenwände aufweisen.
3 Es sind maximal vier Stufen zulässig, wobei maximal 2 Geschosse senkrecht übereinander liegen dürfen.
4 Für Garagen ist ein sichtbares Untergeschoss gestattet, dabei muss in Abweichung von Abs. 2 durch Zurückversetzen von der untersten Stufe oder in anderer Weise der Eindruck einer vertikal durchlaufenden Fassade wirkungsvoll vermieden werden.

Aussenantennen

Aussenantennen können gemäss § 78 PBG in der Bau- und Zonenordnung für ganze Zonen oder gebietsweise verboten werden, sofern durch andere technische Einrichtungen gleichwertige Empfangsmöglichkeiten gewährleistet sind (zum Beispiel durchschnittliche Empfangsmöglichkeiten durch Kabelfernsehen; BEZ 1989 Nr. 36). Die Empfangsmöglichkeiten mit modernen Parabolspiegeln sind heute in der Regel weit grösser als das Senderangebot über Kabelnetze. Kabelnetze können auch nicht die Bedürfnisse von Amateurfunkern abdecken, sodass solche Antennenverbote kaum mehr durchsetzbar sind (BEZ 1989 Nr. 36).

In diesem Sinn regelt Art. 67 RTVG die Voraussetzungen für kommunale Antennenverbote abschliessend, weshalb die Ausdehnung des Anwendungsbereichs auf Mobilfunkanlagen gestützt auf eine teleologische und zeitgemässe Auslegung von § 78 PBG zu weit gehen dürfte (a.M.: BEZ 2009 Nr. 45).

2 Raumplanung, Richtplanung und Nutzungsplanung
2.3 Nutzungsplanung

Art. 67 Kantonale Antennenverbote
1 Die Kantone können in bestimmten Gebieten das Errichten von Aussenantennen verbieten, wenn:
   a. dies für den Schutz bedeutender Orts- und Landschaftsbilder, geschichtlicher Stätten oder von Natur- und Kunstdenkmälern notwendig ist und
   b. der Empfang der in der Region üblichen Programme unter zumutbaren Bedingungen gewährleistet bleibt.
2 Das Errichten einer Aussenantenne, mit der weitere Programme empfangen werden können, muss ausnahmsweise bewilligt werden, wenn das Interesse am Empfang der Programme das Interesse am Orts- und Landschaftsschutz überwiegt.

Ausscheidung von Empfindlichkeitsstufen gemäss LSV

Art. 44 der Lärmschutzverordnung (LSV) verpflichtet die Gemeinden, in der Nutzungsplanung Empfindlichkeitsstufen (ES) festzusetzen. Für die unterschiedlichen Empfindlichkeitsstufen gelten dann jeweils unterschiedliche Lärmgrenzwerte (vgl. die Anhänge zur LSV). Art. 43 LSV hält die Grundsätze für die Einteilung der verschiedenen Zonen in die Empfindlichkeitsstufen fest:

- die Empfindlichkeitsstufe I in Zonen mit einem erhöhten Lärmschutzbedürfnis, namentlich in Erholungszonen;
- die Empfindlichkeitsstufe II in Zonen, in denen keine störenden Betriebe zugelassen sind, namentlich in Wohnzonen sowie Zonen für öffentliche Bauten und Anlagen;
- die Empfindlichkeitsstufe III in Zonen, in denen mässig störende Betriebe zugelassen sind, namentlich in Wohn- und Gewerbezonen (Mischzonen) sowie Landwirtschaftszonen;
- die Empfindlichkeitsstufe IV in Zonen, in denen stark störende Betriebe zugelassen sind, namentlich in Industriezonen.

Teilen von Nutzungszonen der Empfindlichkeitsstufe I oder II kann die nächst höhere Stufe zugeordnet werden, wenn sie mit Lärm vorbelastet sind.

Bei der Zuordnung und Bestimmung der Empfindlichkeitsstufen steht den zuständigen Gemeindebehörden ein Ermessensspielraum zu. Die in Art. 43 Abs. 1 LSV enthaltenen Regeln sind dabei als generelles Zuordnungsprinzip zu verstehen, an welches sich die Behörden grundsätzlich zu halten haben. Wegen geringfügiger Überschreitung der Immissionsgrenzwerte dürfen nicht ganze Gebiete einer höheren Empfindlichkeitsstufe zugeordnet werden. Zuerst ist abzuklären, ob und inwiefern die emittierende Anlage saniert werden oder allenfalls Erleichterungen erhalten kann (URP 1995, S. 303 ff.).

Die Empfindlichkeitsstufen werden meist durch Bauordnungsbestimmungen den einzelnen Zonen zugeordnet. Abweichungen von dieser Ordnung sind dann in den meisten Fällen im Zonenplan eingetragen. Die generelle Festlegung von Empfindlichkeitsstufen erfolgt im gleichen Verfahren wie die kommunale Bau- und Zonenordnung.

2 Raumplanung, Richtplanung und Nutzungsplanung
2.3 Nutzungsplanung

2.3.7 Sondernutzungsplanung

2.3.7.1 *Sonderbauvorschriften*

Die Sonderbauvorschriften dienen dazu, für besondere Nutzungen (zum Beispiel Einkaufszentren) spezielle Bauvorschriften mit einheitlichen Gestaltungsgrundsätzen zu schaffen (§ 79 PBG). Sie sollen eine freiere Überbauung ermöglichen, aber auch erleichtern und dürfen zu diesem Zweck von der allgemeinen Bau- und Zonenordnung und von den kantonalen Mindestvorschriften abweichen. Es besteht grundsätzlich kein Zwang, nach den Sonderbauvorschriften zu bauen. Der Grundeigentümer hat die Wahl zwischen den Sonderbauvorschriften und der Grundordnung. In den Sonderbauvorschriften kann jedoch vorgeschrieben werden, dass – wenn der erste Grundeigentümer nach diesen Vorschriften baut – auch die anderen Bauwilligen an diese Sonderbauvorschriften gebunden sind (§§ 80 f. PBG).

Sonderbauvorschriften wurden beispielsweise für das Zentrum Zürich-Nord in Zürich-Oerlikon erlassen. Dort ermöglichten Sonderbauvorschriften für eine Industriebrache eine Mischnutzung anstelle einer reinen Industrienutzung. Zuweilen sind Sonderbauvorschriften auch in die Bauordnung integriert. Sie ermöglichen dann den Grundeigentümern die Wahl zwischen zwei verschiedenen Nutzweisen (zum Bespiel in Küsnacht die weitgehende Umgestaltung von zonenwidrigen Altbauten in zweigeschossige Wohnzonen; in Bubikon die Wohnnutzung in Industriezonen).

2.3.7.2 *Gestaltungsplan*

Definition und Arten

Mit dem Planungsinstrument des Gestaltungsplans soll eine vom städtebaulichen, architektonischen, wohnhygienischen sowie landschaftlichen Aspekt her optimale Überbauung einer unbestimmten Fläche ermöglicht werden. Es bestehen – anders als bei der Arealüberbauung – keine Vorschriften über die Mindestfläche eines Gestaltungsplan-Gebiets (vgl. BEZ 2002 Nr. 55).

Es werden folgende Arten von kommunalen Gestaltungsplänen (öffentlicher und privater Gestaltungsplan) und überkommunalen Gestaltungsplänen unterschieden:

Art des Gestaltungsplans	Zustimmung Grundeigentümer	Voraussetzungen	Abweichung von BZO	Ausarbeitung/ Festsetzung
Öffentlicher Gestaltungsplan	nicht erforderlich	wesentliches öffentliches Interesse	möglich	Ausarbeitung durch Gemeinderat/ Festsetzung durch Gemeindelegislative
Privater Gestaltungsplan	alle	Überbauung im Rahmen der Arealüberbauung oder Regelbauweise (vgl. auch BEZ 2010 Nr. 7)	nicht möglich	Ausarbeitung durch Gesuchsteller/ Zustimmung zum Gestaltungsplan durch Gemeinderat
Privater Gestaltungsplan	alle	–	möglich	Ausarbeitung durch Gesuchsteller/ Zustimmung durch Gemeindelegislative

2 Raumplanung, Richtplanung und Nutzungsplanung
2.3 Nutzungsplanung

Art des Gestaltungsplans	Zustimmung Grundeigentümer	Voraussetzungen	Abweichung von BZO	Ausarbeitung/ Festsetzung
Privater Gestaltungsplan	Grundeigentümer, denen zwei Drittel der massgeblichen Fläche gehören	Überbauung im Rahmen der Arealüberbauung (nach der Praxis allenfalls auch im Rahmen der normalen Bauordnungsvorschriften)	nicht möglich	Ausarbeitung durch zustimmungsbereite Grundeigentümer/ Allgemeinverbindlicherklärung durch Gemeinderat
Privater Gestaltungsplan	Grundeigentümer, denen zwei Drittel der massgeblichen Fläche gehören	keine Verletzung schutzwürdiger Interessen der nichtzustimmenden Grundeigentümer	möglich	Ausarbeitung durch zustimmungsbereite Grundeigentümer/ Allgemeinverbindlicherklärung durch Gemeindelegislative
Überkommunaler Gestaltungsplan	nicht erforderlich	wesentliches öffentliches Interesse; Eintrag der betreffenden Baute oder Anlage im überkommunalen Richtplan	möglich	Ausarbeitung durch Werkträger oder Baudirektion/ Festsetzung durch Baudirektion

Grundsätzlich hat der Gestaltungsplan die Richtplanung zu beachten. Es ist nicht zulässig, ausserhalb des Siedlungsgebiets mit einem Gestaltungsplan eine in einer Nichtbauzone unzulässige Überbauung zu ermöglichen und auf diesem Weg eine Kleinbauzone zu verwirklichen (BEZ 2006 Nr. 1; BEZ 2009 Nr. 34; BGE 121 I 245). Ermöglicht eine Kleinbauzone hingegen keine verpönte zusätzliche Streubauweise, sondern einzig eine geringfügige Erweiterung bereits bebauten Gebiets oder die massvolle Erweiterung bestehender Bauten und Anlagen, ist sie zulässig, soweit sie auch sonst auf einer sachlich vertretbaren Interessenabwägung beruht (BEZ 2007 Nr. 15).

Als Instrument der Sondernutzungsplanung hat der Gestaltungsplan auch die Rahmennutzungsplanung – namentlich die Bau- und Zonenordnung – zu beachten und darf die planerisch und demokratisch abgestütze Grundordnung nicht ihres Sinngehalts entleeren (BGE 135 II 209 [E. 5.2] = URP 2009, S. 509 ff.). Soweit Letzteres nicht der Fall ist, sind gestaltungsplanerische Abweichungen von der Regelbauweise aber zulässig (§ 83 Abs. 1 PBG).

Interessen beim Gestaltungsplan

Der (kommunale) öffentliche Gestaltungsplan gemäss § 84 Abs. 1 PBG setzt ein wesentliches öffentliches Interesse voraus. Ein solches wird beispielsweise als gegeben angenommen im Nahbereich von Natur- und Heimatschutzobjekten, von Stationen öffentlicher Verkehrsträger mit hoher Leistungsfähigkeit oder von standortgebundenen öffentlichen Werken und Anlagen mit unvermeidbaren Immissionen. Ein wesentliches öffentliches Interesse ist ferner anzunehmen, wenn ein Gestaltungsplan zur Verwirklichung einer besonders zweckmässigen Lösung öffentlicher Aufgaben oder einer städtebaulich höher qualifizierten Überbauung dienen kann (BEZ 1982 Nr. 5).

Der als allgemein verbindlich erklärte private Gestaltungsplan darf keine schutzwürdigen Interessen der nichtzustimmenden Grundeigentümer verletzen (§ 85 Abs. 2 PBG; VB.2006.00068). Das schutzwürdige Interesse eines nichtzustimmenden Grundeigentümers ist zum Beispiel dann nicht verletzt, wenn seinem Gewerbebetrieb neben der Besitzstandsgarantie noch angemessene Erweiterungsmöglichkeiten gewährt werden (BEZ 1981 Nr. 41).

Inhalt des Gestaltungsplans
Inhaltlich kann ein Gestaltungsplan ausserordentlich weit ins Detail gehen. Die Übergänge einerseits zur Kernzone, anderseits zu den Sonderbauvorschriften sind fliessend. Das Wesen der Sonderbauvorschriften besteht darin, dass das Bauen nach Grundordnung in beschränktem Mass noch möglich ist. Beim Gestaltungsplan hingegen wird die Grundordnung immer ersetzt (§ 83 Abs. 1 PBG), doch gilt es dabei immerhin die kantonalen Baubeschränkungsnormen einzuhalten (BEZ 2007 Nr. 16).

Die Zahl der Bauten kann pro Gebiet oder pro Teilgebiet verbindlich festgelegt werden. Auf die Bestimmung der genauen Zahl der Bauten kann aber auch verzichtet werden (VB.2007.00300). Die Lage der Bauten kann durch Baubereiche, Mantellinien, Profillinien, Profilangleichungslinien usw. festgelegt werden. Die einzelnen Bauten können sodann in ihren äusseren Abmessungen beschränkt werden (Geschosszahlvorschriften, Vorschriften über die Gebäudehöhe, Verhältniswerte, zum Beispiel Länge zu Höhe, Höhenkoten [BEZ 2007 Nr. 16], Massangaben über die zulässige Freilegung von Untergeschossen, Vorschriften über Flachdächer beziehungsweise die Neigung von Steildächern).

Die Ausnützung kann durch Nutzungsziffern bestimmt werden. Möglich ist auch, von den im PBG aufgeführten Umschreibungen der Nutzungsziffern abzuweichen. Bezüglich möglicher Nutzweise setzt nur das Umweltschutzrecht Schranken. So erwünscht die Mischung von Arbeitsplätzen mit Wohnungen ist, so fraglich ist es, Teile von Industriezonen mithilfe von Gestaltungsplänen zu «Wohninseln» machen zu wollen. Anderseits lässt der Gestaltungsplan innerhalb der Wohnnutzung weitere Differenzierungen zu. So kann das Verhältnis zwischen Familien- und Kleinwohnungen oder der Anteil an Alterswohnungen festgelegt werden.

Soweit nicht schon in einem Quartierplan geregelt, hat der Gestaltungsplan die Feinerschliessung des Gebietes festzulegen (§ 83 Abs. 3 PBG; BEZ 1992 Nr. 16). Anlagen der Groberschliessung dürfen aber nicht mit einem Gestaltungsplan festgelegt werden (RB 1998 Nr. 97). Die Zufahrt zu einer Überbauung kann auf bestimmte Strassen beschränkt werden. Innerhalb des Gestaltungsbereichs können Wohnstrassen erstellt werden. Ferner kann die Zahl der Pflichtparkplätze und deren Situierung in Unterniveaugaragen abweichend von der Grundordnung vorgeschrieben werden.

Im Rahmen eines Gestaltungsplans können – ähnlich wie in Kernzonen – eingreifende Gestaltungsvorschriften erlassen werden, welche die Anforderungen von § 238 Abs. 1 PBG übersteigen. Der Gestaltungsplan kann überdies detaillierte Vorschriften für die Gestaltung der Umgebung (Bepflanzung, Kinderspielplätze, Geländemodellierung) enthalten (§ 83 Abs. 3 PBG).

Wenn auch die Vorschriften relativ eng sein können, haben sie doch noch einen angemessenen Spielraum für die Projektierung offen zu lassen (§ 83 Abs. 2 PBG). Diese Bedingung ist erfüllt, wenn beispielsweise bei den äusseren Abmessungen der Bauten noch ein Spielraum von 3–5 m besteht. Der Spielraum

muss nicht unbedingt bei sämtlichen Festlegungen gegeben sein. Es ist durchaus möglich, in sensiblen Bereichen gar keine Abweichungen zuzulassen (zum Beispiel Anschlussbereich an Denkmalschutzobjekte oder Schliessung von Baulücken für einen besseren Lärmschutz). Unter Umständen – besonders wenn es im überbauten Gebiet um eine Nachverdichtung geht – kann sich der Gestaltungsplan auch auf einzelne Anordnungen beschränken (§ 83 Abs. 4 PBG).

In der Praxis werden die Festlegungen im Gestaltungsplan mit einer Kombination von Plan und Vorschriften getroffen und durch einen erläuternden Bericht gemäss Art. 47 RPV ergänzt.

→ Siehe Plan nächste Seite

Verfahren
Im Gegensatz zum Quartierplan bestehen keine besonderen Verfahrensvorschriften für den kommunalen Gestaltungsplan.

Öffentliche Gestaltungspläne werden im genau gleichen Verfahren wie Bau- und Zonenordnung durch die Behörden eingeleitet und von der Gemeindelegislative festgesetzt (vgl. Seite 119 ff.). Der Anstoss zu ihrer Aufstellung kann somit auch durch eine Volks- oder Einzelinitiative erfolgen.

Die Aufstellung privater Gestaltungspläne bleibt hingegen der freien Vereinbarung der betreffenden Grundeigentümer anheimgestellt. Für einen allgemeinverbindlich zu erklärenden privaten Gestaltungsplan werden sich die Initianten allerdings vorsichtshalber der Zustimmung mindestens jener Beteiligten versichern, denen zwei Drittel der einbezogenen Flächen gehören. Ein Recht auf Einbezug in einen Gestaltungsplan gibt es nicht.

Der Gemeinderat hat einen privaten Gestaltungsplan der Gemeindeversammlung beziehungsweise dem Gemeindeparlament zwingend vorzulegen. Es ist ihm verwehrt, den Gestaltungsplan wegen allfälliger Einwände zur Überarbeitung an die Grundeigentümer zurückzuweisen (BEZ 2000 Nr. 59). Wenn die Gemeindelegislative einem privaten Gestaltungsplan nicht zustimmt, so besteht kein Anspruch auf Begründung. Eine solche Ablehnung kann auch nicht angefochten werden (BEZ 2005 Nr. 10). Die Gemeindeversammlung kann zu einem privaten Gestaltungsplan denn auch keine Änderungsanträge stellen. Möglich ist nur die Zustimmung oder die Ablehnung als Ganzes (§ 86 PBG). Die Stimmbürger können ebenso wenig mit Rückweisungsanträgen im Sinne von § 46a und § 46b GG den Gemeinderat auffordern, den Gesuchsteller zur Einreichung einer geänderten, der Gemeindeversammlung genehmen Gestaltungsplanvorlage einzuladen (BGer 1P.820/2005).

Der kommunale Gestaltungsplan bedarf der Genehmigung durch die Baudirektion, wenn keine Vorbehalte angebracht werden müssen, sonst durch den Regierungsrat (§ 89 PBG).

Geändert oder aufgehoben werden kann der Gestaltungsplan nach der Festsetzung vor Ablauf von fünf Jahren nur, wenn noch nicht nach den Gestaltungsplanvorschriften gebaut worden ist (vgl. BEZ 2003 Nr. 3 und 1985 Nr. 10). Untergeordnete Änderungen sind jedoch jederzeit möglich (§§ 82 und 87 PBG).

Ein Gestaltungsplan kann nach seiner Festsetzung von jedem Beteiligten und von den besonders betroffenen Nachbarn beim Baurekursgericht mit Rekurs angefochten werden. Auch wenn die Festlegungen in einem Gestaltungs-

2 Raumplanung, Richtplanung und Nutzungsplanung
2.3 Nutzungsplanung

Beispiel Gestaltungsplan

plan ausserordentlich weit gehen können, braucht es nach dem Erlass des Gestaltungsplans für die Erstellung der Bauten immer noch eine Baubewilligung (vgl. auch § 83 Abs. 2 PBG). Im Rahmen von Rechtsmitteln gegen eine solche Bewilligung können keine Rügen mehr vorgebracht werden in Punkten, welche im Gestaltungsplan abschliessend geregelt wurden.

Überkommunaler Gestaltungsplan

Nach der Praxis des Bundesgerichts sind grössere Anlagen für Materialgewinnung (Kiesgruben, Steinbrüche usw.) und Materialablagerung (Deponien) ausserhalb von Bauzonen ohne Festlegungen in der Nutzungsplanung nicht mehr zugelassen (vgl. zur Materialgewinnung Seite 1171 ff.). Erforderlich ist zudem, dass sämtliche raum- und umweltrelevanten Aspekte in einem Verfahren überprüft werden (BGE 116 Ib 50 ff.). Um diese umfassende Prüfung sicherzustellen, wurde ein spezieller Gestaltungsplantypus geschaffen (§ 44a PBG). Für den Erlass eines solchen Gestaltungsplans ist vorausgesetzt, dass die betreffende Anlage im kantonalen oder regionalen Richtplan enthalten ist. Festgesetzt wird ein solcher Gestaltungsplan durch die Baudirektion. Vorgängig sind die betroffenen Gemeinden anzuhören und berechtigte Begehren dieser Gemeinden zu berücksichtigen. In diesem Gestaltungsplan sind detaillierte Regelungen über die vorgesehenen Bauten und Anlagen, die Gewinnungs- und Deponieflächen sowie über die Erschliessung aufzunehmen (§ 44a Abs. 2 und 3 PBG; URP 1999, S. 448 ff.).

Die Festsetzung eines überkommunalen Gestaltungsplans ist auch bei anderen Bauten und Anlagen, die zwar nicht der Materialgewinnung oder Materialablagerung dienen, aber dennoch im kantonalen oder in einem regionalen Richtplan enthalten sind, unter den gleichen Voraussetzungen und im nämlichen Verfahren möglich (§ 84 Abs. 2 PBG; zum Beispiel regionale Schiessplätze, Sonderabfallverbrennungsanlagen, Polizei- und Justizzentrum Zürich [vgl. dazu auch BEZ 2007 Nr. 42 und 54]).

Gestaltungsplan und Umweltverträglichkeitsprüfung

Bei grösseren Bauvorhaben, welche durch einen Gestaltungsplan ermöglicht werden sollen, ist eine Umweltverträglichkeitsprüfung (UVP) durchzuführen (zur UVP vgl. Seite 378 ff.).

Die Kombination von Gestaltungsplan und Umweltverträglichkeitsprüfung wirft Koordinations- und Zuständigkeitsfragen auf. Gesetzlich geregelt ist diese Frage einzig bei den Gestaltungsplänen für Materialgewinnung und Materialablagerung im Sinne von § 44a Abs. 3 PBG. Im Anhang zur EV UVP wird als massgebliches Verfahren für die Durchführung der UVP das Gestaltungsplanverfahren durch die Baudirektion bezeichnet (URP 1999, S. 448 ff.: vgl. auch Art. 5 Abs. 3 der Verordnung zur Umweltverträglichkeitsprüfung [UVPV]).

Wo die Zuständigkeit für die UVP (kommunale oder kantonale Baubewilligungs- beziehungsweise Plangenehmigungsbehörde) und für den Gestaltungsplan (Gemeindelegislative) auseinander klafft, eignet sich das Gestaltungsplanverfahren aus zwei Gründen schlecht für die Durchführung einer UVP: Die Gemeindeversammlung und das Gemeindeparlament, welche für die Festsetzung von öffentlichen Gestaltungsplänen beziehungsweise Zustimmung zu privaten Gestaltungsplänen zuständig sind, können eine UVP nicht vornehmen. Zudem sind im Zeitpunkt der Festsetzung des Gestaltungsplans meist noch nicht alle umweltrelevanten Aspekte des betreffenden Projekts bekannt. Eine UVP ist deshalb erst im Rahmen des Baubewilligungsverfahrens vorzunehmen, welches der Festsetzung des Gestaltungsplans folgt (URP 1991, S. 161 ff.). Für projektbezogene Gestaltungspläne hingegen, bei welchen die umweltrelevanten Aspekte bereits bekannt sind (zum Beispiel Erschliessung oder Parkplatzzahlen), ist die Durchführung der UVP im Rahmen der Festsetzung eines Gestaltungsplans sinnvoll (URP 2005, S. 228 ff.; URP 2009, S. 877 ff.).

Planungskosten für Gestaltungspläne
Bei öffentlichen Gestaltungsplänen hat der Planungsträger die Planungskosten zu übernehmen (RB 1998 Nr. 107). Bei privaten Gestaltungsplänen sind die Kosten grundsätzlich durch die privaten Grundeigentümer zu tragen. Anders verhält es sich bloss dann, wenn die Erarbeitung eines privaten Gestaltungsplans gestützt auf eine Gestaltungsplanpflicht gemäss § 48 Abs. 3 PBG erfolgt. Diesfalls gilt es bei der Erhebung von Gebühren für die Prüfung eines privaten Gestaltungsplans angemessen zu berücksichtigen, dass der Private eine öffentliche Aufgabe erfüllt (BEZ 2009 Nr. 9). Sind bei einem privaten Gestaltungsplan mehrere Grundeigentümer beteiligt und können sich diese über die Verteilung der Planungskosten nicht privatrechtlich einigen, so sind die Kosten im Rahmen eines (Teil-)Quartierplanes zu verlegen.

3
Erschliessung, Landsicherung und Landumlegung

3	**Erschliessung, Landsicherung und Landumlegung**
3.1	Begriff und Arten der Erschliessung
3.2	Instrumente der Erschliessung, Landsicherung und Baulandumlegung

3.1 Begriff und Arten der Erschliessung

3.1.1 Begriff der Erschliessung

Die Erschliessung ist eine Grundvoraussetzung, damit ein Grundstück überbaut werden kann. Als Erschliessung bezeichnet man die Gesamtheit aller Einrichtungen, die es braucht, um ein Grundstück bauordnungs- und zonengemäss zu nutzen. Ein Grundstück gilt als erschlossen, wenn die für die betreffende Nutzung hinreichende Zufahrt besteht und die erforderlichen Wasser-, Energie- sowie Abwasserleitungen so nahe herangeführt sind, dass ein Anschluss ohne erheblichen Aufwand möglich ist (Art. 19 Abs. 1 RPG; BGE 117 Ib 314).

3.1.2 Arten der Erschliessung

Unterschieden wird zwischen Grund-, Grob- und Feinerschliessung. Das RPG und das PBG enthalten keine Umschreibung dieser verschiedenen Erschliessungsebenen (vgl. RB 2004 Nr. 58):
- Die Grunderschliessung ist die Versorgung eines grösseren zusammenhängenden Gebietes mit übergeordneten Anlagen für den Verkehr, die Versorgung mit Wasser und Energie sowie die Abwasserentsorgung. Diese Erschliessungsebene fällt bezüglich ihrer rechtlichen Behandlung mit der Groberschliessung zusammen.
- Die Groberschliessung ist die Versorgung eines zu überbauenden Gebietes mit den Hauptsträngen der Erschliessungsanlagen, namentlich Wasser, Energieversorgungs- und Abwasserleitungen sowie Strassen und Wegen, die unmittelbar dem zu erschliessenden Gebiet dienen (Art. 4 Abs. 1 WEG). Bei den Strassen erfüllen vor allem die Sammelstrassen die Funktion der Groberschliessung (vgl. RB 1983 Nr. 96; ENGELER 1976: S. 31).
- Die Feinerschliessung umfasst den Anschluss der einzelnen Grundstücke an die Hauptstränge der Erschliessungsanlagen (Quartierstrassen und Hauptstränge der Leitungen; Art. 4 Abs. 2 WEG). Nicht zur Feinerschliessung gehören aber Strassen, Wege und Leitungen, welche ab den Feinerschliessungsanlagen in die einzelnen Grundstücke hineinführen (Hausanschlüsse und Hauszufahrten).

Bei der Abgrenzung zwischen Grob- und Feinerschliessungsanlagen steht den Gemeinden ein erhebliches Ermessen zu (BEZ 1997 Nr. 6 und VB.2001.00326 [teilweise wiedergegeben und kommentiert in: WALKER SPÄH 2002, S. 31 ff.] auch zum Folgenden). Folgende Merkmale sprechen dafür, dass eine Anlage als Groberschliessungsanlage anzusehen ist:
- Die betreffende Anlage ist in einem Richtplan vorgesehen.
- Die betreffende Anlage ist im Erschliessungsplan enthalten.
- Eine Strasse wird nach dem StrG gebaut.
- Die betreffende Anlage ist nicht Bestandteil eines Quartierplans.

3.2 Instrumente der Erschliessung, Landsicherung und Baulandumlegung

Zu den Instrumenten der Erschliessung, der Landsicherung und der Baulandumlegung gehören:

3 Erschliessung, Landsicherung und Landumlegung
3.2 Instrumente der Erschliessung, Landsicherung und Baulandumlegung

Auf Stufe Richtplanung (siehe auch Seite 106):
- der Verkehrsplan, der Auskunft gibt über die ungefähre Situierung der öffentlichen Verkehrsanlagen;
- der Versorgungsplan mit den Anlagen für die Ver- und Entsorgung;
- der Plan der öffentlichen Bauten und Anlagen mit den wichtigen Bauten und Anlagen im öffentlichen Interesse.

Auf Stufe Nutzungsplanung (siehe auch Seite 117):
- der Erschliessungsplan, der die Dimensionierung und Etappierung für die vom Gemeinwesen zu erstellenden öffentlichen Erschliessungsanlagen (Groberschliessung) festlegt.
- Verkehrsbaulinien, welche der Sicherung bestehender und geplanter Anlagen und Flächen dienen.
- Niveaulinien, welche die Höhenlage der Anlagen bestimmen, die durch Verkehrsbaulinien gesichert werden.
- Die Quartierplanung, welche überbaubare Grundstücke schaffen und die Feinerschliessung (Quartiererschliessung) regeln soll.
- Gemeinschaftswerke.
- Der Werkplan und das vorsorgliche Bauverbot, welche der Landsicherung für öffentliche Bauten und Anlagen dienen.

Einzelne Instrumente dienen nur einem Ziel, manche aber gleich mehreren.

Zuordnung Planungsziele und Planungsinstrumente

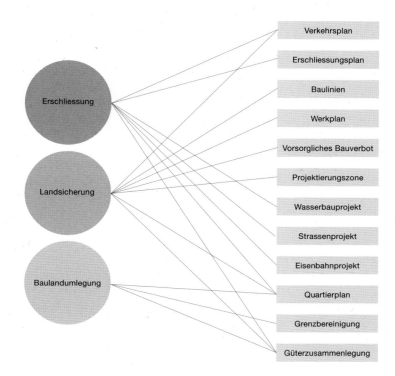

3 Erschliessung, Landsicherung und Landumlegung

3.3 Verkehrsplan

Der Verkehrsplan gehört zu den Richtplänen. Indessen nimmt er unter diesen eine Sonderstellung ein. Seine Auswirkungen für die Bodennutzung sind so stark und sein Detaillierungsgrad so gross, dass er mehr als nur ein Richtplan ist. Er wird darum besser unter der Erschliessungsplanung, genauer unter den Instrumenten der Groberschliessung behandelt.

Nach § 24 PBG gibt der kantonale Verkehrsplan Aufschluss über bestehende und geplante Anlagen und Flächen für

> a) Nationalstrassen, Staatsstrassen von kantonaler Bedeutung;
> b) Bahnlinien und Anlagen für den Güterumschlag sowie andere öffentliche Transportmittel, Luftseilbahnen, Skilifte und dergleichen;
> c) schiffbare Wasserwege und regelmässig bediente Schifffahrtslinien;
> d) den Luftverkehr samt Luftstrassen im Nahbereich und Flugsicherungseinrichtungen;
> f) die Fahrzeugparkierung im öffentlichen Interesse.

Auf regionaler Ebene wird der Verkehrsplan insoweit verfeinert, als dort aufgeführt werden (§ 30 Abs. 4 PBG):

> a) die Strassen und Parkierungsanlagen von regionaler Bedeutung;
> b) die Tram- und Buslinien mit den zugehörigen Anlagen;
> c) Bahnlinien sowie Anschlussgleise und Anlagen für den Güterumschlag;
> d) Rad-, Fuss-, Reit- und Wanderwege unter Einbezug historischer Verkehrswege.

Im kommunalen Verkehrsplan sind schliesslich noch die Groberschliessungsstrassen und die Wege von kommunaler Bedeutung vorzusehen (§ 31 Abs. 2 PBG).

Nationalstrassen werden aus den Vorgaben des Nationalstrassennetzes des Bundes übernommen. Da jenes Gesetz nur dem Grundsatz nach Verbindungen zwischen Zentren und Gebieten festlegt, verbleibt dem kantonalen Verkehrsplan im Rahmen der Festlegung der generellen Projekte noch ein erheblicher Spielraum. Diesen Spielraum muss der Kanton zusammen mit dem Bundesamt für Strassenbau ausschöpfen.

Die Bedeutung ihrer Festlegung in den zürcherischen Verkehrsplänen ergibt sich mit Blick auf § 6 des zürcherischen Strassengesetzes, welcher lautet:

> *Staatsstrassen sind die gemäss Planungs- und Baugesetz in den kantonalen und regionalen Verkehrsplänen festgelegten Strassen.*
>
> *Alle übrigen Strassen sind Gemeindestrassen.*

Mit Absatz 2 eilt das Gesetz den Tatsachen voraus. Es orientiert sich am Modell des PBG, das ausnahmslos alle Quartierstrassen in Gemeindeeigentum überführt sehen will. Dagegen existieren heute noch viele altrechtliche Privatstrassen, die sich nicht in die Einteilung Staats- oder Gemeindestrassen einfügen lassen.

Weitere Besonderheiten des Verkehrsplanes sind, dass er – auf kommunaler Stufe – die Grundlage für den Erschliessungsplan und allgemein für die Baulinien bildet. Er verliert damit den Richtplancharakter bezüglich der Strassen fast vollständig. Er wird zum wesentlichen Instrument der Groberschliessung.

Ausschnitt kommunaler Verkehrsplan Uetikon a. S.

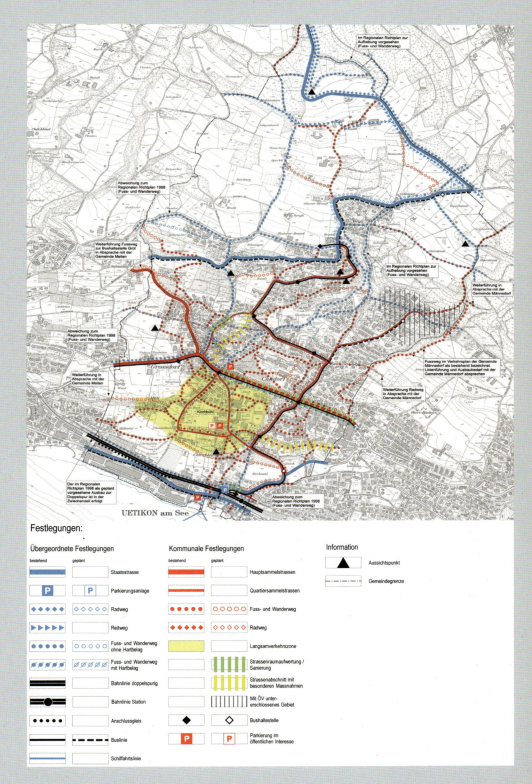

3.4 Erschliessungsplan

3.4.1 Pflicht zur Festsetzung

Die zürcherischen Gemeinden werden durch §§ 90 ff. PBG verpflichtet, einen Erschliessungsplan zu erlassen. Dieser legt Dimensionierung und Etappierung der Werke der Groberschliessung fest und macht die dafür erforderlichen Aufwendungen zu gebundenen Ausgaben. Nach § 90 Abs. 3 PBG kann der Regierungsrat Gemeinden, deren Bauzonen grösstenteils überbaut sind und deren Groberschliessung für die weitere Überbauung weitgehend ausreicht, von der Festsetzungspflicht entbinden. Bei Gemeinden, die von der Erstellungspflicht entbunden werden, ist jedoch das ganze Bauzonengebiet rechtlich als in der ersten Etappe liegend zu betrachten. Dem Grundeigentümer gibt der Erschliessungsplan Klarheit, wann die Gemeinde die Voraussetzungen schaffen will, damit sein Grundstück baureif wird.

3.4.2 Inhalt

Der Erschliessungsplan muss nach § 91 PBG Aufschluss geben über die öffentlichen Werke und Anlagen, die für die Groberschliessung der Bauzonen notwendig sind und die durch die Gemeinwesen erstellt werden. Grundlagen für den Erschliessungsplan sind der Verkehrsplan und der Versorgungsplan der Gemeinde, allenfalls auch die entsprechenden Richtpläne der Region und des Kantons. In der Regel zeigen die übergeordneten Richtpläne die Objekte der Basiserschliessung. Die kommunalen Richtpläne legen in groben Zügen die Groberschliessung fest. Der Erschliessungsplan soll sodann auch zeigen, wie die kommunale Groberschliessung auf die Planung des öffentlichen Personen- und Güterverkehrs abgestimmt ist. Damit wird die Verknüpfung mit den Planungen von Erschliessungsanbietern (zum Beispiel: Angebot des ZVV) hergestellt, die nicht durch das Planungs- und Baurecht geregelt werden.

Unter Groberschliessung wird die Versorgung eines zu überbauenden Gebietes mit den Hauptsträngen der Erschliessungsanlagen verstanden, namentlich Wasser-, Energieversorgungs- und Abwasserleitungen sowie Strassen und Wege, die unmittelbar dem zu erschliessenden Gebiet dienen (Art. 4 Abs 1. WEG). Die Erstellung und Finanzierung von Groberschliessungsstrassen erfolgt nach dem StrG. Demgegenüber umfasst die Feinerschliessung den Anschluss der einzelnen Grundstücke an die Hauptstränge der Erschliessungsanlagen mit Einschluss von öffentlich zugänglichen Quartierstrassen und öffentlichen Leitungen (Art. 4 Abs. 2 WEG). Die Feinerschliessung ist im Rahmen des Quartierplanrechts von den Privaten zu tragen. Dabei gelten neben dem amtlichen und dem privaten Quartierplan weiterhin die «superprivaten» Landumlegungen und Erschliessungsprojekte als zulässig. Immerhin müssen solche privaten Erschliessungen nach Art. 19 RPG nach den vom Gemeinwesen genehmigten Plänen erfolgen (BEZ 1988 Nr. 2).

3 Erschliessung, Landsicherung und Landumlegung
3.4 Erschliessungsplan

Auszug aus dem Erschliessungsplan der Gemeinde Uetikon a. S.

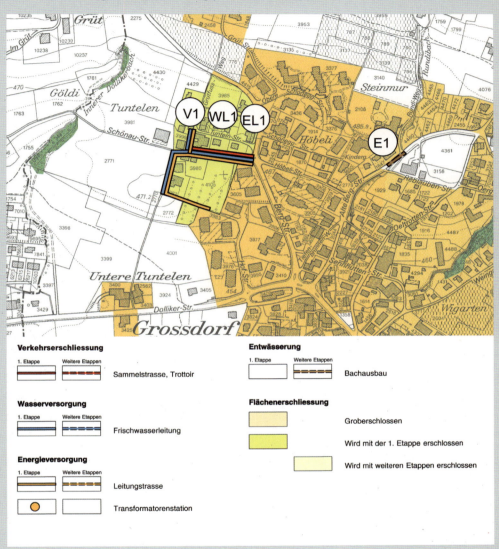

3 Erschliessung, Landsicherung und Landumlegung
3.4 Erschliessungsplan

3.4.3 Etappen

Der Erschliessungsplan zeigt auf, in welchen zeitlich bestimmten Etappen das Gemeinwesen die Groberschliessung der Bauzone durchführt (§ 91 PBG). Für die jeweils bevorstehende Etappe sind die Dimensionierungen der Erschliessungsanlagen festzulegen und ihre Kosten zu ermitteln (§ 92 Abs. 1 PBG). Mit dieser Festlegung gelten die entsprechenden Ausgaben als bewilligt (§ 92 Abs. 2 PBG; BEZ 1985 Nr. 54; BEZ 2006 Nr. 2). Daraus folgt, dass keine separaten Kreditbeschlüsse für einzelne Objekte nötig sind. Die jährlichen Aufwendungen für die Erschliessung sind nach Massgabe des Erschliessungsplans in den jährlichen Voranschlag der Gemeinde aufzunehmen. Die Anstösser haben gemäss Strassengesetz an die Strassenbaukosten Beiträge zu leisten.

Groberschliessungsleitungen (Elektrizität, Wasser, Abwasser) werden vermehrt durch verselbstständigte Gemeindewerke (organisiert in der Form einer Aktiengesellschaft, einer Genossenschaft, einer interkommunalen oder kommunalen Anstalt [vgl. Art. 15a und 15b GG]) erstellt. Dementsprechend reduzieren sich auch die Einflussmöglichkeiten der Gemeindeversammlung auf die Erstellung von Groberschliessungsleitungen.

Mit der Etappenbildung können verschiedene Zwecke beziehungsweise Entwicklungsziele verfolgt werden. Wählt man zeitlich kurze Etappen, kann der Bürger den Fortschritt der Erschliessung gut kontrollieren. Längere Etappen lassen hingegen der Behörde einen grösseren Spielraum offen. Soll die bauliche Entwicklung zeitlich hinausgeschoben werden, gibt man mit der ersten Etappe eher wenig zum Bau frei. Dieses Ziel kann allerdings von Grundeigentümern durchkreuzt werden, wenn sie die Kosten für die Groberschliessung späterer Etappen übernehmen (vgl. § 11 Abs. 2 QPV). Soll die bauliche Entwicklung vorangetrieben werden, können viele Bauvorhaben der ersten Etappe zugewiesen werden.

Die Etappen der Groberschliessung müssen zeitlich bestimmt sein. Bei der Etappierung müssen auch die Auswirkungen auf die Feinerschliessung betrachtet werden. In den Gebieten, die nach Erschliessungsplan grob erschlossen sind, und in den Gebieten der ersten Etappe kann ein einzelner Bauwilliger verlangen, dass die Bauarbeiten für die Feinerschliessung nach Erschliessungsplan vom Gemeinderat eingeleitet werden (§ 167 PBG). Die beteiligten Quartierplangenossen werden damit beitragspflichtig. Diese Beiträge werden sofort fällig.

In den Gebieten späterer Etappen können zwar Quartierpläne eingeleitet und vollzogen werden. Baupflicht und Kostenbeteiligung sind jedoch anders geregelt (§ 168 PBG; vgl. Seite 192).

3.4.4 Verfahren

Der Erschliessungsplan wird gemäss § 95 PBG im gleichen Verfahren und in gleicher Zuständigkeit wie die Bau- und Zonenordnung festgesetzt (vgl. Seite 119). Zuständig sind damit gemäss § 88 Abs. 1 PBG je nach Gemeindeordnung die Gemeindeversammlung, das Parlament oder allenfalls die Urnenabstimmung.

3.5 Baulinien

3.5.1 Allgemeine Grundsätze

Das Planungs- und Baugesetz ermöglicht die Festsetzung von Baulinien für Strassen, aber auch für Eisenbahnen sowie für Betriebsanlagen zu Verkehrsbauten (Grossparkierungsanlagen, Werkhöfe, Bauten und Anlagen des Überwachungsdienstes). Das Institut kann zudem der Trassee-Sicherung für Fluss- und Bachkorrektionen, für Versorgungsleitungen im Sinne des Versorgungsplans und für Industriegleise dienen (§ 96 PBG). Während bei Strassen, Leitungen und ähnlichen Anlagen die Baulinien im Sinne von §§ 96 ff. PBG das erforderliche Land sichern, muss für die Landsicherung bei anderen öffentlichen Bauten und Anlagen zu den weiteren Instrumenten des PBG gegriffen werden. Es sind dies der Werkplan (§§ 114 ff. PBG; vgl. Seite 165) und das vorsorgliche Bauverbot (§§ 120 ff. PBG; vgl. Seite 166). Auf Bundesebene existiert zusätzlich als Landsicherungsmittel die Projektierungszone (vgl. Seite 101).

Gemeinsam ist allen Baulinien, dass ihre Festsetzung grundsätzlich ein Bauverbot für neue (zweckwidrige) Bauten und Anlagen sowie ein Änderungsverbot für bestehende Objekte bewirkt, ein Leitungsbaurecht (§ 105 PBG) einräumt und die Enteignung (§ 110 PBG) erleichtert beziehungsweise ermöglicht. Sie dienen somit der Sicherung bestehender und geplanter Anlagen sowie Flächen. Unterschiedlich sind jedoch die sonstigen Rechtswirkungen (vgl. die nachstehenden Ausführungen zu den einzelnen Arten von Baulinien).

Die Hauptfunktion der Baulinien besteht in der Freihaltung von Land für Bauten und Anlagen im öffentlichen Interesse, deren Landbedarf sich nicht auf abgeschlossene Parzellen beschränkt (HALLER/KARLEN 1999: S. 100 f.) Sie wahren mithin ausschliesslich öffentliche Interessen. Für die Sicherung etwa von Parkplätzen für ein privates Restaurant wäre das Institut der Baulinien nicht zulässig.

Wird ein Grundstück wegen der Baulinienziehung unüberbaubar, kann der Eigentümer das Heimschlagsrecht geltend machen (vgl. Seite 245). Eine Entschädigungspflicht entsteht in der Regel zumindest dann nicht, wenn die Baulinie nicht mehr als ein Drittel des Grundstücks belegt.

Der Bau- und Niveaulinienplan ist ein Sondernutzungsplan, der den planungsrechtlichen Anforderungen wie jeder Nutzungsplan entsprechen muss. Die Planfestsetzung hat nicht nur die Plankoordination mit der kantonalen, der regionalen und der kommunalen Planung zu beachten; vielmehr ist bei der Planfestsetzung auch umfassend zu berücksichtigen und abzuwägen, ob das mit der Baulinie zu sichernde Projekt in bestmöglicher Weise allen zu berücksichtigenden Interessen Rechnung trägt. Hierzu zählen auch die Interessen des Umweltschutzes (BGE 118 Ia 378).

Für die Festsetzung von Bau- und Niveaulinien für kommunale Anlagen ist die Gemeinde (je nach Gemeindeordnung Legislative oder Exekutive; BGE 111 Ia 284), in den übrigen Fällen eine kantonale Direktion zuständig. Für die Festsetzung von überkommunalen Baulinien an Gewässern ist die Baudirektion zuständig. Baulinien an Staatsstrassen setzt grundsätzlich die Volkswirtschaftsdirektion fest. In den Städten Zürich und Winterthur werden jedoch seit altersher Baulinien an Staatsstrassen durch die Gemeindeparlamente festgelegt (vgl. VB.2006.00059).

3 Erschliessung, Landsicherung und Landumlegung

3.5 Baulinien

Nach der Systematik des PBG zählen die Bau- und Niveaulinien zur Nutzungsplanung, sodass §7 PBG (Anhörung und öffentliche Auflage) auch hierfür gilt. Nach §7 Abs. 2 PBG sind die Pläne vor der Festsetzung öffentlich aufzulegen. Innert 60 Tagen nach der Bekanntmachung kann sich jedermann zum Planinhalt äussern. In diesem Sinne ist § 108 Abs. 2 PBG zu verstehen. Ergänzend legt die Bestimmung fest, dass die öffentliche Auflage den betroffenen Grundeigentümern schriftlich mitzuteilen ist. Die Bau- und Niveaulinien der Gemeinden bedürfen der Genehmigung durch die zuständige Direktion des Regierungsrates (Volkswirtschaftsdirektion [Verkehrsbaulinien] beziehungsweise Baudirektion [übrige Baulinien]), wenn keine Vorbehalte angebracht werden müssen, sonst durch den Regierungsrat (§§ 96 und 108 f. PBG; vgl. auch BGer 1C_212/2008). Bau- und Niveaulinien zu Feinerschliessungsanlagen werden im Rahmen eines Quartierplanverfahrens festgesetzt oder geändert (§ 125 und 160a PBG).

Grundeigentümer haben einen Anspruch auf Überprüfung der Bau- und Niveaulinien, wenn die Richtplanung den Ausbau der betreffenden Anlage nicht mehr vorsieht (§ 110a PBG).

3.5.2 Verkehrsbaulinien

Verkehrsbaulinien dienen primär der Sicherung bestehender und geplanter Verkehrsanlagen wie Strassen, Wegen, Plätzen und Eisenbahnen, gegebenenfalls samt der sie begleitenden Vorgärten, Lärmschutzanlagen, Grünzüge und Fahrzeugabstellplätze. Die Baulinien sind entsprechend der Verkehrsrichtplanung so festzusetzen, dass sie den Bedürfnissen beim voraussichtlichen Endausbau genügen (VB.2006.00059). In städtischen Verhältnissen kann, wenn noch eine Tramlinie auf der betreffenden Strasse geführt werden soll, der Baulinienabstand über 30 m betragen. Da mit Baulinien regelmässig auch das sogenannte «Vorgartengebiet» erfasst wird, müssen Gebäude einen Abstand von mindestens 6 m zur Fahrbahn aufweisen (VB.2007.00370). Damit dienen sie auch dem Schutz der Anwohner vor den Verkehrsimmissionen, mithin der Wohnqualität. Der Vorgartenabstand sichert aber auch die mit § 266 PBG verlangte Mindestlänge von Garagenvorplätzen (5.5 m).

Mit Baulinien können Vorschriften über die «geschlossene Bauweise» verbunden werden. So kann die «geschlossene Bauweise» oder – im Rahmen der Gestaltung von Plätzen oder Strassenzügen – das Bauen auf die Baulinie (Randbebauung) vorgeschrieben werden. Eine Verkehrsbaulinie kann auch vertikal verschiedene Abstände haben und so den Bau von Arkaden ermöglichen. Dass innerhalb der Baulinien grundsätzlich ein Bauverbot herrscht, ist bereits erwähnt worden. Das Bauverbot gilt jedoch nur für Bauten und Anlagen, die dem Zweck der Baulinien widersprechen (§ 99 PBG). Darüber hinaus regelt das PBG zahlreiche Abweichungen sowohl für neue als auch für bestehende Bauten und Anlagen (vgl. Seite 1126).

Auf Bundesebene räumen Art. 18e ff. EBG beziehungsweise Art. 22 NSG die Möglichkeit ein, für Eisenbahnlinien beziehungsweise Autobahnen Baulinien festzusetzen. Kantonale beziehungsweise kommunale Baulinien und Bundesbaulinien können sich unter Umständen überlagern und widersprechen. In einem solchen Fall gehen die bundesrechtlichen Baulinien vor (VB.2006.00384).

3 Erschliessung, Landsicherung und Landumlegung
3.5 Baulinien

Beispiel einer Verkehrsbaulinie

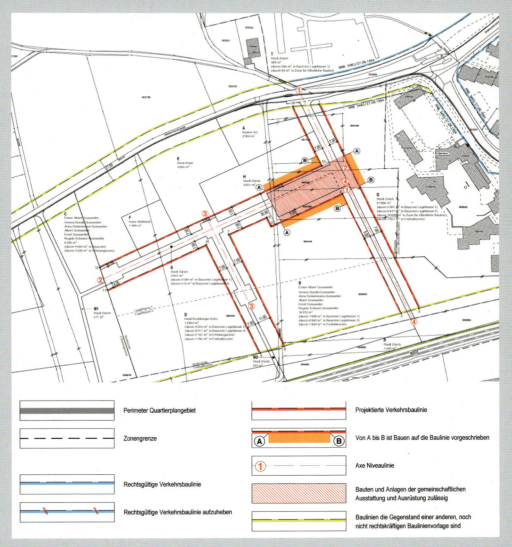

3 Erschliessung, Landsicherung und Landumlegung
3.5 Baulinien

3.5.3 Andere Baulinien

3.5.3.1 *Baulinien für Betriebsanlagen zu Verkehrsbauten*

Als Betriebsanlagen kommen insbesondere (öffentliche) Parkhäuser, Grossparkierungsanlagen (auch Park-and-ride-Anlagen) sowie Gebäude für den Unterhalts-, Überwachungs- und Versorgungsdienst in Betracht (§ 96 Abs. 2 lit. b PBG). Die Rechtswirkungen entsprechen jenen für die Verkehrsbaulinien (§ 264 PBG).

3.5.3.2 *Baulinien für Fluss- und Bachkorrektionen*

Mit der Festsetzung von Baulinien für Fluss- und Bachkorrektionen gemäss § 96 Abs. 2 lit. b PBG sollen insbesondere geplante Korrektionsflächen gesichert werden. Die Rechtswirkungen sind im Grundsatz dieselben wie bei den Verkehrsbaulinien.

Die Baulinien für Fluss- und Bachkorrektionen sind nicht mit den Gewässerabstandslinien gemäss § 67 PBG zu verwechseln (vgl. Seite 802; BEZ 1997 Nr. 13). Letztere dienen lediglich dazu, den kantonalrechtlichen Mindestabstand zu Gewässern (beispielsweise zur Erhaltung von Erholungsräumen entlang von Bachläufen) zu erhöhen. Mit der Gewässerabstandslinie wird somit der Abstand zwischen einer Baute oder Anlage und der Grenze des öffentlichen Gewässers bestimmt, während die Gewässerkorrektionslinie den Rand des künftigen Gewässers sichert (zum Beispiel zur Vorbereitung einer Bachöffnung).

→ Siehe Plan rechte Seite oben

3.5.3.3 *Baulinien für Versorgungsleitungen*

Die Baulinien für Leitungen gemäss dem Versorgungsplan und für Industriegleise sichern die Flächen bestehender und vor allem geplanter Anlagen dieser Art. Die Rechtswirkungen entsprechen wiederum denjenigen der Verkehrsbaulinien, wobei Bauten und Anlagen auf diese Baulinien nur gestellt werden dürfen, wenn es die Vorschriften über die Grenz- und Gebäudeabstände gegenüber Nachbargrundstücken erlauben (§ 268 PBG).

→ Siehe Plan rechte Seite unten

3.5.3.4 *Niveaulinien*

Die Niveaulinien bestimmen die Höhenlage der Anlagen, die durch Verkehrsbaulinien gesichert werden (§ 106 PBG), also praktisch die Neigung der jeweiligen Strassenachse. Für die Höhenlage der anstossenden Gebäude ist die Niveaulinie nur dort massgebend, wo die Gebäudehöhe durch den Baulinienabstand bestimmt wird (§ 280 Abs. 2 PBG). Nur in diesen, heute übrigens seltenen und praktisch nur in den Städten vorkommenden Fällen wird die Gebäudehöhe nicht vom gewachsenen Boden, sondern von der Niveaulinie aus gemessen.

Die gleichen Organe, welche die Baulinien festsetzen, sind auch für die Niveaulinien zuständig.

→ Siehe Plan Seite 164

3 Erschliessung, Landsicherung und Landumlegung
3.5 Baulinien

Beispiel einer Baulinie für Fluss- und Bachkorrektionen
(Quelle: Suter. Von Känel. Wild. AG, Zürich)

Beispiel einer Baulinie für Versorgungsleitungen
(Quelle: Suter. Von Känel. Wild. AG, Zürich)

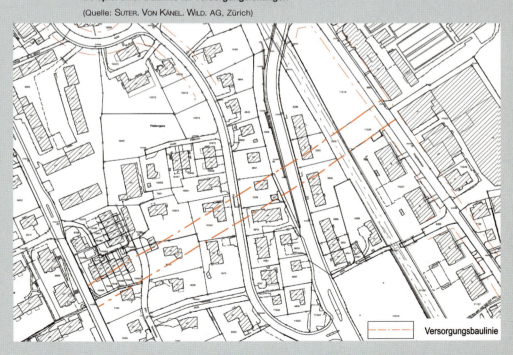

3 Erschliessung, Landsicherung und Landumlegung
3.5 Baulinien

Beispiel einer Niveaulinie (Quelle: S<small>UTER</small>. V<small>ON</small> K<small>ÄNEL</small>. W<small>ILD</small> AG, Zürich)

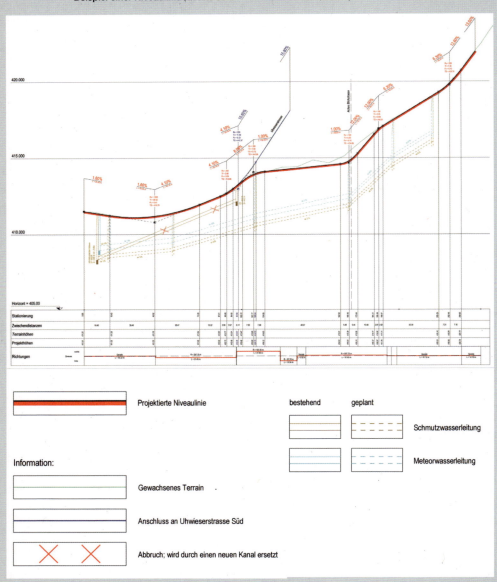

3 Erschliessung, Landsicherung und Landumlegung
3.6 Landsicherung für öffentliche Werke

3.5.3.5 Ski- und Schlittellinien

Ski- und Schlittellinien dienen der Sicherung von Ski- und Schlittelabfahrten. Im Bereich dieser Linien können auch befristete Betretungsrechte und Hagräumungspflichten statuiert werden (§ 111 PBG). Nicht zulässig ist aber ein Verbot, hohes Gras während des Winters stehen zu lassen (vgl. BEZ 1984 Nr. 12).

Beispiel von Ski- und Schlittellinien (Quelle: SUTER. VON KÄNEL. WILD AG, Zürich)

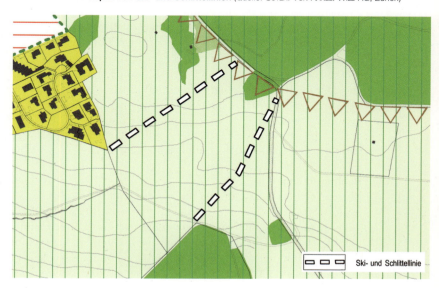

3.6 Landsicherung für öffentliche Werke

3.6.1 Werkplan

Zweck des Werkplans

Der Werkplan dient der Landsicherung für öffentliche Bauten und Anlagen, welche nicht durch Baulinien gesichert werden können (§ 114 in Verbindung mit § 96 PBG). Infrage kommen somit sämtliche öffentliche Bauten und Anlagen mit Ausnahme von Verkehrsanlagen und -bauten sowie Bauten und Anlagen für Gewässerkorrektionen. Zu denken ist vor allem an die Landsicherung für Schulhäuser, Werkhöfe und Ähnliches.

Voraussetzungen

Der Werkplan ist ein Instrument der Landsicherung. Erste Voraussetzung für den Erlass eines Werkplans ist, dass das betreffende Grundstück noch nicht im Eigentum des Werkträgers steht. Sodann ist erforderlich, dass die betreffende Baute und Anlage in einem Richtplan vorgesehen ist (§ 114 Abs. 1 PBG). Infrage kommen dabei vor allem die Teilrichtpläne «Öffentliche Bauten und Anlagen» und «Versorgung» kantonaler, regionaler oder kommunaler Stufe.

3 Erschliessung, Landsicherung und Landumlegung

3.6 Landsicherung für öffentliche Werke

Inhalt

Im Werkplan sind der ungefähre Standort der geplanten Bauten und Anlagen sowie der Landbedarf verbal oder planlich darzustellen (§ 114 Abs. 3 PBG).

Verfahren

Der Werkplan wird grundsätzlich durch Werkträger festgesetzt (bei einem Schulhaus also durch die Schulpflege, wenn eine selbstständige Schulgemeinde besteht). Ist der Werkträger noch nicht bekannt, so liegt die Zuständigkeit für die Festsetzung beim Ersteller des betreffenden Richtplans (Kantonsrat, Regierungsrat oder Gemeindelegislative). Aber auch der betroffene Grundeigentümer kann verlangen, dass innert fünf Jahren nach der betreffenden Richtplanfestsetzung ein Werkplan festgesetzt wird (§ 115 Abs. 1 PBG). Werkpläne, welche nicht durch den Kanton festgesetzt werden, müssen von der Baudirektion genehmigt werden (§ 115 Abs. 2 in Verbindung mit § 2 lit. b PBG). Wenn Vorbehalte angebracht werden müssen oder die Genehmigung verweigert wird, ist der Regierungsrat zuständig (§ 115 Abs. 2 in Verbindung mit § 2 lit. a PBG). Die Festsetzung und die Genehmigung des Werkplans sind dem betroffenen Grundeigentümer mitzuteilen (§ 115 Abs. 3 PBG).

Rechtswirkungen

Mit der Genehmigung des Werkplans erhält der Werkträger das Enteignungsrecht (§ 116 PBG). Solange das Eigentum noch nicht an den Werkträger – freiwillig oder durch Enteignung – übergegangen ist, können bauliche Massnahmen durch den Grundeigentümer nur noch unter den bei Baulinien bestehenden Beschränkungen (§§ 99–101 PBG) vorgenommen werden (§ 117 PBG). In dieser Zeit hat der Werkträger ein Vorkaufsrecht für das betreffende Grundstück (§ 118 PBG). Umgekehrt kann der Grundeigentümer sein Grundstück heimschlagen (§ 119 PBG). Zum Heimschlagsrecht vgl. Seite 245.

3.6.2 Vorsorgliches Bauverbot

Fehlt der Richtplaneintrag als Voraussetzung für den Erlass eines Werkplans (vgl. § 114 PBG), so kann Land für öffentliche Werke und Anlagen ausnahmsweise durch ein vorsorgliches Bauverbot gesichert werden (§ 120 PBG). Das Begehren ist durch den künftigen Werkträger zu stellen (§ 121 Abs. 1 PBG). Zuständig für den Erlass des vorsorglichen Bauverbots ist bei kantonalen Vorhaben der Regierungsrat, bei den übrigen die Baudirektion (§ 121 Abs. 2 PBG). Wird innert fünf Jahren nach dem Erlass des vorsorglichen Bauverbots nicht der entsprechende Richtplan ergänzt und ein Werkplan festgesetzt oder das Enteignungsverfahren eingeleitet, so fällt das Bauverbot dahin (§ 122 PBG).

Zur Sicherung allfälliger konkreter Erweiterungen der Flughafenanlage darf kein vorsorgliches Bauverbot erlassen werden. Dafür ist die Projektierungszone nach dem Luftfahrtgesetz (LFG) durch die Bundesbehörden einzusetzen. In diesem Bereich besteht keine kantonale Kompetenz zum Erlass von Landsicherungsmassnahmen (vgl. VB.2007.00066).

3.6.3 Projektierungszone

Gestützt auf Art. 14 NSG kann das Eidgenössische Departement des Innern zur vorsorglichen Freihaltung des Strassenraums nach Anhörung des Kantons eine Projektierungszone festlegen. Die gleiche Möglichkeit besteht bei Eisenbahnen (Art. 18b–18d EBG) und Flugplätzen (vgl. Art. 37n ff. LFG). Sobald die Linienführung einigermassen feststeht, kann die Landsicherung auch mit Baulinien bewerkstelligt werden. Oder es können dem fraglichen Vorhaben zuwiderlaufende Bauvorhaben gestützt auf Richtplaneinträge verweigert werden. Die Projektierungszone hat im Kanton Zürich nur im Zusammenhang mit den Ausbauplänen beim Flughafen Kloten (Pistenverlängerung) Bedeutung erlangt (vgl. BGer 1C_442/2008).

3.7 Erstellung der Groberschliessungsanlagen

3.7.1 Erstellungspflicht

Die Groberschliessung ist so rechtzeitig in Angriff zu nehmen, dass die Überbauung der betreffenden Gebiete auf den Ablauf der massgebenden Etappe hin möglich wird. Bei Säumigkeit der zuständigen Planungsträger trifft je nach Art der fehlenden Groberschliessung die Volkswirtschaftsdirektion (Strassen) oder die Baudirektion (übrige Erschliessungsanlagen) an deren Stelle die erforderlichen Massnahmen, wenn betroffene Grundeigentümer für sämtliche Kosten Vorschuss leisten. Nach Abschluss der Bauarbeiten haben die zuständigen Planungsträger die Kosten zurückzuerstatten (Art. 19 Abs. 3 RPG; § 93 PBG).

3.7.2 Eisenbahnen und ähnliche Verkehrsträger

Nach Art. 87 BV ist der Bau und Betrieb von Eisenbahnen Bundessache.

Haupt- und Nebenlinien

Der Bau von Eisenbahnen richtet sich nach dem Eisenbahngesetz vom 20. Dezember 1957 (EBG). Details sind in der Verordnung über das Plangenehmigungsverfahren für Eisenbahnanlagen vom 2. Februar 2000 (VPVE) geregelt. Diese Vorschriften gelten auch für Trolleybuslinien.

Für Grossprojekte gelten eigene Vorschriften (BB vom 19. Dezember 1986 betreffend das Konzept BAHN 2000; BB vom 21. Juni 1991 über das Plangenehmigungsverfahren für Eisenbahn-Grossprojekte; BB vom 4. Oktober 1991 über den Bau der schweizerischen Alpentransversale).

Das für den Bau von Eisenbahnen benötigte Land kann mit einer Projektierungszone freigehalten werden (vgl. Seite 101). Möglich ist auch die Landsicherung mit Baulinien. Der Bau selbst wird in einem besonderen Verfahren – Plangenehmigungsverfahren genannt – bewilligt. Neben den eigentlichen Bahnbauten (Gleise, Brücken, Stellwerke usw.) sind auch Bauten und Anlagen, welche im Bereich von Bahnanlagen liegen, ebenfalls im Plangenehmigungsverfahren zu bewilligen (vgl. Seite 271). Soweit für den Bau von Eisenbahnen Land oder Dienstbarkeiten erworben werden müssen, ist neben oder zusammen mit dem Plangenehmigungsverfahren ein Enteignungsverfahren durchzuführen.

3 Erschliessung, Landsicherung und Landumlegung

3.7 Erstellung der Groberschliessungsanlagen

Anschlussgleise

Mit Anschlussgeleisen wird die Verbindung zwischen privaten Grundstücken und Haupt- und Nebenlinien geschaffen (zu Einzelheiten KASA/FURRER). Bei solchen Gleisen ist nicht immer klar abgrenzbar, ob sie der Grob- oder der Feinerschliessung dienen. Die Regeln für den Bau und Unterhalt solcher Anschlussgleise finden sich im BG über die Anschlussgleise vom 5. Oktober 1990 (AnGG). Die Bahnen sind verpflichtet, bei Bedarf den Anschluss an ihr Netz zu gewähren (Art. 3 AnGG).

Das Trassee für Anschlussgleise kann in der Richtplanung vorgesehen (§ 30 Abs. 4 lit. c PBG) und mit Baulinien gesichert werden. Häufig ist eine solche Sicherung auch im Quartierplanverfahren, allenfalls in einem Gestaltungsplan, vorgesehen. § 237 Abs 1 PBG schreibt vor, dass bei Bauten und Anlagen mit grossem Güterverkehr Gleisanschlüsse zu bauen seien. Auch die Anforderungen des USG (Luftreinhaltung und Lärmschutz) bezüglich Erschliessung können in vielen Fällen nur mit Anschlussgleisen erfüllt werden.

3.7.3 Groberschliessungsstrassen

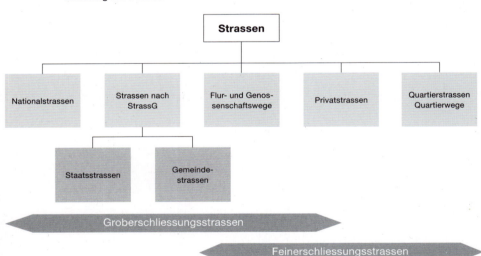

Einteilung von Strassen

3.7.3.1 *Nationalstrassen*

Art. 83 BV verpflichtet den Bund, den Bau und die Benützung von Nationalstrassen sicherzustellen. Der Bund ist seit dem 1. Januar 2008 Eigentümer der Nationalstrassen und finanziert diese zu 100 Prozent. Er hat also die volle Verantwortung für den Bau, den Ausbau, den Unterhalt und den Betrieb der Autobahnen übernommen. Beauftragt mit der neuen Rolle des Bauherrn ist das ASTRA. Die Kantone machen aber im Rahmen von Leistungsvereinbarungen den betrieblichen und projektfreien baulichen Unterhalt an den Nationalstrassen.

3 Erschliessung, Landsicherung und Landumlegung
3.7 Erstellung der Groberschliessungsanlagen

Die detaillierten Regelungen finden sich im Nationalstrassengesetz (NSG) vom 8. März 1960 und der zugehörigen Verordnung über die Nationalstrassen vom 7. November 2007 (NSV).

Das für den Bau von Nationalstrassen benötigte Land kann mit einer Projektierungszone freigehalten werden (vgl. Seite 101). Möglich ist auch die Landsicherung mit Baulinien. Der Bau selbst wird in einem besonderen Verfahren – Plangenehmigungsverfahren genannt – bewilligt. Das Plangenehmigungsverfahren ist zweigeteilt. Das generelle Projekt ist nur für die Behörden verbindlich (Art. 12 ff. NSG). Das Ausführungsprojekt ist dann auch für die Eigentümer relevant (Art. 21 ff. NSG). Das generelle Projekt und das Ausführungsprojekt stehen in einem ähnlichen Verhältnis wie die Richt- und die Nutzungsplanung. Gegen das generelle Projekt gibt es keine Rechtsmittel. Es müssen dazu nur die Gemeinden angehört werden.

Im Rahmen der Genehmigung des Ausführungsprojekts wird auch über die erforderlichen Enteignungsmassnahmen entschieden (Art. 39 NSG).

3.7.3.2 Staats- und Gemeindestrassen

Rechtsgrundlagen

Der Bau von Staats- und Gemeindestrassen richtet sich nach dem Gesetz über den Bau und den Unterhalt der öffentlichen Strassen (StrG) vom 27. September 1981. Der Regierungsrat hat am 30. März 2010 dem Kantonsrat eine umfassende Änderung des StrG (E-StrG) beantragt. Die wichtigsten Punkte dieser Vorlage sind:
- Ersatz des bisherigen Strassenbauprogramms durch eine alle zwei Jahre überarbeitete Strassenplanung;
- Einschränkung der bisher umfassenden Zuständigkeit der Städte Winterthur und Zürich für Staatsstrassen auf kleinere und mittlere Projekte;
- Festschreibung der Praxis bei der Erhebung von Grundeigentümerbeiträgen.

Als Staats- und Gemeindestrassen gelten Strassen, Plätze und Wege, welche im Eigentum des Kantons oder einer Gemeinde stehen und dem Gemeingebrauch gewidmet sind (§ 1 StrG). Für den Bau von Nationalstrassen (vgl. Seite 168), von Quartierplanstrassen und -wegen (vgl. Seite 193) und Flur- und Genossenschaftswegen (vgl. Seite 197) bestehen gesonderte Vorschriften (§ 2 StrG). Zu den Staats- und Gemeindestrassen gehören neben dem eigentlichen Strassenkörper auch Verkehrsteiler, Fussgängerübergänge, Beleuchtung und Bepflanzung usw. (§ 3 StrG) und eigentliche Nebenanlagen zu Strassen wie Parkhäuser oder Werkhöfe (§ 4 StrG in Verbindung mit § 96 Abs. 2 lit. b PBG).
→ Siehe Grafik nächste Seite

Projektierung

Staatsstrassen werden durch die Volkswirtschaftsdirektion, Gemeindestrassen durch den Gemeinderat projektiert (§ 12 StrG). Das Projekt wird vor der Kreditbewilligung in einer Orientierungsversammlung oder durch öffentliche Auflage der Bevölkerung zur Stellungnahme unterbreitet. Zu den Einwendungen haben die Projektierenden Stellung zu beziehen je nach der Art und Bedeutung des Projekts mündlich in einer Orientierungsversammlung oder schriftlich (§ 13 StrG).

3 Erschliessung, Landsicherung und Landumlegung
3.7 Erstellung der Groberschliessungsanlagen

Verfahren bei Staatsstrassen

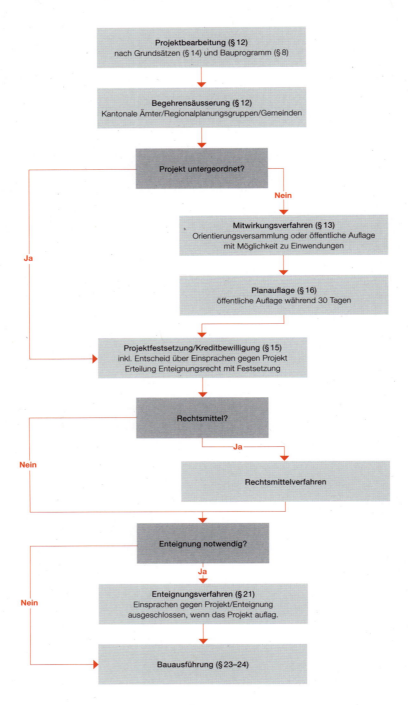

Gegen das Projekt kann innerhalb der Auflagefrist Einsprache erhoben werden. Mit der Einsprache können alle Mängel des Projekts geltend gemacht werden (§ 17 Abs. 1 und 2 StrG). Stand die Linienführung einer Strasse schon im Erschliessungsplan fest, so muss der Anstösser bereits den Erschliessungsplan anfechten. Eine Einsprache gegen das Strassenprojekt ist nicht mehr möglich (BEZ 2006 Nr. 25).

Die nach dem Einspracheverfahren bereinigten Projekte sind zu genehmigen beziehungsweise festzusetzen. Bei Gemeindestrassen ist der Gemeinderat Festsetzungsinstanz, falls das benötigte Land freihändig erworben werden kann. Sonst muss der Bezirksrat Projekte für Gemeindestrassen genehmigen (§ 15 Abs. 2 StrG). Die Volkswirtschaftsdirektion hat Einmündungen von Gemeindestrassen in Staatstrassen zu genehmigen (§ 15 Abs. 3 StrG). Projekte für Staatsstrassen setzt schliesslich der Regierungsrat fest (§ 15 Abs. 1 StrG). Wenn der Bau der Staatsstrasse in der Finanzkompetenz der Volkswirtschaftsdirektion liegt, kann diese Direktion das Projekt festsetzen.

Der Festsetzungs- beziehungsweise Genehmigungsentscheid kann weitergezogen werden. Wer es unterlassen hat, gegen das Projekt Einsprache zu erheben, kann den Entscheid nicht anfechten (§ 17 Abs. 4 StrG).

Landerwerb

Das für die Staatsstrassen benötigte Land oder andere Rechte (zum Beispiel Dienstbarkeiten) wird freihändig, im Landumlegungsverfahren (Quartierplan oder Güterzusammenlegung) oder auf dem Enteignungsweg erworben (§ 18 ff. StrG).

Finanzierung

Der Strassenbau wird grundsätzlich vom Kanton beziehungsweise von der betreffenden Gemeinde finanziert. Wenn private Grundeigentümer vom Strassenbau beziehungsweise -ausbau profitieren, so können sie bei der erstmaligen Erstellung von Strassen sowie von Rad- und Fussgängeranlagen zu einer Kostenbeteiligung, sogenannte Mehrwertbeiträgen, verpflichtet werden (vgl. § 62 lit. b ff. StrG beziehungsweise § 33a E-StrG). Diese Beiträge machen bei kommunalen Anlagen mindestens einen Viertel und höchstens die Hälfte der Kosten einschliesslich des Landwertes aus, bei kantonalen Anlagen dürfen sie höchstens ein Viertel der Kosten erreichen (vgl. dazu detailliert zur alten Praxis KARLEN 1993: S. 11 ff.; LINDENMANN CHRISTIAN 1993: S. 41 ff.; § 33b E-StrG).

Wird im Rahmen eines Quartierplans ein neuer Anschluss an eine Staatsstrasse hergestellt, so hat der Staat als für die Groberschliessung Verantwortlicher (falls er den neuen Anschluss überhaupt bewilligt) die auf der Staatsstrasse erforderlich werdenden Anpassungen (Verbreiterung, Einlenker, Fussgängerschutzinsel usw.) im Verfahren nach Strassengesetz durchzuführen und damit in der Regel auch die diesbezüglichen Kosten zu übernehmen (BEZ 1996 Nr. 29). Es ist nicht zulässig, die Kosten für die Anpassung einer Staatsstrasse an eine Quartierplanstrasse den betreffenden Quartierplangenossen aufzuerlegen (PBG aktuell 1/2005, S. 30 ff.)

3	**Erschliessung, Landsicherung und Landumlegung**
3.8	Quartierplan

3.7.4 Versorgungs- und Entsorgungsleitungen

Für den Bau von Versorgungs- und Entsorgungsleitungen (Hauptleitungen für Strom, Wasser, Abwasser und Fernwärme), soweit sie der Groberschliessung dienen, bestehen kaum Vorschriften. Diese Leitungen sind in der Richtplanung vorzusehen. Deren Trassee kann mit Baulinien gesichert werden (vgl. Seite 162).

Für den Bau von Abwasserleitungen finden sich in den §§ 14 ff. EG GSchG Regelungen. Ähnlich wie bei den Strassen können von den Grundeigentümern Mehrwertbeiträge gefordert werden (vgl. dazu detailliert KARLEN 1993: S. 11 ff.; LINDENMANN CHRISTIAN 1993: S. 41 ff.)

Für den Bau von Starkstromleitungen ist gestützt auf Art. 15 ff. EleG eine Plangenehmigung durch den Bund erforderlich.

3.8 Quartierplan

3.8.1 Vorbemerkungen

Richtplanung, Nutzungsplanung und gegebenenfalls die Sondernutzungsplanung wie Sonderbauvorschriften oder Gestaltungsplan bestimmen, wo und was gebaut werden darf. Damit ist aber überhaupt noch nicht gesagt, dass ein konkretes Bauprojekt auch bewilligt wird. Die erwähnte Planung macht Land vorerst lediglich zu Rohbauland. Damit aus Rohbauland baureifes Land wird, auf dem der Grundeigentümer einen absoluten Anspruch auf eine Baubewilligung hat, ist neben der Groberschliessungsplanung (Verkehrsplan, Erschliessungsplan) für die grosse Mehrzahl der Parzellen noch die Planung der Feinerschliessung mit Hilfe eines Quartierplanverfahrens erforderlich. Zudem sind häufig die Grundstücke umzulegen, damit sie ohne Verletzung der Abstandsvorschriften sinnvoll überbaut werden können.

→ Siehe Grafik rechte Seite

3.8.1.1 *Zweck des Quartierplans*

Hauptaufgaben des Quartierplans sind demnach:
- Formung überbaubarer Grundstücke
- Planung der Feinerschliessung, das heisst der Quartierstrassen, der Anschlüsse an die Hauptsammelkanäle und -leitungen.
- Bau der geplanten Feinerschliessungsanlagen

Was im konkreten Fall die richtige Form der Baugrundstücke ist, hängt von der einschlägigen Nutzungsplanung ab; eine Einfamilienhauszone erfordert andere Formen und Grössen von Grundstücken als eine Mehrfamilienhauszone. Die richtige Form ist jene, die eine «zonengemässe» Überbauung ermöglicht.

3 Erschliessung, Landsicherung und Landumlegung
3.8 Quartierplan

Altbestand vor Durchführung des Quartierplanverfahrens

(Quelle: Muster des Baudepartements des Kantons St. Gallen)

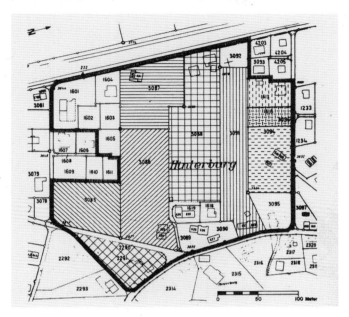

Neubestand nach Durchführung des Quartierplanverfahrens

(Quelle: Muster des Baudepartements des Kantons St. Gallen)

3 Erschliessung, Landsicherung und Landumlegung
3.8 Quartierplan

3.8.1.2 Arten von Quartierplänen

Quartierplanarten

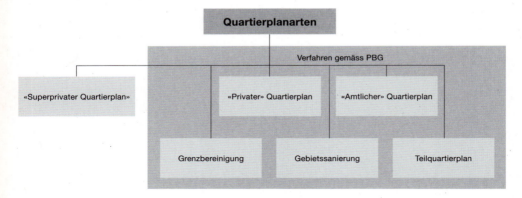

«Superprivater» Quartierplan

Grundeigentümer haben die Möglichkeit, die Landumlegung und Erschliessung ihrer Grundstücke auf rein privatrechtlicher Basis zu regeln. Solche Verträge unterstehen dem Privatrecht (zu Einzelheiten vgl. STÖRI 1996: S. 13).

Damit aber die Grundeigentümer aufgrund eines solchen superprivaten Quartierplans bauen können, müssen sie bei der Dimensionierung der Erschliessungsanlagen die öffentlich-rechtlichen Vorschriften beachten. Ob die Erschliessung gemäss superprivatem Quartierplan genügt, wird spätestens im Baubewilligungsverfahren geprüft. Im Rahmen der Genehmigung privater Erschliessungspläne beziehungsweise sogenannter superprivater Quartierpläne durch das Gemeinwesen ist nicht nur das Fehlen baupolizeilicher Mängel, sondern umfassend die raumplanerische Zweckmässigkeit der gewählten Lösung zu prüfen (BEZ 2003 Nr. 45).

Zweckmässig ist es daher, dass der superprivate Quartierplan bereits zum Zeitpunkt des Vertragsschlusses dem Gemeinderat zur Genehmigung unterbreitet wird. Der superprivate Quartierplan ermöglicht Festlegungen, welche im staatlichen Quartierplanverfahren nicht getroffen werden können. Anderseits können bauwillige Grundeigentümer von nicht bauwilligen Grundeigentümern in einem superprivaten Quartierplan, da Einstimmigkeit erforderlich ist, zu grösseren Konzessionen gezwungen werden, die sie in einem staatlichen Quartierplan nicht eingehen müssten.

Da wegen der nötigen Einstimmigkeit ein superprivater Quartierplan auch scheitern kann, empfiehlt es sich, bei der Ausarbeitung die Quartierplangrundsätze zu beachten, damit der superprivate Quartierplan jederzeit in ein staatliches Quartierplanverfahren übergeleitet werden kann.

Privater und amtlicher Quartierplan

Die Begriffe «Privater Quartierplan» und «Amtlicher Quartierplan» sind im Gesetz nicht mehr enthalten. Sie werden aber in der Praxis immer noch verwendet. Im Gesetz wird unterschieden zwischen einem Quartierplan, der durch

3 Erschliessung, Landsicherung und Landumlegung
3.8 Quartierplan

den Gemeinderat (= amtlicher Quartierplan), und demjenigen, der durch die Grundeigentümer (= privater Quartierplan) aufgestellt wird (vgl. § 160a PBG).

Der durch die Grundeigentümer aufgestellte Quartierplan bedarf von der Einleitung über alle Verfahrensstadien stets der Einstimmigkeit aller Beteiligten. Folgerichtig sind entsprechende Beschlüsse nur noch wegen Willensmängeln (analog zu Art. 21 ff. OR), wegen Verletzung zwingender Verfahrensvorschriften und wegen Nebenbestimmungen in Genehmigungsentscheiden anfechtbar. § 160a PBG enthält die für den privaten Quartierplan geltenden, vereinfachten Verfahrensvorschriften. Die Einstimmigkeit ist eine hohe Hürde, weshalb diese Art von Quartierplänen selten ist. Wenn Einstimmigkeit vorausgesetzt werden kann, könnte genauso gut auch ein superprivater Quartierplan aufgestellt werden.

Der durch den Gemeinderat aufgestellte Quartierplan hingegen wird schon auf Gesuch eines einzigen Grundeigentümers oder durch Beschluss des Gemeinderates eingeleitet. Auch die weiteren Verfahrensschritte hängen nicht von Mehrheitsbeschlüssen der Beteiligten ab. Diese haben wohl das Recht, Anträge und Einwendungen vorzubringen. Die Beschlüsse fasst hingegen die Behörde, wobei den Beteiligten ein Rekursrecht zusteht.

Teilquartierplan

Je nach den Umständen kann der Quartierplan auch auf Teilmassnahmen beschränkt werden (vgl. § 123 Abs. 2 PBG). Denkbar sind Teilquartierpläne beispielsweise für:

- Grenzverschiebungen und geringfügige Landabtäusche, wenn die Voraussetzungen für eine Grenzbereinigung nicht gegeben sind;
- die Erstellung von einzelnen Erschliessungsanlagen und untergeordnete Änderungen an einzelnen Erschliessungsanlagen;
- Aufhebung, Änderung und Neuerrichtung von Dienstbarkeiten.

3.8.1.3 Abgrenzungen Quartierplan zu anderen Sondernutzungsplanungen

Der Quartierplan macht – wie erwähnt – eingezontes Land baureif. Mit einem Sondernutzungsplan (Gestaltungsplan und Sonderbauvorschriften; vgl. Seite 142) werden hingegen in einem abgegrenzten Gebiet Festlegungen der Bau- und Zonenordnung verfeinert und geändert. Gestaltungsplan und Sonderbauvorschriften unterscheiden sich praktisch gesehen nur dadurch, dass bei Sonderbauvorschriften eine Wahlmöglichkeit besteht, nach der Bau- und Zonenordnung oder nach den Sonderbauvorschriften zu bauen. In den Sonderbauvorschriften kann jedoch vorgeschrieben werden, dass, wenn der erste Grundeigentümer nach diesen Vorschriften baut, auch die anderen Bauwilligen an diese Sonderbauvorschriften gebunden sind (§ 81 PBG).

Bei der Beplanung eines Gebiets können Quartierplan und Sondernutzungspläne kombiniert werden. § 129 PBG hält denn auch fest:

Mit dem Quartierplan können unter den hiefür geltenden Voraussetzungen und im dafür vorgeschriebenen Verfahren Sonderbauvorschriften oder ein Gestaltungsplan festgesetzt werden.

3 Erschliessung, Landsicherung und Landumlegung
3.8 Quartierplan

Der Grundsatzentscheid darüber soll in der Regel bei privaten Gestaltungsplänen spätestens an der ersten Quartierplanversammlung getroffen werden, in den andern Fällen durch den Gemeinderat nach der Verfahrenseinleitung.

Beide Planungsinstrumente haben unterschiedliche Ziele und Zuständigkeiten, Risiken und Nebenwirkungen. Die wesentlichen Unterschiede werden nachfolgend dargestellt.

Unterschiede Quartierplan und Sondernutzungspläne

Thema	Sonderbauvorschriften	Gestaltungsplan	Quartierplan
Landumlegung	nicht möglich	nicht möglich	möglich
Planung Erschliessungsanlagen	nur einvernehmlich oder wenn keine Landumlegung nötig	nur einvernehmlich oder wenn keine Landumlegung nötig	möglich
Landsicherung	nur mit Baulinien	nur mit Baulinien	Baulinien, Auscheidung Land für Quartierausstattung (§ 126 Abs. 3 PBG)
Änderung Zonenregime	möglich	möglich	nicht möglich
Änderung Bauvorschriften	möglich	möglich	nur allenfalls Näherbaurechte (§ 126 Abs. 1 PBG)
Aufstellung	durch Öffentlichkeit, u.U. auf Anregung Privater	durch Private oder Öffentlichkeit	durch Private oder Öffentlichkeit
Bauzwang	keiner, aber wenn in den SBV so festgelegt, müssen alle, wenn sie bauen wollen, sich an die SBV halten	keiner	ja für Erschliessungsanlagen, wenn ein Quartierplangenosse einen Antrag stellt.
Mitwirkungsverfahren	obligatorisch	obligatorisch	nur unter den Quartierplangenossen
Festsetzung	Gemeindeversammlung	je nach Art Gemeinderat, Gemeindeversammlung oder Baudirektion	Gemeinderat
Genehmigung	Baudirektion bzw. Regierungsrat	Baudirektion bzw. Regierungsrat	Baudirektion bzw. Regierungsrat
Träger Planungskosten	Sonderbauvorschriften → Öffentlichkeit	Privater Gestaltungsplan → Private Öffentlicher Gestaltungsplan → Öffentlichkeit	Quartierplangenossen
Änderungen	nach fünf Jahren, wenn keine wesentliche Bautätigkeit; zusätzlich bei wesentlichen Änderungen der Verhältnisse	nach fünf Jahren, wenn keine wesentliche Bautätigkeit; zusätzlich bei wesentlichen Änderungen der Verhältnisse	bei wesentlichen Änderungen der Verhältnisse

3 Erschliessung, Landsicherung und Landumlegung
3.8 Quartierplan

3.8.2 Verfahren

3.8.2.1 *Einleitung des Quartierplans*

Quartierplanverfahren: Einleitung

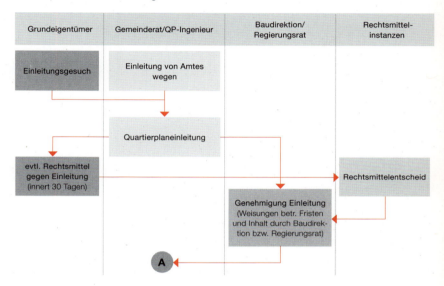

Nach § 147 PBG kann die Initiative für einen Quartierplan von einem Grundeigentümer ausgehen. Abgelehnt werden darf die Einleitung durch den Gemeinderat beziehungsweise die Baudirektion (§ 149 PBG) dann, wenn

- die Zuteilung des Quartierplangebiets zu einer Bauzone oder die Zuführung zu einer baulichen Nutzung unwahrscheinlich ist (VB.2009.00350).
- die Realisierung der für das Quartierplangebiet notwendigen Groberschliessungsanlagen nach dem Rückzug der Kreditvorlage durch den Regierungsrat in weite Ferne gerückt ist (vgl. VB.2008.00520).
- die Erschliessung und die Parzellenformen für eine Überbauung des Quartierplangebiets genügend sind, keinerlei öffentliche Interessen an einer Änderung im Rahmen eines Quartierplanverfahrens bestehen und die Durchführung des Quartierplanverfahrens nur der Befriedigung von Spezialwünschen eines Grundeigentümers dienen (BEZ 1988 Nr. 15).
- der betreffende Grundeigentümer nur ein Kleingrundstück einwerfen kann (zum Beispiel ein Grundstück von 40 m Länge und 5 m Breite) und es zum vornherein feststeht, dass eine der planungs- und baurechtlichen Ordnung entsprechende Nutzung nur durch eine für die übrigen Beteiligten unzumutbare Abtretung erreichbar wäre (RB 1995 Nr. 69).

Der Quartierplan kann auch von Amtes wegen durch den Gemeinderat eingeleitet werden, wenn die bauliche Entwicklung und der Erschliessungsplan die Durchführung eines Quartierplanverfahrens wünschbar erscheinen lassen (vgl. § 147 PBG). Wenn der Gemeinderat im Rahmen von Baubewilligungsverfahren feststellt, dass Baugrundstücke ungenügend erschlossen sind, so hat er von Amtes wegen das Quartierplanverfahren einzuleiten (RB 1980 Nr. 105).

Ein Quartierplanverfahren darf aber vom Gemeinderat nicht eingeleitet werden:
- um das für die Erstellung oder den Ausbau einer öffentlichen Strasse ohne quartierplaninterne Erschliessungsfunktion notwendige Land zu sichern (RB 1980 Nr. 104).
- wenn bei einem voll erschlossenen Gebiet lediglich die von der Gemeinde aufgebrachten Erschliessungskosten nachträglich auf die Grundeigentümer überwälzt werden sollen (RB 1988 Nr. 59).

Der Gemeinderat macht den Einleitungsbeschluss öffentlich bekannt und teilt ihn gleichzeitig den Beteiligten schriftlich mit. Beim privaten Quartierplan genügt die Genehmigung des einstimmigen Beschlusses der privaten Eigentümer durch den Gemeinderat. Das Quartierplangebiet ist somit schon im Einleitungsbeschluss zu bestimmen. Begehren um Entlassung aus dem Quartierplan können aber in diesem Stadium noch nicht gestellt werden.

In einem Rekurs gegen den Einleitungsbeschluss kann nur behauptet werden, die Voraussetzungen für ein Quartierplanverfahren seien nicht gegeben (vgl. BEZ 1988 Nr. 15 und VB.2009.00350) oder das Beizugsgebiet sei unzweckmässig. Die Regelung, dass die Baudirektion als einzige kantonale Instanz über Rekurse gegen die Quartierplaneinleitung entscheidet (§ 331 lit. c PBG), ist bundesrechtswidrig. Bis zur geplanten Revision der Rechtsmittelverfahren gemäss PBG können Rekursentscheide der Baudirektion an das Verwaltungsgericht weitergezogen werden (VB.2009.00350). Gemäss der Revionsvorlage soll künftig das Baurekursgericht als erste Instanz über Rekurse gegen Quartierplaneinleitungen entscheiden. Vgl. Seite 424 ff.

Beizugsgebiet

Aus dem Zweck des Quartierplans als Instrument der Feinerschliessung folgt, dass das Beizugsgebiet in den Raster der Groberschliessung passen muss. Demzufolge lautet § 124 Abs. 2 PBG:

Das Beizugsgebiet wird in der Regel durch bestehende oder geplante öffentliche Strassen, ausnahmsweise auch durch Quartierstrassen begrenzt; an die Stelle von Strassen können eindeutige natürliche, künstliche oder rechtliche Hindernisse oder Trennlinien für die Überbauung treten.

Die Grenzen des Beizugsgebiets sollen eindeutig und beständig sein. Deshalb sind vorzugsweise öffentliche Strassen gemäss Verkehrsplan, öffentliche Gewässer, Waldgrenzen, Bahnlinien und dergleichen (RB 1987 Nr. 62; 1990 Nr. 62 und 63) als Begrenzung des Beizugsgebiets zu wählen. Es können aber auch Baulinien zum Zuge kommen oder Quartierstrassen, sofern diesen keine Erschliessungsfunktion für das gegenüberliegende Gebiet zukommt, oder Grundstücksgrenzen und Bauzonengrenzen, sofern deren Beständigkeit ausgewiesen ist.

Das Beizugsgebiet hat sich grundsätzlich auf Bauzonen zu beschränken (BEZ 1982 Nr. 2, 2006 Nr. 64). Nichtbauzonen können allenfalls beigezogen werden, wenn nur so eine vernünftige Landumlegung möglich ist (§ 124 Abs. 1 PBG) oder eine Kostenbeteiligung an Quartiererschliessungsanlagen für ausserhalb der Bauzonen liegende Bauten herbeigeführt werden soll. Das Bezugsgebiet ist im Zweifel eher weit zu fassen, damit für die Planung genügend Spielraum verbleibt (RB 1987 Nr. 63). Denn es ist in der Regel einfacher, Grundstücke aus dem Verfahren zu entlassen, als solche nachträglich in das Verfahren einzubeziehen.

Befinden sich im Beizugsgebiet landwirtschaftliche Grundstücke, so kann neben dem Quartierplanverfahren zur Entflechtung von Landwirtschafts- und Bauland eine Landumlegung nach dem Landwirtschaftsgesetz durchgeführt werden (§ 123a PBG).

Sollen aus planerischen Gründen Bereiche von Nichtbauzonen und Bauzonen abgetauscht werden, so kann zum Institut der Landumlegung nach Art. 20 RPG gegriffen werden. Art. 20 RPG ist eine direkt anwendbare Bestimmung, welche die Landumlegung auch in Kantonen ermöglicht, deren Gesetzgebung ein solches Institut nicht oder nur unvollkommen vorsieht. Die Verfahrensvorschriften des PBG finden ergänzend Anwendung.

Quartierplanbann

Während der (möglicherweise jahrelangen) Dauer eines Verfahrens sollen Handlungen der Beteiligten unterbleiben, welche die Aufstellung oder den Vollzug des Quartierplans verunmöglichen oder erschweren. Eine solche Handlung könnte vorliegen, wenn ein Haus erstellt wird, welches einem vernünftigen Erschliessungskonzept im Wege stehen würde. Ein solches Bauvorhaben kann gestützt auf § 234 PBG verweigert werden.

Schwieriger ist die Verhinderung vor allem von nicht baulichen Massnahmen. Für Grundstücke des Altbestandes, die für eine geeignete Überbauung flächenmässig nicht ausreichen, können nicht grössere neue Parzellen hergestellt werden. Diese sind vielmehr zulasten der übrigen Beteiligten auszukaufen. In einem solchen Fall könnte ein Eigentümer auf bequeme Art den Verkauf seines Eigentums ansteuern, indem er einfach seine flächenmässig überbaubare Parzelle rasch in zwei je unüberbaubare Hälften teilt und die eine davon einem Strohmann übereignet. Solchen Machenschaften soll der Quartierplanbann vorbeugen (§ 150 PBG). Das heisst, auf Verfügung des Gemeinderates wird bei allen Grundstücken des Altbestandes im Grundbuch angemerkt, dass tatsächliche und rechtliche Änderungen nur mit Bewilligung des Gemeinderates vorgenommen werden dürfen. Die Grundbuchverwalter haben die Absicht entsprechender Transaktionen dem Gemeinderat mitzuteilen. Unterlassen sie die Mitteilung und vollziehen sie das bewilligungspflichtige Grundbuchgeschäft, so ist dieses trotzdem gültig. Das Gesetz kennt keine Sanktion.

Genehmigung der Quartierplaneinleitung

Die Einleitung des Quartierplans bedarf der Genehmigung durch die Baudirektion (§ 149 PBG). Mit der Genehmigung der Einleitung setzt die Baudirektion Fristen für Vorlegung des Quartierplans. Sie kann auch Weisungen über den Inhalt des Quartierplans erteilen (§ 149a PBG).

3.8.2.2 *Aufstellung des Quartierplans*

Zwischenentscheide im Quartierplan

Quartierplanverfahren: Zwischenentscheide – 1. Entwurf

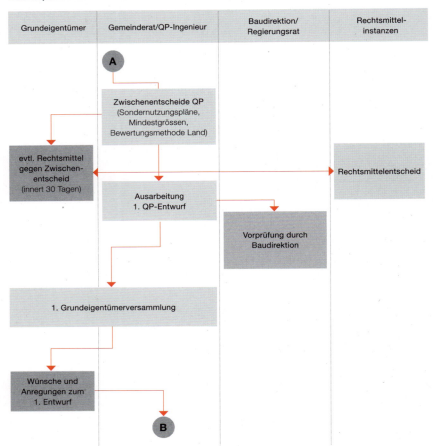

Im Zuge der Einleitung hat der Gemeinderat zu entscheiden, ob zusammen mit dem Quartierplan auch noch ein Gestaltungsplan oder Sonderbauvorschriften ausgearbeitet werden sollen (BEZ 1984 Nr. 16). Fasst der Gemeinderat einen privaten Gestaltungsplan ins Auge, so hat er diesen Entscheid spätestens an der ersten Quartierplanversammlung zu treffen, in den anderen Fällen bei der Einleitung (§ 129 PBG). Wegen der verschiedenen Zuständigkeiten (Quartierplan – Gemeindeexekutive/Gestaltungsplan oder Sonderbauvorschriften – Gemeindelegislative) ergeben sich bei einer Kombination von Quartierplan und Sondernutzungsplanung häufig Koordinationsschwierigkeiten.

Die Bewertung des Landes erfolgt im Quartierplan in der Regel nach Flächen unter Berücksichtigung der Wertunterschiede. Möglich ist aber auch die Umlegung nach den Werten der einzelnen Parzellen, was vor allem bei einer Kombination von Quartierplan und Gestaltungsplan angebracht sein könnte. Wird nach Werten oder nach einer anderen Methode umgelegt, so hat der Gemeinderat dies den Grundeigentümern in einem anfechtbaren Zwischenbeschluss mitzuteilen (§ 137 PBG).

Ebenfalls im Rahmen eines Zwischenentscheides können für die Neuzuteilung Mindestgrössen vorgeschrieben werden (§ 126 Abs. 2 PBG).

Erster Quartierplanentwurf

Ist das Verfahren eingeleitet und der Quartierplanbann ausgesprochen, so kann die eigentliche Arbeit beginnen. Der Gemeinderat lässt den ersten Entwurf ausarbeiten (§ 151 PBG), meist durch ein spezialisiertes Ingenieurbüro. Er lädt dann die Beteiligten zur ersten Verhandlung ein, anlässlich welcher der Entwurf erläutert und diskutiert wird (§ 152 PBG). Beteiligte sind nicht nur die Grundeigentümer im Beizugsgebiet, sondern auch weitere an den betroffenen Grundstücken Berechtigte, zum Beispiel Flurgenossen eines Flurweges, der durch das Quartierplangebiet führt und bei dieser Gelegenheit aufgehoben oder ersetzt werden soll.

Zwecks Neuformierung der Grundstücke ist vorerst der Altbestand aufgrund des Grundbuches aufzunehmen. Da für die Neuzuteilung der Flächeninhalt der eingeworfenen Grundstücke massgebend ist, muss dieser bei der Aufnahme des Altbestandes genauestens überprüft werden. Auf dieser Grundlage ist der erste Entwurf mit folgendem Inhalt aufzustellen (vgl. § 27 QPV):

a) Plan des Beizugsgebietes;

b) neue Grenzen;

c) Neuzuteilungen unter Angabe des Zirkaflächenmasses beziehungsweise der Wertquoten;

d) öffentliche Verkehrs- und Versorgungsanlagen;

e) Plan der Quartierstrassen, -wege und Werkleitungen;

f) Baulinienentwürfe;

g) Plan der gemeinschaftlichen Ausstattungen;

h) evtl. Sonderbauvorschriften oder Gestaltungspläne;

i) provisorische Schätzung allfälliger Geldausgleiche; provisorischer Verleger der Erstellungskosten;

k) Erläuterungen besonderer Massnahmen.

Nach Vorliegen des ersten Quartierplanentwurfs werden die Grundeigentümer und weitere Beteiligte durch schriftliche Mitteilung zu einer Verhandlung eingeladen. Von der Mitteilung bis zur Verhandlung ist der Entwurf für die Beteiligten aufzulegen. An der Verhandlung wird der Entwurf erläutert. An der Versammlung sind die Wünsche und Anregungen der Beteiligten entgegenzunehmen. Diese können innert 30 Tagen schriftlich nachgebracht werden.

3 Erschliessung, Landsicherung und Landumlegung
3.8 Quartierplan

Quartierplanverfahren: 2. Entwurf – Festsetzung

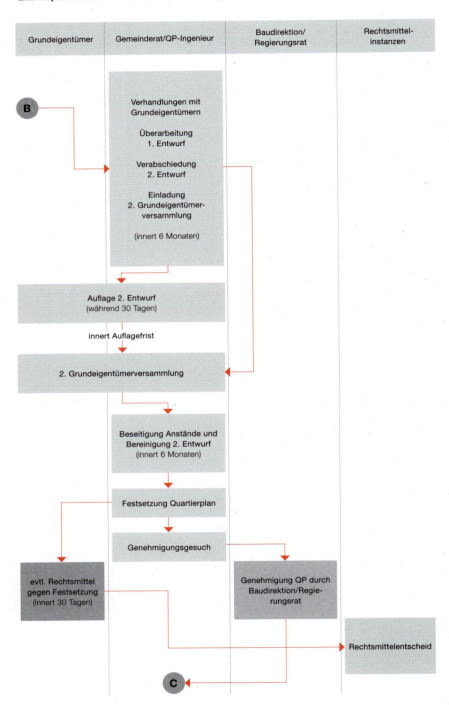

Aufgrund der mündlichen und schriftlichen Einwendungen zum ersten Entwurf wird der überarbeitete Entwurf innert sechs Monaten erstellt und aufgelegt (§ 153 PBG).

Gleichzeitig sind die Grundeigentümer zu einer zweiten Versammlung einzuladen. Während der Auflagefrist können Begehren gestellt werden (vgl. § 155 PBG):
- zu den Grundlagen der Erschliessung sowie zu gemeinschaftlichen Ausstattungen und Ausrüstungen;
- für die Entlassung aus dem Verfahren;
- für eine andere Neuzuteilung;
- auf Zuweisung von Ersatzland eines Gemeinwesens ausserhalb des Quartierplangebiets.

Andere Begehren können auch an der Versammlung selbst noch vorgebracht werden (§ 255 Abs. 1 und 3 PBG).

Nur wenn der betroffene Grundeigentümer in dieser Phase Begehren stellt, wird er später im Rekursverfahren mit den betreffenden Einwänden überhaupt angehört. Spätere Begehren sind nur zulässig, wenn sie auch bei der gebotenen Sorgfalt nicht fristgerecht hätten vorgebracht werden können (RB 2000 Nr. 91). Auf diese Rechtsfolge sind die Quartierplangenossen im Vorfeld und an der 2. Versammlung selbst ausdrücklich hinzuweisen (BEZ 2009 Nr. 59), sonst verwirken die Anfechtungsansprüche gemäss § 155 PBG nicht. Analog zu nicht rechtzeitig gestellten Begehren im Quartierplanverfahren verwirkt auch derjenige sein Rekursrecht, der zwar während der Auflagefrist rechtzeitig ein Begehren gestellt, dieses aber zurückgezogen hat (§ 155 Abs. 4 PBG; vgl. RB 2005 Nr. 58). Der überarbeitete und gegenüber dem ersten konkretisierte Entwurf wird an der zweiten Versammlung diskutiert. Weil die wesentlichen Begehren innert der Auflagefrist vor der Versammlung gestellt werden müssen, handelt es sich bei der zweiten Versammlung im Wesentlichen um eine Erläuterung und Stellungnahme zu den Begehren seitens der Quartierplanbehörde (§ 156 PBG).

Bereinigungsverfahren

Nach der zweiten Quartierplanversammlung wird der überarbeitete Entwurf innert 4 Monaten bereinigt und schliesslich vom Gemeinderat festgesetzt (§ 157 PBG).

3.8.2.3 *Festsetzung und Genehmigung des Quartierplans*

Nach der zweiten Quartierplanversammlung wird der überarbeitete Entwurf innert vier Monaten bereinigt. Allfällige Entscheide, die auch Dritte betreffen, sind allen Betroffenen zwecks Gewährleistung des rechtlichen Gehörs schriftlich mit einer Vernehmlassungsfrist mitzuteilen. Der bereinigte Entwurf muss in den Genauigkeitsanforderungen den beim Vollzug des Quartierplans zu erstellenden Mutationsakten entsprechen (§ 157 PBG).

Nach der Bereinigung wird der Quartierplan vom Gemeinderat festgesetzt, worauf sich das Rekursverfahren anschliesst. Sonderbauvorschriften oder Gestaltungspläne, welche im Rahmen des Quartierplans aufgestellt werden, werden gleichzeitig öffentlich bekannt gemacht und aufgelegt (§ 33 QPV).

Der Quartierplan ist von der Baudirektion beziehungsweise dem Regierungsrat zu genehmigen (§ 159 in Verbindung mit § 2 lit. a und b PBG).

3.8.2.4 Entlassung aus dem Quartierplan

Trotz klarer gesetzlicher Gebietsumschreibung ist es unvermeidlich, dass sich innerhalb eines Beizugsgebiets Grundstücke befinden, deren Eigentümer am Quartierplanverfahren kein Interesse haben, zum Beispiel weil sie ihre Parzelle als bereits erschlossen betrachten. Solche Entlassungen kommen indessen nur unter sehr strengen Voraussetzungen infrage und zwar nur dort, wo eine Parzelle von den im Plan vorgesehenen Änderungen der Verhältnisse in keiner Weise berührt wird (BEZ 1984 Nr. 13). Selbst voll erschlossene überbaute Grundstücke sind jedoch in das Verfahren einzubeziehen, wenn die bestehenden Erschliessungswerke den geltenden Normen nicht mehr entsprechen (BEZ 2004 Nr. 23).

Praktische Fälle:
- Ein für sich allein überbaubares Grundstück ist in den Quartierplan einzubeziehen, wenn seine Fläche im Interesse der übrigen Beteiligten für die Neuzuteilung eingeworfen werden muss.
- Ein teilweise erschlossenes Grundstück ist am gesamten Verfahren zu beteiligen, wenn auch nur ein einziges im Quartierplan zu verwirklichendes Erschliessungswerk noch fehlt.
- Schon überbaute Grundstücke werfen besondere Probleme auf. Sie sind an einem Quartierplanverfahren jedenfalls dann zu beteiligen, wenn anlässlich der Baubewilligung im Grundbuch zulasten des Baugrundstückes ein sogenannter Quartierplanrevers eingetragen wurde. Ein Quartierplanrevers verpflichtet einen Grundeigentümer und dessen Rechtsnachfolger, sich an einem künftigen Quartierplan zu beteiligen.
- Auch ohne Quartierplanrevers ist ein überbautes Grundstück einzubeziehen, wenn es noch unüberbaute Teile enthält, die von den neuen Erschliessungswerken profitieren werden.

Selbst voll erschlossene, überbaute Grundstücke sind in das Verfahren einzubeziehen, wenn die bestehenden Erschliessungswerke sanierungsbedürftig sind und diese Sanierung zweckmässigerweise im Zuge der Realisierung des Quartierplans vorgenommen wird. Sanierungsbedürftig ist ein Werk nicht nur, wenn es reparaturbedürftig ist, sondern schon dann, wenn es den geltenden Normen nicht mehr entspricht. Wer an einem Feldweg bauen durfte, muss sich heute am Quartierplan beteiligen, wenn der betreffende Weg nach den Zugangsnormalien ausgebaut wird. Allerdings sind in diesen Fällen dem betroffenen Grundeigentümer die früher nachweisbar getätigten und brauchbaren Aufwendungen (für die nicht mehr taugliche Erschliessung) an seiner Kostenbeteiligung für die neuen Werke anzurechnen.

Quartierplangenossen, welche aus dem Quartierplanverfahren entlassen werden, dürfen keine Verfahrenskosten auferlegt werden (RB 1998 Nr. 108).

3.8.2.5 Fristen im Quartierplan

Den vorne stehenden Ablaufschemata kann entnommen werden, dass für die meisten Verfahrensschritte Fristen bestehen. Im Idealfall könnte demnach das Verfahren nach der ersten Versammlung in 13 Monaten abgeschlossen sein. Die Überschreitung dieser Fristen kann aber nur in groben Fällen mit Aufsichtsbeschwerde bei der Baudirektion gerügt werden. Sehr oft kommt man nicht mit zwei Versammlungen aus. Es werden inoffizielle Orientierungs- und Vorversammlungen notwendig oder eine offizielle Versammlung muss wiederholt werden.

3.8.2.6 *Rechtsschutz*

Nach der zweiten Quartierplanversammlung wird der überarbeitete Entwurf innert vier Monaten bereinigt. Allfällige Entscheide, die auch Dritte betreffen, sind allen Betroffenen zwecks Gewährleistung des rechtlichen Gehörs schriftlich mit einer Vernehmlassungsfrist mitzuteilen. Der bereinigte Entwurf muss in den Genauigkeitsanforderungen den beim Vollzug des Quartierplans zu erstellenden Mutationsakten entsprechen (§ 157 PBG).

Nach der Bereinigung wird der Quartierplan vom Gemeinderat festgesetzt, worauf sich das Rekursverfahren anschliesst. Sonderbauvorschriften oder Gestaltungspläne, welche im Rahmen des Quartierplans aufgestellt werden, werden gleichzeitig öffentlich bekannt gemacht und aufgelegt (§ 33 QPV).

Der Quartierplan ist dann noch von der Baudirektion beziehungsweise dem Regierungsrat zu genehmigen (§ 159 in Verbindung mit § 2 lit. b PBG).

3.8.2.7 *Revision des Quartierplans*

Ein Quartierplan kann bei wesentlichen Änderungen der tatsächlichen oder rechtlichen Verhältnisse in Revision gezogen werden (§ 86a VRG; BEZ 1994 Nr. 25; BEZ 2000 Nr. 36). Solche wesentlichen Änderungen können beispielsweise eine andere Führung von Groberschliessungsanlagen oder die Auszonung eines Teils des Quartierplangebiets sein. Das Verfahren ist gleich wie bei der erstmaligen Aufstellung eines Quartierplans (RB 1998 Nr. 101).

3.8.2.8 *Ausleitung des Quartierplans*

Das Verfahren über die Aufstellung des Quartierplans endet in der Regel mit der Festsetzung durch den Gemeinderat und die Genehmigung durch die Baudirektion. Ohne dass dies gesetzlich vorgesehen wäre, ergibt sich aus dem Zweck des Verfahrens, dass das Quartierplanverfahren zu beenden ist, wenn die Voraussetzungen, welche die Einleitung eines Quartierplanverfahrens begründeten, nachträglich wegfallen oder sich der vom Quartierplan angestrebte Zweck von vornherein nicht verwirklichen lässt (VB.2007.00405). Solche Fälle können sein:
- dauernde Überschreitung der Planungswerte in einer bestehenden, aber noch nicht erschlossenen Bauzone für Wohngebäude oder andere Gebäude (Art. 24 Abs. 2 USG in Verbindung mit Art. 30 LSV);
- Auszonung eines grösseren Teil des Quartierplangebiets;
- Groberschliessungsanlagen können entgegen der Annahme bei der Einleitung des Quartierplans doch nicht zeitgerecht gebaut werden.

3.8.3 Inhalte des Quartierplans

Bei der Ausarbeitung des Quartierplans sind eine Reihe von Grundsätzen zu beachten.

3 Erschliessung, Landsicherung und Landumlegung
3.8 Quartierplan

3.8.3.1 *Landumlegung, Landsicherung*

Das Land ist so einzuteilen, dass baureife Grundstücke entstehen (§ 126 PBG). Der Eigentümer eines bestehenden Gebäudes mit ungenügendem Grenzabstand hat im Allgemeinen keinen Anspruch darauf, dass diese Baurechtswidrigkeit durch die Landumlegung im Quartierplanverfahren geheilt wird (RB 1990 Nr. 68).

Auf erhaltenswürdige Natur- und Heimatschutzobjekte ist Rücksicht zu nehmen (§ 127 Abs. 1 PBG). Ebenso sind bestehende Bauten zu berücksichtigen, ausser es handle sich um Abbruchobjekte oder der Grundeigentümer sei mit einer Entfernung einverstanden (§ 127 Abs. 2 PBG).

Möglich ist die Zusammenlegung von Grundstücken und die Begründung von Miteigentum (§ 140 PBG). Ganz kleine Grundstücke, welche für eine Überbauung nicht ausreichen, können auch ausgekauft werden (vgl. § 141 PBG).

Bei Bedürfnis sind Flächen für gemeinsame Ausstattungen (Nebeneinrichtungen zu Bauten und Anlagen wie Spielplätze, Parkplätze usw.) und Ausrüstungen (technische Einrichtungen von Bauten und Anlagen zum Beispiel zentrale Heizanlagen) auszuscheiden (§ 126 PBG). Ob Lärmschutzanlagen als gemeinschaftliche Ausstattungen im Rahmen eines Quartierplanverfahrens zu erstellen sind, hängt von den Verhältnissen des Einzelfalls ab (BEZ 1989 Nr. 42; URP 1990, S. 102 ff.).

Die nach den Abzügen verbleibende Landfläche ist so zuzuteilen, dass die Grundeigentümer nach Möglichkeit geeignete Parzellen in gleichwertiger Lage und im Verhältnis zur Fläche ihres Altbestandes unter Berücksichtigung der Wertunterschiede erhalten (Realersatz- und Äquivalenzprinzip, § 139 PBG). Besondere Vor- und Nachteile für einzelne Grundeigentümer sind durch Geld auszugleichen (§ 145 PBG).

3.8.3.2 *Landbewertung*

Die Baurekurskommission hat in BEZ 2007 Nr. 13 entschieden, dass bei grösserer Mehr- oder Minderzuteilung der Tatbestand der Enteignung beziehungsweise der Impropriation eintrete. Diesfalls darf der Geldausgleich nicht mehr nach dem schematischen Quartierplanansatz bemessen werden. Vielmehr muss der volle Verkehrswert (abzüglich Grundstückgewinnsteuer) zum Zuge kommen. Bei der Bemessung der Höhe der Entschädigung ist stets vom Verkehrswert auszugehen, welcher nach einer geeigneten Methode – wenn möglich nach der statistischen Methode – zu bestimmen ist. Preismindernd wirkt sich auf den dergestalt ermittelten Verkehrswert aus, dass keine Steuern (Grundstückgewinnsteuer) erhoben werden (zum Ganzen: Kleb: S. 88–90 und dortige Hinweise; ferner VB.2001.00326). Der Abzug der Grundstückgewinnsteuer kann aber gar nicht ermittelt werden. Denn bei der Grundstückgewinnsteuer gibt es nicht, wie bei der unterdessen aufgehobenen Handänderungssteuer, einen einheitlichen Ansatz. Die zu zahlende Grundstückgewinnsteuer hängt nämlich von folgenden variablen Faktoren ab: Erwerbspreis bzw. Verkehrswert vor 20 Jahren, Verkaufspreis, wertvermehrende Investitionen beziehungsweise Besitzesdauer, Beschaffung eines Ersatzgrundstücks etc. (vgl. § 219 ff. StG).

In BEZ 1993 Nr. 25 entschied die Baurekurskommission, dass, wenn Vergleichspreise fehlen, für die Festsetzung des Landwertes die Weisung des Regierungsrates an die Steuerbehörden über die Bewertung von Liegenschaften und die Festsetzung der Eigenmietwerte hilfsweise herangezogen werden kann. KLEB erwähnt noch, dass auch andere Kriterien zur Ermittlung des Landpreises zu berücksichtigen sind, zum Beispiel mutmassliche Erschliessungskosten. Je nach Verhältnis sind vom Verkehrswert Abzüge von 10–50 Prozent zu machen.

3.8.3.3 *Erschliessung*

Alle Grundstücke im Quartierplangebiet müssen allenfalls etappenweise erschlossen werden (§ 128 PBG).

Für öffentliche Strassen sowie Quartierstrassen und -wege sind Baulinien festzusetzen, soweit dafür ein Bedürfnis besteht (§ 125 PBG). Mit der Festlegung von Baulinien besteht auch die Möglichkeit kleinere Strassenabstände, als nach § 265 PBG vorgeschrieben, festzulegen.

Erschliessungen sind so festzulegen, dass sie bei vollständiger Nutzung der erfassten Grundstücke den Anforderungen von § 237 Abs. 1 und 2 PBG genügen (RB 1998 Nr. 100). Anzustreben ist auch, dass die Anzahl der Einfahrten auf Groberschliessungsstrassen vermindert wird und die Grundstücke rückwärtig erschlossen werden (VB.2008.00546).

Wird im Rahmen eines Quartierplans ein neuer Anschluss an eine Staatsstrasse hergestellt, so hat die Gemeinde die auf der Staatsstrasse erforderlich werdenden Anpassungen (Verbreiterung, Einlenker, Fussgängerschutzinsel usw.) im Verfahren nach Strassengesetz durchzuführen und damit in der Regel auch die entsprechenden Kosten zu übernehmen (PBG aktuell 4/1998, S. 24 f.; dies im Gegensatz zu BEZ 1996 Nr. 29, wo noch der Kanton kostenpflichtig erklärt wurde).

Die Landabzüge sind den Grundstücken des Altbestandes entsprechend dem Erschliessungsgrad gleichmässig zu belasten (§ 138 PBG).

Flurwege im Quartierplangebiet sind grundsätzlich aufzuheben (VB.2009.00350). Eigentümer von Flur- und Genossenschaftswegen, deren Grundstücke ausserhalb des Quartierplangebiets liegen, sind für die Aufhebung ihrer Wege nicht zu entschädigen, soweit für diese Wege im Rahmen des Quartierplans Realersatz durch Strassen oder Wege geschaffen wird (§ 139 Abs. 4 PBG; zu Einzelheiten vgl. STÖRI 2006).

3.8.3.4 *Kosten*

Zu Einzelheiten der Kostenverteilung vgl. KLEB.

Grundsätzliches

Quartierplangenossen, die ausschliesslich über voll erschlossenes Land verfügen oder keinerlei Nutzen aus dem Quartierplan ziehen, dürfen mit Quartierplanmassnahmen nur belastet werden, wenn sie nach enteignungsrechtlichen Grundsätzen entschädigt werden (RB 2004 Nr. 61).

Die Quartierplangenossen haben grundsätzlich alle Kosten zu tragen, welche für die Aufstellung des Quartierplans und für den Bau der im Quartierplan festgelegten Erschliessungsanlagen anfallen (BEZ 2003 Nr. 16). Nicht dazu gehören aber Kosten für allenfalls notwendig werdende Änderungen bei der Rahmennutzungsplanung (zum Beispiel: Waldfeststellung oder Waldabstandslinienpläne, vgl. BEZ 2001 Nr. 27 und 2009 Nr. 35).

Unterschieden wird zwischen Administrativkosten und Erschliessungskosten.

Administrativkosten

Zu den Administrativkosten gehören alle Kosten, welche für die Aufstellung des Quartierplans erforderlich sind. Dazu gehören auch Kosten der Gemeindeverwaltung für die Begleitung des Quartierplans (VB.2009.00537).

Die Administrativkosten werden meist nach Flächen der beteiligten Grundstücke verteilt.

Kosten für Erschliessungsanlagen

Zu den Kosten für Erschliessungsanlagen werden gezählt Aufwendungen für die im Quartierplan vorgesehenen Erschliessungsanlagen (BEZ 2001 Nr. 26). Dienen gewisse Strassen und Wege sowohl der Groberschliessung als auch der Feinerschliessung, so sind die Kosten dafür aufzuteilen (VB.2006.00246).

Die Kosten für Erschliessungsanlagen werden häufig nach Anstosslängen bzw. -flächen an den entsprechenden Erschliessungsanlagen aufgeteilt. Zuweilen wird die erste Bautiefe (30–50 m) stärker belastet als die weiteren Bautiefen. Stösst ein Grundstück an zwei gleichartige Erschliessungsanlagen an, werden Kosten anteilsmässig aufgeteilt. Bei einem Eckgrundstück wird beispielsweise, um Doppelbelastungen zu vermeiden, die Winkelhalbierende gezogen und die so entstehenden Flächen den beiden anstossenden Erschliessungsanlagen zugerechnet.

3.8.3.5 *Ordnung der Rechtsverhältnisse*

Bauhindernde Dienstbarkeiten (zum Beispiel Aussichtsservitute oder Quellrechte) können unter Abwägung der sich entgegenstehenden Interessen mit dem Quartierplan aufgehoben werden, wenn sich die Verhältnisse seit Errichtung der Dienstbarkeit wesentlich verändert haben und die betreffende Dienstbarkeit öffentlichen Interessen widerspricht (PBG aktuell 1/2000, S. 25; BEZ 1997 Nr. 10, 1993 Nr. 32, 1984 Nr. 15, 1982 Nr. 31).

Abzulösen sind auch öffentlich-rechtliche Anmerkungen, welche durch den Quartierplan überflüssig werden (zum Beispiel: Quartierplanbann, Quartierplanrevers).

3.8.3.6 *Änderungen an Dienstbarkeiten im Quartierplanverfahren im Speziellen*

Aufhebung

Aufzuheben sind Eintragungen, welche durch Quartierplananlagen ersetzt worden sind: Dies sind namentlich alte Fuss- und Fahrwegrechte sowie nicht mehr erforderliche Leitungsrechte. Viele Rechte und Lasten sind von bisherigen Grundstücken auf neue zu übertragen.

So hat das Bundesgericht entschieden, dass die Aufhebung einer Fuss- und Fahrwegdienstbarkeit im Rahmen einer Quartierplanung zulässig sei (PBG aktuell 1/2000, S. 25). Die Aufhebung einer Dienstbarkeit verstosse grundsätzlich

3 Erschliessung, Landsicherung und Landumlegung
3.8 Quartierplan

Beispiel eines Perimeterplans (Quelle: Suter. Von Känel. Wild. AG, Zürich)

nicht gegen Art. 736 ZGB, als sie durch den Zweck des Quartierplanverfahrens bedingt sei und nicht bloss der Regelung nachbarschaftlicher Beziehungen ohne Zusammenhang zur Landumlegung diene.

Neubegründungen oder Änderungen
Durch das Quartierplanverfahren können auch neue Rechte und Lasten begründet oder solche Rechte und Lasten geändert werden. Dabei geht es einerseits um Elemente der Erschliessung (zum Beispiel neues Durchleitungsrecht) oder um Elemente der Bebauung (zum Beispiel Näherbaurecht, Grenzbaurecht), um beispielsweise eine zonengemässe Bebauung auch bei kleinen Grundstücken zu ermöglichen. Denkbar, aber eher selten ist auch die Begründung von Miteigentum, Gesamteigentum oder Stockwerkeigentum (§ 140 PBG). Auch dies in der Regel um die Erschliessung und/oder Bebauung zu erleichtern oder überhaupt erst zu ermöglichen. Neubegründet werden dürfen aber keine Dienstbarkeiten, welche mit den Quartierplanzwecken gar nichts zu tun haben (Beispiel: Verbot, ein Grundstück ausserhalb von Bauten gewerblich zu nutzen, um eine Emissionsbeschränkung im Sinne von Art. 11 und 12 USG zu erreichen; vgl. ZBl 2007, S. 504 ff.).

Private Baubeschränkungen
Eine Besonderheit bilden private Baubeschränkungen, wie Höhenbeschränkungen z.G. des Hinterliegers oder spezielle Abstände usw. Solche Beschränkungen werden in der Regel bei den Kostenperimetern nicht berücksichtigt, weil sie jederzeit durch die Beteiligten aufgehoben werden können.

Bauhindernde Dienstbarkeiten (zum Beispiel Aussichtsservitute oder Quellrechte) können unter Abwägung der sich entgegenstehenden Interessen mit dem Quartierplan aufgehoben werden, wenn sich die Verhältnisse seit Errichtung der Dienstbarkeit wesentlich verändert haben und die betreffende Dienstbarkeit öffentlichen Interessen widerspricht (BEZ 1997 Nr. 10; BEZ 1993 Nr. 32; BEZ 1984 Nr. 15; BEZ 1982 Nr. 31). 1998 beschäftigte sich das Bundesgericht mit einem solchen privaten Bauverbot. Es kam zum Schluss, dass dieses Verbot nicht aufzuheben sei (PBG aktuell 4/1998 S. 18 f.). Es wog die Interessen des Servitutsberechtigten gegen diejenigen des Servitusbelasteten ab. Zusätzlich waren auch die öffentlichen Interessen, vor allem das Anliegen der Raumplanung, d.h. an einer haushälterischen Bodennutzung (Art. 1 Abs. 1 RPG) gebührend zu gewichten. Den Interessen an der Aufhebung der infrage stehenden Dienstbarkeit kam im zu beurteilenden Fall ein erheblicher Stellenwert zu, da nicht nur eine Erschwernis oder Einschränkung der baulichen Nutzung infrage stand, sondern die Überbaubarkeit des Terrains überhaupt. Zudem hatte die Gemeinde für das interessierende Gebiet eine besondere Kernzonenplanung durchgeführt und detaillierte Baubereiche festgelegt, die namentlich auf die Erfordernisse des Ortsbildschutzes Rücksicht nahmen. Auf der anderen Seite lagen verschiedene Umstände vor, welche die öffentlichen Interessen an der Aufhebung des Servituts relativierten. Die Quartierplanung wurde mit den vorrangigen Zielen eingeleitet, die Erschliessung von zwei bereits weitgehend überbauten Gebieten zu verbessern und drei ungünstig geformte Grundstücke

3 Erschliessung, Landsicherung und Landumlegung
3.8 Quartierplan

zu arrondieren; die Ablösung der infrage stehenden Dienstbarkeit, um die bauliche Nutzung der belasteten Grundstücke zu ermöglichen, wurde erst im Laufe der Quartierplanung als Nebenzweck angestrebt.

Löschung von Dienstbarkeiten oder Änderungen an Dienstbarkeiten durch den Zivilrichter
Nach Art. 736 ZGB kann der Zivilrichter auf Antrag des Belasteten eine Dienstbarkeit ablösen (vgl. Seite 1208). Nach Art. 742 ZGB kann der Zivilrichter auch die Verlegung von Dienstbarkeiten erlauben (vgl. Seite 1209).

3.8.4 Vollzug

Quartierplanverfahren: Vollzug

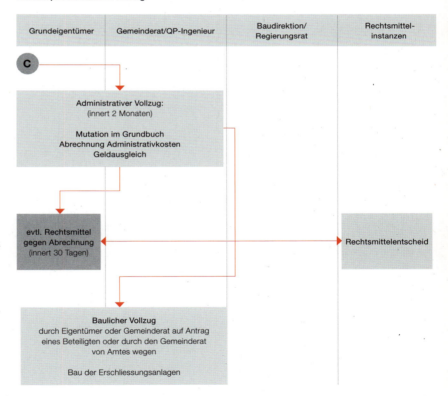

3 Erschliessung, Landsicherung und Landumlegung
3.8 Quartierplan

3.8.4.1 Administrativer Vollzug

Vollzug im Grundbuch

Die Mutation, das heisst die grundbuchliche Zuteilung der neu geformten Grundstücke, die Dienstbarkeitsänderungen und die übrigen Änderungen im Grundbuch, geschieht ohne Mitwirkung der Beteiligten durch Aufträge des Gemeinderates an den zuständigen Geometer und hernach an das Grundbuchamt (§ 161 PBG). Damit der Vollzug sofort bewerkstelligt werden kann, legt § 31 Abs. 2 QPV fest, dass der bereinigte Entwurf des Vermessungsplans bereits den Anforderungen einer definitiven Mutation entsprechen muss.

Mutationsakten sind die Mutationstabelle, die Geometerpläne mit den neuen Grenzen sowie der Text der geänderten Dienstbarkeiten, Grundlasten sowie Anmerkungen und Vormerkungen.

Mit der Festsetzung des Quartierplans resultieren zwischen Grundeigentümern und der Gemeinde Schulden und Forderungen aus Mehr- und Minderzuteilungen oder Auskäufe beziehungsweise Landabzüge (§ 145 PBG). Solche Entschädigungen und Vergütungen werden mit dem Vorliegen der Mutationsakten, spätestens jedoch drei Monate nach der Genehmigung des Quartierplans fällig (vgl. § 162 PBG).

Die Gemeinde hat bei diesen Transaktionen die Funktion einer Treuhänderin und erstellt die Abrechnung.

Durch den Quartierplan festgelegte Ausgleichsforderungen gelten als Rechtsöffnungstitel im Sinne von Art. 80 Abs. 2 SchKG (vgl. § 163 PBG).

Verpflichtungen eines Privaten können während längstens zwei Jahren gestundet werden, wenn die sofortige Einforderung eine unzumutbare Härte bedeuten würde (vgl. § 164 PBG). Dabei handelt es sich zum Beispiel um den Geldausgleich aufgrund von Mehr- und Minderzuteilungen oder die Entschädigung aus dinglichen Rechten. Schuldner ist der jeweilige Eigentümer zum Zeitpunkt der Fälligkeit. Im Gegensatz zu § 174 PBG (Erschliessungsbeiträge) sieht § 164 PBG keine Zinspflicht vor, weil die Stundungsfrist relativ kurz ist und es sich um eine Übergangshilfe infolge persönlicher Schwierigkeiten handelt. Nicht gestundet werden sollen gemäss BEZ 1992 Nr. 17 die Administrativkosten.

In speziellen Fällen kann sich ein Grundeigentümer der Bezahlung der Entschädigungen entziehen, wenn er das neu zugeteilte Grundstück innert 60 Tagen nach der Genehmigung des Quartierplans der Gemeinde heimschlägt. § 165 PBG differenziert im Gegensatz zu § 103 Abs. 1 PBG nicht, ob nur ein unüberbautes Grundstück heimschlagsfähig ist. Es ist jedoch davon auszugehen, dass nur unüberbaute Grundstücke der Gemeinde heimgeschlagen werden können. Die Gemeinde müsste sonst je nach Überbauung ein unzumutbares Risiko übernehmen. Gleiches dürfte für unüberbaute, aber mit einer Altlast belegte Grundstücke zutreffen. Ein Grundeigentümer kann sich wohl kaum mithilfe von § 165 PBG aus einer Sanierungspflicht stehlen.

3.8.4.2 Baulicher Vollzug

Baupflicht

Nach der Genehmigung des Quartierplans bleibt der Bau der Erschliessungsanlagen primär den beteiligten Grundeigentümern überlassen (§ 166 PBG).

3 Erschliessung, Landsicherung und Landumlegung
3.8 Quartierplan

Können sich die Grundeigentümer nicht einigen und ist die erforderliche Groberschliessung in der ersten Etappe des Erschliessungsplans vorgesehen, leitet der Gemeinderat den Bau der Quartierplananlagen ein, wenn ein bauwilliger Grundeigentümer ein entsprechendes Gesuch stellt oder der Bedarf an erschlossenem Bauland beziehungsweise der Stand der Überbauung es erfordert (§ 167 PBG).

Ist die erforderliche Groberschliessung nicht in der ersten Etappe des Erschliessungsplans vorgesehen, so können die Quartierplananlagen nur gebaut werden, wenn die bauwilligen Grundeigentümer die gesamten Baukosten für die Groberschliessungsanlagen vorschiessen (§ 168 PBG). Die Eigentümer bereits überbauter Grundstücke sind zur sofortigen Beteiligung für die entsprechende Grundstücksfläche an den Kosten verpflichtet (§ 168 PBG).

Eigentümer überbauter Grundstücke müssen die Bauten und Anlagen auf ihrem Grundstück auf eigene Kosten an die Quartierplananlagen anpassen (§ 170 PBG); zum Beispiel
- Anpassung Hausanschlüsse an Quartierplanleitungen;
- Änderung Hauseingänge oder Garageneinfahrten an eine neue Quartierplanstrasse;
- Einfriedungen.

Überbaut im Sinne von § 168 Abs. 3 PBG und § 170 PBG sind Grundstücke, die Bauten und Anlagen enthalten, welche eine Erschliessung im Sinne der §§ 236 und 237 PBG voraussetzen (§ 12 QPV). Es ist kaum eine Baute oder Anlage denkbar, die nicht eine Erschliessung im Sinne der §§ 236 und 237 PBG braucht. Deshalb ist praktisch jedes Grundstück, welches eine Baute oder Anlage enthält, überbaut im Sinne von § 168 Abs. 3 PBG und § 170 PBG.

Im Zeitpunkt der Quartierplanfestsetzung kann keine genaue Abgrenzung zwischen den eigentlichen Erschliessungs- und Anpassungsarbeiten vorgenommen werden, weil keine Projekte vorliegen. Erst das Strassenprojekt zeigt zum Beispiel, welche baulichen Massnahmen durch den Quartierplan und welche Anpassungsarbeiten nötig sind. Grundsätzlich gilt aber, dass zum Beispiel Land im Zustand der Festsetzung übernommen werden muss. Handelt es sich dabei um Land, das noch rekultiviert werden muss, ist dieser Umstand bei der Bewertung des Landes (§ 137 PBG) zu berücksichtigen. Analoges gilt auch bei Einfriedungen. In der Praxis gibt es aber auch abweichende Regelungen. Fallweise werden trotz fehlendem Projekt die «Anpassungsarbeiten» zulasten des Quartierplans beziehungsweise der Anstösser im Technischen Bericht aufgelistet, weil die Grundeigentümer Mühe haben zu verstehen, weshalb sie im Lichte des Verursacherprinzips die Kosten für die Anpassungen an die neuen Anlagen übernehmen müssen.

Bau der Erschliessungsanlagen

Der Bau der Erschliessungsanlagen kann den Privaten überlassen, aber auch von Amtes wegen eingeleitet werden (§ 166 PBG). Meist gibt ein bauwilliger Quartierplangenosse den Anstoss für den Bau der Quartierplananlagen (§ 167 PBG). Die Flächen der Quartierplanstrassen gehen darum nicht mehr automatisch in das Miteigentum der Anstösser über, sondern werden anlässlich der Mutation der Gemeinde zugeteilt (§ 171 PBG). An den Kosten haben sich grundsätzlich

3 Erschliessung, Landsicherung und Landumlegung
3.8 Quartierplan

alle in den Einzugsbereich der betreffenden Anlage fallenden Grundeigentümer unverzüglich zu beteiligen. Das Mass der Beteiligung ist durch Perimeterpläne darzustellen. Früher mussten nur die bauwilligen Grundeigentümer zahlen. Sie hatten die Anteile der nichtbauwilligen Eigentümer vorzuschiessen. Diese Regelung gilt nur noch in Quartierplangebieten, die nach dem Erschliessungsplan in zeitlicher Hinsicht noch nicht erschlossen werden müssten (§ 173 PBG). In allen übrigen Fällen kann eine Stundung der Beiträge nur noch in Härtefällen auf zehn Jahre erfolgen und dies nur für Kleingrundbesitzer. Die gestundeten Anteile hat die Gemeinde vorzuschiessen. Sie gehen nicht zulasten der übrigen Beteiligten (§ 174 PBG). Schuldner ausstehender Erschliessungsbeiträge ist der Grundeigentümer im Zeitpunkt der Schlussabrechnung (§ 176 PBG). Das Abrechnungswesen ist in § 175 PBG geregelt.

Nach § 173 Abs. 4 PBG sind die Einkaufsbeiträge von Eigentümern, die sich an den Erstellungskosten für die Quartierplananlagen nicht beteiligt haben, zu verzinsen (vgl. KLEB: S. 218). Für den Zinssatz massgeblich ist Art. 104 OR. Es ist kein Zinseszins zu leisten (vgl. Art. 105 Abs. 3 OR).

Bau der Erschliessungsanlagen im Quartierplan

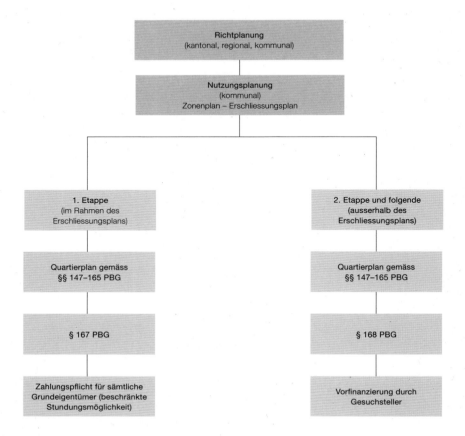

3 Erschliessung, Landsicherung und Landumlegung
3.8 Quartierplan

Der Bau von Quartierplananlagen kann, soweit sinnvoll und auch von den Betroffenen gewünscht, etappiert werden.

Thema eines Rechtsmittelverfahrens über den baulichen Vollzug des Quartierplans bildet nur die Frage, ob die Ausführungspläne mit dem rechtskräftigen Festsetzungsbeschluss übereinstimmen und auch in sonstiger Hinsicht rechtmässig sind. Demgegenüber ist der Einwand der Revisionsbedürftigkeit des Quartierplans in diesem Verfahrensstadium nicht zu hören (RB 1995 Nr. 71).

Rechtsverhältnisse an den Quartierplananlagen
Die Erschliessungsanlagen gehen grundsätzlich nach ihrer Vollendung unentgeltlich in das Eigentum der Gemeinde oder des Werkträgers über (§ 171 PBG; RB 1998 Nr. 102).

Das Eigentum an Ausrüstungen und Ausstattungen richtet sich nach den Festlegungen im Quartierplan (§ 172 PBG). Untergeordnete Privatstrassen können im Privateigentum verbleiben, wenn dies die betroffenen Grundeigentümer ausdrücklich wünschen (BEZ 1998 Nr. 26).

Eigentümer, welche sich an den Erstellungskosten nicht beteiligt haben, sind zur Benützung der Quartierplananlagen, welche über die bisherige Nutzung hinausgehen, erst berechtigt, wenn sie sich eingekauft haben (§ 173 PBG). Ein späterer Einkauf kommt vor allem in Betracht, wenn sich ein Grundeigentümer am Bau von Erschliessungsanlagen ausserhalb der ersten Etappe des Erschliessungsplans nicht beteiligt hat (vgl. § 168 PBG). Einkaufen müssen sich auch Grundeigentümer, welchen aufgrund von § 174 PBG ihre Anteile an den Baukosten gestundet wurden, die Stundungsfrist abgelaufen ist oder Bauabsichten bestehen.

Ein Spezialfall stellt die Überführung von altrechtlichen Quartierplänen in das neue Recht zum Beispiel im Zuge einer Quartierplanrevision dar. In diesem Fall haben sich die bisher nicht bauwilligen Grundeigentümer in die von den bauwilligen vorgeschossenen Kosten samt Zins nach dem massgebenden Kostenverteiler einzukaufen.

3.8.5 Verpflichtung auf das Erschliessungskonzept des Quartierplans

Das in einem Quartierplan aufgestellte Erschliessungskonzept ist für die betreffenden Grundeigentümer verbindlich. Für Änderungen des durch den Quartierplan festgesetzten Erschliessungskonzepts ist, soweit keine einvernehmliche Lösung zustande kommt, ein Revisionsverfahren erforderlich. Ein Baubewilligungsverfahren für eine im Quartierplan nicht vorgesehene Erschliessungsstrasse kann ein solches Revisionsverfahren nicht ersetzen (RB 2002 Nr. 76).

Kann ein Grundstück nach dem Quartierplan von zwei Strassen erschlossen werden, ist der Grundeigentümer frei, die Erschliessung von der einen oder anderen Strasse vorzunehmen, sofern keine zusätzlichen Erschliessungsanlagen erforderlich werden (RB 2002 Nr. 77). Die Erschliessungskapazität der infrage stehenden Strassen, gemessen am zu erschliessenden Gebiet, ist jedoch zu beachten (BEZ 2004 Nr. 2).

3	**Erschliessung, Landsicherung und Landumlegung**
3.9	Grenzbereinigung
3.10	Gebietssanierung

3.9 Grenzbereinigung

Die Grenzbereinigung ist eine vereinfachte Form des Quartierplanverfahrens. Sie beruht auf den gleichen für das Quartierplanverfahren festgelegten materiellen Grundsätzen (§ 178 PBG). Sie dient der Anpassung von an sich erschlossenen, aber von der Form her nicht zweckmässig überbaubaren Grundstücken. Die Grenze zwischen der Grenzbereinigung und dem Quartierplanverfahren oder Teilquartierplanverfahren ist somit fliessend. Flurwege dürfen nicht im Grenzbereinigungsverfahren aufgehoben werden (BEZ 1982 Nr. 7). Dafür steht das im Landwirtschaftsgesetz vorgesehene Verfahren zur Verfügung (vgl. Seite 594).

Dass im Rahmen einer Grenzbereinigung auch eine damit zusammenhängende Servitutsbereinigung und hierfür eine finanzielle Abgeltung nach § 145 PBG statuiert wird, ist nicht unzulässig. Ebenso ist es nicht unzulässig, wenn im Rahmen eines Grenzbereinigungsverfahrens gar keine Grundstücksgrenze verschoben wird, sondern nur Wegrechtsservitute errichtet werden (BEZ 2009 Nr. 11).

Die Grenzbereinigung wird, ob auf Gesuch von Privaten oder von Amtes wegen eingeleitet, immer als amtliches Verfahren durchgeführt (§ 181 PBG). Die Dauer des Verfahrens ist gegenüber dem ordentlichen Quartierplanverfahren wesentlich kürzer. Die Festsetzung durch den Gemeinderat (Stadtrat) erfolgt längstens zwei Monate nach Vorliegen des Entwurfs und bedarf keiner Genehmigung durch die Baudirektion (§ 183 PBG).

3.10 Gebietssanierung

Die Gebietssanierung ist eine erweiterte Form des Quartierplanverfahrens (§§ 186 ff. PBG). Sie dient der baulichen Erneuerung überbauter Gebiete. Die Umlegung und die Verbesserung der Erschliessung sind begleitende Massnahmen dieser Sanierung. Sie kann bei baulichen oder wohnhygienischen Missständen angeordnet werden, wenn öffentliche Interessen vorliegen. Es wird zwischen Teil- und Gesamterneuerung unterschieden. Bei der Gesamterneuerung ist mit dem Quartierplan ein Gestaltungsplan zu erstellen. Die Erneuerung kann in Etappen erfolgen. Besonderer Schutz wird den ansässigen Mietern und Pächtern gewährt. Für die Probleme des Schutzes erhaltenswerter Gebäude und des Vollzugs sind spezielle Regelungen geschaffen worden (§§ 193–196 PBG). Das Verfahren ist sehr kompliziert und bringt erhebliche Eingriffe in die Eigentumsfreiheit der betroffenen Grundeigentümer. Es erstaunt daher nicht, dass soweit ersichtlich bis heute im Kanton Zürich keine einzige Gebietssanierung durchgeführt worden ist.

3	**Erschliessung, Landsicherung und Landumlegung**
3.11	Erschliessung durch Private
3.12	Exkurs: Güterzusammenlegung

3.11 Erschliessung durch Private

Art. 19 RPG hält in der seit dem 1. April 1996 geltenden Fassung fest:

1 Land ist erschlossen, wenn die für die betreffende Nutzung hinreichende Zufahrt besteht und die erforderlichen Wasser-, Energie- sowie Abwasserleitungen so nahe heranführen, dass ein Anschluss ohne erheblichen Aufwand möglich ist.
2 Bauzonen werden durch das Gemeinwesen innerhalb der im Erschliessungsprogramm vorgesehenen Frist erschlossen. Das kantonale Recht regelt die Beiträge der Grundeigentümer.
3 Erschliesst das Gemeinwesen Bauzonen nicht fristgerecht, so ist den Grundeigentümern zu gestatten, ihr Land nach den vom Gemeinwesen genehmigten Plänen selber zu erschliessen oder die Erschliessung durch das Gemeinwesen nach den Bestimmungen des kantonalen Rechts zu bevorschussen.

Der Bau der Groberschliessungsanlagen wird grundsätzlich im Erschliessungsplan (zum Erschliessungsplan allgemein vgl. Seite 156) vorgesehen. Erstellt eine Gemeinde die Groberschliessungsanlage nicht rechtzeitig, können Private aufgrund von § 93 PBG bei der Baudirektion verlangen, dass sie anstelle der Gemeinde die erforderlichen Massnahmen trifft (vgl. auch WOLF 1996). Die Privaten müssen allerdings die Kosten dieser Massnahmen vorschiessen (zu den Einzelheiten vgl. STÖRI 1996: S. 6 f.)

Die Feinerschliessung können Private, wie erwähnt (vgl. Seite 174), auch auf dem Weg des superprivaten Quartierplans bewerkstelligen.

3.12 Exkurs: Güterzusammenlegung

Die Güterzusammenlegung ist die Neuordnung der Eigentumsverhältnisse zum Zwecke ihrer besseren oder günstigeren (nicht baulichen) Nutzung. Die Güterzusammenlegung ist in den §§ 77–94 LG geregelt. Für Zusammenlegungen im Waldgebiet verweist Art. 20 WaG ebenfalls auf diese kantonalen Regelungen.

Die Güterzusammenlegung gemäss § 76 LG dient vor allem der Verbesserung der Bewirtschaftungsverhältnisse in Feld und Wald, wenn Grundstücke zerstückelt sind, eine ungeeignete Form aufweisen oder Wege und Gräben unzweckmässig gelegt sind. Anlass für ein solches Verfahren können auch Anliegen der Raumplanung, die Verwirklichung öffentlicher Bauwerke, die Entflechtung unterschiedlich nutzbarer Grundstücke oder der Grundbuchvermessung sein.

Die Güterzusammenlegung wird in der Regel durch eine öffentlich-rechtliche Genossenschaft durchgeführt, – welche falls noch nicht vorhanden – eigens zu diesem Zweck gegründet wird (§ 79 LG). Das Verfahren verläuft ähnlich wie das Quartierplanverfahren in den Bauzonen (§§ 86 ff. LG). Im Rahmen der Güterzusammenlegung soll Folgendes erreicht werden (§§ 87 ff. LG):

3 Erschliessung, Landsicherung und Landumlegung
3.12 Exkurs: Güterzusammenlegung

- Vermessung und Bereinigung des alten Besitzstands;
- Boden- und Bestandesbewertung;
- Projektierung des Wegnetzes und der Entwässerungen;
- Neuzuteilungsentwurf mit Angaben der Flächen und Werte;
- Kostenverleger;
- Bereinigung der dinglichen Rechte an Grundstücken;
- Landbeschaffung für gemeinsame Bauten und Anlagen, allenfalls für öffentliche Zwecke.

4
Natur- und Heimatschutz

4 Natur- und Heimatschutz
4.1 Rechtsgrundlagen und Zuständigkeiten

4.1 Rechtsgrundlagen und Zuständigkeiten

4.1.1 Internationale Ebene

Auf internationaler Ebene widmen sich vor allem folgende Abkommen dem Natur- und Heimatschutz:
- Übereinkommen vom 3. Oktober 1985 zum Schutz des baugeschichtlichen Erbes in Europa (SR 0.440.4; «Granada-Übereinkommen»)
- Europäisches Übereinkommen vom 16. Januar 1992 zum Schutz des archäologischen Erbes (SR 0.440.5; «Valetta-Übereinkommen»)
- Übereinkommen vom 23. November 1972 zum Schutz des Kultur- und Naturgutes der Welt (SR 0.451.41; UNESCO-Übereinkommen)
- Übereinkommen vom 2. Februar 1971 über Feuchtgebiete, insbesondere als Lebensraum für Wasser- und Watvögel, von internationaler Bedeutung (SR 0.451.45; «Ramsar-Übereinkommen»)
- Übereinkommen vom 19. September 1979 über die Erhaltung der europäischen wildlebenden Pflanzen und Tiere und ihrer natürlichen Lebensräume (mit Anhängen) (SR 0.455; «Bern-Übereinkommen»)

All diese völkerrechtlichen Verträge sind in der Schweiz nicht direkt anwendbar. Sie müssen zuerst in nationales Recht umgesetzt werden. Soweit diese Übereinkommen differenzierter sind als das nationale Recht, können sie aber zur Auslegung und Ergänzung des nationalen Rechts beigezogen werden.

Aufgrund des UNESCO-Übereinkommens werden in einer Liste der Welterbestätten überragende Objekte des Denkmalschutzes und des Natur- und Landschaftsschutzes eingetragen. In der Schweiz sind dies derzeit:
- Altstadt von Bern
- Kloster St. Johann in Müstair (Graubünden)
- Stiftsbezirk St. Gallen
- Drei Burgen von Bellinzona (Tessin)
- Schweizer Alpen Jungfrau- und Aletschgebiet (Bern/Wallis)
- Monte San Giorgio (Tessin)
- Lavaux, Weinberg-Terrassen (Waadt)
- Tektonikarena Sardona (Glarus, St. Gallen und Graubünden)
- Rhätische Bahn, Albula- und Berninastrecke (Graubünden)
- La Chaux-de-Fonds/Le Locle (Neuenburg)

Der Eintrag in der Liste der Welterbestätten bringt für die betreffende Landesgegend viel Prestige, hat aber rechtlich keine direkten Auswirkungen. Indirekt werden mit einem solchen Eintrag der Schutzwert des betreffenden Objekts enorm gesteigert und die zuständigen Behörden zu grossem Einsatz zugunsten des betreffenden Objekts gezwungen. So hat im Juni 2009 die UNESCO dem Dresdner Elbtal wegen des Baus der Waldschlösschenbrücke den Titel «UNESCO-Welterbe» aberkannt. Dies dürfte dem Tourismus in dieser Gegend abträglich werden.

4 Natur- und Heimatschutz
4.1 Rechtsgrundlagen und Zuständigkeiten

4.1.2 Nationale und kantonale Ebene

Im Bereich des Natur- und Heimatschutzes besteht keine klare Kompetenzabgrenzung zwischen Bund und Kanton. Auszugehen ist von Art. 78 BV. Danach ist der Natur- und Heimatschutz Sache der Kantone. In Abs. 2 dieser Bestimmung wird dann aber dem Bund die Aufgabe übertragen, in Erfüllung seiner Aufgaben «das heimatliche Landschafts- und Ortsbild, geschichtliche Stätten sowie Natur- und Kulturdenkmäler zu schonen und, wo das allgemeine Interesse überwiegt, ungeschmälert zu erhalten». Nach Abs. 4 dieser Verfassungsbestimmungen hat der Bund die Kompetenz, Bestimmungen zum Schutze der Tier- und Pflanzenwelt zu erlassen. Abs. 5 widmet sich – ausgelöst durch eine Initiative gegen den Waffenplatz Rothenthurm SZ – speziell dem Schutz von Moorlandschaften (BGE 116 Ib 203 ff.; BEZ 1991 Nr. 22; URP 2001, S. 911 ff.).

Grundsätzlich gilt aber doch: Der Bund hat bei Planung, Errichtung und Veränderung seiner Werke, Anlagen, Anstalten und Betriebe sowie bei der Erteilung von Konzessionen und Bewilligungen aus seinem Kompetenzbereich die Anliegen des Natur- und Heimatschutzes zu beachten (Art. 2 NHG; zu Einzelheiten der Bundeskompetenzen vgl. KELLER/ZUFFEREY/FAHRLÄNDER: N 1 ff. zu Art. 2 NHG).

Die Kantone trifft dieselbe Pflicht, soweit sie Bundesaufgaben erfüllen (Art. 3 Abs. 1 NHG). Nach Art. 43 BV bestimmen die Kantone selbst, welche Aufgaben sie im Rahmen ihrer Zuständigkeit erfüllen. Dass es ihnen deshalb freigestellt wäre, auf den Erlass von Denkmalschutzbestimmungen zu verzichten (Art. 43 in Verbindung mit Art. 78 BV; vgl. WALDMANN 2003: S. 113), ist angesichts von Art. 3 des Granada-Abkommens zumindest fraglich. Jedenfalls haben tatsächlich alle Kantone den Denkmalschutz als Staatsaufgabe definiert. Dabei geht es regelmässig um Schutzmassnahmen für ihre Werke, Betriebe, Anstalten und für den ganzen Bereich des privaten Grundeigentums.

Innerhalb der Kantone gilt, dass jede Baupolizeibehörde auch Träger von Natur- und Heimatschutzaufgaben ist. Diese Feststellung gilt für alle Kantone insofern, als in jedem kantonalen Baugesetz den örtlichen Baubehörden in der einen oder anderen Form zur Pflicht gemacht wird, bei Baubewilligungen auf die mindestens befriedigende Einordnung der Bauten in die bauliche und landschaftliche Umgebung zu achten. Dieser repressive Heimatschutz, gewissermassen eine Notbremse, wird seit langem ergänzt durch den präventiven Schutz in Form von vorausschauenden Anordnungen und Verfügungen.

Der Kanton Zürich hat die Anliegen des Natur- und Heimatschutzes in Art. 103 KV sowie im PBG in dessen III. Titel geregelt (§§ 203–217 PBG). Vgl. zu ausgewählten Fragen BACHMANN 2000: S. 5 ff.

4.2 Schutzobjekte

4.2.1 Übersicht

Nach § 203 Abs. 1 PBG sind Schutzobjekte:
a) *im wesentlichen unverdorbene Natur- und Kulturlandschaften sowie entsprechende Gewässer, samt Ufer und Bewachsung;*
b) *Aussichtslagen und Aussichtspunkte;*
c) *Ortskerne, Quartiere, Strassen und Plätze, Gebäudegruppen, Gebäude und Teile sowie Zugehör von solchen, die als wichtige Zeugen einer politischen, wirtschaftlichen, sozialen oder baukünstlerischen Epoche erhaltenswürdig sind oder die Landschaften oder Siedlungen wesentlich mitprägen, samt der für ihre Wirkung wesentlichen Umgebung;*
d) *vorgeschichtliche und geschichtliche Stätten und ortsgebundene Gegenstände sowie Gebiete von archäologischer Bedeutung;*
e) *Naturdenkmäler und Heilquellen;*
f) *wertvolle Park- und Gartenanlagen, Bäume, Baumbestände, Feldgehölze und Hecken;*
g) *seltene oder vom Aussterben bedrohte Tiere und Pflanzen und die für ihre Erhaltung nötigen Lebensräume.*

4.2.2 Naturschutzobjekte

Zu den Naturschutzobjekten zählen in erster Linie die unverdorbenen Naturlandschaften (§ 203 Abs. 1 lit. a PBG), hauptsächlich die nacheiszeitlichen Kleinseen mit ihrer Umgebung, die seit dem Jahre 1941 sukzessive durch besondere Schutzverordnungen geschützt wurden (Greifensee [RB 2006 Nr. 64], Pfäffikersee [BEZ 1991 Nr. 22], Lützelsee usw.). Bei den in § 203 Abs. 1 lit. g PBG genannten Lebensräumen handelt es sich stets um verhältnismässig kleine Geländeabschnitte, die nicht, nicht mehr oder nur sporadisch menschlichen Eingriffen ausgesetzt sind, zum Beispiel Hecken (RB 1990 Nr. 70), Feldgehölze, Riedwiesen (BEZ 1990 Nr. 14), Biotope (RB 2003 Nr. 72), Trockenstandorte, aufgegebene kleine Kiesgruben (BEZ 1993 Nr. 8) oder ehemals künstliche Stau- und Eisweiher (vgl. zum Landschaftsschutz §§ 19–22 NHV-ZH). Besondere Aufmerksamkeit gehört auch den Moorgebieten und -landschaften, welche schon von der Bundesverfassung her geschützt sind. Art. 78 Abs. 5 BV wurde in Art. 18 ff. NHG und in Inventaren näher präzisiert (vgl. BEZ 1991 Nr. 22, URP 2001, S. 911 ff., URP 2003, S. 731, URP 2005, S. 699 f.; WALDMANN 1997: S. 137 ff.).

§ 203 Abs. 1 lit. f PBG enthält unter anderem den Begriff «wertvoll». Damit ist nicht nur der biologische oder ökologische Wert (als besonders seltene Gattung oder als biotopischer Lebensraum) gemeint. In Betracht fällt vielmehr auch der gestalterisch-äthetische Wert, der einer Bestockung im überbauten Gebiet im Hinblick auf seine Umgebung zukommt (prägende Wirkung für ein Quartier- oder Strassenbild). Allerdings sind hier strenge Massstäbe anzulegen. Denn der Gesetzgeber hat es seinerzeit abgelehnt, eine Bestimmung ins PBG aufzunehmen, wonach Bäume und Baumgruppen in dicht besiedelten Gebieten generell besonderen Schutz geniessen sollten. Im Interesse des Quartier- oder Strassenbildes ist daher ein einzelner Baum nur dann schutzwürdig, wenn er aufgrund seines Standortes und seiner Erscheinung in markan-

4 Natur- und Heimatschutz
4.2 Schutzobjekte

Naturschutzobjekt: Pfäffikersee

ter Weise einen dominierenden, aussergewöhnlichen Akzent setzt und damit das Quartier- oder Strassenbild wesentlich mitprägt (vgl. BEZ 1988 Nr. 49, RB 1990 Nr. 71, BEZ 2006 Nr. 29). Andernfalls sind weniger weitgehende Massnahmen nach § 76 PBG (planerischer Baumschutz) oder nach § 238 Abs. 3 PBG (Umgebungsschutz im Rahmen einer baurechtlichen Bewilligung) zu treffen.

Geschützt werden können auch einzelne markante Bäume beziehungsweise Baumgruppen (RB 1990 Nr. 71; BEZ 1988 Nr. 49).

Naturschutzobjekt: Blutbuche beim Bahnhof Zürich-Stadelhofen

4.2.3 Denkmalschutzobjekte

Juristisch bedeutsame Fragen stellen sich vor allem bei Ortsbildern, Gebäuden und Gebäudegruppen. Nach dem PBG genügt es, dass ein Ortsbild oder ein Gebäude als wichtiger Zeuge einer politischen, wirtschaftlichen, sozialen oder baukünstlerischen Epoche erhaltenswürdig ist. Der heutigen Denkmalpflege geht es also nicht mehr ausschliesslich um die Wahrung des besonders Schönen. Vielmehr hat eine sachliche, auf wissenschaftliche Kriterien abgestellte Betrachtungsweise Platz gegriffen (BGE 120 Ia 270 ff; vgl. die angeführten Beispiele bei HESS: S. 78 ff. und bei WIEDERKEHR SCHULER: S. 8 ff. und die in der Liste der Arbeitshilfen aufgeführten Unterlagen [vgl. Seite 231]).

Ein Denkmalsschutzobjekt soll als wichtiger Zeuge einer historischen, gesellschaftlichen, wirtschaftlichen und technischen Entwicklung erhalten bleiben. Daher sind Schutzobjekte heute beispielsweise auch Industriebauten oder Bahnhöfe, die 1912 noch als ausgesprochen hässlich gegolten hätten (vgl. ZBl 1987, S. 538; vgl. zum Ortsbild- und Denkmalschutz §§ 23–28 NHV-ZH). Dabei können nicht nur das Äussere einer Industriebaute unter Schutz gestellt werden, sondern auch Maschinen und andere Anlagen (Nagelfabrik Winterthur). Unterschutzstellungen sind auch bei Verkehrsbauten möglich (historische Seilbahn [ZBl 2009, S. 392]).

Eigentumsbeschränkungen zum Schutz von Baudenkmälern liegen nach der Rechtsprechung allgemein im öffentlichen Interesse. Wie weit dieses öffentliche Interesse reicht, insbesondere in welchem Ausmass ein Objekt denkmalpflegerischen Schutz verdient, ist im Einzelfall sorgfältig zu prüfen (BGE 120 Ia 270 E. 4a S. 275; 119 Ia 305 E. 4b S. 309; 118 Ia 384 E. 5a S. 388 f.; vgl. auch ENGELER Walter: S. 183 ff.). Dabei erstreckt sich der Denkmalschutz heute nicht nur auf Altertümer und Bauten von überragender Schönheit, kunsthistorischem Wert und geschichtlicher Bedeutung, sondern auch auf Objekte aus neuerer Zeit und auf Gebäude, welche für ihre Entstehungszeit charakteristisch sind (BGE 121 II 8 ff.; 120 Ia 270 ff.; 118 Ia 384 ff.; 109 Ia 257; ZBl 1987 S. 538). Heute sind Unterschutzstellungen von Bauten aus den Dreissigerjahren an der Tagesordnung. Schutzqualitäten werden sogar herausragenden Bauten aus den Sechziger-, Siebziger-, ja sogar Achtzigerjahren des vergangenen Jahrhunderts zugebilligt (vgl. die in der Liste der Arbeitshilfen [Seite 231] angeführten Unterlagen). In Zürich sind beispielsweise die Schulanlagen Bungertwies oder die ehemalige Töchterschule Riesbach inventarisiert, welche in den 70er-Jahren des vergangenen Jahrhunderts erstellt worden sind.

Bei der Prüfung der Frage, ob ein Denkmal Schutz verdient, hat eine sachliche, auf wissenschaftliche Kriterien abgestützte Gesamtbeurteilung Platz zu greifen, welche den kulturellen, geschichtlichen, künstlerischen und städtebaulichen Zusammenhang eines Bauwerks mitberücksichtigt. Eine Baute soll als Zeuge und Ausdruck einer historischen, gesellschaftlichen, wirtschaftlichen und technischen Situation erhalten bleiben (vgl. BGE 126 I 219 ff.). Da Denkmalschutzmassnahmen oftmals mit schwerwiegenden Eigentumseingriffen verbunden sind, dürfen sie aber nicht lediglich im Interesse eines begrenzten Kreises von Fachleuten erlassen werden. Sie müssen breiter, d.h. auf objektive und grundsätzliche Kriterien abgestützt sein und von einem grösseren Teil der Bevölkerung bejaht werden, um Anspruch auf eine gewisse Allgemeingültigkeit erheben zu können (BGE 135 I 176 ff.; 120 Ia 270 ff.; 118 Ia 384 ff.; ZBl 2007, S. 83).

Hinsichtlich der Frage, welche Gebäudeteile unter Schutz zu stellen sind, ist eine Gesambetrachtung anzustellen. In den Schutz einbezogen werden können auch weniger bedeutungsvolle Räume. Bereits in BGE 118 Ia 384 (E. 5e S. 393 f.), welcher das Theater Küchlin in Basel betraf, hat das Bundesgericht festgehalten, der Schutz einzelner Bauteile ohne Rücksicht auf das Zusammenwirken von Innerem und Äusserem entspreche den heutigen Auffassungen von

4 Natur- und Heimatschutz
4.2 Schutzobjekte

Denkmalschutz nicht mehr. Im Hinblick auf die Unterschutzstellung des Cafés Odeon in Zürich hat das Bundesgericht zuvor in BGE 109 Ia 257 ff. ausgeführt, die Schutzwürdigkeit des Innern ergebe sich insbesondere auch aus dem Zusammenspiel von Fassaden und Innenraum. Das Unbehagen gegenüber «denkmalpflegerischen Fassadenmaskeraden vor ausgehöhlten Bauten» lege den Schutz des Intérieurs für das Café Odeon besonders nahe, bei dem die Durchformung von Aussen- und Innengestaltung ein besonderes Anliegen der Architekten gewesen sei. Eine Veränderung im Innern würde die Einheit des Hauses weitgehend zerstören sowie die «Lesbarkeit» des Baudenkmals und den Sinn der Unterstellung stark beeinträchtigen. Bei dieser Sachlage ergebe sich unter dem Gesichtswinkel des Denkmalschutzes ein erhebliches öffentliches Interesse an der Unterschutzstellung (ZBl 2007, S. 83).

Denkmalschutzobjekt: Transformatorenhäuschen Dornach SO

4 Natur- und Heimatschutz
4.2 Schutzobjekte

Denkmalschutzobjekt: Café Odeon Zürich

Einer Statue auf einem Friedhof als beweglichem Objekt, einer Mobilie also, fehlt nach zürcherischem Recht die Denkmaleigenschaft. Sie kann auch nicht als Zugehör zu einem Schutzobjekt qualifiziert werden, wenn die Zweckverbindung mit der Hauptsache (Grabstätte) eine bloss vorübergehende ist (BEZ 2005 Nr. 24).

Den Rang eines Schutzobjektes kann ein Gebäude erlangen, auch wenn es keinerlei ästhetische oder kunsthistorische Qualitäten aufweist, sondern nur Wohn-, Arbeits- oder Wirkungsort einer berühmten Persönlichkeit war (Atelier des Malers Böcklin in Zürich oder das Geburtshaus von Eugen Huber, dem Schöpfer des ZGB, in Unterstammheim).

Bei Denkmalschutzobjekten spielt das Verhältnismässigkeitsprinzip eine grosse Rolle. Ist beispielsweise ein Gebäude in einem derart schlechten Zustand, dass es nur mit unverhältnismässigem Aufwand wieder bewohnbar beziehungsweise nutzbar gemacht werden könnte, so ist auf eine Unterschutzstellung zu verzichten. Die noch vorhandene Substanz soll den Zeugencharakter erlebbar machen. Fehlt diese Substanz, so ist eine Unterschutzstellung nicht angebracht. Ebenso kann auf eine Unterschutzstellung verzichtet werden, wenn zahlreiche gleichartige Bauten bereits geschützt sind (RB 1985 Nr. 93). Ob eine Unterschutzstellung verhältnismässig ist, hängt aber nicht davon ab, welche finanziellen Aufwendungen sie dem Gemeinwesen verursacht (PBG aktuell 4/1998, S. 16 f.; RB 1982 Nr. 133). Dieser Grundsatz hat aber bei der schlechten Finanzlage von Kanton und Gemeinden eine gewisse Relativierung erfahren (vgl. Seite 228).

4.2.4 Gartendenkmäler

Bei einem Denkmalschutzobjekt kann auch die Umgebung unter Schutz gestellt werden (vgl. § 203 Abs. 1 lit. c PBG). Unabhängig von schutzwürdigen Bauten ist auch die Unterschutzstellung von wertvollen Park- und Gartenanlagen möglich (vgl. § 203 Abs. 1 lit. f PBG). Als Gartendenkmäler kommen historische Gartenanlagen (VB.2007.00192), Friedhöfe und Badeanlagen infrage (Platzspitz beim Landesmuseum [VB.2009.00319], Friedhof Sihlfeld und Freibad Letzigraben, alle in Zürich).

4 Natur- und Heimatschutz
4.2 Schutzobjekte

Bei Gartendenkmälern ist für eine Unterschutzstellung entscheidend, ob das ursprüngliche Gestaltungskonzept noch erkennbar ist (BEZ 1995 Nr. 1). Auch Änderungen an einer historischen Gartenanlage sind zulässig, solange die ursprüngliche Vorstellung der Gartenanlage erlebbar bleibt (BEZ 2005 Nr. 27). In der Stadt Zürich wird für die Gartendenkmalschutzobjekte ein separates Inventar geführt.

Gartendenkmalschutzobjekt: Rechberggarten Zürich

4.2.5 Archäologie-Objekte

Den Archäologie-Objekten (zum Beispiel Gräbern, Resten von Bauten und Anlagen) ist eigen, dass sie häufig erst beim Bauen entdeckt werden. Zum Teil sind solche Bereiche bekannt, wo Funde zu erwarten sind. Den Archäologen bleibt dann nur kurze Zeit für eine Rettungsgrabung. Längst nicht alle Archäologie-Objekte können ausgegraben und in Museen ausgestellt werden. Bei wichtigen Objekten kann doch immerhin auf dem Verhandlungs- oder Verfügungsweg erreicht werden, dass auf solche Objekte Rücksicht genommen wird (Änderung der Baute, Einbezug des Objektes in den Bau [Beispiel: Römisches Bad im Thermengässchen beim Zürcher Weinplatz]).

Archäologie-Objekt: Römerkastell Pfäffikon ZH

4.3 Schutzmassnahmen

4.3.1 Inventare

Inventare stellen in erster Linie Arbeitsinstrumente für Behörden dar, um Massnahmen des Natur- und Heimatschutzes besser planen und Änderungen an Schutzobjekten beurteilen zu können. Sie sind für den betreffenden Grundeigentümer nicht direkt verbindlich. Sie haben in der Regel den Charakter eines Sachplans.

4.3.1.1 *Bundesinventare*

Auf Bundesebene stehen folgende Inventare im Vordergrund:
- Bundesinventar der Landschaften und Naturdenkmäler von nationaler Bedeutung (BLN) aufgrund der V vom 10. August 1977 über das Bundesinventar der Landschaften und Naturdenkmäler (VBLN) (SR 451.11);
- Bundesinventar der schützenswerten Ortsbilder von nationaler Bedeutung (ISOS) aufgrund der V vom 9. September 1981 über das Bundesinventar der schützenswerten Ortsbilder der Schweiz (VISOS) (SR 451.12);
- Bundesinventar der historischen Verkehrswege der Schweiz (IVS) aufgrund der V vom 14. April 2010 über das Bundesinventar der historischen Verkehrswege der Schweiz (VIVS) (SR 451.13);
- Bundesinventar der Auengebiete von nationaler Bedeutung (Aueninventar) aufgrund der V vom 28. Oktober 1992 über den Schutz der Auengebiete von nationaler Bedeutung (Auenverordnung) (SR 451.31);
- Bundesinventar der Hoch- und Übergangsmoore von nationaler Bedeutung (Hochmoorinventar) aufgrund der V vom 21. Januar 1991 über den Schutz der Hoch- und Übergangsmoore von nationaler Bedeutung (Hochmoorverordnung, HMV) (SR 451.32);
- Bundesinventar der Flachmoore von nationaler Bedeutung (Flachmoorinventar) aufgrund der V vom 7. September 1994 über den Schutz der Flachmoore von nationaler Bedeutung (Flachmoorverordnung; FMV) (SR 451.33);
- Bundesinventar der Amphibienlaichgebiete von nationaler Bedeutung (Amphibienlaichgebiete-Inventar) aufgrund der V vom 15. Juni 2001 über den Schutz der Amphibienlaichgebiete von nationaler Bedeutung (Amphibienlaichgebiete-V; AlgV) (SR 451.34);
- Bundesinventar der Moorlandschaften von besonderer Schönheit und von nationaler Bedeutung (Moorlandschaftsinventar) aufgrund der V vom 1. Mai 1996 über den Schutz der Moorlandschaften von besonderer Schönheit und von nationaler Bedeutung (Moorlandschaftsverordnung) (SR 451.35);
- Bundesinventar der Trockenwiesen und -weiden von nationaler Bedeutung (Trockenwieseninventar) aufgrund der V vom 13. Januar 2010 über den Schutz der Trockenwiesen und -weiden von nationaler Bedeutung (Trockenwiesenverordnung, TwwV) (SR 451.37).

Diese Inventare verpflichten den Bund, bei seiner Tätigkeit den Inventarobjekten besonders Sorge zu tragen (Details dazu, vgl. LEIMBACHER 2005, MARTI 2005 und ENGELER WALTER: S. 272 ff.). Aber auch der Kanton und die Gemeinden sind verpflichtet, Objekten, welche in einem Bundesinventar enthalten sind, besonders Sorge zu tragen (URP 2005, S. 529 f. [BLN-Objekt], BGE 135 II 209 ff./URP 2005, S. 680 f. [ISOS-Objekte], BGE 120 Ib 27 [IVS-Objekt]).

4.3.1.2 Kantonale, überkommunale und kommunale Inventare

Kanton und Gemeinden haben über die Schutzobjekte einstweilige Inventare zu erstellen (§ 203 Abs. 2 PBG). Für die überkommunalen Inventare (Naturschutz, Landschaftsschutz, Denkmalschutz, Archäologie, Ortsbildschutz) ist die Baudirektion zuständig. Die kommunalen Inventare werden vom Gemeinderat/Stadtrat festgesetzt (§ 4 NHV-ZH). Die Inventare stehen bei der Baudirektion beziehungsweise bei der betreffenden Gemeindeverwaltung für jedermann zur Einsicht offen (§ 203 Abs. 2 PBG). Die Frist für die Erstellung der Inventare ist für die Gemeinden (nach Verlängerung) am 1. April 1986 abgelaufen (§ 343 PBG). Die Inventare enthalten wenigstens folgende Angaben (§ 6 NHV-ZH):
- knappe Umschreibung und Wertung des Objektes
- bestehende Schutzmassnahmen
- Schutzzweck

Die Inventare der Ortsbilder enthalten zusätzlich Angaben:
- die schützenswerten Einzelobjekte
- die für das Ortsbild wichtigen Fassaden und Freiräume

Die Inventare sind in Form von Plänen und Listen darzustellen und zu unterteilen nach Objekten des Natur- und Landschaftsschutzes und Objekten des Denkmal- und Heimatschutzes (§ 7 NHV-ZH). Die Inventare sind nach Bedarf nachzuführen (§ 8 NHV-ZH).

→ Siehe Bild nächste Seite

Grundsätzlich verpflichten die Inventare nur die Behörden, nicht aber direkt die betroffenen Grundeigentümer. Es handelt sich um keine Schutzmassnahme, sondern lediglich um eine Zusammenstellung von an sich schutzfähigen Objekten. Die Aufnahme in ein Inventar kann auch nicht mit Rechtsmitteln angefochten werden (vgl. BACHMANN 2010 S. 38 f.).

4.3.2 Vorsorgliche Schutzmassnahmen

Vorsorgliche Schutzmassnahmen können im Wesentlichen auf folgende Arten verfügt werden:
- durch die Eröffnung des Inventars (§ 209 Abs. 2 und 3 PBG)
- ohne Eröffnung des Inventars (§ 210 PBG)

4.3.2.1 Inventareröffnung

Wird einem Grundeigentümer schriftlich mitgeteilt, dass sein Grundstück beziehungsweise Schutzobjekt ins Inventar aufgenommen ist, so löst diese Mitteilung ein einjähriges Veränderungsverbot beziehungsweise eine Bewilligungspflicht für tatsächliche Veränderungen aus (§ 209 Abs. 2 PBG). Diese schriftliche Mitteilung ist als formelle Verfügung im Rechtssinne zu erlassen, gegen welche Rechtsmittel ergriffen werden können. Das Veränderungsverbot ist auf ein Jahr befristet. Eine Verlängerung ist nicht zulässig (§ 209 Abs. 3 PBG;

4 Natur- und Heimatschutz
4.3 Schutzmassnahmen

Beispiel eines Inventarblattes

Kommunales Inventar der Denkmal- und Heimatschutzobjekte
Neubeurteilung der Objekte

87 Textilfabrik, Luppmen

Inv. Nr. 105

Vers. Nr. 688

Datierung	1829
Kurzbeschrieb	Typische Textilfabrik aus den Anfängen der Industrialisierung. Gut proportionierter Giebelbau mit regelmässigen, stark durchfensterten Fassaden. Als Baumwollspinnerei durch Schulmeister Johannes Bosshard gebaut.
	Hinweis: Kunstdenkmäler Kt. Zürich, Bd. III, 1978, S. 279 und Heer und Ganz, Heimatkunde Hittnau, 1957, S. 129.
Bestehender Schutz	---

Beurteilung

Stellung	Kubus	Struktur	Substanz	Umgebung	Geschichte	Total
1	3	3	2	2	1	**12**

Schutzziele
- Hauptkubus im Kernzonenplan fixieren
- Gesamteindruck mit Fassadenstruktur und Gebäudegliederung beibehalten
- Originale Bausubstanz erhalten und pflegen
- Umschwung erhalten und pflegen

Entlassung aus Inventar   Nein.

4 Natur- und Heimatschutz
4.3 Schutzmassnahmen

Kommunales Inventar der Denkmal- und Heimatschutzobjekte
Neubeurteilung der Objekte

83 Altersheim Luppmenhof, Luppmen

Inv. Nr. 101

Vers. Nr. 683, 684

Datierung	1874
Kurzbeschrieb	Spätklassizistisches Fabrikantenwohnhaus mit gut gegliederter, regelmässiger Fassadengestaltung in grossen Park. Durch den Baumwollfabrikanten Eduard Spoerry gebaut. Später seitliche Vorbauten und Gartenpavillon. Seit 1967 Altersheim Luppmenhof. Im Erdgeschoss Wohnzimmer mit Interieur von Anfang 20.Jh. (Täferung, Buffet aus Eichenholz, Parkett).
	Hinweis: Kunstdenkmäler Kt. Zürich, Bd. III, 1978, S. 279
Bestehender Schutz	---

Beurteilung

Stellung	Kubus	Struktur	Substanz	Umgebung	Geschichte	Total
1	3	2	2	3	2	**13**

Schutzziele
- Äussere Erscheinung mit Hauptkubus und Fassadengliederung erhalten
- Originale Bausubstanz erhalten und pflegen
- Park erhalten und pflegen

Entlassung aus Inventar Nein.

4 Natur- und Heimatschutz
4.3 Schutzmassnahmen

a. M. BACHMANN 2000 S 6 f.). Innerhalb dieses Jahres hat die zuständige Behörde zu entscheiden, ob und inwieweit sie definitive Schutzmassnahmen erlassen will. Trifft die Behörde innert Frist keinen Entscheid, so fällt das Veränderungsverbot dahin. Von Gesetzes wegen kommt einem Rekurs gegen eine vorsorgliche Schutzmassnahme keine aufschiebende Wirkung zu (§ 211 Abs. 4 PBG).

Auch über die Entlassung aus dem Inventar ist formell zu verfügen. Die Verfügung ist mit Rechtsmittelbelehrung amtlich zu publizieren.

Beispiel einer Entlassung aus dem Inventar

Horgen

Der Gemeinderat Horgen hat mit Beschluss Nr. 93 am 25. Februar 2002, gestützt auf § 213 PBG, das Gebäude Assek.-Nr. 1111 (bestehend aus einem Wohnhaus- und einem Scheunenteil) auf dem Grundstück Kat.-Nr. 10792 an der Katzerenstrasse 13, im Eigentum der Erbengemeinschaft Heinrich Schärer, c/o Dr. iur. Martin Laur, Mühlebachstrasse 42, Horgen, aus dem Inventar der kunst- und kulturhistorischen Schutzobjekte von kommunaler Bedeutung entlassen. Auf das Anordnen von Schutzmassnahmen wird verzichtet.

Gegen diesen Beschluss kann innert 30 Tagen, von der Publikation an gerechnet, d. h. bis am 8. April 2002, bei der Baurekurskommission II des Kantons Zürich, 8090 Zürich, schriftlich Rekurs erhoben werden. Die in dreifacher Ausfertigung einzureichende Rekursschrift muss einen Antrag und dessen Begründung enthalten. Der angefochtene Beschluss sowie die angerufenen Beweismittel sind genau zu bezeichnen und, soweit möglich, beizulegen. Formelle und materielle Urteile der Baurekurskommission sind kostenpflichtig; die Kosten hat die im Verfahren unterliegende Partei zu tragen.

Der Beschluss des Gemeinderates kann während der Rekursfrist beim Bauamt Horgen eingesehen werden.
Horgen, 8. März 2002

4.3.2.2 *Vorsorgliche Unterschutzstellung*

Vorsorgliche Schutzmassnahmen können gemäss § 210 PBG auch ohne Inventareröffnung erlassen werden. Diese sind insbesondere dann notwendig, wenn sich das Schutzobjekt (noch) nicht in einem Inventar befindet. Das kann und darf in der Praxis durchaus vorkommen, da die Inventare vorläufig sind und der Nachführung bedürfen (§ 8 NHV-ZH). Einerseits ist damit zu rechnen, dass die Inventare nicht vollständig sind. Anderseits ist der Begriff des Natur- und Heimatschutzobjektes einem Wandel unterworfen. Auch solche vorsorglichen Schutzmassnahmen müssen formell verfügt werden. Sie bewirken ein einjähriges Veränderungsverbot. Den dagegen ergriffenen Rechtsmitteln kommt keine aufschiebende Wirkung zu (§§ 209 Abs. 2 und 211 Abs. 4 PBG).

4.3.3 Spezialfall: Provokation

Jeder Grundeigentümer ist jederzeit berechtigt, vom Gemeinwesen einen Entscheid über die Schutzwürdigkeit seines Grundstücks oder Objekts zu verlangen, wenn er ein aktuelles Interesse (zum Beispiel konkrete Bauabsichten, Erbteilung, Verkauf) glaubhaft macht. Das Begehren ist schriftlich beim Gemeindederat einzureichen. Fehlt nach dessen Auffassung das aktuelle Interesse am Entscheid über die Schutzwürdigkeit, so ist dies dem Gesuchsteller innerhalb eines Monats nach Eingang der vollständigen Unterlagen mitzuteilen. Falls das Objekt in einem überkommunalen Inventar enthalten ist, überweist der Gemeinderat das Gesuch unverzüglich an die Baudirektion, welche über das aktuelle Interesse entscheidet. Ist das Objekt noch nicht inventarisiert, entscheidet der Gemeinderat nach Einholung der Zustimmung durch die Baudirektion innert zwei Monaten über das aktuelle Interesse (§ 12 NHV-ZH).

Der Entscheid über eine allfällige Unterschutzstellung ist innert eines Jahres zu treffen. In Ausnahmefällen kann die Frist vor Fristablauf um ein Jahr erstreckt werden (§ 213 Abs. 1 PBG). Trifft das zuständige Gemeinwesen keinen Entscheid, so heisst dies, dass auf eine Unterschutzstellung verzichtet wird. Das betreffende Objekt kann dann entfernt, zerstört oder abgebrochen werden. Diese Fristen gelten als Verwirkungsfristen (BEZ 2004 Nr. 65). Wenn die Verwirkungsfrist von § 213 Abs. 3 PBG unbenützt abläuft und sich daraus eine Nichtunterschutzstellung eines Objekts ergibt, muss dies den zur Anfechtung legitimierten Nachbarn und Vereinigungen in geeigneter Weise mitgeteilt werden (zum Beispiel mittels Publikation), damit diese von ihren Rechten Gebrauch machen und den Entscheid materiell anfechten können (PBG aktuell 4/2009, S. 24 ff.; BGer 1C_68/2009; VB.2008.00541).

Das Provokationsrecht verleiht dem Eigentümer einen Anspruch auf eine abschliessende Beantwortung seiner Anfrage. Eine Unterschutzstellung in Verfügungsform ist nach Ablauf der Frist nur noch zulässig, wenn sich die Verhältnisse erheblich geändert haben (BEZ 1992 Nr. 28). Möglich bleibt für die Behörde in jedem Fall der Weg über eine Unterschutzstellung mit einem verwaltungsrechtlichen Vertrag.

Auf den Verzicht auf eine Unterschutzstellung kann mit einem späteren Entscheid nur zurückgekommen werden, wenn sich in der Zwischenzeit die Verhältnisse wesentlich gewandelt haben (BEZ 1992 Nr. 28).

4.3.4 Definitive Schutzmassnahmen

Der dauernde Schutz von Objekten des Natur- und Heimatschutzes erfolgt durch Massnahmen des Planungsrechtes sowie durch Verordnung, Verfügung oder Vertrag (Art. 17 RPG; § 205 PBG). Solche Schutzmassnahmen verhindern Beeinträchtigungen der Objekte, stellen deren Pflege und Unterhalt sicher und ordnen nötigenfalls die Restaurierung an. Ihr Umfang ist jeweils örtlich und sachlich genau zu umschreiben (§ 207 Abs. 1 PBG). Vgl. die ergänzenden Bestimmungen über Naturschutz (§§ 13–18 NHV-ZH), Landschaftsschutz (§§ 19–22 NHV-ZH), Ortsbild- und Denkmalschutz (§§ 23–28 NHV-ZH) und Erholungsflächen (§§ 29–32 NHV-ZH).

4.3.4.1 *Planungsrecht*

Bei der Wahl der jeweils geeigneten Massnahme steht der Katalog von § 205 PBG zur Verfügung. Im Vordergrund stehen demnach Massnahmen des Planungsrechts (§ 205 lit. a PBG).

4 Natur- und Heimatschutz
4.3 Schutzmassnahmen

Als Massnahmen des Planungsrechtes stellt das PBG für den Naturschutz vor allem die Freihaltezonen zur Verfügung, deren Zweck in § 39 ausdrücklich mit «Bewahrung von Objekten des Natur- und Heimatschutzes» umschrieben wird (vgl. Seite 121). Dem Denkmalschutz im Besonderen dienen als stärkste Mittel unter den generellen Massnahmen die Kernzonen (vgl. Seite 127). Kernzonen umfassen nach § 50 PBG Stadt- und Dorfkerne oder einzelne Gebäudegruppen, die in ihrer Eigenart erhalten oder erweitert werden sollen. Die Schaffung einer Kernzone bedeutet, dass dem Gemeinwesen weitgehende Einflussmöglichkeiten auf die bauliche Um- und Neugestaltung und die Nutzweise aller Grundstücke eingeräumt werden. Durch Detailsignaturen, begleitenden Text und Gebietscharakterbeschreibung wird das bauliche Schicksal jedes einzelnen Grundstücks vorgeprägt. Das besondere Instrumentarium, welches das PBG zur Verfügung stellt, lautet in § 50 Abs. 2 und Abs. 3 PBG:

2 Die Bau- und Zonenordnung kann das Bauen auf die Strassengrenze, die Verkehrsbaulinie oder bestehende Baufluchten und, unter Wahrung schutzwürdiger nachbarlicher Interessen, an die Grundstücksgrenze vorschreiben, das Bauen bis auf die Strassengrenze gestatten sowie die Stellung und die Höhenlage der Bauten sonst näher ordnen. Nutzungsziffern sind nur zulässig, soweit sie dem Zonenzweck nicht zuwiderlaufen.

3 Die Bau- und Zonenordnung kann besondere Vorschriften über die Masse und die Erscheinung der Bauten enthalten; [...]

Ähnliche Ziele verfolgt die Quartiererhaltungszone (§ 50a PBG; vgl. Seite 127), welche die Bewahrung von geschlossenen Ortsteilen mit hoher Siedlungsqualität im Auge hat (zum Beispiel: Genossenschaftssiedlungen aus den Dreissigerjahren).

Beide Zonentypen ermöglichen aber keinen Schutz der Bausubstanz oder eigentliche Abbruchverbote. Sind solche Massnahmen notwendig, so ist eine formelle Unterschutzstellung erforderlich. Zulässig ist es aber, in der Bauordnung vorzuschreiben, dass in einer Kernzone ein Gebäude nur abgebrochen werden darf, wenn die Erstellung eines Ersatzbaus gesichert ist (RB 1993 Nr. 37).

Gestaltungspläne können ebenfalls Schutzzielen dienen (vgl. Seite 142). Aber auch mit einem Gestaltungsplan kann kein Substanzschutz betrieben werden.

4.3.4.2 *Schutzverordnungen*

Soll die Unterschutzstellung ein grösseres Gebiet erfassen, so muss sie mit einer Schutzverordnung (§ 205 lit. b PBG) getroffen werden. Zu diesem Mittel wird vor allem bei Naturschutzobjekten gegriffen (Schutz von Hecken, Trockenstandorten usw.). Vereinzelt werden auch bei Gebäudegruppen solche Verordnungen erlassen (zum Beispiel Altstadt von Winterthur, Zanggerweg in Zürich; vgl. etwa BEZ 1990 Nr. 20; 1989 Nr. 12). Für den Erlass von kommunalen Schutzverordnungen ist die Gemeindelegislative zuständig (ZBl 1993, S. 566).

4 Natur- und Heimatschutz
4.3 Schutzmassnahmen

Beispiel: Naturschutzverordnung

Schutz des Kiesgrubenbiotops Gubel in Bassersdorf (Naturschutzgebiet mit überkommunaler Bedeutung) vom 23. Januar 2002

Auf dem Kiesgrubengelände Gubel in Bassersdorf hat sich während der Abbauphase und bis zur Auffüllung eine sehr arten- und individuenreiche Amphibienfauna eingestellt. Neben den häufigen Amphibienarten (Bergmolch, Erdkröte, Wasserfrosch, Grasfrosch) kamen auch zum Teil sehr selten gewordene Arten wie Laubfrosch, Kreuzkröte, Geburtshelferkröte, Gelbbauchunke und Fadenmolch in mittleren bis grossen Populationen vor. Die Bestände dieser Arten haben durch die inzwischen erfolgte vollständige Auffüllung der Grube stark gelitten, aber beinahe ausnahmslos in kleinen verbliebenen Restbiotopflächen überlebt. In neuerer Zeit wurden auf dem aufgefüllten Gelände zahlreiche neue, seichte, zum Teil nur zeitweise wasserführende Tümpel zur Verbesserung des Laichgewässerangebots angelegt. Die umgebenden Bereiche sind als Ruderalflächen ausgestaltet, die teilweise in zeitlicher Staffelung in Magerwiesen überführt werden sollen. Das Gebiet ist überdies ein bedeutender Lebensraum für die Zaun- und Waldeidechse sowie ein geeignetes Potenzialgebiet für die Ringelnatter.

Das ehemalige Kiesgrubengelände Gubel ist im kantonalen Richtplan (31. Januar 1995) als Gruben- und Ruderalbiotop von kantonaler Bedeutung bezeichnet und im Inventar der Amphibienlaichgebiete von nationaler Bedeutung enthalten (Objekt ZH 76, 15. Juni 2001).

Aufgrund ihres komplexen Lebenszyklus sind Amphibien auf sehr unterschiedliche Teillebensräume angewiesen. Für die Fortpflanzung benötigen sie geeignete Laichgewässer, als Sommerlebensräume dienen Laubwälder, Hecken, feuchte Wiesen oder Brach- und Ruderalflächen, während für die Überwinterung meist frostsichere Landverstecke, häufig im Wald, aufgesucht werden. In den einzelnen Teillebensräumen sind vielfältige Mosaike von Teilflächen nötig, die unterschiedliche Wärmeeinstrahlung und Feuchtigkeit haben und verschiedene Strukturen als Verstecke, Aufwärm- beziehungsweise Kühlplätze, Nahrungs- und Ruhestellen aufweisen.

Die Erhaltung geeigneter Lebensräume für Pionierarten ist von einer starken Dynamik und periodischen Umgestaltung abhängig, weil nur so ständig unterschiedlich weit entwickelte Biotopelemente vorhanden sind. Dies ist nur auf einer ausreichend grossen Gesamtfläche möglich.

Das Gebiet Gubel ist ein Vorranggebiet für die Förderung von Amphibien und anderen Pionierarten, da insbesondere bei den Amphibien noch immer ein breites Artenspektrum vorhanden ist und das Gebiet eine relativ grosse Fläche aufweist, die von intensiven Nutzungen und Störungen durch den umgebenden Wald gut abgeschirmt ist. Der angrenzende Wald bildet zudem einen wichtigen Teil des Lebensraumkomplexes.

Um den biologischen und landschaftlichen Wert dieses Objekts umfassend zu erhalten, ist der Erlass einer Schutzverfügung, welche Schutz- und Pflegemassnahmen festlegt, notwendig.

Die Volkswirtschaftsdirektion, gestützt auf Art. 18 ff. des Bundesgesetzes über den Natur- und Heimatschutz (NHG) vom 1. Juli 1966 und §§ 203, 205 und 211 des Planungs- und Baugesetzes (PBG) vom 7. September 1975, erlässt folgende Verfügung:

1. Das Kiesgrubenbiotop und angrenzende Waldbereiche im Gebiet Gubel in Bassersdorf werden unter Naturschutz gestellt.

Das Schutzgebiet umfasst seichte, zeitweise austrocknende Tümpel, ausgedehnte Pionierflächen auf nährstoffarmen Böden, Magerwiesen, Gebüschgruppen, Einzelbäume,

4 Natur- und Heimatschutz
4.3 Schutzmassnahmen

breite Waldränder und angrenzende Waldbereiche. Diese Biotope bilden vielfältige Lebensraummosaike für seltene und bedrohte Arten, insbesondere Amphibien, Reptilien und andere Pionierarten. Der Weiterbestand vieler Arten wird durch eine Fortführung der Lebensraumdynamik gewährleistet und gefördert.

    2. Das Schutzgebiet wird in folgende Zonen gegliedert:

...

4.3.4.3 Unterschutzstellung durch Verfügung

Betrifft der Schutz nur ein einzelnes Objekt (einzelnes Gebäude, ein einzelnstehendes wertvolles Naturdenkmal, zum Beispiel einen seltenen Baum), so ist eine individuelle Massnahme angebracht, in der Regel eine Verfügung (§ 205 lit. c PBG). Solche individuellen Massnahmen sind anstelle oder in Ergänzung von planungsrechtlichen Massnahmen (vgl. Seite 215) anzuordnen, wenn oder soweit diese und die Bauvorschriften einen fachgerechten Schutz sowie Pflege und Unterhalt nicht sicherstellen (§ 9 Abs. 1 NHV-ZH). Die Schutzmassnahmen haben das Schutzobjekt zu umschreiben, Art und Umfang des Schutzes festzulegen und, soweit nötig, Pflege und Unterhalt zu regeln (im Detail vgl. BACHMANN 2000: S. 10 ff.). Die für das Schutzobjekt wichtige Umgebung ist in die Schutzanordnung einzubeziehen (§ 10 NHV-ZH). Bei Bäumen oder anderen Pflanzen, die auch auf Nachbargrundstücke ragen, hat sich der Schutz auch auf diese Nachbargrundstücke zu erstrecken. Bei Bauten und Anlagen, welche in Stockwerkeigentum aufgeteilt sind, sind grundsätzlich alle Stockwerkeinheiten in die Unterschutzstellungsverfügung einzubeziehen.

Reformierte Kirche Pfäffikon ZH

4 Natur- und Heimatschutz
4.3 Schutzmassnahmen

Bei Denkmalschutzobjekten, welche im Verlaufe der Jahre mehrmals umgebaut und geändert wurden, stellt sich unter Umständen das Problem, welcher Bauzustand unter Schutz gestellt werden soll. Als Beispiel sei die reformierte Kirche von Pfäffikon/ZH erwähnt. Dort wurde eine gotische Kirche auf romanischen Resten aufgebaut. Der Turm hat seit 1890 anstelle eines «Käsbissendachs» einen neugotischen Spitzhelm. Das Jugendstil-Interieur wurde im Zuge einer Renovation 1947 entfernt. Welcher Zustand soll nun bei einer nächsten Renovation herbeigeführt werden?

Beispiel einer Unterschutzstellung durch Verfügung (Naturschutz)

Unterschutzstellung Rotbuche Alte Landstrasse 76, Rüschlikon

Antragsgemäss hat der Gemeinderat Rüschlikon die Schutzwürdigkeit der Rotbuche an der Alten Landstrasse 76 erwogen und am 8. Juni 2000 beschlossen, die im kommunalen Landschaftsschutzinventar (Nr. 222/112) aufgeführte Rotbuche (Fagus sylvatiea) i. S. von § 205 lit. c PBG formell zu schützen.

Gegen diesen Beschluss kann innert 30 Tagen bei der Baurekurskommission II des Kantons Zürich, 8090 Zürich, Rekurs erhoben werden. Der Fristenlauf beginnt für die Eigentümer mit der Zustellung dieses Entscheides, für Dritte mit der Publikation. Die dreifach einzureichende Rekursschrift muss einen begründeten Antrag enthalten. Die Beweismittel sind genau zu bezeichnen und dem angefochtenen Beschluss, soweit möglich, beizulegen. Entscheide der Baurekurskommissionen sind kostenpflichtig und von der im Verfahren unterliegenden Partei zu tragen.

Der Gemeinderatsbeschluss und die Akten können während der Rekursfrist auf dem Bausekretariat Rüschlikon, Pilgerweg 29, 8803 Rüschlikon, eingesehen werden.

Rüschlikon, 23. Juni 2000

Gemeinderat Rüschlikon

Beispiel einer Unterschutzstellung durch Verfügung (Denkmalschutz)

Hausen am Albis.

Die Baudirektion Kanton Zürich hat am 16. Januar 2002 verfügt:

1. Das Gebäude Vers.-Nr. 0657 an der Ebertswilerstrasse 14 in Hausen am Albis wird unter Denkmalschutz gestellt. Die Schutzverfügung, der Situationsplan sowie die übrigen Aktenunterlagen stehen bei der kantonalen Denkmalpflege, Walchestrasse 15, 3. Stock, Büro 316, nach telefonischer Voranmeldung (01 259 29 67) zur Einsichtnahme offen.
2. Gegen diese Verfügung kann innert 30 Tagen, von der öffentlichen Bekanntmachung an gerechnet, schriftlich Rekurs beim Regierungsrat erhoben werden. Einem allfälligen Rekurs kommt keine aufschiebende Wirkung zu (§ 204 Absatz 4 PBG).

Zürich, 8. Februar 2002

Baudirektion Kanton Zürich

4	**Natur- und Heimatschutz**
4.3	Schutzmassnahmen

4.3.4.4 *Unterschutzstellung durch Vertrag*

Neben der Unterschutzstellung durch Verfügung besteht auch die Möglichkeit, die Randbedingungen in einem Vertrag zwischen dem Gemeinwesen und dem Grundeigentümer zu regeln (§ 205 lit. d PBG). Ein solcher verwaltungsrechtlicher Vertrag setzt voraus, dass der Grundeigentümer mit der Unterschutzstellung einverstanden ist. Anderseits können in einem solchen Vertrag auch Vereinbarungen getroffen werden, welche weiter gehen, als dies in einer Verfügung möglich wäre (weitergehende Schutzmassnahmen, besondere Entschädigungsregelungen). Kernstück solcher Verträge ist jeweils die Vereinbarung einer Personaldienstbarkeit zugunsten des Gemeinwesens, zum Beispiel mit dem Inhalt:

> *Der jeweilige Eigentümer des Hauses in XY darf an dieser Liegenschaft ohne vorgängige Zustimmung der Direktion der öffentlichen Bauten weder bauliche noch andere Änderungen vornehmen. Die Ausführung von Unterhaltsarbeiten, welche die äussere Wirkung des Gebäudes berühren, ist der genannten Direktion vorher schriftlich anzuzeigen.*

> Es ist allerdings fraglich, ob überhaupt eine solche Dienstbarkeit begründet werden darf und ob nicht auch eine öffentlich-rechtliche Anmerkung im Grundbuch (Revers) genügen würde (vgl. BÖSCH 1993: S. 484).

Beispiel einer Publikation einer Unterschutzstellung durch Vertrag

---

Denkmalschutz; Josefstrasse 8, Zürich 5 – Industriequartier: Vertragsgenehmigung, Zürich.

Der Stadtrat hat mit Beschluss vom 5. Dezember 2001 den verwaltungsrechtlichen Vertrag genehmigt, mit dem das Gebäude Vers.-Nr. 2157 auf dem Grundstück Kat.-Nr. 2068 an der Josefstrasse 8 in Zürich-Industriequartier unter Schutz gestellt wird.

Gegen diesen Beschluss kann innert 30 Tagen bei der Baurekurskommission I des Kantons Zürich schriftlich Rekurs erhoben werden.

Dem Lauf der Rekursfrist und allfälligen Rechtsmitteln gegen diesen Beschluss kommt von Gesetzes wegen keine aufschiebende Wirkung zu.

Der Beschluss kann während der Rekursfrist auf dem Amt für Baubewilligungen (Planauflage), Badenerstrasse 141, Parterre, Zürich 4, jeweils Montag bis Freitag von 8 bis 9 Uhr eingesehen werden.

Zürich, 8. Februar 2002
Der Stadtrat von Zürich

Der Grundeigentümer, der einen verwaltungsrechtlichen Vertrag eingeht, kann die Unterschutzstellung, welche sich im Rahmen des Vertrages hält, nur noch wegen Willensmängeln (Art. 23 ff. OR; Täuschung, Grundlagenirrtum usw.) anfechten.

4.3.5 Sonderfall: Selbstbindung

Nach § 204 PBG haben Staat, Gemeinden sowie jene Körperschaften, Stiftungen und selbstständigen Anstalten des öffentlichen und des privaten Rechts, die öffentliche Aufgaben erfüllen, in ihrer Tätigkeit dafür zu sorgen, dass Schutzob-

4 Natur- und Heimatschutz
4.3 Schutzmassnahmen

jekte geschont und, wo das öffentlichen Interesse an diesen überwiegt, ungeschmälert erhalten bleiben (BEZ 1991 Nr. 23; 1987 Nr. 12; vgl. Details in § 1 NHV-ZH). Diese Verpflichtung zur Schonung und Erhaltung von Schutzobjekten nennt man Selbstbindung. Der Selbstbindung unterworfen sind Institutionen, welche öffentliche Aufgaben erfüllen. Dazu gehören neben dem Bund, dem Kanton und den verschiedenen Gemeinden auch etwa Kirchenstiftungen, Privatschulen und -spitäler, generell Sozial- und Kulturwerke.

Die Selbstbindung nach § 204 PBG besteht ohne förmliche Unterschutzstellung oder Aufnahme in ein Inventar. Sie ist namentlich zu beachten bei Tätigkeiten wie Errichtung, Änderung, Unterhalt und Beseitigung von Bauten, Richt- und Nutzungsplanungen, Erteilung von Konzessionen und von Bewilligungen (also auch Baubewilligungen, vgl. AGVE 1995 S. 328 ff. [Schulhaus in der Umgebung einer Synagoge]), sofern der Behörde dabei Ermessensfreiheit zusteht, sowie beim Gewähren von Beiträgen.

Soweit es möglich und zumutbar ist, muss für zerstörte Schutzobjekte Ersatz geschaffen werden (§ 204 Abs. 2 PBG; vgl. ausführliche Erwägungen in BEZ 1987 Nr. 12). Auch wenn eine Institution der Selbstbindung unterliegt und diese damit zur Wahrung der Schutzinteressen verpflichtet ist, können sie dennoch Adressat von Schutzverfügungen oder -verordnungen sein. Dies ist vor allem dann wichtig, wenn die betreffende Institution die erforderlichen Schutzmassnahmen nicht oder nicht genügend treffen will. Eine Gemeinde kann also beispielsweise ein Haus einer anderen öffentlichen Institution unter Schutz stellen (BEZ 1986 Nr. 5; RB 1985 Nr. 95).

Im Fall einer Selbstbindung des Gemeinwesens ist im Unterschied zu Schutzobjekten im Eigentum Privater nicht zwischen dem öffentlichen Schutzinteresse und privaten Eigentümerinteressen abzuwägen, sondern zwischen (allenfalls) gegenläufigen öffentlichen Interessen (BEZ 1996 Nr. 23 [Bohlenständerbau aus dem 19. Jahrhundert, welcher einer Gemeinde gehörte]). Dabei fallen die durch die Sanierung eines Denkmalschutzobjekts gegenüber einem Neubau bedingten Mehrkosten bei der Würdigung der Verhältnismässigkeit ausser Betracht, wenn die zusätzlichen Aufwendungen darauf zurückzuführen sind, dass das betreffende Gemeinwesen die Liegenschaft trotz Selbstbindung vernachlässigt hat (BEZ 1996 Nr. 23).

Die Selbstbindung des Gemeinwesens gemäss § 204 Abs. 1 PBG erstreckt sich sowohl auf Schutzobjekte, die in Privateigentum stehen, als auch auf solche, die dem Gemeinwesen gehören; sie umfasst stets auch die nähere Umgebung des Schutzobjekts. Der Schutzumfang ergibt sich daher nicht nur aus § 203 PBG, sondern auch aus § 238 Abs. 2 PBG (RB 2006 Nr. 66).

4.3.6 Pflegemassnahmen

Während bei den üblichen Schutzanordnungen vom Grundeigentümer hauptsächlich ein «Unterlassen» verlangt wird (Verzicht auf Abbruch, Fällverbot für einen Baum usw.), können bei Schutzmassnahmen auch positive Leistungspflichten auferlegt werden: Pflicht zum dauernden Unterhalt, zur Rekonstruktion eines Originalbauteils (RB 1993 Nr. 39), Offenhaltung eines schutzwürdigen Gartens für die Öffentlichkeit oder Schnittverpflichtung in einem Ried usw. Solche Massnahmen unterliegen aber wie Schutzmassnahmen generell dem Verhältnismässigkeitsprinzip. Pflegemassnahmen können auch im Rahmen von vorsorglichen Schutzmassnahmen erlassen werden. Wenn einem Grundeigentümer Pflegemassnahmen auferlegt werden, kann unter Umständen verhindert werden, dass er ein schutzwürdiges Haus verfallen lässt, um so einer Unterschutzstellung zu entgehen.

4.3.7 Massnahmen im Baubewilligungsverfahren

Auf Objekte des Natur- und Heimatschutzes müssen die Baubewilligungsbehörden auch im Baubewilligungsverfahren Rücksicht nehmen. Sie müssen darauf achten, dass unter Schutz gestellte Bau- und Anlageteile durch die geplanten Massnahmen nicht gefährdet oder zerstört werden. Dies gilt unabhängig davon, ob ein Objekt durch eine Verordnung, eine Verfügung oder einen Vertrag unter Schutz gestellt ist (BEZ 2008 Nr. 25).

Für Bauten und Anlagen im Nahbereich von Schutzobjekten und für bauliche Massnahmen an solchen Objekten wird eine gute Einordnung verlangt (§ 238 Abs. 3 PBG; vgl. Seite 664). Das kann zum Beispiel auf detaillierte Gestaltungsauflagen oder ein Verbot, Dachaufbauten oder Sonnenkollektoren zu erstellen, hinauslaufen (BEZ 1981 Nr. 51).

Bei wesentlichen Änderungen oder bei einem Abbruch einer inventarisierten Baute oder Anlage ist zuerst eine regelkonforme Inventarentlassung vozunehmen (BEZ 2009 Nr. 47).

Anderseits sind bei Schutzobjekten Erleichterungen möglich bei:
- Umnutzung und Ausbau von Schutzobjekten ausserhalb der Bauzonen (vgl. Seite 1188)
- wohn- und arbeitshygienischen Vorschriften (vgl. Seite 968 ff.)
- den Anforderungen des behinderten gerechten Bauens (vgl. Seite 988 ff.)
- feuerpolizeilichen Anforderungen (vgl. Seite 1034 ff.)
- Immissionsgrenzwerten (vgl. Seite 1070 ff.)
- der Erschliessung (vgl. Seite 582)
- den Anforderungen an die Verkehrssicherheit (vgl. Seite 692).

Da Schutzmassnahmen nicht immer so leicht erlassen werden können, ist für Baubewilligungsbehörden die Versuchung gross, die ihr notwendig erscheinenden Massnahmen im Baubewilligungsverfahren zu verfügen. Dieses Vorgehen ist nur soweit zulässig, als das Baupolizeirecht ausdrücklich diese Möglichkeit einräumt, was nur bei den soeben erwähnten Normengruppen der Fall ist. Nicht statthaft ist hingegen, im Rahmen einer Baubewilligung ohne Unterschutzstellung die Erhaltung von Fassadenmalereien oder die Rekonstruktion eines vor Jahren enfernten Bauteils zu verlangen (vgl. ZBl 2007, S. 628 f.).

Wenn aber die Gefährdung eines Schutzobjekts von vornherein ausgeschlossen werden kann, besteht kein Anlass für die Baubehörde, beim Gemeinderat oder der Baudirektion einen Entscheid über die Schutzwürdigkeit und den Schutzumfang zu verlangen (BEZ 2006 Nr. 3).

4.4 Verhältnismässigkeit und Interessenabwägung

Private Interessen – öffentliche Interessen
Beim Erlass von Schutzmassnahmen sind die auf dem Spiel stehenden Interessen gegeneinander abzuwägen. Abzuwägen ist in erster Linie das öffentliche Interesse an der Erhaltung eines Schutzobjekts gegen das Interesse des Grundeigentümers an einer möglichst freien Nutzung seines Grundstücks.

Rein finanzielle Interessen des Grundeigentümers vermögen jedoch das öffentliche Interesse an einer Denkmalschutzmassnahme in aller Regel nicht zu überwiegen (BGE 118 Ia 384 ff., BGE 120 Ia 270 ff., BGE 126 I 219 ff.; ZBl 2007, S. 87 ff). Demnach kommt dem finanziellen Interesse eines Grundeigentümers an der möglichst gewinnbringenden Nutzung seiner Liegenschaft grundsätzlich kein entscheidendes Gewicht im Vergleich zum öffentlichen Interesse an den denkmalschützerischen Massnahmen zu. Wirtschaftlichkeitsüberlegungen spielen im Rahmen der Abwägung der öffentlichen Interessen an der Unterschutzstellung gegenüber den privaten Interessen jedoch dann eine Rolle, wenn sich die Unterschutzstellung als geradezu unzumutbar erweisen würde (ZBl 1996, S. 366 ff., VB.2003.00120).

Verschiedene gegenläufige öffentliche Interessen
Unter Umständen können aber auch zwei öffentliche Interessen in Widerstreit geraten. Die Qualifikation eines Objekts als «wichtigen Zeugen» oder «wesentlich mitprägendes Element» für die Umgebung führt nicht immer zwingend zur Anordnung von Schutzmassnahmen im Sinn von § 205 und 207 PBG, sondern nur dann, wenn das öffentliche Interesse an der Erhaltung des Schutzobjekts höher zu werten ist als entgegenstehende öffentliche und private Interessen (RB 1992 Nr. 62, VB.2007.00366). So kann der Abbruch eines schutzwürdigen Hauses für den Ausbau einer Strasse notwendig werden oder die Erstellung einer öffentlichen Baute ist allenfalls nur mit der Beseitigung von schutzwürdigen Bauten und Anlagen möglich (BEZ 2008 Nr. 28 betreffend Justizzentrum anstelle des Güterbahnhofs; BEZ 2009 Nr. 23 betreffend Erweiterung Kunsthaus Zürich). Oder das Interesse an einer guten Entsorgungsinfrastruktur kann den Bau von modernen Unterflurcontainern in der Zürcher Altstadt rechtfertigen (RB 2006 Nr. 66). Unter Umständen kann energiepolitischen Anliegen gegenüber Denkmalschutzinteressen der Vorrang gewährt werden (BJM 1999, S. 159 ff. betreffend Sonnenkollektoren auf dem Basler Missionshaus; BEZ 2004 Nr. 73 ebenfalls betreffend Sonnenkollektoren; BGer 1C_270/2008 betreffend einer Fassadenisolation). Bei schwieriger Interessenabwägung ist zwingend ein Gutachten einer Sachverständigenkommission oder eines aussenstehenden Gutachters einzuholen (BEZ 2009 Nr. 36).

Schliesslich gilt auch für Schutzmassnahmen der Grundsatz der Verhältnismässigkeit. Danach müssen staatliche Hoheitsakte für das Erreichen eines im übergeordneten öffentlichen Interesse liegenden Zieles geeignet, notwendig und dem Betroffenen zumutbar sein. Ein Grundrechtseingriff ist namentlich dann unverhältnismässig, wenn eine ebenso geeignete mildere Anordnung für den angestrebten Erfolg ausreicht. Der Eingriff darf nicht einschneidender sein als notwendig (BGE 126 I 219 ff.; BGE 124 I 40 ff.; ZBl 2007 S. 83; vgl. Engeler Walter: S. 191 ff. und S. 198 f.).

Als unverhältnismässig wurden etwa folgende Unterschutzstellungen angesehen:
- Garten, dem wegen eines Stilgemisches keine Zeugenschaft zukam (VB.2007.00192);
- Bauernhaus, das vor der Unterschutzstellung mehrmals stark umgebaut wurde und als solches gar nicht mehr erlebbar ist (VB.2007.00192);
- Baute, in welcher Wohn- und Arbeitsräume ungenügende Raumhöhen aufweisen und kaum belichtet werden können (VB.2007.00255);
- eine Naturschutzverordnung, soweit sie sich auf Gebiete erstreckte, welche nicht schützenswert sind (BGE 94 I 52 ff.).

4.5 Verfahren

4.5.1 Ablauf

→ Siehe Grafik rechte Seite

4.5.2 Zuständigkeiten

Bei Schutzmassnahmen für Objekte des Landschafts-, Natur-, Ortsbild- und Denkmalschutzes sowie der Archäologie von überkommunaler Bedeutung ist die Baudirektion zuständig, eine Verordnung oder Verfügung zu erlassen beziehungsweise einen verwaltungsrechtlichen Vertrag abzuschliessen (§ 211 Abs. 1 PBG, § 9 a NHV-ZH). Für die Schutzmassnahmen der Objekte von nur kommunaler Bedeutung ist der Gemeinderat/Stadtrat zuständig (§ 211 Abs. 2 PBG).

Bei den Planungsmassnahmen gelten die üblichen Zuständigkeiten des Planungsrechts:
- Freihaltezone (Gemeindelegislative oder Baudirektion)
- Kernzone (Gemeindelegislative)
- Quartiererhaltungszone (Gemeindelegislative)
- Gestaltungsplan (Baudirektion oder Gemeindelegislative)

4.5.3 Zutrittsrecht

Für die technische Durchführung von Schutzabklärungen ist jedermann verpflichtet, Handlungen, wie Vermessungen, Begehungen, Bausubstanzuntersuchungen und Ähnliches, zu dulden (§ 208 in Verbindung mit § 17 PBG). Ein allfällig angerichteter Schaden ist zu ersetzen.

4.5.4 Kommissionen

Bundesebene

Die Eidgenössische Natur- und Heimatschutzkommission (ENHK) und die Eidgenössische Kommission für Denkmalpflege (EKD) sind die beratenden Fachkommissionen des Bundes für Angelegenheiten des Naturschutzes, des Heimatschutzes und der Denkmalpflege. Die ENHK und die EKD haben insbesondere folgende Aufgaben (vgl. Art. 25 NHV; vgl. dazu KELLER/ZUFFEREY/FAHRLÄNDER: N 7 ff. zu Art. 7 NHG):
- Beratung der Bundesverwaltung in grundsätzlichen Fragen des Naturschutzes, des Heimatschutzes und der Denkmalpflege;

4 Natur- und Heimatschutz
4.5 Verfahren

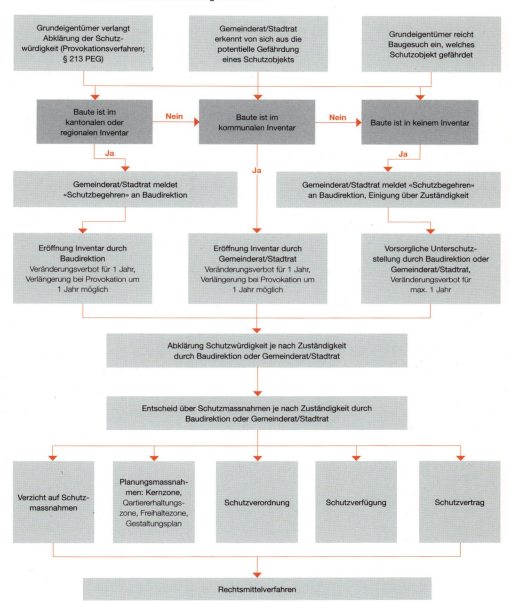

Ablauf der Unterschutzstellung einer Baute

4 Natur- und Heimatschutz
4.5 Verfahren

- Mitwirkung bei der Vorbereitung und Nachführung der Inventare von Objekten von nationaler Bedeutung;
- Begutachtung von Fragen des Naturschutzes, des Heimatschutzes und der Denkmalpflege zuhanden der Behörden des Bundes und der Kantone, die Bundesaufgaben nach Art. 2 NHG zu erfüllen haben (Art. 7 und 8 NHG; URP 2007, S. 46 f.);
- Erstattung von besonderen Gutachten (Art. 17a NHG), sofern ein Vorhaben, das keine Bundesaufgabe nach Art. 2 NHG darstellt, ein Objekt beeinträchtigen könnte, das in einem Inventar des Bundes nach Artikel 5 NHG aufgeführt oder anderweitig von besonderer Bedeutung ist.

Die EKD nimmt zudem zu Beitragsgesuchen Stellung.

Kantonale Ebene
Gestützt auf § 216 PBG und § 2 NHV-ZH wählt der Regierungsrat jeweils auf Amtsdauer von 4 Jahren eine Natur- und Heimatschutzkommission (NHK), eine Denkmalpflegekommission (KDK) und eine Archäologiekommission (AK). Die Kommissionen beraten die kantonalen Amtsstellen und Gemeinden infragen des Natur- und Heimatschutzes. Sie nehmen Stellung zu Fragen von überkommunaler Bedeutung. Sodann können Gemeinden, Institutionen und Dritte auch Stellungnahmen zu Objekten von kommunaler Bedeutung verlangen. Entsprechende Gesuche sind der Baudirektion einzureichen, die sie der zuständigen Kommission weiterleitet. Die Kommissionen können auch von sich aus zu Fragen des Natur- und Heimatschutzes Stellung nehmen (§ 16 PBG; § 2 NHV-ZH). Die Zusammensetzung, Aufgabenzuweisung und Geschäftsführung der Kommissionen sind im Reglement des Regierungsrates vom 12. Januar 2005 «für die Sachverständigen-Kommissionen nach § 216 PBG» geregelt. Details zu diesen Kommissionen vgl. BIRCHER.

Kommunale Ebene
In den Gemeinden übernimmt beim Erlass von Schutzmassnahmen oder bei Baubewilligungen im Bereich von Schutzobjekten häufig auch eine besondere Kommission Beratungsaufgaben. Solche Kommissionen werden meist als Stadtbild, Kultur-, Denkmalschutz- oder Natur- und Heimatschutzkommission bezeichnet. Vgl. zur Rechtsstellung von Kommissionen und zur Funktion von Gutachten: URP 1999, S. 794 ff. und RB 2005 Nr. 61.

4.5.5 Beiträge und Kosten

Die Restaurierung eines unter Schutz gestellten Gebäudes ist in der Regel aus zwei Gründen aufwendig: Erstens wegen der besonderen nötigen Sorgfalt und zweitens wegen der im Allgemeinen schlechteren Nutzungsmöglichkeit, welche die Rücksichtnahme auf Schutzbestimmungen mit sich bringt. So kann beispielsweise ein Dachgeschoss nicht ausgebaut werden, weil Dachfenster verboten sind; eine Wohnung darf nicht unterteilt werden, weil die innere Gebäudesubstanz nicht angetastet werden darf.

Der Bund kann Naturschutz, Heimatschutz und Denkmalpflege unterstützen, indem er den Kantonen im Rahmen der bewilligten Kredite und auf der

4 Natur- und Heimatschutz
4.5 Verfahren

Grundlage von Programmvereinbarungen globale Finanzhilfen für die Erhaltung, den Erwerb, die Pflege, die Erforschung und die Dokumentation von schützenswerten Landschaften, Ortsbildern, geschichtlichen Stätten sowie Natur- und Kulturdenkmälern gewährt (vgl. Art. 13 NHG). Ausnahmsweise kann er für Projekte, die eine Beurteilung durch den Bund im Einzelfall erfordern, Finanzhilfen durch Verfügung gewähren. Die Höhe der Finanzhilfen richtet sich nach der Bedeutung der zu schützenden Objekte und der Wirksamkeit der Massnahmen. Finanzhilfen werden nur gewährt, wenn die Massnahmen wirtschaftlich sind und fachkundig durchgeführt werden. Solche Finanzhilfen des Bundes sind freiwillig und es besteht kein Anspruch darauf.

Die Kosten für Gutachten, die von den kommunalen Behörden zwecks Abklärung der Schutzwürdigkeit eines Objektes eingeholt werden, können – wie alle übrigen in diesem Zusammenhang anfallenden Kosten – auch dann nicht dem Grundeigentümer auferlegt werden, wenn dieser den Entscheid im Sinne von § 213 PBG provoziert hat (BEZ 1998 Nr. 25).

Der Kanton und die Gemeinden gewähren Beiträge an die Kosten von Massnahmen zum Schutze von Ortsbildern von kantonaler und regionaler Bedeutung und solcher im Interesse von Objekten kommunaler Bedeutung. Die kantonalen Beiträge richten sich nach der Verordnung vom 15. Januar 1992 über Staatsbeiträge für den Natur- und Heimatschutz und für kommunale Erholungsgebiete. Die Beitragsgesuche sind mit den erforderlichen Unterlagen an die Baudirektion zu richten.

Solche Beiträge richten auch Gemeinden für Objekte von nur kommunaler Bedeutung aus, wobei die finanziellen Möglichkeiten meist stark eingeschränkt sind. Allerdings verpflichtet das Gesetz nur den Staat, nicht aber die Gemeinden zur Leistung von Beiträgen (§ 217 PBG). Kommunale Reglemente hierüber sind daher nicht Ausführungserlasse zum PBG; erste Rechtsmittelinstanz ist somit der Bezirksrat (BEZ 1995 Nr. 10).

Neben den erwähnten Beiträgen hat der betroffene Grundeigentümer allenfalls auch Anspruch auf eine Entschädigung aus materieller Enteignung (vgl. Seite 238 ff.).

4.5.6 Rechtsschutz

Bei Inventarobjekten hat die zuständige Behörde negative oder positive Unterschutzstellungsentscheide zu treffen. Über die vom Inventar erfassten Fälle hinaus besteht eine solche Verpflichtung jedenfalls dann, wenn die Qualität als Schutzobjekt völlig unbestritten und von der zuständigen Behörde auch ausdrücklich anerkannt worden ist. Geht diese Behörde selber vom Bestand eines Schutzobjekts im Sinn von § 203 PBG aus, so ist sie kraft § 211 PBG verpflichtet, bei dessen Gefährdung die notwendigen Schutzmassnahmen zu treffen beziehungsweise aufgrund einer Interessenabwägung darauf ganz oder teilweise zu verzichten. Dieser Entscheid ist in Form einer auch von den Verbänden anfechtbaren Verfügung zu treffen (§ 338a Abs. 2 PBG; BEZ 1991 Nr. 23).

Unterschutzstellungsentscheide, auch Unterschutzstellungen mit Vertrag, sind mit Angaben der Objektsbezeichnung, des Schutzumfangs und mit Rechtsmittelbelehrung in den amtlichen Publikationsorganen zu veröffentlichen. Während 30 Tagen haben die entsprechenden Akten öffentlich aufzuliegen. Die Schutzanordnungen sind von betroffenen Dritten (insbesondere auch von Organisationen des Natur- und Heimatschutzes) wie naturgemäss vom Grundeigentümer mit Rekurs an das Baurekursgericht anfechtbar; dies etwa mit dem Argument, der Schutz gehe zu wenig weit (vgl. zum Rekurs und zur Verbandsbeschwerde Seite 442). Rechtsmittel gegen Schutzanordnungen kommen von Gesetzes wegen keine aufschiebende Wirkung zu (§ 211 Abs. 4 PBG).

Analoges gilt für Entlassungen aus dem Inventar und den Verzicht auf Unterschutzstellung. Auch solche Entscheide sind anfechtbar. Auf die Publikation negativer Unterschutzstellungsentscheide kann höchstens dann verzichtet werden, wenn bereits das entsprechende Abbruchgesuch (mit Bezeichnung des Schutzobjekts) im Rahmen eines baurechtlichen Bewilligungsverfahrens gemäss § 314 PBG veröffentlicht worden ist.

4.5.7 Aufhebung einer Schutzmassnahme

Rechtskräftige Verwaltungsentscheide dürfen nicht beliebig in Wiedererwägung gezogen werden (vgl. zur Wiedererwägung allgemein Seite 460). Will das verfügende Gemeinwesen auf einen rechtskräftigen Verwaltungsakt zurückkommen, muss deshalb eine wesentliche Änderung vorausgesetzt werden (vgl. dazu auch § 213 Abs. 3 PBG, wonach Schutzmassnahmen nur noch bei «wesentlich veränderten Verhältnissen» angeordnet werden können, wenn die Frist zum Entscheid über die Schutzwürdigkeit unbenützt abgelaufen ist). Das Bundesgericht hat den Widerruf von Schutzmassnahmen, die eine Entschädigung wegen materieller Enteignung nach sich ziehen, aus finanziellen Gründen nur ausnahmsweise zugelassen. Erforderlich sind starke Auswirkungen auf das finanzielle Gleichgewicht der Gemeinde beziehungsweise eine notstandsähnliche Situation (BGE 107 Ia 245). Es liegt daher nicht im freien Ermessen einer Gemeinde, über die Tragbarkeit von Entschädigungsfolgen zu befinden und gegebenenfalls auf eine Schutzverfügung zurückzukommen. Vielmehr müssen besonders gewichtige öffentliche Interessen, das heisst hinreichend veränderte finanzielle Verhältnisse vorliegen (ZBl 101 S. 41 ff.).

Eine Unterschutzstellung setzt voraus, dass es sich um ein schutzfähiges Objekt handelt und die infrage stehende Schutzmassnahme aufgrund einer umfassenden Abwägung aller infrage stehenden Interessen gerechtfertigt ist. Eine spätere Aufhebung oder Änderung einer Schutzmassnahme wiederum ist nicht ausgeschlossen, falls sie auf einer mindestens ebenso umfassenden und eingehenden Interessenermittlung und -abwägung beruht wie die frühere Schutzanordnung (BEZ 2009 Nr. 24).

4 Natur- und Heimatschutz
4.5 Verfahren

Aufhebung einer Schutzverfügung aufgrund eines Rechtsmittelentscheides

Natur- und Heimatschutz. Einzelne Schutzgebiete: Rotbuche, Alte Landstrasse 76, Rüschlikon.

Mit Verfügung vom 28. August 2001 hat die Baurekurskommission II des Kantons Zürich den Beschluss des Gemeinderates Rüschlikon betreffend Unterschutzstellung der auf dem Grundstück Kat.-Nr. 1923 an der Alten Landstrasse 76 in Rüschlikon stehenden Rotbuche (fagus sylvaticus) aufgehoben. Mit der Aufhebung des Gemeinderatsbeschlusses wird die Rotbuche aus dem kommunalen Landschaftsschutzinventar entlassen.

Gegen diesen Entscheid kann innert 30 Tagen, von der Publikation an gerechnet, beim Verwaltungsgericht des Kantons Zürich, Militärstrasse 36, 8004 Zürich, schriftlich Beschwerde eingereicht werden. Die Beschwerdeschrift ist in genügender Anzahl einzureichen und muss einen begründeten Antrag enthalten. Die Beweismittel sind genau zu bezeichnen und dem angefochtenen Entscheid, soweit möglich, beizulegen.

Die Verfügung der Baurekurskommission II sowie die Akten können während der Beschwerdefrist auf dem Bausekretariat Rüschlikon, Pilgerweg 29, 8803 Rüschlikon, eingesehen werden.

4.5.8 Inventarentlassung

Die Inventare sind nach Bedarf nachzuführen (§ 8 NHV-ZH). Nachführung heisst nicht nur, neue Objekte aufzunehmen, sondern auch, Objekte aus dem Inventar zu entfernen, die keinen Schutzwert mehr haben. Eine solche Entlassung kann durch ein Provokationsbegehren oder im Zusammenhang mit einem Bauvorhaben, welches die Zerstörung des Inventarobjekts voraussetzt, geschehen. Aber auch ohne unmittelbaren Anlass darf eine Inventarbereinigung vorgenommen werden. Objekte, welche in der Zwischenzeit zerstört sind oder deren Schutzwert zweifelhaft geworden ist, können entlassen werden. Dabei ist aber die Inventarentlassung für jedes einzelne Objekt sorgfältig zu begründen. Eigentliche Massenentlassungen mit fehlender Begründung sind nicht zulässig. Sie würden auch das Verbandsbeschwerderecht aushebeln (VB.2009.00662). Details dazu vgl. BACHMANN 2010 und auch VB.2010.00032 betreffend Inventarbereinigung Hittnau.

Wird ein Neubau unter Abbruch einer inventarisierten Altbaute bewilligt oder gefährdet ein Bauvorhaben ein Inventarobjekt schwer, so setzt dies zwingend die Entlassung der Altbaute aus dem Inventar voraus. Eine blosse «Abstufung» innerhalb des Inventars, aus der sich in der Bau- und Zonenordnung nicht vorgeschriebene Regeln für den Neubau ergeben, ist rechtswidrig. Die mit einem Bauvorhaben angestrebte Inventarentlassung muss aus der Publikation des Bauvorhabens ersichtlich sein (BEZ 2008 Nr. 10).

4.5.9 Widerruf einer Nichtunterschutzstellung

Entscheidet sich ein Gemeinwesen, ein Objekt nicht unter Schutz zu stellen, so ist es grundsätzlich an diesen Entscheid gebunden. Die Bindung fällt weg, wenn nach den allgemeinen Grundsätzen ein Widerruf von Verfügungen zulässig ist. Dabei sind das Interesse an der richtigen Durchsetzung des objektiven Rechts und dasjenige an der Wahrung der Rechtssicherheit gegeneinander abzuwägen. Dem Postulat der Rechtssicherheit kommt in der Regel dann der Vorrang zu, wenn durch die frühere Verfügung ein subjektives Recht begründet worden ist oder wenn die Verfügung in einem Verfahren ergangen ist, in welchem die sich gegenüberstehenden Interessen allseitig zu prüfen und gegeneinander abzuwägen waren, oder wenn der Private von einer ihm durch die fragliche Verfügung eingeräumten Befugnis bereits Gebrauch gemacht hat. Diese Regel gilt allerdings nicht absolut; ein Widerruf kann auch in einem der drei genannten Fälle infrage kommen, wenn er durch ein besonders gewichtiges öffentliches Interesse geboten ist (vgl. BGE 107 Ib 35 ff.; BGE 109 Ib 246 ff.; BGE 115 Ib 152 ff.; BGE 119 Ia 305 ff.). Ein Meinungsumschwung nach Neuwahlen des Gemeinderats reicht für einen Widerruf nicht aus. Kommen aber im Zuge von Bauarbeiten historische Bauelemente mit hohem Schutzwert zum Vorschein, wäre ein Widerruf unter Umständen zulässig.

4 Natur- und Heimatschutz
Arbeitshilfen

Arbeitshilfen

Suchbegriff	Bezeichnung	Bezugsquelle
Archäologie	Zahlreiche Merkblätter und Arbeitshilfen zu einzelnen Archäologiefragen	Kantonales Amt für Raumentwicklung (ARE), 8090 Zürich, oder www.archaeologie.zh.ch
Bundesinventare	ASTRA, EKD, ENHK [Hrsg.] 2008: Technische Vollzugshilfe Erhaltung historischer Verkehrswege. Vollzugshilfe Langsamverkehr Nr. 8. Bern	www.ivs.admin.ch
Denkmalschutz	Berichte der kantonalen Denkmalpflege des Kantons Zürich (alle 2–3 Jahre) und diverse Monografien.	Kantonales Amt für Raumentwicklung (ARE), 8090 Zürich, oder www.denkmalpflege.zh.ch
	GESELLSCHAFT FÜR SCHWEIZERISCHE KUNSTGESCHICHTE (Hrsg.): Kunstdenkmäler der Schweiz, einige Bände der Erstauflage des Kantons Zürich sind vergriffen. Derzeit ist eine Neuauflage im Gange. Erschienen sind davon sechs Bände über die Stadt Zürich	Gesellschaft für Schweizerische Kunstgeschichte (GSK), Pavillonweg 2, 3012 Bern oder www.gsk.ch
	STADT ZÜRICH – AMT FÜR STÄDTEBAU: Baukultur in Zürich: Erschienen sind bis jetzt: Band 1: Affoltern, Oerlikon, Schwamendingen, Seebach Band 2: Hirslanden, Riesbach Band 3: Aussersihl, Industrie/Zürich West Band 4: Wiedikon, Albisrieden, Altstetten Band 5: Enge, Wollishofen, Leimbach Band 6: Stadtzentrum – Altstadt, City Band 7: Unterstrass, Wipkingen, Höngg Band 8: Oberstrass Fluntern	Buchverlag Neue Zürcher Zeitung oder gegen Barzahlung im Amtshaus IV, 8021 Zürich
	Bericht Archäologie, und Denkmalpflege der Stadt Zürich (alle 3 Jahre)	www.stadt-zuerich.ch/denkmalpflegebericht
	Inventar der neueren Schweizer Architektur 1850–1920 (INSA)	Digital abrufbar unter www.retro.seals.ch
	Denkmalpflegeinventar der Stadt Zürich	www.katasterauskunft.stadt-zuerich.ch
	DENKMALPFLEGE DER STADT WINTERTHUR (Hrsg.): Schutzwürdige Bauten der Stadt Winterthur, Winterthur 2006	Alle Buchhandlungen in Winterthur oder Amt für Städtebau, Technikumstrasse 81, 8402 Winterthur, auch digital unter: www.bau.winterthur.ch/amt-fuer-staedtebau/planung/
	BAUDIREKTION (Hrsg.): Siedlungs- und Baudenkmäler im Kanton Zürich, Stäfa 1993.	
Naturschutz	Zahlreiche Merkblätter und Arbeitshilfen zu einzelnen Naturschutzfragen	Kantonales Amt für Landschaft und Natur (ALN), 8090 Zürich, oder www.naturschutz.zh.ch

5
Planung und Entschädigung

5 Planung und Entschädigung

5.1 Wertänderungen an Grundstücken durch Planungsmassnahmen und Projekte
5.2 Formelle Enteignung

5.1 Wertänderungen an Grundstücken durch Planungsmassnahmen und Projekte

Planungsmassnahmen können in die Eigentumsgarantie (Art. 26 BV) eines Grundeigentümers eingreifen. Solche Eingriffe mindern unter Umständen den Wert eines Grundstücks (zum Beispiel Wertverlust durch Auszonung eines Baugrundstücks). In anderen Fällen aber hat eine Planungsmassnahme umgekehrt einen Mehrwert zur Folge (zum Beispiel Wertsteigerung durch Einzonung eines bisherigen Landwirtschaftszonen-Grundstücks). Um diese Wertänderungen durch Planungsmassnahmen auszugleichen, stellt das Gesetz eine Reihe von Instrumenten zur Verfügung.

5.2 Formelle Enteignung

5.2.1 Grundsätzliches

Bund, Kantone und Gemeinden benötigen für die Errichtung ihrer Bauten und Anlagen Land von Privaten. In den meisten Fällen können sie Grundstücke auf dem freien Markt beschaffen. Wenn aber Private nicht zum Verkauf bereit sind, müssen Bund, Kantone und Gemeinden das notwendige Land zwangsweise erwerben. Dieser Vorgang wird als Enteignung bezeichnet. Auch Privaten, die öffentliche Aufgaben erfüllen, kann das Enteignungsrecht vom zuständigen Gemeinwesen übertragen werden (zum Beispiel an die SBB AG zur Landbeschaffung für den Bau einer neuen Doppelspur [Art. 3 Abs. 1 EBG]).

Mit der sogenannten formellen Enteignung wird einem Grundeigentümer für öffentliche Zwecke (zum Beispiel für Strassenbau oder -ausbau) das Eigentumsrecht endgültig oder vorübergehend entzogen. Allenfalls wird das Eigentumsrecht an einer Liegenschaft zwar nicht entzogen, aber durch ein anderes Recht (zum Beispiel Dienstbarkeiten [Wegrecht für die Zufahrt zu einem Werkhof; Überflugrecht für einen Flugplatz, vgl. BGE 123 II 481 f.]) belastet. Eine formelle Enteignung liegt auch vor, wenn einer Eigentümerin eines Grundstücks, das an eine öffentliche Strasse grenzt, das Recht entzogen wird, sich gegen übermässige Immissionen zu wehren, die durch den Betrieb eines öffentlichen Werks, zum Beispiel den Verkehr auf der Strasse, verursacht werden (BGE 116 Ib 16 f.). Ohne diesen Rechtsentzug könnte die öffentliche Aufgabe nicht oder nur schwer erfüllt werden.

Die gesetzlichen Grundlagen für die Enteignung finden sich in folgenden Gesetzen:

- Bundesgesetz über die Enteignung vom 20. Juni 1930 (Enteignungsgesetz, EntG; SR 711) für Enteignungen aufgrund eines Bundesgesetzes, so zum Beispiel für Eisenbahnanlagen, Nationalstrassen, Landesflughäfen, militärische Bauten und Anlagen, Seilbahnen oder Starkstromanlagen;
- Gesetz betreffend die Abtretung von Privatrechten vom 30. November 1879 (AbtrG; LS 781) für Enteignungen aufgrund eines kantonalen Gesetzes, so zum Beispiel für Sammelstrassen, Schulhäuser oder Abfalldeponien. Die Voraussetzungen für die Ausübung des Enteig-

5	**Planung und Entschädigung**
5.2	Formelle Enteignung

nungsrechts und gewisse enteignungsrechtliche Institute sind sodann in den entsprechenden Sachgesetzen festgelegt (zum Beispiel PBG oder StrG).

5.2.2 Voraussetzungen der formellen Enteignung

Für eine formelle Enteignung müssen in Nachachtung von Art. 36 BV folgende Bedingungen erfüllt sein:
- Die Enteignung bedarf einer gesetzlichen Grundlage (Art. 36 Abs. 1 BV).
- Die Enteignung muss einem öffentlichen Zweck dienen (Art. 36 Abs. 2 BV; Art. 1 Abs. 1 EntG; § 3 AbtrG).
- Die Enteignung muss verhältnismässig sein. Sie muss geeignet, notwendig und zumutbar sein, um den öffentlichen Zweck erreichen zu können (Art. 36 Abs. 3 BV; Art. 1 Abs. 2 EntG; §§ 7 ff. AbtrG). Sie darf auch nur so lange erfolgen, als das enteignete Recht für die Erfüllung eines öffentlichen Zwecks notwendig ist (Art. 6 EntG; §§ 7 ff. AbtrG).

5.2.3 Enteignungsfähige Rechte

Enteignungsfähig sind (vgl. dazu auch HÄFELIN/MÜLLER/UHLMANN: Rz. 2082 ff.):
- Dingliche Rechte an Grundstücken (Eigentum, beschränkte dingliche Rechte wie Dienstbarkeiten);
- Nachbarrechte (Abwehrrechte gegen übermässige Immissionen [wie zum Beispiel Fluglärm; vgl. nachfolgend Ziff. 5.2.4], schädliche Grabungen etc.);
- Obligatorische Rechte von Mietern und Pächtern;
- Wohlerworbene Rechte des öffentlichen Rechts (wie beispielsweise eine Sondernutzungskonzession).

Eine formelle Enteignung liegt also auch vor, wenn einem Anstösser an einer Verkehrsanlage seine Immissionsabwehransprüche im Sinne von Art. 679 und Art. 684 ZGB entzogen werden (BGE 110 Ib 43 ff.)

5.2.4 Entschädigungsansprüche von Grundeigentümern in Flughafennähe im Besonderen

Grundstücke in Flughafennähe sind teilweise enormen Lärmimmissionen ausgesetzt. Immissionsschutzmassnahmen an der Quelle (zum Beispiel Nichtzulassung von stark lärmenden Flugzeugen, Wahl von Flugrouten über nicht bewohntes Gebiet, Nachtflugverbote) helfen nur bedingt oder können nicht verwirklicht werden. Auf den in Flughafennähe situierten Grundstücken selber können nur eingeschränkt Schallschutzmassnahmen getroffen werden, da der Lärm von oben kommt und die Flugzeuge sich auf einem breiten Korridor dem Flugplatz nähern. Generell ist festzustellen, dass die Raumplanung versagt hat, wurde doch die Überbauung von stark lärmbelasteten Grundstücken zugelassen. Die Probleme bei Grundstücken in Flughafennähe sind durch Instrumente des Enteignungsrechts jedenfalls nur bedingt lösbar.

Im Zusammenhang mit Enteignungsansprüchen wird grundsätzlich unterschieden zwischen Beeinträchtigungen durch das Eindringen von Flugzeugen in den Luftraum eines Grundstücks (Überflug im eigentlichen Sinne) und solchen durch blosse Lärmimmissionen (BGE 129 II 72).

5 Planung und Entschädigung
5.2 Formelle Enteignung

5.2.4.1 *Entschädigung für Lärmimmissionen*

Ein Anspruch auf eine Immissionsentschädigung besteht, wenn spezielle Lärmeinwirkungen vorliegen, der Lärm unvorhersehbar war und die Lärmbelastung bei einer Liegenschaft einen schweren Schaden bewirkt. Diese drei Voraussetzungen müssen kumulativ erfüllt sein, und die Einwirkungen dürfen nicht nur vorübergehend sein. Zudem steht der Entschädigungsanspruch unter dem Vorbehalt der Verjährung.

Spezialität

Die Voraussetzung der Spezialität ist erfüllt, wenn bei der betroffenen Liegenschaft die für die entsprechende Zone geltenden Immissionsgrenzwerte gemäss LSV, Anhang 5, dauerhaft überschritten sind (BGE 134 II 49). Eine vorübergehende Überschreitung der Immissionsgrenzwerte (zum Beispiel nur für fünf Jahre; vgl. BGer 1E.25/2007) muss grundsätzlich nicht entschädigt werden.

Unvorhersehbarkeit

Der Lärm gilt als unvorhersehbar, wenn der betreffende Grundeigentümer die Liegenschaft vor dem 1. Januar 1961 erworben hat (BGE 131 II 137 [E.2.3]) oder wenn die Liegenschaft nach diesem Datum durch Erbgang oder Erbvorbezug erworben worden ist (Voraussetzung: Der Erblasser hat die Liegenschaft vor dem 1. Januar 1961 erworben; BGE 128 II 231). Den Stichtag für die (Un-)Vorhersehbarkeit der Fluglärmimmissionen im Einzugsbereich der schweizerischen Landesflughäfen legte das Bundesgericht auf den 1. Januar 1961 fest. Ab diesem Datum ist nach höchstrichterlicher Auffassung eine markante Zunahme der Zivilluftfahrt und – damit verbunden – eine entsprechende Zunahme des Fluglärms in der Umgebung der Landesflughäfen für jedermann vorauszusehen gewesen. Dies wurde zunächst für den Landesflughafen Genf entschieden (BGE 121 II 317). Das Datum vom 1. Januar 1961 wurde aber auch für den Landesflughafen Zürich für massgeblich erklärt (BGE 123 II 481). Das Bundesgericht entschied, dass dies auch für die Ostanflüge gilt, obwohl von diesen Richtungen her erst, als im Jahr 2000 Deutschland die schweizerisch-deutsche Vereinbarung kündigte, verstärkt angeflogen wurde (BGE 136 II 263 ff.). Für die Südanflüge liegt derzeit noch kein Entscheid des Bundesgerichts vor. Nach dem Bundesgerichtsentscheid betreffend die Ostanflüge dürfte der Stichtag vom 1. Januar 1961 aber wohl auch für die Südanflüge gelten.

Für Überbauungen, Ausbauten und Nutzungserweiterungen, die erst nach dem 1. Januar 1961 erfolgt sind, ist keine Entschädigung geschuldet. Für die Vorhersehbarkeit solcher baulichen Massnahmen ist darauf abzustellen, ob der Werkvertrag vor dem 1. Januar 1961 abgeschlossen worden ist. Lässt sich dies nicht mehr ermitteln, ist entscheidend, ob mit dem Bau vor diesem Datum begonnen wurde (BGE 134 II 49).

Schwere

Nach bundesgerichtlicher Rechtsprechung liegt ein schwerer Schaden vor, wenn ein Liegenschaftsminderwert mindestens 10–15% beträgt (zur Minderwertbestimmung vgl. Seite 237).

5 Planung und Entschädigung
5.2 Formelle Enteignung

Verjährung

Die Verjährungsfrist beträgt fünf Jahre und beginnt zu laufen, wenn die drei Entschädigungsvoraussetzungen erfüllt und die Spezialität beziehungsweise Schwere des Schadens objektiv erkennbar sind (BGE 130 II 394). Im Norden und im Westen des Flughafens Zürich ist die Verjährungsfrist laut bundesgerichtlicher Rechtsprechung spätestens Mitte der neunziger Jahre abgelaufen (BGE 130 II 394; BGE 124 II 543).

5.2.4.2 Entschädigung für direkte Überflüge

Nach bundesgerichtlicher Rechtsprechung ist der Tatbestand des direkten Überflugs erfüllt, wenn Flugzeuge im Landeanflug eine Liegenschaft regelmässig in geringer Höhe überfliegen. Eine Liegenschaft gilt nur dann als direkt überflogen, wenn sie sich zumindest innerhalb eines 1.25° Korridors vom ILS-Leitstrahl (rot in nachfolgender Darstellung) befindet (dunkler Sektor in nachfolgender Darstellung; BGE 131 II 137) und wenn dabei mindestens die Tragflächen des Flugzeugs regelmässig in die Luftsäule über dem Grundstück eindringen (BGE 134 II 49).

«Entschädigungskorridor» für Überflüge

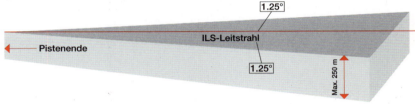

Bei direkten Überflügen ab 400 m oder höher besteht kein Entschädigungsanspruch (BGE 131 II 137), bei regelmässigen direkten Überflügen bis 150 m ist der Tatbestand grundsätzlich erfüllt. Bloss vereinzelte Überflüge in einer Höhe von 220 m bis 250 m Höhe begründen keinen Entschädigungsanspruch (BGE 134 II 49).

Bei Startüberflügen besteht in aller Regel kein Entschädigungsanspruch (BGE 134 II 49).

Bei einer Entschädigung für direkten Überflug müssen die drei Voraussetzungen der Spezialität, Unvorhersehbarkeit und Schwere nicht erfüllt sein. Auch Entschädigungen für direkte Überflüge unterliegen einer 5-jährigen Verjährungsfrist.

5.2.4.3 Minderwertermittlung und Schallschutzmassnahmen

Bei selbstgenutztem Wohneigentum (Einfamilienhäuser, Stockwerkeigentum) wird der fluglärmbedingte Minderwert mit dem Schätzungsmodell MIFLU (MInderwert FLUglärm) bestimmt (BGE 134 II 73). Bei Ertragsliegenschaften und unbebautem Bauland ist die anzuwendende Methode noch nicht bestimmt. Leistungen der Enteigner für Schallschutzmassnahmen werden an eine Lärmentschädigung angerechnet und sind von einer allfälligen Entschädigung abzuziehen (BGE 134 II 92).

5.2.5 Formelle Enteignung und Planungsmassnahmen

Im Zusammenhang mit Planungsmassnahmen kommt die formelle Enteignung nicht sehr häufig vor. Sie ist in erster Linie bei Baulinien vorgesehen (§ 110 PBG), aber auch beim Werkplan möglich (§ 116 PBG). Ferner kann das Gemeinwesen enteignen, wenn eine Zufahrt zu einer Strasse mit grossem Durchgangsverkehr geschlossen und eine für die Grundstücksnutzung unerlässliche Ersatzzufahrt geschaffen werden soll (§ 241 Abs. 2 PBG). Eine Enteignungsmöglichkeit sieht schliesslich auch das Umweltschutzgesetz vor (Art. 58 USG; vgl. FAHRLÄNDER: S. 3 f.). Gedacht wurde bei Art. 58 USG vor allem an eine Enteignung für Bauten und Anlagen, welche Behörden gestützt auf das USG erstellen müssen (Entsorgungsanlagen, Lärmschutzwälle usw.).

5.3 Materielle Enteignung

5.3.1 Begriff der materiellen Enteignung

Bei der materiellen Enteignung geht es im Gegensatz zur formellen Enteignung nicht um den Entzug von Grundeigentum oder anderen Rechten. Der Grundeigentümer bleibt zwar Eigentümer seiner Liegenschaft, doch wird er in der Grundstücksnutzung eingeschränkt. Man spricht dann von einer materiellen Enteignung, wenn Planungen zu Eigentumsbeschränkungen führen, die einer formellen Enteignung gleichkommen. Eine solche Enteignung ist gestützt auf Art. 26 Abs. 2 BV und Art. 5 Abs. 2 RPG voll zu entschädigen. Diese Art des Nachteilausgleichs besteht schon seit Langem und richtet sich nach den vom Bundesgericht entwickelten Grundsätzen. Danach liegt eine materielle Enteignung vor (vgl. etwa BGE 125 II 433):

> «wenn einem Eigentümer der bisherige oder ein voraussehbarer künftiger Gebrauch seines Grundeigentums untersagt oder besonders stark eingeschränkt wird, weil ihm eine aus dem Eigentumsinhalt fliessende wesentliche Befugnis entzogen wird. Geht der Eingriff weniger weit, so kann ausnahmsweise eine Eigentumsbeschränkung einer Enteignung gleichkommen, falls ein einziger oder einzelne Grundeigentümer so betroffen werden, dass ihr Opfer gegenüber der Allgemeinheit unzumutbar erschiene und es mit der Rechtsgleichheit nicht vereinbar wäre, wenn hierfür keine Entschädigung geleistet würde. In beiden Fällen ist die Möglichkeit einer zukünftigen besseren Nutzung der Sache nur zu berücksichtigen, wenn im massgebenden Zeitpunkt anzunehmen war, sie lasse sich mit hoher Wahrscheinlichkeit in naher Zukunft verwirklichen.»

Das Bundesgericht unterscheidet bei der materiellen Enteignung somit zwei Tatbestände (vgl. dazu auch HÄFELIN/MÜLLER/UHLMANN: Rz. 2176 ff.):
- Einem Eigentümer muss ein bisheriger oder ein voraussehbarer künftiger Gebrauch seiner Sache untersagt oder besonders schwer eingeschränkt werden, weil ihm eine wesentliche, aus dem Eigentum fliessende Befugnis entzogen wird.

5 Planung und Entschädigung
5.3 Materielle Enteignung

- Einem einzelnen Eigentümer muss ein bisheriger oder ein voraussehbarer künftiger Gebrauch seiner Sache zwar nicht besonders schwer eingeschränkt werden, aber doch in einer Weise, dass sein Opfer gegenüber der Allgemeinheit unzumutbar erschiene und es mit der Rechtsgleichheit nicht vereinbar wäre, wenn er keine Entschädigung erhielte. Dieser Fall wird als «Sonderopfer» bezeichnet (vgl. LEIMBACHER 1995: S. 82 ff.). Ein «Sonderopfer», welches zu einer Entschädigung berechtigen würde, wird in der Praxis äusserst selten angenommen.

In beiden Fällen ist die Möglichkeit einer zukünftigen besseren Nutzung der Sache indessen nur zu berücksichtigen, wenn im massgebenden Zeitpunkt anzunehmen war, sie lasse sich mit hoher Wahrscheinlichkeit in naher Zukunft verwirklichen. Unter besserer Nutzung eines Grundstücks ist in der Regel die Möglichkeit einer Überbauung zu verstehen.

Bei der Beurteilung der Frage, ob ein Grundstück sehr wahrscheinlich in naher Zukunft besser hätte genutzt werden können, sind nach der Rechtsprechung alle rechtlichen und tatsächlichen Gegebenheiten zu berücksichtigen, welche die Überbauungschance beeinflussen können. Dazu gehören das im fraglichen Zeitpunkt geltende Bundesrecht sowie die kantonalen und kommunalen Bauvorschriften, der Stand der kommunalen und kantonalen Planung, die Lage und Beschaffenheit des Grundstücks, die Erschliessungsverhältnisse und die bauliche Entwicklung in der Umgebung.

Diese verschiedenen Faktoren sind zu gewichten. Dabei ist in erster Linie auf die rechtlichen Gegebenheiten abzustellen. Nur wo das Bauen rechtlich zulässig, tatsächlich möglich sowie nach den Umständen mit hoher Wahrscheinlichkeit in naher Zukunft zu erwarten gewesen wäre, wird eine Entschädigungspflicht ausgelöst. Als Gründe, die gegen die Überbauung eines Grundstücks in naher Zukunft sprechen, nennt das Bundesgericht beispielsweise das Erfordernis einer Ausnahmebewilligung, einer Änderung in der Zonenplanung, eines Erschliessungs-, Überbauungs- oder Gestaltungsplans, einer Baulandumlegung oder weit gehender Erschliessungsarbeiten. Auch genügen die Erschliessbarkeit einer Parzelle und unter Umständen selbst deren Erschliessung nicht ohne Weiteres, um die Überbaubarkeit in naher Zukunft zu bejahen (BGE 112 Ib 109; 109 Ib 13 f.; Bger 1A.193/2006).

5.3.2 Fallgruppen von materieller Enteignung im Planungs- und Baurecht

5.3.2.1 *Umzonung von Bauzonenland in eine Nichtbauzone (Auszonung oder Rückzonung)*

Der erste Fall der materiellen Enteignung stellt die sogenannte Auszonung oder Rückzonung dar. Darunter ist die Zuteilung eines bisherigen Grundstücks, welches vorher in einer RPG-konformen Bauzone lag, in eine Freihalte- oder Landwirtschaftszone zu verstehen (BGE 113 Ib 320; BGE 131 II 728).

Nach der Praxis des Bundesgerichts stellt die Umzonung von Bauzonengrundstücken in eine Nichtbauzone keine materielle Enteignung dar, sofern es sich dabei um Land handelt, das voraussichtlich in den nächsten 15 Jahren für eine Überbauung nicht benötigt wird. Land, das über keinen gesetzmässigen Kanalisationsanschluss verfügt, wird dabei nicht als voll erschlossen betrachtet. Der Eigentümer, der nach früherem Recht auf seinem Grundstück bauen durfte, diese Möglichkeit aber zufolge einer Verschärfung der Anforderungen an die Abwasserbeseitigung verloren hat, besitzt keinen Anspruch infolge materieller Enteignung. Gleich verhält es sich, wenn Grundstücke, die forstrechtlich Wald darstellen, aus der Bauzone entlassen werden, sofern im massgebenden Zeitpunkt nicht mit einer Rodungsbewilligung gerechnet werden konnte. Eine Entschädigung ist nur geschuldet, wenn mit der Auszonung eine nahe Bauchance zerstört wurde (BVR 1985 S.26 f.). Keine Entschädigung ist deshalb auch geschuldet, wenn das betreffende Grundstück erst nach der Durchführung eines Quartierplans, der Festsetzung eines Gestaltungsplans oder nur mit einer Ausnahmebewilligung erschlossen und überbaut werden kann (BGE 113 Ib 133 ff.). Allerdings schliesst nicht jedes erforderliche Planungsverfahren eine Entschädigung aus, sondern nur solche von einer gewissen Bedeutung (BGE 131 II 151).

Kommt aber eine Gemeinde ihrer Erschliessungspflicht (vgl. Art. 19 Abs. 2 und 3 RPG) nicht nach, obwohl sie selber das Grundstück einer bundesrechtskonformen Bauzone zugeteilt hat, kann einem Grundeigentümer die fehlende Realisierungswahrscheinlichkeit nicht vorgeworfen werden. In einem solchen Fall ist eine materielle Enteignung zu bejahen (BGE 131 II 72).

Betrifft ein Bauverbot mehrere Parzellen, so ist für die Beurteilung der Eingriffsintensität auf die gesamte Fläche abzustellen, soweit ein gewisser Zusammenhang des von der Eigentumsbeschränkung betroffenen Grundeigentums besteht (RB 1997 Nr.117; ZBl 2006, S.41 f.).

5.3.2.2 *Nichteinbezug von Nichtbauzonenland in eine Bauzone (Nichteinzonung)*

Eine Nichteinzonung liegt nach der Terminologie des Bundesgerichts vor, wenn bei der erstmaligen Festsetzung einer auf das RPG abgestützten Nutzungsplanung ein Grundstück nicht in eine Bauzone eingeteilt wird. Es spielt dabei keine Rolle, ob das betreffende Grundstück in einer altrechtlichen Bauzone lag oder nicht. Zu den Nichteinzonungsfällen nach bundesgerichtlicher Rechtsprechung zählen auch diejenigen Fälle, wenn eine Gemeinde erstmals eine dem eidgenössischen Raumplanungsgesetz entsprechende Planung erstellt und in diesem Zusammenhang eine altrechtliche Bauzone nicht mehr in eine neue RPG-konforme Bauzone überführt (BGE 119 Ib 234).

Nach Praxis des Bundesgerichts löst eine Nichteinzonung grundsätzlich keine Entschädigungspflicht aus. Nutzungsbeschränkungen, die sich im Zuge eines Wechsels von einer Bau- und Zonenordnung aus der Zeit vor Inkrafttreten des RPG zu einer auf diesem Gesetz beruhenden Ordnung ergeben, gelten entschädigungsrechtlich generell nicht als Auszonung. In der Stadt Zürich wurde 1992/99 erstmals eine RPG-konforme Planung geschaffen. Freihaltezonen, welche erstmals mit der Bau- und Zonenordnung der Stadt Zürich 1992/99 ausgeschieden wurden, sind daher grundsätzlich als Nichteinzonungen anzusehen (PBG aktuell 2/2004, S.20; RB 1997 Nr.118).

Eine Auszonung – und eben nicht eine Nichteinzonung – liegt aber dann vor, wenn eine Parzelle, die durch einen RPG-konformen Nutzungsplan der Bauzone zugeteilt worden war, aufgrund einer Zonenplanrevision neu einer Nichtbauzone

5 Planung und Entschädigung
5.3 Materielle Enteignung

zugeteilt wird. Das gilt auch dann, wenn aufgrund veränderter Verhältnisse eine Verkleinerung der Bauzone zwingend geboten ist (BGE 131 II 728).

Eine Nichteinzonung trifft den Grundeigentümer nur ausnahmsweise enteignungsähnlich. Etwa dann, wenn:

- der betreffende Grundeigentümer überbaubares oder grob erschlossenes Land besitzt, das von einem gewässerschutzrechtlichen Generellen Kanalisationsprojekt (GKP beziehungsweise GEP) erfasst wird, und wenn er für Erschliessung und Überbauung seines Landes schon erhebliche Kosten aufgewendet hat. Dabei müssen diese Voraussetzungen in der Regel kumulativ erfüllt sein. Die Erschliessungsaufwendungen dürfen aber zeitlich nicht Jahrzehnte zurückliegen. In BGer 1C_70/2008 wurden erhebliche Erschliessungsaufwendungen, welche 70 Jahre zurücklagen, nicht mehr berücksichtigt.
- Gegebenenfalls können weitere besondere Gesichtspunkte des Vertrauensschutzes so gewichtig sein, dass ein Grundstück hätte eingezont werden müssen (wenn zum Beispiel das betreffende Grundstück in einen kurz vor der Nichteinzonung festgesetzten Quartierplan einbezogen war; BGE 132 II 228).
- sich das fragliche Grundstück in weitgehend überbautem Gebiet (Art. 15 lit. a RPG) in einer eigentlichen Baulücke befindet (vgl. zum Begriff des «weitgehend überbauten Gebietes» und der «Baulücke»: ZBl 2002, S. 658 ff.; PBG aktuell 2/2004, S. 20; BGE 132 II 218; BGer 1C_70/2008). Bei Flächen über 10 000 m² wird eine Baulücke praktisch nie angenommen. Bei Flächen unter 10 000 m² liegt in der Regel eine Baulücke vor, ausser es liegen besondere qualitative Elemente vor (nur Landwirtschaftsbauten in der Nachbarschaft, eigene Geländekammer, hochkarätiges Landschaftsschutzgebiet). Aufgrund solcher Umstände lässt sich annehmen, der Eigentümer habe am massgebenden Stichtag mit hoher Wahrscheinlichkeit mit einer aus eigener Kraft realisierbaren Überbauung seines Landes rechnen dürfen (BGE 125 II 434, 122 II 455, 122 II 326; 121 II 417). Die Nichteinzonung bedeutet in diesem Fall die Zerstörung einer Bauchance, die entschädigt werden muss (ZBl 1993, S. 264). Einem Grundstück im Halte von ca. 25 000 m² am Bürglihügel in Zürich-Enge wurde die Baulückenqualität abgesprochen. Die Grundeigentümer erhielten deshalb keine Entschädigung aus materieller Enteignung. Aber auch einem Grundstückteil im Umfang von 3200 m² in Zürich-Wollishofen, der am Ende einer Erschliessungsstrasse liegt, aber auf zwei Seiten an Freihalte- und Erholungszonen grenzte, wurde die Baulückenqualität abgesprochen (BGer 1C_70/2008).

5.3.2.3 *Abzonung*

Abzonungen werden meist durch die Senkung der für das betreffende Grundstück geltenden Nutzungsziffer im Sinne von §§ 254 ff. PBG ausgelöst. Sie bewirken im Allgemeinen keine Entschädigungspflicht, soweit die neue Ordnung immer noch eine angemessene Ausnützung des Baugrundes zulässt. Das Bundesgericht beurteilt auch hier die Entschädigungspflicht nach den bereits erwähnten allgemeinen Kriterien zur materiellen Enteignung. Massgebend sind deshalb ebenfalls vor allem die Intensität des Eingriffs und der Umfang des vom Betroffenen geforderten Sonderopfers. Nach der bundesgerichtlichen Rechtsprechung ist nicht allein die prozentuale Wertverminderung massgebend, sondern es wird darauf abgestellt, ob auf der betroffenen Parzelle eine bestimmungsgemässe, wirtschaftlich gute Nutzung weiterhin möglich sei. So hat das Bundesgericht (BGE 112 Ib 507) weder in der Auszonung eines Viertels einer Parzelle noch darin, dass ein Grundstück zu einem Drittel mit einem Bauverbot belegt worden ist, einen enteignungsähnlichen Tatbestand erblickt. Es gelangte zum Schluss, dass die Eigentümer ihre Parzelle auch nach dem Eingriff in angemessener, wirtschaftlich sinnvoller Weise nutzen können. Auch in BGE 97 I 632, wo eine Reduktion des baulichen Nutzungsmases auf ein Drittel und eine geschätzte Wertverminderung von 20 Prozent eingetreten war, lag keine materielle Enteignung vor. Die den Eigentümern verbleibenden Eigentumsbefugnisse erschienen dem Bundesgericht immer noch als ausreichend. Denn die Eigentümer könnten aus ihrem Land weiterhin einen beachtlichen wirtschaftlichen Nutzen ziehen. Das Zürcher Verwaltungsgericht hat im Fall von Auszonungen am Zürcher Burghölzlihügel einen Bauland- beziehungsweise Ausnützungsverlust von 40 Prozent als entschädigungspflichtig erklärt (RB 1997 Nr. 118). In einer Kernzone ist ein Ausnützungsverlust von 35–45 Prozent entschädigungspflichtig (VR.2000.0001).

Auch die Zuteilung zu einer Kernzone, in welcher nur bestehende Bauten und Anlagen umgebaut oder ersetzt werden dürfen, bewirkt grundsätzlich keine materielle Enteignung (ZBl 1997, S. 184). Werden aber in einer Kernzone grosszügig Freiräume zum Schutz von historischen Bauten und Anlagen ausgeschieden, so führt dies zu einer materiellen Enteignung (BEZ 2001 Nr. 38).

5.3.2.4 *Baulinien, Wald- und Gewässerabstandslinien*

Wenn ein Grundstück trotz der Festlegung von Baulinien, Wald- oder Gewässerabstandslinien noch sinnvoll überbaut werden kann, ist keine Entschädigung geschuldet (BGE 110 Ib 362; 95 I 461). Es gelten sinngemäss die gleichen Überlegungen wie bei der Abzonung. Eine Entschädigung muss nur bezahlt werden, wenn der Grundeigentümer besonders belastet wird (vgl. auch § 102 PBG).

5.3.2.5 *Natur- und Heimatschutzmassnahmen*

Natur- und Heimatschutzmassnahmen können einen Grundeigentümer empfindlich in seinen Eigentumsrechten treffen. Als Beispiele seien genannt:
- Ein unter Schutz gestelltes Haus darf nicht mehr abgebrochen und durch ein nach den Bauvorschriften mögliches grösseres Gebäude ersetzt werden.
- Ein bestehendes Dachgeschoss darf nicht ausgebaut und mit Dachaufbauten und Dacheinschnitten belichtet werden.
- Bauten am Fusse eines Burghügels haben besondere Höhenbeschränkungen einzuhalten, um die Sicht auf die Burg und von der Burg herab freizuhalten.
- An einem Seeufer darf ein Streifen nicht bebaut werden. Der Eigentümer muss diesen Streifen sogar noch pflegen.

5 Planung und Entschädigung
5.3 Materielle Enteignung

Auch bei Natur- und Heimatschutzmassnahmen gelten die gleichen Kriterien wie bei Abzonungen. Der Eingriff muss besonders schwer wiegen, um einer Enteignung gleichzukommen und damit eine Entschädigungspflicht des Gemeinwesens auszulösen. Denkmalschutzmassnahmen bedeuten nach der Praxis nur dann eine materielle Enteignung, wenn sie eine bestimmungsgemässe, wirtschaftlich sinnvolle und gute Nutzung der betroffenen Liegenschaft verunmöglichen (vgl. den Fall des Odeon-Gebäudes am Zürcher Bellevueplatz [RB 1991 Nr. 80] oder des Hotels Pilatus in Horw [ZBl 2007, S. 618 ff.]). Ortsbild- und Denkmalschutzvorschriften gehören zu den herkömmlichen Eigentumsbeschränkungen; in der Regel schränken derartige Vorschriften die aus dem Eigentum fliessenden Befugnisse nicht wesentlich ein. Indessen kommt es auf die besonderen Umstände des Einzelfalles an. Es ist abzuklären, ob der Eigentümer trotz der Eigentumsbeschränkung seine Liegenschaft bestimmungsgemäss und wirtschaftlich sinnvoll und gut nutzen kann (ZBl 2006, S. 41 ff.). Wenn dies der Fall ist, so kommt es nicht darauf an, welchen Ertrag der Eigentümer aus dem Objekt hätte erzielen können, wenn ein Neubau oder Umbau unbehindert von Schutzvorschriften hätte durchgeführt werden können. Die Verpflichtung, das äussere Erscheinungsbild eines Gebäudes zu erhalten, bewirkt keine materielle Enteignung, wenn es dem Eigentümer unbenommen ist, das Haus im Inneren umzubauen, um eine bessere Nutzung zu erzielen, und wenn er auch frei ist, die Liegenschaft zu veräussern, zu vermieten oder selber zu nutzen (BGE 117 Ib 264).

Werden durch Natur- und Heimatschutzmassnahmen Grundstücke oder Grundstückteile unüberbaubar, so finden die bei der Auszonung und der Abzonung geltenden Kriterien Anwendung. Zwei Bedingungen müssen für die Zusprechung einer Entschädigung erfüllt sein:

- Das Grundstück muss im Zeitpunkt der Schutzmassnahme Baulandqualität aufweisen (vgl. BGE 119 Ib 124 ff., 114 Ib 301 f.).
- Die Schutzmassnahme muss eine massive Werteinbusse des Grundstücks bewirken (vgl. BVR 1996, S. 33; RB 1995 Nr. 99). Dies wurde angenommen, als in einem Bauernhaus wegen der Schutzmassnahmen nicht mehr Wohnräume entsprechend den heutigen Komfortansprüchen erstellt werden konnten (VR.2002.00010).

Das Gemeinwesen kann bei Natur- und Heimatschutzmassnahmen nur dann auf Schutzmassnahmen nachträglich verzichten, wenn sich aufgrund einer umfassenden Prüfung zeigt, dass die Schutzwürdigkeit nicht mehr gegeben ist. Die Verschlechterung der Finanzlage eines Gemeinwesens allein bildet keinen zulässigen Widerrufsgrund, um sich einer materiellen Enteignung zu entschlagen (ZBl 1998, S. 336 ff.; vgl. auch ZBl 2000, S. 41 ff.).

5.3.2.6 *Polizeiliche Eingriffe*

Eingriffe in das Grundeigentum, welche zur Abwendung von Gefahren für Leib und Leben – sogenannten Polizeigefahren – dienen, lösen keine Entschädigungspflicht wegen materieller Enteignung aus (BGE 96 I 128). Vorausgesetzt sind Anordnungen, die zur Abwendung einer ernsthaften und unmittelbaren Gefahr für die öffentliche Ordnung erforderlich sind oder unmittelbar dem Schutz des Grundeigentümers selber dienen (BGE 106 Ib 339, 103 Ib 231). Zu denken ist an Bauverbote in Rutschgebieten oder grössere Gewässerabstände in Hochwassergebieten.

Nicht direkt dem Schutz des Grundeigentümers selber dienen aber Grundwasserschutzzonen. Solche Zonen werden für den Schutz von Trinkwasserfassungen, welche den Benützern der betreffenden Wasserversorgung dienen, geschaffen. Grundwasserschutzzonen, welche eine wesentliche Einschränkung der Nutzungsmöglichkeiten bringen, lösen eine Entschädigungspflicht wegen materieller Enteignung aus (AGVE 1993, S. 493).

Vgl. dazu auch HÄFELIN/MÜLLER/UHLMANN: Rz. 2208 ff.

5.3.2.7 *Befristete Bauverbote*

Bauverbote, welche nur für eine beschränkte Zeit gelten (nach der Praxis 5–10 Jahre; vgl. etwa BGE 123 II 481 ff.; 120 Ia 209 f.; 109 Ib 20 f.; 135 I 233 ff.), begründen keine Entschädigung aus materieller Enteignung. Die Rechtsinstitute des PBG, welche solche befristeten Bauverbote auslösen, bleiben unter dieser Grenze von 10 Jahren:

- Vorsorgliches Bauverbot für die Landsicherung von öffentlichen Werken: maximal 5 Jahre (§ 122 PBG).
- Bausperre – im Sinne einer fehlenden planungsrechtlichen Baureife – maximal 3 Jahre, bei Verzögerungen durch Rechtsmittel allenfalls länger (§ 235 PBG).
- Planungszone 3 Jahre mit Verlängerungsmöglichkeit um 2 Jahre (Art. 27 Abs. 2 RPG; § 346 Abs. 3 PBG).

Nicht geklärt ist bis heute, ob die Reservezone im Sinne von § 65 PBG eine Entschädigung auslöst. Eine Reservezone ist keine Bauzone, sondern nur Bauerwartungsland (vgl. Seite 133), welches wegen zu grosser Bauzonenkapazität nicht eingezont werden durfte. Ein Anspruch auf die Überprüfung der Bauzonendimensionierung besteht erst nach 8 Jahren seit der Festsetzung der betreffenden Reservezone (§ 65 Abs. 4 PBG). Sind in einer Gemeinde mehrere Reservezonen ausgeschieden, ist bei zu kleinen Bauzonenreserven zu entscheiden, welche dieser Reservezonen eingezont werden soll. Auch wenn grundsätzlich in einer Gemeinde ein Einzonungsbedarf besteht, hat nun aber ein Eigentümer eines Reservezonengrundstücks keinen absoluten Anspruch, dass ausgerechnet sein Grundstück eingezont wird (vgl. BEZ 1986 Nr. 8). Es kann also sein, dass ein Eigentümer bei einer nächsten Einzonungsrunde wieder leer ausgeht. Danach bedeutet die Ausscheidung einer Reservezone grundsätzlich ein Bauverbot, das mehr als 10 Jahre oder sogar unbefristet dauert. Damit wäre bei der Ausscheidung einer Reservezone eine Entschädigung geschuldet (vgl. dazu BGer 1C_510/2009 zur Waadtländer «zone intermédiaire)». Häufig fehlte es aber bei solchen Reservezonengrundstücken zum Zeitpunkt der erstmaligen Festsetzung an der Möglichkeit der raschen Überbaubarkeit. Zum Beispiel fehlten Groberschliessungsanlagen oder es hätte zuerst noch ein Quartierplanverfahren durchgeführt werden müssen. Zudem liegen häufig Reservezonengrundstücke nicht im weitgehend überbauten Gebiet gemäss Art. 15 lit. a RPG (zum Begriff vgl. Seite 241). Dann ist deswegen keine Entschädigung geschuldet.

5.4 Weitere Enteignungsinstrumente

5.4.1 Heimschlagsrecht

Unter dem Heimschlagsrecht versteht man das Recht des Grundeigentümers, vom Gemeinwesen unter bestimmten Voraussetzungen die Übernahme eines Grundstücks gegen volle Entschädigung zu verlangen. Der Anstoss zur Eigentumsübertragung geht also – anders als bei der formellen Enteignung – vom Grundeigentümer aus.

Das PBG sieht in folgenden Fällen ein Heimschlagsrecht vor (zu den Details vgl. RÜSSLI):

- Kommt ein Grundstück in die Freihaltezone oder Erholungszone zu liegen, kann der Eigentümer neben einem allfälligen Entschädigungsanspruch aus materieller Enteignung sein Land dem Staat beziehungsweise der Gemeinde heimschlagen (§§ 41–43 und § 62 Abs.1 PBG). Dieses Recht kann unabhängig vom Vorliegen einer materiellen Enteignung ausgeübt werden.
- Weitere Heimschlagsrechte, die unabhängig von einer materiellen Enteignung ausgeübt werden können, bestehen bei den Bau- und Niveaulinien (§§ 103 f. PBG), beim Werkplan (§ 119 PBG), beim ordentlichen Quartierplan (§ 165 PBG) und bei der Gebietssanierung (§ 202 PBG).
- Im Natur- und Heimatschutzrecht ist dagegen die Geltendmachung des Heimschlagsrechts nur möglich, wenn die Schutzmassnahme eine materielle Enteignung bewirkt (§ 214 PBG).

5.4.2 Zugrecht und Übernahmeanspruch

Das Gegenstück zum Heimschlagsrecht bildet das Zugrecht. Die Gemeinde oder der Kanton kann im Entschädigungsverfahren aus materieller Enteignung die Zusprechung des betreffenden Landes zu Eigentum verlangen, wenn die Entschädigungsforderung mehr als zwei Drittel des Verkehrswerts beträgt und das betreffende Grundstück innert vier Jahren der Öffentlichkeit zugänglich gemacht wird (§ 43a PBG). Das Zugrecht muss schon im Schätzungsverfahren geltend gemacht werden.

Ein dem Zugrecht ähnliches Institut – der Übernahmeanspruch gemäss § 212 PBG – besteht auch im Natur- und Heimatschutzrecht. Das Gemeinwesen, das eine dauernde Schutzmassnahme angeordnet hat, kann die Übernahme des Schutzobjekts zu Eigentum gegen Entschädigung verlangen, wenn

- nach dem Zweck der Schutzmassnahme eine bestimmte Betreuung nötig ist;
- der Grundeigentümer sich dazu nicht verpflichtet oder ausser Stande ist; und
- dem Gemeinwesen die Betreuung des Objekts, ohne Eigentümer zu sein, nicht zugemutet werden kann.

Der Übernahmeanspruch des Gemeinwesens wird auf dem Wege der verwaltungsgerichtlichen Klage beurteilt. Über die Entschädigung wird nach dem Abtretungsgesetz entschieden (§ 212 PBG).

5 Planung und Entschädigung
5.4 Weitere Enteignungsinstrumente

5.4.3 Vorkaufsrecht

Kanton und Gemeinden haben an Grundstücken in einer überkommunalen oder kommunalen Freihaltezone ein Vorkaufsrecht (§ 64 Abs. 1 und 4 PBG). Die Gemeinden haben zusätzlich ein Vorkaufsrecht an Grundstücken in der Erholungszone (§ 64 Abs. 4 PBG). Der Vorkaufsfall definiert sich nach Art. 216c OR. Danach tritt der Vorkaufsfall ein (Art. 216c Abs. 1 OR):
- bei einem Verkauf;
- bei einem verkaufsähnlichen Geschäft (zum Beispiel Übertragung von Aktien einer Immobilienaktiengesellschaft).

Kein Vorkaufsfall ist hingegen (Art. 216c Abs. 2 OR):
- die Übertragung im Rahmen einer Erbteilung;
- die Zwangsversteigerung;
- der Erwerb zur Erfüllung öffentlicher Aufgaben.

§ 64 Abs. 2 PBG schränkt die Vorkaufsfälle weiter ein. Das Vorkaufsrecht kann nicht ausgeübt werden, wenn
- der betreffende Grundstücksteil in der Freihalte- oder Erholungszone zum Umschwung eines überbauten Grundstücks gehört und zusammen mit diesem erworben wird. Dies gilt unabhängig davon, ob das überbaute Grundstück in der Bauzone oder in einer Nichtbauzone liegt. Das betreffende Grundstück muss aber als Umschwung zonenwidrig genutzt werden (zum Beispiel als Garten, Parkplatz oder Werkplatz).
- der Erwerber des Grundstücks dieses selbst landwirtschaftlich nutzen will.

Das Vorkaufsrecht ist nicht limitiert. Dies bedeutet, dass das Gemeinwesen das betreffende Grundstück nur zu den Bedingungen (vor allem Preis) übernehmen kann, wie sie zwischen dem Verkäufer und dem Käufer vereinbart worden sind (Art. 216d OR).

5.4.4 Treu und Glauben als Grundlage der Entschädigungspflicht

Um- und Abzonungen können in Ausnahmefällen gestützt auf das in Art. 5 Abs. 3 und Art. 9 BV verankerte Prinzip des Vertrauensschutzes zu einer Entschädigungspflicht des zuständigen Planungsträgers führen. Gegenstand der Entschädigung sind meist vergeblich aufgewendete Projektierungskosten (Architektenhonorare usw.). Nach der Praxis des Bundesgerichts hat der Grundeigentümer zwar keinen Anspruch darauf, dass das für sein Grundstück in einem bestimmten Zeitpunkt geltende Baurecht auch in Zukunft unverändert bleibt. Hat jedoch gerade die Einreichung eines bestimmten Baugesuchs Anlass zur Änderung der Bauordnung gegeben, weil die Baubehörden die Ausführung des Bauvorhabens auf diese Weise verhindern wollten, so kann eine Entschädigung für die nutzlos gewordenen Aufwendungen ohne Verletzung von Art. 5 Abs. 3 und Art. 9 BV nicht verweigert werden, wenn die Absicht der Baubehörden für den Grundeigentümer nicht vorhersehbar war. Ersatz muss sodann auch in jenen Fällen geleistet werden, in welchen dem Bauwilligen vor Einreichung des Baugesuchs konkrete Zusicherungen auf den Fortbestand der geltenden Bauvorschriften gegeben worden waren. Sind die vorstehenden Voraussetzungen erfüllt, so muss auch dann eine Entschädigung entrichtet werden, wenn keine

5 Planung und Entschädigung
5.5 Feststellung der Enteignungsentschädigung

Enteignung – weder eine formelle noch eine materielle – vorliegt. Die Entschädigung stellt einen Ausgleich für Vermögensverluste dar, welcher infolge Täuschung des berechtigten Vertrauens des Grundeigentümers durch das Verhalten des Staates auszurichten ist und etwa die Aufwendungen umfasst, die dieser in der berechtigten Annahme getroffen hat, sein Grundstück bleibe in nächster Zeit von staatlichen Eingriffen verschont (BGE 108 Ib 357, 112 Ib 118, 117 Ib 497, 125 II 436, 132 II 218).

5.4.5 Mehrwertabschöpfung

Art. 5 Abs. 1 RPG gibt den Kantonen die Möglichkeit, nicht nur die durch die Planung entstandenen Minderwerte zu entschädigen, sondern im Gegenzug auch die Mehrwerte abzuschöpfen (vgl. dazu im Detail SCHNEIDER). Im Kanton Zürich wurden solche Bestrebungen immer abgelehnt. Planerische Mehrwerte werden im Kanton Zürich nur – aber immerhin – durch die Grundstückgewinnsteuer oder die Vermögenssteuer abgeschöpft.

5.5 Feststellung der Enteignungsentschädigung

5.5.1 Überblick über das Enteignungsverfahren

Die Entschädigung für Enteignungshandlungen (insbesondere formelle und materielle Enteignung) wird in einem besonderen Verfahren festgelegt, nämlich dem Schätzungsverfahren. Das Verfahren ist unterschiedlich, je nachdem, ob sich die Enteignung auf ein Bundesgesetz (wie etwa bei Nationalstrassen, Eisenbahnen, Rohrleitungen) abstützt oder auf eine kantonalrechtliche Norm (zum Beispiel das PBG).

Beim Bund ist das Verfahren im Bundesgesetz über die Enteignung vom 20. Juni 1930 (EntG) geregelt. Das kantonal-zürcherische Verfahren bestimmt sich nach dem Einführungsgesetz zum Schweizerischen Zivilgesetzbuch vom 2. April 1911 (EG ZGB) und dem Gesetz betreffend die Abtretung von Privatrechten vom 30. November 1879 (AbtrG). Beide Verfahren verlaufen aber ähnlich. Vgl. dazu auch HÄFELIN/MÜLLER/UHLMANN: Rz. 2120 ff. und Rz. 2200 ff.

Das Enteignungsverfahren lässt sich grundsätzlich in zwei Phasen aufteilen:
- Zuerst muss materiell über die Rechtmässigkeit des Projekts (zum Beispiel einer Strasse oder Eisenbahnlinie) beziehungsweise der Planungsmassnahme (zum Beispiel einer Auszonung oder Baulinienfestsetzung), für welche eine Entschädigung verlangt wird, entschieden sein. Mit anderen Worten ist vorerst – unter dem Titel der Bestandesgarantie von Art. 26 Abs. 1 BV – über die Zulässigkeit der Eigentumsbeschränkung zu befinden, wobei regelmässig das Vorliegen einer gesetzlichen Grundlage und eines öffentlichen Interesses sowie die Verhältnismässigkeit zu prüfen sind (Art. 36 BV). Dieses Verfahren wird zuweilen auch als Administrativverfahren bezeichnet und bestimmt sich nach der ordentlichen Rechtsmittelordnung.
- Erst danach kann – unter dem Titel der Wertgarantie von Art. 26 Abs. 2 BV und Art. 5 Abs. 2 RPG – über das Vorliegen einer Entschädigung aus

5 Planung und Entschädigung
5.5 Feststellung der Enteignungsentschädigung

formeller und materieller Enteignung befunden und das Schätzungsverfahren eingeleitet werden. Dem verwaltungsgerichtlichen Verfahren ist dabei jeweils ein Einigungsverfahren und ein Verfahren vor einer Schätzungskommission vorgeschaltet. Nachdem der Enteignete seine Forderung bekannt gemacht hat, ist es dann am Enteigner (zum Beispiel einer Gemeinde), das Verfahren weiterzutreiben.

→ Siehe Grafik rechte Seite

Nachfolgend wird nur noch das Schätzungsverfahren behandelt, und zwar nach Massgabe der Regelung im Kanton Zürich. Zum eidgenössischen Schätzungsverfahren vgl. RUCH 2010: S.603 ff. und HESS/WEIBEL: Bd. II, N zu Art. 57 ff.

5.5.2 Zürcher Schätzungsverfahren

Die geltende Regelung ist im Kanton Zürich kompliziert. Sie ist im Wesentlichen auf das Verfahren für formelle Enteignungen zugeschnitten, gilt aber auch für materielle Enteignungen (zu Einzelheiten vgl. HADORN 2000).

Um ein Enteignungsverfahren auszulösen, muss zuerst der Enteignungstatbestand geschaffen werden (zum Beispiel Projektgenehmigung für den Strassenbau oder rechtskräftige Auszonung). Der Anstoss für die Enteignung liegt dann bei der formellen Enteignung naturgemäss beim Enteigner (Kanton, Gemeinde oder anderer Werkträger). Bei der materiellen Enteignung kann der Betroffene seine Ansprüche innert zehn Jahren seit dem Inkrafttreten der Eigentumsbeschränkung beim zuständigen Gemeinwesen (Kanton oder Gemeinde) anmelden (§ 183ter Abs.1 EG ZGB). Später angemeldete Ansprüche sind verwirkt.

Der Zinsenlauf für die Entschädigung läuft ab dem Tag der Gesuchseinreichung (§ 183bis Abs.3 EG ZGB).

Das kantonale Enteignungsverfahren beginnt mit dem Administrativverfahren. Zuerst muss der Enteigner versuchen, mit dem Betroffenen eine gütliche Einigung über die umstrittenen Fragen und über die Entschädigung zu treffen (§ 28 AbtrG). Kann eine Einigung erzielt werden, wird ein Expropriationsvertrag abgeschlossen. Gibt es keine Einigung, so ist es am Enteigner, das Schätzungsverfahren einzuleiten.

Das Schätzungsverfahren wird nach der gescheiterten Einigungsverhandlung durch den Enteigner mit einem entsprechenden Gesuch an den Statthalter eingeleitet (§ 39 AbtrG). Der Statthalter leitet die Akten an die zuständige Schätzungskommission – ein Spezialverwaltungsgericht – weiter. Im Kanton bestehen vier Schätzungskommissionen, welche durch Fachleute besetzt sind und im Milizsystem arbeiten. Die zuständige Schätzungskommission entscheidet aufgrund einer Parteiverhandlung und allenfalls weiterer Abklärungen (zum Beispiel Beizug von gehandelten Landpreisen in der Umgebung; §§ 40 und 41 AbtrG).

Die Schätzungskommissionen stellen ihren Entscheid dem Enteigner und den Abtretungspflichtigen zu. Innert 20 Tagen (und nicht innert 30 Tagen wie bei den übrigen Rechtsmittelverfahren) können die Abtretungs- oder Beitragspflichtigen sowie die Exproprianten beim Zürcher Verwaltungsgericht Rekurs (und nicht Beschwerde) anmelden (§ 46 AbtrG). Das Verwaltungsgericht setzt

5	**Planung und Entschädigung**
5.5	Feststellung der Enteignungsentschädigung

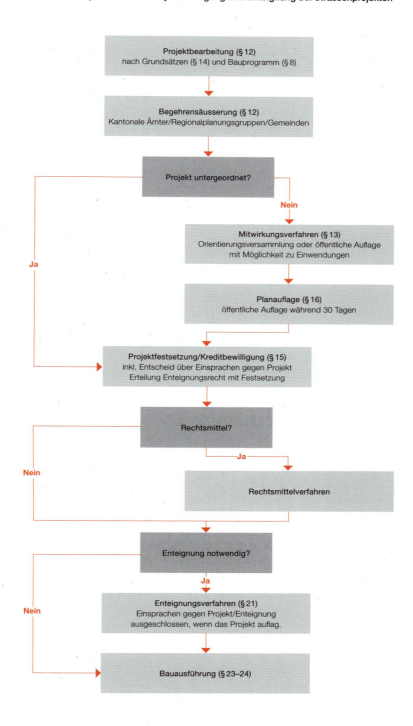

5 Planung und Entschädigung
5.5 Feststellung der Enteignungsentschädigung

dann die Frist zur Einreichung einer Rekursschrift an. Gegen den verwaltungsgerichtlichen Entscheid ist dann noch eine Beschwerde in öffentlich-rechtlichen Angelegenheiten an das Bundesgericht möglich (Art. 82 ff. BGG).

Übersicht über das Zürcher Schätzungsverfahren

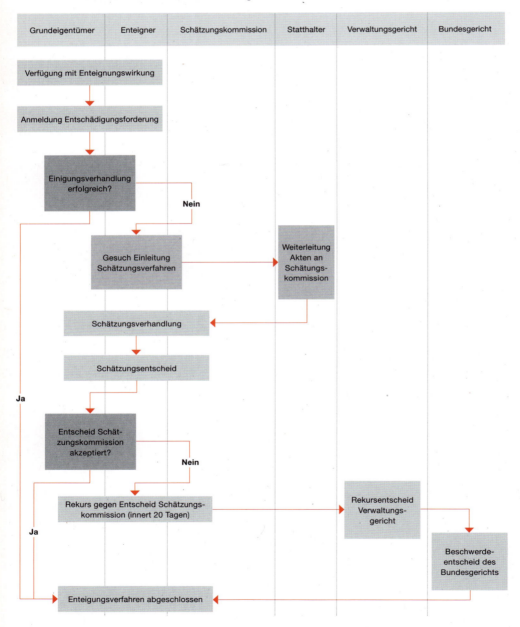

5.5.3 Höhe der Enteignungsentschädigung

Wird der Enteignungstatbestand bejaht, so ist für die Höhe der Entschädigung auf die Verhältnisse im Zeitpunkt des Inkrafttretens der Eigentumsbeschränkung abzustellen. Die Höhe der geschuldeten Entschädigung richtet sich grundsätzlich nach dem Verkehrswert (BGE 102 Ib 273). Problematisch bei der Entschädigungsregelung bei Fällen von materieller Enteignung ist, dass gemäss der Praxis nach dem «Alles-oder-nichts-Prinzip» eine Entschädigung nur geschuldet wird, wenn eine materielle Enteignung vorliegt. Erreicht der Eigentumseingriff nicht die Intensität einer materiellen Enteignung, so erhält der Grundeigentümer nicht eine reduzierte Entschädigung, sondern gar nichts.

Der Verkehrswert ist der Preis, der im gewöhnlichen Geschäftsverkehr für das Objekt (am Stichtag) mutmasslich hätte erzielt werden können. Die Verkehrswertschätzung von Grundstücken bedient sich – wenn möglich – der Vergleichsmethode. Diese leitet den massgebenden Landwert aus tatsächlich bezahlten Preisen für möglichst nahe gelegene, ähnliche und zur Zeit des Stichtages gehandelte Grundstücke ab (BEZ 2006 Nr. 35). Sind in einer Gemeinde nicht genügend Vergleichspreise verfügbar, so sind Preise von vergleichbaren Liegenschaften in Nachbargemeinden beizuziehen (ZBl 1998, S. 141 f.). Nur wenn keine Vergleichspreise vorliegen, kann die Entschädigung aufgrund der Lage und Erschliessung frei bestimmt werden (BGE 114 Ib 295 f.).

Entschädigungen können vom Gemeinwesen innert fünf Jahren nach ihrer Ausrichtung ganz oder teilweise zurückverlangt werden, wenn die Eigentumsbeschränkung nachträglich wesentlich gemildert oder beseitigt wird. Bei Handänderungen geht die Rückerstattungspflicht auf den neuen Eigentümer über (§ 183^{quater} EG ZGB).

Besondere Behandlung erfährt das sogenannte Vorgartenland (das heisst das Land zwischen Baulinie und Strasse). Zählt dieses Land zur anrechenbaren Grundstücksfläche für die Berechnung der Ausnützungsziffer, so ist der volle Verkehrswert zu entschädigen. Liegt der betreffende Vorgarten in einer Zone ohne Nutzungsziffer (Kernzone, Quartiererhaltungszone), so sind nur die eingeschränkten Nutzungsmöglichkeiten (zum Beispiel Verlust von Parkplätzen, Gartenwirtschaftsfläche oder Werbefläche) zu entschädigen, welche dem betreffenden Grundeigentümer entzogen wurden (VR.2008.00003).

Zur Höhe der Enteignungsentschädigung vgl. auch HÄFELIN/MÜLLER/UHLMANN: Rz. 2105 ff. und Rz. 2194 ff.

5.5.4 Vollzug der Enteignung

Bei der materiellen Enteignung wird dem betroffenen Grundeigentümer sein Eigentum nicht entzogen. Demnach findet auch kein Eigentumswechsel statt. Bei der formellen Enteignung hingegen gehen die abzutretenden Rechte mit der Bezahlung der Entschädigung von Gesetzes wegen auf den Enteigner über (§ 56 AbtrG; Art. 91 EntG).

Der Enteigner kann schon vor der Erledigung des Schätzungsverfahrens die Abtretung der Rechte verlangen (sogenannte «vorzeitige Besitzeinweisung»), wenn ihm sonst ein bedeutender Nachteil erwachsen würde und die Schätzung nicht dadurch gefährdet wird (§ 54 AbtrG; Art. 76 EntG).

6
Baurechtliches Verfahren

6	**Baurechtliches Verfahren**
6.1	Rechtsgrundlagen
6.2	Zweck und Umfang des Bewilligungsverfahrens

6.1 Rechtsgrundlagen

Das Baubewilligungsverfahren findet aufgrund der geltenden verfassungsrechtlichen Kompetenzausscheidung zwischen Bund und Kantonen seine Rechtsgrundlagen hauptsächlich im kantonalen Recht (vgl. Art. 75 BV und Art. 25 Abs. 1 RPG). Zwar hat der Bundesgesetzgeber namentlich in Art. 25 und Art. 25a RPG Vorschriften zum Baubewilligungsverfahren statuiert, doch enthält das kantonale Recht insbesondere in §§ 309 ff. PBG und in der Bauverfahrensordnung (BVV) detaillierte verfahrensrechtliche Bestimmungen. Demgegenüber hat das kommunale Recht im Zusammenhang mit dem Baubewilligungsverfahren kaum eigenständige Bedeutung.

In den vergangenen Jahren sind die kantonalen verfahrensrechtlichen Vorschriften wiederholt revidiert worden (so etwa 1998, 2000, 2005, 2009 [vgl. PBG aktuell 2/2009, S. 38 f.]). Diese Revisionen standen häufig im Zeichen der formellen und materiellen Verfahrenskoordination, der Vereinfachung der Verfahrensabläufe, der Beschleunigung der Verfahren und – wenn auch nur sehr beschränkt – der Reduktion der bewilligungspflichtigen Sachverhalte. Im Rahmen des 2009 initiierten Teilrevisionsprojekts zum Verfahren und Rechtsschutz sollen weitere Anpassungen unter anderem beim Baubewilligungsverfahren (beispielsweise hinsichtlich der Vorentscheide und Auskünfte von Behörden) vorgenommen werden.

6.2 Zweck und Umfang des Bewilligungsverfahrens

6.2.1 Grundsätze

Im baurechtlichen Bewilligungsverfahren wird abgeklärt, ob einem Bauvorhaben oder einer Nutzungsänderung keine öffentlich-rechtlichen Bestimmungen, namentlich keine solchen aus dem Planungs-, Bau- und Umweltschutzrecht, entgegenstehen. Demgegenüber obliegt die Überprüfung auf Übereinstimmung mit privatrechtlichen Vorschriften oder Vereinbarungen den Privaten, denen im Streitfall das zivilgerichtliche Verfahren zur Verfügung steht (§ 1 VRG; § 317 PBG). Das gilt zum Beispiel für Grunddienstbarkeiten (etwa Fuss- und Fahrwegrechte) und für mit nur obligatorischer Wirkung begründete Baubeschränkungen (es sei denn, sie wären mit öffentlich-rechtlichem Vertrag begründet worden). Eine Baubeschränkung in Form einer zugunsten der Gemeinde im Grundbuch angemerkten Dienstbarkeit ist nur dann als öffentlich-rechtlich zu qualifizieren, wenn sie aufgrund eines generell-abstrakten Erlasses erfolgte und vom Regierungsrat genehmigt wurde (vgl. hierzu die ausführliche Kasuistik in Kölz/Bosshart/Röhl: § 1 N 22). Vgl. zum Verhältnis zwischen Dienstbarkeiten und öffentlichem Bau- und Planungsrecht auch BR 2004 Nr. 205. Weder ein Gestaltungsplan noch öffentlich-rechtliche Bauvorschriften vermögen bestehende Dienstbarkeiten von sich aus ausser Kraft zu setzen. Das öffentliche Recht geht indessen privatrechtlichen Dienstbarkeiten vor.

Im baurechtlichen Verfahren wird auch nicht überprüft, ob eine bestimmte Baute zum vorgesehenen Zweck brauchbar, sinnvoll und wirtschaftlich tragbar sei oder einem Bedürfnis entspreche. Diese Abklärungen hat die Bauherrschaft selbst vorzunehmen, weshalb sich die Prüfung durch die Baubewilligungsbehörde auf die Einhaltung der relevanten planungs-, bau- und umweltrechtlichen Vorschriften zu beschränken hat (§ 320 PBG). Das öffentliche Interesse an einer Baute oder Anlage muss nur insoweit nachgewiesen werden, als hierfür eine gesetzliche Grundlage besteht. So etwa in Fällen von Art. 25 Abs. 2 USG, bei denen ein überwiegendes öffentliches Interesse an einer Anlage als Begründung für eine Ausnahme hinsichtlich des Lärmschutzes nachzuweisen ist (vgl. RB 1993 Nr. 54).

Privatrechtliche Institute sind im Baubewilligungsverfahren dann zu prüfen, wenn sie baupolizeilich relevant sind, wie zum Beispiel die (privatrechtliche) Sicherung der dauernden und jederzeitigen Benützung einer Zufahrt oder die Parzellarordnung (BEZ 1999 Nrn. 32 und 33 [mit Hinweisen]; VB.2005.00464; vgl. auch § 218 PBG).

6.2.2 Entscheid über Vorfragen

Nach § 1 VRG sind öffentlich-rechtliche Angelegenheiten von den Verwaltungsbehörden zu entscheiden, während privatrechtliche Ansprüche vor den Zivilgerichten geltend zu machen sind. Eine entsprechende Bestimmung enthält das PBG in § 317. Gleichwohl sind die Verwaltungsbehörden in gewissen Schranken befugt, Vorfragen selbstständig zu entscheiden. Sie sind aber nicht dazu verpflichtet. Insbesondere steht es im Ermessen der Verwaltungsbehörde, das Verfahren zu sistieren, bis die sachkompetente Behörde über die Vorfrage entschieden hat. Im Interesse der klaren Kompetenzausscheidung zwischen den zuständigen Organen ist bei der Entscheidung von Vorfragen Zurückhaltung zu üben. Es ist jeweils zwischen dem Gebot der Rechtssicherheit und Rechtseinheit sowie dem Gewaltenteilungsgrundsatz sorgfältig abzuwägen (BGE 101 Ib 273 f.; HÄFELIN/MÜLLER/UHLMANN: Rz. 58 ff.). So darf etwa der Entscheid über den Inhalt einer Dienstbarkeit (etwa für einen privatrechtlich geordneten Zugang) von der Baubewilligungsbehörde als Vorfrage getroffen werden, wenn dieser leicht feststellbar ist und die Interpretation des Dienstbarkeitsvertrags ein unzweifelhaftes Resultat ergibt. Setzt die Beurteilung der Vorfrage umfangreiche Beweismassnahmen voraus, muss die formell zuständige Instanz entscheiden (KÖLZ/BOSSHART/RÖHL: § 1 N 32). Die Baubewilligung ist gegebenenfalls zu verweigern, bis sich die Bauherrschaft – nötigenfalls mithilfe des Zivilrichters – einen hinreichenden Ausweis über die behauptete Berechtigung verschafft hat.

Die Regelung von § 310 Abs. 3 PBG, wonach der Nichteigentümer seine zivilrechtliche Berechtigung zur Einreichung eines Baugesuchs nachzuweisen hat, dient vorab dem Schutz der Behörden, welchen die Prüfung von klarerweise nicht realisierbaren Vorhaben erspart bleiben soll. Somit ist die Baubewilligungsbehörde berechtigt, aber nicht verpflichtet, auf ein Gesuch mit fehlendem oder unklarem Berechtigungsnachweis nicht einzutreten. Wo aus privatrechtlichen Gründen die Baubefugnis nach einer ersten Würdigung der Verhältnisse unklar bleibt, stehen der Baubehörde zwei Wege offen: Sie kann entweder die Behandlung des Gesuchs bis zum Entscheid des Zivilrichters zurückstellen oder aber die baurechtliche Prüfung vornehmen (VB.2005.00022; vgl. dazu auch BLASER: S. 14–16).

6 Baurechtliches Verfahren
6.3 Bewilligungspflicht

6.3.1 Bedeutung

Die Bewilligungspflicht ermöglicht die präventive Kontrolle. Doch sind die materiellen Vorschriften des Planungs-, Bau- und Umweltrechts auch dann einzuhalten, wenn keine Bewilligungspflicht besteht. § 2 Abs. 2 BVV nennt diesen Grundsatz ausdrücklich. Bedeutsam wird dies insbesondere bei Normen der Gestaltung (v.a. § 238 PBG) und des Umweltrechts. Die Befreiung von der Bewilligungspflicht erstreckt sich damit lediglich auf die Pflicht zur Einreichung des Baugesuchs und zur Aussteckung und öffentlichen Bekanntmachung des Vorhabens (§ 2 Abs. 1 BVV). Ist ein Vorhaben von der Bewilligungspflicht befreit, kann die Einhaltung der Bauvorschriften auch nachträglich noch durchgesetzt werden. So ist die Baubewilligungsbehörde zum Beispiel ermächtigt, die Beseitigung eines (nicht bewilligungspflichtigen) Fassadenanstrichs zu verlangen, wenn dieser dem Gestaltungsgebot von § 238 PBG oder den kommunalen Kernzonenvorschriften widerspricht. Einem Nachbarn, der etwa übermässige Immissionen rügt, steht sodann – ungeachtet der fehlenden Bewilligungspflicht – ein Anspruch zu, dass sich die Baubehörde mit dem Thema auseinandersetzt und einen rekursfähigen Entscheid trifft (RB 1986 Nr. 105). Ebenso hat die Baubewilligungsbehörde über eine – im Sinne einer präventiven Kontrolle nicht bewilligungspflichtige – üppig beleuchtete Weihnachtsdekoration allenfalls nachträglich zu befinden und hierüber eine rekursfähige Verfügung zu erlassen (BEZ 2006 Nr. 56, bestätigt in BGer 1A.202/2006). Kraft ausdrücklicher gesetzlicher Regelung gemäss § 243 Abs. 2 PBG können auch ohne Zusammenhang mit einem Bauvorhaben zusätzliche Fahrzeugabstellplätze verlangt werden, wenn der bestehende Zustand regelmässig Verkehrsstörungen oder andere Übelstände bewirkt. Allerdings muss sich die Behörde bei solchen Anordnungen stets an den Verhältnismässigkeitsgrundsatz halten. Das Gleiche gilt ganz grundsätzlich beim Vorliegen von erheblichen polizeilichen Missständen (§ 358 PBG).

Die Frage der Bewilligungspflicht ist stets von derjenigen des anwendbaren Verfahrens (ordentliches Verfahren gemäss §§ 309 ff. PBG; Anzeigeverfahren gemäss § 325 PBG und §§ 13 ff. BVV) zu trennen. Wird in einem ersten Schritt die Bewilligungspflicht bejaht, ist in einem weiteren Schritt zu prüfen, welche Art von Baubewilligungsverfahren zur Anwendung gelangt.

6.3.2 Beurteilung von Zweifelsfällen

Ob eine bauliche Massnahme bewilligungspflichtig ist, lässt sich trotz der ausführlichen Normierung im kantonalen Recht oft nicht leicht bestimmen. Das gewichtige öffentliche Interesse an der Beachtung der Rechtsordnung ruft nach einem möglichst umfassenden Genehmigungszwang. Auf der anderen Seite haben die rechtsanwendenden Instanzen die Eigentumsgarantie gemäss Art. 26 BV zu beachten, aus der sich die Baufreiheit ableiten lässt. Eine Überdehnung der Bewilligungspflicht stünde in Widerspruch zur Eigentumsgarantie (RB 1986 Nr. 105). In diesem Spannungsfeld ist der Entscheid über die Bewilligungspflicht nicht allein aufgrund der Konstruktionsweise der fraglichen Einrichtun-

6 Baurechtliches Verfahren
6.3 Bewilligungspflicht

gen zu treffen. Vielmehr ist eine Gesamtbetrachtung geboten. Neben der Funktion der Einrichtung sind auch zeitliche Aspekte zu berücksichtigen. Diese sind dann in Beziehung zum Zweck des baurechtlichen Bewilligungsverfahrens zu setzen (RB 1996 Nr. 83; RB 1981 Nr. 142). Es ist daher zu prüfen, ob die fragliche Einrichtung aufgrund ihrer Konstruktionsweise und Funktion sowie der festgestellten und zu erwartenden Dauer und Regelmässigkeit ihrer Benützung geeignet ist, mit den Anliegen der Raumplanung sowie des Baupolizei- und Umweltrechts in Konflikt zu geraten (RB 1996 Nr. 83). Bei untergeordneten Vorhaben lässt sich das öffentliche Interesse am Einhalten der Rechtsordnung auch nachträglich oder gestützt auf das allgemeine Polizeirecht wahrnehmen.

6.3.3 Bewilligungspflicht und Baubewilligungsverfahren

Einleitung des Verfahrens

Ob eine Bewilligungspflicht besteht, ist gegebenenfalls im baurechtlichen Verfahren zu klären. Bei der Frage, ob ein solches Verfahren überhaupt einzuleiten sei, steht der Behörde ein erheblicher Ermessensspielraum zu. Bestehen für sie Anhaltspunkte, dass ein bewilligungspflichtiger Sachverhalt vorliegen könnte, wird sie in Zweifelsfällen ein Bewilligungsverfahren einzuleiten haben. Vor allem bei Nutzungsänderungen bestehender Bauten und Anlagen wird oft erst eine genauere Untersuchung ergeben, ob die Zweckänderung der baurechtlichen Bewilligungspflicht untersteht (BEZ 1992 Nr. 1). Anderseits kommt eine Verfahrenseinleitung nicht infrage, wenn die Bewilligungspflicht von vornherein eindeutig entfällt (RB 1986 Nr. 105). Vgl. zur Verfahrenseinleitung ausführlich auch BEZ 2004 Nr. 47.

Entscheid über die Bewilligungspflicht

Der kommunale Entscheid über die Bewilligungspflicht einer Baute oder Anlage ist ein Zwischen- oder Vorentscheid im Sinne von § 19a Abs. 2 VRG und anfechtbar. Die Bauherrschaft kann sich daher gegen einen die Bewilligungspflicht bejahenden kommunalen Entscheid wehren. Im gleichen Sinne steht dem Nachbarn das Recht zu, einen Gemeindebeschluss anzufechten, mit dem die baurechtliche Bewilligungspflicht verneint wurde (BEZ 1999 Nr. 16, RB 1988 Nr. 81 und 1986 Nr. 105).

Ausschluss des separaten Baubewilligungsverfahrens

Trotz Bewilligungspflicht ist in gewissen Fällen kein gesondertes baurechtliches Bewilligungsverfahren durchzuführen. So schliessen die Festsetzung und Genehmigung von Projekten für Verkehrsanlagen und Gewässer, die Genehmigung von Meliorationsprojekten und die Erteilung von wasserrechtlichen Konzessionen die baurechtliche Bewilligung ein. Dies gilt auch für die mit dem Projekt verbundenen, notwendigen Anpassungen an privatem Grundeigentum. Die zuständige Direktion kann jedoch Vorhaben, die einer meliorationsrechtlichen Genehmigung oder einer wasserrechtlichen Konzession bedürfen, der örtlichen Baubehörde zum baurechtlichen Entscheid überweisen (§ 309 Abs. 2 PBG).

6.4 Bewilligungspflichtige Vorhaben

6.4.1 Bauten und Anlagen im Allgemeinen

6.4.1.1 *Bundesrechtliche Minimalanforderungen*

Ausgangspunkt bildet die bundesrechtliche Vorschrift von Art. 22 Abs. 1 RPG, wonach Bauten und Anlagen nur mit behördlicher Bewilligung errichtet oder geändert werden dürfen. Massstab für die Bewilligungspflicht ist nach der bundesgerichtlichen Rechtsprechung dabei, ob mit einer Baute oder Anlage nach dem gewöhnlichen Lauf der Dinge so wichtige räumliche Folgen verbunden sind, dass ein Interesse der Öffentlichkeit oder der Nachbarn an einer vorgängigen Kontrolle besteht, sei es, dass die Baute oder Anlage den Raum äusserlich erheblich verändert, die Erschliessung belastet oder die Umwelt beeinträchtigt (BGE 114 Ib 314; HALLER/KARLEN 1999: S. 144).

Bauten und Anlagen werden «errichtet», wenn sie von Grund auf neu erstellt werden (Neubau) oder wenn sie an die Stelle eines abgebrochenen oder zerstörten Werkes treten (Wiederaufbau, Ersatzbau). Ihre «Änderung» umfasst Umbauten, Anbauten, Erweiterungen sowie auch Erneuerungen, sofern diese das übliche Mass überschreiten.

Die Minimalanforderungen des Bundesrechts sind direkt anwendbar (vgl. BEZ 2003 Nr. 33 [auch zum Folgenden]). Das kantonale Recht verdeutlicht und ergänzt die eidgenössische Rahmenordnung, darf aber die bundesrechtlichen Minimalanforderungen nicht unterschreiten. Es enthält einen ausführlichen Katalog bewilligungspflichtiger beziehungsweise von der Bewilligung befreiter Objekte und Massnahmen (§ 309 Abs. 1 und Abs. 3 PBG; § 1 BVV). Der Begriff der Bauten und Anlagen wird sodann in § 1 ABV näher umschrieben. Diese kantonalrechtlichen Bestimmungen sind so auszulegen und anzuwenden, dass kein Widerspruch zur bundesrechtlich geordneten Bewilligungspflicht entsteht (BEZ 1986 Nr. 35). Denn das kantonale Recht darf den Umfang der nach Bundesrecht bewilligungspflichtigen Bauten und Anlagen zwar wiederholen, verdeutlichen und erweitern, nicht aber – wie bereits erwähnt – unterschreiten (BGE 113 Ib 315; PBG aktuell 2/2008, S. 26 ff. [bewilligungspflichtige Umnutzung eines Schaufensters beziehungsweise Schaukastens]).

6.4.1.2 *Begriff der Bauten und Anlagen*

Rechtsgrundlagen

Unter den bundesrechtlichen Begriff der «Bauten und Anlagen» fallen mindestens jene künstlich geschaffenen und auf Dauer angelegten Einrichtungen, die in bestimmter fester Beziehung zum Erdboden stehen und geeignet sind, die Vorstellung über die Nutzungsordnung zu beeinflussen, sei es, dass sie den Raum äusserlich erheblich verändern, die Erschliessung belasten oder die Umwelt beeinträchtigen (BGE 113 Ib 315).

Das zürcherische Recht wiederholt in § 309 Abs. 1 lit. a und lit. d PBG den Bewilligungsvorbehalt für Bauten und Anlagen und definiert diese in § 1 ABV. Danach fallen unter den Begriff alle «Bauten, die im Boden eingelassen oder mit einer gewissen Ortsbezogenheit darauf stehend ihrem Umfang nach geeignet sind, die Umgebung durch Luft- und Lichtverdrängung, Überlagerung einer freien Bodenfläche oder durch sonstige Einwirkungen zu beeinflussen» (lit. a). Zu den Bauten und Anlagen zählen auch «alle planungs- und baurechtlich bedeutsamen äusserlichen Veränderungen von Grundstücken oder deren Nutzung (lit. b)». § 1 Abs. 2 ABV zählt auf, welche Objekte «namentlich» unter den Oberbegriff der Bauten und Anlagen fallen (vgl. auch Weisung zum PBG, Abl 1973, S. 1793): Gebäude, Mauern und Einfriedungen, Reklamen, Aussenantennen, Anlagen für die Nutzung von Sonnenenergie, Sport-, Spiel- und Erholungsanlagen, Schwimmbassins, Campingplätze, Fahrzeugabstellplätze, Werk- und Lagerplätze, Anlagen für die Materialgewinnung und -ablagerung, Verkehrs- und andere Transportanlagen, Tankstellen.

Ortsbezogenheit
Nach Art. 22 Abs. 1 RPG und § 1 lit. a ABV gilt die Voraussetzung der Ortsbezogenheit, das heisst einer bestimmten festen Beziehung zum Erdboden. Eine solche liegt vor, wenn die fragliche Baute und Anlage mit einem Fundament oder mit Sockeln fest mit dem Boden verbunden (beispielsweise auch die Asphaltierung eines Flurwegs; BEZ 2009 Nr. 58) oder zumindest auf diesem in mehr oder weniger definitiver Art abgestellt ist. Die feste Beziehung zum Erdboden ist also nicht auf einen eigentlichen Einbau mit Fundament beschränkt; auch nicht fest verankerte, leicht demontierbare Einrichtungen können baubewilligungspflichtig sein (AEMISEGGER/KUTTLER/MOOR/RUCH: Art. 22 N 24), wenn sie nach ihrer Zweckbestimmung am selben Ort stehen sollen. Unter diesen Voraussetzungen bedürfen auch sogenannte Fahrnisbauten im Sinne von Art. 677 ZGB (Baracken, Buden, Hütten und dergleichen) wie auch Zelte, Wohnwagen als Unterkunft oder zur Unterbringung von Sachen (BGE 100 Ib 487 f.; RB 1972 Nr. 85, bestätigt in BGE 99 Ia 120) oder ein Holzfass für Jugendliche (BGE 118 Ib 593) und Unterstände für Motorfahrzeuge usw. einer baurechtlichen Bewilligung. Auch eine Baute mit saisonalem Charakter (die also jedes Jahr nur während bestimmter Monate aufgestellt wird), wie etwa ein Marronihäuschen, (überdachter oder offener) Verkaufsstand für Früchte und Gemüse oder Glacestand, kann bewilligungspflichtig sein, wenn die Baute jedenfalls mehr als zwei Monate pro Saison Bestand hat. Im analogen Sinn hat sich das Verwaltungsgericht zum Zelten und Campieren geäussert: So wurde die Bewilligungspflicht in einem Fall bejaht, da auf einem Grundstück jährlich für mehrere Wochen oder Monate Einrichtungen installiert worden sind, die einer Person als Behausung dienten (RB 1996 Nr. 83). Das Verwaltungsgericht hat auch die Bewilligungspflicht für ein Gartenhaus auf Rädern bejaht (VB.1999.00335).

Auch in der Landwirtschaftszone untersteht eine Kleinbaute für das Lagern von Werkzeugen der Baubewilligungspflicht. In einem konkreten Fall wurde geltend gemacht, dass die Baute während des Winters entfernt wird, sodass es sich um eine bewilligungsfreie Fahrnisbaute handle. Beweismässig ergab sich, dass die Baute während rund acht Monaten pro Jahr auf dem Grundstück steht. Diese Zeitdauer ist laut Bundesgericht nicht mehr so unbedeutend, dass auf ein Bewilligungsverfahren verzichtet werden könnte (BGer 1A.196/2003).

Demgegenüber sind das einmalige Aufstellen eines Wohnzeltes für wenige Tage oder der Aufbau von Festhütten, Tribünen, Bühnen und dergleichen für befristete Anlässe wie Sportveranstaltungen, Konzerte und dergleichen planungs- und baurechtlich in der Regel nicht relevant (MÄDER 1991: S. 95). Das Amt für Baubewilligungen der Stadt Zürich hat die Praxis, ab einer Aufstellungsdauer von einem Monat oder vier Wochenenden ein Baubewilligungsverfahren durchzuführen. Die Ortsbezogenheit fehlt auch einer Kinderspielhütte, die aus einfachen Brettern besteht und ständig Änderungen erfährt (vgl. BEZ 1982 Nr. 21), oder einem Verkaufswagen, welcher mal da, mal dort aufgestellt wird. Vgl. im Übrigen die ausführliche Kasuistik in AEMISEGGER/KUTTLER/MOOR/ RUCH: Art. 22 N 24 ff.

Einfluss auf die Umwelt
Neben der Ortsbezogenheit tritt ein zweites Kriterium hinzu: Bauten oder Anlagen sind nach Bundesrecht nur solche Einrichtungen, welche die Vorstellungen über die Nutzungsordnung beeinflussen, sei es, dass sie den Raum äusserlich verändern, die Erschliessung belasten oder die Umwelt beeinträchtigen (BGE 118 Ib 49). Damit bestimmt sich der bundesrechtliche Begriff der Bauten und Anlagen nach einer wirkungsbezogenen Betrachtungsweise, mit welcher sich auch die Bewilligungspflicht für Vorhaben klären lässt, für welche das kantonale Recht keine klaren Vorgaben enthält. So beurteilt sich nach Grösse, Umgebung und Zonenordnung, ob zum Beispiel Statuen, Kinderspielgeräte, Aussencheminees und Fahnenmaste der baurechtlichen Bewilligungspflicht unterstehen oder nicht. Da die bundesrechtliche Umschreibung dem kantonalen Recht vorgeht, sind auch Vorhaben denkbar, die der Bewilligungspflicht gemäss Art. 22 Abs. 1 RPG unterstehen, obwohl sie das kantonale Recht an sich davon befreit. So sind offene Einfriedungen nach § 1 lit. e BVV nicht bewilligungspflichtig; sie können aber dann unter den bundesrechtlichen Begriff der Anlage und unter die Bewilligungspflicht nach Art. 22 Abs. 1 RPG fallen, wenn sie ausserhalb der Bauzone errichtet werden sollen beziehungsweise worden sind (BEZ 2003 Nr. 33). Analoges lässt sich wohl für Anlagen zur Nutzung von Sonnenenergie (§ 1 lit. k BVV) sagen. Die von der Bewilligungspflicht unter bestimmten Voraussetzungen befreite Fläche von 35 m² kann auch ausserhalb von Kernzonen oder andern Schutzanordnungen (insbesondere ausserhalb von Bauzonen) Auswirkungen auf die Umgebung zeitigen, welche eine präventive Kontrolle im Rahmen des Baubewilligungsverfahrens rechtfertigen. Daran ändert auch die 2008 in Kraft getretene Bestimmung von Art. 18a RPG zu den Solaranlagen nichts, wird doch dort explizit auf den Bewilligungsvorbehalt hingewiesen.

Das Verwaltungsgericht hat die Bewilligungspflicht auch für Open-Air-Kinoveranstaltungen bejaht, sofern sie wesentliche Auswirkungen auf die Umwelt haben, selbst wenn die Einrichtungen mobil und nur für eine beschränkte Dauer (in concreto rund einen Monat) aufgestellt sind (BEZ 2006 Nr. 11 betreffend «Kino am Berg», Uetliberg). Vgl. auch PBG aktuell 2/2008, S. 26 ff., wo das Bundesgericht in Bestätigung von BEZ 2007 Nr. 5 die Umnutzung eines Schaufensters beziehungsweise Schaukastens (Installation eines grossformatigen Bildschirms zur Ausstrahlung von Reklamen) aufgrund der erheblichen

6	**Baurechtliches Verfahren**
6.4	Bewilligungspflichtige Vorhaben

Veränderung der Lichtemissionen als bewilligungspflichtig erklärt hat. Ebenso baubewilligungspflichtig sind Aussenwirtschaften auf öffentlichem Grund. Es genügt nicht, wenn solche Aussenwirtschaften ausschliesslich im verwaltungspolizeilichen Bewilligungsverfahren betreffend den gesteigerten Gemeingebrauch sanktioniert werden, zumal dort die Instrumente zur Anspruchswahrung durch Drittbetroffene fehlen (BEZ 2008 Nr. 36 und Nr. 44, bestätigt in BGer 1C_47/2008 [abgedruckt in PBG aktuell 3/2008, S. 26 ff.]; a.M. KRIEG: S. 36 ff.).

6.4.2	**Gebäude und gleichgestellte Bauwerke**
6.4.2.1	*Erstellung von Gebäuden*

Gebäude sind Bauten und Anlagen, die einen Raum zum Schutz von Menschen oder Sachen gegen äussere, namentlich atmosphärische Einflüsse mehr oder weniger vollständig abschliessen (§ 2 Abs. 1 ABV). Das Erstellen von Gebäuden ist nach § 309 Abs. 1 lit. a PBG bewilligungspflichtig. Dies gilt nach der Praxis zum Beispiel auch für Kioske, Tank- und Siloanlagen, einen dauernd stationierten Wohnwagen, einen Holzunterstand (wenn die Einrichtung fest und dauerhaft ist, weil ein stabiles und tragendes Gerüst besteht, sodass der Unterstand unabhängig von der gelagerten Holzmenge bestehen bleibt; BR 1/2001 S. 20 Nr. 35), ein regelmässig im Sommer am selben Ort aufgestelltes Spielzelt, einen Gewerbeanhänger, der Lager- oder Aufenthaltszwecken dient (MÄDER 1991: S. 87 f.), einen Verkaufsstand, Unterstände für Material, Plastiktunnels für Pflanzenproduktion, Zeitungsboxen (sofern sie die für die Bewilligungspflicht erforderlichen Minimalmasse aufweisen, was allerdings kaum je zutrifft).

Ausdrücklich von der Bewilligungspflicht befreit sind Gebäude, deren grösste Höhe nicht mehr als 1,5 m beträgt und die eine Bodenfläche von höchstens 2 m überlagern (§ 1 lit. a BVV in Verbindung mit § 2 Abs. 2 ABV). Zum Gebäudebegriff im Detail vgl. Seite 835 ff.

6.4.2.2	*Änderung von Gebäuden*

Die Bewilligungspflicht für Änderungen an Bauten und Anlagen ergibt sich schon aus Art. 22 Abs. 1 RPG. Für «Gebäude und gleichgestellte Bauwerke» wird sie in § 309 Abs. 1 lit. a PBG mit dem Begriff «bauliche Veränderung» wiederholt. In diesem Sinn werden Gebäude geändert, wenn sie – selbst bei unveränderter Nutzung – umgebaut, angebaut oder sonstwie erweitert werden. § 14 BVV über das Anzeigeverfahren enthält – indirekt – konkretisierende Hinweise zur Bewilligungspflicht. So sind unter anderem bewilligungspflichtig: das Anbringen von Balkonen (lit. b) und Kaminen (lit. c), Dachflächenfenstern (lit. d), die Veränderung von Fassadenöffnungen (lit. f). Das gilt auch für das Anbringen einer Aussenisolation oder die Veränderung des Fassadenmaterials (zum Beispiel Holz oder Eternit statt Verputz), da hier eine bauliche Fassadenänderung infrage steht. Bewilligungspflichtig ist auch der Abbruch und Wiederaufbau des Dachstocks oder die Änderung des Dachmaterials sowie die Verlängerung eines Dachvorsprungs (vgl. zu Letzterem BR 1/2001 Nr. 138).

Auch rein interne Änderungen sind bewilligungspflichtig, wenn sie Gebäudeteile (also zum Beispiel innere Trennwände) und nicht etwa nur von der

Bewilligung befreite Ausrüstungen betreffen. Vgl. hierzu § 14 lit. g BVV, wo für das Verschieben oder Einziehen innerer Trennwände das Anzeigeverfahren vorgesehen ist. Allerdings ist das ausschliessliche Beseitigen von inneren Trennwänden (nicht aber von Brandabschnittswänden) zwischen Wohnräumen oder das Verändern von Öffnungen in solchen von der Bewilligungspflicht befreit (§ 1 lit. b BVV).

Demgegenüber gilt als nicht bewilligungspflichtiger Unterhalt, wenn ein Gebäude in seiner derzeitigen inneren und äusseren Gestalt, Form und Zweckbestimmung bestehen bleibt, wenn also lediglich die mangelhaften Teile ersetzt oder instand gestellt werden. Keiner Bewilligungspflicht unterliegen auch Reparaturen, worunter im Allgemeinen eher kleinere Ausbesserungsarbeiten, wie Ersatz schadhaft gewordener Bauteile von untergeordneter Bedeutung, verstanden werden (RB 1982 Nr. 151). Daher liegt etwa in folgenden Fällen kein bewilligungspflichtiger Umbau vor:

- Streichen einer Fassade (normaler Unterhalt). Eine Ausnahme besteht dann, wenn die Baubehörde im Zusammenhang mit Umbauten oder einem Neubau als Nebenbestimmung die Genehmigungspflicht der Fassadenfarbe festlegt (insbesondere in Kernzonen);
- Ersatz von Dachziegeln. Die Bewilligungspflicht entsteht indessen, wenn gleichzeitig auf den Sparren ein Unterdach, eventuell mit Wärmedämmschicht, angebracht wird;
- Ersatz von Fenstern, ohne dass gleichzeitig die Fassadenöffnungen verändert werden. Werden anstelle von Sprossenfenstern solche ohne Sprossen eingebaut, ist indessen eine wesentliche und damit bewilligungspflichtige Fassadenänderung anzunehmen (BR 2001 Nr. 137).

Vgl. zur Bewilligungspflicht von Umbauten auch BEZ 2004 Nr. 47.

6.4.2.3 *Abbruch von Gebäuden*

Alle Gebäudeabbrüche in Kernzonen sind generell bewilligungspflichtig (§ 309 Abs. 1 lit. c PBG). Die Bewilligungspflicht gilt nur für Gebäude, nicht aber für andere Bauten und Anlagen. Abgesehen von den ausdrücklich gesetzlich geregelten Gebäudeabbrüchen in Kernzonen ergibt sich eine Bewilligungspflicht auch aus der Aufnahme in ein Inventar der Denkmalschutzobjekte. Die Entlassung aus dem Inventar kommt dann einer Abbruchbewilligung gleich. Ist aufgrund der örtlichen Verhältnisse oder kraft ausdrücklicher Normierung in den Kernzonenvorschriften die Erstellung eines Ersatzbaus erforderlich, so setzt die Abbruchbewilligung voraus, dass die bauliche Ersatzmassnahme durch ein bewilligungsfähiges Projekt sichergestellt ist (RB 1998 Nr. 112, 1994 Nr. 80).

Aber auch dort, wo keine Bewilligungspflicht besteht, ist der Behörde der Abbruch einer Baute so rechtzeitig anzuzeigen, dass eine Überprüfung etwa in Bezug auf Denkmalschutzmassnahmen oder Auflagen zur Beseitigung des Abbruchmaterials möglich sind (vgl. § 322 Abs. 1, § 239 Abs. 2 und § 327 Abs. 1 PBG). Mit dieser Bewilligungspflicht für Gebäudeabbrüche geht das zürcherische Recht über die Minimalanforderungen von Art. 22 Abs. 1 RPG hinaus.

6	**Baurechtliches Verfahren**
6.4	Bewilligungspflichtige Vorhaben

6.4.3	Besondere Bauten und Anlagen
6.4.3.1	*Mauern und Einfriedungen*

Bewilligungspflichtig sind Mauern und geschlossene Einfriedungen, sofern sie eine Höhe von 0,8 m überragen (§ 309 Abs. 1 lit. h PBG; § 1 lit. e BVV). Zur Abgrenzung von Mauern zu Böschungen: Bei einer mit Böllersteinen gestalteten Hangsicherung, deren Hauptfunktion darin besteht, die zur Gewinnung zusätzlicher Garten- beziehungsweise Rasenfläche eingebrachte Auffüllkubatur zu stabilisieren, handelt es sich um eine Stützmauer und nicht um eine Böschung (BR 2001 Nr. 95). Eine Einfriedung dient dem äusseren Abschluss einer Liegenschaft. Die Höhe wird vom gewachsenen Terrain am Standort der Anlage aus bis zum oberen Abschluss gemessen. Offene Einfriedungen bedürfen in der Regel keiner baurechtlichen Bewilligung (§ 1 lit. e BVV). Als offen gilt eine Einfriedung dann, wenn sie – wie etwa ein Gartenhag oder Gittermaschenzaun – Durchsicht ermöglicht. Gestützt auf Art. 22 Abs. 1 RPG sind allerdings Fälle denkbar, in denen auch offene Einfriedungen bewilligungspflichtig sind. Dies gilt für Umzäunungen, die (etwa ausserhalb der Bauzonen) die Nutzungsordnung beeinflussen, da sie den Raum durch ihr Erscheinungsbild erheblich verändern (vgl. BGE 118 Ib 52). Eine solche ist auch bewilligungspflichtig, wenn die Anlage, der sie dient, für sich selbst keiner Bewilligung bedarf. Vgl. zur Bewilligungspflicht eines Drahtgeflechtzauns ausserhalb der Bauzone auch den Entscheid des Verwaltungsgerichts in BEZ 2003 Nr. 33 (Fall Schwerzenbach; bestätigt durch das Bundesgericht, abgedruckt in PBG aktuell 2/2004, S. 23).

Das Amt für Landschaft und Natur (ALN) und das Amt für Raumordnung und Vermessung (ARV; heute: ARE) haben gemeinsam ein Merkblatt über «Einzäunungen ausserhalb der Bauzonen» publiziert (vgl. «Liste der Arbeitshilfen», Seite 333. Das Merkblatt legt dar, welche Einzäunungen als unproblematisch, welche als abklärungsbedürftig und welche als bewilligungspflichtig gelten.

Wie hoch Mauern und andere geschlossene Einfriedungen entlang der Grenze zu Nachbargrundstücken sein dürfen, stellt eine privatrechtliche Frage dar und ist im EG ZGB geregelt (vgl. Seite 1197).

6.4.3.2	*Fahrzeugabstellplätze/Werk- und Lagerplätze*

Fahrzeugabstellplätzen, Werk- und Lagerplätzen ist gemeinsam die Befestigung des Terrains für das längerfristige Abstellen von meistens schweren Gegenständen. Die Bewilligungspflicht folgt aus § 309 Abs. 1 lit. i PBG. Dies allerdings nicht schon ohne Weiteres, wenn Fahrzeuge oder Materialien auf dem Gelände abgestellt oder gelagert werden. Erforderlich ist eine im Hinblick auf die Nutzung erfolgte Terraingestaltung oder zumindest entsprechende Markierung. In diesem Sinne müssen Parkplätze «angelegt» sein, um der Bewilligungspflicht zu unterstehen. Das bedingt, dass sie als Ausstattungen zu Bauten und Anlagen gegenüber dem weiteren Grundstücksbereich deutlich ausgeschieden und abgegrenzt sind (vgl. BEZ 1993 Nr. 3). Unter dieser Voraussetzung spielt die Grösse der Anlage keine Rolle; auch etwa ein einzelner Fahrzeugabstellplatz untersteht der Bewilligungspflicht. Ausgenommen sind allerdings Werk- und Lagerplätze in Industriezonen, die nicht mehr als ein Fünftel der vermarkten Grundstücksfläche belegen (§ 1 lit. h BVV).

| 6 | **Baurechtliches Verfahren** |
| 6.4 | Bewilligungspflichtige Vorhaben |

6.4.3.3 *Seilbahnen und andere Transportanlagen*

Zu den gemäss § 309 Abs. 1 lit. k PBG bewilligungspflichtigen Anlagen gehören ausser Seilbahnen namentlich Skiliftanlagen, ferner Transportvorrichtungen für schwer zugängliche Liegenschaften. Ausgenommen von der Bewilligungspflicht sind Anlagen, die dem Bundesrecht unterstehen und demgemäss in einem bundesrechtlichen Plangenehmigungsverfahren bewilligt werden (vgl. dazu auch Art. 87 BV, das 2007 in Kraft getretene Seilbahngesetz [SR 743.01] sowie Hänni 2008: S. 485 ff.).

6.4.3.4 *Aussenantennen*

Aussenantennen unterstehen grundsätzlich der Bewilligungspflicht (§ 309 Abs. 1 lit. l PBG). Hiervon befreit sind nach § 1 lit. i BVV Empfangs- und Sendeantennen mit einer gesamten Sendeleistung von weniger als 6 W_{ERP} sofern die einzelnen Antennen in keiner Richtung 0.8 m überschreiten und die Höhe tragender Masten weniger als 1 m beträgt; solche Anlagen sind jedoch bewilligungspflichtig in Kernzonen sowie im Geltungsbereich einer anderen Schutzanordnung oder eines Ortsbild- oder Denkmalschutzinventars. Diese Anfang März 2004 in Kraft getretene Bestimmung ist hauptsächlich auf Mobilfunkanlagen zugeschnitten (vgl. Seite 1111 ff.).

6.4.3.5 *Reklameanlagen*

Reklameanlagen unterstehen der Bewilligungspflicht (§ 309 Abs. 1 lit. m PBG). Wesentlich für den Begriff der Reklameanlagen ist der Werbezweck. Auch fest montierte Fahnen (zum Beispiel bei gewerblichen Autogaragen) oder Fassadenmalereien, die als Werbeträger eingesetzt werden, sind als Reklamen bewilligungspflichtig. Dagegen scheiden ausschliesslich hinweisende, orientierende oder belehrende Informationsträger – wie zum Beispiel Wegweiser, Warnschilder, Informationstafeln – begrifflich aus (Mäder 1991: S. 94). Keine Rolle spielt für die Bewilligungspflicht, ob eine Reklameanlage freistehend oder an der Fassade angebracht ist (vgl. auch Saputelli 2010).

Ausdrücklich befreit sind nicht leuchtende Eigenreklamen auf privatem Grund bis zu einer Fläche von ¼ m² je Betrieb (§ 1 lit. f BVV). Massgeblich für die Unterscheidung ist also nicht die gesamte, sondern nur die einem einzelnen Betrieb zugeteilte Reklamefläche. Beleuchtete oder leuchtende Reklamen, Reklamen auf öffentlichem Grund und Fremdreklamen sind unabhängig von der Fläche bewilligungspflichtig. Trotz der Befreiung nach § 1 lit. f PBG besteht allenfalls eine strassenverkehrsrechtliche Bewilligungspflicht.

Das Bundesgericht hat die Umnutzung eines Schaufensters beziehungsweise Schaukastens zwecks Installation eines grossformatigen Bildschirms zur Ausstrahlung von Reklamen aufgrund der erheblichen Veränderung der Lichtemissionen als bewilligungspflichtig erklärt (BEZ 2007 Nr. 5; PBG aktuell 2/2008, S. 26 ff.).

6.4.3.6 *Bauten und Anlagen auf Baustellen*

Baubaracken für die Bedürfnisse einer bestimmten Baustelle und die Dauer der Bauausführung sind nicht bewilligungspflichtig (§ 1 lit. c BVV). Dient aber etwa

6 Baurechtliches Verfahren
6.4 Bewilligungspflichtige Vorhaben

eine Baubaracke auch als Unterkunft für Bauarbeiter mit Koch- und Schlafgelegenheit, so ist ein Baugesuch einzureichen.

Von der selbstständigen Bewilligungspflicht befreit sind auch Bauinstallationen (Baupisten, Baukrane, Lagerplätze usw.) für eine bestimmte Baustelle und für die Dauer der Bauausführung (§ 1 lit. c BVV). Die Baubehörde kann jedoch im Rahmen des baurechtlichen Bewilligungsverfahrens verlangen, dass für grössere Bauvorhaben ein Bauinstallationsplan eingereicht und genehmigt wird (vgl. auch § 226 Abs. 5 PBG).

Baureklamen für eine bestimmte Baustelle und die Dauer der Bauausführung (§ 1 lit. c BVV) bedürfen ebenfalls keiner Baubewilligung. Darunter fallen keine Fremdreklamen, sondern nur jene, die einen Bezug zur Baustelle beziehungsweise den am Bau beteiligten Unternehmen haben. Sie dürfen erst mit dem Baubeginn montiert werden und sind nach Bauvollendung wieder zu beseitigen. Ankündigungen, die sich an potenzielle Mieter oder Käufer richten, sind daher in der Regel nicht befreit. Trotz der Befreiung nach § 1 lit. c BVV besteht allenfalls eine strassenverkehrsrechtliche Bewilligungspflicht.

6.4.3.7 *Weitere Beispiele von Bauten und Anlagen*

Keine abschliessende Aufzählung

Die Aufzählung der Bauten und Anlagen in § 1 ABV ist nicht abschliessend. Dasselbe trifft für § 309 Abs. 1 PBG und § 1 BVV zu, worin die Bewilligungspflicht von Bauten und Anlagen umschrieben ist. In Anwendung von Art. 22 Abs. 1 RPG bestehen weitere Bewilligungstatbestände.

Bewilligungspflicht bejaht

Die Praxis hat in folgenden Fällen eine Bewilligungspflicht bejaht: Aussencheminée von 3 m Höhe auf Gartenterrasse (RB 1983 Nr. 41); Wertstoffsammelstellen (BEZ 1994 Nr. 6); freistehende Kamine; ständig aufgestellte, fahrbare oder ortsfeste Krananlagen; eine Motocross-Piste; ausgedientes Militärflugzeug auf dem Flachdach einer Gewerbebaute; Baumschule (MÄDER 1991: S. 85 f.); Waren- und andere Automaten (sofern ihre Beurteilung für das Strassen- und Ortsbild von Bedeutung ist); Schaukasten; der Fassade vorgelagerte, fest montierte Markise; auf Sockeln stehende Beton-Aufbereitungsanlage (BGE 113 Ib 316); eine Pferdeführanlage in der Landwirtschaftszone (BEZ 2006 Nr. 15); Aussenwirtschaften (BEZ 2008 Nr. 36 und Nr. 44, bestätigt in BGer 1C_47/2008 [abgedruckt in PBG aktuell 3/2008, S. 26 ff.]); das Aufstellen eines Containers, verbunden mit baulichen Massnahmen (BEZ 2008 Nr. 62); die Asphaltierung eines Flurwegs (BEZ 2009 Nr. 58). Weitere Bauten und Anlagen sind: Aussichtstürme, Denkmäler, Statuen, Kanäle, Quellfassungen, Brunnen, Markisen, Verbrennungsanlagen, Hauskläranlagen, Hafen- und Landeanlagen, Modellflugplätze (hierzu ZBl 2001, S. 414). Für alle diese Vorhaben gilt grundsätzlich eine Bewilligungspflicht, sofern nicht § 1 BVV Privilegierungen enthält. Die Bewilligungspflicht erstreckt sich auch auf Teile und Nebenanlagen von bewilligungspflichtigen Objekten, sofern sie mit solchen örtlich und sachlich eng verbunden sind; dies unabhängig davon, ob sie für sich selbst bewilligungspflichtig wären (BEZ 1986 Nr. 35 betreffend Zaun für eine als solche bewilligungspflichtige Ziegenweide).

Bewilligungspflicht verneint

Umgekehrt besteht keine Bewilligungspflicht für kleine Nebenanlagen wie ortsübliche Gartencheminées, Sandkästen und Planschbecken für Kinder, Gehege für einzelne Kleintiere, kleinere künstlerische Plastiken, Anlagen der Garten- und Aussenraumgestaltung (Wege, Treppen, Brunnen), Teiche (sofern sie nicht als Terrainveränderungen bewilligungspflichtig sind), Spielgeräte für Kinder auf einem bewilligten Schulhausplatz (RB 1986 Nr. 105), eine Kinderspielhütte (BEZ 1982 Nr. 21), eine Pergola normaler Grösse ohne Überdachung und Einwandung oder eine übliche Sonnenstore (BEZ 1989 Nr. 34). Ebenfalls nicht bewilligungspflichtig – im Sinne einer präventiven Kontrolle – ist eine üppig beleuchtete Weihnachtsdekoration; dies entbindet die Baubewilligungsbehörde freilich nicht davon, solche Anlagen gegebenenfalls nachträglich zu überprüfen und hierüber in einer rekursfähigen Verfügung zu befinden (BEZ 2006 Nr. 56, bestätigt in BGer 1A.202/2006).

6.4.4 Ausstattungen und Ausrüstungen

6.4.4.1 *Begriff und Grundsätze*

Ausstattungen sind Nebeneinrichtungen zu Bauten und Anlagen wie Spielplätze, Ruheplätze, Lärmschutzwälle, Fahrzeugabstellplätze und innere Zufahrten (§ 3 ABV). Ausrüstungen sind dagegen technische Einrichtungen von Bauten und Anlagen, die der Benützung oder der Sicherheit dienen (§ 4 ABV). Seit der PBG-Revision 1991 enthält § 4 ABV keine beispielhafte Aufzählung mehr, was unter den Begriff der Ausrüstung fällt. Die ursprüngliche Fassung kann jedoch gleichwohl als Auslegungshilfe dienen. Demzufolge sind Ausrüstungen Feuerungs-, Heizungs-, Klima- und Belüftungsanlagen, Aufzüge, Wärmepumpen, Erdkollektoren. Gemeinsames Merkmal von Ausstattungen und Ausrüstungen ist – wie der Wortlaut andeutet – ihr Bezug zu einem Bauwerk, zu dem sie in dienender Funktion stehen.

Die grundsätzliche Bewilligungspflicht ergibt sich aus § 309 Abs. 1 lit. d PBG. Der Bewilligungszwang besteht unabhängig davon, ob die Ausstattung oder Ausrüstung «in diesem Gesetz» (das heisst im PBG und seinen Ausführungserlassen; § 3 Abs. 1 und 2 PBG) geregelt ist oder nicht. Damit wird dem Umstand Rechnung getragen, dass zahlreiche Ausstattungen und Ausrüstungen nicht im PBG, sondern in anderen kantonalen und eidgenössischen Erlassen (insbesondere zum Umwelt- und Energierecht) geregelt sind. Auch für sie besteht grundsätzlich eine baurechtliche Bewilligungspflicht.

Auch der Ersatz und die Änderung von Ausrüstungen und Ausstattungen sind bewilligungspflichtig. In Bezug auf Heizungen ergibt sich dies explizit aus § 14 lit. i BVV. Welche Änderungen wesentlich und damit bewilligungspflichtig sind, ist oft nicht einfach zu entscheiden. In kritischen Fällen muss sachgerecht und vernünftig entschieden werden, ob die beabsichtigen Eingriffe an einem bestehenden System Bestandteile betreffen, für welche Vorschriften bestehen. Praktisch bedeutsam ist die Bewilligungspflicht für Änderungen an Heizungsanlagen, weil dies eine Anpassungspflicht nach § 357 PBG mit sich bringt. Bewilligungspflichtig sind etwa das Auswechseln von Heizkesseln und/oder Brennern oder ein Ersatz des Kamins.

6 Baurechtliches Verfahren
6.4 Bewilligungspflichtige Vorhaben

6.4.4.2 *Ausstattungen wie etwa Spiel- und Erholungsanlagen*

Bei den bewilligungspflichtigen Ausstattungen stehen Spiel- und Erholungsanlagen im Vordergrund. Sie sind nach der Praxis bewilligungspflichtig, sofern sie der Allgemeinheit oder doch einem grösseren Benützerkreis offenstehen. Die Bewilligungspflicht entfällt aber für eine Anlage, die nur wenigen Liegenschaften dient und deren Nutzungsintensität jenen eines normalen Gartens, wo Kinder spielen, nicht überschreitet (BEZ 1982 Nr. 21). Einzelne Teile einer Spiel- und Erholungsanlage können aber als Gebäude oder Anlage (zum Beispiel Spielhaus, grosses Klettergerüst) bewilligungspflichtig sein, sofern sie für sich selbst (und nicht nur durch die Benützung) zur Beeinträchtigung der Umwelt oder von Nachbarn führen können.

6.4.4.3 *Anlagen zur Nutzung von Sonnenenergie*

Anlagen zur Nutzung von Sonnenenergie sind unter gewissen Voraussetzungen von der Bewilligungspflicht befreit: Dies auf Dächern (nicht aber im Freien) in Bauzonen, soweit sie 35 m^2 nicht überschreiten und eine zusammenhängende, die übrige Dachfläche um höchstens 10 cm überragende Fläche bilden. Solche Anlagen sind jedoch bewilligungspflichtig in Kernzonen sowie im Geltungsbereich einer andern Schutzanordnung oder eines Ortsbild- oder Denkmalschutzinventars (§ 1 lit. k BVV). Die Bewilligungspflicht besteht je nach den Umständen auch für Anlagen ausserhalb der Bauzonen, dies in direkter Anwendung von Art. 18a und Art. 22 Abs. 1 RPG.

6.4.4.4 *Ausrüstungen*

Die bewilligungspflichtigen Ausrüstungen ergeben sich aus der Definition in § 4 ABV. Nach § 1 lit. g BVV bedürfen Ausrüstungen baurechtlich untergeordneter Bedeutung, die nach aussen nicht in Erscheinung treten, keiner baurechtlichen Bewilligung (beispielsweise Lichtanlagen, Bade-, Wasch- und Abortanlagen, Wasser- und Elektrizitätsanschlüsse). Das Gleiche gilt für Fallrohre, Schneefänge und untergeordnete Lüftungsaufsätze üblicher Konstruktion.

Zur Bewilligungspflicht von mobilen Aussenheizgeräten (sogenannten Heizpilzen) bei Aussenrestaurants vgl. BEZ 2009 Nr. 66.

6.4.5 Nutzungsänderungen

6.4.5.1 *Grundsätze*

Nutzungsänderungen bei Räumlichkeiten und Flächen sind bewilligungspflichtig, sofern ihnen baurechtliche Bedeutung zukommt (Art. 22 Abs. 1 RPG; § 309 Abs. 1 lit. b PBG). Dies ist der Fall, wenn sie im Vergleich zum Vorbestand wesentlich andere Auswirkungen auf die Umwelt zeitigen, sodass namentlich die Zonenkonformität, die Immissionen, die Anforderungen an die Erschliessung (vor allem Zufahrt und Abwasserbeseitigung) und die Fahrzeugabstellplätze neu überprüft werden müssen. Beispiele: Änderung von Wohn- zu Büronutzung, Umnutzung von Bäckerei in Autoreparaturwerkstatt, von Lagerraum zu Arbeitsraum, Umnutzung einer seinerzeit ohne Bewilligungsverfahren (Militär), aber rechtmässig erstellten Baute zu einem anderen, nun bewilligungspflichtigen Zweck (BGE 101 Ia 314).

Unmassgeblich ist, ob die Nutzungsänderung äusserlich wahrnehmbar ist oder nicht (BGE 113 Ib 223; HALLER/KARLEN 1999: S.145). Sie bleibt auch dann bewilligungspflichtig, wenn mit ihr keine baulichen Veränderungen verbunden sind. Baurechtlich ohne Bedeutung ist hingegen etwa eine Nutzungsänderung, welche nur einen einzelnen Raum einer Wohnung betrifft und dem Wohnungsinhaber als Büro dient.

Die Feststellung des massgeblichen Sachverhalts kann dann Schwierigkeiten bereiten, wenn die Zweckänderung erst kurz andauert, Schwankungen unterworfen ist oder voraussichtlich nur ein Provisorium darstellt. Grundsätzlich bedarf es erst einer Bewilligung, wenn die neue Bewerbungsart erkennbar längeren Bestand haben soll (BGE 101 Ia 314). Ist eine frühere Zweckbestimmung endgültig aufgegeben worden, braucht deren Wiederaufnahme eine erneute Bewilligung. Vgl. im Übrigen die ausführliche Kasuistik bei MÄDER 1991: S.99 ff.

Die Bewilligungspflicht einer Nutzungsänderung ist jeweils aufgrund einer Gesamtbetrachtung und unter Berücksichtigung des Grundsatzes der Verhältnismässigkeit zu prüfen. Massgebend ist, ob die mit der neuen Bewerbung verbundenen Auswirkungen in irgendeiner Hinsicht intensiver sind oder sonst ein planungs-, bau- und umweltrechtlich geschütztes Rechtsgut berühren. Bei diesem Entscheid besteht ein gewisser Beurteilungsspielraum, sodass in Einzelfällen über die Notwendigkeit einer Bewilligung in guten Treuen unterschiedliche Auffassungen vertreten werden können. In Lehre und Rechtsprechung wird deshalb postuliert, in Zweifelsfällen ein Bewilligungsverfahren durchzuführen (VB.2004.00160 und VB.2004.00167).

Beispiele:
- Eine mit keinen baulichen Massnahmen verbundene Nutzungsänderung untersteht nur dann der Bewilligungspflicht, wenn feststeht oder hinreichend wahrscheinlich ist, dass davon die Zonenvorschriften oder die Umweltschutzgesetzgebung berührt werden. Auch wenn – wie im vorliegenden Fall – das Gericht entscheidet, die Nutzungsänderung einer Anlage sei nicht baubewilligungspflichtig, haben die Behörden danach bei Vorliegen ausreichender Anhaltspunkte gleichwohl abzuklären, ob der Betrieb zu übermässigen Immissionen in der Nachbarschaft führt, und gegebenenfalls die erforderlichen immissionsbeschränkenden Massnahmen anzuordnen (URP 2004, S.349 ff. betreffend Nutzungsänderung eines Kongresszentrums).
- Eine Beach-Volleyball-Anlage ist bewilligungspflichtig, selbst wenn sie ohne bauliche Vorkehren auskommt (BR 3/2004 Nr.152).
- Bei der Umnutzung eines Spielsalons in einen Sex-Videokabinen-Betrieb wurde zu Recht ein Bewilligungsverfahren durchgeführt (VB.2004.00160 und 00167).

6 Baurechtliches Verfahren
6.4 Bewilligungspflichtige Vorhaben

6.4.5.2 *Besonderheiten in der Landwirtschaftszone*

Nach der bundesgerichtlichen Rechtsprechung gilt (auch) die Weiterverwendung einer bestehenden Landwirtschaftsbaute für einen anderen Nutzungszweck als bewilligungspflichtig (BGE 113 Ib 223). Die Bewilligungspflicht entfällt nur dann, wenn auch der neue Verwendungszweck der in der Zone erlaubten Nutzung entspricht oder sich die Änderung hinsichtlich ihrer Auswirkungen auf Umwelt und Planung als ausgesprochen geringfügig erweist (BGE 113 Ib 223; BEZ 1992 Nr. 1 bezüglich geselliger Anlässe in Gewächshäusern). Ferner hat das Bundesgericht festgestellt, dass die regelmässige Benützung einer bisher hauptsächlich landwirtschaftlich genutzten Wiese für gewerbliche Zwecke oder für intensive Freizeitaktivitäten häufig erhebliche Auswirkungen auf das umliegende Gebiet und die vorhandene Infrastruktur hat, sodass eine vorgängige Kontrolle durch die zuständigen Behörden nötig ist. So wurde in BGE 119 Ib 227 f. die Bewilligungspflicht für einen Hängegleiterlandeplatz bejaht, obschon keine für sich selbst bewilligungspflichtige Anlage geplant war. Indessen bedarf ein einmal jährlich stattfindender Flugwettbewerb keiner Baubewilligung (AGVE 2001, S 286 ff.).

6.4.5.3 *Besonderheiten in der Freihaltezone*

Einen seltenen Spezialfall beschlägt § 309 Abs. 1 lit. g PBG, der Änderungen in der Bewirtschaftung oder Gestaltung von Grundstücken in der Freihaltezone – unter Vorbehalt von Felderbewirtschaftung und Gartenbau – einem Bewilligungszwang unterwirft. Die Bestimmung beruht darauf, dass die Ausscheidung von Freihaltezonen ganz verschiedene Ziele verfolgen und die Zonenkonformität somit unterschiedlich sein kann (§§ 39 f. und §§ 61 f. PBG). Die präventive Kontrolle soll vermeiden, dass die Freihaltezone ihrem ursprünglichen Zweck entfremdet wird (Mäder 1991: S. 99; Weisung zum PBG, Abl 1973, S. 1811 ff.).

6.4.6 Unterteilung von Grundstücken

§ 309 Abs. 1 lit. e PBG erklärt die Unterteilung von Grundstücken als bewilligungspflichtig, sofern bereits eine Überbauung stattgefunden hat oder zumindest hierfür eine baurechtliche Bewilligung erteilt worden ist. Die Unterteilung anderer Grundstücke oder die Vereinigung von Grundstücken bedürfen keiner baurechtlichen Bewilligung. In solchen Fällen obliegt die Prüfung allfälliger baurechtlicher Probleme (etwa im Zusammenhang mit der Erschliessung eines neuen, gefangenen Grundstücks [sogenannte Helikopter-Parzelle]) dem Grundeigentümer. Dasselbe gilt auch für jene Fälle, da die Bewilligung für eine Neuüberbauung zwar einmal erteilt, diese aber seither nicht beansprucht wurde und nicht mehr gültig ist (§ 322 Abs. 1 PBG). Auch dann ist die Unterteilung nicht bewilligungspflichtig. Die Regelung in § 309 Abs. 1 lit. e PBG findet ihre sachliche Grundlage in § 228 Abs. 2 PBG, wonach durch die Unterteilung von Grundstücken keine den Bauvorschriften widersprechende Verhältnisse geschaffen werden dürfen.

Beruht die Unterteilung eines Grundstücks auf Zwangsabtretung, entfällt die Bewilligungspflicht (§ 309 Abs. 1 lit. e PBG). Die für die Abtretung zuständige Behörde muss daher im Rahmen der gemäss §1 und §7 AbtrG gebotenen Interessenabwägung abschliessend klären, ob baurechtswidrige Verhältnisse als Folge des Eingriffes gerechtfertigt sind (MÄDER 1991: S. 101).

6.4.7 Änderung der Umgebung

6.4.7.1 *Geländeveränderungen*

Bewilligungspflichtig sind wesentliche Geländeänderungen (Abgrabungen und Aufschüttungen), auch soweit sie der Gewinnung und Ablagerung von Material dienen (§309 Abs. 1 lit. f PBG). Das Element der Wesentlichkeit wird in §1 lit. d BVV konkretisiert, wonach Geländeänderungen, die nicht im Zusammenhang mit anderen bewilligungspflichtigen Bauten und Anlagen stehen und weder 1 m Höhe noch 500 m² Fläche überschreiten, von der Bewilligungspflicht befreit sind. Auch ein Biotop kann gestützt auf diese Bestimmung bewilligungspflichtig sein (BEZ 1982 Nr. 22). In besonderen Fällen liesse sich die Bewilligungspflicht ebenfalls auf §309 Abs. 1 lit. b PBG (Nutzungsänderung bei Flächen, denen baurechtliche Bedeutung zukommt) oder lit. g (Änderung in der Bewirtschaftung eines Areals in der Freihaltezone) stützen. Steht die Geländeänderung im Zusammenhang mit anderen bewilligungspflichtigen Vorhaben, ist mit dem Baugesuch in der Regel ein Umgebungsplan mit dem gewachsenen und gestalteten Terrainverlauf einzureichen (§3 Abs. 1 lit. d BVV; vgl. auch §238 Abs. 3 PBG). Zur Bewilligungspflicht einer Geländeaufschüttung nach RPG sowie kantonalem Recht vgl. BEZ 2002 Nr. 59; zur Bewilligungspflicht der Asphaltierung eines Flurwegs vgl. BEZ 2009 Nr. 58.

6.4.7.2 *Bäume und andere Pflanzen*

Nach §309 Abs. 1 lit. n PBG ist das Fällen von Bäumen aus den in der Bau- und Zonenordnung bezeichneten Baumbeständen bewilligungspflichtig. Die Bestimmung visiert Baumbestände an, die im Sinne von §76 PBG in der Bau- und Zonenordnung näher bezeichnet sind.

Daneben kennt das PBG für Pflanzen keinen Bewilligungsvorbehalt. Demnach bedarf auch die Umgebungsgestaltung einer Baute oder Anlage beziehungsweise die Änderung der Umgebung keiner baurechtlichen Bewilligung, sofern sie nicht für sich selbst bewilligungspflichtige Objekte und Massnahmen enthält (RB 1994 Nr. 88). Eine Ausnahme besteht, wenn die Baubehörde im Zusammenhang mit einer Überbauung die Einreichung eines Umgebungsgestaltungsplans verlangt, wozu sie nach §321 PBG und §3 Abs. 1 lit. c BVV berechtigt ist. Auch diesfalls bedarf die nachträgliche Änderung der Umgebungsgestaltung beziehungsweise der Angaben im Plan keiner baurechtlichen Bewilligung. Pflanzen können jedoch für das Erscheinungsbild des Umschwungs von Bauten und Anlagen entscheidend sein und sind in diesem Zusammenhang nach §238 zu beurteilen. Aus §238 Abs. 3 PBG lässt sich zwar keine Bewilligungspflicht für Pflanzen ableiten, jedoch die Befugnis der Baubehörden gegen Verunstaltungen des Umschwungs einzuschreiten, die nicht auf bauliche Massnahmen im eigentlichen Sinn, sondern auf Änderungen an der Bepflanzung zurückzuführen sind (RB 1984 Nr. 106).

6	**Baurechtliches Verfahren**
6.4	Bewilligungspflichtige Vorhaben

6.4.8 Sonderfall der bundesrechtlich geregelten Bauten

Die baurechtliche Bewilligungspflicht gilt grundsätzlich auch für Bauten der Gemeinden, des Kantons und des Bundes. Teilweise bestehen jedoch spezialgesetzliche Regelungen des Bundesrechts, die dem Bund beziehungsweise den Konzessionären gegenüber anderen Bauherrschaften eine Sonderstellung einräumen. Dies betrifft hauptsächlich die Planung und den Bau von bedeutenden Infrastrukturanlagen, verfügt doch der Bund hierbei aufgrund der geltenden Kompetenzausscheidung über weitreichende Gesetzgebungskompetenzen. So hat der Bund beispielsweise für Nationalstrassen (Art. 83 BV), Eisenbahnen (Art. 87 BV), Flugplätze (Art. 87 BV), Seilbahnen (Art. 87 BV) die entsprechenden Gesetze erlassen (Nationalstrassengesetz [NSG]; Eisenbahngesetz [EBG]; Luftfahrtgesetz [LFG]; Seilbahngesetz [SebG]) und sorgt auch für deren Vollzug. In solchen Fällen ist der Bund in seiner Funktion als Bauherrschaft und Plangenehmigungsbehörde von der Bindung an kantonale Vorschriften und vom baurechtlichen Bewilligungserfordernis befreit. Er muss diesfalls auf die Planungen und das Baurecht der Kantone und Gemeinden nur insoweit Rücksicht nehmen, als dies mit der Erfüllung der betreffenden Bundesaufgabe vereinbar ist (Art. 75 BV; Art. 18 Abs. 4 EBG; HALLER/KARLEN 1999: S. 33; HÄNNI 2008: S. 449 ff.).

6.4.8.1 *Eisenbahnrecht*

Anlagen für den Bahnbetrieb
Für Bauten und Anlagen der SBB sowie der konzessionierten Privatbahnen ist die abgestufte Ordnung von Art. 18 ff. EBG zu beachten, welche für das anwendbare Recht zwischen Eisenbahnanlagen, Nebenanlagen und Mischbauten unterscheidet. Die Abgrenzung zwischen eidgenössischem Eisenbahnrecht und kantonalem Recht erfolgt vorfrageweise im Plangenehmigungs- oder Baubewilligungsverfahren. Sie kann aber auch selbstständig in einem sogenannten Anstandsverfahren nach Art. 40 Abs. 1 lit. a EBG beurteilt werden.

Danach ist die Erstellung und Änderung von Bauten und Anlagen, die ganz oder überwiegend dem Bau und Betrieb einer Eisenbahn dienen (Eisenbahnanlagen), allein vom Bundesamt für Verkehr (BAV) beziehungsweise bei Grossprojekten vom eidgenössischem Departement für Umwelt, Verkehr, Energie und Kommunikation (UVEK) zu genehmigen (Plangenehmigung; Art. 18 EBG). Mit der Plangenehmigung werden sämtliche nach Bundesrecht erforderlichen Bewilligungen erteilt. Die Plangenehmigung für Vorhaben, die sich erheblich auf Raum und Umwelt auswirken, setzt grundsätzlich einen Sachplan nach Art. 13 RPG voraus.

Kantonale sowie kommunale Bewilligungen und Pläne sind nicht erforderlich. Somit entfällt also die baurechtliche Bewilligungspflicht (Art. 18 Abs. 4 EBG). Die kantonale und kommunale Mitwirkung beschränkt sich auf ein Anhörungsrecht (Art. 18d EBG). Das kantonale und kommunale Recht ist aber zu berücksichtigen, soweit es die Bahnunternehmung in der Erfüllung ihrer Aufgaben nicht unverhältnismässig einschränkt (Art. 18 Abs. 4 EBG).

Dem Bahnbetrieb dienen namentlich Stationsgebäude, Gleis- und Perronanlagen sowie dazugehörige Untergeschosse (vgl. etwa BGE 116 Ib 408 betreffend Bahnhof Stadelhofen). Kraft ausdrücklicher gesetzlicher Regelung gehören zur Eisenbahnanlage auch die mit dem Bau und Betrieb zusammenhängenden Erschliessungsanlagen und Installationsplätze sowie die Standorte für die Verwertung und Ablagerung von Aushub- und Abbruchmaterial, die in einem engen räumlichen und funktionalen Zusammenhang mit der geplanten Anlage stehen (Art. 18 Abs. 6 EBG).

Bahnbetriebsfremde Bauten und Anlagen

Alle «andern» Bauten und Anlagen (Nebenanlagen), die nicht ganz oder überwiegend dem Bahnbetrieb dienen, unterstehen – auch wenn sie Bahnareal beanspruchen – dem kantonalen und kommunalen Recht (Art. 18m EBG). Sie bedürfen aber zusätzlich einer Genehmigung der Aufsichtsbehörde, wenn die Voraussetzungen von Art. 18m EBG vorliegen. Unter diese baurechtlich bewilligungspflichtigen Bauten und Anlagen fallen alle, die für den Bahnbetrieb nicht notwendig sind, unabhängig davon, ob sie von den SBB oder privaten Bauherrschaften geplant sind. Beispiele sind: Lagerplatz und Schuppen für bahnbetriebsfremde Zwecke, Schrottplatz einer Privatfirma, betriebsfremde Reklameanlagen (vgl. ZBl 1988, S. 319; BGE 115 Ib 171), ein Betrieb für die maschinelle Bearbeitung von Gütern (BEZ 1991 Nr. 12 betreffend Wiederaufbereitung von Altmetall).

Nutzungsänderungen von dem Bahnbetrieb dienenden Anlagen sind baurechtlich beachtlich. Wird etwa ein baulich eigenständiger Güterschuppen für betriebsfremde Lagerzwecke vermietet, liegt eine nach kantonalem Recht bewilligungspflichtige Nutzungsänderung vor. Es ist ein baurechtliches Bewilligungsverfahren durchzuführen.

Dasselbe gilt etwa für Mobilfunkantennen: Eine Mobilfunkanlage dient nicht ganz oder überwiegend dem Bahnbetrieb, weshalb sie nicht im eisenbahnrechtlichen Plangenehmigungsverfahren (Art. 18 EBG) zu bewilligen ist. Sie unterliegt vielmehr als Nebenanlage im Sinne von Art. 18m EBG der kantonalen beziehungsweise kommunalen Zuständigkeit (BGer. 1A.140/2003; vgl. Informationsdienst VLP Nr. 4 vom März 2005). Anders verhält es sich nur, wenn die Mobilfunkanlage hauptsächlich für das Zugsicherungssystem ETCS und den Zugfunk (sogenanntes GSM-R) erstellt wird. Diesfalls ist ein bundesrechtliches Plangenehmigungsverfahren durchzuführen (vgl. WITTWER: S. 150 f.).

Gemischte Bauten

Sogenannte gemischte Bauten, die teils dem Bahnbetrieb, teils betriebsfremden Zwecken dienen, unterstehen allein dem eisenbahnrechtlichen Plangenehmigungsverfahren, wenn das Gesamtbauwerk überwiegend dem Bahnbetrieb dient. Zum Begriff des Gesamtbauwerkes, das heisst zum baulichen, funktionellen und betrieblichen Zusammenhang vgl. BGE 116 Ib 408. Bei derartigen Gesamtbauwerken ist ausschlaggebend, in welchem der Läden Nebenbetriebe gemäss Art. 39 Abs. 1 und 3 EBG eingerichtet und welche anderen kommerziellen Nutzungen zugeführt werden. So kommt (ausschliesslich) das eisenbahnrechtliche Plangenehmigungsverfahren zur Anwendung, wenn die Ladengeschäfte und Dienstleistungsbetriebe im Vergleich mit dem Gesamtbauwerk flächen- und volumenmässig von untergeordneter Bedeutung sowie baulich und funktionell völlig in dieses integriert sind (BGE 122 II 165 ff. betreffend Hauptbahnhof Zürich, Museumstrasse). Eine gesonderte Beurteilung rechtfertigt sich erst dann, wenn einzelne Ladeneinheiten, Ladengruppen oder andere Nutzungen als selbstständige Gebäudeteile betrachtet werden können, für die ein selbstständiges Baubewilligungsverfahren möglich ist.

6.4.8.2 *Militärrecht*

Bauten und Anlagen für die Landesverteidigung

Eine Regelung analog dem Eisenbahnrecht wird im Militärgesetz getroffen. Bauten und Anlagen, die der Landesverteidigung dienen, dürfen nur mit einer Bewilligung des Bundes errichtet, geändert oder einem anderen militärischen Zweck zugeführt werden (Art. 126 Abs. 1 MG). Das Plangenehmigungsverfahren für Vorhaben, die sich erheblich auf Raum und Umwelt auswirken, setzt grundsätzlich einen Sachplan gemäss Art. 13 RPG voraus (Art. 126 Abs. 4 MG).

Kantonale oder kommunale Bewilligungen sind nicht erforderlich. Das kantonale Recht ist jedoch bei der Erteilung der bundesrechtlichen Bewilligung zu berücksichtigen, soweit es die Erfüllung der Aufgaben der Landesverteidigung nicht erheblich erschwert (Art. 126 Abs. 3 MG). Die interessierten Kantone und Gemeinden sind vorgängig anzuhören (Art. 126d Abs. 1 MG).

Die erwähnte Privilegierung gilt nicht nur für unmittelbar der Landesverteidigung dienende Bauten wie zum Beispiel Festungsanlagen, sondern auch für mittelbar militärischen Zwecken dienende Gebäude wie Militärbaracken, Zeughäuser und Kasernen (BGE 110 Ib 261 f.).

Schiessanlagen und Zivilschutzanlagen

Demgegenüber sind Schiessanlagen dem kantonalen und kommunalen Planungs- und Baurecht unterstellt (BGE 114 Ib 129 und BGE 112 Ib 48). Sie unterliegen dem ordentlichen Baubewilligungsverfahren (Art. 125 Abs. 2 MG; Art. 14 Abs. 1 der Verordnung des VBS vom 15. November 2004 über die Schiessanlagen für das Schiesswesen ausser Dienst [Schiessanlagenverordnung; SR 510.512]). Dasselbe gilt für Bauten und Anlagen des Zivilschutzes (BGE 118 Ib 569 ff.; BEZ 1989 Nr. 80).

6.4.8.3 *Weitere Sonderregelungen*

Telefonzentralen, Transformatorenhäuser und ähnliche Anlagen sind von der Baubewilligungspflicht nicht befreit. Im Übrigen richtet sich die Bewilligung von Stark- und Schwachstromanlagen nach dem EleG und seinen Ausführungserlassen.

Weitere Beispiele bundesrechtlicher Sonderregelungen betreffen etwa Seilbahnen, Flugplätze, Rohrleitungen, Nationalstrassen und Atomanlagen. Vgl. dazu einlässlich HÄNNI 2008: S. 449 ff.

6 Baurechtliches Verfahren
6.5 Das Baugesuch

6.5.1 Berechtigung zur Einreichung des Baugesuchs

6.5.1.1 *Persönliche Erfordernisse*

Auszugehen ist vom Begriff der Baubewilligung als behördliche Feststellung, dass einem Vorhaben keine öffentlich-rechtlichen Hindernisse entgegenstehen (vgl. §320 PBG). Diese Feststellung hängt nicht von der Person des Gesuchstellers, sondern von den sachlichen Merkmalen des Vorhabens ab. Die Baubewilligung wird wohl einer bestimmten Person erteilt. Sie richtet sich aber nur auf das Bauvorhaben in seiner konkreten Gestalt und Ausführung. Für die Baubehörde ist in persönlicher Hinsicht allein wesentlich, dass ihr eine verantwortliche Person gegenübersteht. Der Begriff der Gesuchstellenden oder der Bauherrschaft kann daher verwaltungsrechtlich auch sehr weit gefasst werden (BEZ 1983 Nr. 18). Auch der Architekt, der Generalunternehmer oder eine andere beauftragte Person kann in eigenem Namen ein Baugesuch einreichen. Nur muss er beziehungsweise sie dann in der amtlichen Publikation erwähnt werden. Berechtigt sind sodann natürliche wie juristische Personen. Insbesondere kann auch eine Stockwerkeigentümergemeinschaft als Gesuchstellerin auftreten. Diese als Miteigentümergemeinschaft mit Sonderrechten konzipierte Verbindung ist prozessfähig (Art. 712l ZGB). Die Geschäftsführung obliegt der Verwaltung als gesetzlicher Vertreterin (Art. 712t ZGB). Nicht rechtsfähig sind dagegen Erbengemeinschaften (Art. 602 ff. ZGB), einfache Gesellschaften (wie meist Baukonsortien; Art. 530 ff. OR), Kollektiv- und Kommanditgesellschaften (Art. 552 ff. und Art. 594 ff. OR). Im Baugesuch sind die einzelnen Mitglieder anzugeben.

Ein privates Bauvorhaben ist dort unzulässig, wo ein Grundstück oder ein Teil davon als öffentliche Sache im Gemeingebrauch steht. Ausführlich zum Begriff der öffentlichen Sache und zur Entwidmung BEZ 2004 Nr. 5.

Aus dem Zweck der Baubewilligung folgt weiter, dass das Recht, diese zu beanspruchen, nicht nur den ursprünglichen Gesuchstellenden, sondern auch allfälligen Rechtsnachfolgern – insbesondere den Erwerbern des Baugrundstücks – zusteht (HÄFELIN/MÜLLER/UHLMANN: Rz. 2533). Die Berechtigung muss sich wohl aus dem Kaufvertrag oder einer separat erteilten Zustimmung ergeben, andernfalls das aktuelle Interesse an der Baubewilligung dahinfällt. Es ist jedoch zulässig, wenn ein Baugesuchsteller das einmal eingeleitete Baubewilligungsverfahren auch nach Verkauf seines Grundstücks allein fortsetzt (BEZ 1988 Nr. 5; VB.2004.00314).

6.5.1.2 *Dingliche Berechtigung*

Grundeigentümer
Art. 641 Abs. 1 ZGB erklärt den Eigentümer einer Sache für berechtigt, in den Schranken der Rechtsordnung über sie nach seinem Belieben zu verfügen (vgl. dazu auch Art. 702 ZGB). Dazu gehört auch die Befugnis, sein Grundstück zu überbauen. Diese privatrechtliche Ordnung wird in §§ 309 ff. PBG über das baurechtliche Verfahren stillschweigend vorausgesetzt. Berechtigt zur Einrei-

chung eines Baugesuchs ist daher primär der Eigentümer des Grundstücks, auf dem gebaut werden soll. Bei den Formen von gemeinschaftlichem Eigentum (Miteigentum oder Gesamteigentum) ist je nach dem Umfang des Bauvorhabens und der Ausgestaltung des Eigentumsverhältnisses die Zustimmung aller Eigentümer oder auch nur einer Mehrheit erforderlich (vgl. Art. 647c ff. und Art. 653 ZGB; BEZ 1983 Nr. 18).

Baurechtsnehmer

Gemäss Art. 675 Abs. 1 ZGB können Bauwerke und andere Vorrichtungen, die auf fremdem Boden eingegraben, aufgemauert oder sonstwie dauernd auf oder unter der Bodenfläche mit dem Grundstück verbunden sind, einen besonderen Eigentümer haben, wenn ihr Bestand als Dienstbarkeit im Grundbuch eingetragen ist (sogenanntes Baurecht; vgl. auch Art. 779 ff. ZGB). Mit dem Institut des Baurechts soll die rechtliche Verknüpfung von Bau und Boden gelockert, das heisst die Durchbrechung des Akzessionsprinzips ermöglicht werden. Das (privatrechtliche) Baurecht schafft ein vom Grundeigentum unabhängiges Verkehrsgut, das eines eigenen Schicksals fähig ist. Als Eigentümer der Baute steht der Bauberechtigte in den Rechten und Pflichten eines Grundeigentümers. Daher ist der Baurechtsnehmer wie ein Grundeigentümer allein verfügungsberechtigt und braucht keine separate Zustimmung des Grundeigentümers zu seinem Bauvorhaben, solange er sich jedenfalls an den im Grundbuch umschriebenen Umfang des Baurechts hält (vgl. Art. 779 Abs. 3 und Art. 779b ZGB). Denn mit der Bestellung des Baurechts wird das Recht zur Überbauung des Grundstücks ja gerade eingeräumt. Soweit die Bauherrschaft den Inhalt und Umfang des Baurechts überschreitet, stehen dem Grundeigentümer die Rechtsbehelfe nach Art. 641 Abs. 2 ZGB zu. Es ist nicht Sache der Baubehörde, im Einzelnen abzuklären, ob der Eigentümer des Baugrundstücks durch das Bauvorhaben in unrechtmässiger Weise beeinträchtigt werden könnte. Nur bei ganz offensichtlichen Verstössen ist ohne entsprechenden Berechtigungsnachweis auf eine Projektbeurteilung zu verzichten (BEZ 2002 Nr. 13). Vgl. zum ganzen Thema auch BACHMANN 2004.

Stockwerkeigentümer im Besonderen

Beim Stockwerkeigentum kann der einzelne Stockwerkeigentümer für Bauvorhaben, die seine eigenen, ihm zu Sonderrecht zugeteilten Räume betreffen, allein ein Baugesuch einreichen. Denn er ist in der Gestaltung dieser Räume grundsätzlich frei. Er darf jedoch keinem anderen Stockwerkeigentümer die Ausübung des gleichen Rechts erschweren und die gemeinschaftlichen Bauteile, Anlagen und Einrichtungen in keiner Weise beschädigen oder in ihrer Funktion und äusseren Erscheinung beeinträchtigen (Art. 712a Abs. 2 ZGB). Insoweit ist der Stockwerkeigentümer allein verfügungsberechtigt und muss mit dem Baugesuch keinen Berechtigungsnachweis im Sinne von § 310 Abs. 3 PBG einreichen. In diesem Sinn ist etwa eine Änderung der inneren Raumaufteilung zulässig, sofern keine tragenden Wände betroffen sind. Der Stockwerkeigentümer ist für die Beachtung der bau- und feuerpolizeilichen Bestimmungen selbst verantwortlich und hat für die erforderlichen Baubewilligungen zu sorgen.

6 Baurechtliches Verfahren
6.5 Das Baugesuch

Ein Bauvorhaben aber, das sich auf das gemeinsame Eigentum bezieht, erfordert die Zustimmung der übrigen Stockwerkeigentümer (RB 1984 Nr. 116), wobei es je nach Art und Umfang des Vorhabens beziehungsweise Ausgestaltung des Stockwerkeigentümer-Reglements einer einfachen oder qualifizierten Mehrheit bedarf. Gemeinsames Eigentum sind alle Bauteile, die nicht zu Sonderrecht ausgeschieden sind. Nicht als Sonderrecht dürfen ausgeschieden werden: Bauteile, die für den Bestand, die konstruktive Gliederung und Festigkeit oder der Räume anderer Stockwerkeigentümer von Bedeutung sind oder die äussere Gestalt und das Aussehen des Gebäudes bestimmen. Dasselbe gilt für Anlagen und Einrichtungen, die auch den anderen Stockwerkeigentümern für die Benützung ihrer Räume dienen (Art. 712b Abs. 2 ZGB).

Ohne Zustimmung der Gemeinschaft sind dem Stockwerkeigentümer die folgenden baulichen Massnahmen verboten:

- Zusammenlegung oder Aufteilen von Stockwerk- beziehungsweise Wohneinheiten;
- Anbringen zusätzlicher Installationen oder Anschlüsse, welche sich auf gemeinschaftliche Teile oder das gemeinschaftliche Kostengefüge auswirken (zum Beispiel Einbau eines Cheminées, Einbau einer Heizung in bisher unbeheizte Räume);
- Bauliche Veränderung gemeinschaftlicher Teile (Aufbrechen des Daches für Dachflächenfenster und Dachaufbauten, Verändern der Balkonbrüstung, der Wohnungstür, des Heizungssystems);
- Anbringen von Einrichtungen am Gebäude (Erstellung einer Satellitenschüssel auf dem Balkon oder an der Fassade, Aufsetzen eines Kamins oder Vordachs, Verglasung eines Balkons, Anlegen eines Wintergartens, Erstellen von Reklameanlagen);
- Änderungen der Fassade (Sanierung der Fassade, Aussenisolation);
- Änderungen des Aussenbereichs (Erstellung eines Schwimmbads, eines Unterstands für Velos oder Autos; Gestaltung oder Neuanlage eines Kinderspielplatzes).
- Anbau eines Windfangs bei einer Wohnung (Teil eines Reiheneinfamilienhauses); denn dies verändert die Bausubstanz erheblich und benötigt deshalb die Zustimmung aller Stockwerkeigentümer (BR 2005 Nr. 431).

Dabei werden notwendige (werterhaltende) bauliche Massnahmen von der Eigentümergemeinschaft mit einfachem Mehr beschlossen (Art. 647c ZGB). Nützliche (wertvermehrende) bauliche Massnahmen bedürfen eines qualifizierten Mehrs (Mehrheit der Eigentümer und Wertquotenmehr; Art. 647d ZGB), luxuriöse bauliche Massnahmen sogar der Einstimmigkeit (Art. 647e ZGB; mit Ausnahmen). Vgl. im Detail etwa SOMMER 2002: S. 88 ff. und S. 167 ff., sowie zur Zweckänderung und zur Unterscheidung zwischen notwendigen, nützlichen oder luxuriösen baulichen Massnahmen auch BR 2004 Nr. 493 (mit Anmerkungen von Jörg Schmid) und BR 2004 Nr. 501.

Weitere Personen

Wer nicht Grundeigentümer ist, hat laut § 310 Abs. 3 PBG seine Berechtigung zur Einreichung des Baugesuchs nachzuweisen. § 5 lit. m BVV verlangt einen solchen schriftlichen Nachweis, wenn die Gesuchsteller nicht allein über das Baugrundstück verfügungsberechtigt sind und konkretisiert dadurch die gesetzliche Vorgabe. Auch eine Person, die am Baugrundstück nicht oder nicht allein berechtigt ist, kann daher ein Baugesuch einreichen. Häufiger Anwendungsfall sind Baugesuche von Mietern, Pächtern, Mitgliedern von Stockwerkeigentümergemeinschaften oder Bauunternehmern im Rahmen von Werkverträgen. Eine solche Drittperson muss jedoch gestützt auf § 310 Abs. 3 PBG und § 5 lit. m BVV die Zustimmung der (übrigen) Grundeigentümer beibringen. Die Zustimmung ist schriftlich zu erteilen. Sie kann durch eine Unterschrift auf dem Baugesuch und den zugehörigen Plänen, aber auch in einem separaten Schriftstück (zum Beispiel in einem Mietvertrag) geleistet werden.

Bedeutung des Zustimmungserfordernisses
Die gefestigte Rechtsprechung misst § 310 Abs. 3 PBG und § 5 lit. m BVV nicht die Bedeutung einer Grundanforderung, sondern lediglich die einer Ordnungsvorschrift bei (BEZ 1988 Nr. 5 mit Hinweisen; BLASER: S. 14–16). Das Zustimmungserfordernis ist primär zugunsten der Baubehörde aufgestellt. Dieser ist nicht zuzumuten, mit anspruchsvollen und häufig zeitraubenden Aufwendungen Bauvorhaben zu prüfen, deren Verwirklichung von vornherein am Widerstand der Verfügungsberechtigten scheitert. Weiter soll mit dem Zustimmungserfordernis ausgeschlossen werden, dass die Behörden wider besseres Wissen zu einem Verfahren Hand bieten, welches die Eigentumsrechte Dritter zu verletzen geeignet ist (BEZ 1983 Nr. 18; BEZ 2002 Nr. 13 [auch zum Folgenden]). Letzteres ändert aber nichts daran, dass § 310 Abs. 3 PBG und § 5 lit. m BVV primär im Interesse der Behörden aufgestellte Ordnungsvorschriften darstellen. Die Bewilligungsinstanz ist daher nur zu einer summarischen Prüfung der privatrechtlichen Verhältnisse verpflichtet, nicht aber zu mehr. Sie darf sich also auf die Prüfung der Frage beschränken, ob ein Bauvorhaben offenkundig Eigentumsrechte Dritter verletzen könnte. Hingegen ist es nicht ihre Sache, die Eigentumsverhältnisse – gleich wie der Zivilrichter – im Einzelnen und endgültig abzuklären (BEZ 1988 Nr. 5). Dies folgt schon aus § 1 VRG (vgl. hierzu KÖLZ/BOSSHART/RÖHL: § 1 N 1 ff.) und § 317 PBG. Ergibt sich klar, dass das Bauvorhaben nicht ohne Zustimmung weiterer am Grundstück beteiligter Personen realisiert werden kann, wird auf ein Baugesuch erst einzutreten sein, wenn die fehlenden Zustimmungen vorliegen (§ 313 Abs. 1 und 2 PBG). Gegebenenfalls ist ein Grundeigentümer sogar in das Verfahren einzubeziehen, nämlich dann, wenn Nebenbestimmungen ohne seine Mitwirkung nicht vollzogen werden können (BEZ 1983 Nr. 38).

Wo aus privatrechtlichen Gründen die Befugnis nach einer ersten Würdigung der Verhältnisse unklar bleibt, stehen der Baubewilligungsbehörde zwei Wege offen: Sie kann entweder die Behandlung des Gesuchs bis zum Entscheid des Zivilrichters zurückstellen oder aber die baurechtliche Prüfung vorziehen (MÄDER 1991: S. 150; BEZ 1999 Nr. 32). Im Allgemeinen wird schon aus verfahrensökonomischen Gründen die erste Variante zu wählen sein. Die Behörde handelt nie falsch, wenn sie auf der Zustimmung besteht. Sie erspart dann auch dem Berechtigten, die Erstellung der fraglichen Baute auf dem zivilrechtlichen Weg zu verhindern. Schreitet aber die Baubehörde – aus welchen Gründen auch immer – ohne Vorliegen des Berechtigungsnachweises zur Beurteilung des Projekts, muss sie die baurechtliche Bewilligung gestützt auf § 310 Abs. 1 PBG erteilen, wenn die materiellrechtlichen Vorschriften eingehalten sind. Die am Grundstück Berechtigten oder Mitberechtigten können sich gegen dieses Vorgehen der Baubewilligungsbehörde nicht rechtlich zur Wehr setzen. Es verbleibt ihnen nur die zivilrechtliche Auseinandersetzung (LUSTENBERGER SCHLÄPFER: S. 38 bezüglich Stockwerkeigentümergemeinschaften).

Vgl. zur Bestätigung der verwaltungsgerichtlichen Praxis VB.2005.00022.

Widerruf der Zustimmung

Die Zustimmung des Grundeigentümers kann analog dem Näherbaurecht (vgl. Seite 861 ff.) bis zum Datum des baurechtlichen Entscheids zurückgezogen werden. Da das Zustimmungserfordernis aber im Unterschied zu jenem lediglich den Charakter einer Ordnungsvorschrift aufweist, steht der Baubehörde die Wahl offen, ob sie das Verfahren bis zur zivilrechtlichen Erledigung der Zustimmungsfrage sistieren oder aber den Entscheid ohne Zustimmung des Grundeigentümers treffen will. Letzteres dürfte sich gewiss dann aufdrängen, wenn der Hauptaufwand für die Beurteilung des Baugesuchs bereits erledigt ist.

Die Einhaltung der erwähnten Ordnungsvorschriften ist von vornherein nicht mehr sinnvoll, wenn das zustimmungspflichtige Bauvorhaben bereits verwirklicht ist. In diesem Fall hat die Bauherrschaft als Ausfluss des Verhältnismässigkeitsprinzips Anspruch darauf, dass das Projekt nachträglich einzig auf seine materielle Rechtmässigkeit nach dem öffentlichen Recht überprüft wird. In diesem Fall bleiben zustimmungsberechtigte Dritte in jedem Fall auf den zivilrechtlichen Weg verwiesen (LUSTENBERGER SCHLÄPFER: S. 38).

Die Anwendung der erwähnten Ordnungsvorschriften ist von jenen Fällen zu unterscheiden, da eine Bauherrschaft aus materiell-rechtlichen Gründen auf die Zustimmung eines Dritten angewiesen ist (etwa zur Gewährleistung einer rechtlich hinreichenden Zufahrt).

Das Baurekursgericht hat im Falle einer Mobilfunkanlage festgestellt, dass ein Rückzug der ursprünglich erteilten Zustimmung des Grundeigentümers für die Baubewilligungsbehörde unbeachtlich ist. Eine klare, die Realisierung des Bauvorhabens ausschliessende zivilrechtliche Ausgangslage, wie sie beim ursprünglichen Fehlen einer Zustimmungserklärung gegeben gewesen wäre, sei umso weniger festzustellen, als die Zustimmung des Grundeigentümers als einseitiges Rechtsgeschäft grundsätzlich unwiderruflich sei. Damit sei das Baugesuch zwingend zu behandeln gewesen (BEZ 2004 Nr. 76; vgl. auch BLASER: S. 14–16).

6.5.1.3 Aktuelles Interesse

Privatrechtliche Verhältnisse

Die Behörde braucht sich nur mit einem Gesuch zu befassen, wenn ein aktuelles Interesse daran besteht. Für den Regelfall darf ein solches ohne Weiteres angenommen werden. Es fehlt aber zum Beispiel dann, wenn klar und offensichtlich feststeht, dass ein Bauvorhaben aus privatrechtlichen Gründen zum Scheitern verurteilt ist (BEZ 1989 Nr. 11) oder ein Bauobjekt im Verlauf des Verfahrens die Hand wechselt und die neue Eigentümerschaft das Vorhaben nicht weiterverfolgt beziehungsweise erklärt, sie verzichte auf den Eintritt in das Verfahren (vgl. BEZ 1988 Nr. 5; RB 1961 Nr. 33 und 34). Immerhin kann unter stillschweigender oder ausdrücklicher Zustimmung des neuen Grundeigentümers das Verfahren auch allein mit dem Rechtsvorgänger fortgesetzt werden. Es wäre diesfalls unsinnig, das Baugesuch des ursprünglichen Grundeigentümers ohne triftige Gründe als gegenstandslos geworden abzuschreiben und den Käufer zu zwingen, dasselbe Verfahren erneut einzuleiten (BEZ 1988 Nr. 5), zumal die Baubewilligung an die Sache gebunden ist und mit der Veräusserung des Baugrundstücks auf den Käufer übergeht (HÄFELIN/MÜLLER/UHLMANN: Rz. 2533).

Mehrere Baugesuche
Einer Bauherrschaft ist es nicht verwehrt, gleichzeitig oder gestaffelt mehrere Alternativgesuche zur Beurteilung einzureichen und sich erst nach der Bewilligung für das eine oder andere zu entscheiden. Ein solches Vorgehen kann sich unter Umständen aus verfahrensökonomischen Gründen empfehlen (insbesondere auch hinsichtlich allfälliger Rekurse). Es spricht auch nichts dagegen, ein Vorhaben in Teilgesuche aufzuteilen, um die Behandlung des einen im Anzeigeverfahren bewilligen zu lassen und vorzeitig auszuführen oder um den «rekursträchtigen» vom unbestrittenen Teil zu trennen. Erforderlich ist hierzu allerdings, dass das Vorhaben sachlich und konstruktiv überhaupt teilbar ist.

Auch ein bewilligtes Bauprojekt steht der Einreichung eines weiteren Baugesuchs für das gleiche Bauareal nicht entgegen, wenn der Gesuchsteller ein hinreichendes Interesse daran hat und das Begehren keinem Rechtsmissbrauch gleichkommt. Ob dies als selbstständiges (Alternativ-)Projekt erfolgt oder in Form eines Änderungsgesuchs zum bereits bewilligten Projekt (Stammbewilligung), entscheidet in erster Linie die Bauherrschaft. Die Baubewilligungsbehörde ihrerseits kann unter bestimmten Voraussetzungen die Einreichung eines Änderungsgesuchs ablehnen, namentlich dann, wenn das Bauprojekt in seinen Grundzügen wesentlich geändert wird. Ein Bauvorhaben ist in seinen Grundzügen verändert, wenn ein Hauptmerkmal wie Erschliessung, Standort, äussere Masse, Geschosszahl, Geschosseinteilung oder Zweckbestimmung verändert wird. Die Praxis zur Anwendung von § 357 PBG und die Unterscheidung zwischen ordentlichem und Anzeigeverfahren bilden jedoch kein taugliches Abgrenzungskriterium (BEZ 2004 Nr. 28).

Während ein selbstständiges, neues Projekt umfassend auf seine Bewilligungsfähigkeit überprüft wird, wird ein Änderungsgesuch nur hinsichtlich der geänderten Baumassnahmen beziehungsweise allenfalls hinsichtlich der baurechtsrelevanten Auswirkungen auf das bereits bewilligte Bauvorhaben beurteilt. Demzufolge kann ein neues Projekt vollständig (neu) angefochten werden; ein Änderungsprojekt hingegen nur bezüglich der Bauteile, welche durch die Änderung unmittelbar oder mittelbar betroffen werden (RB 1981 Nr. 145). Beim Entscheid, ob ein Änderungsgesuch als solches entgegenzunehmen und zu beurteilen sei oder ob das Bauprojekt als Ganzes Gesuchsgegenstand bilde, steht der Baubewilligungsbehörde ein von den Rechtsmittelbehörden zu respektierender Ermessensspielraum zu (BEZ 2004 Nr. 28).

Ein abgewiesenes Baugesuch kann zwar ohne Weiteres erneuert werden. Doch braucht sich die Behörde nur bei Vorliegen von Revisionsgründen oder bei entscheidend veränderter Sach- und Rechtslage mit demselben Gesuch ein zweites Mal zu befassen (MÄDER 1991: S. 126).

Rückzug des Baugesuchs

Ein Baugesuch kann – gestützt auf das Dispositionsprinzip (vgl. dazu HÄFELIN/MÜLLER/UHLMANN: Rz. 1620 f.; §7 Abs. 2 lit. a VRG) – zurückgezogen werden, solange die Behörden über die Bewilligung des Vorhabens noch nicht entschieden haben. Dabei ist die Frage, wer hierfür zuständig ist, analog wie jene nach der Berechtigung zur Einreichung des Baugesuchs zu beantworten. Solange der Behörde allfällige Änderungen der Berechtigungen oder zivilrechtliche Änderungen (Eigentümerwechsel, Konkurs usw.) nicht mitgeteilt wurden und sie auch anderweitig keine Kenntnis davon erhielt, darf sie den seinerzeitigen Gesuchsteller weiterhin als Herr des Verfahrens anerkennen. Dieser – samt seinen Vertretern – kann verbindliche Willenserklärungen abgeben, insbesondere auch das Baugesuch zurückziehen.

6.5.2 Inhalt und Form

6.5.2.1 *Unterlagen*

Grundsätze

Baugesuche haben alle Unterlagen zu enthalten, die für die Beurteilung des Vorhabens nötig sind (§ 310 Abs. 1 PBG). Anders ausgedrückt ist das Baugesuch in der Weise abzufassen, dass die zuständigen (kantonalen und kommunalen) Behörden ein Projekt vollständig auf seine Übereinstimmung mit dem massgebenden Recht überprüfen können (MÄDER 1991: S. 116). Dementsprechend nennen § 310 Abs. 2 PBG und § 5 BVV eine Reihe von weiteren Unterlagen, die – ausser den üblichen Plänen – zusätzlich einzureichen sind. Umgekehrt lässt sich aus § 3 Abs. 1 BVV («in der Regel») und § 16 Abs. 1 BVV die Befugnis der Behörden ableiten, auf Pläne zu verzichten, die im Einzelfall entbehrlich sind.

Diese Bestimmungen konkretisieren die bereits nach § 7 Abs. 2 lit. a VRG gegebene Mitwirkungspflicht der Gesuchstellenden. Diese haben jene Tatsachen zu belegen, aus denen sie Rechte ableiten. Sie haben die für die Bewilligungserteilung erforderlichen Unterlagen einzureichen. Die Behörden sind nicht verpflichtet, die entsprechenden Erhebungen von Amtes wegen vorzunehmen. Weigern sich die Gesuchstellenden, die Unterlagen anzupassen oder verlangte beziehungsweise notwendige Unterlagen einzureichen, kann die örtliche Behörde die Bearbeitung des Baugesuchs ablehnen. Sinngemäss verfahren andere Instanzen, die für eine Bewilligung zuständig sind (§ 313 Abs. 2 und 3 PBG). In Fällen des nachträglichen Baubewilligungsverfahrens verbleibt die Möglichkeit der Ersatzvornahme, das heisst die erforderlichen Baugesuchsunterlagen werden durch das Bauamt von Amtes wegen auf Kosten des Pflichtigen erstellt.

Planunterlagen

Mit dem Baugesuch sind in der Regel folgende Pläne einzureichen: Situationsplan, Grundrisse, Fassadenzeichnungen und Umgebungsplan (für die Details vgl. § 3 Abs. 1 BVV sowie nachfolgend). Die Pläne müssen auch die allfällig weiteren für die Prüfung des Bauvorhabens nötigen Angaben enthalten (§ 3 Abs. 2 BVV).

Situationsplan

Im Situationsplan in Form eines aktuellen Katasterplans gemäss amtlicher Vermessung oder eines anderen Plans gleichen Inhalts und gleicher Darstellung (Katasterkopie, in der Regel Massstab 1:500) sind die Stellung und die Abstände der projektierten Bauten und Anlagen zu den Grundstücksgrenzen und den benachbarten Bauten und Anlagen darzustellen. Ferner sind darin die in der amtlichen Vermessung erfassten kantonalen Mehranforderungen gemäss § 5 Abs. 1 der kantonalen Verordnung über die amtliche Vermessung (VAV) soweit darstellbar abzubilden (Nutzungszonen, das heisst Zonengrenzen, sowie Gestaltungspläne ausserhalb dieser Zonen; Grundwasserschutzzonen; Baulinien; Gewässerabstandslinien; Wald und Waldabstandslinien). Die Übereinstimmung mit den massgeblichen Daten und den Darstellungsnormen der amtlichen Vermessung ist durch die Nachführungsstelle der amtlichen Vermessung bestätigen zu lassen. Eine Beglaubigung im Sinne von Art. 37 Abs. 1 der eidgenössischen Verordnung über die amtliche Vermessung ist jedoch nicht mehr erforderlich. Vgl. dazu auch PBG aktuell 2/2009, S. 38 f.

Grundrisse und Fassaden

Im Weiteren sind einzureichen:
- Grundrisse aller Geschosse sowie die baurechtlich wesentlichen Schnitte 1:100 mit auf die Meereshöhe bezogenen Höhenkoten, wobei eingetragen sein müssen: Mauern und nicht gemauerte Wände samt Öffnungen und Türen, Art der Baukonstruktion, Geschosshöhen, Treppen- und Gangbreiten, Boden- und Fensterflächen sowie die lichten Raumhöhen, Nutzweise und Zweckbestimmung der Räume (wobei «Disponibel» meistens nicht genügt). Ferner die Ausrüstungen wie Heiz- und Feuerungseinrichtungen, sanitäre Einrichtungen, Beförderungsanlagen, Klima- und Ventilationsanlagen sowie Feuerschutzeinrichtungen, soweit sie von baurechtlicher Bedeutung sind (§ 3 Abs. 1 lit. b BVV);
- Fassadenzeichnungen 1:100 mit Angaben des gewachsenen und gestalteten Terrains, allfälligen Niveaulinien sowie der auf die Meereshöhe bezogenen Höhenkoten (§ 3 Abs. 1 lit. c BVV).

→ Siehe Pläne auf nachfolgenden Seiten
Projekt: werkteam architekten ag, Volketswil ZH

6	**Baurechtliches Verfahren**
6.5	Das Baugesuch

Beispiel Grundriss

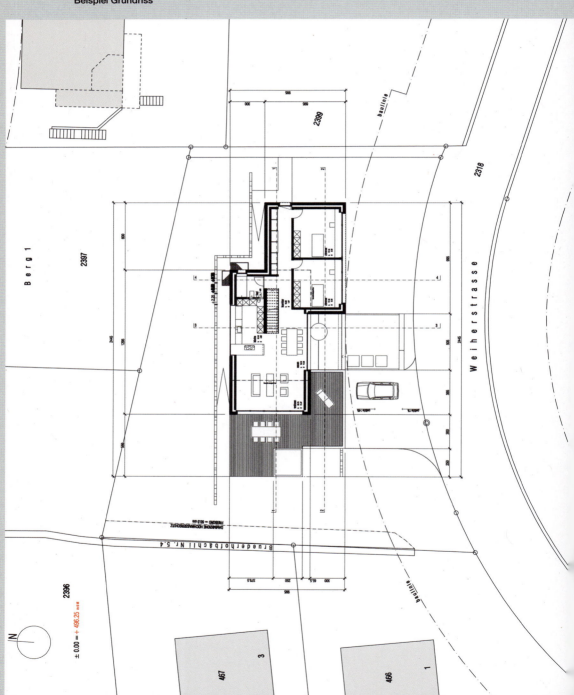

6	**Baurechtliches Verfahren**
6.5	Das Baugesuch

Beispiel Schnitte

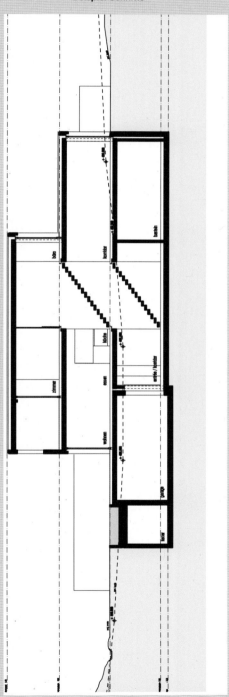
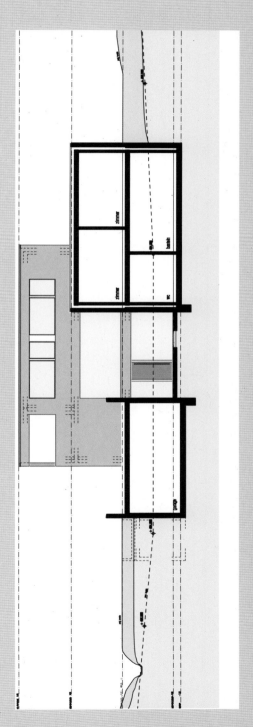

6 Baurechtliches Verfahren
6.5 Das Baugesuch

Beispiel Fassadenzeichnungen Teil 1

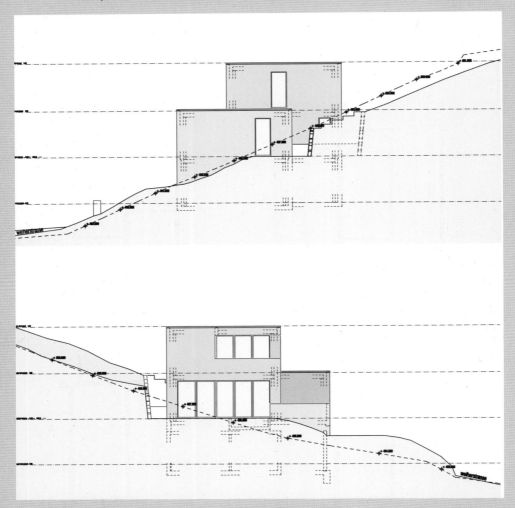

6	**Baurechtliches Verfahren**
6.5	Das Baugesuch

Beispiel Fassadenzeichnungen Teil 2

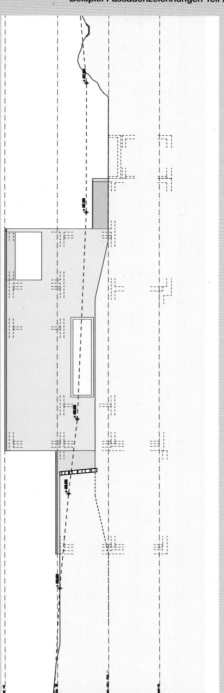
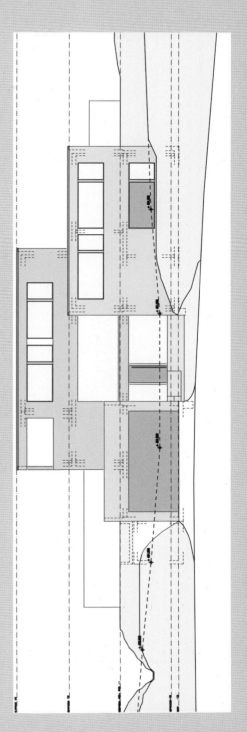

6 Baurechtliches Verfahren
6.5 Das Baugesuch

Umgebungsplan
Grundsätzlich ist auch ein Umgebungsplan 1:200 oder 1:100 mit Angaben über die Höhen des gewachsenen und gestalteten Bodens sowie die Gestaltung und Nutzweise des Umschwungs einzureichen, soweit diese nicht aus einem anderen Plan ersichtlich sind (§ 3 Abs. 1 lit. d BVV). Es steht im Ermessen der Baubehörde, den Umgebungsplan erst in einem späteren Zeitpunkt – etwa vor Baubeginn – zu verlangen (vgl. BEZ 1989 Nr. 14). Das gilt jedoch nicht, wenn der Plan Aufschluss zu geben hat über Fragen, die für die Bewilligungsfähigkeit des Bauvorhabens von grundsätzlicher Bedeutung sind, wie zum Beispiel die Umgebungsgestaltung im schutzwürdigen Ortsbild oder die verkehrssichere Gestaltung der Zufahrt (VB.2002.00157). Auch bei Arealüberbauungen gehören Aussagen zur Umgebungsgestaltung bereits zur Baueingabe (§ 73 Abs. 1 PBG; RB 1997 Nr. 81).

Schwarz, rot und gelb
Im Situationsplan (§ 3 Abs. 1 lit. a BVV) sind bleibende Bauten und Anlagen schwarz, Neu- und Umbauten rot, abzubrechende Teile gelb darzustellen.

In den Grundrissen, Schnitten und Fassadenzeichnungen sind Neubauten schwarz darzustellen. Bei Umbauten sind bleibende Bauteile schwarz, neue rot und abzubrechende gelb wiederzugeben. Bei Zweckänderungen ist in den Grundrissen die neue Zweckbestimmung rot und die ursprüngliche gelb zu unterstreichen. Anstelle oder neben der Schwarz-, Rot- oder Gelb-Darstellung in einem Plan können allenfalls, nach Vereinbarung mit der örtlichen Baubehörde, separate (schwarz angelegte) Pläne mit altem und neuem Zustand eingereicht werden (§ 4 BVV). Letzteres rechtfertigt sich, wenn die farbliche Darstellung unübersichtlich und schwer lesbar wäre. Im Übrigen aber ist die Behörde gehalten, bei Umbauten auf der Farbdarstellung zu bestehen, sodass Klarheit über den Gegenstand des Baugesuchs und der Baubewilligung besteht.

Der Sinn dieser Regelung besteht darin, dass die Baubehörde bei An- und Umbauten sowie im Fall von Projektänderungen ohne Weiteres erkennt, was Gegenstand eines Bau- beziehungsweise eines Projektänderungsgesuchs ist. Der klaren und präzisen farblichen Darstellung kommt grösste Bedeutung zu. Unklarheiten wirken sich gewöhnlich zum Nachteil des Gesuchstellers aus, weil er diese zu vertreten hat (RB 1987 Nr. 12; BEZ 1986 Nr. 22). Wenn der Wortlaut des Baugesuchs eine bestimmte Projektänderung ausweist, diese indessen in den Plänen nicht rot markiert ist, wird sie von der Baubewilligung nicht erfasst (VB.2005.00458).

Es ist also Sache eines Gesuchstellers, den Prüfungsgegenstand so klar und eindeutig zu definieren, dass ein Irrtum der Behörde vernünftigerweise ausgeschlossen werden kann. Unter diesen Umständen ist die in § 4 BVV verlangte Markierung mit roter Farbe nicht nur dann erforderlich, wenn ein Projekt geändert wird, sondern auch bei einer Konkretisierung oder Ergänzung eines Vorhabens. Denn es besteht ein erhebliches Interesse der Öffentlichkeit wie der Nachbarn an der umfassenden Prüfung eines Baugesuchs auf seine Gesetzmässigkeit. Diese umfassende Prüfung muss auch dann gewährleistet bleiben, wenn die Beurteilung – wie es bei komplexeren Vorhaben häufig zutrifft –

aufgrund von nachträglichen Projektänderungen und der Erfüllung von Auflagen während einer oft längeren Zeitspanne gestaffelt vorgenommen wird (VB.2005.00458).

Weitere Unterlagen
In Konkretisierung von § 310 Abs. 1 und 2 PBG umschreibt § 5 BVV, welche weiteren Unterlagen je nach Art und Lage des Bauvorhabens zusätzlich zu den Plänen erforderlich sind:

- Grundbuchauszüge über die von der Baueingabe erfassten Grundstücke und Grundstücksteile (um die Eigentumsverhältnisse und allfällige dingliche Belastungen überprüfen zu können). Allenfalls kann sich das Bauamt mit einer Kopie des Grundbuchauszugs oder mit dem Kaufvertrag begnügen.
- Ausnützungsberechnung, nötigenfalls mit planlicher Darstellung und Erläuterung;
- Angaben über die äusseren Materialien und Farben (was sich insbesondere in Kernzonen, bei schützenswerten Objekten und grösseren, städtebaulich relevanten Vorhaben rechtfertigt);
- Plan über die Liegenschaftsentwässerung;
- Nachweis der Energiebedarfsdeckung (§ 10a EnG-ZH);
- Berechnung der erforderlichen und zulässigen Fahrzeugabstellplätze;
- Lärmgutachten;
- Emissionserklärung sowie Pläne und Angaben über Abluftanlagen;
- allfällige weitere nach Spezialgesetzen erforderliche Unterlagen (für die Beurteilung durch kantonale Instanzen);
- Umweltverträglichkeitsbericht;
- Begründung für allfällige Ausnahmegesuche (§ 310 Abs. 1 PBG);
- nachbarliche Zustimmungserklärungen in den vom Gesetz vorgesehenen Fällen (das heisst für die Durchführung des Anzeigeverfahrens und für die Unterschreitung des nachbarlichen Grenzabstandes; vgl. auch § 218 Abs. 2 PBG);
- schriftlicher Nachweis der Berechtigung zur Einreichung des Baugesuchs, wenn die Gesuchstellenden über das Baugrundstück nicht allein verfügungsberechtigt sind;
- aktuelle Fotos des Zustands des Baugrundstücks, der unmittelbaren Umgebung des Bauvorhabens und von bestehenden Bauten und Anlagen.

Gemäss § 310 Abs. 2 PBG können zusätzliche Unterlagen verlangt werden, falls dies die Art des Vorhabens oder die Lage des Baugrundstücks rechtfertigt. Diese Bestimmung macht deutlich, dass die in § 5 BVV enthaltene Aufzählung nicht abschliessend ist. Die Behörde kann daher auch nicht ausdrücklich in der Bauverfahrensverordnung erwähnte Unterlagen und Angaben verlangen, sofern dies dem Gebot der Verhältnismässigkeit entspricht (zum Beispiel: Fotomontagen und Modelle). Solche Unterlagen wird die Baubehörde einfordern (allenfalls mit Einbezug der baulich relevanten Umgebung), wenn qualifizierte ästhetische Anforderungen gelten oder ein komplexes Bauvorhaben infrage steht, das sich aufgrund der Pläne nur unzureichend rechtlich beurteilen lässt. Ferner kann

6 Baurechtliches Verfahren
6.5 Das Baugesuch

die Baubehörde statische Berechnungen einfordern. Dies kann in Einzelfällen zur Kontrolle der Standfestigkeit einer Baute erforderlich sein (§ 228 Abs. 1 und § 239 Abs. 1 PBG; vgl. Seite 689 f.).

6.5.2.2 *Formvorschriften*

Schriftlichkeit und Anzahl Gesuchsunterlagen

Das Baugesuch ist schriftlich einzureichen. In der Praxis haben sich seit Längerem vorgedruckte Formulare eingebürgert, die unvollständigen Angaben vorbeugen und den Verfahrensablauf vereinfachen (MÄDER 1991: S.115). Die Städte Zürich und Winterthur stellen hierfür eigene Formulare zur Verfügung. Die übrigen Gemeinden verweisen in der Regel auf das von der kantonalen Baudirektion zur Verfügung gestellte Formular. Dieses kann von der Website der Kantonalen Leitstelle (www.baugesuche.zh.ch) heruntergeladen und direkt bearbeitet werden. Auch die erforderlichen Formulare für kantonale Beurteilungen können entweder auf dem Bauamt der Gemeinde bezogen oder wie das Baugesuchsformular heruntergeladen werden.

Das Baugesuch wie auch sämtliche beiliegenden Pläne und anderen Unterlagen sind zu datieren, von den Gesuchstellenden (oder allfälligen Bevollmächtigten) und den für das Projekt Verantwortlichen zu unterzeichnen. Für die örtliche Baubehörde sind alle Unterlagen mindestens dreifach einzureichen (§ 6 BVV). In grösseren Gemeinden empfiehlt es sich jedoch, die Anzahl der Exemplare mit der Baubehörde abzusprechen, um die verwaltungsinterne Zirkulation zu beschleunigen. Für alle weiteren, insbesondere kantonalen Stellen, die eine Beurteilung vorzunehmen haben, ist je eine zusätzliche Ausfertigung der Unterlagen erforderlich (§ 6 BVV).

→ Siehe Bild auf nachfolgenden Seiten

Ort der Gesuchseinreichung

Baugesuche und Gesuche um Erteilung weiterer für die Ausführung des Bauvorhabens notwendiger Bewilligungen sind ohne Rücksicht auf die sachliche Zuständigkeit stets bei der örtlichen Baubehörde einzureichen (§ 312 PBG). Damit wird klargestellt, dass die Gemeinde auch für die nicht baurechtlichen Gesuche als Drehscheibe wirkt. Gesuche für die notwendigen Bewilligungen dürfen damit grundsätzlich nicht mehr direkt bei den zuständigen kantonalen Behörden oder Stellen eingereicht werden. In den (seltenen) Fällen, da Vorhaben keiner kommunalen Baubewilligung bedürfen, sind die Gesuche bei der kantonalen Leitstelle einzureichen (§ 10 BVV).

Folgen von Mängeln

Mangelhafte Baugesuchsunterlagen können vom Nachbarn dann gerügt werden, wenn sie sich auf dessen Rechts- und Interessenwahrung nachteilig auswirken. Hat die Fehlerhaftigkeit die materielle Rechtswidrigkeit des Bauvorhabens zur Folge oder können dadurch Verstösse gegen öffentlich-rechtliche Bauvorschriften entstehen, ist ein Anfechtungsinteresse des Nachbarn gegeben (BEZ 2000 Nr. 39).

6 Baurechtliches Verfahren
6.5 Das Baugesuch

Kommentiertes Baugesuchsformular

Das Baugesuch ist unabhängig von der Zuständigkeit bei der örtlichen Baubehörde einzureichen. Das Formular hat vor allem den Zweck, die für die Bearbeitung des Baugesuchs nötigen Daten zu erheben.

In dieser Rubrik wird für den Ausschreibungstext und die Behandlung bei der Baubehörde die Art des Gesuchs bezeichnet. Zudem können die Meilensteine des Baubewilligungsverfahrens vermerkt werden.

Der Gesuchsteller ist der Adressat des baurechtlichen Entscheids. Einfache Gesellschaften, zum Beispiel Baukonsortien, haben keine Rechtspersönlichkeit, weshalb alle Mitglieder aufgeführt werden müssen.

Die Angabe des Projektverfassers ist fakultativ. Die Arbeit der Baubehörde wird aber erleichtert, wenn die Baugesuche durch Fachpersonen erstellt werden.

Der Gesuchsteller muss nicht mit dem Grundeigentümer identisch sein. In diesem Fall hat der Gesuchsteller nachzuweisen, dass er zur Einreichung des betreffenden Baugesuchs ermächtigt ist.

289

6 Baurechtliches Verfahren
6.5 Das Baugesuch

2. Bauvorhaben

Strasse	Ortschaft/Weiler
Haus-Nr.	
Kataster-Nr(n).	Gebäudevers.-Nr(n).
Grundstückfläche	Nutzungszone(n)

☐ Neubau ☐ Anbau oder Umbau ☐ Nutzungsänderung ☐ Abbruch ☐ Projektänderung zum Baugesuch vom

Koordinate X (zw. 668000 und 718000)   Koordinate Y (zw. 224000 und 284000)

Kurzbeschrieb:

Werden Wohnungen neu erstellt, umgebaut, abgebrochen oder umgenutzt, ist das Formular «Gebäude- und Wohnungserhebung» auszufüllen.

Die kurze Umschreibung des Bauvorhabens erscheint im Ausschreibungstext, sofern sie korrekt und hinreichend konkret ist.
Die Angabe der beteiligten Grundstücke und Gebäude ist notwendig, damit klar abgegrenzt werden kann, welche Grundstücke und welche Gebäude das Baugesuch erfasst.

3. Baurechtliche Angaben

Verlangter Entscheid

Baurechtliche Bewilligung gemäss §§ 318 ff PBG   **Vorentscheid*** gemäss §§ 323 und 324 PBG

☐ im ordentlichen Verfahren   ☐ mit Verbindlichkeit gegenüber Dritten
☐ im Anzeigeverfahren   ☐ ohne Verbindlichkeit gegenüber Dritten

*Die zu beantwortenden Fragen sind auf einem separaten Blatt zu formulieren

Die Angabe der Verfahrensart ist ein Antrag des Gesuchstellers. Die Baubehörde entscheidet über die Verfahrensart selbstständig. Im Zweifel ist das ordentliche Verfahren durchzuführen.

Beantragte **Ausnahmebewilligung (mit Begründung)**

Wird von den Bauvorschriften abgewichen, braucht es eine Ausnahmebewilligung.
Das Gesuch für eine Ausnahmebewilligung ist separat zu begründen.

Aussteckung

☐ Das Vorhaben wird ausgesteckt am   ☐ Das Vorhaben ist bereits ausgesteckt
☐ Eine Aussteckung ist nicht notwendig*

*Begründung:

Bauvorhaben sind auszustecken, soweit sie mit dem Baugespann (Stangen) oder Markierungen dargestellt werden können (vgl. § 311 PBG).

Näherbaurecht

☐ Ja, Zustimmung der Nachbarn, Kataster-Nr.

Unter den Voraussetzungen von § 270 Abs. 3 PBG können vorgeschriebene Grenz- und Gebäudeabstände mit Zustimmung des betreffenden Nachbarn unterschritten werden. Diese Zustimmung kann durch einen entsprechenden Grundbucheintrag (zum Beispiel Näherbaurecht) oder mit einer Unterschrift auf den Plänen beziehungsweise auf einem separaten Schriftstück beigebracht werden.

6 Baurechtliches Verfahren
6.5 Das Baugesuch

4. Konstruktion, Parkplätze und Kosten

Konstruktion, Materialwahl und Farbgebung der Baute Bauart: ☐ Massivbau ☐ Holzbau ☐ andere

- Aussenwände
- Fenster
- Dach
- Bemerkungen

Der Konstruktionsbeschrieb wird für die Beurteilung der Einordnung und der Statik benötigt. Je nach Konstruktionsart kommen auch andere Vorschriften der Sicherheit, Hygiene, Feuerpolizei und des Umweltschutzes zur Anwendung.

Parkplätze (bei grösseren Bauvorhaben ist zusätzlich eine separate Parkplatzberechnung beizulegen)

	Sammelgarage	Einzelgarage	Im Freien	Total	davon für Besucher
Vorhandene Parkplätze					
Projektierte Parkplätze					
Insgesamt					

Aufgrund dieser Angaben wird überprüft,:
– ob die Pflichtparkplatzzahl erfüllt wird;
– ob, wenn die Maximalparkplatzzahl beschränkt ist, nicht zu viele Parkplätze erstellt werden;
– wo die Parkplätze erstellt werden;
– welche Parkplätze für Besucher bestimmt sind.

Baukosten (Gebäude bzw. Umbaukosten nach BKP 2)

Gebäudeart / Gebäudeteil	Anzahl Gebäude	Bauvolumen in m³ (SIA)	ca. Baukosten in 1000 Fr.	davon entfallen auf die Jahre (in 1000 Fr.) 20	20	20	20
Total							

Die Baukosten werden einerseits für statistische Zwecke erhoben. Andererseits bilden sie in vielen Gemeinden Grundlage für die Festsetzung der Baubewilligungsgebühr.

5. Besonderheiten/Spezialbewilligungen

Bitte zutreffende Aspekte ankreuzen. Die nachfolgende Liste umfasst nur die geläufigsten Besonderheiten mit den erforderlichen zusätzlichen Unterlagen. Die Nach- bzw. Einforderung weiterer Angaben/Unterlagen, auch für Nebenbewilligungen, bleibt vorbehalten.

Anhang BVV

Energie (Heizung/Lüftung/Klima)

Wärmeerzeugung (Gas, Holz, Öl etc.) bisher: _____ neu: _____

Leistung (neu): ☐ über 1000 kW fossile Energieträger ☐ über 70 kW für Holzfeuerungen   4.2

Einhaltung des Höchstanteils nicht erneuerbarer Energien gemäss § 10a Energiegesetz erfüllt durch
☐ verbesserte Wärmedämmung ☐ mechanische Lüftung mit Wärmerückgewinnung
☐ Wärmepumpe ☐ Solaranlage ☐ Holzheizung ☐ Fernwärme   5.6

Werden Räume (Neu- oder Umbau) auf 10°C oder mehr beheizt, oder Kühlräume (> 5m³) auf weniger als 8°C gekühlt? ☐ Ja ☐ Nein

☐ Lüftung ☐ Klima -> Bedarfsnachweis für Anlagen zur Kühlung/Befeuchtung

Diese Angaben braucht es für die Beurteilung der Wärmedämmung und der energetischen Anforderungen. Meistens müssen noch zusätzliche Formulare ausgefüllt werden.

6 Baurechtliches Verfahren
6.5 Das Baugesuch

| Bodenbelastungen | ☐ im Prüfperimeter für Bodenverschiebungen -> «Meldeblatt zu Bodenverschiebungen» | |

Bodenverschiebungen über 50 m³ Fläche sind bewilligungspflichtig, da unter Umständen auch kontaminiertes Material verschoben werden könnte.

Trinkwasser	☐ aus der öffentlichen Wasserversorgung (Normalfall) ☐ Andere	
Meteorwasser (Dach-/Platzwasser)	☐ Versickerung (Normalfall) ☐ Regenwasserleitung ☐ Mischwasserkanalisation ☐ Ableitung in Oberflächengewässer + Kanalisation zusätzlich 2-fach	2.2
Schmutzabwasser	☐ Ableitung in die öffentliche Kanalisation (Normalfall) ☐ Ableitung in Kleinkläranlage ☐ Abtransport auf eine ARA ☐ Jauchegrube	2.6

Mit diesen Angaben wird erfragt, ob die Versorgung und Entsorgung mit Wasser gewährleistet ist (vgl. § 236 Abs. 1 PBG).

Gewässer (See, Bach, Fluss)	☐ im Gewässerabstandsbereich von 5m oder innerhalb Gewässerbaulinie (Begründung 2-fach)	1.6.1
	☐ bauliche Veränderungen eines Gewässers (inkl. Einbauten) -> Bachprojekt	1.6.2
	☐ auf Konzessionsland (Zürichsee) ☐ im Hochwasser-Gefahrenbereich	1.6.4 / 1.6.5
Grundwasser	☐ Bauten in Grundwasserschutzzone /-areal -> Zusatzformular «Grundwasser»	1.5.1
	☐ Einbauten unterhalb des höchsten Grundwasserspiegels -> Zusatzformular «Grundwasser»	1.5.3

Bei Beanspruchung von Gewässern, des Gewässerabstandsbereichs, von Grundwasserschutzzonen oder Einbauten unterhalb des höchsten Grundwasserspiegels braucht es zusätzliche kantonale Bewilligungen.

Lage an	☐ Gemeindestrasse ☐ Privatstrasse ☐ Staatsstrasse ☐ Nationalstrassen	1.1.1 / 1.1.2
Erschliessung über	☐ Gemeindestrasse ☐ Privatstrasse ☐ Staatsstrasse	

Mit diesen Angaben wird geklärt, ob die Zufahrt gewährleistet ist (vgl. § 237 Abs. 1 PBG).

Lärm	☐ im Nahbereich einer Bahnlinie, National- oder Staatsstrasse, Schiessanlage -> Zusatzformular «Lärmsituation und Lärmschutz»	3.2
	☐ im Einflussbereich eines Flugplatzes -> Zusatzformular «Lärmsituation und Lärmschutz»	3.2
	☐ im Nahbereich einer geplanten (neuen/wesentlich geänderten) Bahnlinie, National-/ Staatsstrasse -> Zusatzformular «Lärmsituation und Lärmschutz»	3.3

In bestimmten lärmexponierten Bereichen braucht es zusätzliche kantonale Bewilligungen.

| Altlasten | ☐ belasteter Standort/Altlast oder im Altlastenverdachtsflächen-Kataster -> Gutachten (2-fach) | 1.7.1 |

Die Altlastenbeurteilung ist eine Grundanforderung für die Erteilung einer Baubewilligung.

Wald	☐ innerhalb einer Waldabstandslinie oder näher als 15 m von der Waldgrenze	1.3
	☐ im Waldareal -> Unterlagen gemäss vorgängiger Kontaktnahme/Angaben Kreisforstmeister	1.2.2

Innerhalb der Waldabstandslinie oder näher als 15 m vom Waldrand braucht es eine kantonale Bewilligung.

| Natur-/Heimatschutz | ☐ kommunales Schutzobjekt oder -inventar (Ortsbild-, Denkmal-, oder Natur-/Landschaftsschutz) ☐ Archäologische Zone | ☐ überkommunales Ortsbild ☐ überkommunaler Landschaftsschutz ☐ überkommunales Naturschutzobjekt ☐ überkommunales Denkmalschutzobjekt -> Angabe Personaldienstbarkeit | 1.4ff |

Im Bereich von überkommunalen Schutzobjekten braucht es eine kantonale Bewilligung.

6 Baurechtliches Verfahren
6.5 Das Baugesuch

Gewerbe und Industrie	☐ Gewerbe- und Industriebauten Dienstleistungsbetriebe und Forschung (auch bei teilweiser Nutzung) -> Zusatzformular «Gewerbe und Industrie»	2.4, 5.2

Für bestimmte Gewerbebetriebe braucht es eine kantonale Bewilligung.

Bauen ausserhalb der Bauzone	☐ Landwirtschaftsbetrieb oder produzierender Gartenbau -> Zusatzformular «Landwirtschaft» Betrieben innerhalb der Bauzone beilegen)	1.2.1
	☐ Bauvorhaben ausserhalb Bauzonen (ausgenommen Landwirtschaftsbetriebe und produzierender Gartenbau) -> Zusatzformular ausserhalb Bauzone	1.2.1
	☐ bei Terrainveränderungen grösser 500 m² oder 1m Höhe -> «Meldeblatt zu Terrainveränderungen»	1.2.4

Bei Bauten und Anlagen für Landwirtschaft oder produzierenden Gartenbau ist ein besonderes Formular auszufüllen.
Für Bauten ausserhalb der Bauzonen braucht es eine kantonale Bewilligung.

6. Unterlagen und Unterschriften

Allgemeine Unterlagen
- ☐ Aktueller Grundbuchauszug (Original)
- ☐ Nutzungsberechnung mit Planschema
- ☐ Parkplatzberechnung
- ☐ Gebäude- und Wohnungserhebung (nur bei Wohnbauten)

kantonale(s) Zusatzformular(e)

Planunterlagen

Anz.	Bezeichnung	Plan Nr.	Massstab	Datum	Erläuterungen
	Katasterplan				Kopie Grundbuchplan oder vom Geometer verifizierter Plan mit rot eingetragenem und vermasstem Standort sowie Baulinien
	Umgebungsplan				Terrainkoten, Ein- und Ausfahrten, Parkplätze, offene und eingedolte Gewässer, Wald Spiel- und Ruheflächen etc. sind hervorzuheben
	Grundrisse				Mindestens im Massstab 1:100 von jedem Geschoss mit Angabe der Nutzung, Boden- und Fensterflächen
	Schnitte				Bei Einfahrten bis zur Strasse und bei Gewässern Querschnitt mit beiden Uferböschungen und massgebendem Hochwasserspiegel
	Fassaden				Mit gewachsenem Terrain entlang der Fassade, Schnittlinie Fassade-/Dachhaut und Linie mit zulässiger Gebäudehöhe und Dachneigung
	Kanalisations-/Entwässerungsplan				Mit allfälligen Abwasservorbehandlungs- und Versickerungsanlagen

Dieser Teil gibt als Gedankenstütze eine Übersicht, welche Unterlagen mit einem Baugesuch eingereicht werden müssen.

Bemerkungen/Hinweise

In grösseren Gemeinden ist es sinnvoll, wenn der Gesuchsteller bekannt gibt, mit wem er das Gesuch vorbesprochen hat. In Zürich und Winterthur sind die Sachbearbeiter jeweils nur für bestimmte Stadtkreise zuständig (sogenannte Kreisarchitekten).

6 Baurechtliches Verfahren
6.5 Das Baugesuch

Vollmachterteilung

Ich/Wir als Bauherrschaft bestimme/n hiermit nachfolgend aufgeführte Person als meine/unsere bevollmächtigte Vertretung in allen Belangen des Baugesuchsverfahrens gegenüber den zuständigen Amtsstellen aufzutreten und demzufolge in meinem/unserem Auftrag die damit zusammenhängenden Mitteilungen und Entscheide zu empfangen.

Name		Vorname	
Strasse	Haus-Nr.	Tel.	
PLZ	Ort		

Ort, Datum   Unterschrift Bauherrschaft

Es ist möglich, ein Baugesuch durch einen Vertreter (Anwalt, Architekt, Bauunternehmen) einzureichen. In diesem Fall muss der Gesuchsteller aber auf dem Formular selbst oder auf einem separaten Schriftstück den Vertreter bevollmächtigen.

Unterschriften

Die Unterzeichnenden bestätigen die Vollständigkeit und Richtigkeit der Unterlagen und Angaben:

Ort, Datum	Unterschrift Bauherrschaft oder bevollmächtigte Person	Unterschrift Grundeigentümer/in	Unterschrift Projektverfasser/in

Das Baugesuch, die zugehörigen Formulare und Pläne müssen mindestens vom Gesuchsteller oder von seinem bevollmächtigten Vertreter und vom Projektverfasser unterzeichnet sein. Wenn der Gesuchsteller mit dem Grundeigentümer nicht identisch ist, muss der Grundeigentümer auf dem Baugesuchsformular oder in einem separaten Schriftstück den Gesuchsteller zur Einreichung des Baugesuchs ermächtigen.

6 Baurechtliches Verfahren
6.5 Das Baugesuch

Formular Anzeigeverfahren

[Abbildung: Formular "Baugesuch Anzeigeverfahren" mit Feldern für Stadt/Gemeinde, Eingang Baugesuch, Baurechtl. Entscheid, Bemerkungen, Gesuchsteller/in (Bauherrschaft), Grundeigentümer/in, Projektverfasser/in, Kurzbeschrieb und Lage des Vorhabens, Planunterlagen, Einverständnis der Nachbarn und Unterschriften.]

Das Baugesuch ist unabhängig von der Zuständigkeit bei der örtlichen Baubehörde einzureichen. Das Formular hat vor allem den Zweck, die für die Bearbeitung des Baugesuchs nötigen Daten zu erheben.

Bei kleinen Vorhaben, die im Anzeigeverfahren zu erledigen sind, kann die Behörde kaum auf dem Formularzwang bestehen. Sie würde sich dem Vorwurf des überspitzten Formalismus aussetzen (vgl. dazu HÄFELIN/MÜLLER/UHLMANN: Rz. 1661).

6.6 Verfahrensgebote

6.6.1 Koordinationsgebot

6.6.1.1 *Anforderungen*

Bundesrechtliche Anforderungen

Ein Hauptproblem bei der Bewilligung von Bauten und Anlagen besteht darin, dass oft mehrere Bewilligungen verschiedener Behörden für das gleiche Vorhaben erforderlich sind. Diese Situation ist für die Beteiligten zeitraubend und unangenehm. Sie führte immer wieder auch zu widersprüchlichen, nicht aufeinander abgestimmten Entscheiden und zu unvollständiger Rechtsanwendung. Das Bundesgericht hatte daher im grundlegenden Entscheid «Chrüzlen» (BGE 116 Ib 50 ff.) die Koordination der verschiedenen Bewilligungsverfahren postuliert. Als Folge davon sind im Jahr 1997 revidierte Bestimmungen im RPG in Kraft gesetzt worden. In Art. 25a RPG wird ausdrücklich festgehalten, dass im kantonalen Recht eine für die genügende Koordination verschiedener Bewilligungsentscheide verantwortliche Instanz zu bestimmen sei (Abs. 1). Die einzelnen Pflichten der Koordinationsbehörde sind sodann in Abs. 2 der genannten Bestimmung festgehalten. Nach Art. 25a Abs. 2 lit. d und Abs. 3 RPG sorgt die Koordinationsbehörde insbesondere für eine inhaltliche Abstimmung sowie in der Regel für eine gemeinsame oder zumindest gleichzeitige Eröffnung aller Entscheide, wobei die Verfügungen keine Widersprüche enthalten dürfen (vgl. auch BEZ 2007 Nr. 52). Diese Grundsätze sind für das Nutzungsplanverfahren sinngemäss anwendbar (Art. 25a Abs. 4 RPG).

Das Koordinationsgebot ist zwingender Natur. Aufgrund von Nachbarrekursen hat das Baurekursgericht schon verschiedentlich baurechtliche Bewilligungen aufgehoben, bei welchen das Gebot missachtet worden ist (BEZ 1999 Nr. 17). Ebenso wurden baurechtliche Anordnungen kassiert, die einem Grundeigentümer in Verletzung des Koordinationsgebots gemäss Art. 25a RPG auferlegt worden sind (BEZ 2008 Nr. 62).

Bauvorhaben in der Kompetenz des Bundes

Das Bundesgesetz vom 18. Juni 1999 über die Koordination und Vereinfachung der Entscheidverfahren bestimmt für die in die Kompetenz des Bundes fallenden Bauvorhaben – wie beispielsweise Nationalstrassen, Rohrleitungen oder Flugplätze – ein koordiniertes Bewilligungs- und Genehmigungsverfahren sowie eine Vereinheitlichung des Rechtsmittelwegs. Die verschiedenen bundes- und kantonalrechtlichen Vorschriften beurteilt eine einzige Behörde. Alle erforderlichen Bewilligungen beziehungsweise Genehmigungen werden in einem Gesamtentscheid von dieser sogenannten Leit- respektive Konzentrationsbehörde eröffnet. Das erwähnte Bundesgesetz bestand eigentlich nur aus Änderungen von 18 verschiedenen Bundesgesetzen, welche sich mit Bundesbauvorhaben beschäftigen (zum Beispiel EBG, NSG, MG; zu den Einzelheiten vgl. KÜNG DOMINIK, MARTI 2000 und WIPF).

6 Baurechtliches Verfahren
6.6 Verfahrensgebote

Regelung im Kanton Zürich
Im Kanton Zürich gelten nach der BVV zusammengefasst folgende Regelungen:
- Alle für ein Vorhaben nötigen Gesuche (nicht nur die Baugesuche) sind ohne Rücksicht auf die sachliche Zuständigkeit bei der örtlichen Baubehörde einzureichen (§ 312 PBG; § 10 BVV).
- Die verschiedenen Behörden entscheiden nicht unabhängig voneinander. Vielmehr sind die einzelnen Anordnungen beziehungsweise Entscheide aufeinander abgestimmt und gleichzeitig zuzustellen Diese Koordinationspflicht erfasst grundsätzlich alle auf ein Bauvorhaben anwendbaren Bestimmungen. Die nähere Regelung der Koordination und die Einzelheiten des Verfahrens werden in der BVV geregelt (vgl. § 319 Abs. 2 PBG).

Materielle und formelle Koordination
Koordination bedeutet, dass die kommunalen und kantonalen Entscheide widerspruchsfrei getroffen und mit einheitlicher Rechtsmittelbelehrung versehen werden (§ 8 Abs. 1 BVV). Für diese materielle Koordination hat die hierfür verantwortliche Stelle – also in der Regel die örtliche Baubehörde – zu sorgen (§ 9 Abs. 1 BVV). Dies erfordert eine umfassende Interessenabwägung. Sind mehrere kantonale Beurteilungen vorzunehmen, werden diese vorab durch die kantonale Leitstelle koordiniert (§ 9 Abs. 2 BVV).

Die Beurteilungen aller kantonalen Behörden werden durch die kantonale Leitstelle gesammelt und in der Regel in einer einzigen Verfügung zusammengefasst (§ 12 Abs. 1 BVV). Die sogenannte Gesamtverfügung wird der örtlichen Baubehörde überwiesen, welche sie den Gesuchstellenden und Dritten, die ein Begehren nach § 315 PBG gestellt haben, zusammen mit ihrem eigenen Beschluss und mit einheitlicher Rechtsmittelbelehrung zustellt. Damit wird neben der materiellen auch die formelle Koordination ermöglicht. Ist keine Bewilligung der örtlichen Baubehörde nötig, erfolgt die Zustellung unmittelbar durch die kantonale Leitstelle (§ 12 Abs. 2 BVV).

Die Koordinationspflicht betrifft aber immer nur dasselbe Bauvorhaben. Verschiedene, voneinander unabhängige Nutzungsänderungen müssen nicht in einem einheitlichen Bewilligungsverfahren beurteilt werden (BEZ 2002 Nr. 47).

6.6.1.2 *Kommunale und kantonale Zuständigkeiten*

Koordinationsbehörde
Die örtliche Baubehörde entscheidet nach wie vor über Baugesuche, soweit durch Verordnung nichts anderes bestimmt ist (§ 318 PBG). In § 319 Abs. 2 PBG und § 7 Abs. 1 BVV wird präzisierend hierzu erläutert, dass zahlreiche Vorhaben neben oder anstelle der kommunalen Baubewilligung der Beurteilung (Bewilligung, Konzession oder Genehmigung) anderer, namentlich kantonaler Stellen bedürfen. Der Anhang zur BVV enthält hierzu als Übersicht eine ausführliche Tabelle. Die besonderen Bestimmungen des Wasser- und des Strassenrechts bleiben vorbehalten (§ 7 Abs. 2 BVV). Vgl. hierzu im Detail Seite 365 ff.

Die für die Koordination verantwortliche Stelle sorgt bei Vorhaben, die durch mehrere Stellen zu prüfen sind, für eine ausreichende formelle und materielle Koordination der Beurteilungen, für widerspruchsfreie Entscheide und für einheitliche Rechtsmittelbelehrungen (§ 8 Abs. 1 BVV; vgl. auch BEZ 2007 Nr. 52). Die für die Koordination verantwortliche Behörde ist

- im Regelfall die örtliche Baubehörde (§ 9 Abs. 1 lit. a BVV);
- sofern keine Bewilligung der örtlichen Baubehörde nötig ist: die kantonale Leitstelle (§ 9 Abs. 1 lit. c BVV);
- bei Vorhaben, die einer UVP bedürfen: die im massgeblichen Verfahren zuständige Behörde (§ 9 Abs. 1 lit. b BVV).

Kantonale Leitstelle
Die kantonale Leitstelle sorgt für die Koordination der kantonalen Verfahren und Entscheide (§ 9 Abs. 2 BVV), nicht aber für die Koordination mit der kommunalen Baubehörde.

6.6.1.3 *Umfang und Grenzen der Koordination*

Koordinationspflichtig sind kantonale Beurteilungen, die zusätzlich der Bauerlaubnis der Gemeinde für die Verwirklichung eines Vorhabens nötig sind (zum Beispiel gewässerschutzrechtliche Bewilligung, strassenpolizeiliche Bewilligung, forstrechtliche Bewilligung, Bewilligung für Bauten und Anlagen ausserhalb der Bauzonen). Sind über die kommunale Baubewilligung hinaus solche Bewilligungen erforderlich und können sie aus irgendwelchen Gründen nicht erteilt werden, so kann das Bauvorhaben nicht verwirklicht werden. Derartige Beurteilungen, die also für die Verwirklichung des Vorhabens im erwähnten Sinn nötig sind, unterliegen zwingend der Koordinationspflicht.

In materieller Hinsicht ändert die Koordinationspflicht im Grundsatz nichts an den Zuständigkeitsbereichen der einzelnen Behörden und Amtsstellen. Mit der Neuformulierung von § 8 Abs. 1 und § 9 Abs. 2 BVV hat aber die kantonale Leitstelle immerhin auch für die materielle Koordination und für widerspruchsfreie Entscheide zu sorgen. Bei mangelnder Einigung besteht die Möglichkeit, den negativen Entscheid vorweg zu eröffnen (sogenannter «Killerentscheid»; § 12 Abs. 3 BVV). In den seltenen Fällen, da sich Widersprüche nicht auf Stufe der kantonalen Ämter bereinigen lassen, findet ein durch die Baudirektion zu koordinierendes Einigungsverfahren statt.

Bereits der Bundesgesetzgeber ging davon aus, dass nicht alle irgendwie erdenklichen, ein Bauvorhaben betreffenden Bewilligungen, Genehmigungen oder Konzessionen so koordiniert werden müssen, dass die alles umfassenden Entscheide zu einem einzigen, ganz bestimmten Zeitpunkt gefällt werden müssen. Nach Art. 25a RPG ist lediglich – aber immerhin – eine «ausreichende» Koordination sicherzustellen. Es ist nicht eine maximale, sondern nur eine nach den Grundsätzen von Lehre und Praxis genügende Abstimmung erforderlich. So soll es trotz der grundsätzlichen Koordinationspflicht möglich sein, den Entscheidungsprozess in mehrere Phasen zu unterteilen. Die Projektierungstiefe für die einzelnen Phasen muss dabei nur so weit gehen, als es für die Entscheide notwendig ist (Botschaft des Bundesrates zu Art. 25a RPG, BBl 1994 III S. 1084). Das wird mit der Formulierung in Art. 25a RPG deutlich, wonach die bezeichnete Behörde für eine «ausreichende» Koordination sorgt (VB.2000.00367; BEZ 2001 Nr. 7).

6 Baurechtliches Verfahren
6.6 Verfahrensgebote

Allfällige Spezialbewilligungen von untergeordneter Bedeutung können abgetrennt und separat erteilt werden, wenn eindeutig feststeht, dass (vgl. dazu AEMISEGGER/KUTTLER/MOOR/RUCH: Art. 25a N 17, mit Hinweisen)
- mit den übrigen Entscheiden nicht abgestimmt werden muss;
- die Rechte des Baugesuchstellers und der Drittbetroffenen nicht tangiert werden;
- die Abtrennung aufgrund des kantonalen Rechts zulässig ist.

Nicht verlangt beziehungsweise nicht möglich ist auch die Koordination von Entscheiden, die im Zusammenhang mit einem Bauprojekt stehen, aber keinen direkten, gegen aussen verbindlichen Einfluss auf die Ausgestaltung der geplanten Baute oder Anlage haben (zum Beispiel Subventionsentscheide und Kreditbewilligungen bei öffentlichen Bauten, Typenprüfungsentscheide für Installationen, vgl. BEZ 2001 Nr. 58; VB.2000.00367, auch zum Folgenden) oder aus sachlichen Gründen erst nach der Errichtung beziehungsweise Änderung der betreffenden Baute oder Anlage getroffen werden können. Letzteres betrifft vor allem Betriebsbewilligungen (zum Beispiel für die Eröffnung eines Kinos, einer Arztpraxis, einer Gastwirtschaft oder Aussenwirtschaft, einer Abfallanlage oder Deponie); sie setzen baurechtlich bewilligte Räume beziehungsweise Nutzungen erst voraus. Vgl. BEZ 2001 Nr. 7; BEZ 2008 Nr. 36 und Nr. 44, bestätigt in BGer. 1C_47/2008 [abgedruckt in PBG aktuell 3/2008, S. 26 ff.]; AEMISEGGER/KUTTLER/MOOR/RUCH: Art. 25a N 19.

Davon geht auch die BVV aus: So sind nach §8 Abs. 1 BVV die Beurteilungen formell und materiell nur «ausreichend» zu koordinieren. §8 Abs. 2 BVV präzisiert, dass Beurteilungen, die für die Zulässigkeit des Vorhabens an sich unerheblich sind, nicht der Koordinationspflicht unterliegen und ergänzenden Verfahren vorbehalten werden können. Es geht also um Nebenbewilligungen, die mitsamt den damit zu verbindenden Bedingungen oder Auflagen keinen grundsätzlichen Einfluss auf die Bewilligungsfähigkeit des Vorhabens haben; um technische Details und Detaillösungen, die nach dem gesunden Menschenverstand erst dann sinnvoll zu erarbeiten sind, wenn feststeht, dass das Vorhaben grundsätzlich bewilligt wird. Die entsprechenden Beurteilungen werden in der Regel in der Baubewilligung vorbehalten und sind vor Baubeginn rechtskräftig vorzunehmen.

§ 8 Abs. 2 BVV verweist auf den Anhang zur BVV, welcher die (in der Regel, wenn nicht ausnahmsweise ein besonders enger Zusammenhang mit der Hauptbewilligung besteht; vgl. Anhang BVV, Legende zu Spalte 4) nicht der Koordinationspflicht unterliegenden kantonalen Beurteilungen (wenn auch nicht abschliessend und vorbehältlich allfälliger anders lautender Rechtsmittelentscheide) auflistet. Darauf kann verwiesen werden. Aber auch kommunale, nicht der Koordinationspflicht unterliegende Beurteilungen sind denkbar, so etwa
- Bewilligung von Feuerungsanlagen;
- kommunale Kanalisationsanschlussbewilligung;
- Bewilligung von ergänzenden Reklameanlagen;
- kommunale Bewilligung von Anlagen allfälliger Alternativenergien (§ 10a EnG-ZH; vgl. BEZ 2001 Nr. 7).

Vgl. auch die Zusammenstellung von Unterlagen, die in der Regel erst nachträglich, zum Beispiel auf den Baubeginn hin einzureichen sind (Seite 308).

6 Baurechtliches Verfahren
6.6 Verfahrensgebote

6.6.1.4 Koordinationspflichtige Entscheide

Keine abschliessende Aufzählung

Alle andern Beurteilungen, also solche, welche für die generelle Zulässigkeit eines Vorhabens entscheidend sind, müssen materiell koordiniert und mit einheitlicher Rechtsmittelbelehrung gemeinsam zugestellt werden. Soweit es um die Koordination mit kantonalen Beurteilungen geht, bietet die im Anhang zur BVV befindliche Tabelle eine wertvolle Hilfestellung.

Zu beachten ist jedoch, dass die Auflistung im Anhang BVV nicht abschliessend ist. Zusätzliche Prüfungen und Beurteilungen aufgrund von weiteren kantonalen wie auch bundesrechtlichen Spezialgesetzen bleiben vorbehalten (vgl. lit. b des Ingresses zum Anhang der BVV).

Besonderheiten bei Reklamen

Auf die Bewilligung von Reklamen an Strassen sind die Verfahrensbestimmungen der BVV (mit Einbezug der kantonalen Leitstelle) nur anwendbar, wenn weitere Beurteilungen durch kantonale Stellen erforderlich sind. Andernfalls erfolgt die Koordination mit der Sicherheitsdirektion (Nationalstrassen sowie kantonale Autobahnen und Autostrassen) unmittelbar durch die örtliche Baubehörde (vgl. lit. c des Ingresses zum Anhang BVV). Nachdem die Zuständigkeit der Statthalterämter per 1. Januar 2002 entfallen ist (vgl. die neue kantonale Signalisationsverordnung), bedarf der Ingress zum Anhang BVV einer entsprechenden Anpassung.

Besonderheiten bei Vorhaben, die der Prüfung durch die kantonale Feuerpolizei oder das kantonale Amt für Militär und Zivilschutz unterliegen

Solche Vorhaben unterbreitet das örtliche Bauamt diesen Stellen ausserhalb des in der BVV geregelten Verfahrens. Es koordiniert die feuerpolizeilichen und die zivilschutzrechtlichen Auflagen mit den übrigen erforderlichen Bewilligungen und macht sie zum Bestandteil der kommunalen Bewilligung (vgl. lit. d des Ingresses zum Anhang BVV). Nicht gelöst ist mithin das Verfahren in den nicht ganz seltenen Fällen, dass feuerpolizeiliche Anforderungen mit jenen der (kantonalen oder kommunalen) Denkmalpflege in Widerspruch stehen.

Koordination mit der Spezialgesetzgebung des Bundes

Die BVV trifft keine Regelungen betreffend Koordination im Baubewilligungsverfahren, wenn das eidgenössische Recht nicht von kantonalen Instanzen, sondern von Bundesstellen anzuwenden ist und keine ausschliessliche Entscheidungskompetenz derselben vorliegt. Gleichwohl ist aber auch in solchen Fällen schon nach Art. 25a RPG für eine ausreichende Koordination zu sorgen.

6.6.2 Gebot der beförderlichen Behandlung

6.6.2.1 Behandlungsfristen

Die Koordinationspflicht bringt zwar Mehraufwand, darf aber nicht zur Verlängerung von Bewilligungsverfahren führen. Mit Art. 29 Abs. 1 BV, Art. 18 Abs. 1

6 Baurechtliches Verfahren
6.6 Verfahrensgebote

KV und § 4a VRG wurde daher das vorher ungeschriebene Gebot der beförderlichen Behandlung von Verwaltungsverfahren positivrechtlich normiert. Die kantonalen und kommunalen Behörden haben die bei ihnen eingeleiteten Verfahren beförderlich zu behandeln und ohne Verzug für deren Erledigung zu sorgen. Eine Sistierung des Bewilligungsverfahrens, um rechtswidrige Bauten und Anlagen aufgrund einer angestrebten Rechtsänderung in absehbarer Zeit doch noch bewilligen zu können, ist nicht ohne Weiteres zulässig, sondern kann eine unrechtmässige Rechtsverzögerung darstellen (BEZ 2009 Nr. 15 betreffend Uetliberg).

Gemäss Art. 25 Abs. 2 RPG setzen die Kantone für alle im Hinblick auf die Bewilligung von Bauten und Anlagen erforderlichen Verfahren Fristen und regeln deren Wirkungen. Für das baurechtliche Bewilligungsverfahren wird das Beschleunigungsgebot in § 319 Abs. 1 und Abs. 3 PBG konkretisiert. Danach gilt grundsätzlich Folgendes:

- Entscheide sind innert zwei Monaten seit der Vorprüfung zu treffen. Für die erstmalige Beurteilung von Neubau- und grösseren Umbauvorhaben steht eine Zeitspanne von vier Monaten zur Verfügung (§ 319 Abs. 1 PBG).
- Für die Vorprüfung gilt eine Frist von drei Wochen ab Einreichung der Gesuchsunterlagen beim örtlichen Bauamt (§ 313 Abs. 1 PBG).
- Die Fristen binden nicht nur die kommunalen, sondern auch die beteiligten kantonalen Behörden. Die koordinierten Bewilligungen sind gleichzeitig innerhalb der erwähnten Frist den Bauherrschaften und allfälligen Dritten zuzustellen.
- Für die Behandlung von Vorhaben, die eine UVP oder die Mitwirkung von Bundesstellen erfordern, braucht es in der Regel mehr Zeit. Der Regierungsrat kann deshalb für derartige Projekte längere Fristen festlegen (§ 319 Abs. 2 PBG). Das ist mit § 4 EV UVP insoweit geschehen, als die Umweltschutzfachstellen Voruntersuchungen und Pflichtenhefte innerhalb von zwei Monaten, Hauptuntersuchungen innerhalb von drei Monaten nach Einreichung der vollständigen Unterlagen zu beurteilen haben. Die Koordinationsstelle setzt den ins Mitberichtsverfahren einbezogenen Fachstellen Bearbeitungsfristen; sie stellt eine rasche Abwicklung des Verfahrens sicher.
- Das Beschleunigungsgebot besagt aber auch, dass die Fristen nicht ausgeschöpft werden dürfen, wenn die Art des Bauvorhabens beziehungsweise der erforderliche Untersuchungsaufwand eine kürzere Behandlungsfrist erlaubt (vgl. hierzu etwa MÄDER 1998a: S. 6).

Die Behandlungsfristen sind aber nach wie vor Ordnungsfristen. Dies bedeutet, dass ihre Einhaltung immer angestrebt werden muss und im Regelfall auch möglich ist. Sie kann aber nicht geradezu gewährleistet werden. Es wäre administrativ mit vertretbarem Aufwand nicht möglich, die Einhaltung zwingender Fristen zu garantieren (Weisung des Regierungsrates zur VRG-Revision, Abl 1995, S. 1550). Können die Behandlungsfristen aus besonderen Gründen (zum Beispiel wenn komplexe Sachverhalte einen erhöhten Untersuchungsaufwand bedingen) nicht eingehalten werden, wird den Gesuchstellenden unter Angabe der Gründe mitgeteilt, wann der Entscheid vorliegt (§ 319 Abs. 3 PBG). Die Verschleppung eines

Baugesuchs kann mit Aufsichtsbeschwerde an die Baudirektion gerügt werden. Daneben steht die Rechtsverweigerungs- und Rechtsverzögerungsbeschwerde zur Verfügung; nur insoweit erweist sich das Beschleunigungsgebot als justiziabel (KÖLZ/BOSSHART/RÖHL: § 4a N 4; vgl auch Seite 438). Umgekehrt darf das Beschleunigungsgebot nicht dazu führen, dass von der gesetzlichen Zuständigkeitsordnung abgewichen und über eine baurechtliche Bewilligung statt von der zuständigen Kollegialbehörde mit Präsidialverfügung entschieden wird. Die in § 67 GG vorausgesetzte «Dringlichkeit» ist nicht einmal dann gegeben, wenn bei einem Zuwarten bis zum nächsten Sitzungstermin die Ordnungsfristen von § 319 PBG überschritten würden. Die Rechtsmittelbehörden heben den in Unzuständigkeit ergangenen Entscheid auf, sofern dagegen rekurriert wird (BEZ 2002 Nr. 14).

6.6.2.2 *Besonderheiten beim Anzeigeverfahren*

Das Anzeigeverfahren ist entsprechend der in Art. 22 Abs. 1 RPG bundesrechtlich festgelegten, umfassenden Bewilligungspflicht auch als ein Bewilligungsverfahren ausgestaltet. Mit dem Begriff «Anzeigeverfahren» wird indessen deutlich gemacht, dass in diesem Verfahren – auch bei Mitbeteiligung kantonaler Instanzen – das mit dem Baugesuch angezeigte Vorhaben als bewilligt gilt, wenn keine der zuständigen Behörden innert der Behandlungsfrist von 30 Tagen eine andere Anordnung trifft (§ 13 Abs. 2 BVV). Darin besteht der wohl wesentlichste Unterschied zum ordentlichen Verfahren, das wesentlich längere Verfahrensfristen kennt (vgl. Näheres Seite 321 ff.).

6.7 Verfahrensablauf

6.7.1 Übersicht

In der BVV sind die allgemeinen Verfahrensbestimmungen («III. Zuständigkeiten und Koordination») jenen über das Anzeigeverfahren vorangestellt. Schon hieraus ergibt sich, dass die Vorschriften über die Einreichung der Baugesuche (§ 10 BVV), die Vorprüfung (§ 11 BVV), die Zuständigkeiten (§ 7 BVV) und die Koordination (§§ 8 und 12 BVV) sowohl für das ordentliche wie auch das Anzeigeverfahren gelten (vgl. RRB Nr. 2614/1997 zum Neuerlass der Bauverfahrensverordnung).

→ Siehe Grafik rechte und nächste Seite

6.7.2 Einreichung des Baugesuchs und Vorprüfung

Gesuche für Vorhaben, die einer baurechtlichen Bewilligung der örtlichen Baubehörde bedürfen, sind bei dieser einzureichen. Die übrigen Gesuche sind bei der kantonalen Leitstelle einzureichen (§ 312 PBG; § 10 BVV).

6.7.2.1 *Summarische Vorprüfung*

Klärung des Koordinationsumfangs und Einleitung der Koordination
Das örtliche Bauamt prüft unverzüglich nach Eingang eines Baugesuchs summarisch, ob die Unterlagen den Anforderungen entsprechen. Es weist offensichtlich mangelhafte Gesuche zurück. Diese werden nicht an andere Stellen

6 Baurechtliches Verfahren
6.7 Verfahrensablauf

Ablauf eines ordentlichen baurechtlichen Verfahrens mit Koordinationsbedarf in einer mittelgrossen Landgemeinde

Eine Übersicht zum Verfahrensablauf findet sich auch auf der Website der Baudirektion, www.baugesuche.zh.ch

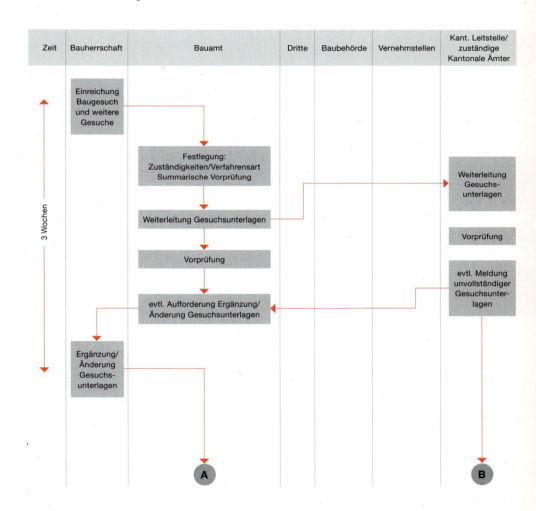

6 Baurechtliches Verfahren
6.7 Verfahrensablauf

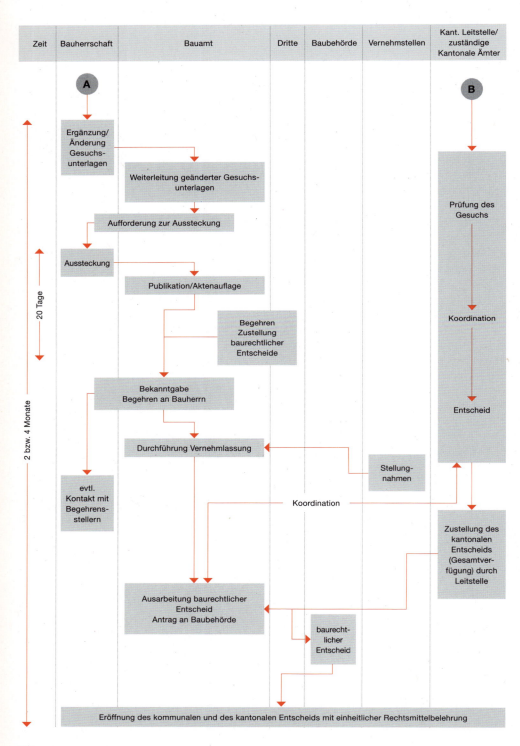

weitergeleitet und die Vorprüfungsfrist gemäss § 313 PBG beginnt nicht zu laufen. Das örtliche Bauamt stellt gleichzeitig fest, ob und welche Beurteilungen kantonaler Stellen erforderlich sind, nimmt zum Bauvorhaben Stellung und leitet das Gesuch mit den Unterlagen in der nötigen Anzahl an die kantonale Leitstelle weiter (§ 11 Abs. 1 und 2 BVV). Es ist also zu entscheiden, ob ein Sachverhalt vorliegt, bei welchem verschiedene Beurteilungen des eingereichten Baugesuchs formell und materiell aufeinander abgestimmt werden müssen. Dabei handelt es sich um eine äusserst anspruchsvolle, weichenstellende Aufgabe. Sie verlangt von der kommunalen Behörde beziehungsweise vom Bauamt den Weitblick, den Koordinationsbedarf möglichst frühzeitig zu erkennen (HUBMANN TRÄCHSEL 1995: S. 63).

Weiterleitung der Gesuchsunterlagen

Sind kantonale Beurteilungen nötig, leitet das örtliche Bauamt – wie bereits erwähnt – das Gesuch mit den Unterlagen in der nötigen Anzahl an die kantonale Leitstelle weiter. Dabei hat das örtliche Bauamt zum Vorhaben zwingend Stellung zu nehmen (§ 11 Abs. 2 BVV). Erforderlich ist aber keine Stellungnahme durch die zuständige örtliche Baubehörde, sondern entsprechend dem klaren Wortlaut nur durch die Verwaltung. Die kommunalen und kantonalen Behörden entscheiden nicht nacheinander, sondern werden gleichzeitig tätig. Die Unterlagen sind vom örtlichen Bauamt auch dann an die kantonale Leitstelle weiterzuleiten, wenn nur eine einzige kantonale Amtsstelle in das Verfahren involviert ist.

Zurückweisung mangelhafter Gesuche

Offensichtlich mangelhafte Gesuche weist das Bauamt zurück. Sie werden nicht an andere Stellen weitergeleitet, und die Vorprüfungsfrist nach § 313 PBG beginnt nicht zu laufen (§ 11 Abs. 1 BVV).

Bestimmung der Verfahrensart

Während der summarischen Vorprüfung hat das örtliche Bauamt auch über die Verfahrensart zu befinden. Das örtliche Bauamt ist auch dann abschliessend für die Bestimmung der Verfahrensart zuständig, wenn für den Entscheid ebenfalls kantonale Zuständigkeiten gegeben sind (BEZ 2004 Nr. 28). Das folgt aus der Pflicht und dem Recht zur Verfahrensleitung.

Bei der Überweisung an die kantonale Leitstelle ist anzugeben, ob das Gesuch im ordentlichen oder im Anzeigeverfahren beurteilt wird. Zweckmässigerweise wird den kantonalen Stellen bereits mit der Überweisung auch eine angemessene Frist für die Bekanntgabe allfälliger Mängel in den Gesuchsunterlagen angesetzt (vgl. die folgenden Bemerkungen zur eigentlichen Vorprüfung).

6.7.2.2 *Eigentliche Vorprüfung*

Fristen

Kommunalen und kantonalen Behörden verbleibt eine gewisse Zeitspanne, um die einlässlichere Vorprüfung – im Gegensatz zur summarischen – vorzunehmen (21 Tage ab Eingang der Gesuchsunterlagen bei der örtlichen Baubehörde; § 313

Abs. 1 PBG). Die Frist ist eine reine Ordnungsfrist. Die kantonalen Stellen und das örtliche Bauamt prüfen je für sich, ob die Unterlagen für ihren Entscheid ausreichen. Die örtliche Baubehörde prüft zusätzlich, ob die Aussteckungen den Vorschriften entsprechen. Sind die Unterlagen oder die Aussteckung unvollständig, ordnet die örtliche Baubehörde innert dreier Wochen seit Einreichung des Gesuchs die Änderung oder Ergänzung an (§ 313 Abs. 1 PBG). Falls seitens der kantonalen Stellen weitere Unterlagen erforderlich sind, teilen sie dies unter Orientierung der kantonalen Leitstelle dem örtlichen Bauamt so rechtzeitig mit, dass dieses die Gesuchstellenden fristgerecht innert dreier Wochen seit Einreichung des Gesuchs gesamthaft zu den nötigen Ergänzungen auffordern kann (§ 11 Abs. 3 BVV). Infolge des Behördenverkehrs zwischen örtlichem Bauamt und kantonaler Leitstelle beziehungsweise der beantragenden Stelle steht Letzteren nicht mehr eine Frist von 21 Tagen, sondern entsprechend weniger Zeit zur Verfügung.

Eintretensvoraussetzungen

Zum notwendigen Umfang der Vorprüfung gehört vorerst die Klärung der Eintretensvoraussetzungen: Bewilligungspflicht; örtliche, sachliche und funktionelle Zuständigkeit (§ 5 VRG); Berechtigungsnachweis zur Einreichung des Baugesuchs; aktuelles Interesse (während ganzer Dauer des Bewilligungsverfahrens), allfälliger Kostenvorschuss oder Sicherstellung der Verfahrenskosten sowie Bezeichnung eines Zustellungsdomizils oder einer Vertretung in den Fällen von § 6a und § 6b VRG (Verfahren mit mehreren Gesuchstellenden oder mit Sitz im Ausland; vgl. auch § 6 Abs. 1 lit. b PBG).

Zusätzliche Unterlagen

Wegen der erheblichen Bedeutung des Eingangs vollständiger Unterlagen für die Behandlungsfristen rechtfertigt es sich, die fehlenden Unterlagen nicht nur mündlich, sondern schriftlich nachzuverlangen. Weigern sich die Gesuchstellenden, die Unterlagen anzupassen, kann die Anhandnahme des Baugesuchs abgelehnt werden (§ 313 Abs. 1–3 PBG).

Die Vorprüfung ist von allen Beteiligten so gründlich vorzunehmen, dass nur ausnahmsweise später noch weitere Unterlagen eingefordert werden müssen. Auch allfällige Gutachten von Sachverständigenkommissionen des Natur- und Heimatschutzes sind im Rahmen der Vorprüfung zu verlangen (§ 313 Abs. 4 PBG; § 11 Abs. 5 BVV; RRB Nr. 901 vom 5. Mai 1999 zur Revision der BVV). Die Behandlungsfrist gemäss § 319 Abs. 1 PBG beginnt mit dem Ablauf der Vorprüfung durch sämtliche Stellen, spätestens jedoch mit Ablauf der Vorprüfungsfrist von drei Wochen (§ 11 Abs. 4 BVV).

Kostenvorschuss

Nach Massgabe von § 15 VRG kann auch für das baurechtliche Bewilligungsverfahren ein Kostenvorschuss verlangt werden. Danach kann vorerst die Durchführung einer im Interesse eines Privaten veranlassten Untersuchung von der Leistung eines angemessenen Barvorschusses abhängig gemacht werden (§ 15 Abs. 1 VRG). Diese Regelung ist vor allem auf erhebliche Barauslagen zugeschnitten, die aus dem Beizug von Gutachtern oder Übersetzern oder ausdrücklich beantragten Beweismassnahmen entstehen. Nicht zu diesen Auslagen gehören aber jene Kosten, die aus einer gebührenpflichtigen Tätigkeit der Verwaltung (oder des beigezogenen externen Beraters) erwachsen. Solche Aufwendungen sind vielmehr aus dem Gebührenerlös zu bestreiten. Auch kann für Kosten, welche die Überwachung der Bauausführung betreffen, kein Vorschuss anbegehrt werden, da die entsprechenden Aufwendungen und Vorkehren von Amtes wegen vorgenommen werden müssen (BEZ 1995 Nr. 22).

Ein Kostenvorschuss kann ferner verlangt werden, wenn ein Privater keinen Wohnsitz in der Schweiz hat (§ 15 Abs. 2 lit. a VRG). Sodann kann zur Kaution verpflichtet werden, wer aus einem erledigten und nicht mehr weiterziehbaren Verfahren vor einer zürcherischen Verwaltungs- oder Gerichtsbehörde noch Kosten schuldet (§ 15 Abs. 2 lit. b VRG).

Ein weiterer Kautionsgrund ist die Zahlungsunfähigkeit: Nach § 15 Abs. 2 lit. c VRG kann Kostenvorschuss verlangt werden, wenn ein Privater als zahlungsunfähig erscheint. Konkretisierend ist auf § 73 aZPO abzustellen. Zahlungsunfähig ist demnach eine Person, wenn innert der letzten fünf Jahre über sie der Konkurs eröffnet oder gegen sie in einer Betreibung die Verwertung angeordnet wurde oder sie innert der genannten Frist eine gerichtliche Nachlassstundung verlangt hat. Als zahlungsunfähig gilt auch eine Person, gegen die provisorische oder definitive Verlustscheine oder Pfandausfallscheine bestehen. Darüber hinaus ist aber in § 15 Abs. 2 lit. c VRG eine Generalklausel zu erblicken, die besagt, dass sich Zahlungsunfähigkeit auch aus den Umständen des Einzelfalles ergeben kann. Bei der Beurteilung dieser Frage verfügen die zuständigen Behörden über einen erheblichen Ermessensspielraum (KÖLZ/BOSSHART/RÖHL: § 15 N 27 ff.).

Die abschliessende Regelung in § 15 VRG lässt darüber hinausgehende kommunale Bestimmungen nicht zu. Neben den gesetzlich normierten Fällen kann die Vornahme der im Baubewilligungsverfahren erforderlichen amtlichen Verrichtungen nicht von der Leistung einer Kaution abhängig gemacht werden. Dies gilt auch für die Baukontrolle (BEZ 1995 Nr. 22).

Die Vorschusspflicht ist in einer Zwischenverfügung festzuhalten. Mit der Kautionsauflage wird angedroht, dass sonst auf das Begehren nicht eingetreten werde. Die Verfügung ist mit Rekurs anfechtbar (§ 19 Abs. 2 VRG; KÖLZ/BOSSHART/RÖHL: § 15 N 17).

Mangels gesetzlicher Verpflichtung ist ein Kostenvorschuss oder Baudepositum nicht zu verzinsen (BEZ 1995 Nr. 9).

Erkennen von Projektmängeln
Aufgrund vorhandener Fachkenntnis dürfte es der örtlichen Baubehörde oder dem Bauamt in einer ersten Sichtung der zur Beurteilung anstehenden Rechtsfragen regelmässig möglich sein, eigentliche Projektmängel sehr früh zu erkennen (HUBMANN TRÄCHSEL 1995: S. 63). Dank frühzeitiger Information werden die Gesuchstellenden in die Lage versetzt, vorhandene Bedenken durch eine Projektänderung auszuräumen. Diese vorläufige materiellrechtliche Würdigung besitzt allerdings rein informellen Charakter und kann kein schutzwürdiges Vertrauen begründen, das sich die Behörde bei der späteren Prüfung entgegenhalten lassen müsste (MÄDER 1991: S. 127).

6 Baurechtliches Verfahren
6.7 Verfahrensablauf

6.7.3 Nachreichung von Unterlagen

6.7.3.1 *Ergänzung unvollständiger Baugesuchsunterlagen*

Die innert 21 Tagen vorzunehmende Vorprüfung ist in der Regel formeller Natur. Es kann deshalb vorkommen, dass erst später, bei der detaillierten, materiellen Beurteilung des Baugesuchs festgestellt wird, dass die eingereichten Unterlagen noch ergänzt werden müssen. Ausnahmsweise können daher ergänzende Unterlagen auch nach der Vorprüfung als Grundlage für den Entscheid verlangt werden, wenn dies erforderlich und mit den Anforderungen an die öffentliche Auflage gemäss § 314 PBG vereinbar ist (§ 313 Abs. 4 PBG; § 11 Abs. 5 BVV). Wenn die ergänzenden Unterlagen für weitere Dritte, die nicht schon den baurechtlichen Entscheid verlangt haben, von Interesse sein könnten, ist eine nochmalige – auf die Änderungen oder Ergänzungen beschränkte – Publikation vorzunehmen.

6.7.3.2 *Spätere Klärung von Detailfragen*

Oft werden Unterlagen nicht mit dem Baugesuch, sondern erst als Auflage in der baurechtlichen Bewilligung, etwa auf den Baubeginn hin, nachverlangt. Die Baubewilligung darf jedoch nicht derart aufgespalten werden, dass wesentliche Teile des Projekts der Beurteilung in einem späteren Verfahren bleiben. Als Detailfragen, die einem nachträglichen Verfahren vorbehalten werden können und in der Regel erst auf den Baubeginn hin geklärt werden müssen, gelten nach der Praxis insbesondere (vgl. BEZ 1989 Nr. 14):
- Farbgebung der Fassade und die Putzstruktur;
- Materialien der Bedachung und Fassadenverkleidung;
- Umgebungsplan, sofern er nicht – etwa bei Arealüberbauungen (ZBl 1998, S. 589; RB 2000 Nr. 95; VB.2002.00157; VB.2003.00006 mit in BEZ 2003 Nr. 22 nicht enthaltenen Erwägungen) – für die Gesamtbetrachtung des Projekts entscheidend ist;
- Nachweis der energetischen und lärmtechnischen Massnahmen;
- Details der inneren Raumaufteilung (oft erst nach der Vermietung bekannt);
- Detailprojekte von Lift- und Lüftungsanlagen.

In der Regel ist über nachträglich eingereichte Unterlagen (allenfalls im Anzeigeverfahren) formell zu entscheiden und eine Zustellung nach § 316 Abs. 2 PBG an Dritte, die seinerzeit ein Begehren gestellt haben, vorzunehmen. Nachbarliche Ansprüche im Sinne von §§ 315 f. PBG bleiben damit gewahrt.

6.7.4 Aussteckung

6.7.4.1 *Umfang*

Vor der öffentlichen Bekanntmachung sind darstellbare Vorhaben auszustecken (§ 311 PBG). Ob Vorhaben darstellbar sind, entscheidet sich nicht nach dem Aufwand, sondern nach der technischen Machbarkeit und der Darstellungskraft einer allfälligen Aussteckung. Das Baugespann soll Personen, die in ihren Interessen beeinträchtigt sein könnten, ermöglichen, sich über das Projekt in-

6 Baurechtliches Verfahren
6.7 Verfahrensablauf

formieren zu können. Für die Genauigkeit der Profilierung bedeutet dies, dass nicht jeder einzelne Gebäudeteil dargestellt werden muss. Die geplante Baute oder Anlage braucht zwar nur in groben Zügen wiedergegeben zu werden, jedoch immerhin in einer Form, die eine hinreichende Visualisierung und Wahrnehmung für den Rechtsuchenden gewährleistet (BRKE III Nr. 0027/2002; BEZ 1984 Nr. 33, mit Hinweisen; vgl. auch § 310 Abs. 2 PBG, wonach im Einzelfall genauere Aussteckungen verlangt werden können).

Im Allgemeinen reicht es, den Gebäudekubus mit seiner horizontalen und vertikalen Ausdehnung vereinfacht zum Ausdruck zu bringen (Lichtraumprofil). Beim Satteldach darf es in der Regel bei der Aussteckung der Dachneigung sein Bewenden haben, ohne dass der First dargestellt werden muss (BEZ 2000 Nr. 31). Dachaufbauten müssen bei Neubauten nicht profiliert werden, wohl aber bei Umbauten. Über die genaue Gestalt der Baute hat sich der Nachbar anhand der öffentlich aufliegenden Pläne zu orientieren, die in erster Linie massgebend sind. Anderseits darf sich ein Nachbar darauf verlassen, dass die wesentlichen, gegen aussen in Erscheinung tretenden Gebäudeteile durch das Baugespann dargestellt werden. Sind in seinem Interessenbereich keine Profile aufgestellt, so hat er dort nicht mit Hochbauten zu rechnen und braucht daher nicht Einsicht in die Pläne zu nehmen (ZBl 1985, S. 122).

Die Profilierung muss sodann im üblichen Rahmen erfolgen, das heisst aus Holz- oder Metallstangen bestehen, die als Elemente der Profilierung wahrnehmbar sind. Bei sehr hohen Gebäuden ist mit dem Bauamt abzuklären, inwieweit die Profilierung zu gehen hat. Unter Wahrung der Interessen allfälliger Rechtsuchender kann in Ausnahmefällen (etwa aus Sicherheitsgründen) auf Profilierung in der vollen Höhe verzichtet werden, sofern die Höhe anderweitig gekennzeichnet ist (zum Beispiel mit geeigneten Hinweistafeln und einem entsprechenden Vermerk in der Publikation). Grundsätzlich rechtfertigt sich allerdings eine strenge Praxis, namentlich im Zusammenhang mit der Profilierung von Hochhäusern.

Aussteckung

6.7.4.2 *Dauer*

Die Aussteckung muss mindestens während der ganzen Dauer und bis zum Abschluss der öffentlichen Auflage, auf Ersuchen der Baubehörde auch bis zum baurechtlichen Entscheid vorhanden sein. Im Rechtsmittelverfahren kann die

| 6 | **Baurechtliches Verfahren** |
| 6.7 | Verfahrensablauf |

Rekurs- oder Beschwerdeinstanz verlangen, dass die Aussteckung wiederholt wird (§ 311 Abs. 2 PBG).

| 6.7.4.3 | *Folgen von Mängeln* |

Unterbleibt die ordnungsgemässe Aussteckung, so muss die bereits erfolgte Publikation wiederholt werden (vgl. auch BEZ 2010 Nr. 41, wonach die unterbliebene Aussteckung einen qualifizierten Verfahrensmangel darstellt). Ist die Aussteckung unvollständig oder fehlerhaft, liegt gegebenenfalls eine Verletzung des rechtlichen Gehörs vor. Der betroffene Dritte hat allerdings im Rechtsmittelverfahren den schwierigen Nachweis zu erbringen, dass er dadurch in seiner Interessenlage tatsächlich behindert wurde (RB 1982 Nr. 154; BEZ 2000 Nr. 39), ist doch für die Beurteilung eines konkreten Bauvorhabens primär auf die Baueingabepläne abzustellen und kommt der Profilierung lediglich eine unterstützende Funktion zu. Wie das Verwaltungsgericht entschieden hat, sind die Voraussetzungen von § 12 Abs. 2 VRG für die Wiederherstellung der Frist für ein Gesuch um Zustellung des baurechtlichen Entscheids (§ 315 Abs. 1 PBG) gegeben, wenn ein Projekt zu Unrecht nicht ausgesteckt und überdies – auf Ersuchen der Bauherrschaft – während der Ferienzeit publiziert worden ist (BEZ 1994 Nr. 26).

| 6.7.5 | **Publikation** |

Beispiel einer Ausschreibung von Bauprojekten (Amtsblatt vom 12. März 2010)

Ausschreibung von Bauprojekten

Planauflage: Die Pläne liegen, wo nichts anderes angegeben ist, auf den betreffenden Gemeinderatskanzleien zur Einsicht auf.

Dauer der Planauflage: 20 Tage vom Datum der Ausschreibung an. Erfolgt die Ausschreibung in den Publikationsorganen der Gemeinde oder durch Anschlag später, gilt das Datum der letzten Ausschreibung.

Rechtsbehelfe: Begehren um die Zustellung von baurechtlichen Entscheiden sind innert 20 Tagen seit der Ausschreibung bei der Baubehörde schriftlich zu stellen; elektronische Zuschriften (E-Mails) erfüllen die Anforderungen der Schriftlichkeit in der Regel nicht. Wer das Begehren nicht innert dieser Frist stellt, hat das Rekursrecht verwirkt.

Die Rekursfrist läuft ab Zustellung des Entscheids (§§ 314–316 PBG).

Für die Zustellung baurechtlicher Entscheide wird eine geringfügige Kanzleigebühr erhoben.

8134 Adliswil.

R. und T. Ancora, Mittelstrasse 12, 8134 Adliswil; Projektverfasser: Loft 11 AG, Goldbrunnenstrasse 151, 8055 Zürich: An-/Umbau bei Gebäude Vers.-Nr. 841, Kat.-Nr. 1525, Mittelstrasse 12 (Zone W3).

– R. Baumgartner und H. Klauser, Turnerstrasse 24, 8006 Zürich: An-/Umbau bei den Gebäuden Vers.-Nrn. 1395 und 1396, Kat.-Nrn. 4748 und 5936, Albisstrasse 106, 108, 110, 112 (Zone W3).

8184 Bachenbülach.

Politische Gemeinde Bachenbülach, vertreten durch den Gemeinderat, Schulhausstrasse 1, 8184 Bachenbülach: Abbruch Asylantenunterkunft Vers.-Nr. 314 und Neubau (Ersatz) Asylantenunterkunft, auf dem Grundstück Kat.-Nr. 2660 an der Langgenstrasse 24 (I1).

6 Baurechtliches Verfahren
6.7 Verfahrensablauf

6.7.5.1 *Inhalt*

Allgemein

Nach der Vorprüfung und erfolgten Aussteckung ist das Vorhaben gleichzeitig im kantonalen Amtsblatt und in den üblichen Publikationsorganen der Gemeinde (wo solche fehlen durch öffentlichen Anschlag; § 6 Abs. 1 lit. a PBG) zu publizieren. Auf Begehren des Gesuchstellers erfolgt die Publikation unmittelbar nach Gesuchseingang; nötige Aussteckungen müssen aber vorher erstellt sein (§ 314 Abs. 1 und 2 PBG). Die Anforderungen an die Publikation sind in § 314 Abs. 3 PBG festgehalten. Danach hat die Bekanntmachung die nötigen Angaben über Ort und Art des Vorhabens sowie über den Gesuchsteller zu umfassen. Um ihrem Zweck zu genügen, hat die Ausschreibung Angaben zu enthalten über die Gesuchstellenden, einen Kurzbeschrieb des Projekts, Kataster-Nummer und Zonenzugehörigkeit des Baugrundstücks, Versicherungsnummer eines bestehenden Gebäudes, genaue Lokalisierung des Bauvorhabens (Adresse) sowie Ort, Dauer und Zeiten der öffentlichen Auflage (MÄDER 1991: S. 133). Zu publizieren ist also auch die Zone (gegebenenfalls Name des Gestaltungsplans oder der Sonderbauvorschriften, welche die Zonenordnung zumindest teilweise ersetzen). Der Ausschreibungstext braucht aber keine Details des Baugesuchs zu enthalten. Er muss jedoch – zusammen mit der Aussteckung – in der Weise aussagekräftig sein, dass sich der betroffene Dritte ein grundsätzliches Bild über mögliche Auswirkungen machen kann. Ist etwa bei inneren Umbauten und Nutzungsänderungen eine Aussteckung nicht erforderlich beziehungsweise nicht möglich, kommt der Ausschreibung – insbesondere in Bezug auf die beabsichtigte Nutzung – erhöhte Bedeutung zu (BEZ 1995 Nr. 8).

Auch Art. 33 Abs. 3 lit. a RPG, Art. 12b NHG, Art. 14 Abs. 3 und Abs. 4 des Bundesgesetzes über Fuss- und Wanderwege (FWG) sowie Art. 55a USG sehen eine Publikationspflicht vor, wenn ein Beschwerderecht der Natur- und Heimatschutz- beziehungsweise Umweltschutzorganisationen besteht. Eine solche Publikation soll beschwerdeberechtigte Organisationen über Bauvorhaben in Kenntnis setzen, gegen welche ein Verbandsbeschwerderecht besteht. Der Zweck ist erreicht, wenn die Publikationsangaben die Lokalisierung des Bauprojekts (inkl. Zonenzugehörigkeit) erlauben und das Vorliegen eines Verbandsbeschwerderechts erkennen lassen. Damit stellt das Bundesrecht an die Publikation keine strengeren Anforderungen als das kantonale Recht (RB 1996 Nr. 84).

Inhalt der Publikation bei UVP-pflichtigen Anlagen

Nach der Rechtsprechung des Bundesgerichts (vgl. etwa BGE 121 II 224 ff. E. 5) kann von Umweltorganisationen die Einhaltung kantonaler Verfahrensvorschriften betreffend Zustellung der baurechtlichen Entscheide nur verlangt werden, wenn die erfolgte Publikation korrekt und aussagekräftig abgefasst worden ist. Es ist mithin unerlässlich, dass solche Ausschreibungen eine gewisse UVP-Relevanz zum Ausdruck bringen (URP 2004, S. 634).

Bei UVP-pflichtigen Vorhaben müssen also entsprechend dem Zweck der Publikation auch der Grund der UVP und die massgeblich betroffenen Umweltbereiche in Stichworten aufgeführt werden (LORETAN: Kommentar USG,

Art. 55 N. 44). Im Hinblick auf die für die UVP-Pflicht massgeblichen Schwellenwerte sind auch bezüglich der dafür relevanten Dimensionen (Quadratmeterzahlen, Parkplatzzahlen etc.) Angaben zu machen; dies zumindest dann, wenn die Schwellenwerte nicht deutlich unterschritten werden (BEZ 2004 Nr. 32, bestätigt mit BGer 1A.136/2004; vgl. auch BEZ 2004 Nr. 33). Vgl. auch die ausführliche Meinungsäusserung von HEER 2004.

6.7.5.2 *Folgen von Mängeln*

Fehlende oder unzutreffende Angaben in der Publikation verhindern nur ausnahmsweise, dass die Frist von 20 Tagen um Zustellung des baurechtlichen Entscheids nicht zu laufen beginnt. Es muss eine wesentliche Beeinträchtigung der nachbarlichen Interessenwahrung dargelegt werden. Eine solche ist dann anzunehmen, wenn ein qualifiziert fehlerhafter Mangel vorliegt, welchen ein Dritter auch bei Anwendung durchschnittlicher Aufmerksamkeit und trotz angemessener Sorgfalt nicht erkennen kann, und er dadurch abgehalten wird, rechtzeitig die Zustellung des baurechtlichen Entscheids zu verlangen. Nach Lehre und Rechtsprechung kann der Mangel aber geheilt werden, indem auf ein Rechtsmittel auch ohne rechtzeitig eingereichtes Zustellbegehren und allenfalls nach Ablauf der Rekursfrist noch eingetreten wird (BEZ 1995 Nr. 8).

6.7.5.3 *Verzicht auf Publikation*

Ergibt sich bereits im Rahmen der Vorprüfung, dass auf das Baugesuch nicht einzutreten oder dieses zu verweigern ist, kann auf die Publikation verzichtet werden. Sie ist dann aber nachzuholen, wenn die Bewilligungsfähigkeit (etwa nach dem Ergebnis eines Rekursverfahrens) später nochmals zu prüfen und die Baubewilligung zu erteilen ist.

6.7.6 Aktenauflage

6.7.6.1 *Gesuchsunterlagen*

Die Aktenauflagefrist beträgt 20 Tage. Zu den aufzulegenden Gesuchsunterlagen im Sinne von §314 Abs. 4 PBG gehören im Grundsatz sämtliche vom Gesuchsteller eingereichten Aktenstücke, mithin also nicht nur die Baueingabepläne. Auch Aktenstücke, die über die Mindestanforderungen hinausgehen und die für die Beurteilung durch kantonale Behörden eingereicht beziehungsweise im Rahmen der Vorprüfung nachgereicht werden, sind grundsätzlich aufzulegen. Der Ausschluss einzelner Teile des Baugesuchs mag sich aus triftigen Gründen – etwa zur Wahrung des Geschäftsgeheimnisses – rechtfertigen. Protokollnotizen (beispielsweise über Vorbesprechungen) sind, soweit sie rein amtsintern sind und keine Entscheidrelevanz aufweisen, ebenfalls nicht aufzulegen. Keine amtsinternen Akten sind demgegenüber verwaltunsgintern erstellte Berichte und Gutachten zu strittigen Sachverhaltsfragen. Sie unterliegen dem Akteneinsichtsrecht und sind aufzulegen, was gleichermassen für ein Modell des Bauprojekts gilt (BGer Entscheid 1C_100/2009).

6	**Baurechtliches Verfahren**
6.7	Verfahrensablauf

6.7.6.2 *Akteneinsichtsrecht*

Während der öffentlichen Auflage können alle interessierten Personen Einsicht in die Baugesuchsunterlagen nehmen.

Denjenigen, die fristgerecht um die Zustellung der baurechtlichen Entscheide ersucht haben (§ 315 Abs. 1 PBG), steht auch nach Abschluss der öffentlichen Auflage und während der Rekursfrist sowie während des pendenten Rekursverfahrens das Akteneinsichtsrecht zu. Aus dem Anspruch auf rechtliches Gehör (Art. 29 Abs. 2 BV) folgt, dass ebenso weiteren Personen, die ein schutzwürdiges Interesse daran glaubhaft machen können, ein nachträgliches Akteneinsichtsrecht zu gewähren ist. Denn das Akteneinsichtsrecht ist von eigenständiger Natur und von der Regelung der §§ 315 ff. PBG unabhängig. Es muss diesfalls aber eine Interessenabwägung zwischen dem Interesse an der Einsicht und den widerlaufenden Anliegen vorgenommen werden (§§ 8 f. VRG). Allerdings stehen dem Einsichtsbegehren in der Regel keine erheblichen Geheimhaltungsgründe entgegen, wenn die Baugesuchsunterlagen während des Bewilligungsverfahrens öffentlich auflagen und die Zustellung der baurechtlichen Entscheide hätte verlangt werden können (HADORN 1996b: S. 36). Ausserhalb eines förmlichen Baubewilligungsverfahrens oder nach Vorliegen eines rechtskräftigen baurechtlichen Entscheids richtet sich das Akteneinsichtsrecht nach dem Gesetz über die Information und den Datenschutz (IDG; vgl. § 8 Abs. 1 Satz 2 VRG und § 20 Abs. 3 IDG), soweit keine spezialgesetzliche Vorschrift besteht (vgl. etwa § 203 Abs. 2 PBG [Öffentlichkeit der Schutzinventare]).

Im Rahmen des Zumutbaren soll das Bauamt einem Interessenten die aufliegenden Unterlagen erläutern, das heisst Verständnisfragen beantworten. Hingegen steht es allein der Behörde zu, ergänzende Auskünfte zur Baueingabe zu verlangen (MÄDER 1991: S. 135).

6.7.6.3 *Anspruch auf Fotokopien*

Gemäss der bundesgerichtlichen Praxis ergibt sich aus dem Akteneinsichtsrecht auch ein – beschränkter – Anspruch darauf, auf einem Kopiergerät der Verwaltungsbehörde gegen angemessene Gebühr Kopien von aufliegenden Akten inklusive Plänen selber herzustellen oder herstellen zu lassen, soweit dies für die Verwaltung zu keinem unverhältnismässigen Aufwand führt (BEZ 1996 Nr. 22 mit Hinweisen auf Entscheide des Bundesgerichts; Pra 80/1991 Nr. 216). Ein solcher unverhältnismässiger Aufwand ist etwa zu erwarten, wenn Kopien mehrerer grossformatiger Plansätze verlangt werden, welche erst noch zusammengefügt werden müssen. Aber auch in einem solchen Fall ist der Verwaltung zuzumuten, das Kopiergerät für entsprechende Kopien zur Verfügung zu stellen. Bei den meisten Gemeinden ist es möglich, Kopien im Format A3 zu erstellen. Damit lassen sich die häufigsten Kopierbedürfnisse abdecken. Indessen besteht in der Regel kein Rechtsanspruch darauf, dass die Verwaltung grossformatige Pläne bei Drittfirmen erstellen lässt (BEZ 1996 Nr. 22).

Soweit die Verwendung von Kopien nicht über den in Art. 19 des Urheberrechtsgesetzes (URG) festgesetzten Rahmen hinausgeht (Verwendung zum Eigengebrauch), kann das Herstellen von Kopien auch nicht aus urheberrechtlichen Gründen verweigert werden. Das Herstellen von Kopien zur Wahrung prozessualer Rechte geht in der Regel nicht über den Eigengebrauch hinaus (BEZ 1996 Nr. 22, Nachbemerkung). Problematisch wäre nur, wenn ein Nachbar die Kopien benützen würde, um sie für ein eigenes Projekt zu verwenden (Huber 1995b: S. 33).

6.7.6.4 *Folgen von Mängeln*

Weil den Gesuchsunterlagen grössere Bedeutung zukommt als der Publikation oder der Aussteckung, wiegen Fehler bei der Aktenauflage besonders schwer. Sie können allerdings meistens im Rahmen der im Rekursverfahren zu gewährenden Akteneinsicht nachträglich geheilt werden. Im Entscheid 1C_100/2009 hat das Bundesgericht allerdings eine Heilung des rechtlichen Gehörs verneint, weil ein entscheidrelevantes Modell des Bauvorhabens nicht gehörig aufgelegt worden war.

6.7.7 Wahrung von Ansprüchen

6.7.7.1 *Anforderungen an das Begehren*

Inhalt und Anforderungen an das Begehren

Wer Ansprüche aus dem Planungs- und Baugesetz und/oder dessen Ausführungsbestimmungen (§ 3 Abs. 1 und Abs. 2 PBG) wahrnehmen will, hat innert 20 Tagen nach der öffentlichen Bekanntmachung bei der örtlichen Baubehörde schriftlich die Zustellung des oder der baurechtlichen Entscheide zu verlangen (§ 315 Abs. 1 PBG) und – fakultativ – Einwendungen vorzubringen (§ 315 Abs. 2 PBG).

Aus dem Text des Begehrens muss mit hinreichender Klarheit hervorgehen, auf welches konkrete Projekt es sich bezieht und dass um Zustellung des baurechtlichen Entscheids ersucht wird. Sodann dürfen Name und Adresse des oder der Begehrenstellenden nicht fehlen. Aus dem Erfordernis der Schriftlichkeit folgt, dass das Begehren unterschrieben sein muss. Erfolgt ein Zustellungsbegehren lediglich per E-Mail, hat die Baubewilligungsbehörde – vorbehältlich von Fällen offenbaren Rechtsmissbrauchs – gegebenenfalls eine kurze Nachfrist anzusetzen, damit ein formgültiges schriftliches Begehren nachgereicht werden kann (BEZ 2006 Nr. 67).

Rechtsansprüche Behinderter

Das BehiG garantiert gerichtlich durchsetzbare subjektive Rechte. Betroffene Behinderte und Behindertenorganisationen können verlangen, dass Benachteiligungen beim Zugang zu einer Baute oder Anlage, die im Geltungsbereich des BehiG liegt, unterlassen beziehungsweise beseitigt werden. Rechtsansprüche sind in erster Linie während des Baubewilligungsverfahrens geltend zu machen (Art. 7 Abs. 1 lit. a BehiG). Von der zuständigen Baubehörde kann verlangt werden, dass Benachteiligungen unterlassen werden (Herz 2004: S. 24 f.). Der Kanton Zürich hat hiefür kein besonderes Verfahren eingeführt. Behinderte und Behindertenorganisationen haben also entsprechend den auch sonst geltenden Verfahrensabläufen den baurechtlichen Entscheid zu verlangen.

Gemäss Art. 10 Abs 1 BehiG sind die Verfahren unentgeltlich. Für die Zustellung des baurechtlichen Entscheids dürfen daher keine Gebühren erhoben werden.

Hinweis auf Vertretungsverhältnis
Ein allfälliges Vertretungsverhältnis ist im Zustellungsbegehren zu erwähnen und mit entsprechender Vollmacht zu belegen. Dabei sind die Bestimmungen über die direkte Stellvertretung gemäss Art. 32 ff. OR analog anwendbar. Aus dem Text des Begehrens oder einem Zusatz zur Unterschrift muss somit hervorgehen, ob der Absender das Begehren auch oder ausschliesslich in Vertretung einer dritten Person stellt und um wen es sich dabei handelt. Gibt sich ein Vertreter nicht als solcher zu erkennen, ist anzunehmen, er stelle das Begehren ausschliesslich in eigenem Namen. Die Vertretenen haben folglich ihr Rekursrecht verwirkt (RB 1993 Nr. 53; ZBl 1994, S. 184). Verlangt der Verwalter einer Stockwerkeigentümergemeinschaft in deren Auftrag die Zustellung des baurechtlichen Entscheids, gilt dies ohne Weiteres auch für die einzelnen Stockwerkeigentümer, welche für sich allein rekursberechtigt sind. Anders verhält es sich, wenn ein Stockwerkeigentümer den Entscheid nur in eigenem Namen verlangt. Dieses Begehren können sich weder die anderen Stockwerkeigentümer noch die Gemeinschaft anrechnen lassen (BEZ 2002 Nr. 15). Anderes gilt nur bei gesetzlichen Vertretungsverhältnissen wie beispielsweise Ehegatten (Art. 166 ZGB) oder Vertretung unmündiger Kinder durch die Eltern (Art. 304 ZGB). In diesen Fällen muss das Vertretungsverhältnis nicht schon im Zustellungsbegehren zum Ausdruck kommen (RB 1993 Nr. 53; BEZ 1994 Nr. 31).

Das Vertrauen auf eine falsche Auskunft ist allerdings zu schützen: Wird auf ausdrückliche telefonische Anfrage hin vom Bauamt nicht auf das Erfordernis aufmerksam gemacht, das Vertretungsverhältnis zu deklarieren, kann das Fehlen dieses Erfordernisses dem Beschwerdeführer nicht entgegengehalten werden (BEZ 2003 Nr. 6). Zum Vertrauensschutz vgl. auch HÄFELIN/MÜLLER/UHLMANN: Rz. 626 ff.

Fehlen Vollmacht oder Unterschrift oder ist das Begehren sonst unklar, ist in analoger Anwendung von § 23 Abs. 2 VRG eine nachträgliche Verbesserung anzuordnen. Die Frist von 20 Tagen ist mit der ersten Eingabe gewahrt; die verbesserte Eingabe kann auch nach Fristablauf noch eingereicht werden (vgl. auch BEZ 2006 Nr. 67). Bei Massenbegehren kann die Baubehörde beziehungsweise das Bauamt die Beteiligten verpflichten, ein gemeinsames Zustellungsdomizil oder einen gemeinsamen Vertreter zu bestimmen (§ 6a VRG; vgl. hierzu Seite 361 f.).

Frist
Begehren sind innerhalb der Auflagefrist von 20 Tagen einzureichen. Der Fristenlauf ist in § 11 VRG (in Übereinstimmung mit dem Bundesrecht) geregelt. Es gelten die gleichen Grundsätze wie bei der Einhaltung der Rechtsmittelfrist (vgl. Seite 449 f.). Die Rechtzeitigkeit eines Begehrens nach § 315 PBG ist grundsätzlich nicht von der Baubehörde, sondern – als Prozessvoraussetzung – von der Rekursbehörde zu beurteilen, was heisst, dass die Zustellung auch nach Fristenablauf noch vorzunehmen ist. Zu denken ist insbesondere an die Möglichkeit der Wiederherstellung einer Frist (BEZ 1993 Nr. 10).

Als «rechtzeitig» ist auch ein Begehren einzustufen, das vor Beginn der öffentlichen Auflage eingereicht worden ist. Voraussetzung ist jedoch, dass dem Begehren deutlich zu entnehmen ist, auf welches Bauvorhaben es sich bezieht. Es wäre dann überspitzter Formalismus (vgl. HÄFELIN/MÜLLER/UHLMANN: Rz. 1661), das vorzeitige Begehren aus dem Recht zu weisen.

6.7.7.2 *Bedeutung des Begehrens*

Allgemein

Nach der Praxis des Baurekursgerichts geht § 316 Abs. 2 PBG als lex specialis dem Verwaltungsrechtspflegegesetz vor. Nachbarn gelten im baurechtlichen Verfahren erst dann als Verfahrensbeteiligte im Sinne von § 10 Abs. 1 lit. b und c VRG, wenn sie – im Sinne einer formellen Beschwer – die Zustellung des baurechtlichen Entscheids gemäss § 315 Abs. 1 PBG rechtzeitig verlangt haben. Das gilt auch für Nachbarn, die von Ausnahmebewilligungen betroffen sind. Sie haben das Rekursrecht selbst dann verwirkt, wenn ihnen der baurechtliche Entscheid unaufgefordert zugestellt wird (BEZ 1998 Nr. 15).

«Rechtzeitig» im Sinne von § 316 Abs. 2 PBG schliesst allenfalls auch eine Fristwiederherstellung ein, wozu die Rekursbehörde zuständig ist. Die Zustellung der baurechtlichen Entscheide (einschliesslich allfälliger Folgeentscheide) ist daher – wie im Zusammenhang mit der Frist bereits erwähnt – auch an jene Dritte vorzunehmen, die nach der Auflagefrist von 20 Tagen, jedoch vor Eröffnung des Entscheids Begehren gestellt haben. Nach diesem Zeitpunkt stellt das Akteneinsichtsrecht die Rechtswahrung in hinreichendem Umfang sicher (BEZ 1993 Nr. 10).

Auch die Vereinigungen mit ideellen Zwecken, die aufgrund von § 338a Abs. 2 PBG rekurslegitimiert sind, haben zur Wahrung ihrer Rekursberechtigung vorgängig die Zustellung der baurechtlichen Entscheide zu verlangen (URP 1995, S. 692 ff.; RB 1994 Nr. 89). Analog haben sich ebenso Verbände, deren Beschwerderecht bundesrechtlich garantiert ist, bereits am kantonalen Verfahren zu beteiligen, um einer Verwirkung ihres Rekursrechts zu entgehen (RB 1994 Nr. 90; PBG aktuell 4/1995, S. 24 f.; Art. 12c NHG; Art. 14 FWG; Art. 55b USG; Art. 9 Abs. 5 BehiG).

Wer den baurechtlichen Entscheid nicht verlangt, nimmt in Kauf, dass ohne sein Wissen mangelhafte Verfügungen ergehen, die seinen Interessen zuwiderlaufen. Er geht ebenfalls das Risiko ein, dass ohne Mitteilung an ihn Änderungsbewilligungen im Anzeigeverfahren erfolgen oder die Bewilligung in bestimmter Weise konkretisiert wird (BEZ 1987 Nr. 4). Ebenso kann im Rahmen eines zweiten Baubewilligungsverfahrens zwecks nachträglicher Erteilung einer erforderlichen umweltschutzrechtlichen Bewilligung die ursprüngliche Baubewilligung nicht mehr infrage gestellt werden, wenn im seinerzeitigen, das heisst ersten Baubewilligungsverfahren die Zustellung des baurechtlichen Entscheids nicht verlangt worden ist (BEZ 2009 Nr. 51).

Anspruch auf Zustellung der baurechtlichen Entscheide

Wird im erwähnten Sinne rechtzeitig ein Begehren gestellt, sind dem Gesuchsteller alle baurechtlichen Entscheide über das Vorhaben zuzustellen, solange keine neue Aussteckung und Bekanntmachung erfolgt ist (§ 316 Abs. 2 PBG). Dies gilt etwa für die Bewilligung von Projektänderungen (BEZ 2009 Nr. 26, mit der Präzisierung, dass Ergänzungen und Abänderungen eines bewilligten Projekts nur dann im Anzeigeverfahren ergehen dürfen, wenn sie untergeordneter Natur sind), für Wiedererwägungsentscheide, für nachträgliche Bewilligungen und für eine kantonalrechtliche Änderungsbewilligung (zum Beispiel strassenpolizeiliche Bewilligung, Bewilligung ausserhalb der Bauzonen) oder Genehmigung. Entgegen dem zu eng gefassten Wortlaut von § 316 Abs. 2 PBG sind nicht nur die baurechtlichen Entscheide im engeren Sinne (die sich also auf das PBG und die ausführenden Bestimmungen stützen) zuzustellen. Die Zustellungspflicht bezieht sich ebenso auf alle koordinationspflichtigen Entscheide, die sich auf andere gesetzliche Grundlagen stützen.

Der zweite Halbsatz von § 316 Abs. 2 PBG geht davon aus, dass eine Profilierung ins Auge springt und anzeigt, dass bauliche Massnahmen geplant sind. Daher kann vom interessierten Nachbarn grundsätzlich verlangt werden, dass er auf eine neue Aussteckung wieder neu reagiert und ein zweites Zustellbegehren einreicht. Wird aber eine bereits bestehende Profilierung ersetzt oder verändert, ist dieser Vorgang nicht ohne Weiteres wahrnehmbar. Von einem Nachbarn, der auf ein erstes Projekt reagiert hat, kann nicht verlangt werden, jeden Tag die Aussteckung zu prüfen, ob sich Änderungen ergeben haben. Daher kann von einer neuen Aussteckung im Sinne von § 316 Abs. 2 PBG nur gesprochen werden, wenn sie deutlich als solche ersichtlich ist (neue, zusätzliche Gebäudekörper, nicht aber die Verschiebung oder Erhöhung einzelner Stangen). Ist nicht in diesem Sinn eine neue Aussteckung erfolgt, sind Dritten Entscheide auch aufgrund des ursprünglichen Begehrens unaufgefordert zuzustellen (BEZ 2000 Nr. 31).

Bei Zweifeln über die Betroffenheit einer Person steht es der Behörde frei, diese im laufenden Verfahren beizuladen, womit ihr die Stellung eines weiteren am Verfahren Beteiligten im Sinne von § 10 Abs. 3 lit. b VRG zukommt.

Rekursrecht

Das Zustellbegehren ist Prozessvoraussetzung. Wer den baurechtlichen Entscheid nicht oder nicht rechtzeitig verlangt, hat das Rekursrecht verwirkt (§ 316 Abs. 1 PBG). Das Baurekursgericht tritt deshalb auf Rekurse nicht ein, die erhoben werden, ohne dass rechtzeitig ein Begehren im Sinn von § 315 Abs. 1 PBG gestellt worden ist (BEZ 1993 Nr. 14). Dies selbst dann, wenn der (grundsätzlich rekurslegitimierte) Nachbar im Zeitpunkt der öffentlichen Bekanntmachung noch nicht Eigentümer des Nachbargrundstücks war (VB.2002.00045).

6.7.7.3 *Bekanntgabe der Begehren*

Nach Ablauf der Auflagefrist gibt die Baubehörde der Bauherrschaft von Zustellungsbegehren samt allenfalls darin vorgebrachten Einwendungen Kenntnis (§ 315 Abs. 2 PBG). Diese Regelung will gewährleisten, dass Baugesuchstellende möglichst schnell und umfassend über allfällige Rekurrenten und deren Einwendungen gegen das geplante Bauvorhaben informiert werden, um etwa eine ausserprozessuale Einigung – zum Beispiel durch Änderung des Projekts – anzustreben (BEZ 1994 Nr. 31). Da die örtliche Behörde (wie erwähnt) grund-

6 Baurechtliches Verfahren
6.7 Verfahrensablauf

sätzlich keine Vorprüfung der Fristwahrung vornehmen darf, sind auch verspätet eingetroffene Begehren im Sinne von §315 Abs. 2 PBG der Bauherrschaft zuzustellen.

Nach §315 Abs. 2 PBG erfolgt die Zustellung der Begehren auch an weitere Instanzen, die eine Bewilligung zu erteilen haben. Dies will nicht (mehr) recht einleuchten, da entsprechend dem koordinierten Verfahren alle Zustellungen an Dritte durch die örtliche Baubehörde – und nicht durch weitere Bewilligungsinstanzen direkt – erfolgen müssen. Die Ausnahme bilden nur jene seltenen Fälle, dass ein Vorhaben keiner kommunalen Bewilligung bedarf.

6.7.7.4 *Besonderheiten bei Betrieben mit Schwerverkehr*

Die 20-tägige Frist von §315 PBG hat noch eine andere Bedeutung: Begehrt eine Nachbargemeinde die Genehmigung einer kommunalen Bewilligung für Betriebe mit Schwertransporten durch die Baudirektion, hat sie dies bei der Baudirektion unter Orientierung der Standortgemeinde innert der Frist nach §315 PBG schriftlich zu verlangen (§227 Abs. 2 PBG; §21 Abs. 2 BVV).

6.7.8 Koordination und Entscheidfindung

6.7.8.1 *Prüfung des Baugesuchs*

Gegenstand der Prüfung bildet das Baugesuch mit allen Bestandteilen. Hat die Bauherrschaft eigenmächtig, das heisst widerrechtlich Bauarbeiten ausgeführt, so bilden diese (neben den erforderlichen Gesuchsunterlagen) den Prüfungsgegenstand. Je nach den Umständen und der Komplexität des Bauvorhabens holt die Baubehörde beziehungsweise die verfahrensleitende Amtsstelle (das Bauamt) Berichte anderer, vorwiegend kommunaler Amtsstellen ein oder zieht aussenstehende Fachpersonen bei, die sich zu konkreten Fragen der Bewilligungsfähigkeit äussern. Diese Stellungnahmen fliessen in das Ergebnis der baurechtlichen Prüfung ein.

6.7.8.2 *Grundsätze der Koordination*

In vielen Fällen sind keine Entscheide zu koordinieren. Die kommunale Baubehörde hat dann ihren Entscheid zu treffen und der Bauherrschaft wie auch allfälligen Dritten gemäss §315 Abs. 1 PBG zu eröffnen. Ist ein Vorhaben durch mehrere (kommunale und/oder kantonale) Stellen zu prüfen, sorgt die verantwortliche Behörde (in der Regel die örtliche Baubehörde; vgl. §9 Abs. 1 lit. a BVV) für ausreichende Koordination. Muss ein Vorhaben durch mehrere kantonale Stellen beurteilt werden, koordiniert die kantonale Leitstelle die kantonalen Verfahren und Entscheide unter sich, nicht aber mit der kommunalen Baubehörde (§9 Abs. 2 BVV).

6.7.8.3 *Kantonale Gesamtverfügung*

Die kantonale Leitstelle führt die der Koordination unterliegenden Entscheide aller kantonalen Stellen in der Regel in einer einzigen Verfügung zusammen (§12 Abs. 1 BVV). Der kantonale Entscheid wird der örtlichen Baubehörde überwiesen, welche sie zusammen mit ihrem eigenen Beschluss eröffnet. Ist keine Bewilligung der örtlichen Baubehörde nötig, erfolgt die Eröffnung durch die kantonale Leitstelle (§ 12 Abs. 2 BVV). Die Überweisung muss so rechtzeitig erfolgen, dass die kommunale Baubehörde in der Lage ist, die kantonalen und kommunalen Entscheide innert den Behandlungsfristen den Verfahrensbeteiligten zuzustellen.

6.7.8.4 *Abgekürzte kantonale Behandlungsfrist*

Nicht selten sind auch grössere Vorhaben, die der öffentlichen Bekanntmachung und einer einlässlichen Bewilligung der örtlichen Baubehörde bedürfen, hinsichtlich der ergänzenden kantonalen Beurteilungen trotzdem Routinefälle. § 19 BVV eröffnet daher eine Möglichkeit für vereinfachte kantonale Beurteilungen. Daher gilt für die im Anhang zur BVV besonders bezeichneten Beurteilungen kantonaler Stellen eine abgekürzte Behandlungsfrist von 30 Tagen auch für Vorhaben, die keiner Bewilligung der örtlichen Baubehörde bedürfen oder im ordentlichen Verfahren behandelt werden (§ 19 Abs. 1 BVV). Mit diesem Verfahren werden die schutzwürdigen Interessen Dritter nicht beeinträchtigt, weil hier stets eine öffentliche Bekanntmachung vorausgeht (RRB Nr. 2614/1997 über den Neuerlass der Bauverfahrensverordnung).

In diesen Fällen gilt also eine Behandlungsfrist von 30 Tagen, welche ab Eingang der vollständigen Unterlagen bei der kantonalen Leitstelle zu laufen beginnt. Die kantonale Leitstelle gibt dann den Gesuchstellenden und der örtlichen Baubehörde bekannt, wann die Behandlungsfrist von 30 Tagen endet (§ 19 Abs. 2 BVV).

Bei Vorhaben, die einen besonderen Untersuchungsaufwand erfordern, kann die für den Entscheid zuständige Stelle innert 30 Tagen anordnen, dass die kantonale Beurteilung in den Fristen für das ordentliche Verfahren erfolgt. Die beantragende Stelle orientiert die kantonale Leitstelle und die örtliche Baubehörde beziehungsweise – falls diese nicht am Verfahren beteiligt ist – die Gesuchstellenden darüber (§ 19 Abs. 3 BVV). Dies bringt lediglich mit sich, dass die Frist von 30 Tagen entfällt. Erfolgt keine derartige Mitteilung, finden die Vorschriften über das kantonale Anzeigeverfahren Anwendung.

Das beschleunigte kantonale Verfahren und die Möglichkeit der Fristverlängerung gemäss § 19 Abs. 3 BVV kommt nur dann zum Zuge, wenn auf kommunaler Stufe das ordentliche Bewilligungsverfahren stattfindet oder kein solches Bewilligungsverfahren erforderlich ist. Darauf deuten schon der Wortlaut von § 19 Abs. 1 BVV und die Erläuterungen im RRB Nr. 2614/1997 hin. Es liegt allein in der Zuständigkeit der kommunalen Baubehörde beziehungsweise des örtlichen Bauamtes, über die Verfahrensart zu befinden. Wird von der Gemeinde das Anzeigeverfahren angeordnet, sind daran die kantonalen Stellen gebunden. Dies gilt auch für die Frist von 30 Tagen.

6.7.8.5 *Entscheide*

Ziel widerspruchsfreier Entscheide

Die für die Koordination zuständige Stelle sorgt dafür, dass zwischen den kantonalen und kommunalen Entscheiden keine Widersprüche bestehen und sie mit einer einheitlichen Rechtsmittelbelehrung versehen sind (Art. 25a Abs. 2 lit. d und Abs. 3 RPG; § 8 Abs. 1 BVV). Unabhängig davon, welches die für die

Koordination verantwortliche Stelle ist (vgl. § 9 Abs. 1 BVV), sind sämtliche mit dem Baugesuch zusammenhängenden Entscheide durch die örtliche Baubehörde den Gesuchstellenden und allfälligen Dritten zu eröffnen (§ 12 Abs. 2 BVV). Zuzustellen sind auch die einfachen schriftlichen Mitteilungen (ohne Rechtsmittelbelehrung) kantonaler Stellen, welche das Verfahren im Sinne von § 18 Abs. 1 lit. a BVV abschliessen (§ 18 Abs. 2 in Verbindung mit § 12 Abs. 2 BVV). Erfolgt eine kantonalrechtliche Bewilligung durch Stillschweigen im Sinne von § 18 Abs. 3 BVV, wird zweckmässigerweise in den Erwägungen zur kommunalen Bewilligung auf diesen Sachverhalt hingewiesen, um dem Vorwurf mangelnder Koordination entgegenzuwirken.

«Killerentscheid»

Stellt das örtliche Bauamt oder ein kantonales Amt fest, dass das Vorhaben aus seiner Sicht zu verweigern ist, teilt es dies unter Orientierung der weiteren Stellen unverzüglich den Gesuchstellenden mit (sogenanntes «Hindernisschreiben»). Ziehen diese das Gesuch nicht zurück oder bestehen sie nicht auf einer vollständigen Behandlung, wird einstweilen nur der ablehnende Einzelentscheid eröffnet (sogenannter «Killerentscheid»). Die weiteren Stellen sistieren das Verfahren, bis die Gesuchstellenden die Wiederaufnahme verlangen oder das Gesuch zurückziehen (§ 12 Abs. 3 BVV).

Dieser Verfahrensablauf ist zwingend. Er kommt zur Anwendung unabhängig davon, ob die Mängel bereits im Rahmen der Vorprüfung oder erst später festgestellt wurden, und auch dann, wenn das betroffene Objekt bereits erstellt ist, es also um eine nachträgliche Baubewilligung geht. Eine (durch die örtliche Baubehörde oder kantonale Stellen) beabsichtigte Verweigerung ist den Gesuchstellenden in allen Fällen vorgängig mitzuteilen. Gleichzeitig sind die übrigen, mit der Gesuchsbearbeitung befassten Stellen davon in Kenntnis zu setzen. Aufgrund dieser Information stehen den Gesuchstellenden verschiedene Wege offen:

- Sie können das Gesuch zurückziehen, wodurch sämtliche Verfahren bei den weiteren betroffenen Stellen als gegenstandslos geworden abgeschrieben werden.
- Sie können die Eröffnung des ablehnenden Entscheids («Killerentscheid») verlangen, um gegebenenfalls zu versuchen, diesen im Rechtsmittelverfahren zu ihren Gunsten korrigieren zu lassen. In diesem Fall sind die Verfahren bei den übrigen betroffenen Stellen zu sistieren.
- Schliesslich können sie auf einer vollständigen Behandlung des Gesuchs beharren. Diesfalls müssen sämtliche Entscheide getroffen und gemeinsam eröffnet werden. Ein solches Vorgehen widerspricht zwar dem Gebot materieller Koordination, liegt aber im Interesse der Bauherrschaft: Sollte die Anfechtung des Killerentscheids erfolgreich sein, ist über die anderen Belange des Baugesuchs bereits entschieden, wodurch ein entsprechender Zeitgewinn resultiert. Dritte haben dann allerdings vorsorglich die positiv lautenden Einzelentscheide anzufechten.

Es dürfte zulässig sein, den Gesuchstellenden für ihren Entscheid Frist anzusetzen und damit die Androhung zu verbinden, dass bei Stillschweigen auf Rückzug des Gesuchs geschlossen und das Verfahren abgeschrieben werde.

6 Baurechtliches Verfahren
6.7 Verfahrensablauf

Der zwingende Verfahrensablauf beim «Killerentscheid» gemäss § 12 Abs. 3 BVV gilt ausschliesslich für das ordentliche Verfahren. Dies ergibt sich, weil § 18 Abs. 2 BVV über den Abschluss des Anzeigeverfahrens in Bezug auf die Koordination und Eröffnung der Entscheide ausdrücklich auf § 12 Abs. 1 und Abs. 2 BVV, nicht aber auf Abs. 3 der Bestimmung verweist. Sodann ist in § 18 Abs. 1 lit. d BVV ausdrücklich vorgesehen, dass das Anzeigeverfahren direkt mit formeller Verweigerung abgeschlossen werden kann. Eine Verpflichtung zum Vorgehen gemäss § 12 Abs. 3 BVV würde dem Zweck der Raschheit des Verfahrens widersprechen.

6.7.8.6 *Besonderheiten bei Betrieben mit Schwertransporten*

Gemäss § 227 PBG bedarf der baurechtliche Entscheid über Betriebe mit Schwertransporten in gewissen Fällen der Genehmigung durch die Baudirektion. Dieser Genehmigungsvorbehalt widerspricht an sich dem Koordinationsgebot, das eine gleichzeitige Zustellung aller Entscheide fordert. Dem wird mit § 21 Abs. 1 BVV Rechnung getragen: Will die Standortgemeinde eine solche Genehmigung der Baudirektion vorbehalten, so ist ihr dies rechtzeitig mitzuteilen, damit die Genehmigung mit der Bewilligung eröffnet werden kann.

6.7.9 Anzeigeverfahren
6.7.9.1 *Voraussetzungen*

Grundsätze

Für Bauvorhaben von untergeordneter Bedeutung, durch die keine zum Rekurs berechtigenden Interessen Dritter berührt werden, wird anstelle des ordentlichen Verfahrens das Anzeigeverfahren angewendet (§ 325 Abs. 1 PBG; § 13 Abs. 1 BVV), was mit Art. 22 RPG im Einklang steht (vgl. HALLER/KARLEN 1999: S. 145 mit Hinweisen).

§ 325 Abs. 1 PBG und § 13 Abs. 1 BVV enthalten Grundsätze, die in § 14 BVV (untergeordnete Bedeutung) und § 15 BVV (Interessen Dritter) näher ausgeführt werden. Weder die untergeordnete Bedeutung allein noch das annähernd zweifelsfreie Fehlen einer möglichen Beeinträchtigung Dritter allein kann die Anwendung des Anzeigeverfahrens begründen. Vielmehr müssen stets beide Voraussetzungen erfüllt sein (RRB Nr. 901 vom 5. Mai 1999 zur Revision der BVV; BEZ 2003 Nr. 53).

Das Anzeigeverfahren findet somit Anwendung, wenn drei Voraussetzungen kumulativ erfüllt sind:
- Das Bauvorhaben ist untergeordnet (§ 13 Abs. 1 BVV).
- Es werden keine zum Rekurs berechtigenden Interessen Dritter beeinträchtigt (§ 13 Abs. 1 BVV) oder die Gesuchstellenden weisen das schriftliche Einverständnis solcher Betroffener nach (§ 15 Abs. 2 BVV).
- Die Gesuchstellenden verlangen nicht die Durchführung des ordentlichen Verfahrens (§ 13 Abs. 3 BVV).

Das Anzeigeverfahren ist auch dann möglich, wenn kantonale Beurteilungen und/oder Nebenbestimmungen zur Baubewilligung nötig sind (BEZ 2003 Nr. 53 [bezüglich kantonaler Beurteilungen]). Es bleibt allerdings Bagatellprojekten vorbehalten. Darauf kann etwa dann geschlossen werden, wenn sich die räumliche Ausdehnung bescheiden ausnimmt, eine Änderung wenig auffällt und Auswirkungen auf die Umwelt kaum wahrnehmbar sind (MÄDER 1991: S. 104 f.). Keinen Einfluss haben die Baukosten. Somit kann zum Beispiel auch eine relativ aufwendige wärmetechnische Gebäudesanierung noch untergeordnet im erwähnten Sinne sein.

Voraussetzung der untergeordneten Bedeutung
Der Katalog in § 14 BVV fasst die Anwendungsfälle des Anzeigeverfahrens zusammen. Danach findet das Anzeigeverfahren namentlich Anwendung auf:

- Vordächer, Balkone, Nischen, Rück- und Vorsprünge;
- Dachkamine und andere kleinere technisch bedingte Dachaufbauten;
- Dachflächenfenster, Dachaufbauten sowie Dacheinschnitte, sofern sie zusammen mit den bereits bestehenden nicht mehr als 5 Prozent der betreffenden Dachfläche beanspruchen; ausgenommen sind Vorhaben in Kernzonen und Quartiererhaltungszonen;
- unwesentliche Verkleinerungen des Gebäudegrundrisses und des Baukubus;
- die Änderung einzelner Fassadenöffnungen, insbesondere von Türen und Fenstern;
- das Verschieben oder Einziehen innerer Trennwände;
- Änderung der Zweckbestimmung einzelner Räume ohne Änderung der Nutzweise;
- Einrichtung und Umbau von Heizungen sowie Öltanks für das bediente Gebäude;
- Empfangsantennen, soweit bewilligungspflichtig;
- Anlagen für die Nutzung von Sonnenenergie, soweit bewilligungspflichtig;
- offene, nicht gewerbliche Schwimmbäder;
- Gartenhäuser und Schöpfe gemäss § 18 Abs. 1 BBV II;
- Reklameeinrichtungen, soweit bewilligungspflichtig, ausser in Kernzonen;
- Mauern und geschlossene Einfriedungen von nicht mehr als 1,5 m Höhe ab gewachsenem Terrain (auch wenn sie Strassenabstände unterschreiten; der entsprechende Vorbehalt ist entfallen);
- die Unterteilung von Grundstücken.

In dieser Liste werden nicht abschliessend die Anwendungsfälle des Anzeigeverfahrens aufgezählt. In den erwähnten Fällen wird allgemein davon ausgegangen, dass es sich um untergeordnete Bauvorhaben im Sinne von § 13 Abs. 1 BVV handelt, die – allenfalls mit nachbarlichen Zustimmungserklärungen im Sinne von § 15 Abs. 2 BVV – im Anzeigeverfahren beurteilt werden können. Im Einzelfall ist aber gleichwohl zu prüfen, ob die entsprechenden Voraussetzungen gegeben sind. So kann etwa das Anbringen von (mehreren) Balkonen (§ 14 lit. b BVV) an derselben Fassade im Einzelfall nicht mehr «untergeordnet» sein. Umgekehrt will nicht einleuchten, weshalb für die Änderung der Nutzweise einzelner Räume (zum Beispiel von Wohnen in Büro) entsprechend § 14 lit. h BVV in jedem Fall das ordentliche Verfahren durchgeführt werden muss, wenn die Anforderungen an die Erschliessung und die Fahrzeugabstellplätze unverändert bleiben.

Insbesondere dort, wo die Rechtsmittellegitimation von ideellen Verbänden besteht – etwa in Kernzonen, ausserhalb der Bauzonen sowie bei Vorhaben, die dem BehiG unterstehen –, rechtfertigt sich ein strenger Massstab, zumal infolge der unbestimmten Anzahl solcher Verbände die Möglichkeit von Zustimmungserklärungen entfällt. Das Anzeigeverfahren ist aber auch dort nicht ausgeschlossen, wenn keine Verletzung von Natur- und Heimatschutzanliegen denkbar ist (vgl. zur Legitimation von Umweltschutzverbänden und den zulässigen Rügen RB 1994 Nr. 14). § 14 lit. n BVV geht daher entschieden zu weit, wenn für Reklamen in Kernzonen generell das Anzeigeverfahren ausgeschlossen wird.

Interessen Dritter
Das örtliche Bauamt prüft, ob keine zum Rekurs berechtigenden Interessen Dritter berührt werden und daher auf die Aussteckung und die öffentliche Bekanntmachung verzichtet werden kann (§ 15 Abs. 1 BVV).

Das Anzeigeverfahren wird indessen gleichwohl durchgeführt, sofern die Gesuchstellenden das Einverständnis der offensichtlich zum Rekurs berechtigenden Dritten schriftlich nachweisen (§ 15 Abs. 2 BVV). Dieses allenfalls erforderliche Einverständnis der Nachbarn muss schriftlich vorliegen (auf den Plänen, dem Baugesuch oder in Form einer separaten, sich auf das konkrete Projekt beziehenden schriftlichen Erklärung). Der Kreis der zum Rekurs berechtigten Dritten ist im Zweifelsfall eher zu weit als zu eng zu ziehen. Da im Grundsatz auch Mieter und Pächter rekurslegitimiert sind, genügt das Einverständnis des Grundeigentümers oft nicht, weshalb dem Anzeigeverfahren etwa innerhalb von Mehrfamilienhausüberbauungen enge Schranken gesetzt sind. Die Zustimmung von Dritten kann bis zum Entscheid über das Vorhaben zurückgezogen werden. Es findet dann das ordentliche Verfahren statt, weshalb die Publikation und die Aussteckung nachgeholt werden müssen.

Bauvorhaben im Interessenbereich von Natur- und Heimatschutzverbänden
Dass das Anzeigeverfahren nicht möglich ist, wenn Interessen des Natur- und Heimatschutzes betroffen sein können (also die Legitimation von ideellen Verbänden gegeben ist), geht schon aus dem Wortlaut von § 325 Abs. 1 PBG hervor. Bezüglich zweier Dachaufbauten stellte das Baurekursgericht fest, es wäre in einem solchen Fall mindestens angezeigt gewesen, das Bauvorhaben – trotz der Zustimmung der unmittelbar benachbarten Grundeigentümer – im Sinne von § 15 Abs. 3 BVV vorsorglich öffentlich bekannt zu machen (BEZ 2003 Nr. 53).

Besonderheiten nach BehiG
Das Beschwerde- und Klagerecht nach BehiG (Art. 7 und 9 BehiG) führt in gewissen Fällen zu einer Ausdehnung der Ausschreibungspflicht von Bauvorhaben. Untergeordnete Bauvorhaben, die bisher im Anzeigeverfahren bewilligt werden konnten, können bauliche Änderungen beinhalten, die in Bezug auf das behindertengerechte Bauen relevant sind. Solche Bauvorhaben dürfen, wenn sie im Geltungsbereich des BehiG liegen, nicht mehr im Anzeigeverfahren bewilligt werden, wenn der konkrete Umbau die Interessen der nun beschwerdeberechtigten Behinderten und Behindertenorganisationen tangiert. Dies ist

6 Baurechtliches Verfahren
6.7 Verfahrensablauf

namentlich dann der Fall, wenn die Anordnung von baulichen Massnahmen für einen behindertengerechten Ausbau im konkreten Fall als wahrscheinlich erscheint (z.B. bei Grundrissänderungen). Vgl. hiezu HERZ 2004: S. 25 ff.

6.7.9.2 Vorgehen in Zweifelsfällen

In Zweifelsfällen wird das Vorhaben ausgesteckt (sofern darstellbar) und öffentlich bekannt gemacht, sobald die aufzulegenden Unterlagen vollständig sind. Werden innert der Auflagefrist Zustellbegehren gemäss § 315 PBG eingereicht, findet das ordentliche Verfahren, andernfalls das Anzeigeverfahren statt. Unverzüglich nach Ablauf der Auflagefrist orientiert das örtliche Bauamt die Gesuchstellenden und die kantonale Leitstelle entweder über die Zustellbegehren oder über die Behandlung des Vorhabens im Anzeigeverfahren. Die Behandlungsfrist von 30 Tagen beginnt in diesem Fall am dritten Tag nach Ablauf der Auflagefrist (§ 15 Abs. 3 BVV).

Ergänzungen und Abänderungen eines bewilligten Projekts dürfen nur dann im Anzeigeverfahren ergehen, wenn sie untergeordneter Natur sind. In Zweifelsfällen ist deshalb das formstrengere, das heisst ordentliche Verfahren mit Publikation und Aussteckung anzuordnen (BEZ 2009 Nr. 26).

6.7.9.3 Verfahrensablauf

→ Siehe Grafiken rechte und nächste Seite

Übersicht

Die Bestimmungen über die Vorprüfung (§ 313 PBG; § 11 und § 16 Abs. 2 BVV) sind auch für das Anzeigeverfahren anwendbar. Dasselbe gilt hinsichtlich der Koordination und Eröffnung der Entscheide. Das Verfahren weist jedoch die folgenden Besonderheiten auf:

- Die Gesuchsunterlagen sind nur so weit einzureichen, als sie zur Beurteilung des Vorhabens erforderlich sind (§ 16 Abs. 1 BVV).
- Die Aussteckung und die öffentliche Bekanntmachung entfallen (§ 13 Abs. 2 BVV), soweit nicht ein Zweifelsfall im Sinne von § 15 Abs. 3 BVV vorliegt.

Vorprüfung

Wie beim ordentlichen Verfahren hat das örtliche Bauamt eine summarische Vorprüfung durchzuführen und danach die Unterlagen unverzüglich an die kantonale Leitstelle beziehungsweise das beantragende Amt weiterzuleiten. Auch im Anzeigeverfahren steht den kantonalen Stellen und dem örtlichen Bauamt die 21-tägige Vorprüfungsfrist ab Gesuchseingang gemäss § 313 Abs. 1 PBG zur Verfügung. Um die mit diesem Verfahren angestrebte Beschleunigung in die Tat umzusetzen, sollten sich kommunale und kantonale Behörden jedoch intensiv darum bemühen, den Zeitraum nicht auszuschöpfen. In Bezug auf die kantonalen Stellen ist die Frist wie beim ordentlichen Verfahren ohnehin eingeschränkt, weil sich die 21 Tage ab Gesuchseingang bei der örtlichen Baubehörde beziehungsweise beim örtlichen Bauamt bemessen. Besonders beim Anzeigeverfahren ist wichtig, den kantonalen Stellen die Frist bekannt zu geben, innert welcher allfällige Ergänzungen oder Änderungen der Gesuchsunterlagen

6 Baurechtliches Verfahren
6.7 Verfahrensablauf

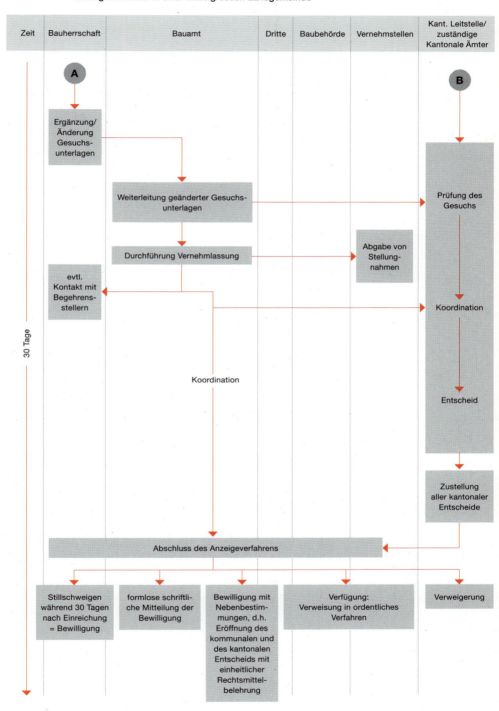

6 Baurechtliches Verfahren
6.7 Verfahrensablauf

Zeit	Bauherrschaft	Bauamt	Dritte	Baubehörde	Vernehmstellen	Kant. Leitstelle/zuständige Kantonale Ämter

- Einreichung Baugesuch und weitere Gesuche
- Eingangsbestätigung
- Zweifelsfall? → Ja
- Aufforderung zur Aussteckung
- Aussteckung
- Publikation/Aktenauflage
- Begehren Zustellung baurechtlicher Entscheide → Ja → Weiterführung als ordentliches Verfahren
- Nein
- Weiterleitung Gesuchsunterlagen
- Weiterleitung Gesuchsunterlagen
- Vorprüfung
- Vorprüfung
- evtl. Aufforderung Ergänzung/Änderung Gesuchsunterlagen
- evtl. Meldung unvollständiger Gesuchsunterlagen
- Ergänzung/Änderung Gesuchsunterlagen
- A
- B

30 Tage / 20 Tage / Nein

sofortige Weiterleitung auch bei Zweifelsfällen

6 Baurechtliches Verfahren
6.7 Verfahrensablauf

zu verlangen sind. Diese Frist ist für die kantonalen Stellen zwingend; sie muss aber im Rahmen des zeitlich Möglichen angemessen sein. Erfolgt innert Frist keine Reaktion, darf das örtliche Bauamt davon ausgehen, das kantonale Vorprüfungsverfahren sei abgeschlossen und die aus kantonaler Sicht erforderlichen Unterlagen seien vollständig.

Eingangsbestätigung

Wird der Entscheid von der örtlichen Baubehörde nicht sofort getroffen oder ist sie nicht allein zuständig, bestätigt sie den Eingang des Gesuchs, sobald die Unterlagen vollständig sind (§ 17 Abs. 1 BVV). Mit dieser Eingangsbestätigung wird den Gesuchstellenden und den weiteren Stellen das Datum bekannt gegeben, an welchem die Behandlungsfrist von 30 Tagen endet (§ 17 Abs. 2 BVV).

6.7.9.4 *Behandlungsfrist*

Die Behandlungsfrist beträgt 30 Tage (§ 13 Abs. 2 BVV). Diese Frist berechnet sich ab Eingang der vollständigen Unterlagen bei der örtlichen Baubehörde. Erlässt keine der zuständigen Stellen innert dieser Frist (Datum des Poststempels; analoge Anwendung von § 11 Abs. 2 VRG) eine andere Anordnung (§ 13 Abs. 2 BVV) oder Verfügung (§ 18 Abs. 3 BVV), darf das angezeigte Vorhaben ausgeführt werden. Mit «anderer Anordnung» beziehungsweise «Verfügung» kann nur der Hinweis auf § 18 Abs. 1 BVV gemeint sein, auch wenn Wortlaut und Systematik nicht restlos klar sind. In dieser Bestimmung werden die Möglichkeiten abschliessend aufgezählt, wie das Anzeigeverfahren beendet werden kann.

Das Baurekursgericht bezeichnet die Möglichkeit der Fristverlängerung als «fraglich». Eine solche würde sich nach dieser Auffassung – wenn überhaupt – nur bei einem komplexeren Koordinationsbedarf verschiedener kantonaler Stellen aufdrängen. Zudem wird auch dabei vorausgesetzt, dass für einen materiellen Entscheid noch absolut notwendige Abklärungen zu treffen sind (BEZ 2003 Nr. 53).

Für die Möglichkeit einer Fristverlängerung besteht indessen keine Rechtsgrundlage (a.M. Walker Späh 1999: S. 36, bezugnehmend auf die Praxis in der Stadt Winterthur). § 19 Abs. 3 BVV bezieht sich nur auf jene Fälle, da innerhalb des kommunalen ordentlichen Verfahrens das beschleunigte kantonale Anzeigeverfahren vorgesehen ist. Die kantonalen Instanzen sind also auch an die Gesamtfrist von 30 Tagen gebunden.

6.7.9.5 *Erledigung und Rechtsmittel*

Abschluss des Anzeigeverfahrens

Die für den Entscheid zuständigen Stellen können das Anzeigeverfahren abschliessen mit

- der formlosen, aber schriftlichen Mitteilung (ohne Rechtsmittelbelehrung), dass dem Vorhaben in ihrem Zuständigkeitsbereich nichts entgegenstehe (§ 18 Abs. 1 lit. a BVV). Diese Erledigung ist möglich in einfachen Fällen ohne Auflagen (also auch ohne Verfahrenskosten) und ohne Koordinationsbedarf. In manchen Fällen geschieht das auch durch Abstempeln der Pläne;

- einer Verfügung, in der Nebenbestimmungen (inkl. Behandlungsgebühren) festgesetzt werden können (§ 18 Abs. 1 lit. b BVV);
- der Verfügung, dass die Voraussetzungen für das Anzeigeverfahren nicht erfüllt seien und das Baugesuch aus diesem Grunde in das ordentliche Verfahren verwiesen werde (§ 18 Abs. 1 lit. c BVV);
- der Verfügung, dass die Bewilligung verweigert wird (§ 18 Abs. 1 lit. d BVV).

Die Abschlussvariante gemäss § 18 Abs. 1 lit. c BVV (Überweisung ins ordentliche Verfahren) steht nur der örtlichen Baubehörde zu, weil nur sie über die Voraussetzungen des Anzeigeverfahrens gemäss § 13 Abs. 1, § 14 und § 15 BVV zu entscheiden befugt ist. Sie hat sich dabei nach der Bedeutung des Vorhabens und der allfälligen Betroffenheit Dritter, nicht aber nach dem Untersuchungsaufwand zu richten.

Zum Verfahrensabschluss durch Stillschweigen

Erlässt keine der zuständigen Stellen innert der Behandlungsfrist von 30 Tagen eine Verfügung (§ 18 Abs. 3 BVV) oder eine andere Anordnung (§ 13 Abs. 2 BVV), darf das angezeigte Vorhaben ausgeführt werden.

Mit Art. 22 Abs. 2 und Abs. 3 RPG ist allerdings unvereinbar, eine Bewilligung als erteilt anzunehmen, wenn die Bewilligungsbehörde innert einer bestimmten Frist keine Anordnung trifft (BEZ 2001 Nr. 19). Das gilt jedenfalls für Vorhaben, die nach Art. 22 Abs. 1 RPG bewilligungspflichtig sind.

Beim Entscheid BEZ 2003 Nr. 53, wo die Erstellung zweier Dachaufbauten in der Kernzone infrage stand, ging das Baurekursgericht von der stillschweigenden Bewilligung des Vorhabens aus. Nach Ablauf der Verwirkungsfrist war die Baubehörde daher nicht mehr befugt, eine Bewilligung mit Auflagen zu erteilen. Leider setzte sich das Baurekursgericht nicht mit der Frage auseinander, ob die Verwirkungsfrist vorliegend mit Art. 22 RPG vereinbar ist (vgl. den oben erwähnten Entscheid des Verwaltungsgerichts in BEZ 2001 Nr. 19). Die Frage ist wohl zu verneinen, da die Dachaufbauten ohne Zweifel auch bundesrechtlich bewilligungspflichtig waren.

Die Abschlussvariante durch Stillschweigen dürfte sich also auf jene untergeordneten Vorhaben beschränken, die keiner bundesrechtlichen Bewilligungspflicht unterstehen. In den anderen Fällen kann auch nach Ablauf der Frist von 30 Tagen noch ein baurechtlicher Entscheid getroffen werden.

Rechtsmittel

Ein rekursberechtigter Nachbar kann die im Anzeigeverfahren erlassene und damit nicht publizierte Baubewilligung innert 30 Tagen seit Kenntnisnahme anfechten, sofern er darlegt, dass diese Frist noch nicht abgelaufen ist (RB 1999 Nr. 23).

Private Kontrolle

Bereiche

In verschiedenen Bereichen der Besonderen Bauverordnung I (BBV I) kann eine private Kontrolle von befugten privaten Fachleuten durchgeführt werden.

6 Baurechtliches Verfahren
6.8 Private Kontrolle

Ablauf und Inhalt der privaten Kontrolle sowie die Voraussetzungen für die Erteilung der Befugnis sind in §§ 4–7 BBV I aufgeführt. Im Anhang Ziff. 3 BBV I sind die der privaten Kontrolle teilweise unterstellten Fachbereiche genannt:
- Schutz vor Lärm (auch wenn verschärfte Anforderungen an die Schalldämmung der Aussenbauteile zu stellen sind);
- Wärmedämmung;
- Heizungsanlagen (auch ohne Feuerung, also zum Beispiel auch Wärmepumpen);
- Bestimmungen über den Höchstanteil an nicht erneuerbaren Energien;
- Klima- und Belüftungsanlagen;
- Beleuchtungsanlagen;
- Beförderungsanlagen;
- Industrieabwasser und Industrieabfall;
- Löschwasserrückbehaltung und Güterumschlagplätze;
- Lager- und Betriebsanlagen sowie Gebindelager;
- Liegenschaftsentwässerung bei Industrie und Gewerbe;
- individuelle Wärmeverbrauchsmessung.

Die Liste über die zur privaten Kontrolle befugten Personen steht bei der örtlichen Baubehörde und den kantonalen Bewilligungsbehörden zur Einsicht offen (§ 6 Abs. 1 BBV I).

6.8.2 Befugnis zur privaten Kontrolle

Die Befugnis zur privaten Kontrolle wird jenen natürlichen oder juristischen Personen erteilt, die oder deren Mitarbeiter über die nötigen Fachkenntnisse verfügen und einen guten Leumund besitzen. Die Befugnis kann für einen oder mehrere Bereiche erteilt werden, je nach fachlicher Qualifikation. Bei Missbrauch, grober Unsorgfältigkeit oder Wegfall der Eignungsvoraussetzungen kann die Befugnis entzogen werden (vgl. hierzu BEZ 2002 Nr. 36). Gesuche zur Erteilung der Befugnis werden von der «Kommission private Kontrolle» der Baudirektion beurteilt. Die Befugnis wird durch Verfügung der Baudirektion erteilt. Die Liste über die zur privaten Kontrolle befugten Personen wird ständig nachgeführt und steht jedermann bei den kantonalen und kommunalen Bewilligungsbehörden zur Einsicht offen (§§ 4–7 BBV I).

Zur kantonsübergreifenden Zusammenarbeit bei privater Kontrolle von energetischen Bauvorschriften vgl. PBG aktuell 1/2007, S. 26.

6.8.3 Aufgaben

Befugte zur privaten Kontrolle bestätigen unterschriftlich zuhanden der Gemeinde auf den Plänen und in einem Bericht, dass ein Gebäude beziehungsweise eine Anlage hinsichtlich Projekt den massgeblichen Bestimmungen entspricht (Projektbestätigung; § 4 Abs. 2 BBV I). Eine derartige Bestätigung ist bei der Baueingabe meist noch nicht möglich und muss in der Regel erst vor Baufreigabe eingereicht werden.

Die private Kontrolle umfasst auch den Nachweis, dass das Vorhaben nach den bewilligten Plänen und den Vorschriften ausgeführt wurde oder vorschriftsgemäss betrieben werden kann (Ausführungskontrolle; § 4 Abs. 2 BBV I). Damit

6 Baurechtliches Verfahren
6.8 Private Kontrolle

liefern die privaten Kontrolleure der Gemeinde wichtige Grundlagen für die Erteilung der Bewilligung. Die Baubehörde ist zu eigenen Sachverhaltsabklärungen berechtigt, aber nicht verpflichtet (§ 4 Abs. 5 BVV). Die Gemeinde kann so ihre Kontrollfunktion auf eine stichprobenartige Überprüfung der Baugesuche beziehungsweise der betreffenden Nachweise der zur privaten Kontrolle Befugten beschränken. Ihr ist auch erlaubt und ermöglicht, die Kontrolle der Bauausführung in den entsprechenden Bereichen auf Stichproben zu beschränken.

Mit der unterschriebenen Bestätigung im Rahmen der Projekt- und Ausführungskontrolle übernimmt der Befugte zur privaten Kontrolle eine erhebliche Verantwortung. Sollte sich im Rahmen einer allfälligen Nachprüfung herausstellen, dass die einschlägigen Bestimmungen doch nicht erfüllt sind, kann ein Verweis, eventuell der Entzug der Befugnis (§ 5 Abs. 1 BBV I) oder in schweren Fällen allenfalls sogar eine strafrechtliche Sanktion wegen Urkundenfälschung die Folge sein. Die «Kommission private Kontrolle» prüft auf Antrag der Gemeinde solche Fälle und beantragt der Baudirektion das entsprechende Vorgehen.

6.8.4 Form der Projektbestätigung

Nicht zuletzt wegen dieser Verantwortung des Befugten zur privaten Kontrolle wird verlangt, dass er seine Projektbestätigung auf den Plänen und in einem Bericht einreicht, der die Prüfung in nachvollziehbarer Form enthalten muss (§ 4 Abs. 2 BBV I). Die unterschriftliche Bestätigung allein genügt also nicht. Das Nachweis-Hauptformular «Energetische und schalltechnische Massnahmen» (neueste Ausgabe Juli 2009; Bezugsquelle vgl. «Liste der Arbeitshilfen») führt den Gesuchsteller durch die nötigen Abklärungen. Es soll helfen, dass nichts vergessen geht und dass dank strukturiertem Vorgehen unnötiger Aufwand vermieden wird. Selbstverständlich kann der k-Wert-Nachweis beispielsweise auch auf den etwas detaillierteren Formularen des SIA oder als Output eines anerkannten Computerprogramms dem Formular beigefügt werden.

Wird eine Ausnahmebewilligung im Sinne von § 220 PBG beansprucht oder wird aus wichtigen Gründen von beachtlich erklärten Richtlinien, Normalien und Empfehlungen im Sinne von § 360 Abs. 3 PBG abgewichen, ist die Baubehörde in einem Plan oder im Bericht ausdrücklich darauf aufmerksam zu machen (§ 4 Abs. 4 BBV I).

6.8.5 Bestätigung über die Ausführungskontrolle

Wurde in einem Fachbereich des Bauvorhabens in der Projektphase die private Kontrolle durchgeführt, so muss insoweit auch die Ausführung von der privaten Kontrolle erfasst werden (§ 4 Abs. 2 BBV I). Daher sind vor Bezugsabnahme die entsprechenden Berichte über die private Ausführungskontrolle beizubringen. Der Formularsatz «Anmeldung zur Bezugsabnahme» (vgl. «Liste der Arbeitshilfen» Seite 333) enthält, gesondert nach Fachbereichen, Blätter, die von privaten Kontrolleuren ausgefüllt und unterschrieben werden können. Mit seiner Unterschrift bezeugt der private Kontrolleur, dass die Bauausführung dem bewilligten Projekt entspricht oder dass Abweichungen plausibel begründet werden können.

6 Baurechtliches Verfahren
6.8 Private Kontrolle

6.8.6 Behördliche Kontrolle

Die private Kontrolle ist eine freiwillige Verfahrensvariante. Es steht den Baugesuchstellenden frei, auf die private Kontrolle zu verzichten und die behördliche Kontrolle zu verlangen. Es liegt im Ermessen der Gemeinde, für eine Gesuchseingabe ohne private Kontrolle erhöhte Gebühren in Rechnung zu stellen.

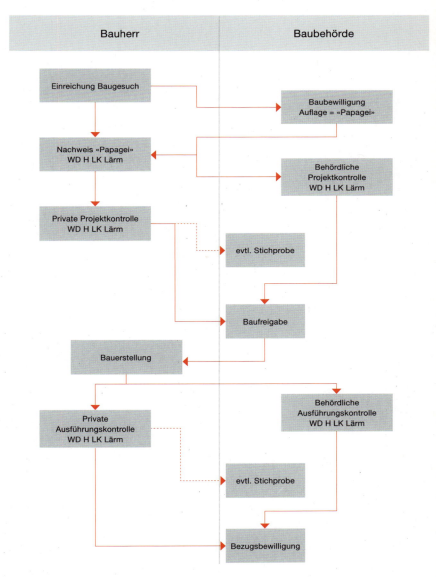

Ablauf Private Kontrolle

Legende   H Heizung   LK Lüftung/Klima   WD Wärmedämmung

6 Baurechtliches Verfahren

6.9 Empfehlungen zum baurechtlichen Verfahren

Die Gemeinden sind im Allgemeinen bestrebt, die Behandlungsfristen einzuhalten. Aus Gründen der Arbeitsbelastung wird dies freilich nicht in allen Fällen möglich sein. Umfangreiche Bauvorhaben bedürfen eines umfassenden Vernehmlassungsverfahrens. Zahlreiche Verfahren erleiden auch deshalb Verzögerungen, weil sich im Rahmen der Vorprüfung oder der Beurteilung durch die beigezogenen Fachinstanzen rechtliche Mängel ergeben, die nach einer Überarbeitung des Projekts rufen.

Der Architekt oder Bauherr kann einiges zur Beschleunigung des Bauverfahrens beitragen:

- In vielen Fällen ist es zweckmässig, das Vorhaben bereits vor der Baueingabe mit einem zuständigen Sachbearbeiter der Gemeinde vorzubesprechen. Dies gilt etwa für grössere oder komplexe Bauvorhaben oder ganz einfach dann, wenn über einzelne Fragen der Bewilligungsfähigkeit Unsicherheiten bestehen. Sind kantonale Instanzen involviert, rechtfertigt sich gegebenenfalls auch eine Vorbesprechung mit diesen (unter Orientierung und Mitwirkung der kommunalen Behörde beziehungsweise des Bauamts).
- Vor der Baueingabe ist zu überprüfen, ob die Unterlagen komplett und mit den erforderlichen Unterschriften versehen sind (vgl. hierzu ausführlich §§ 3 ff. BVV). Fehlen Unterlagen, welche für die Durchführung des Bewilligungsverfahrens erforderlich sind, werden sie nachverlangt (§ 313 Abs. 1 PBG) und die Behandlung des Baugesuchs wird einstweilen ausgesetzt.
- Es ist vorteilhaft, betroffene Nachbarn rechtzeitig über das Bauvorhaben zu orientieren und – soweit vertretbar – auf ihre Anliegen einzugehen. Liegt das schriftliche Einverständnis von anfechtungsberechtigten Nachbarn vor, kann unter den Voraussetzungen von § 13 Abs. 1 BVV das Anzeigeverfahren (ohne Ausschreibung und Aussteckung) durchgeführt werden. Eine frühzeitige Kontaktaufnahme mit den Nachbarn kann allenfalls auch zeitraubende Rechtsmittelverfahren ersparen.
- Es empfiehlt sich, wenn immer möglich auf die Beanspruchung von Ausnahmen zu verzichten. Die Prüfung der vorgebrachten Dispensgründe ist meist zeitraubend und führt nur in besonders gelagerten Fällen zu einem positiven Resultat. Nach § 310 Abs. 1 PBG und § 5 lit. k BVV ist es Sache der Bauherrschaft, mit den Baugesuchsunterlagen eine ausführliche Begründung für beanspruchte Ausnahmen einzureichen.

Bei grösseren Bauvorhaben lohnt es sich, einen Koordinator oder Projektmanager einzusetzen, welcher seitens der Bauherrschaft für eine zweckmässige und möglichst rasche Verfahrensabwicklung verantwortlich ist.

Zu den Problemen bei Baubewilligungsverfahren aus Sicht der Baubehörde vgl. auch Störi 2007, S. 5 ff.

Baurechtliches Verfahren
Arbeitshilfen

Arbeitshilfen

Suchbegriff	Bezugsquelle
ALN/ARV: Merkblatt über «Einzäunungen ausserhalb der Bauzonen», in:	www.baugesuche.zh.ch
«Anmeldung zur Bezugsabnahme» BAK: Formulare für Baugesuche, in:	www.baugesuche.zh.ch

7
Baurechtliche Zuständigkeiten, Entscheide und Auskünfte

7 Baurechtliche Zuständigkeiten, Entscheide und Auskünfte

7.1 Der kommunale baurechtliche Entscheid

7.1.1 Rechtsnatur

Mit dem baurechtlichen Entscheid teilt die Behörde dem Gesuchsteller verbindlich mit, ob ein bestimmtes Vorhaben bewilligt, mit Auflagen bewilligt oder aber abgelehnt wird. Entspricht das Vorhaben den baurechtlichen Vorschriften, so ist die Bewilligung zu erteilen (§ 320 PBG). Gemäss ihrer Rechtsnatur als Polizeierlaubnis besteht eben ein Anspruch auf Erteilung einer Baubewilligung, wenn ein Projekt allen massgeblichen Vorschriften genügt (vgl. dazu auch HÄFELIN/MÜLLER/UHLMANN: Rz. 2534). Sodann ist die Gemeinde bei ihrem Entscheid an die relevanten verwaltungsrechtlichen Grundsätze (vgl. Seite 75 ff.) gebunden.

7.1.2 Zuständigkeiten

7.1.2.1 Begriff der Baubehörde

Allgemeines

Über Baugesuche entscheidet die örtliche Baubehörde, soweit durch Verordnung nichts anderes bestimmt ist (§ 318 PBG). Der Begriff der «Baubehörde» wird in der genannten Bestimmung nicht umschrieben. Auslegungshinweise geben indessen §§ 55 ff. GG. Nach § 55 GG werden die Zahl der Mitglieder und die Organisation der Gemeindebehörden innerhalb der gesetzlichen Schranken durch die Gemeindeordnung bestimmt. § 56 GG erlaubt die Delegation an Kommissionen mit selbstständigen Verwaltungsbefugnissen und § 57 GG eine solche an Ausschüsse und einzelne Behördenmitglieder.

Als «Behörden» gemäss § 55 GG gelten die Gemeindevorsteherschaften (insbesondere der Gemeinderat oder Stadtrat; vgl. § 3 Abs. 4 PBG), Kommissionen mit selbstständigen Verwaltungsbefugnissen (§ 56 GG), Spezialbehörden sowie Ausschüsse (§ 57 GG). «Behörde» kann sowohl ein Kollegialorgan wie auch ein Einzelorgan sein. Auch ein Verwaltungsvorstand (§ 57 GG) oder Behördenpräsident (§ 67 GG) handelt beim Erlass von Verfügungen als «Behörde». Indessen gehören weder die Gemeindeversammlung noch das Parlament in diesem Zusammenhang zu den «Behörden» (ZBl 1986, S. 179 f.), dies auch gestützt auf das Gewaltenteilungsprinzip (Art. 3 KV). Die Vorschriften von §§ 55 ff. GG über die Behörden finden auf die ausserordentliche Gemeindeorganisation ebenfalls Anwendung (§ 110 GG).

«Baubehörde» im Sinne von § 318 PBG ist also jene Behörde im umschriebenen Sinn, welche für baurechtliche Bewilligungsverfahren und baurechtliche Entscheide zuständig ist.

Sachliche Notwendigkeit von Kompetenzdelegationen

Sofern die Gemeindeordnung keine abweichenden Regelungen enthält und Kompetenzen nicht delegiert worden sind, entscheidet über Baugesuche die Exekutive als Gesamtbehörde. Diese Organisation wirkt schwerfällig und belastet die Exekutive mit untergeordneten Routinegeschäften. Eine schlanke Organisation und rationelle Entscheidungsfindung drängen sich auf. Insbesondere bei Anzeigeverfahren, die für untergeordnete Bauvorhaben Anwendung finden und innert 30 Tagen zu erledigen sind (§ 13 und § 18 Abs. 3 BVV), rechtfertigen sich angemessene Delegationen. § 325 Abs. 2 PBG sieht denn auch vor, dass der Gemeinderat (Exekutive; § 3 Abs. 4 PBG) für Bewilligungen im Anzeigeverfahren die Zuständigkeit an den Bauvorstand oder einen sachkundigen Beamten delegieren kann. Auch für Bauvorhaben im ordentlichen Verfahren, die von eher geringer Bedeutung sind, lässt sich nicht begründen, weshalb sich die Exekutive als Gesamtbehörde damit befassen soll. Vielmehr sollte dies den Entscheiden mit besonderem Ermessensspielraum oder mit orts- beziehungsweise städtebaulicher Relevanz vorbehalten bleiben. Welche Regelung der Kompetenzen sachgerecht ist, richtet sich freilich nach der Grösse und den Strukturen der betreffenden Gemeinde.

7.1.2.2 *Zulässige Kompetenzdelegationen*

Delegation an eine Kommission
Die Gemeindeordnung kann die Besorgung von Verwaltungszweigen besonderen Kommissionen mit selbstständigen Verwaltungsbefugnissen übertragen (§ 56 GG). Diese Regelung ermöglicht unter anderem die Bildung einer selbstständigen Baukommission, welcher neben Mitgliedern des Gemeinderats auch aussenstehende Personen angehören. § 56 Satz 2 GG fordert lediglich, dass ein Mitglied der Gemeindevorsteherschaft von Amtes wegen den Vorsitz führt. Eine solche Kommission muss in der Gemeindeordnung hinsichtlich ihrer Aufgaben, Kompetenzen, Mitgliederzahl und Wahl eindeutig normiert sein (THALMANN: § 56 N 1). So kann etwa geregelt werden, dass die Kommission über Baugesuche abschliessend entscheidet. Der Kommission können auch Strafbefugnisse, welche sonst der Vorsteherschaft zustehen (Übertretungsstrafrecht), übertragen werden, auch wenn dies – im Unterschied zu § 57 Abs. 1 GG – im Gesetz nicht ausdrücklich erwähnt ist (THALMANN: § 56 N 2.7). Vgl. dazu aber Seite 496.

Das Gemeindegesetz kennt im Grundsatz keine beratenden Kommissionen. Es wurde gleichwohl stets als zulässig erachtet, dass solche aus autonomer Entscheidung der Gemeinde gebildet werden können, und zwar auch ohne besondere Rechtsgrundlage in der Gemeindeordnung. So können etwa eine beratende Bau-, Stadtbild-, Denkmalschutz- oder Natur- und Landschaftsschutzkommission durch Beschluss der Gemeindevorsteherschaft eingesetzt werden. Solche Fachkommissionen leisten einen wichtigen Beitrag zur Entscheidfindung, auch wenn ihnen keine selbstständigen Verwaltungsbefugnisse zustehen. Allerdings ist auf eine möglichst effiziente Organisation zu achten.

Delegation an einen Ausschuss
Die Gemeindeordnung kann den Behörden gestatten, die Besorgung bestimmter Geschäftszweige und die damit verbundenen Strafbefugnisse einzelnen oder mehreren Mitgliedern mit eigener Verantwortlichkeit zu übertragen (§ 57 Abs. 1 GG). Auch eine solche Delegation muss in der Gemeindeordnung ihre Rechtsgrundlage finden. Da diese Subdelegation jedoch weniger weit geht als jene nach § 56 GG, indem die Erledigung von Aufgaben nicht aus der Behörde hinaus verlegt, sondern lediglich in dieser selbst auf einzelne Mitglieder kon-

7 Baurechtliche Zuständigkeiten, Entscheide und Auskünfte
7.1 Der kommunale baurechtliche Entscheid

zentriert wird, begnügt sich das Gesetz mit einer in der Gemeindeordnung enthaltenen allgemeinen Ermächtigung (THALMANN § 57 N 1; BEZ 2007 Nr. 26). Diese kann lauten:

Der Gemeinderat kann die Besorgung bestimmter Geschäftszweige und die damit verbundenen Strafbefugnisse einzelnen oder mehreren Mitgliedern mit eigener Verantwortlichkeit übertragen.

Kraft einer solchen Delegation kann durch Beschluss der Gemeindevorsteherschaft ein Bauausschuss mit Entscheidungsbefugnissen gebildet werden. Im Beschluss sind Zusammensetzung, Aufgaben und Kompetenzen klar zu regeln. § 57 Abs. 1 GG legt einschränkend das Verfahren fest, wenn sich Fragen von grundsätzlicher Bedeutung stellen: Die Mitglieder des Ausschusses setzen das Verfahren aus und legen der Gesamtbehörde die Grundsatzfrage zum Entscheid vor. Dies ermöglicht, dass zum Beispiel über Fragen von präjudizieller Bedeutung oder eine Praxisänderung die Gesamtbehörde entscheidet. Daneben besitzt die Gesamtbehörde Aufsichtsrecht und Weisungsbefugnis. Sie kann verlangen, dass ihr die Entscheidungen des Ausschusses regelmässig zur Kenntnis gebracht werden. Sie kann sodann das Ermessen der ihr unterstellten Organe durch interne Vorschriften einschränken und nimmt damit an der Verantwortung teil (THALMANN: § 57 N 6.3).

Delegation an den Bauvorstand

§ 57 GG ermöglicht – mit entsprechender allgemeiner Delegationsnorm in der Gemeindeordnung (BEZ 2007 Nr. 26) – auch die Delegation von Entscheidungskompetenzen an den Bauvorstand. Allerdings wäre es wenig sachgerecht und rechtlich wohl kaum zulässig, das gesamte baurechtliche Bewilligungsverfahren einer Einzelperson zu übertragen. Damit würden der Gesamtbehörde wesentliche ihr zustehende Funktionen entzogen. Gerade bei grossen Bauvorhaben ist gerechtfertigt, dass sich eine Mehrzahl von Behördenmitgliedern dem Entscheid annimmt. Damit wird auch dessen politische Akzeptanz erhöht. Die Zuständigkeit des Bauvorstands muss sich daher auf gesamthaft eher untergeordnete baurechtliche Entscheide beschränken, wovon denn auch § 325 Abs. 2 PBG ausgeht. § 57 GG geht zwar über die Delegationskompetenz von § 325 Abs. 2 PBG hinaus, indem nicht nur Entscheide im Anzeigeverfahren, sondern sinngemäss auch im ordentlichen Verfahren dem Bauvorstand übertragen werden können. Nach dem Gesagten muss es sich aber um solche untergeordneter Natur handeln (zum Beispiel nach Massgabe der Bausumme).

Für die Delegation an den Bauvorstand gelten die nämlichen Voraussetzungen und Schranken wie beim Ausschuss, sodass darauf verwiesen werden kann. Insbesondere ist analog vorzugehen, wenn sich Fragen von grundsätzlicher Bedeutung stellen.

Delegation an Beamte mit selbstständigen Befugnissen

Das Gemeindegesetz sieht nur für die ausserordentliche Gemeindeorganisation eine Delegation von selbstständigen Entscheidungs- und Strafbefugnissen an Beamte vor. Nach § 115a GG kann die Gemeindeordnung einzelne Verwaltungsbefugnisse besonderen Beamten mit eigener Verantwortlichkeit übertra-

7 Baurechtliche Zuständigkeiten, Entscheide und Auskünfte
7.1 Der kommunale baurechtliche Entscheid

gen und ihnen das selbstständige Recht zur Verhängung von Verwaltungsstrafen sowie die Befugnis zur direkten Antragstellung bei den Oberbehörden und bei den Gerichten verleihen. Infrage kommen hierbei vor allem Verfügungen aus dem polizeilichen Bereich, so Polizeibewilligungen, die in grosser Anzahl anfallen und die eine Kollegialbehörde oder einen nebenamtlich tätigen Verwaltungsvorstand unverhältnismässig stark belasten würden (THALMANN: § 115a N 3.1.) Nach § 115a GG können grundsätzlich aber auch baupolizeiliche Befugnisse delegiert werden. Nach dem Gesetzeswortlaut wird allerdings nur die Delegation an einen (auf Amtsdauer gewählten) «Beamten» ermöglicht, was seinen Sinn primär wohl darin hat, dass auch Strafbefugnisse eingeräumt werden können. In zeitgemässer Auslegung ist diese Bestimmung im Grundsatz auch auf Angestellte anwendbar, die nicht auf feste Amtsdauer gewählt, sondern in gegenseitig kündbarem öffentlich-rechtlichem Arbeitsverhältnis angestellt sind (vgl. dazu JAAG 2005: S. 182 f. und S. 225 ff.). Da nun aber das PBG mit § 325 Abs. 2 eine auf das Anzeigeverfahren beschränkte Spezialvorschrift kennt (siehe nachfolgend), erscheint es zweifelhaft, ob gestützt auf § 115a GG darüber hinausgehende Delegationen (Entscheide im ordentlichen Verfahren und Strafbefugnisse) an Verwaltungsangestellte möglich sind.

Delegation an den Bausekretär
Gestützt auf § 325 Abs. 2 PBG kann der Gemeinderat (das heisst die Gemeindeexekutive; § 3 Abs. 4 PBG) für Bewilligungen im vereinfachten oder im Anzeigeverfahren die Zuständigkeit nicht nur an den Bauvorstand, sondern auch an sachkundige Beamte delegieren. Im Unterschied zu § 115a GG besteht diese Delegationsbefugnis nicht nur im Rahmen der ausserordentlichen, sondern auch der ordentlichen Gemeindeorganisation. Der Begriff «Anzeigeverfahren» ist umfassend zu verstehen und beinhaltet auch in diesem Zusammenhang die Kompetenz zum Erlass von Verfügungen im Sinne von § 18 Abs. 1 BVV. Darauf deutet die gleichgestellte Erwähnung des inzwischen zwar aufgehobenen, doch dem heutigen Anzeigeverfahren mit Auflagen entsprechenden vereinfachten Verfahrens hin.

Nach dem Wortlaut kann die Kompetenz nach § 325 Abs. 2 PBG nur an einen (auf Amtsdauer gewählten) «Beamten» delegiert werden. Das PBG ging allerdings noch vom Grundsatz des Beamtenstatus für Gemeindeangestellte aus. Nachdem dieser Status weitgehend abgeschafft ist, würde eine strenge Beachtung des Gesetzeswortlauts dem Sinn der Vorschrift nicht entsprechen. Entscheidend ist nunmehr die Anstellung in einem (gemäss Art. 47 Abs. 1 KV und § 72 Abs. 1 GG zwingend vorgeschriebenen) öffentlich-rechtlichen Dienstverhältnis. Dieses zeichnet sich – wie der altrechtliche Beamtenstatus – ebenfalls durch die Dienst- und Treuepflicht des Angestellten gegenüber dem Gemeinwesen sowie durch den öffentlich-rechtlichen Rechtsschutz aus (vgl. JAAG 2005: S. 234 ff. und S. 241 ff.).

§ 325 Abs. 2 PBG schliesst eine Delegation an Private – etwa an das beratende Ingenieurbüro – aus (vgl. dazu auch Art. 98 KV). Neben dem Anstellungsverhältnis ist auf die fachliche Kompetenz des entsprechenden Angestellten zur Entscheidfindung abzustellen. Diese Voraussetzung darf freilich nicht überdehnt

7 Baurechtliche Zuständigkeiten, Entscheide und Auskünfte
7.1 Der kommunale baurechtliche Entscheid

werden, da sich der Angestellte gleich wie die politischen Entscheidungsträger durch auswärtige Fachkräfte beraten lassen kann.

Der Gemeinderat kann eine vollumfängliche, teilweise (zum Beispiel nur für formlose Entscheide nach § 18 Abs. 1 lit. a BVV) oder gar keine Delegation an den Bausekretär vornehmen. Es kommen ihm dieselben Weisungsbefugnisse wie gegenüber dem Ausschuss oder dem Bauvorstand zu. Nicht ausdrücklich geregelt ist das Vorgehen bei Fragen von grundsätzlicher Bedeutung. Der Gemeinderat kann im Delegationsbeschluss indessen entsprechende Anordnungen treffen. Nicht zulässig ist nach § 325 PBG, dem Bausekretär Strafbefugnisse zu übertragen.

7.1.2.3 *Ausschluss des gemeindeinternen Einspracheverfahrens*

Selbstständige Kommissionen, Ausschüsse, Verwaltungsvorstände und Beamte handeln im Rahmen ihrer Befugnisse in eigener Verantwortlichkeit. Ihre Anordnungen sind im gleichen Sinn wie solche der Gemeindevorsteherschaft mit Rekurs an das Baurekursgericht (als grundsätzlich erste Rechtsmittelinstanz) anfechtbar. In Abweichung zu § 10a lit. c VRG ist für das baurechtliche Verfahren ausdrücklich geregelt, dass kein gemeindeinternes Einspracheverfahren durchgeführt wird (§ 315 Abs. 3 PBG). § 57 Abs. 3 GG findet daher keine Anwendung (BEZ 1999 Nr. 39).

7.1.2.4 *Ausstandspflicht der Baubehörde*

In baurechtlichen Verfahren stellt sich nicht selten die Frage nach der Ausstandspflicht. Nach § 70 Abs. 1 GG und § 5a Abs. 1 VRG treten Personen, die eine Anordnung zu treffen, dabei mitzuwirken oder sie vorzubereiten haben, in den Ausstand, wenn sie in der Sache persönlich befangen erscheinen, insbesondere:
- in der Sache ein persönliches Interesse haben;
- mit einer Partei in gerader Linie oder in der Seitenlinie bis zum dritten Grad verwandt oder verschwägert oder durch Ehe, Verlobung, eingetragene Partnerschaft, faktische Lebensgemeinschaft oder Kindesannahme verbunden sind;
- Vertreter einer Partei oder für eine Partei in der gleichen Sache tätig waren.

Der Kreis der ausstandspflichtigen Personen wird weit gefasst. Nicht nur, wer eine Anordnung trifft, sondern ebenso, wer diese vorbereitet oder daran mitwirkt, hat in den Ausstand zu treten. Neben dem einzelnen Mitglied als Teil der Kollegialbehörde, dem Hochbauvorstand oder dem Bausekretär (Anzeigeverfahren) beim Entscheid über Baugesuche erfasst die Ausstandspflicht auch alle weiteren Personen, die auf das Zustandekommen einer Anordnung Einfluss nehmen können. Namentlich gilt dies auch für beigezogene Sachverständige und andere am Entscheid massgeblich beteiligte Personen ohne Entscheidungskompetenz (KÖLZ/BOSSHART/RÖHL: § 5a N 9), also zum Beispiel auch für den Bausekretär und weitere Sachbearbeiter sowie Personen externer Ingenieurbüros, welche Baugesuche zu prüfen und Antrag zu stellen haben. Hingegen sind Personen, die ausschliesslich mit ausführenden Tätigkeiten betraut sind (etwa das Kanzleipersonal), nicht ausstandspflichtig: Nach dem Wortlaut von § 5a Abs. 1

7 Baurechtliche Zuständigkeiten, Entscheide und Auskünfte
7.1 Der kommunale baurechtliche Entscheid

VRG sind die Ausstandsbestimmungen einzig auf behördliche Verfahren anwendbar, die auf den Erlass einer Anordnung abzielen, und mithin nicht auf jede amtliche Tätigkeit.

Es ist stets von Amtes wegen zu prüfen, ob Ausstandsgründe gegeben sind. Persönliche Befangenheit im Sinne von § 5a Abs. 1 VRG (am Anfang) ist anzunehmen, wenn Umstände vorliegen, die geeignet sind, Misstrauen in die Unparteilichkeit eines Behördenmitglieds zu erwecken. Dabei kann nicht auf das subjektive Empfinden einer Partei abgestellt werden; das Misstrauen muss vielmehr objektiv begründet erscheinen (KÖLZ/BOSSHART/RÖHL: § 5a N 11–14, mit zahlreichen Hinweisen und Beispielen). Zum Entscheid des Bundesgerichts 1C_150/2009 betreffend die unzulässige Vorbefassung einer Baubehörde im Kanton Aargau vgl. Seite 384.

Tritt ein Amtsträger von sich aus in den Ausstand, müssen die Rechtsmittelinstanzen überprüfen, ob sich dieser seiner Aufgabe vorschnell, aus sachfremden Gründen, entzogen hat. Allerdings müssen konkrete Anhaltspunkte vorhanden sein, die darauf schliessen lassen, dass eine Amtsperson Ausstandsvorschriften dazu missbraucht, sich einer unangenehmen Entscheidung zu entledigen. Einem Behördenmitglied ist der Ausstand verwehrt, wenn keine Gründe für eine persönliche Befangenheit im Sinne des Gesetzes vorliegen. Da Befangenheit in erster Linie ein innerer Zustand ist, dürfen an den Nachweis – besonders bei Laienbehörden – jedoch keine überhöhten Anforderungen gestellt werden (VB.2001.00189 [in RB 2002 Nr. 2 nicht enthaltene Erwägungen]).

Ist der Ausstand streitig, so entscheidet darüber die Aufsichtsbehörde oder, wenn es sich um den Ausstand eines Mitglieds einer Kollegialbehörde handelt, diese Behörde unter Ausschluss des betreffenden Mitglieds (§ 5a Abs. 2 VRG).

Ein befangener Amtsträger hat den Raum während der Beratung und der Beschlussfassung stets zu verlassen, unbesehen davon, ob er freiwillig oder erst auf Begehren hin in den Ausstand getreten ist. Bleibt ein befangenes Mitglied im Raum anwesend, wird der Anspruch auf richtige Zusammensetzung der Behörde verletzt (RB 2002 Nr. 2).

Werden aus Rücksicht auf das in den Gemeindebehörden vorherrschende Milizsystem die Ausstandsregeln nicht zu einschränkend gehandhabt, so ist durch organisatorische Vorkehrungen dafür zu sorgen, dass nicht der Anschein von Befangenheit entsteht (RB 2003 Nr. 1).

7.1.3 Inhalt des baurechtlichen Entscheids

Weder das PBG noch die BVV noch das VRG äussern sich näher zum Inhalt und Aufbau des baurechtlichen Entscheids. Diese ergeben sich aus der Sache selbst und den allgemeinen Grundsätzen des Verwaltungsrechts (MÄDER 1991: S. 201 ff.). Wie jede andere Verfügung gliedert sich der baurechtliche Entscheid in Rubrum, Begründung (Erwägungen) und Dispositiv (Erkenntnis), wobei von dieser Reihenfolge zuweilen auch abgewichen wird.

7 Baurechtliche Zuständigkeiten, Entscheide und Auskünfte
7.1 Der kommunale baurechtliche Entscheid

7.1.3.1 *Rubrum*

Zweckmässigerweise geht dem baurechtlichen Entscheid ein Titel voran, welcher über den Ausgang des Verfahrens orientiert (zum Beispiel: «Baubewilligung», «Bauverweigerung»). Erforderliche Angaben sind:
- die entscheidende Behörde (mit Angaben über einen allfälligen Ausstand);
- Datum der Beschlussfassung;
- beteiligte Personen (Gesuchstellende, eventuell Vertreter, Architekturbüro, Grundeigentümer);
- Bezeichnung des Projekts und die massgebenden Baugesuchsunterlagen;
- durchgeführte Verfahrensart.

7.1.3.2 *Begründung*

Begründungspflicht

Die Baubewilligung ist die behördliche Feststellung, dass dem Projekt keine öffentlich-rechtlichen Hindernisse entgegenstehen. Sie ist zu erteilen, wenn das Bauvorhaben den Vorschriften dieses Gesetzes und den ausführenden Verfügungen entspricht (§ 320 und § 3 PBG). Diese Feststellung muss gemäss konstanter Praxis – im Gegensatz zu einer Bauverweigerung – nicht speziell begründet werden (vgl. etwa VB.2003.00364).

§ 10 Abs. 1 VRG, wonach die schriftliche Mitteilung zwingend zu begründen ist, findet daher im baurechtlichen Bewilligungsverfahren nur eingeschränkt Anwendung. Auf die Begründung kann somit verzichtet werden, wenn dem Baugesuch voll entsprochen wird (§ 10a lit. a VRG [in Kraft seit 1. Juli 2010]) und wenn keine spezifisch baurechtlichen Sachverhalte vorliegen, welche eine Begründung zwingend erfordern. Art. 29 Abs. 2 BV, Art. 18 Abs. 2 KV und § 10 Abs. 1 VRG erfordern die Begründung von erstinstanzlichen Verwaltungsentscheiden nur, wenn dem Betroffenen die Entscheidgründe der Natur der Sache nach nicht bekannt sind, sodass er sich kein Bild über die Tragweite der Verfügung machen und Letztere daher nicht sachgemäss anfechten kann. Solche Gegebenheiten liegen im Baubewilligungsverfahren regelmässig nicht vor. Die baurechtliche Beurteilung erfolgt in der Regel aufgrund einer Baueingabe, die alle erforderlichen Unterlagen zu enthalten hat (§ 310 Abs. 1 PBG). Ein baurechtlicher Entscheid kann sich daher notwendigerweise nur auf das Projekt in der Form beziehen, wie es Gegenstand der Baueingabe war. Der Interessierte beziehungsweise potenziell Betroffene hat davon auszugehen, dass das Vorhaben baueingabegemäss bewilligt worden ist, soweit der baurechtliche Entscheid nichts Abweichendes anordnet. Dies gilt etwa auch in Bezug auf Einordnungsbestimmungen. Es ist Sache des allfälligen Rekurrenten darzulegen, weshalb sich das Vorhaben nicht rechtgenügend einordne (BEZ 1993 Nr. 11).

Das zürcherische Baubewilligungsverfahren ist ausdrücklich nicht als Einspracheverfahren ausgebildet (§ 315 Abs. 3 PBG). Das Begehren um Zustellung des baurechtlichen Entscheids ist zwar gemäss § 316 Abs. 2 PBG Voraussetzung zur Rekurserhebung, doch wird allein dadurch, dass das Zustellungsbegehren gestellt wurde, das Baubewilligungsverfahren nicht zu einem Mehrparteienver-

7 Baurechtliche Zuständigkeiten, Entscheide und Auskünfte
7.1 Der kommunale baurechtliche Entscheid

fahren (VB.2003.00364). Die Begründung kann denn auch von der Gemeinde im Rekursverfahren, das heisst spätestens mit der Rekursvernehmlassung, «nachgeschoben» werden (VB.2004.00543; BEZ 2007 Nr. 21). § 10a lit. b und c VRG (in Kraft seit 1. Juli 2010), wonach unter bestimmten, detailliert erwähnten Voraussetzungen auf die Begründung einer Anordnung verzichtet werden kann, ist im baurechtlichen Bewilligungsverfahren somit nicht anwendbar. Die spezialgesetzlichen Regelungen im PBG (insbesondere § 315 Abs. 3 und § 325 Abs. 1 PBG) und in der BVV (betreffend das Anzeigeverfahren) gehen § 10a lit. b und c VRG vor.

Kraft entsprechender gesetzlicher Regelungen sind im baurechtlichen Verfahren indes zu begründen:
- Ausnahmebewilligungen (§ 320 PBG);
- Bauverweigerungen, Auflagen und Bedingungen, wenn also dem Baugesuch nicht voll entsprochen wird (§ 10a lit. a VRG; vgl. RB 1998 Nr. 16). Dabei darf sich die Begründung nicht in allgemeinen und grundsätzlichen Formulierungen erschöpfen, ohne auf das konkret zu beurteilende Projekt Bezug zu nehmen. Denn solches stellt eine Verletzung des der Behörde zustehenden Ermessens dar (BR 1/2001 Nr. 149).

Anforderungen an die Begründung

Auch für das baurechtliche Bewilligungsverfahren gilt, dass die Begründungspflicht von der Entscheidungsfreiheit der Behörde und Eingriffsintensität einer Anordnung abhängt. Je grösser der Entscheidungsspielraum ist, welcher einer Behörde zufolge Ermessen und unbestimmten Rechtsbegriffen zukommt, und je komplexer und bestrittener der zu beurteilende Sachverhalt ist, desto höhere Anforderungen sind an die Begründungspflicht zu stellen und desto ausführlicher, differenzierter und sorgfältiger hat diese auszufallen (KÖLZ/BOSSHART/ RÖHL: § 10 N 41). Die Begründung einer Verfügung beziehungsweise eines baurechtlichen Entscheids genügt den Anforderungen von Art. 29 Abs. 2 BV, Art. 18 Abs. 2 KV und § 10 Abs. 1 VRG (in Kraft seit 1. Juli 2010), wenn der Betroffene dadurch in die Lage versetzt wird, deren beziehungsweise dessen Tragweite zu beurteilen. Damit kann er entscheiden, ob er die Verfügung oder den Entscheid anfechten will; macht er von dieser Möglichkeit Gebrauch, weiss die Rechtsmittelinstanz wiederum, von welchen rechtlichen Erwägungen sich die Vorinstanz leiten liess (BGE 126 I 97 E. 2b; dazu und zum Folgenden VB.2003.00014). Der Umfang der Begründungspflicht hängt von der Komplexität des Falls, dem Entscheidungsspielraum der Behörde und der Stärke des Eingriffs in individuelle Rechte ab (BGE 112 Ia 107, 110 E. 2b; HÄFELIN/MÜLLER/UHLMANN: Rz. 1705 ff.).

Daher sind etwa zu begründen:
- Bewilligungen für die Überstellung von Baulinien (§ 100 Abs. 3 und § 101 Abs. 2 PBG);
- Bewilligungen für Abweichungen von Richtlinien und Normalien (§ 360 Abs. 3 PBG);
- Anwendungsfälle von § 357 PBG;
- die Einordnung oder fehlende Einordnung nach § 238 PBG.

7 Baurechtliche Zuständigkeiten, Entscheide und Auskünfte
7.1 Der kommunale baurechtliche Entscheid

Im Weiteren sollte die Behörde in ihren Erwägungen auf Umstände eingehen, bei denen die Subsumption Schwierigkeiten bereitet. Sodann erheischt ein weiter Ermessensspielraum dann eine Bezugnahme auf die tatsächlichen Umstände, wenn die Verfügung in guten Treuen so oder anders getroffen werden könnte (MÄDER 1991: S. 203). Die Begründung darf sich aber auf das Wesentliche beschränken. Eine überzeugende und umfassende Begründung hat den Vorteil, dass sie unnötigen Rechtsmitteln vorbeugt.

Der Entscheid braucht die Kosten nicht näher zu begründen, da sich diese in der Regel bereits aus dem Verfahrensausgang ergeben. Eine Begründungspflicht besteht hingegen, sobald von den üblichen Tarifen oder der Kostenverteilung, wie sie dem materiellen Verfahrensausgang entsprechen würde, abgewichen wird oder gerade hierzu Fragen aufgeworfen werden (KÖLZ/BOSSHART/RÖHL: § 10 N 41).

7.1.3.3 *Dispositiv*

Bestandteile

Bestandteile des Dispositivs sind der Entscheid in der Sache, die bewilligten oder teilweise bewilligten Pläne, allfällige Vorbehalte und Nebenbestimmungen sowie die Kostenfolgen. Nicht zum Dispositiv gehören die Erwägungen, sofern nicht im Dispositiv ausdrücklich auf sie verwiesen wird. Als Ausfluss des rechtlichen Gehörs ist der baurechtliche Entscheid stets mit einer Rechtsmittelbelehrung zu versehen, die häufig als Bestandteil des Dispositivs behandelt wird. Abgeschlossen wird das Dispositiv durch den Mitteilungssatz.

Entscheid über den Verfahrensausgang

Im Dispositiv wird vorerst das Ergebnis des baurechtlichen Verfahrens, also der Entscheid in der Sache selbst mitgeteilt. In Betracht kommen verschiedene formelle und materielle Erledigungsarten:
- Nichteintreten auf das Baugesuch (zum Beispiel, wenn sich die Gesuchstellenden weigern, die erforderlichen Unterlagen einzureichen; § 313 Abs. 2 PBG);
- Abschreibung des Bewilligungsverfahrens wegen Rückzug des Baugesuchs;
- Abschreibung des Bewilligungsverfahrens infolge Gegenstandslosigkeit (zum Beispiel eines Vorentscheidverfahrens, weil zwischenzeitlich die baurechtliche Bewilligung erteilt wurde);
- Baubewilligung;
- Baubewilligung unter Vorbehalten und/oder Nebenbestimmungen;
- vollumfängliche oder teilweise Bauverweigerung.

Baubeschrieb und Pläne

Der im Baugesuch enthaltene Baubeschrieb und die bewilligten Baugesuchsunterlagen (insbesondere die Pläne) sind integrierter Bestandteil des Dispositivs (MÄDER 1991: S. 201). Weder der Bewilligung noch den Baugesuchsunterlagen kommt selbstständige Bedeutung zu; vielmehr gehören sie zusammen. In der Praxis ist es üblich, dass die genehmigten Pläne Stempel und allenfalls auch Un-

7 Baurechtliche Zuständigkeiten, Entscheide und Auskünfte
7.1 Der kommunale baurechtliche Entscheid

terschrift der Bewilligungsbehörde tragen. Bauteile, die aus den Plänen ersichtlich sind, in den Erwägungen jedoch nicht näher erwähnt werden, gelten als bewilligt. Bei Umbauten, Nutzungsänderungen und Projektänderungen gilt dies allerdings nur, wenn die neuen und zu beseitigenden Bauteile und Nutzungen im Sinne von § 4 BVV korrekt mit roter beziehungsweise gelber Farbe markiert worden sind, soweit die Baubehörde nicht davon dispensiert hat. Einrichtungen und Nutzungen, die aus den genehmigten Plänen nicht hervorgehen, gelten grundsätzlich als nicht bewilligt (RB 1983 Nr. 104).

Vorbehalte
Die Baubewilligung stellt einen einheitlichen Verwaltungsakt dar. Sie darf grundsätzlich nicht aufgespalten werden. Dies folgt schon aus dem Wesen der Baubewilligung als Feststellung, dass einem Projekt keine öffentlich-rechtlichen Hindernisse entgegenstehen (RB 1987 Nr. 4; § 320 PBG), aber auch aus der bundesrechtlich determinierten Koordinationspflicht (vgl. Seite 296 ff.). Daher muss sich der baurechtliche Entscheid zu sämtlichen Punkten aussprechen, welche für die Bewilligungsfähigkeit eines Projekts von ausschlaggebender Bedeutung sind. Grundlegende Fragen zur Bewilligungsfähigkeit gemäss Art. 22 Abs. 2 und Abs. 3 RPG – wie etwa die Zonenkonformität, Erschliessung, Immissionen und Gestaltung – können daher im Grundsatz nicht einem späteren Bewilligungsverfahren vorbehalten werden. Allerdings lassen sich zahlreiche Probleme der Detailprojektierung im Zeitpunkt des Baubewilligungsverfahrens noch nicht vernünftig lösen. Die Praxis hat daher anerkannt, dass Einzelfragen – wie etwa die detaillierte Materialwahl, Farben, Putzstrukturen sowie die Umgebungsgestaltung – in einem späteren Bewilligungsverfahren beurteilt werden können (RB 1989 Nr. 14). Die entsprechenden Unterlagen sind in der Regel erst auf den Baubeginn oder die Rohbauabnahme hin einzureichen und sind auch nicht im Sinne von § 319 Abs. 2 PBG und § 12 BVV koordinationspflichtig.

Nebenbestimmungen
Entspricht das Bauvorhaben den baupolizeilichen Vorschriften, ist die Bewilligung zu erteilen (§ 320 PBG). In den seltensten Fällen erfüllt aber ein eingereichtes Projekt in jeder Beziehung alle Bauvorschriften. Nicht jeder Verstoss führt indessen zu einer Bauverweigerung. Möglich ist auch die Bewilligung unter Nebenbestimmungen beziehungsweise Auflagen, Bedingungen und Befristungen, was § 321 Abs. 1 PBG ausdrücklich vorsieht.

Dadurch, dass eine gesetzliche Bestimmung wörtlich in die Baubewilligung übernommen wird, wird sie nicht zur selbstständigen Nebenbestimmung. Sie ist unabhängig davon einzuhalten, ob sie in eine Baubewilligung integriert oder dieser bloss beigelegt wird.

7.1.3.4 Nebenbestimmungen im Besonderen

Zulässigkeit und Anforderungen
Können inhaltliche oder formale Mängel des Bauvorhabens ohne besondere Schwierigkeiten behoben werden, sind mit der Bewilligung die gebotenen Nebenbestimmungen, das heisst Auflagen, Bedingungen und Befristungen zu

verknüpfen (§ 321 Abs. 1 PBG). Damit darf eine Bewilligung nicht verweigert werden, wenn die gesetz- und bauordnungskonforme Realisierung eines Bauvorhabens mittels sachgerechter Nebenbestimmungen gewährleistet werden kann (BEZ 1984 Nr. 5 mit zahlreichen Hinweisen auf die Literatur).

Ob ein mangelhaftes Projekt mit Nebenbestimmungen bewilligt werden kann oder verweigert werden muss, ist in erster Linie abhängig von Art und Ausmass der Verstösse. § 321 Abs. 1 PBG erlaubt Nebenbestimmungen eben nur dort, wo die Mängel eines Projekts «ohne besondere Schwierigkeiten» behoben werden können. Bedingt aber die Korrektur der Verstösse derart einschneidende Veränderungen beziehungsweise eine konzeptionelle Überarbeitung, dass das Projekt seine Identität völlig verliert, so ist die Baubewilligung zu verweigern (BEZ 1987 Nr. 4). Das Gewicht des Mangels darf dabei nicht isoliert betrachtet werden, sondern muss am Umfang des Gesamtprojekts gemessen werden (MÄDER 1991: S. 241). Nur dieses Vorgehen verbürgt die nötige Klarheit und Bestimmtheit des Verfahrens (BEZ 1984 Nr. 5). Entgegen der noch in RB 1989 Nr. 84 vertretenen Auffassung erachtet es das Verwaltungsgericht nicht mehr als grundsätzlich ausgeschlossen, mit einer Nebenbestimmung die Heilung eines Mangels zu verlangen, den eine Bauherrschaft nicht aus eigener Kraft, sondern nur durch Mitwirkung eines Dritten beheben kann, wie beispielsweise durch die Abtretung von Land oder die Einräumung einer Dienstbarkeit (VB.2003.00050; BEZ 2006 Nr. 6).

Aus § 321 Abs. 1 PBG folgt auch, dass zwischen Nebenbestimmung und Baubewilligung ein Sachzusammenhang bestehen muss. Daher ist es zum Beispiel unzulässig, die Verlegung von Erschliessungskosten mittels Nebenbestimmungen zur Baubewilligung zu ordnen (RB 1993 Nr. 47). Vgl. dazu auch ZBl 2007, S. 628 f., betreffend die unzulässige Statuierung von konkreten Denkmalschutzauflagen im Baubewilligungsverfahren.

Nebenbestimmungen bedürfen wie jeder Verwaltungsakt einer gesetzlichen Grundlage. Indessen braucht nicht in jedem Fall ein Rechtssatz vorhanden zu sein, der die Nebenbestimmung ausdrücklich rechtfertigt. Es reicht, dass sich die Zulässigkeit der Nebenbestimmung aus dem Sinn des Rechtssatzes ergibt, auf den sich die Hauptverfügung stützt, und öffentliche Interessen einen hinreichenden Sachzusammenhang zwischen der Nebenbestimmung und der Hauptanordnung herstellen. Nebenbestimmungen dürfen also nicht sachfremd sein. Sie sind sodann an den Grundsatz der Verhältnismässigkeit gebunden, das heisst sie müssen geeignet, erforderlich und zumutbar sein (HÄFELIN/MÜLLER/UHLMANN: Rz. 918 ff.; URP 2000, S. 149 ff.; BEZ 2006 Nr. 66 [betreffend die Verhältnismässigkeit einer Auflage zur behindertengerechten Ausstattung]; URP 2009, S. 180 ff. [betreffend Resolutivbedingung im Zusammenhang mit einer raumplanungsrechtlichen Ausnahmebewilligung]).

Begriffe

Als Nebenbestimmungen im Sinne von § 321 Abs. 1 PBG fallen neben Befristungen insbesondere Bedingungen und Auflagen in Betracht. Sind damit öffentlich-rechtliche Eigentumsbeschränkungen verbunden, die in die Zukunft wirken, wird gemeinhin von Reversen gesprochen. Eine Bedingung liegt vor,

7 Baurechtliche Zuständigkeiten, Entscheide und Auskünfte
7.1 Der kommunale baurechtliche Entscheid

wenn die Rechtswirksamkeit der Verfügung von einem künftigen ungewissen Ereignis abhängig gemacht wird. Bei einer Auflage wird die Bewilligung mit der zusätzlichen Verpflichtung zu einem Tun, Dulden oder Unterlassen verbunden. Sie unterscheidet sich von der Bedingung dadurch, dass die Rechtswirksamkeit der Baubewilligung nicht davon abhängt, ob die Auflage erfüllt wird oder nicht; die Verfügung ist auch rechtswirksam, wenn die Auflage nicht erfüllt wird. Anders als die Bedingung ist die Auflage selbstständig erzwingbar; wird ihr nicht nachgelebt, so berührt das zwar nicht die Gültigkeit der Verfügung, doch kann das Gemeinwesen mit hoheitlichem Zwang die Auflage durchsetzen (vgl. auch §§ 30 f. VRG). Besonders bei der Anordnung von Reversen werden nicht selten Befristungen, Auflagen und Bedingungen zu sogenannten gemischten Nebenbestimmungen verbunden (FRIES: S. 92).

Vgl. ausführlich zu Auflagen, Bedingungen und Befristungen sowie zur Rechtsnatur von Reversen BEZ 2004 Nr. 67; HÄFELIN/MÜLLER/UHLMANN: Rz. 901 ff.; HÄNNI 2008: S. 334 f.

Anmerkung im Grundbuch; Sicherstellung
Bei längerer zeitlicher Wirkung sind Nebenbestimmungen im Grundbuch anzumerken. Besteht ein Bedürfnis, können auch unmittelbar aus dem Gesetz fliessende Eigentumsbeschränkungen angemerkt werden (§ 321 Abs. 2 PBG; vgl. auch PBG aktuell 4/2009, S. 33 ff. [betreffend grundbuchliche Sicherung bei Schutzverfügungen]). Verliert eine solche Anmerkung aber aufgrund einer späteren Rechtsänderung ihre gesetzliche Grundlage, kann sie wieder gelöscht werden (BEZ 2008 Nr. 1).

Die Anmerkung ist eine «Eintragung» im Grundbuch, die bezüglich eines Grundstücks privat- oder öffentlich-rechtliche Rechtsverhältnisse zum Ausdruck bringt und kundtut. Mit der Anmerkung im Sinne von Art. 962 Abs. 1 ZGB erfährt die Nebenbestimmung also in der Weise eine Verstärkung, als sie wegen der Publizitätswirkung des Grundbuchs gegenüber jedem Dritten als kundgetan gilt. Die der Anmerkung zugrunde liegende öffentlich-rechtliche Eigentumsbeschränkung besteht aber nach Art. 680 Abs. 1 ZGB ohne Anmerkung im Grundbuch. Auch wenn die Nebenbestimmung nach § 321 Abs. 2 PBG im Grundbuch anzumerken ist, kommt diesem «Eintrag» rein deklaratorische Bedeutung zu. Das gilt auch gegenüber Dritten, insbesondere Rechtsnachfolgern. Fehlt eine Anmerkung im Grundbuch, so ist selbst ein gutgläubiger Erwerber der Parzelle grundsätzlich nicht geschützt (BGE 111 Ia 183 mit zahlreichen Hinweisen). Anderseits besagt die Anmerkung im Grundbuch nicht, ob und in welcher Form die Eigentumsbeschränkung überhaupt oder noch besteht (BEZ 1995 Nr. 12). Im Übrigen bedarf die Anmerkung keiner zwingenden Mitwirkung des Grundeigentümers, sondern kann durch die Behörde von Amtes wegen beantragt werden (BÖSCH 1993: S. 495; Art. 80 Abs. 4 der Grundbuchverordnung [GBV]).

Stehen Nebenbestimmungen in unmittelbarem Zusammenhang mit der Bauausführung, kann für die richtige Erfüllung von Nebenbestimmungen Sicherstellung verlangt werden. Letztere ist in der Regel vor Baubeginn zu leisten (§ 321 Abs. 3 PBG).

7 Baurechtliche Zuständigkeiten, Entscheide und Auskünfte
7.1 Der kommunale baurechtliche Entscheid

Aus der Praxis:
- Eine bloss den Baurechtsnehmer als Bauherrn belastende öffentlich-rechtliche Eigentumsbeschränkung ist nur auf dem Grundbuchblatt des Baurechts anzumerken, nicht aber auf dem Blatt des baurechtsbelasteten Grundstücks (BEZ 2003 Nr. 42).
- Die Anmerkung einer öffentlich-rechtlichen Eigentumsbeschränkung (Revers) dient der Information eines allfälligen Erwerbers und hat somit nur deklaratorische Wirkung. Rechtstitel für die Durchsetzung der Eigentumsbeschränkung ist der Baubewilligungsentscheid, in dem sie statuiert worden ist (BEZ 2003 Nr. 42; VB.2004.00394).

Befristungen

Mit der Befristung erteilt die Behörde ihre Zustimmung, eine Baute oder Anlage für eine bestimmte Zeitdauer zu errichten. Dies ist sinnvoll, wenn eine definitive Bewilligung aus rechtlichen Gründen nicht infrage kommt, anderseits aber die typischen Merkmale eines Provisoriums gegeben sind (zum Beispiel Fahrnisbauten, Ladenprovisorium). Eine befristete Bewilligung in diesem Sinne bedeutet somit nichts anderes als die temporäre Tolerierung vorschriftswidriger Bauten und Anlagen. Mit einer Ausnahmesituation, wie sie Voraussetzung für die Erteilung eines Dispenses von Baurechtsnormen ist (§ 220 PBG), hat eine derartige befristete Bewilligung nichts zu tun. Die Baute wird durch die Tolerierung nicht rechtmässig. Es entsteht kein Bestandesprivileg (das heisst keine Besitzstandsgarantie) und damit auch kein Rechtsanspruch auf Verlängerung der Bewilligung (BEZ 1992 Nr. 8).

Der befristeten Zulassung rechtswidriger Bauvorhaben sind in mehrfacher Hinsicht enge Grenzen gesetzt. Provisorische Bauten sind Behelfsbauten, die nach der Art ihrer Ausführung für eine dauernde Verwendung nicht geeignet sind sowie nach Ablauf der Bewilligungsdauer entsprechend § 321 Abs. 1 PBG «ohne besondere Schwierigkeiten» und unverhältnismässigen finanziellen Aufwand wieder entfernt werden können (BEZ 1990 Nr. 18). So muss das öffentliche oder private Interesse an der Erstellung eines Bauvorhabens ein hohes Gewicht haben. Im Weiteren dürfen rechtswidrige Projekte nur befristet bewilligt werden, wenn der Nachweis erbracht ist, dass eine vorschriftsgemässe Ausführung oder ein rechtskonformer Standort nicht möglich sind. Das Provisorium darf also nur für so lange bewilligt werden, als die Realisierung eines gesetzeskonformen Projekts entweder unmöglich oder für die Bauherrschaft unzumutbar ist (RB 1992 Nr. 8). Dieser Grundsatz ist für die Festlegung der Obergrenze der Befristung von entscheidender Bedeutung. Im Rahmen dieser höchstmöglichen Provisoriumsdauer sind für die befristete Zulassung an sich und deren Dauer auch der Grad der durch das Bauvorhaben bewirkten Vorschriftswidrigkeit von Bedeutung. Entsprechend der Gerichtspraxis kann die Frist im Rahmen der erwähnten Voraussetzungen auf höchstens fünf Jahre angesetzt werden. Vgl. hierzu (vor allem in Bezug auf Container für Asylbewerber) ausführlich BEZ 1992 Nr. 8.

Die Befristung ist im Grundbuch anzumerken.

7 Baurechtliche Zuständigkeiten, Entscheide und Auskünfte
7.1 Der kommunale baurechtliche Entscheid

Beispiele für die Anmerkung einer öffentlich-rechtlichen Eigentumsbeschränkung im Grundbuch:
Provisorium:

Die mit Beschluss Nr. *** vom *** des Stadtrates *** auf dem Grundstück Kat.-Nr. *** bewilligte Baute *** ist ein Provisorium im Sinne von § 321 Abs. 1 PBG und muss vom jeweiligen Grundeigentümer und vom Eigentümer der Baute auf erste Aufforderung der Baubehörde hin innert *** Monaten, vom Empfang der Aufforderung an gerechnet, entschädigungslos beseitigt werden.

oder:

*** ist ein Provisorium und muss vom jeweiligen Grundeigentümer und Eigentümer der Baute bis spätestens*** entschädigungslos beseitigt werden.

Nach Fristablauf ist die Baute zu beseitigen, sofern nicht vorher ein Gesuch um Verlängerung gestellt wird. Ein Anspruch auf Verlängerung besteht nur, falls die Voraussetzungen für eine definitive Baubewilligung gegeben sind. Ansonsten steht es im pflichtgemässen Ermessen der Baubehörde, einer Verlängerung zuzustimmen oder nicht (vgl. hierzu BEZ 1990 Nrn. 18 und 24).

Von der befristet erteilten Baubewilligung zu unterscheiden ist die gesetzlich vorgesehene Befristung gemäss § 322 Abs. 1 PBG, wonach baurechtliche Bewilligungen generell nach drei Jahren erlöschen. Vgl. Seite 362 f.

Auflagen und Bedingungen

Eine Auflage verpflichtet den Gesuchsteller zu einem Tun, Dulden oder Unterlassen, zum Beispiel zur Errichtung von Parkplätzen auf seinem Grund. Die Auflage zieht eine Verpflichtung nach sich, hat aber keine aufschiebende Wirkung. Die Nichterfüllung einer Auflage wirkt sich nicht auf den Bestand einer Verfügung aus. Von blossen Empfehlungen unterscheiden sich Auflagen dadurch, dass sie erzwungen werden können (RB 1998 Nr. 32; BEZ 2007 Nr. 7 = ZBl 2008, S. 105 ff. [betreffend Ausrüstung eines Spielplatzes mit Spielgeräten, mit weiteren Hinweisen]).

Eine Bedingung macht die Rechtswirksamkeit einer Baubewilligung von einem zukünftigen Ereignis abhängig. Wird beispielsweise eine Baubewilligung unter der Bedingung erteilt, dass das Grundstück erschlossen wird, darf mit dem Bauvorhaben erst nach durchgeführter Erschliessung begonnen werden.

In baurechtlichen Bewilligungen sind Auflagen weit häufiger als Bedingungen anzutreffen. Zuweilen werden in Baubewilligungen enthaltene Nebenbestimmungen fälschlicherweise als Bedingungen bezeichnet, obwohl es sich eigentlich um Auflagen handelt. Eine falsche Bezeichnung ändert an der wahren Rechtsnatur der Nebenbestimmung freilich nichts. Die Auflage ist gleichsam der «Normalfall» der baurechtlichen Nebenbestimmung (MÄDER 1991: S. 252 f.). Im Zweifelsfall ist deshalb eine Auflage und nicht eine Bedingung anzunehmen; auf eine Bedingung ist nur zu schliessen, wenn ihre Erfüllung für eine sinnvolle Durchführung des Verwaltungsakts unerlässlich ist (FRIES: S. 93; BEZ 2004 Nr. 67). Zu Auflagen und Bedingungen vgl. auch HÄFELIN/MÜLLER/UHLMANN: Rz. 907 ff.

7 Baurechtliche Zuständigkeiten, Entscheide und Auskünfte
7.1 Der kommunale baurechtliche Entscheid

Reverse

Beim Revers handelt es sich um ein spezifisch baurechtliches Institut (vgl. dazu im Einzelnen: FRIES). Als Revers bezeichnet man besondere Nebenbestimmungen einer Baubewilligung. Sie entfalten primär die Wirkung zukunftsorientierter öffentlich-rechtlicher Eigentumsbeschränkungen, dies im Gegensatz zu gewöhnlichen Nebenbestimmungen, die nur vor oder während der Bauausführung aktuell sind (HÄNNI 2008: S. 341). Nach Art. 680 Abs. 1 ZGB bedürfen Reverse zu ihrer Gültigkeit keiner Anmerkung im Grundbuch. Sie ist aber wegen der Publizitätswirkung des Grundbuchs sinnvoll beziehungsweise nach Massgabe von § 321 Abs. 2 PBG auch geboten.

Beispiele von Reversen:
- Verpflichtung, dass während des Bestands einer bewilligten Arealüberbauung das Areal weder stärker ausgenützt noch wesentlich anders überbaut wird und die Freiflächen, sonstigen Umgebungsanlagen sowie Ausstattungen und Ausrüstungen dem plangemässen Zweck erhalten bleiben (Arealüberbauungsrevers gemäss § 73 Abs. 2 PBG; BEZ 2008 Nr. 1).
- Verpflichtung, eine Baute oder einen Teil derselben auf eigene Kosten und ohne Entschädigung zu beseitigen oder anzupassen, wenn ein bestimmtes Ereignis – zum Beispiel ein Strassenausbau (vgl. etwa § 100 Abs. 3 PBG) – eintritt (Beseitigungs- oder Anpassungsrevers);
- Verpflichtung, im Fall einer späteren Enteignung auf eine Entschädigung für den durch einen Umbau entstandenen Mehrwert zu verzichten (vgl. etwa § 101 Abs. 2 PBG). Die öffentliche Hand soll dadurch, dass dem Grundeigentümer eine Ausnahme zugebilligt wird, nicht finanziell belastet werden (Mehrwertrevers);
- Verpflichtung, sich an der Durchführung eines künftigen Quartierplanverfahrens materiell und finanziell zu beteiligen (Quartierplanrevers);
- Verpflichtung, die Baute oder Anlage auf eigene Kosten zu verlegen (Verlegungsrevers; vgl. etwa § 244 Abs. 2 PBG);
- Verbot, das Grundstück weiter oder mehr als ein bestimmtes Mass auszunützen (Ausnützungsrevers);
- Verbot, bestimmte Räume anders als in bestimmter Weise zu nutzen, zum Beispiel von Dachgeschossräumen zu Wohn- oder Arbeitszwecken (Nutzungsrevers).

Bei der Beantwortung der Frage, ob ein Revers als Bedingung, Befristung, Auflage oder gemischte Nebenbestimmung zu qualifizieren ist, kann nicht einzig auf den Wortlaut der Baubewilligungen abgestellt werden, in denen oft von «Bedingungen» die Rede ist, auch wenn es sich der Sache nach um Befristungen oder Auflagen handelt (FRIES: S. 93). Die Zuordnung hat vielmehr nach dem mit der betreffenden Nebenbestimmung verfolgten Zweck und unter Berücksichtigung des Verhältnismässigkeitsprinzips zu erfolgen (HÄFELIN/MÜLLER/UHLMANN: Rz. 918 ff.).

Das Verwaltungsgericht hat seine Praxis bestätigt, wonach auch einem Revers rein deklaratorische Bedeutung zukommt. Die Gültigkeit einer öffentlich-rechtlichen Eigentumsbeschränkung hängt also allein von der Rechtsbestän-

7 Baurechtliche Zuständigkeiten, Entscheide und Auskünfte
7.1 Der kommunale baurechtliche Entscheid

digkeit der Baubewilligung und nicht von deren Anmerkung im Grundbuch ab. Wenn hingegen die Baufreigabe von der erfolgten Anmerkung abhängig gemacht wird, so hat das rein praktische Gründe: Die Behörde erspart sich die Umtriebe, die mit der grundsätzlich möglichen Anmerkung von Amtes wegen verbunden wären. Die «Bedingung», wonach vor Baubeginn im Grundbuch ein Revers einzutragen ist, ist keine Bedingung im rechtlichen Sinn, sondern eine Auflage, deren Nichterfüllung keinen Einfluss auf die Gültigkeit der Baubewilligung hat (BEZ 2004 Nr. 67).

Zustimmung des Grundeigentümers
Eine öffentlich-rechtliche Eigentumsbeschränkung bedarf mitunter der Zustimmung eines Grundeigentümers, welche zum Zeitpunkt der Baubewilligung vorliegen muss. Einer besonderen Form bedarf die Vereinbarung zwischen den Parteien zu ihrer Gültigkeit nicht. Art. 680 Abs. 2 ZGB über die öffentliche Beurkundung gilt nicht für Vereinbarungen, die lediglich Voraussetzung einer Eigentumsbeschränkung durch behördliche Verfügung sind. Davon zu unterscheiden ist die Frage, in welcher Form die Vereinbarung der Baubewilligungsbehörde zur Kenntnis gebracht werden muss. In Anlehnung an die Praxis, wonach gestützt auf § 218 Abs. 2 PBG und § 5 lit. l BVV für die Berücksichtigung eines Näherbaurechts die schriftlich abgefasste Erklärung des belasteten Grundeigentümers zuhanden der Baubehörde verlangt wird, muss auch hier im Interesse der Rechtssicherheit grundsätzlich die Zustimmung des Nachbarn zu einer öffentlich-rechtlichen Eigentumsbeschränkung der Baubehörde in schriftlicher Form vorliegen. Doch bleiben wie beim Näherbaurecht Fälle denkbar, wo sich die Zustimmung derart klar aus den Umständen ergibt, dass das Beharren auf der Schriftform als reiner Formalismus erschiene (vgl. SCHÜPBACH SCHMID: S. 46). Das gilt insbesondere dort, wo aus der Anmeldung zur Anmerkung im Grundbuch zwingend auf das Einverständnis des Eigentümers zu schliessen ist; ebenso kann die Baubehörde unter Umständen aus der Duldung von Bauarbeiten auf die Zustimmung des Grundeigentümers schliessen (FRIES: S. 316 f.; BEZ 2004 Nr. 67 betreffend Übertragung von Wohnflächenanteil).

7.1.3.5 *Kostenentscheid*

Rechtsgrundlagen und Zuständigkeit
Die Verwaltungsbehörden können für ihre Amtshandlungen Gebühren und (weitere) Kosten auferlegen (§ 13 Abs. 1 Satz 1 VRG). «Kosten» sind als Oberbegriff zu verstehen. Sie sind Ersatz für Aufwendungen, die dem Staat aus der Entscheidung einer Verwaltungssache erwachsen und lassen sich in drei Teile gliedern: Aufwendungen, die aus der zeitlichen Belastung der Verwaltung und Entscheidungsbehörden resultieren (Gebühren), Aufwendungen des Kanzleipersonals (Ausfertigungskosten) sowie Kosten Dritter (Barauslagen).

Die Verwaltungsgebühren – nicht aber die Ausfertigungskosten als blosse Kanzleigebühren – bedürfen stets einer formellgesetzlichen Grundlage (Gesetzmässigkeitsprinzip, Legalitätsprinzip im Abgaberecht; BEZ 1995 Nr. 18; BEZ 2008 Nr. 49 = ZBl 2009, S. 630 ff. [mit weiteren Hinweisen]; HÄFELIN/MÜLLER/UHLMANN: Rz. 2693 ff.). Nach § 13 Abs. 1 Satz 2 VRG und § 63 Abs. 1

7 Baurechtliche Zuständigkeiten, Entscheide und Auskünfte
7.1 Der kommunale baurechtliche Entscheid

GG bezeichnet der Regierungsrat in einer Verordnung die kostenpflichtigen Amtshandlungen und die hierfür zu erhebenden Gebühren. Gestützt hierauf hat der Regierungsrat die Verordnung über die Gebühren der Gemeindebehörden (GemeindegebührenV) erlassen. § 2 der GemeindegebührenV enthält Bestimmungen über die Ausfertigungskosten. Die Bemessung der Baubewilligungsgebühr richtet sich nach § 1 lit. E der GemeindegebührenV. Sodann sind die Gemeinden berechtigt, im Rahmen dieser Verordnung nähere Bestimmungen über die Gebührenansätze zu erlassen (§ 3 GemeindegebührenV). Zu beachten sind die allgemeinen verwaltungsrechtlichen Grundsätze des Abgaberechts, namentlich das Äquivalenz- und das Kostendeckungsprinzip (HÄFELIN/MÜLLER/UHLMANN: Rz. 2652 ff.; BEZ 2008 Nr. 49 = ZBl 2009, S. 630 ff.). Nach § 4 der Verordnung werden die Gebühren im einzelnen Fall von der Amtsstelle festgesetzt, welche die gebührenpflichtige Anordnung erlassen hat. Sie muss Bestandteil des Dispositivs bilden.

Da der externe Berater in der Regel keine Verfügungskompetenz hat, können dessen Rechnungen von Privaten zwar akzeptiert werden, doch besteht keine Verpflichtung hierzu. Bestreitet der Betroffene die Zulässigkeit dieses Vorgehens, obliegt es dem Gemeinderat als zuständiger Behörde, eine entsprechende Verfügung zu erlassen (RB 1995 Nr. 90, 1992 Nr. 1 und 1984 Nr. 1).

Kantonaler Gebührenrahmen
§ 1 lit. E GemeindegebührenV sieht für die Prüfung von Baugesuchen und Erteilung von Baubewilligungen einen Gebührenrahmen von 100 bis 20 000 Franken vor. Sind mehrere Gebäude Bestandteil des Baugesuchs, kann die Gebühr für jedes einzelne Gebäude erhoben werden. Bei Gebäuden mit einem Rauminhalt von mehr als 20 000 m^3 können Teilvolumen von je 20 000 m^3 und ein allfälliges Restvolumen als jeweils ein Gebäude betrachtet werden. Bei Bauverweigerungen ist die Gebühr entsprechend herabzusetzen.

Rohbauabnahmen und Schlussabnahmen/Bezugsabnahmen und sonstige Baukontrollen kosten je die Hälfte der Baubewilligungsgebühr. Insertionskosten können zusätzlich in Rechnung gestellt werden. Für die Gerüstkontrolle ist ein Rahmen von 100 bis 800 Franken festgesetzt (§ 1 lit. E Ziff. 1 und 2 GemeindegebührenV). Ziffern 3 und 4 der GemeindegebührenV enthalten weitere Ansätze für Betriebskontrollen und behördliche Anordnungen ausserhalb eines Baubewilligungsverfahrens. In besonderen Fällen können die Gebühren über die Höchstansätze hinaus angemessen erhöht werden. Der Entscheid darüber ist zu begründen (§ 5 Abs. 2 GemeindegebührenV).

Die Gemeinden sind beim Erlass ihrer eigenen Gebührenverordnung und im Einzelfall an den kantonalen Rahmen gebunden (§ 3 GemeindegebührenV). Die Bestimmung statuiert allerdings keine Verpflichtung, sondern nur eine Ermächtigung der Gemeinden zum Erlass einer eigenen Gebührenverordnung. Der Rahmen der kantonalen GemeindegebührenV ist direkt anwendbar. Im Interesse der Rechtssicherheit und der Rechtsgleichheit sind allerdings ausführende Gemeindevorschriften oder zumindest Verwaltungsrichtlinien erwünscht (BEZ 1995 Nr. 22).

7 Baurechtliche Zuständigkeiten, Entscheide und Auskünfte
7.1 Der kommunale baurechtliche Entscheid

Bemessung der Gebühren

Innerhalb des kantonalrechtlichen Gebührenrahmens werden Gebühren nach einem oder mehreren der folgenden Gesichtspunkte festgelegt: gesamter Aufwand der Verwaltung für die konkrete Verrichtung, objektive Bedeutung des Geschäfts sowie Nutzen und Interesse der gebührenpflichtigen Person an der Verrichtung (§ 5 Abs. 1 GemeindegebührenV). Dies gilt nicht nur im Hinblick auf die kantonalen, sondern auch die kommunalen Vorschriften.

Auch bei der Anwendung Letzterer ist neben dem Zeitaufwand ebenso die Bedeutung des Geschäfts zu berücksichtigen, die insbesondere durch die Bausumme repräsentiert ist. Das ergibt sich auch aus dem allgemein geltenden Äquivalenzprinzip, wonach die Höhe der Gebühr im Einzelfall in einem vernünftigen Verhältnis zum Wert stehen muss, den die staatliche Leistung für die Gesuchstellenden hat. Das bedeutet, dass sich die Gebühr auch dann in vernünftigen Grenzen halten muss, wenn dadurch der Verwaltungsaufwand im Einzelfall (etwa bei Bauvorhaben mit geringer Bausumme) nicht gedeckt werden kann (BEZ 1995 Nr. 18). Bei der Baukontrolle gilt es im Einzelfall zu prüfen, ob die Gebühr für alle Abnahmen nicht über jener der Bewilligung liegt (RB 1995 Nr. 90; vgl. auch BEZ 2008 Nr. 14 [Gebühr für feuerpolizeiliche Kontrolle]).

Daneben gilt das Kostendeckungsprinzip, wonach die Gesamterträge aus den Baubewilligungsgebühren den entsprechenden Gesamtaufwand nicht übersteigen dürfen. Das Kostendeckungsprinzip beschlägt demnach nicht das einzelne Verwaltungsgeschäft als solches, sondern den Rahmen der gesamten Verwaltungstätigkeit, bei welcher im Durchschnitt mit der Gebührenerhebung höchstens eine Kostendeckung erreicht werden soll. Dass für jedes einzelne Geschäft bloss eine kostendeckende Gebühr erhoben werden kann und muss, lässt sich aus dem Kostendeckungsprinzip nicht herleiten (BEZ 1995 Nr. 18).

Die Kosten eines externen Beraters, der das Baugesuch prüft, können nicht isoliert und rein nach tatsächlichem Aufwand weiterverrechnet werden, ohne dass geprüft wird, ob dieser Aufwand in einem vernünftigen Verhältnis zum kantonalen Rahmen steht und ob er im Einzelfall der Bedeutung des Geschäfts angemessen ist (BEZ 1995 Nr. 22, auch zum Folgenden). Der Aufwand, für den der Berater der Gemeinde Rechnung stellen darf, hängt von Art und Umfang des Auftrags ab und muss sich nicht mit dem Aufwand decken, der bei einer Baugesuchsbehandlung objektiverweise anfällt und den Gesuchstellenden überbunden werden darf (BEZ 1995 Nr. 18).

§ 5 Abs. 2 GemeindegebührenV ermöglicht, dass in besonderen Fällen die kantonalen Höchstansätze überschritten werden können, wobei der Entscheid darüber zu begründen ist. Diese Regel lässt sich auch bei einer kommunalen Gebührenverordnung anwenden, selbst wenn sich diese nicht ausdrücklich hierzu äussert. Bei der Bemessung kann die Behörde etwa den Mehraufwand berücksichtigen, der durch verbotene Eigenmacht der Bauherrschaft entstanden ist. Der Bewilligungs- oder Kontrollgebühr darf aber kein Bussencharakter verliehen werden. Eine allfällige Busse ist ausschliesslich gestützt auf § 340 PBG zu verhängen und als solche zu kennzeichnen (BEZ 1985 Nr. 48; BEZ 1995 Nr. 22).

7 Baurechtliche Zuständigkeiten, Entscheide und Auskünfte
7.1 Der kommunale baurechtliche Entscheid

Wird eine Baubewilligung im Rekursverfahren aufgehoben und in der Folge von der örtlichen Baubehörde ein nachgebessertes Projekt bewilligt, so schuldet die Bauherrschaft die Gebühr für beide Verfahren. Doch ist bei der Gebührenfestsetzung dem geringeren Aufwand für die zweite Gesuchsprüfung angemessen Rechnung zu tragen (RB 1992 Nr. 77).

Gebührenordnung zum Vollzug des Umweltrechts

Art. 48 USG verlangt die Erhebung kostendeckender Gebühren. Der Regierungsrat hat daher eine separate Gebührenordnung zum Vollzug des Umweltrechts erlassen, welche von den kommunalen wie auch den kantonalen Bewilligungsbehörden anzuwenden ist. Danach können für Amtshandlungen von Behörden und Verwaltungsstellen, die gestützt auf Vorschriften über den Umweltschutz vorgenommen werden, ebenfalls Gebühren eingefordert werden (§ 1 der Gebührenordnung zum Vollzug des Umweltrechts). Neben Amtstätigkeiten, die direkt auf dem USG selbst fussen, sind auch jene für den Vollzug des übrigen Umweltrechts mit erfasst (besonders des Waldgesetzes, des Natur- und Heimatschutzgesetzes sowie des Gewässerschutzgesetzes). Auch ergänzendes und selbstständiges Umweltrecht des Kantons (zum Beispiel § 226 PBG) fällt unter § 1 der Gebührenordnung zum Vollzug des Umweltrechts. § 2 der besagten Gebührenordnung erklärt als gebührenpflichtig insbesondere die Durchführung von Bewilligungsverfahren, Kontrollen bestehender Anlagen, Anordnung von Sanierungen und Beurteilung von Umweltverträglichkeitsberichten. Nicht gebührenpflichtig sind etwa Auskünfte und Beratungen, soweit sie mit keinem besonderen Aufwand verbunden sind (§ 3 der Gebührenordnung zum Vollzug des Umweltrechts). §§ 4 ff. der Gebührenordnung enthalten Grundsätze über den Gebührenrahmen, wobei sich die Gebühren grundsätzlich nach dem Aufwand bestimmen (§ 4 der Gebührenordnung zum Vollzug des Umweltrechts).

Kostenauflage an mehrere Beteiligte

Haben mehrere Beteiligte dasselbe Begehren gestellt, so tragen sie die ihnen auferlegten Kosten in der Regel zu gleichen Teilen unter subsidiärer Haftung für das Ganze, soweit nicht durch das zwischen ihnen bestehende Rechtsverhältnis Solidarhaftung begründet ist (§ 14 VRG).

Subsidiäre Haftung bedeutet, dass ein einzelner Beteiligter für die gesamten Kosten belangt werden kann, sofern diese bei den anderen Beteiligten nicht erhältlich sind. Demgegenüber erlaubt die Solidarhaftung, wahlweise einen der Beteiligten für das Ganze zu belangen. Letztere darf allerdings nur festgelegt werden, wenn unter den Beteiligten ein besonderes Rechtsverhältnis besteht. Der häufigste Fall des besonderen Rechtsverhältnisses ist die privatrechtliche Gesamthandschaft in der Form von Erbengemeinschaft, Gesamteigentum oder einfacher Gesellschaft. Es kann indessen auch eine öffentlich-rechtliche Rechtsbeziehung Solidarhaftung begründen. In extensiver Auslegung des Gesetzeswortlauts nimmt das Verwaltungsgericht etwa bei Ehegatten Solidarität an, die sich gemeinsam an einem Verfahren beteiligen, also beispielsweise ein Baugesuch einreichen (KÖLZ/BOSSHART/RÖHL: § 14 N 3). Beschränkt sich aber das Gemeinsame nur darauf, dass die Beteiligten das nämliche Begehren (etwa für

7 Baurechtliche Zuständigkeiten, Entscheide und Auskünfte
7.1 Der kommunale baurechtliche Entscheid

ein Baugesuch oder um Zustellung des baurechtlichen Entscheids) gestellt haben, darf nur subsidiäre Haftung angenommen werden.

Die Kosten sind im Dispositiv des baurechtlichen Entscheids auf die Beteiligten aufzuteilen. Es ist festzulegen, ob sie für das Ganze subsidiär oder solidarisch haften.

Kostenauflage an Amtsstellen
Nach der alten Regelung des VRG durften die Gemeinden dem Kanton, anderen Gemeinden oder Zweckverbänden für die Beurteilung von Bauvorhaben, die nicht in ihrem finanziellen Interesse lagen, keine Kosten auferlegen. Diese Bestimmung (§ 13 Abs. 3 aVRG) ist aus Gründen der Kostentransparenz und des Verursacherprinzips aufgehoben worden. Dies hat unter anderem auch zur Folge, dass Gemeinden, die in einem Rekurs des Bauherrn unterliegen, die entsprechenden Rekurskosten zu übernehmen haben. Beim Nachbarrekurs bleibt aber primär der Bauherr als Verursacher kostenpflichtig.

Erlass der Kosten und Vorschüsse
Privaten, welchen die nötigen Mittel fehlen und deren Begehren nicht offensichtlich aussichtslos erscheint, ist auf entsprechendes Ersuchen die Bezahlung von Verfahrenskosten und Kostenvorschüssen zu erlassen (§ 16 Abs. 1 VRG). Dies gilt nicht für juristische Personen (§ 16 Abs. 2 VRG). Die Bestimmung gibt den aus Art. 29 Abs. 3 BV abgeleiteten Anspruch auf unentgeltliche Rechtspflege wieder. Im Baubewilligungsverfahren dürfte sie indessen kaum zum Tragen kommen.

Keine weiteren Gebühren
Die gebührenpflichtigen Sachverhalte werden in der GemeindegebührenV und in der Gebührenordnung zum Vollzug des Umweltrechts abschliessend geordnet. Auskünfte und Beratungen haben daher in der Regel kostenfrei zu erfolgen, sofern nicht eine formelle Feststellungsverfügung ergeht. Indessen ist es zulässig, Aufwand, der vor Einreichung eines Baugesuchs entstanden ist (etwa Vorbesprechungen von Baugesuchen), im Rahmen der Gebührenfestsetzung zu erfassen. In der Regel ergibt sich dadurch allerdings eine entsprechende Reduktion des Aufwands für die eigentliche Beurteilung des Baugesuchs. Für kostenpflichtige Auskünfte steht das Institut des Vorentscheids zur Verfügung (§§ 323 f. PBG).

Kosten, die einer Gemeinde im Rekursverfahren erwachsen, darf diese nicht auf die Gesuchstellenden überwälzen (MÄDER 1991: S. 207 FN 41).

Kosten für Zwischenentscheide
Die Kosten sind grundsätzlich erst im Endentscheid, also mit dem baurechtlichen Entscheid festzusetzen. Im Dispositiv von Zwischenentscheiden (Baueinstellungen, Verlangen von Kostenvorschuss usw.) soll auf die Kostenregelung im Endentscheid verwiesen werden (BEZ 2003 Nr. 8; KÖLZ/BOSSHART/RÖHL: § 13 N 29 und 39).

7 Baurechtliche Zuständigkeiten, Entscheide und Auskünfte
7.1 Der kommunale baurechtliche Entscheid

Fälligkeit und Vollstreckung

Seit Mitte 2003 steht das Gesetz über die Verzugszinsen für öffentlich-rechtliche Forderungen in Kraft. Dieses Gesetz schliesst eine Lücke für bisher fehlende Verzugszinsbestimmungen und verschafft den Verwaltungsbehörden eine klare Rechtsgrundlage, um von säumigen Schuldnern Verzugszinsen für alle öffentlich-rechtlichen Forderungen (also auch für Baubewilligungsgebühren und Kontrollgebühren) zu verlangen. So lautet § 29a VRG:

«Öffentlich-rechtliche Forderungen der Verwaltungsbehörden und von Privatpersonen werden 30 Tage seit Zustellung der Rechnung fällig. Vorbehalten bleiben der Barbezug oder die Vorauszahlung, wo dies zur Vereinfachung des Verfahrens angezeigt ist, sowie die Stundung und Ratenzahlung in begründeten Fällen.

Nach Ablauf der Zahlungsfrist wird der Schuldner gemahnt. Ab Datum der Mahnung schuldet er Verzugszins von 5%.

Abweichende Bestimmungen der Steuergesetzgebung bleiben vorbehalten.»

Eine Toleranzgrenze für den Verzicht auf Verzugszinsen ist nicht vorgesehen. Es besteht aber die Möglichkeit, bei kleinen Beträgen oder in Härtefällen auf die Erhebung zu verzichten. Die Zuständigkeit zum Verzicht auf Verzugszinsforderungen richtet sich nach den Ausgabenkompetenzen gemäss Gemeindeordnung. Das Gemeindeamt des Kantons Zürich empfiehlt aus verwaltungsökonomischen Gründen, eine Freigrenze in der Bandbreite zwischen 0 und 30 Franken festzulegen und Verzugszinsen erst dann zu erheben, wenn diese Freigrenze überschritten wird.

Kostenentscheide aller Verwaltungsinstanzen des Kantons und der Gemeinden sind durch Schuldbetreibung nach den Vorschriften des Bundesrechts zu vollstrecken (§ 30 Abs. 1 lit. a VRG). Kostenentscheide stehen vollstreckbaren gerichtlichen Urteilen gleich, weshalb der Rechtsöffnungsrichter gestützt auf solche Anordnungen definitive Rechtsöffnung zu erteilen hat (Art. 80 Abs. 2 Ziff. 3 SchKG).

7.1.3.6 *Rechtsmittelbelehrung*

Die Pflicht zur Rechtsmittelbelehrung ergibt sich aus Art. 112 Abs. 1 lit. d BGG, Art. 18 Abs. 2 KV, § 6 Abs. 2 PBG und § 10 Abs. 1 VRG (in Kraft seit 1. Juli 2010). Dabei hat die Rechtsmittelbelehrung das zulässige ordentliche Rechtsmittel, die Rechtsmittelinstanz und die Rechtsmittelfrist zu bezeichnen (§ 10 Abs. 1 VRG). Weitergehende Angaben, insbesondere zur Legitimation oder zu den allfälligen Kostenfolgen, sind gesetzlich nicht erforderlich.

Die Rechtsmittelbelehrung bildet formelles Gültigkeitserfordernis einer Verfügung. Fehlt sie, beginnt die Rechtsmittelfrist nicht zu laufen und die Verfügung erwächst nicht ohne Weiteres in Rechtskraft (RB 1962 Nr. 13 und 1984 Nr. 1). Jedenfalls darf den Parteien aus einer unrichtigen oder unvollständigen Rechtsmittelbelehrung aber kein Nachteil erwachsen (Art. 49 BGG; HÄFELIN/MÜLLER/UHLMANN: Rz. 1642 ff.). So kann eine Anordnung trotz fehlender Rechtsmittelbelehrung rechtswirksam werden, wenn dem Betroffenen dadurch kein Nachteil erwächst, weil er das zulässige Rechtsmittel gleichwohl fristgerecht erhebt. Aber auch sonst wird vom Rechtsuchenden in Anwendung des

7 Baurechtliche Zuständigkeiten, Entscheide und Auskünfte
7.1 Der kommunale baurechtliche Entscheid

Grundsatzes von Treu und Glauben erwartet, dass er sich nach dem zulässigen Rechtsmittel erkundigt. Er soll sich innert angemessener beziehungsweise vernünftiger Frist, die durchaus länger sein kann als die Rechtsmittelfrist, nach den zulässigen Rechtsmitteln erkundigen und allenfalls solche ergreifen (KÖLZ/BOSSHART/RÖHL: § 10 N 51). Auch bei unrichtiger oder unklarer Rechtsmittelbelehrung muss die Rechtsmittelinstanz im Rahmen von Treu und Glauben nach Ablauf der Frist von 30 Tagen gegebenenfalls noch auf das Rechtsmittel eintreten. Bezeichnet eine Rechtsmittelbelehrung eine falsche Instanz, ist das Rechtsmittel ohnehin von Amtes wegen an die richtige Instanz zu überweisen, wobei für die Einhaltung der Frist der Zeitpunkt der Einreichung bei der unzuständigen Behörde massgebend ist (§ 5 Abs. 2 VRG).

Keine Rechtsmittelbelehrung erfordern etwa der Nichteintretensentscheid auf ein Wiedererwägungsgesuch, die Überweisung an das Statthalteramt zur Bestrafung oder die kostenlose schriftliche Mitteilung im Sinne von § 18 Abs. 1 lit. a BVV, dass dem Bauvorhaben nichts entgegensteht (Anzeigeverfahren). Regelt eine Verfügung verschiedene Sachverhalte, so hat sich die Rechtsmittelbelehrung auf jene Bestandteile des Dispositivs zu beschränken, die anfechtbar sind. Bezeichnet die Verfügung eine tatsächlich nicht gegebene Anfechtungsmöglichkeit, so führt dieser Irrtum nicht zur Zulässigkeit des Rechtsmittels, sondern zum Nichteintreten, da dem Betroffenen gar kein Nachteil entsteht. Immerhin können die Kosten des Nichteintretensentscheids aber der Gemeinde überbunden werden, welche die unzutreffende Rechtsmittelbelehrung zu verantworten hat (HÄFELIN/MÜLLER/UHLMANN: Rz. 1646).

7.1.3.7 *Mitteilungssatz*

Das Dispositiv wird durch den Mitteilungssatz abgeschlossen (§ 10 Abs. 3 VRG [in Kraft seit 1. Juli 2010]). Die vollständige Aufführung der Adressaten hilft der Behörde, Fehler in der Eröffnung der Verfügung zu vermeiden (MÄDER 1991: S. 208). Sie erleichtert die Nachforschung im Falle von Streitigkeiten über die Zustellung.

7.1.3.8 *Unterschrift*

§ 10 Abs. 3 VRG (in Kraft seit 1. Juli 2010) schreibt den Behörden zwar die schriftliche Mitteilung von Anordnungen vor. Doch bleibt offen, ob das Erfordernis der Schriftlichkeit auch die Unterschrift des betreffenden Angestellten oder der Behörde umfasst. Nach der Praxis kann jedenfalls die Unterschrift bei Verfügungen unterbleiben, die in grosser Zahl auf elektronischem oder mechanischem Weg erlassen werden und sich sachlich nur etwa in einzusetzenden Zahlen unterscheiden (BGE 112 V 87; ZR 1994 Nr. 70). Diese Voraussetzung dürfte bei baurechtlichen Entscheiden allerdings kaum je erfüllt sein. Zu beachten ist zudem, dass das Gesetz neben der schriftlichen Form nicht ausdrücklich die handschriftliche Unterzeichnung durch den für den Verwaltungsakt Verantwortlichen verlangt. Folgerichtig ist diesfalls – etwa im Baubewilligungsverfahren – die faksimilierte oder fotomechanische Wiedergabe von Unterschriften wohl gestattet (BGE 97 IV 208). Das Erfordernis der handschriftlichen Unterzeichnung lässt sich mithin nicht aus jenem der Schriftlichkeit ableiten

7 Baurechtliche Zuständigkeiten, Entscheide und Auskünfte
7.1 Der kommunale baurechtliche Entscheid

(RB 1969 Nr. 41; Kölz/Bosshart/Röhl: § 10 N 19). Auch ist nicht gefordert, dass die Verfügung mit Originalunterschrift zugestellt wird. Der Versand kann in Form von Kopien erfolgen.

7.1.4 Zustellung und Eröffnung des Entscheids

7.1.4.1 *Zustellungsadressaten*

Entscheide

Der kommunale baurechtliche Entscheid sowie die im Rahmen der Koordination ergangenen weiteren Entscheide sind von Gesetzes wegen primär folgenden Adressaten zuzustellen:

- den Baugesuchstellenden (§ 10 Abs. 3 lit. a VRG [in Kraft seit 1. Juli 2010]). Haben Betroffene eine bevollmächtigte Vertretung, ist die Verfügung dieser zu eröffnen, sofern dies möglich ist, sonst an die Partei selber. Wird die Verfügung zu Unrecht nur der Partei selbst und nicht der Vertretung eröffnet, darf der Partei daraus kein Nachteil erwachsen (BGE 113 Ib 296).
- jenen Personen, die gestützt auf § 315 Abs. 1 PBG Begehren um Zustellung des baurechtlichen Entscheids gestellt haben (§ 316 Abs. 2 PBG; § 10 Abs. 3 lit. b VRG). Dabei sind die baurechtlichen Entscheide grundsätzlich an alle Dritten zuzustellen, die entsprechende Begehren gestellt haben. Eine Vorprüfung der Rekurslegitimation steht der örtlichen Baubehörde nicht zu. Die Zustellungsverweigerung kommt höchstens in Betracht, wenn ein schützenswertes Interesse eines Dritten offensichtlich fehlt. Dies trifft zum Beispiel zu, wenn die Rechtsmittelbefugnis unter gar keinen Umständen anzunehmen ist oder wenn das Zustellungsbegehren aus sachfremden Motiven – reiner Neugier, Beunruhigung des Bauherrn, «Beaufsichtigung» der Behörde – erfolgt (RB 1982 Nr. 150; BEZ 1990 Nr. 12, 1985 Nr. 14). In einem solch extremen Fall müsste von Rechtsmissbrauch gesprochen werden, der keinen Schutz verdient (Art. 5 Abs. 3 BV; Art. 2 Abs. 3 KV).

Verfahrensbeteiligt im Sinne von § 10 Abs. 3 lit. b VRG und damit im Weiteren zustellberechtigt (ohne Kostenfolgen) sind insbesondere:

- Grundeigentümer, welche dem Bauvorhaben zustimmten (§ 310 Abs. 3 PBG, § 5 lit. m BVV);
- der Architekt, der das Projekt verfasst und das Baugesuch mit Plänen mitunterzeichnet hat;
- die von einer Nebenbestimmung direkt belasteten Dritten. Auch an sie ist eine Mitteilung vorzunehmen. Mit Bezug auf sie belastende Nebenbestimmungen bleiben Betroffene rechtsmittelbefugt, auch wenn sie kein Zustellungsbegehren eingereicht haben (RB 1998 Nr. 119; Kölz/Bosshart/Röhl: § 10 N 12, auch zum Folgenden);
- Kein Zustellbegehren im Sinne von § 315 PBG hat ein als Näherbaurechtsgeber in Anspruch genommener Nachbar zu stellen (§ 270 Abs. 3 PBG). Diesem kommt im baurechtlichen Verfahren eine besondere Stellung zu, da seine Zustimmung zum Näherbau eine unabdingbare Voraus-

7 Baurechtliche Zuständigkeiten, Entscheide und Auskünfte
7.1 Der kommunale baurechtliche Entscheid

setzung für die Realisierung des Bauprojekts bildet. Die Zustellung ist daher gestützt auf § 10 Abs. 3 lit. b VRG von Amtes wegen unaufgefordert vorzunehmen (SCHÜPBACH SCHMID: S. 124).
- Analoges gilt für Personen, die von der Baubehörde ausnahmsweise im Verfahren beigeladen werden, womit ihnen die Stellung von weiteren am Verfahren Beteiligten im Sinne von § 10 Abs. 3 lit. b VRG zukommt (KÖLZ/BOSSHART/RÖHL: § 10 N 12).

Weitere Drittpersonen haben, wenn sie etwa als zustimmende Nachbarn in das Bauvorhaben einbezogen worden sind, zur Wahrung ihrer Rekursrechte innert der Auflagefrist zwingend den baurechtlichen Entscheid zu verlangen. Dies gilt auch für Nachbarn, die durch eine Ausnahmebewilligung betroffen werden, zumal sich die Ausnahmebedürftigkeit und die Ausnahmebegründung aus der Aktenauflage ergeben (insoweit zutreffend, wenn auch zu wenig differenziert BEZ 1998 Nr. 15). Nicht am Verfahren Beteiligten ist keine Verfügung zuzustellen, da andernfalls das Amtsgeheimnis verletzt wird. Die Zustellung an andere Amtsstellen ist zwar ohne gesetzliche Grundlage zulässig, muss aber zumindest durch ein öffentliches Interesse geboten sein (MARTIN: S. 170 f.; Art. 5 Abs. 2 BV; Art. 2 Abs. 2 KV).

Pläne und weitere Unterlagen
Die bewilligten Pläne (mit Bewilligungsvermerk) sind im Normalfall den Gesuchstellenden (beziehungsweise an die bevollmächtigte Vertretung) zuzustellen. Denn diese – und nicht etwa der Architekt – haben seinerzeit das entsprechende Verfahren eingeleitet und sind daher primäre Adressaten des baurechtlichen Entscheids sowie über die Inanspruchnahme der Baubewilligung entscheidungsbefugt. Der Bewilligungsvermerk auf den Plänen ist so abzufassen, dass kein Widerspruch zum Entscheid selbst entsteht. Wird die Bewilligung verweigert, kann der Stempel beispielsweise nicht auf «Bewilligung» lauten.

Die Gesuchstellenden erhalten auch allfällige zusätzliche Beilagen, auf welche in den kantonalen oder kommunalen Entscheiden verwiesen wird (etwa betreffend Feuerpolizei, Arbeitnehmersicherheit, Bauausführung). Regelmässig, aber nicht zwingend werden mit den Plänen auch weitere Unterlagen wie etwa Meldekarten und Formulare mitgeliefert.

7.1.4.2 Kosten für die Zustellung

Für die Zustellung der baurechtlichen Entscheide an Dritte können Kosten auferlegt werden, welche nicht die Bauherrschaft, sondern der jeweils um Zustellung des baurechtlichen Entscheids ersuchende Dritte zu bezahlen hat (BEZ 1990 Nr. 12). Das Bundesgericht entschied aber, dass den ideellen Organisationen für die Zustellung baurechtlicher Entscheide keine Kosten auferlegt werden dürfen (URP 1995, S. 692 ff., PBG aktuell 4/1995, S. 26; BGE 121 II 224 [E. 5e]). Es soll diesen Organisationen ermöglicht werden, ohne grossen Aufwand von den zahlreichen erstinstanzlichen Entscheiden Kenntnis zu erhalten, zu deren Anfechtung sie befugt sein könnten. Durch die Kostenauflage würde die Ausübung des Beschwerderechts unzumutbar erschwert.

7 Baurechtliche Zuständigkeiten, Entscheide und Auskünfte
7.1 Der kommunale baurechtliche Entscheid

7.1.4.3 *Zustellungsform*

Mittel der Zustellung

Nach § 10 Abs. 3 VRG [in Kraft seit 1. Juli 2010] werden schriftliche Anordnungen mitgeteilt. Gestützt auf § 6 Abs. 1 lit. b PBG ergeht eine schriftliche Mitteilung grundsätzlich durch eingeschriebenen Brief. Letzteres drängt sich aufgrund der Beweislastverteilung ohnehin auf. Beweispflichtig für den Zeitpunkt einer Mitteilung einer Verfügung, von dem der Lauf der Rekursfrist abhängt, ist nämlich die zustellende Behörde beziehungsweise Verwaltung. Erfolgt die Zustellung nicht eingeschrieben, so kann der Beweis für das Zustelldatum kaum erbracht werden. Das schliesst jedoch nicht aus, dass aufgrund der Umstände des einzelnen Falls wenigstens der Zeitraum bestimmt werden kann, in welchem die Sendung den Empfänger erreicht haben muss oder noch nicht erreicht haben kann. Ob darüber hinausreichende Gewissheit besteht, ist eine Frage der freien richterlichen Beweiswürdigung (KÖLZ/BOSSHART/RÖHL: §§ 19–18 N 78). Führt eine solche Beweiswürdigung zu keiner genügenden Gewissheit über den Zeitpunkt der Zustellung, so schlägt dies – entsprechend der Verteilung der Beweislast – zum Nachteil der zustellenden Behörde oder Verwaltung aus (RB 1982 Nr. 87).

Daher erfolgt die postalische Zustellung durch eingeschriebene Sendung («Einschreiben»), allenfalls durch mit einem Rückschein versehene Sendung oder durch Gerichtsurkunde. Die Zustellung baurechtlicher Entscheide – auch an Begehrensteller im Sinne von §§ 315 f. PBG – per Nachnahme ist nicht zulässig (BEZ 2000 Nr. 46). Bei eingeschriebener Sendung registriert die Post (anders als bei uneingeschriebener) sowohl die Entgegennahme der Sendung vom Auftraggeber als auch die Übergabe an den Adressaten. Bei Zustellung mit Rückschein oder als Gerichtsurkunde wird der Absender zusätzlich über die Tatsache des Zustellungsvollzugs und dessen Datum informiert. Das ermöglicht der Verwaltung, die Zustellung klar und unbefristet zu belegen, während es bei der eingeschriebenen Zustellung dem Adressaten – mindestens theoretisch – möglich ist, die Richtigkeit der eingeholten Postauskunft im Einzelfall zu entkräften, sofern die Postauskunft aufgrund des Zeitablaufs überhaupt noch erhältlich ist. Als Zustellungsmittel stehen auch der Telefax oder der elektronische Weg (E-Mail) zur Verfügung, da für baurechtliche Entscheide grundsätzlich keine Originalunterschrift verlangt ist. Diesen Übertragungsmitteln ist allerdings gemeinsam, dass ein Nachweis der ordnungsgemässen Zustellung wie bei der uneingeschriebenen Postsendung kaum möglich ist oder zumindest nicht leicht erbracht werden kann. Ungeachtet dessen sind die Behörden befugt, eine Anordnung den Parteien jedenfalls in dringenden Fällen vorab per Telefax oder per E-Mail zu eröffnen und nachträglich per Post zuzustellen (KÖLZ/BOSSHART/RÖHL: § 10 N 23). Vgl. zu den Anforderungen an den Zustellungsnachweis bei nicht eingeschriebener Postsendung RB 1982 Nr. 87 sowie BGer 2C_430/2009 (betreffend A-Post-Plus-Sendungen).

Empfang und Fristenlauf

Als Zustellung gilt die tatsächliche Aushändigung an den Adressaten oder eine andere zur Entgegennahme berechtigte Person. Misslingt die postalische Zustellung, wird also der Abholungseinladung innert der Frist von sieben Tagen nicht

7 Baurechtliche Zuständigkeiten, Entscheide und Auskünfte
7.1 Der kommunale baurechtliche Entscheid

Folge geleistet, so ist die Eröffnung grundsätzlich zu wiederholen (RB 1992 Nr. 2, 1999 Nr. 9, auch zum Folgenden).

Scheitert auch die zweite Zustellung, ist die Anordnung in Anwendung von § 10 Abs. 4 lit. a VRG [in Kraft seit 1. Juli 2010] amtlich zu veröffentlichen und gilt dann als zugestellt. Ist der Adressat an sich am Zustellungsort erreichbar, tritt nach zweimaligem postalischem Zustellungsversuch die amtliche Zustellung durch den Gemeindeammann, den Gemeindeweibel und allenfalls durch die Polizei an die Stelle der amtlichen Veröffentlichung.

Die Behörden dürfen aber von einer Wiederholung der Zustellung absehen, wenn eine schuldhafte, das heisst wissentliche Annahmeverweigerung vorliegt. Diesfalls ist schon der blosse Zustellungsversuch als gültige Eröffnung anzusehen. Eine schuldhafte Verhinderung der Zustellung kann auch in der passiven Nichtannahme einer Sendung erblickt werden. In Anwendungsfällen von § 10 VRG – also auch im baurechtlichen Bewilligungsverfahren – wird eine solche passive schuldhafte Vereitelung der Zustellung angenommen, wenn ein Adressat, der nach den Umständen des Einzelfalls die Zustellung eines behördlichen Akts mit gewisser Wahrscheinlichkeit erwarten muss, die gebotenen besonderen Vorkehren für eine geordnete Zustellung unterlässt. In diesem Sinne besteht eine Empfangspflicht (RB 1998 Nr. 2, mit Hinweisen). Die geforderte Wahrscheinlichkeit liegt bei den Gesuchstellenden für eine Baubewilligung in der Regel vor, da für die Behandlung Fristen gesetzt sind. Analoges gilt für jene Personen, die gestützt auf §§ 315 f. PBG Begehren um Zustellung des baurechtlichen Entscheids gestellt haben (allerdings in der Regel nur hinsichtlich der erstmaligen Zustellung des Bauabschieds, nicht jedoch in Bezug auf Projektänderungen und ergänzende Anordnungen). In solchen Fällen sind bei längerer Abwesenheit Massnahmen für eine gleichwohl mögliche Zustellung zu treffen; beispielsweise durch einen Nachsendeauftrag an die Post, die Bekanntgabe der Adressänderung (RB 1999 Nr. 8) oder durch die Bestellung eines Zustellungsbevollmächtigten.

Gemäss allgemeiner Erfahrung darf nach zweimaligem erfolglosem Zustellungsversuch durch eingeschriebene Sendungen davon ausgegangen werden, dass zumindest eine Abholungseinladung richtig hinterlegt worden ist und daher als zugestellt gelten kann. Zugunsten des Adressaten ist in diesen Fällen immer der zweite Zustellungsversuch als für den Fristenlauf massgebend zu betrachten. Es gilt der letzte Tag der (zweiten) siebentägigen Abholfrist als fingiertes Zustelldatum. Die Möglichkeit einer Erstreckung der siebentägigen Abholungsfrist (Lagerfrist) für eingeschriebene Postsendungen ist ausgeschlossen. Erfolgt in Einzelfällen gleichwohl eine längere Lagerung, etwa während Ferienabwesenheiten, ändert dies nichts an der erwähnten Fiktion, wonach nach sieben Tagen die erfolgte Zustellung angenommen wird (RB 1992 Nr. 28). Vgl. Näheres zur Zustellung von Verfügungen bei KÖLZ/BOSSHART/RÖHL: § 10 N 20 ff.

Zustellungsdomizil
Personen, die ein gemeinsames oder inhaltlich gleich lautendes Begehren gestellt haben, können verpflichtet werden, ein gemeinsames Zustellungsdomizil oder eine gemeinsame Vertretung zu bezeichnen (§ 6a Abs. 1 VRG). Wann die Bestimmung anwendbar wird, lässt das Gesetz offen. Als Richtgrösse wird

7 Baurechtliche Zuständigkeiten, Entscheide und Auskünfte
7.1 Der kommunale baurechtliche Entscheid

das Minimum von zehn Personen zu gelten haben (ROTACH TOMSCHIN: S. 441). Kommen die Beteiligten dieser Aufforderung innert angemessener Frist nicht nach, so kann von Amtes wegen ein Zustellungsdomizil bezeichnet oder eine Vertretung bestimmt werden (§ 6a Abs. 2 VRG). Das Vorgehen nach § 6a VRG kann zweckmässig und notwendig sein, wenn mehrere Baugesuchstellende (etwa Erbengemeinschaften oder einfache Gesellschaften) keine Vertretung bezeichnet oder zahlreiche Dritte im Sinne von § 315 PBG zwar verschiedene, aber gleich motivierte Begehren gestellt haben.

Verfahrensbeteiligte mit Sitz oder Wohnsitz im Ausland haben ein Zustellungsdomizil oder eine Vertretung in der Schweiz anzugeben. Kommen sie dieser Aufforderung innert dieser Frist nicht nach, kann die Behörde entweder Zustellungen durch amtliche Veröffentlichungen ersetzen oder auf die Eingabe (etwa ein Baugesuch) nicht eintreten (§ 6b VRG; vgl. auch § 6 Abs. 1 lit. b PBG).

7.1.5 Gültigkeit der Baubewilligung
7.1.5.1 *Dauer und Beginn der Frist*

Gültigkeitsdauer

Im Normalfall wird die Baubewilligung innert nützlicher Frist nach deren Rechtskraft realisiert. Bleibt jedoch diese Realisierung aus, ist die Baubewilligung nicht unbeschränkt, sondern nur drei Jahre gültig (§ 322 Abs. 1 PBG). Baubewilligungen auf Vorrat sind also nicht möglich. Im Interesse der Klarheit der Rechtslage soll sich der Bauherr innerhalb dreier Jahre entscheiden, ob er bauen will oder nicht.

Kriterien für den Beginn der Frist

Für den Fristbeginn ist nicht die Erteilung, sondern die Rechtskraft der Baubewilligung (nach Ablauf der Rechtsmittelfrist) massgebend (§ 322 Abs. 3 PBG). Sind für ein Projekt mehrere baurechtliche Bewilligungen nötig (zum Beispiel neben dem kommunalen Entscheid eine kantonale Bewilligung), beginnt die Dreijahresfrist erst mit der Rechtskraft der letzten Bewilligung (§ 322 Abs. 2 PBG). Als derartige baurechtliche Bewilligungen gelten alle Bewilligungen und Genehmigungen, die nach dem PBG Voraussetzung für den Baubeginn sind (§ 20 Abs. 1 BVV), also die baurechtlichen Entscheide im engeren Sinne sowie die koordinationspflichtigen Beurteilungen gemäss Anhang zur BVV. Sie sind allerdings nach den Koordinationsanforderungen grundsätzlich ohnehin gleichzeitig zuzustellen (§ 12 BVV). Ergeht im Anzeigeverfahren innert der Behandlungsfrist keine Anordnung, gilt der letzte Tag dieser Frist als Datum der Bewilligung (§ 20 Abs. 2 BVV).

Besonderheiten beim Ergreifen von Rechtsmitteln

Ist die Baubewilligung angefochten worden, beginnt die Frist erst, wenn der letztinstanzliche öffentlich- oder zivilrechtliche Entscheid rechtskräftig ist (nach Ablauf der letzten ungenutzten Anfechtungsfrist; § 322 Abs. 3 PBG). Seit Inkrafttreten der neuen Fassung von § 322 Abs. 3 PBG (Februar 1992) halten also auch rein privatrechtliche Streitigkeiten den Fristenlauf auf. Daher steht ein hängiger

7 Baurechtliche Zuständigkeiten, Entscheide und Auskünfte
7.1 Der kommunale baurechtliche Entscheid

Zivilprozess (zum Beispiel über die Bedeutung einer privatrechtlichen Dienstbarkeit) der Baufreigabe (allenfalls über die angefochtenen Teile) entgegen (vgl. SCHÜPBACH SCHMID: S. 140). Zur Bedeutung und zu offenen Fragen betreffend zivilrechtliche Entscheide vgl. WOLF/KULL: N 261. Zur Baufreigabe vgl. Seite 391.

Nebenbestimmungen und Projektänderungen
Dagegen beeinflussen Nebenbestimmungen zur Baubewilligung den Fristenlauf nicht (§ 322 Abs. 4 PBG). Dasselbe gilt für Projektänderungen, selbst wenn sie amtlich zu publizieren sind (RB 1996 Nr. 86; BEZ 2007 Nr. 27).

7.1.5.2 *Ende der Frist*

Die Frist ist eingehalten, wenn vor ihrem Ablauf mit dem Bau begonnen wird. Als Baubeginn gilt der Aushub oder – wo er vorausgesetzt ist – der Abbruch einer bestehenden Baute (§ 322 Abs. 1 PBG). Massgebend ist also grundsätzlich nicht die Erteilung der Baufreigabe (§ 326 PBG), sondern der faktische Beginn der Bauarbeiten. Der drohende Verfall einer Baubewilligung kann aber nicht in jedem Fall durch eigenmächtigen Beginn der Bauarbeiten verhindert werden. Mit dem eigenmächtigen Beginn ist die Frist nur dann gewahrt, wenn im Zeitpunkt des Baubeginns die Voraussetzungen für die Erteilung der Baufreigabe erfüllt waren und es lediglich noch an der schriftlichen Erlaubnis der Behörden fehlte. Wird kurz vor Fristablauf ein Gesuch um Baufreigabe gestellt, erscheint es als angebracht, die Frist von § 322 Abs. 1 PBG während der behördlichen Prüfung des Baufreigabegesuchs als ruhend zu betrachten. Es genügt dann, wenn nach der erfolgten Baufreigabe unverzüglich mit den Bauarbeiten begonnen wird (zum Baubeginn vgl. Seite 390). Bezieht sich die Baubewilligung auf mehrere Gebäude (zum Beispiel einer Arealüberbauung), genügt der Baubeginn bei einem Gebäude (§ 322 Abs. 3 Satz 2 PBG). Wird ein Bauvorhaben nur unvollständig ausgeführt, so gebietet die Rechtssicherheit, spätestens drei Jahre nach Schlussabnahme die Verwirkung der nicht ausgeschöpften Bewilligung anzunehmen (RB 1995 Nr. 91; vgl. auch § 328 PBG).

§ 322 Abs. 1 PBG stipuliert im Interesse der Rechtssicherheit eine Verwirkungsfrist. Mit ihrem Ablauf erlischt die Baubewilligung. Eine Verlängerung der Frist ist nicht möglich. Will der Bauherr nach Fristablauf doch noch bauen, muss er ein neues Baugesuch einreichen, das vollumfänglich neu beurteilt wird (BEZ 2007 Nr. 27).

7.1.6 Widerruf des baurechtlichen Entscheids

Formell rechtskräftige Baubewilligungen (also solche, die nicht mehr mit einem ordentlichen Rechtsmittel angefochten werden können) sind nur unter Vorbehalt des Widerrufs (materiell) rechtsbeständig. Nach der Rechtsprechung des Bundesgerichts darf die erste Instanz bei Dauersachverhalten (also auch nach Erteilung einer Baubewilligung) trotz Rechtsmittelentscheid in der Sache neu verfügen, wenn Widerrufsgründe vorliegen (BGE 97 I 752 f.). Der Widerruf ergeht auf Initiative der für den Erlass des baurechtlichen Entscheids zuständigen Behörde und unterscheidet sich dadurch von der Wiedererwägung, welche vom Adressaten der ursprünglichen Anordnung ausgeht (vgl. zur Wiedererwägung Seite 460 f.).

7 Baurechtliche Zuständigkeiten, Entscheide und Auskünfte
7.1 Der kommunale baurechtliche Entscheid

Die Frage des Widerrufs einer Baubewilligung kann sich dann stellen, wenn sie mit Mängeln behaftet ist. Dabei kann der Mangel
- ein ursprünglicher sein, wenn die Baubewilligung zu Unrecht erteilt wurde, oder
- nachträglich infolge einer Rechtsänderung oder wegen einer Änderung der tatsächlichen Verhältnisse eintreten.

Das zürcherische Recht regelt den Widerruf der Baubewilligung nicht, weshalb auf die allgemeinen Grundsätze abzustellen ist (vgl. BEZ 1982 Nr. 38; HÄFELIN/MÜLLER/UHLMANN: Rz. 994 ff.). Baubewilligungen verleihen keine wohlerworbenen Rechte und können daher widerrufen werden. Grundvoraussetzung für einen Widerruf ist ein Widerspruch zum einschlägigen öffentlichen Recht, insbesondere zu polizeilich motivierten Vorschriften. Ausgangspunkt ist eine Interessenabwägung im Einzelfall zwischen dem öffentlichen Interesse an der richtigen Durchsetzung des Planungs-, Bau- und Umweltrechts einerseits und den privaten Anliegen an der Rechtssicherheit und dem Vertrauensschutz anderseits. Das private Interesse nimmt mit wachsendem Baufortschritt zu (BEZ 1987 Nr. 37 und 1992 Nr. 28 mit ausführlichen Erwägungen und Hinweisen, auch zum Folgenden).

Besteht der Widerspruch zwischen objektivem Recht und Baubewilligung schon von Anfang an (und wird er nicht durch eine nachfolgende Änderung des Sachverhalts herbeigeführt), so muss die Rechtswidrigkeit klar zutage treten. Dies ist etwa der Fall bei der Gefährdung von Leib und Leben oder der öffentlichen Sicherheit. Es genügt nicht, dass nach neuer Überlegung eine andere Rechtsauffassung als begründbar oder vertretbar erscheint.

Soll ein Widerruf nach Baubeginn erfolgen, so ist bei der Interessenabwägung insbesondere dem Stand der im Gange befindlichen Bauarbeiten Rechnung zu tragen. Nach Bauvollendung ist eine Baubewilligung grundsätzlich unwiderrufbar, es sei denn, der Bauherr habe die Bewilligung durch Täuschung der Behörden erlangt oder es liegen wichtige öffentliche Interessen für einen Widerruf vor. Unter Umständen ist dem Betroffenen unter dem Titel des Vertrauensschutzes (Art. 9 BV) aber eine angemessene Entschädigung zu bezahlen. Der Widerruf einer rechtskräftig erteilten Baubewilligung wegen Missachtung von dinglichen Rechten eines Nachbarn kommt nur in Betracht, wenn die Rechtsverletzung schwer wiegt und klar zutage tritt. Andernfalls hat dieser Nachbar seine Befugnisse auf dem Wege des Zivilprozesses durchzusetzen (§ 317 PBG). Liegen die genannten Voraussetzungen vor, so ist in einem zweiten Schritt zu prüfen, ob ein Widerruf der Baubewilligung nach Abwägung der öffentlichen und privaten Interessen gerechtfertigt ist (RB 1995 Nr. 89).

Vgl. zu den Voraussetzungen eines Widerrufs auch BEZ 2004 Nr. 57 (betreffend eine fehlerhafte, aber unangefochten gebliebene baurechtliche Erschliessungsbewilligung).

7 Baurechtliche Zuständigkeiten, Entscheide und Auskünfte
7.2 Besondere Zuständigkeiten und Entscheide

7.2 Besondere Zuständigkeiten und Entscheide

7.2.1 Bedeutung des Anhangs zur BVV

7.2.1.1 *Im Allgemeinen*

Die Abweichungen von der ausschliesslichen Zuständigkeit der örtlichen Baubehörde sind vorerst einmal im Anhang zur BVV erwähnt. Er enthält die Besonderheiten, bei deren Vorliegen die Erstellung oder Änderung von Bauten und Anlagen einer Beurteilung (Bewilligung, Konzession oder Genehmigung) durch kantonale Stellen bedarf (§ 318 und § 319 Abs. 2 PBG; § 7 Abs. 1 BVV). Im Anhang sind die beantragenden und zum Entscheid zuständigen Stellen, die nicht koordinationspflichtigen Beurteilungen sowie die Anwendungsfälle von § 19 BVV (beschleunigte kantonale Beurteilungen) aufgeführt. Dabei wird im Anhang allerdings nicht zwischen Bewilligung, Konzession und Genehmigung unterschieden. Es ist daher in concreto insbesondere zu entscheiden, ob die kantonale Zuständigkeit eine Bewilligung oder nur die Genehmigung eines kommunalen Entscheids bedeutet (BEZ 2006 Nr. 21).

Der Anhang zur BVV will die Mitwirkungserfordernisse unabhängig davon erfassen, ob sie nach dem Planungs- und Baurecht oder nach (eidgenössischen und kantonalen) Spezialgesetzen erforderlich sind. Die Aufzählung ist nicht abschliessend. Weitere Prüfungen und Bewilligungen aufgrund der Spezialgesetzgebung des Bundes und des Kantons bleiben vorbehalten (lit. b des Ingresses zum Anhang der BVV).

Der Entscheid, ob im konkreten Fall die Zuständigkeit einer überkommunalen Behörde gegeben ist, muss primär von der örtlichen Baubehörde als für die Koordination zuständige Behörde getroffen werden. Vgl. hierzu Näheres Seite 296 ff.

In der nachfolgenden (nicht abschliessenden) Zusammenstellung sind – ergänzend zum Anhang BVV – auch eine Auswahl weiterer kantonaler und kommunaler Spezialbewilligungen aufgeführt.

Für die Gesuche an die kantonalen Amtsstellen bestehen meistens Formulare, die unter www.baugesuche.zh.ch heruntergeladen werden können.

7.2.1.2 *Besonderheiten des Genehmigungsverfahrens*

Ist das Genehmigungsverfahren anwendbar, erteilt die örtliche Baubehörde vorerst ihre eigene Bewilligung und reicht diese zur Genehmigung an die Baudirektion weiter. Diese erteilt ihre Genehmigung, welche alsdann koordiniert mit der kommunalen Bewilligung eröffnet wird. Die Genehmigungsinstanz hat den Ermessensspielraum zu wahren, den der örtlichen Behörde unter anderem bei der Auslegung kommunalen Rechts zusteht. Verweigert die kommunale Behörde ihre Bewilligung, wird sie diesen Entscheid – nach Durchführung des Verfahrens gemäss § 12 Abs. 3 BVV («klare Hindernisse») – vorerst zu eröffnen haben. Wird der abschlägige Entscheid von der Bauherrschaft akzeptiert, hat es dabei sein Bewenden. Im Anfechtungsfall wird die Rekursinstanz vor ihrem Entscheid die Baudirektion anzuhören haben, dies in teilweiser Analogie zu § 329 Abs. 4 PBG (BEZ 2006 Nr. 21 und BEZ 2009 Nr. 46 bezüglich des überkommunalen Ortsbilds).

7 Baurechtliche Zuständigkeiten, Entscheide und Auskünfte
7.2 Besondere Zuständigkeiten und Entscheide

7.2.2 Vorhaben an Staatsstrassen und Nationalstrassen

Diverse Zuständigkeiten haben sich aufgrund von § 58 Abs. 1 VOG RR und dem Anhang VOG RR von der Baudirektion, Tiefbauamt, an die Volkswirtschaftsdirektion, Amt für Verkehr (AFV), verschoben. Diese Änderungen sind kürzlich in der BVV nachgeführt worden (Abl 2010, S. 1131 f.).

Gemäss Ziff. 1.1.1 des Anhangs zur BVV bedürfen einer Bewilligung des kantonalen Amts für Verkehr Vorhaben an bestehenden oder geplanten Staatsstrassen und an Routen für Ausnahmetransporte (ausserhalb der Städte Zürich und Winterthur) bezüglich ihrer Übereinstimmung mit den Vorschriften über die

- Bau- und Niveaulinien (§§ 96 ff. PBG);
- planungsrechtliche Baureife, soweit Verkehrsplanungen (Verkehrsplan und Bau- und Niveaulinien) fehlen oder in Änderung stehen (§ 234 PBG);
- Abstände von Strassen (§ 265 PBG);
- Verkehrssicherheit und Sicherheit des Strassenkörpers allgemein (§ 240 PBG).

Damit ist dem Kanton hinsichtlich seiner Strassen eine sogar über die eigentliche Strassenpolizei hinausgehende Kompetenz verliehen, auch seine Planungsziele gegenüber privaten Einwirkungen zu sichern. Auch sie ist eine definitive Komponente der Strassenhoheit (KOCH: S. 190).

Die Zuständigkeit der Volkswirtschaftsdirektion zur Beurteilung der Verkehrssicherheit von Bauten und Anlagen mit Bezug auf Staatsstrassen ist abschliessend (VB.2003.00147 und VB.2005.00022). Demnach ist es der kommunalen Behörde verwehrt, diese Frage ebenfalls zu prüfen und zu entscheiden.

Die kantonale Zuständigkeit umfasst auch Vorhaben, die nicht direkt via Staatsstrasse, sondern über eine andere, kurz danach (in concreto 50 m) in eine solche mündende Strasse erschlossen werden (KOCH: S. 189 N 15). Sie ist anderseits nur gegeben, wenn die erwähnten Vorschriften und die kantonale Hoheit wirklich tangiert sind. So ist die kantonale Zuständigkeit gegeben, wenn ein Vorhaben die Verkehrssicherheit gefährden kann und/oder sich unmittelbar auf Ein- und Ausfahrten auf Staatsstrassen auswirkt (BEZ 1996 Nr. 14). Umgekehrt dürfte zum Beispiel keine strassenpolizeiliche Bewilligung nötig sein, wenn nur geringfügige interne Umbauten beziehungsweise Nutzungsänderungen (auch von abstandswidrigen Gebäuden) oder wenn kleinere, offensichtlich abstandskonforme Neubauten infrage stehen.

Mauern und Einfriedungen an Staatsstrassen sind nur in den Fällen von Ziff. 1.1 des Anhangs zur BVV zur strassenpolizeilichen Beurteilung durch das Amt für Verkehr weiterzuleiten. Reklamen bedürfen keiner kantonalen strassenpolizeilichen Bewilligung (Ziff. 1.1.1 des Anhangs zur BVV, am Ende).

Vorhaben in folgenden Bereichen bedürfen ebenfalls einer Bewilligung des kantonalen Amts für Verkehr beziehungsweise der Volkswirtschaftsdirektion.

- innerhalb von Projektierungszonen oder Baulinien für Nationalstrassen (Ziff. 1.1.2 des Anhangs zur BVV);
- Beanspruchung von kantonalem öffentlichen Grund (Ziff. 1.2.3 des Anhangs zur BVV; § 22 SondergebrauchsV; vgl. zur Beanspruchung von öffentlichem Grund auch Seite 554 ff.).

7	**Baurechtliche Zuständigkeiten, Entscheide und Auskünfte**
7.2	Besondere Zuständigkeiten und Entscheide

7.2.3	Vorhaben ausserhalb von Bauzonen
7.2.3.1	*Im Allgemeinen*

Gemäss Art. 25 Abs. 2 RPG entscheidet die zuständige kantonale Behörde bei allen Bauvorhaben ausserhalb der Bauzonen, ob sie zonenkonform sind oder ob für sie eine Ausnahmebewilligung erteilt werden kann. Diese Bestimmung unterscheidet sich von der früheren (das heisst vor September 2000 geltenden) Fassung dadurch, dass die kantonale Behörde nicht nur Ausnahmen ausserhalb der Bauzonen bewilligt, sondern auch darüber entscheidet, ob Bauvorhaben zonenkonform sind. Der Bundesrat begründete diese Rechtsänderung damit, dass die Zonenkonformität von Bauten und Anlagen in der Landwirtschaftszone in einem weiteren Sinn verstanden werden soll und sich die Beurteilung der Zonenkonformität mitunter schwierig gestalten kann. Gerade kleinere Gemeinden seien damit überfordert. Die Frage der Zonenkonformität müsse daher nicht zuletzt auch im Interesse einer kantonal einheitlichen Rechtsanwendung von einer kantonalen Behörde beantwortet werden. Diese habe sich daher mit sämtlichen Bauvorhaben ausserhalb der Bauzonen zu befassen (vgl. Botschaft zur seinerzeitigen Revision des RPG, BBl 1996 III S. 546).

Demgemäss bedürfen Vorhaben – unabhängig davon, ob sie zonenkonform sind oder eine Ausnahmebewilligung gemäss Art. 24 ff. RPG erfordern – in Landwirtschafts-, Freihalte- und Reservezonen auf Antrag der Abteilung Baubewilligungen und Koordination Umweltschutz (Baku) des Generalsekretariats einer Bewilligung der Baudirektion (Ziff. 1.2.1 des Anhangs zur BVV). Die kantonale Zuständigkeit gilt allerdings nur für solche Freihaltezonen, die ausserhalb der (bundesrechtlichen) Bauzonen liegen. Dient eine Freihaltezone Siedlungszwecken und dürfen in ihrem Bereich nach dem örtlichen Zonenplan und der ihm zugrunde liegenden Richtplanung Bauten und Anlagen erstellt werden, welche nicht der Landwirtschaft dienen (sogenannte innen liegende Freihaltezonen), liegt sie nicht ausserhalb der bundesrechtlich determinierten Bauzonen, weshalb die Gemeinde abschliessend zuständig ist (BEZ 2000 Nr. 14; VB.2007.00468).

Der kantonalen Bewilligungspflicht unterstehen auch Geländeveränderungen (Aufschüttungen, Abgrabungen), soweit sie die Masse gemäss § 1 lit. d BVV überschreiten (1 m Höhe und/oder 500 m² Fläche; vgl. Ziff. 1.2.4 des Anhangs zur BVV). Das entsprechende Gesuchsformular kann unter www.fabo.zh.ch heruntergeladen werden.

7.2.3.2	*Besonderheiten in der Erholungszone*

Der Anhang zur BVV sieht für Vorhaben in Erholungszonen keine kantonale Bewilligungspflicht vor, obwohl es sich bei diesen regelmässig nicht um eine Bauzone im Sinne von Art. 15 RPG, sondern vielmehr um eine übrige Zone nach Art. 18 Abs. 1 RPG handelt und demnach nicht zonenkonforme Bauten und Anlagen einer Ausnahmebewilligung im Sinne von Art. 24 ff. RPG bedürfen (vgl. hierzu Seite 1166 ff.). Die (fehlende) Regelung in der BVV widerspricht dem Bundesrecht, nämlich Art. 25 Abs. 2 RPG, wonach die Beurteilung der Ausnahmewürdigkeit nach Art. 24 ff. RPG wie auch die Feststellung der Zo-

7 Baurechtliche Zuständigkeiten, Entscheide und Auskünfte
7.2 Besondere Zuständigkeiten und Entscheide

nenkonformität für Vorhaben ausserhalb der Bauzonen stets in die Zuständigkeit einer kantonalen Behörde fällt. Denn mit «ausserhalb der Bauzonen» sind alle Zonen gemeint, die der Nutzungsplan kennt und die nicht Bauzonen nach der Zweckbestimmung von Art. 15 RPG sind (HÄNNI 2008: S. 200). Darunter fällt also auch die Erholungszone, die sich auf Art. 18 Abs. 1 RPG stützt. Indem der Anhang zur BVV in der Erholungszone keine kantonalrechtliche Bewilligungspflicht vorsieht, ist die (fehlende) Regelung in der BVV wohl bundesrechtswidrig.

Allerdings beurteilt sich die Zonenkonformität in der Erholungszone – im Unterschied etwa zur Landwirtschaftszone – nach kommunalem Recht, dessen Anwendung in der Regel keine besonderen Schwierigkeiten bereitet und für eine einheitliche kantonale Rechtsanwendung denn auch kein Grund besteht. Die Erholungszone war vom neu gefassten Art. 25 Abs. 2 RPG nicht anvisiert. Dem Sinn dieser Bestimmung dürfte daher auch entsprechen, die kantonale Beurteilung nur für solche Vorhaben vorzusehen, die einer Ausnahmebewilligung nach Art. 24 ff. RPG bedürfen. Mindestens in diesem Sinne wäre der Anhang zur BVV an das Bundesrecht anzupassen.

7.2.3.3 *Vorhaben im und am Wald*

Wald

Vorhaben im Wald oder im Rahmen einer Rodungsbewilligung bedürfen einer Bewilligung des heute zur Baudirektion gehörenden kantonalen Amts für Landschaft und Natur (ALN), sofern keine Nutzungszone festgesetzt ist (Ziff. 1.2.2 des Anhangs zur BVV).

Waldabstandsbereich

Vorhaben innerhalb von Waldabstandslinien beziehungsweise – wo keine festgesetzt sind – innerhalb eines Waldabstands von 15 m bedürfen ebenfalls einer Bewilligung des kantonalen Amts für Landschaft und Natur (Ziff. 1.3 des Anhangs zur BVV; vgl. auch § 3 der kantonalen Waldverordnung). Das Bewilligungserfordernis bezieht sich demnach auf alle Bauten und Anlagen, also auch auf jene, die nicht Gebäude sind und daher nach kantonalem Recht innerhalb des Waldabstandsbereichs grundsätzlich zulässig sind (vgl. § 262 Abs. 1 PBG).

Die kantonale Bewilligung erübrigt nicht die Ausnahmebewilligung gemäss § 262 in Verbindung mit § 220 PBG, wofür jedoch die kommunale Baubewilligungsbehörde zuständig ist. Während letztere Bewilligung die Ausnahmevoraussetzungen nach kantonalem Recht prüft, ist die Beurteilung durch das ALN rein forstrechtlich (und somit nicht raumplanerisch) motiviert. Der Forstdienst prüft lediglich, ob durch das geplante Vorhaben die Erhaltung, Pflege und Nutzung des Walds beeinträchtigt ist oder nicht (Art. 17 WaG). Nach der bundesgerichtlichen Praxis liegt eine Beeinträchtigung der Walderhaltung beispielsweise vor, wenn bauliche Massnahmen am Waldrand auf längere Sicht die Walderhaltung ungünstig beeinflussen. Eine Beeinträchtigung liegt bereits vor, wenn eine oder mehrere der gesetzlich verfolgten Schutzfunktionen des Walds ernsthaft gefährdet erscheinen oder eine solche mit Wahrscheinlichkeit zu erwarten ist. Eine aktuelle und konkrete Gefährdung braucht nicht vorzuliegen.

7 Baurechtliche Zuständigkeiten, Entscheide und Auskünfte
7.2 Besondere Zuständigkeiten und Entscheide

Vorübergehende negative Einflüsse während der Bauphase können indessen – allenfalls unter Auflagen – in Kauf genommen werden. Das ALN hat interne Verwaltungsrichtlinien über die grundsätzlich einzuhaltenden forstrechtlichen Abstände verabschiedet. Konkrete Auskünfte kann das zuständige Kreisforstamt erteilen. Die kantonale Bewilligung und die kommunale Ausnahmebewilligung sind zu koordinieren.

7.2.4 Natur- und Heimatschutz

7.2.4.1 *Natur- und Landschaftsschutz*

Im Geltungsbereich einer überkommunalen Schutzanordnung oder eines überkommunalen Inventars betreffend Natur- und Landschaftsschutz erfolgt die Bewilligung durch das ALN (Naturschutz; Ziff. 1.4.1.1 des Anhangs zur BVV) beziehungsweise die Baudirektion (Landschaftsschutz; Ziff. 1.4.1.2 und Ziff. 1.4.1.3 des Anhangs zur BVV; vgl. auch BEZ 2007 Nr. 52 [betreffend Greifensee-Schutzverordnung]).

Das ALN entscheidet sodann bei Vorhaben im Nahbereich von Ufervegetationen und in (bekannten) Bereichen von Lebensräumen geschützter Pflanzen und Tiere (Ziff. 1.4.2 des Anhangs zur BVV).

7.2.4.2 *Ortsbildschutz*

Im Geltungsbereich einer überkommunalen Schutzanordnung (zum Beispiel einer Schutzverordnung gemäss § 205 lit. b PBG) oder im Geltungsbereich eines überkommunalen (das heisst regionalen oder kantonalen) Inventars betreffend Ortsbildschutz erfolgt die erforderliche kantonale Bewilligung durch die Baudirektion (auf Antrag des ARV; Ziff. 1.4.1.4 des Anhangs zur BVV). Davon ausgenommen sind die Städte Zürich und Winterthur.

Die Zuständigkeit der Baudirektion schliesst diejenige der kommunalen Bewilligungsbehörde zur Anwendung der kommunalen Kernzonenbestimmungen nicht aus (BEZ 2001 Nr. 19 und Nr. 51; BEZ 2006 Nr. 21). Mit dem letztgenannten Entscheid haben die Baurekurskommissionen ihre frühere Praxis zu Recht aufgegeben, wonach der Baudirektion innerhalb von Ortsbildern überkommunaler Bedeutung eine umfassende Beurteilungskompetenz zukomme (vgl. dazu BEZ 2000 Nr. 30, erläutert in PBG aktuell 3/2000, S. 32, bestätigt in BEZ 2001 Nr. 42).

Aufgrund dieser überzeugenden Rechtsprechung hat auch innerhalb eines Objekts von überkommunaler Bedeutung auf alle Fälle eine gestalterische Beurteilung durch die kommunale Baubehörde zu erfolgen. Im Perimeter des überkommunalen Ortsbilds wendet die örtliche Baubehörde also ebenfalls ihre kommunalen Kernzonenbestimmungen gemäss § 50 Abs. 3 PBG an und entscheidet über die Einordnung nach § 238 Abs. 2 PBG. Die in Ziffer 1.4.1.4 des Anhangs zur BVV enthaltene Kompetenz beschränkt sich demzufolge auf eine Genehmigung. In diesem Verfahren hat die Baudirektion den kommunalen Entscheid daraufhin zu überprüfen, ob er unter ortsbildschutzrechtlichen Gesichtspunkten genehmigt werden kann oder nicht. Insbesondere kann die Baudirektion auch die Anwendung von § 238 Abs. 2 PBG nur im Rahmen der ihr zustehenden (Nicht-)Genehmigungskompetenz überprüfen. Sie hat dabei den Entscheidungsspielraum zu berücksichtigen, welcher den Gemeinden bei gestalterischen Fragen ganz allgemein und bei der Auslegung kommunalen Rechts im Besonderen zusteht (BEZ 2006 Nr. 21). Verweigert die kommunale Baubehörde die Baubewilligung, ist dieser ablehnende Entscheid der Baudirektion nicht zur Genehmigung vorzulegen, sondern der Bauherrschaft direkt zu eröffnen. Die Genehmigung durch die Baudirektion ist erst im allenfalls nachfolgenden Rechtsmittelverfahren einzuholen, dies in teilweiser Analogie zu § 329 Abs. 4 PBG (BEZ 2009 Nr. 46 [in Bestätigung von BEZ 2006 Nr. 21]).

7.2.4.3 *Denkmalschutz und Archäologie*

Bezüglich Denkmalschutz (unter Schutz gestelltes Einzelobjekt oder Inventarobjekt von überkommunaler Bedeutung) und Archäologie erfolgt die Bewilligung der Baudirektion auf Antrag des ARE (Ziff. 1.4.1.5 und Ziff. 1.4.1.6 des Anhangs zur BVV).

Auch hier beschränkt sich die kantonale Zuständigkeit auf den «Geltungsbereich einer überkommunalen Schutzanordnung» beziehungsweise auf den «Geltungsbereich eines überkommunalen Inventars». «Geltungsbereich» ist enger als «Nachbarschaft» oder «Umgebung» und umfasst ausschliesslich den Perimeter der Schutzanordnung beziehungsweise des Inventars. Ausserhalb des Perimeters ist die kommunale Behörde abschliessend zuständig. Die Baudirektion scheint ihre Zuständigkeit zuweilen auch für den Umgebungsbereich zu beanspruchen, was allerdings klar im Widerspruch zum Begriff des räumlichen «Geltungsbereichs» steht. Solche Kompetenzanmassungen verletzen demnach die sachliche Zuständigkeitsordnung (BEZ 2009 Nr. 65).

7.2.5 *Gewässerschutz und Wasserbaupolizei*

7.2.5.1 *Vorhaben im Bereich von Grundwasser*

Vorhaben in einer Grundwasserschutzzone oder in einem Grundwasserschutzareal bedürfen einer Bewilligung der Baudirektion (Ziff. 1.5.1 des Anhangs zur BVV; § 8 EG GSchG). Für Einbauten in Grundwasserträger ist ebenfalls die Baudirektion zuständig, wobei das AWEL Antrag stellt (Ziff. 1.5.3 des Anhangs zur BVV).

7.2.5.2 *Vorhaben an Oberflächengewässern*

Neu- und Umbauten im Gewässerabstandsbereich oder im Bereich von Baulinien für Fluss- und Bachkorrektionen bedürfen einer Bewilligung der Baudirektion (Ziff 1.6.1 des Anhangs zur BVV; § 21 WWG, § 5 Abs. 1 und Abs. 2 der Verordnung über den Hochwasserschutz und die Wasserbaupolizei [VHW]). Von der Bewilligungspflicht befreit sind Geländeveränderungen bis 1 m Höhe und 500 m² Fläche, soweit sie die Ufervegetation nicht beeinträchtigen (§ 5 Abs. 1 lit. g und Abs. 3 lit. d VHW). Über bauliche Veränderungen eines Oberflächengewässers (Gewässerbett, Uferböschung, Vorländer, Dämme) entscheidet ebenfalls die Baudirektion gestützt auf Ziff. 1.6.2 des Anhangs zur BVV. Die Zuständigkeit der Baudirektion ist sodann gegeben für:
- Nutzung eines Oberflächengewässers (räumliche Inanspruchnahme, Kraft-

7 Baurechtliche Zuständigkeiten, Entscheide und Auskünfte
7.2 Besondere Zuständigkeiten und Entscheide

anlagen, Weiher, Stauhaltungen, Nutzung für Brauchwasser, Wärmeentnahme und -einleitung in Industrie und Gewerbe, Bewässerung; Ziff. 1.6.3 des Anhangs zur BVV; § 36 WWG; BEZ 2008 Nr. 13 betreffend Holzpodest im Seegebiet; BEZ 2008 Nr. 31 betreffend Hafenerweiterung);
- Um- und Neubauten auf Konzessionsland im Bereich des Zürichsees (Ziff. 1.6.4 des Anhangs zur BVV; vgl. dazu auch RÜSSLI 2007: S. 666 ff.);
- Bauten und Anlagen in einem Hochwassergefahrenbereich (Ziff. 1.6.5 des Anhangs zur BVV; § 22 WWG und § 9 VHW). Hierbei handelt es sich um eine Genehmigung des kommunalen Entscheids, nicht um eine selbstständige Bewilligung. Zur Koordination ist die Genehmigung vor Eröffnung des kommunalen Entscheids einzuholen.

7.2.6 Bauten und Anlagen mit besonderer Art der Abwasserbeseitigung

7.2.6.1 *Einleitung in Oberflächengewässer und Versickerung*

Die Baudirektion beziehungsweise das AWEL ist zuständig für die staatliche Bewilligung von:
- Einleitungen verschmutzten und nicht verschmutzten Abwassers in Oberflächengewässer (Ziff. 2.1.1 und Ziff. 2.1.2 des Anhangs zur BVV; § 3 Abs. 1 lit. m der kantonalen Verordnung über den Gewässerschutz [GSchV]);
- Versickernlassen von verschmutztem Abwasser (Ziff. 2.2.1 des Anhangs zur BVV);
- Versickerungsanlagen für nicht verschmutztes Abwasser aus industriellen und gewerblichen Betrieben sowie generell ausserhalb der Bauzonen. Oberflächliche Versickerungen sind aber kantonal nicht bewilligungspflichtig (Ziff. 2.2.2 des Anhangs zur BVV; § 3 Abs. 1 lit. m GSchV; RRB vom 19. Dezember 1990). Hierüber entscheidet abschliessend die örtliche Behörde.

7.2.6.2 *Weitere Sachverhalte*

Ferner sind im Bereich der Abwasserbeseitigung folgende Vorhaben kantonal bewilligungspflichtig (durch die Baudirektion beziehungsweise das AWEL):
- Bauten und Anlagen mit stetiger Zuleitung von nicht verschmutztem Abwasser (Fremdwasser) in eine ARA (Ziffer 2.3 des Anhangs zur BVV);
- andere Abwasserbeseitigung ohne Anschluss an das öffentliche Kanalnetz und an die zentrale Reinigungsanlage, zum Beispiel Erstellung geschlossener Gruben für häusliche und tierische Abwasser, Einzelreinigungsanlagen (Ziff. 2.6 des Anhangs zur BVV; § 3 Abs. 1 lit. m GSchV);
- provisorische Lösungen für die Reinigung und Beseitigung von Abwässern, insbesondere für kleinere Gebäude und Anlagen im Bereich öffentlicher Kanalisation, die aus zwingenden Gründen noch nicht an die Kanalisation angeschlossen werden können (§ 3 Abs. 1 lit. l GSchV).

7.2.7 Belastete Standorte und Altlastenverdachtsflächen

Vorhaben in einem Perimeter gemäss kantonalem Kataster der belasteten Standorte oder Altlastenverdachtsflächen-Kataster bedürfen einer Bewilligung der

7 Baurechtliche Zuständigkeiten, Entscheide und Auskünfte
7.2 Besondere Zuständigkeiten und Entscheide

Baudirektion, auf Antrag des AWEL (Ziff. 1.7 des Anhangs zur BVV). Diese Zuständigkeit gilt vorbehaltlos für Vorhaben, die im ordentlichen Verfahren zu behandeln sind, im Anzeigeverfahren jedoch nur, sofern Aushubmaterial anfällt. Sofern kein Aushub anfällt, können insbesondere kleinere Umbauten abschliessend von der Gemeinde bewilligt werden.

7.2.8 Lärmschutz

7.2.8.1 *Vorhaben in lärmbelasteten Gebieten*

In lärmbelasteten Gebieten erteilt die Baudirektion auf Antrag des kantonalen Amts für Verkehr die Ausnahmebewilligung nach Art. 31 Abs. 2 LSV, wenn trotz Ausschöpfung aller Massnahmen der Immissionsgrenzwert überschritten bleibt (Ziff. 3.2. des Anhangs zur BVV). Dann können Baubewilligungen nur erteilt werden, wenn an der Errichtung des Gebäudes ein überwiegendes Interesse besteht und die kantonale Behörde zustimmt. Das einzureichende Lärmgutachten wird also primär von der Gemeinde beurteilt, und allfällige verschärfte Lärmschutzanforderungen (zum Beispiel Brüstungen, Blenden, Lärmschutzwand) werden in die Baubewilligung aufgenommen. Die örtliche Baubehörde und nicht die Baudirektion ist auch für die Frage zuständig, ob geplante Massnahmen als gestalterische Massnahmen im Sinne von Art. 31 Abs. 1 lit. b LSV anerkannt werden können oder nicht. Erst wenn sich durch diese verschärften Massnahmen noch Grenzwertüberschreitungen ergeben, ist die Baudirektion für eine entsprechende Bewilligung zuständig. Es geht diesfalls um eine Ausnahme, das heisst um eine Bewilligung trotz überschrittener Grenzwerte (vgl. ausführlich zu den diesbezüglichen Zuständigkeiten BEZ 2006 Nr. 23).

Die Beurteilung führt insbesondere auch beim Fluglärm zu einem aufwendigen Verfahren, zumal sich drei kantonale Amtsstellen mit einem solchen Gesuch zu befassen haben. Die Baudirektion suchte deshalb nach einem einfachen, aber dennoch bundesrechtskonformen Verfahrensablauf. Das geforderte überwiegende Interesse besteht vor allem in der Schliessung von Baulücken. Der Entscheid, ob ein solches vorliegt, kann durch die Baudirektion für ein ganzes Bauzonengebiet einer Gemeinde zum Voraus mittels Festsetzung in einem besonderen Plan getroffen werden. Ziff. 3.2 des Anhangs zur BVV wurde daher durch einen Absatz 2 ergänzt. Danach ist für Bauvorhaben innerhalb der im kantonalen Plan bezeichneten Gebiete hinsichtlich Fluglärms keine kantonale Zustimmung im Einzelfall mehr erforderlich (RRB vom 13. März 2002, in Kraft seit 1. Mai 2002).

Mit Merkblatt vom 28. Februar 2006 hat die Baudirektion eine aktuelle Liste von Gemeinden in der Nähe des Flughafens Zürich veröffentlicht, die ganz oder teilweise von IGW-Überschreitungen betroffen sind. Der massgebende Perimeter ist auf der Website der Fachstelle Lärmschutz einsehbar (www.laerm.zh.ch/fluglaerm). In diesen Gebieten sind Baugesuche für Gebäude mit lärmempfindlicher Nutzung der kantonalen Leitstelle für Baubewilligungen einzureichen, damit das Vorliegen eines überwiegenden Interesses am Bauvorhaben nach Art. 31 Abs. 2 LSV geprüft werden kann und die Anforderungen an die Schalldämmung festgelegt werden können.

7 Baurechtliche Zuständigkeiten, Entscheide und Auskünfte
7.2 Besondere Zuständigkeiten und Entscheide

7.2.8.2 Vorhaben an geplanten Verkehrsanlagen

Das kantonale Tiefbauamt und die Baudirektion sind auch zuständig für die lärmschutzrechtliche Beurteilung von Vorhaben an geplanten (neuen oder wesentlich geänderten) National- und Staatsstrassen, Strassen mit überkommunaler Bedeutung in den Städten Zürich und Winterthur sowie Eisenbahnanlagen (Ziff. 3.3 des Anhangs zur BVV). Vorhaben an bestehenden solchen Anlagen beurteilt die Gemeinde dagegen abschliessend, sofern nicht die Voraussetzungen von Ziff. 3.2 des Anhangs zur BVV gegeben sind. Die generelle Zuständigkeit der Baudirektion an Staatsstrassen und Eisenbahnanlagen ist hinsichtlich des Lärmschutzes entfallen.

7.2.9 Besonderheiten bei Gewerbe, Industrie, Landwirtschaft

7.2.9.1 Abwasserbeseitigung

Industrielle und gewerbliche Bauten und Anlagen mit sehr umweltrelevanten Prozessen (mit Industrieabwasser, Umschlagplätzen für wassergefährdende Flüssigkeiten [wie Tankstellen], Löschwasser-Rückhaltevorrichtungen) bedürfen einer Bewilligung des AWEL beziehungsweise der Baudirektion (Ziff. 2.4 des Anhangs zur BVV). Demgegenüber ist die Frage, ob Löschwasser- oder Rückhaltemassnahmen überhaupt notwendig sind, mangels kantonaler Zuständigkeit von der örtlichen Baubehörde zu entscheiden. Die Lagerung und der Umschlag von wassergefährdenden Flüssigkeiten bedarf ebenfalls einer kantonalen Bewilligung (mit Ausnahme der Stadt Zürich; Ziff. 2.5. des Anhangs zur BVV).

Vgl. dazu etwa das Merkblatt des AWEL «Abwasserbewirtschaftung in Ihrem Betrieb» (Bezugsquelle vgl. «Liste der Arbeitshilfen» Seite 386).

7.2.9.2 Lärm

Bei ortsfesten Anlagen der Industrie, des Gewerbes und der Landwirtschaft gemäss Art. 2 Abs. 1 LSV, die beim Betrieb Aussenlärm erzeugen, beurteilt das Amt für Wirtschaft und Arbeit (AWA) das Vorhaben bezüglich Lärmschutz (ausserhalb der Städte Zürich und Winterthur; Ziff. 3.1. des Anhangs zur BVV). Im Unterschied zur alten BVV ist nicht mehr generell von «Betrieben», sondern nur noch – einschränkend – von «ortsfesten Anlagen» die Rede. Und nur ein Teil dieser Anlagen, nämlich jene der Industrie, des Gewerbes und der Landwirtschaft, fallen unter die kantonalrechtliche Bewilligungspflicht. Industrie und Gewerbe wird aber im vorliegenden Zusammenhang gleichwohl in einem umfassenden Sinne verstanden.

Von der Zuständigkeitsordnung erfasst werden neben den Landwirtschaftsbetrieben zunächst alle herkömmlichen Industrie- und Gewerbebetriebe mit sämtlichen lärmerzeugenden Betriebsanlagen (Produktionsmaschinen, Werkstätten, Ventilatoren, Abluftanlagen, Werkplätzen, Güterumschlagflächen, Garagen, Parkplätzen etc.). Das Verwaltungsgericht und die Baurekurskommission dehnten die kantonale Zuständigkeit allerdings in konstanter Rechtsprechung auf weitere ortsfeste Anlagen aus, bei denen vergleichbarer Lärm erzeugt wird (BEZ 2004 Nr. 10). Die Baurekurskommission III widersprach dieser Praxis mit ihrem in BEZ 2002 Nr. 40 publizierten Grundsatzentscheid (Praxisänderung). Das Verwaltungsgericht schloss sich in der Folge diesem Entscheid an (BEZ 2006 Nr. 12 betreffend «Kino am Berg»). Danach unterstehen nur die in Ziff. 3.1 des Anhangs zur BVV ausdrücklich erwähnten Industrie-, Gewerbe- und Landwirtschaftsbetriebe im Sinne von Art. 2 Abs. 1 LSV in Verbindung mit Anhang 6 zur LSV der Prüfung durch das AWA. Es geht also um solche typischen Industrie- und Gewerbebetriebe, auf welche die Belastungsgrenzwerte in Anhang 6 zur LSV zugeschnitten sind. Diese Grenzwerte lassen sich nach der bundesgerichtlichen Praxis nicht etwa auf Gaststättenlärm und ähnliche Emissionen anwenden. Bei diesen ist jeweils im Einzelfall zu beurteilen, ob eine unzumutbare Störung vorliegt. Dabei stellt sich häufig die Frage nach Emissionsbeschränkungen über Betriebsvorschriften, bei deren Würdigung regelmässig die örtlichen Polizeiverordnungen beizuziehen sind. Das erfordert – anders als die Anwendung von Belastungsgrenzwerten – keine naturwissenschaftlichen Kenntnisse. So sind die Gemeinden für die lärmmässige Beurteilung (beispielsweise) folgender Anlagen abschliessend zuständig: Gaststätten, Kirchenglocken, Pferdeställe, Tennisplätze, Turn- und Pausenplätze, Kinderspielplätze, Altstoffsammelstellen, Wellness-Center, Freizeit- und Vergnügungsanlagen.

Voraussetzung ist allerdings, dass die örtliche Behörde in einem baurechtlichen Bewilligungsverfahren entscheidet. Daher erfolgt die lärmmässige Beurteilung in aller Regel durch die Baubehörde im Rahmen der Baubewilligung, was selbstredend nicht ausschliesst, dass diese Behörde gemeindeintern ein Fachressort beizieht. Entscheidet letztlich eine andere Behörde als die Baubehörde, muss sie nach der Gemeindeordnung hierfür zuständig sein. Dann sind aber die verfahrensrechtlichen Grundsätze wie insbesondere das Koordinationsprinzip zu beachten.

7.2.9.3 *Luftreinhaltung*

Stationäre Anlagen gemäss Art. 2 Abs. 1 LRV der Industrie und des Gewerbes mit erheblichen Auswirkungen erfordern in Bezug auf die Anforderungen der Luftreinhaltung, auf Antrag des AWEL, eine Bewilligung der Baudirektion. Dies gilt – wie beim Lärmschutz – nicht für Anlagen in den Städten Zürich und Winterthur (Ziff. 4.1 des Anhangs zur BVV). Im Unterschied zur alten BVV ist auch hier – einschränkend – von «stationären Anlagen» und nicht mehr allgemein von «Betrieben» die Rede. Ziff. 4.1 des Anhangs zur BVV enthält eine Aufzählung der unter die kantonale Bewilligungspflicht fallenden Anlagen wie beispielsweise solcher der Bereiche Chemie- und Mineralölindustrie, Metallverarbeitung, Entsorgung und Recycling sowie Lebensmittelverarbeitung. Demgegenüber ist in der Regel keine kantonale lufthygienische Bewilligung nötig für kleinere Nahrungsmittelbetriebe, Coiffeur- und sonstiges Körperpflegegewerbe, Läden, Ausstellungen und Büros, Arztpraxen und Spitäler.

Die Tierhaltung durch Landwirte erfordert in Bezug auf die Anforderungen der Luftreinhaltung ebenfalls eine Bewilligung der Baudirektion (Ziff. 4.3 des Anhangs zur BVV).

7 Baurechtliche Zuständigkeiten, Entscheide und Auskünfte
7.2 Besondere Zuständigkeiten und Entscheide

7.2.9.4 Arbeitnehmerschutz

Art. 7 des eidgenössischen Arbeitsgesetzes (ArG) verlangt eine Plangenehmigung des Kantons für die Errichtung oder Umgestaltung industrieller Betriebe. Damit soll die Einhaltung bestimmter Vorschriften zum Schutz des Arbeitnehmers präventiv überprüft werden können. In der Verordnung 1 zum ArG ist der Geltungsbereich des ArG näher umschrieben. Die Verordnung 3 enthält sodann Bestimmungen über die gesundheitliche Vorsorge in allen dem ArG unterstehenden Betrieben. Schliesslich statuiert die Verordnung 4 zum ArG besondere Vorschriften für Betriebe, die der Plangenehmigung und der Betriebsbewilligung unterstellt sind, sowie Verfahrensbestimmungen. Bewilligungsinstanz und Vollzugsbehörde im Kanton Zürich ist grundsätzlich das kantonale Amt für Wirtschaft und Arbeit (AWA; Ziff. 5.2 des Anhangs zur BVV). Für die Zuständigkeitsordnung in der Stadt Zürich vgl. BEZ 2010 Nr. 11.

7.2.9.5 Kiesabbau, Deponien, Abfallanlagen

Kiesabbau und Abfallanlagen bedürfen einer Bewilligung der Baudirektion, auf Antrag des AWEL (Ziff. 5.3 und Ziff. 5.4 des Anhangs zur BVV; § 2 lit. j GSchV; § 4 AbfallG). Kompostieranlagen mit einer Behandlungskapazität von bis zu 100 t pro Jahr und andere Abfallanlagen bis 1000 t pro Jahr beurteilt die Gemeinde abschliessend. Für die kantonale Bewilligung der Entgegennahme von Sonderabfällen ist das AWEL zuständig (Ziff. 5.5 des Anhangs zur BVV).

Deponien und Verbrennungsanlagen sowie weitere Abfallanlagen, soweit sie der UVP unterstehen, erfordern ferner eine kantonale Betriebsbewilligung. Diese legt die zugelassenen Abfallarten, die Eingangskontrolle, die Behandlung der Abfälle, das Pflichtenheft und die Ausbildung des Personals sowie die Betriebskontrolle fest. In die Betriebsbewilligung für Deponien können Auflagen im Dienste einer optimalen Nutzung knapper Kapazitäten, insbesondere Zulassungsbeschränkungen aufgenommen werden. Die Betriebsbewilligung wird durch die Baudirektion nach Inbetriebnahme der Anlage erteilt und befristet. Wird sie neu erteilt, sind der Stand der Technik und die wirtschaftliche Tragbarkeit angemessen zu berücksichtigen (§ 4 Abs. 2 AbfallG; § 2 AbfallV).

Die periodische Kontrolle von Kiesgruben ist seit dem Jahr 2001 dem Schweizerischen Fachverband für Sand und Kies übertragen (vgl. im Detail ZUP Nr. 26/April 2001, S. 23 ff.).

7.2.9.6 Betriebe gemäss Störfallverordnung

Betriebe, die der Störfallverordnung unterstehen, sind durch die Baudirektion bewilligen zu lassen. Ausführend ist die Koordinationsstelle für Störfallvorsorge im AWEL. Sie beurteilt die einzureichenden Kurzberichte und die Tragbarkeit von Risiken (vgl. §§ 1 f. der kantonalen Verordnung über den Vollzug der Störfallverordnung; Näheres hierzu Seite 1001 f.).

7 Baurechtliche Zuständigkeiten, Entscheide und Auskünfte
7.2 Besondere Zuständigkeiten und Entscheide

7.2.10 Technische Anlagen

7.2.10.1 *Grossfeuerungsanlagen*

Grossfeuerungsanlagen (ab 1000 kW Feuerungswärmeleistung), stationäre Verbrennungsmotoren, Feststofffeuerungen (über 70 kW) und Anlagen für das Verbrennen von Abfällen erfordern bezüglich ihrer Übereinstimmung mit den Vorschriften über die Luftreinhaltung und bezüglich § 30a Abs. 2 (Abwärmenutzung) und § 48 (Dezentrale Wärmekraftkoppelungsanlagen) BBV I eine Bewilligung der Baudirektion (Ziff. 4.2. des Anhangs zur BVV). Anlagen in den Städten Zürich und Winterthur sind von dieser kantonalen Bewilligungspflicht befreit.

7.2.10.2 *Nutzung von Erdwärme, Sondierbohrungen*

Erdwärmenutzung bedarf einer Bewilligung des AWEL beziehungsweise der Baudirektion oder des Regierungsrats (Ziff. 5.6 des Anhangs zur BVV; §§ 35–37 GSchV). Die Baudirektion ist auch zuständig für die Bewilligung von Sondierbohrungen und Pumpversuchen (Ziff. 5.7 des Anhangs zur BVV; § 70 Abs. 3 WWG). Sondierbohrungen und Pumpversuche bedürfen keiner kommunalen Baubewilligung, da es sich nicht um Anlagen handelt.

Für die Gesuche bestehen besondere Formulare der Baudirektion, welche beim AWEL bezogen werden können.

7.2.10.3 *Beförderungsanlagen*

Neue Beförderungsanlagen gemäss § 296 PBG (Aufzüge, Rolltreppen und dergleichen) bedürfen nicht nur einer (kommunalen) Überprüfung der Bauvorschriften (§ 32 Abs. 1 lit. c BBV I), sondern auch einer maschinentechnischen Beurteilung, die hinsichtlich Zuständigkeiten und Anforderungen abschliessend vom Bundesrecht geregelt ist (vgl. hierzu § 32 Abs. 1 lit. a und b BBV I).

7.2.10.4 *Seilbahnen und Skilifte*

Bei Seilbahnen und Skilifte stellt das Amt für Verkehr die notwendige Koordination im Zusammenhang mit dem eidgenössischen Seilbahngesetz sicher (Ziff. 5.8 des Anhangs zur BVV; Abl 2010, S. 1132).

7.2.11 Diverse Zuständigkeiten

7.2.11.1 *Hochhäuser und hohe Bauten*

Hochhäuser im Sinne von § 282 PBG (das heisst Gebäude von mehr als 25 m Gebäudehöhe) und andere hohe Bauwerke (Kirchtürme, Hochkamine, Silos usw.; § 19 BBV II) bedürfen der Beurteilung durch die Baudirektion, auf Antrag ihrer Rechtsabteilung (Ziff. 5.1 des Anhangs zur BVV). In Bezug auf Hochhäuser ist klarzustellen, dass es sich um eine Genehmigung, folglich nicht um eine Bewilligung handelt (§ 285 PBG). Nach dem Koordinationsgebot ist die Genehmigung gleichzeitig mit dem kommunalen Entscheid zu eröffnen.

Hochbauten, Hochkamine, Antennen, Baukrane usw. können den Zivil- und Militärluftverkehr behindern. Für derartige Anlagen und deren Planung besteht gestützt auf Art. 41 f. des Luftfahrtgesetzes (LFG) und die Verordnung

7 Baurechtliche Zuständigkeiten, Entscheide und Auskünfte
7.2 Besondere Zuständigkeiten und Entscheide

über die Infrastruktur der Luftfahrt (VIL) eine Meldepflicht, wenn sie in einer überbauten Zone eine Höhe von 60 m, in den übrigen Gebieten eine solche von 25 m aufweisen oder aber die massgebliche Fläche eines Hindernisbegrenzungsflächen-Katasters beziehungsweise Vermessungsflächen-Katasters durchstossen (Art. 63 VIL). Meldeinstanz und Auskunftsstelle ist im Auftrag der Volkswirtschaftsdirektion die Flughafen Zürich AG (Zonenschutz; § 5 der kantonalen Verordnung zum Luftfahrtrecht des Bundes spricht in diesem Zusammenhang noch von der Flughafendirektion).

7.2.11.2 *Schutzräume*

Gesuche für Bauvorhaben, die der Prüfung durch das kantonale Amt für Militär und Zivilschutz bedürfen, unterbreitet das örtliche Bauamt dieser Stelle ausserhalb des in der BVV geregelten Verfahrens. Es koordiniert die zivilschutzrechtlichen Auflagen mit den übrigen erforderlichen Bewilligungen und macht sie zum Bestandteil der kommunalen Bewilligung (lit. d des Ingresses zum Anhang zur BVV).

7.2.11.3 *Strassenreklamen*

Gemäss Art. 99 Abs. 1 der Signalisationsverordnung des Bundes (SSV) bedarf das Anbringen und Ändern von Strassenreklamen der Bewilligung der nach kantonalem Recht zuständigen Behörde. Gestützt hierauf ist in der kantonalen Signalisationsverordnung festgeschrieben, dass für den Bereich der Autobahnen und Autostrassen die Sicherheitsdirektion und für den Bereich der übrigen Strassen die Gemeinden zuständig sind (§ 26 SSV-ZH). Letztere haben sowohl die baurechtlichen Vorschriften wie auch jene über das Strassenverkehrsrecht anzuwenden. Zweckmässigerweise erfolgt eine einheitliche baurechtliche Bewilligung, wobei sich die Baubehörde bei den verkehrsrechtlichen Fragen etwa von einer (kommunalen) Fachstelle beraten lassen kann. In diesem Sinn ist lit. c des Ingresses zum Anhang zur BVV überholt. Das Bundesgericht hat die neuen Zuständigkeiten als mit dem Bundesrecht vereinbar erklärt (PBG aktuell Nr. 4/2002, S. 25).

Strassenreklamen im umschriebenen Sinne sind alle Anlagen, die von einer öffentlichen Strasse aus wahrnehmbar sind. Unter dieser Prämisse besteht die strassenverkehrsrechtliche Bewilligungspflicht auch für Baureklamen, die nach § 1 lit. c BVV von der baurechtlichen Bewilligungspflicht befreit sind. Im Unterschied zu Letzteren besteht nach wie vor keine Regelung über die Befreiung von Reklameanlagen bis zu einer bestimmten Grösse. Für Reklamen an Autostrassen und Autobahnen ist lit. c des Ingresses zum Anhang zur BVV zu beachten. Danach gilt das Koordinationsverfahren gemäss BVV (mit Einbezug der kantonalen Leitstelle) nur, wenn weitere Beurteilungen durch kantonale Stellen erforderlich sind. Nachdem Reklameanlagen an Staatsstrassen keiner strassenpolizeilichen Bewilligung der Baudirektion mehr bedürfen (Ziff. 1.1.1 des Anhangs zur BVV), tritt der Fall insbesondere noch im überkommunalen Ortsbild auf. Ist mit Ausnahme der Sicherheitsdirektion keine kantonale Behörde involviert, erfolgt die Koordination unmittelbar durch die örtliche Baubehörde. Wenn keine kommunale Baubewilligung nötig ist, wird die strassenverkehrsrechtliche Bewilligung den Gesuchstellenden direkt zugestellt. Vgl. zu den Strassenreklamen im Verkehrs- und Baurecht auch KÜNG MANFRED.

7	**Baurechtliche Zuständigkeiten, Entscheide und Auskünfte**
7.2	Besondere Zuständigkeiten und Entscheide

7.2.11.4 *Schiessanlagen*

Bevor Arbeiten zu Neu-, Um- oder Erweiterungsbauten von Schiessanlagen begonnen werden, sind die Baupläne im Doppel dem zuständigen eidgenössischen Schiessoffizier zuzustellen. Der eidgenössische Schiessanlagenexperte genehmigt die Pläne für Neuanlagen, der eidgenössische Schiessoffizier jene für Um- und Erweiterungsbauten. Schiessanlagen, ausgenommen Waffenplatzschiessanlagen, unterliegen dem ordentlichen kantonalen Baubewilligungsverfahren. Der eidgenössische Schiessoffizier erstellt den Abnahmebericht von Schiessanlagen zuhanden der zuständigen Militärbehörde. Aufgrund dieses Berichts genehmigt die zuständige Militärbehörde die Schiessanlage und erteilt die Betriebsbewilligung (Art. 14 ff. der Verordnung des VBS über die Schiessanlagen für das Schiesswesen ausser Dienst [Schiessanlagenverordnung; SR 510.512]).

7.2.11.5 *Bauten und Anlagen im Nahbereich von Eisenbahnanlagen*

Bauten und Anlagen bedürfen neben der kommunalen Baubewilligung einer eisenbahnrechtlichen Zustimmung, wenn sie Bahngrundstücke beanspruchen oder an solche angrenzen oder die Betriebssicherheit beeinträchtigen könnten (Art. 18m EBG). Die Zustimmung wird durch die SBB AG (Immobilienrechte, Postfach, 8021 Zürich) erteilt.

7.2.11.6 *UVP-pflichtige Anlagen*

Bedeutung und Zweck der Umweltverträglichkeitsprüfung

Bevor eine Behörde über die Planung, Errichtung oder Änderung von Anlagen entscheidet, welche die Umwelt erheblich belasten können, muss sie nach Art. 10a Abs. 1 USG eine Umweltverträglichkeitsprüfung (UVP) durchführen. Die UVP dient der Prüfung, ob das Projekt den bundesrechtlichen Vorschriften über den Schutz der Umwelt entspricht. Solche Vorschriften finden sich nicht nur im USG und seinen Vollzugsverordnungen, sondern auch in den Erlassen betreffend Natur- und Heimatschutz, Landschaftsschutz, Gewässerschutz, Wald sowie Jagd und Fischerei. Die UVP stellt grundsätzlich kein neues Verfahren dar, sondern kommt weitgehend im Rahmen der bestehenden Bewilligungsverfahren zur Anwendung. Daher ist das Ergebnis einer UVP auch nicht selbstständig anfechtbar. Anfechtbar ist erst der Entscheid über das Vorhaben.

Die Vorschriften von Art. 10a–Art. 10d USG sowie gestützt hierauf die Verordnung über die Umweltverträglichkeitsprüfung (UVPV) regeln die Details des Verfahrens. Im Anhang zur UVPV werden entsprechend der Kompetenz in Art. 10a Abs. 2 und Abs. 3 USG die Anlagen aufgeführt, die der UVP unterliegen. Die Liste, die nach Bedarf durch den Bundesrat angepasst werden kann, umfasst derzeit rund 70 Anlagetypen (zum Beispiel Parkhäuser und -plätze für mehr als 500 Motorwagen, Einkaufszentren und Fachmärkte mit einer Verkaufsfläche von mehr als 7500 m², Anlagen der Energie- und Materialgewinnung, umweltbelastende industrielle Betriebe, Verkehrsanlagen und Golfplätze mit 9 und mehr Löchern). Zu den betreffenden Neuerungen vgl. HÄNER 2007 und SAPUTELLI 2008.

7 Baurechtliche Zuständigkeiten, Entscheide und Auskünfte
7.2 Besondere Zuständigkeiten und Entscheide

Das Bundesgericht hat entschieden, dass bei temorär befristeten Grossveranstaltungen keine UVP-Pflicht besteht (BGer 1A.239/2006 betreffend «Kino am Pool», wiedergegeben in PBG aktuell 3/2007, S. 24 ff. [mit Bemerkungen von Nadja Herz]).

Planung, Errichtung, Änderung von Anlagen

UVP-pflichtig ist – wie erwähnt – die «Planung, Errichtung oder Änderung von Anlagen» (Art. 10a Abs. 1 USG). Auseinanderzuhalten ist die Planung und Errichtung von Anlagen einerseits sowie deren Änderung anderseits. Art. 1 UVPV unterstellt die Errichtung neuer Anlagen, die im Anhang der Verordnung aufgeführt sind, der UVP-Pflicht. Demgegenüber regelt Art. 2 UVPV die Änderung bestehender Anlagen.

Die «Errichtung» von Anlagen ist auf das einzelne Projekt zu beziehen (RAUSCH/KELLER: Kommentar USG, Art. 9 N 29). Dabei kann sich die Frage stellen, ob eine Anlage als Einzelanlage oder als Teil einer Gesamtanlage anzusehen ist. Der erwähnte Kommentar nennt hierzu folgendes Beispiel: Was gilt, wenn ein Bauherr auf zwei benachbarten Grundstücken ein Parkhaus mit 250 Plätzen und einen Parkplatz mit 100 Plätzen zu erstellen beabsichtigt? In einem solchen Fall – und analoges gilt etwa für Verkaufsflächen – besteht eine UVP-Pflicht (heute liegt der entsprechende Schwellenwert allerdings bei 500 Parkplätzen), sofern die beiden Anlagen, welche zusammen den Schwellenwert überschreiten, sich funktionell ergänzen, wogegen bei funktioneller Unabhängigkeit der Anlagen der rechtliche Ansatz der Projekt-UVP einer Zusammenrechnung entgegensteht. Gleiches gilt für den Einbezug von Teilvorhaben, die zwar nicht gleichzeitig, aber doch «in relativ rasch aufeinander folgenden Etappen» verwirklicht werden (RAUSCH/KELLER: Kommentar USG, Art. 9 N 35; BEZ 2004 Nr. 29; URP 2005, S. 732 ff.; PBG aktuell 4/2007, S. 19 ff.).

Änderungen von Anlagen, die im Anhang zur UVP aufgeführt sind, unterliegen der UVP, wenn sie wesentliche Umbauten, Erweiterungen oder Betriebsänderungen betreffen. Wird eine im Anhang nicht enthaltene Anlage geändert, untersteht sie der UVP, wenn sie nach der Änderung einen im Anhang genannten Schwellenwert überschreitet (Art. 2 UVPV). Bei der fallweisen Beurteilung der Wesentlichkeit ist stets der Zweck der UVP im Auge zu behalten. Entscheidend ist, ob die der Anlage zuzurechnenden Umweltbelastungen beziehungsweise -gefährdungen eine ins Gewicht fallende Veränderung erfahren können beziehungsweise ob bestehende, unter den Schwellenwerten liegende Anlagen durch die Erweiterung UVP-pflichtig werden (RAUSCH/KELLER: Kommentar USG, Art. 9 N 43 f.).

Bezüglich Parkhäuser und Einkaufszentren hat dies die Rechtsprechung wie folgt konkretisiert: Die gemeinsame UVP-Pflicht für Parkhäuser ist trotz der gemeinsam benützten öffentlichen Strasse nur dann zu bejahen, wenn sie nicht nur benachbart, sondern auch funktionell miteinander verbunden sind (BGer 1A.133/2003; 1P.363/2003; RRB 878 vom 22. Juni 2005 [Dietikon], mit weiteren Hinweisen, auch zum Folgenden). Ferner kann auf einen funktionellen Zusammenhang zwischen bestehenden und neu geplanten Verkaufsläden nur geschlossen werden, wenn eine Mehrzahl konkreter Umstände – wie etwa eine gemeinschaftliche Zu- und Wegfahrt, aufeinander ausgerichtete Haupteingänge, Synergieeffekt der vorhandenen Geschäfte, Gehdistanz zwischen den Geschäften, das Vorliegen einer baulichen und planerischen Einheit und nicht genügend voneinander abgegrenzte Parkareale – die neuen Verkaufsräumlichkeiten aufgrund einer Gesamtbetrachtung als Änderungs- oder Ergänzungsbau zu den bereits vorhandenen Verkaufsläden erscheinen lassen (vgl. auch RRB Nr. 337 vom 10. März 2004 [Hegi-Markt]).

Verfahrensablauf
Der Ablauf einer UVP im Kanton Zürich ist in der kantonalen Einführungsverordnung über die Umweltverträglichkeitsprüfung (EV UVP) geregelt. Wertvolle Verfahrenshinweise gibt der bereits in vierter Auflage erschienene Leitfaden der Baudirektion «Die Umweltverträglichkeitsprüfung (UVP) im Kanton Zürich» (Bezugsquelle vgl. «Liste der Arbeitshilfen» Seite 386).

Wer eine UVP-pflichtige Anlage errichten oder ändern will, hat zuerst in einer Voruntersuchung abzuklären, welche Auswirkungen seiner Anlage die Umwelt voraussichtlich belasten können. Werden in der Voruntersuchung die Auswirkungen auf die Umwelt und die Umweltschutzmassnahmen abschliessend ermittelt, so gelten die Ergebnisse der Voruntersuchung als UV-Bericht; auf ein zweistufiges Verfahren – Voruntersuchung und Hauptuntersuchung – kann damit verzichtet werden (Art. 10b Abs. 3 USG). Soweit erforderlich, ist ein Pflichtenheft für die Hauptuntersuchung zu erarbeiten. Schliesslich ist diese auch durchzuführen. Die Ergebnisse der gesamten Arbeit sind im UV-Bericht zu dokumentieren (Art. 10b Abs. 1 und Abs. 2 USG). Über Voruntersuchung und Pflichtenheft für die Hauptuntersuchung ist eine Stellungnahme der kantonalen Koordinationsstelle für Umweltschutz (KOFU) einzuholen (§ 2 EV UVP). Der fertig gestellte UV-Bericht ist zusammen mit den erforderlichen Unterlagen der zuständigen Behörde (§ 9 Abs. 1 lit. b BVV; § 5 EV UVP sowie Anhang zu EV UVP) einzureichen, womit das Verfahren erst formell eröffnet wird. Für die Gesuchsbearbeitung mit UVP ergeben sich gewisse Besonderheiten vor allem hinsichtlich öffentlicher Auflage, Stellungnahme der Umweltschutzfachstellen und Koordination. Anschliessend ergeht der Entscheid über das Vorhaben, gegen den – mit gewissen Einschränkungen – auch gesamtschweizerischen Umweltschutzorganisationen das Rekurs- beziehungsweise Beschwerderecht zusteht (Art. 55 ff. USG). Dieser Verfahrensablauf gewährleistet, dass die UVP die ihr zugedachte Funktion als wichtiges Koordinationsinstrument wahrnehmen kann.

Zuständigkeiten
In der EV UVP werden die Zuständigkeiten und Aufgaben der KOFU (§ 1) und der Baubehörden (§§ 2 und 3) sowie die Behandlungsfristen (§ 4) festgelegt. Sodann bezeichnen §§ 6–9 EV UVP sowie deren Anhang die für die UVP massgeblichen Verfahren. Gemäss § 9 Abs. 1 lit. b BVV hat bei UVP-pflichtigen Vorhaben nicht die örtliche Baubehörde, sondern die im massgeblichen Verfahren zuständige Behörde für die Koordination zu sorgen. Soweit über Bauten und Anlagen nicht in einem spezialrechtlichen Verfahren zu entscheiden ist, gilt

7 Baurechtliche Zuständigkeiten, Entscheide und Auskünfte
7.3 Der baurechtliche Vorentscheid

das baurechtliche Bewilligungsverfahren vor der kommunalen Baubehörde als massgeblich. Für die Städte Zürich und Winterthur gelten teilweise abweichende Zuständigkeiten.

7.3 Der baurechtliche Vorentscheid

7.3.1 Sinn und Zweck

Über Fragen, welche für die spätere Bewilligungsfähigkeit eines Bauvorhabens grundlegend sind, können Vorentscheide eingeholt werden (§ 323 Abs. 1 PBG). Ein solcher Vorentscheid ist hinsichtlich der behandelten Fragen in gleicher Weise verbindlich, gültig und öffentlich anfechtbar wie baurechtliche Bewilligungen (§ 324 Abs. 1 PBG).

Der Vorentscheid hat für den Bauherrn bedeutende praktische Vorteile, weil er ohne ausgearbeitetes Detailprojekt die verbindliche Klärung grundlegender Fragen des Bauvorhabens etwa bezüglich Erschliessung, planungsrechtlicher Baureife, Einordnung oder Geschosszahl erlaubt. Demzufolge bestimmt primär der Bauwillige den Gegenstand des Vorentscheids.

7.3.2 Gegenstand und Voraussetzungen

7.3.2.1 *Konkrete und grundlegende Fragen*

Es können nur konkrete und grundlegende Fragen der späteren Bewilligungsfähigkeit Gegenstand eines Vorentscheids bilden, die sich von einer Detailprojektierung losgelöst beantworten lassen (BEZ 2001 Nr. 15). Sodann muss der Private ein gegenwärtiges, das heisst aktuelles Interesse am Vorentscheid geltend machen. Die Funktion des Vorentscheids legt nahe, den Kreis der Berechtigten weiter als im Baubewilligungsverfahren zu ziehen. Der Fragesteller braucht nicht zwingend Eigentümer zu sein oder seine Baubefugnis im Sinne von § 310 Abs. 3 PBG zu belegen. Einen Vorentscheid soll auch erwirken dürfen, wer sich vor dem Kauf einer Parzelle Klarheit über zulässige Nutzweisen und Überbauungsmöglichkeiten verschaffen will. Das Vorentscheidverfahren wird aber dann gegenstandslos und ist abzuschreiben, wenn während dessen Hängigkeit die Gesuchstellenden ein damit übereinstimmendes Baugesuch einreichen (MÄDER 1991: S. 271).

In diesem Rahmen hat der Gesuchsteller Anspruch auf behördliche Beurteilung der von ihm gestellten Fragen. Fragen im Sinne von § 323 Abs. 1 PBG sind allerdings nur Rechtsfragen. Unklarheiten tatsächlicher Natur können nicht zum Gegenstand eines Vorentscheidgesuchs gemacht werden. Darum sind die Fragen nach dem klaren Gesetzeswortlaut auf jene beschränkt, die Gegenstand der baurechtlichen Beurteilung bilden. Die Frage etwa, ob die Gemeinde eine bestimmte Parzelle verkaufen würde, ist nicht vorentscheidfähig.

Das Vorentscheidgesuch kann mehrere Fragen und Alternativfragen umfassen. Hingegen kann nicht ein ganzes Bauprojekt Gegenstand eines Vorentscheidgesuchs bilden. Auch was umfassende, die Detailprojektierung voraussetzende Abklärungen und Bewertungen erfordert, lässt sich nicht im Vorentscheidverfahren prüfen. Damit würden die Grenzen zum Baubewilligungsverfahren verwischt und der Vorentscheid in sachwidriger Weise überdehnt (BEZ 2001 Nr. 15). Ein

7 Baurechtliche Zuständigkeiten, Entscheide und Auskünfte
7.3 Der baurechtliche Vorentscheid

unbestimmt oder unklar formuliertes Vorentscheidgesuch kann die Behörde gestützt auf § 313 Abs. 1 PBG zurückweisen (MÄDER 1991: S. 271 f.). Verlangt der Gesuchsteller lediglich eine allgemeine Überprüfung seines Vorhabens, so ist die Behörde jedenfalls dann nicht verpflichtet, alle damit im Zusammenhang stehenden Fragen zu überprüfen, wenn sie die Baubewilligung schon wegen einiger grundlegender Mängel nicht in Aussicht stellen kann. Anders als bei einer Baubewilligung ist es bei einem Vorentscheid sinnvoll und zulässig, auch solche Nebenbestimmungen in den Entscheid aufzunehmen, zu deren Erfüllung die Bauherrschaft rechtlich und tatsächlich (noch) nicht in der Lage ist (RB 1993 Nr. 55).

7.3.2.2 *Abgrenzungen*

Zusicherungen betreffend eine künftige Einzonung können nicht Gegenstand eines Vorentscheids sein, weil ein solcher nur Fragen thematisieren kann, die im Baubewilligungsverfahren zu beurteilen sind (VB.2004.00566). Dasselbe trifft für die Frage nach der Schutzwürdigkeit eines Gebäudes zu: Es gilt hierfür das Provokationsverfahren nach § 213 PBG.

7.3.3 Unterlagen

Im Rahmen eines Vorentscheids werden nicht die vollständigen, für ein Baugesuch erforderlichen Unterlagen benötigt (§ 323 Abs. 2 PBG). Es muss indessen verlangt werden, dass mindestens das Baugesuchsformular mit der Unterschrift des Gesuchstellers und in der Regel auch des Grundeigentümers vorliegt. Daneben sind die von der Behörde zu beantwortenden Fragen klar zu formulieren und die für die Behandlung dieser Fragen nötigen Unterlagen beizulegen.

7.3.4 Bindung der Behörde

Sofern sich die rechtlichen und tatsächlichen Verhältnisse nicht ändern, ist die Behörde während dreier Jahre an die Feststellungen im Vorentscheid gebunden (§ 322 Abs. 1 und § 324 Abs. 1 PBG). Sie darf mit der Baubewilligung ohne Vorliegen von Revisions- oder ausreichenden Widerrufsgründen die Rechtslage des Gesuchstellers gegenüber dem Vorentscheid nicht verschlechtern (BEZ 1994 Nr. 14 sowie betreffend Zufahrt RB 1998 Nr. 114). Die Frist von drei Jahren beginnt mit der Rechtskraft des Vorentscheids. Das Baugesuch muss dann während der Gültigkeit des Vorentscheids gestellt werden.

Die behördliche Bindung an den Vorentscheid geht nicht weiter als die im Dispositiv enthaltene Beantwortung der gestellten Fragen. Blosse Erwägungen erwachsen für sich allein nur dann in Rechtskraft, wenn im Dispositiv ausdrücklich oder dem Sinn nach zwingend auf diese verwiesen wird. Die Bindungswirkung beschränkt sich sodann auf positive Vorentscheide. Auf eine in Aussicht gestellte Bauverweigerung oder Nebenbestimmungen kann die Baubehörde bei der Beurteilung des Baugesuchs zugunsten des Gesuchstellers zurückkommen (BEZ 1994 Nr. 14; RB 1998 Nr. 121).

7.3.5 Verfahren

Das Verfahren richtet sich, was die Prüfung durch die Behörde anbelangt, nach jenem, wie es für ein normales Baugesuch gilt. Bezüglich der vollständigen Anwendung des Baubewilligungsverfahrens kann der Gesuchsteller – wenn auch nur innert ganz erheblicher Schranken – zwischen zwei Varianten wählen: Vorentscheid mit oder ohne Drittwirkung.

Vorentscheid mit Drittwirkung

Dieses Verfahren ist vom Gesuchsteller ausdrücklich zu verlangen. Das Gesuch wird anschliessend publiziert und die Akten werden öffentlich aufgelegt. Analog einem Baugesuch können Dritte ein Begehren um Zustellung des baurechtlichen Entscheids stellen. Der Vorentscheid ist sodann auch von Dritten mit Rechtsmitteln anfechtbar. Wird die baurechtliche Bewilligung während der Gültigkeit eines Vorentscheids erteilt, so kann sie von Dritten hinsichtlich der vorentschiedenen Fragen nur angefochten werden, wenn eine wesentliche Veränderung der tatsächlichen Verhältnisse nachgewiesen wird (§ 324 Abs. 2 PBG).

Vorentscheid ohne Drittwirkung

Verlangt der Gesuchsteller nicht ausdrücklich das Verfahren mit Drittwirkung, kommt automatisch jenes ohne Wirkung gegenüber Dritten zur Anwendung (§ 324 Abs. 2 PBG). Diese Art Vorentscheid wird weder ausgeschrieben noch aufgelegt. Dritte erhalten damit keine Kenntnis vom Vorentscheid. Es steht ihnen dann das umfassende Rekursrecht gegen die nachfolgende baurechtliche Bewilligung zu. Sie müssen sich nicht entgegenhalten lassen, diese oder jene Frage sei bereits im Vorentscheid beantwortet worden.

Dieses Verfahren ist zwar einfacher als jenes mit Drittwirkung, gewährt aber dem Gesuchsteller nicht die absolute Gewissheit, dass sein sich auf den Vorentscheid stützendes Bauvorhaben letztlich rechtskräftig bewilligt wird. Das Rechtsverhältnis besteht nur zwischen ihm und den Behörden, nicht jedoch zu anfechtungsberechtigten Dritten.

Aus der bundesgerichtlichen Rechtsprechung ergibt sich, dass sich das Institut des nicht drittverbindlichen Vorentscheids in zahlreichen Fällen nicht mit Art. 33 Abs. 3 lit. a RPG vereinbaren lässt und damit die derogatorische Kraft des Bundesrechts verletzt. Wegen der mangelnden Veröffentlichung des Gesuchs ist nicht gewährleistet, dass betroffene Dritte ihre Rechte in einer Art. 33 Abs. 3 lit. a RPG entsprechenden Weise wahrnehmen können (ZBl 1994, 66 ff.; BEZ 1995 Nr. 4 und 1999 Nr. 40). Art. 33 Abs. 3 lit. a RPG greift aber nur bei der Anfechtung von Verfügungen und Nutzungsplänen, die sich auf das RPG und dessen eidgenössische sowie kantonale Ausführungsbestimmungen stützen. Dies ist bei Baubewilligungen, die Bauten innerhalb der Bauzone betreffen und bei denen keinerlei anderes Bundesrecht zur Anwendung kommt, nur dann der Fall, wenn die anzuwendenden kantonalen Normen als Ausführungsbestimmungen zum RPG zu betrachten sind. Gemäss der bundesrechtlichen Praxis kommt es dabei auf die Funktion der fraglichen Norm an (BGE 118 Ib 30 f. mit Hinweisen, auch zum Folgenden).

Kantonale Ausführungsbestimmungen im Sinn von Art. 33 RPG sind Normen, welche den Auftrag, die Massnahmen und Verfahren der Raumplanung, wie sie das Bundesrecht in Art. 75 BV und in den Bestimmungen des RPG vorsieht, näher konkretisieren und damit der praktischen Verwirklichung zuführen. Neben den eigentlichen Planungsmassnahmen erfüllen dabei auch alle

7 Baurechtliche Zuständigkeiten, Entscheide und Auskünfte
7.4 Baurechtliche Auskünfte und Verhandlungslösungen

Bauvorschriften eine raumplanerische Funktion, die der planungsrechtlichen Zonenordnung erst ihren konkreten Inhalt geben: die Bestimmungen über die zulässige Nutzweise, Ausnützung, Abstände, Grösse der Bauten, Überbauungsarten, planungsrechtliche Baureife, Baulinien, äussere Erschliessung und Fahrzeugabstellplätze (ZBl 1997, S. 264). Diese Vorschriften tragen regelmässig auch raumplanerische Züge und sind deshalb auch als Ausführungsrecht im Sinne von Art. 33 RPG zu betrachten, solange nicht ein anderes Ziel (zum Beispiel verkehrspolizeiliche Gründe bei Strassenabstandsvorschriften) klar im Vordergrund steht. Keine raumplanerische Funktion kommt dagegen in der Regel den vorwiegend technischen Normen über die baustatische Sicherheit, Verkehrssicherheit, Hygiene, innere Erschliessung, Brandschutz und die übrigen Anforderungen an Gebäude und Räume sowie Ästhetikvorschriften zu. Daraus ergibt sich, dass in gewissen Fällen, zum Beispiel wenn es um die Einordnung gemäss § 238 PBG geht, das Institut des nicht drittverbindlichen Vorentscheids vor Art. 33 Abs. 3 lit. a RPG standhält (BEZ 1995 Nr. 4). Dasselbe gilt für die Bestimmungen des Umweltschutz-, Natur- und Heimatschutzrechts (ZBl 1997, S. 264 N 15).

Mit dem 2009 initiierten Teilrevisionsprojekt zum Verfahren und Rechtsschutz soll – im Sinne der vorstehenden Ausführungen – festgeschrieben werden, dass Vorentscheide, die sich auf das RPG und dessen eidgenössische sowie kantonale Ausführungsbestimmungen stützen, im gleichen Verfahren wie für baurechtliche Bewilligungen zu ergehen haben.

Bundesrechtswidrige Vorentscheide entfalten nicht nur gegenüber Dritten, sondern auch gegenüber dem Gesuchsteller keine Rechtswirkungen. Indes sind nicht ordnungsgemäss ergangene, das heisst bundesrechtswidrige Vorentscheide nicht nichtig, sondern bloss anfechtbar (BEZ 2006 Nr. 57). Werden sie aber angefochten, führt dies – unbesehen der Parteianträge – zur Aufhebung der bundesrechtswidrigen Vorentscheide (BEZ 2007 Nr. 55).

7.4 Baurechtliche Auskünfte und Verhandlungslösungen

7.4.1 Im Allgemeinen

In vielen Fällen ist es zweckmässig, das Vorhaben bereits vor der Baueingabe mit einem zuständigen Sachbearbeiter der Gemeinde oder der Baubehörde vorzubesprechen. Es stellt sich dann häufig die Frage nach der Zulässigkeit und Verbindlichkeit solcher von der Verwaltung oder der Behörde erteilter Auskünfte für den nachfolgenden baurechtlichen Entscheid; nicht anders verhält es sich mit Verhandlungslösungen.

Das Bundesgericht hat in einem den Kanton Aargau betreffenden Fall entschieden, dass die Prüfung einer Voranfrage zu einer unzulässigen – weil verfassungswidrigen – Vorbefassung der Baubehörde im nachfolgenden Baubewilligungsverfahren führen kann (1C_150/2009). Dieser Entscheid erscheint nicht nur praxisfremd, sondern er dürfte sich ohnehin nicht auf den Kanton Zürich übertragen lassen, weil im Zürcher Baubewilligungsverfahren kein Einspracheverfahren stattfindet, sondern Drittpersonen – ohne Begründungserfordernis – lediglich um Zustellung der baurechtlichen Entscheide nachsuchen müssen (vgl. § 315 PBG sowie Seite 314 ff.; in diesem Sinn auch CONRAD: S. 138 ff.).

7 Baurechtliche Zuständigkeiten, Entscheide und Auskünfte
7.4 Baurechtliche Auskünfte und Verhandlungslösungen

7.4.2 Auskünfte

Jedermann ist verpflichtet, nach Treu und Glauben zu handeln (vgl. hierzu Seite 85), was auch für die Behörden gilt (Art. 5 Abs. 3 BV; Art. 2 Abs. 3 KV). Der Grundsatz schützt den Privaten in seinem berechtigten Vertrauen auf behördliches Verhalten und bedeutet unter anderem, dass falsche Auskünfte der Behörden oder Verwaltung unter bestimmten Voraussetzungen bindend wirken. Das gilt allerdings nur in engen Schranken, zumal über Fragen, die für die spätere Bewilligungsfähigkeit eines Bauvorhabens grundlegend sind, nach §§ 323 f. PBG förmliche Vorentscheide eingeholt werden können (RB 1992 Nr. 78; BEZ 1999 Nr. 32).

Gemäss Lehre (HÄFELIN/MÜLLER/UHLMANN: Rz. 668 ff.) und Rechtsprechung ist eine falsche Auskunft nur dann bindend, wenn:
- die Behörde oder Verwaltung in einer konkreten Situation mit Bezug auf bestimmte Personen gehandelt hat (vgl. BEZ 2002 Nr. 21);
- sie für die Erteilung der betreffenden Auskunft zuständig war oder wenn der Adressat sie aus zureichenden Gründen als zuständig betrachten durfte;
- der Adressat die Unrichtigkeit der Auskunft nicht ohne Weiteres erkennen konnte;
- er im Vertrauen auf die Richtigkeit der Auskunft Dispositionen getroffen hat, die nicht ohne Nachteil rückgängig gemacht werden können; und
- die gesetzliche Ordnung seit der Auskunftserteilung keine entscheidende Änderung erfahren hat (BGE 117 Ia 418, 115 Ia 18, 114 Ia 105, je mit Hinweisen).

In solchen Fällen – und eben nur in diesen – ist etwa eine baurechtliche Bewilligung selbst abweichend vom Planungs-, Bau- und Umweltrecht, aber in Übereinstimmung mit einer erhaltenen Auskunft zu erteilen, sofern nicht überwiegende Gesetzmässigkeitsinteressen dagegen sprechen. Dabei trägt nach den allgemeinen Beweisregeln in Art. 8 ZGB jene Person, die sich auf eine behördliche Auskunft berufen will, die Beweislast für ihre Behauptungen. Den Inhalt von Auskünften hat sie zu belegen. Es liegt daher primär in ihrem Interesse, von allfälligen Vorbesprechungen auf dem Bauamt oder mit der Behörde eine Aktennotiz anzulegen und diese von den involvierten Amtspersonen bestätigen zu lassen. Zur unrichtigen behördlichen Auskunft betreffend Zustellung des baurechtlichen Entscheids (Hinweis auf Vertretungsverhältnis) vgl. BEZ 2003 Nr. 6. Zur Entschädigung wegen nutzloser Projektierungskosten (Zuständigkeitsfragen) vgl. VB.2005.00015: Danach hat die Gemeinde die (stillschweigende) Verfügungskompetenz, über derartige Entschädigungsfolgen erstinstanzlich zu entscheiden. Rekursinstanz ist der Bezirksrat und nicht das Baurekursgericht.

Das 2009 initiierte Teilrevisionsprojekt zum Verfahren und zum Rechtsschutz sieht vor, für behördliche Auskünfte eine eigene Bestimmung ins PBG aufzunehmen. Die vorgesehene Regelung erscheint allerdings wenig sinnvoll sowie rechtsstaatlich bedenklich und ist deshalb abzulehnen.

Nicht nur die Behörde, sondern auch der Gesuchsteller ist an den Grundsatz von Treu und Glauben gebunden (Art. 5 Abs. 3 BV; Art. 2 Abs. 3 KV). Es verletzt diesen Grundsatz, wenn die Bauherrschaft im Rahmen des Bewilli-

7 Baurechtliche Zuständigkeiten, Entscheide und Auskünfte
7.4 Baurechtliche Auskünfte und Verhandlungslösungen

gungsverfahrens einer Kompromisslösung zugestimmt hat und hernach geltend macht, die Durchsetzung dieser in der Folge bewilligten Lösung sei unverhältnismässig (BEZ 2005 Nr. 3).

7.4.3 Verhandlungslösungen

Tritt eine Bauverwaltung hoheitlich auf, entstehen oft Interessenskollisionen zwischen ihr und den Gesuchstellenden. Bewilligungsverfahren für grössere oder komplexe Bauprojekte lassen sich daher vielfach nicht ohne Vorgespräche und Verhandlungen sowie kooperatives Verwaltungshandeln (Mediation; vgl. Seite 463 ff.) zur Zufriedenheit aller abwickeln. Verhandlungsspielraum entsteht immer dort, wo der Gesetzgeber nicht für alle möglichen Sachverhalte Lösungen bereithält. Solche sogenannt offenen Normen räumen Ermessen ein oder sie enthalten unbestimmte Rechtsbegriffe. Damit entstehen Entscheidungsspielräume. Verhandlungslösungen haben aber Grenzen: Jede Verwaltungstätigkeit hat sich stets nach den Grundsätzen der Gesetzmässigkeit, des öffentlichen Interesses, der Verhältnismässigkeit, der Rechtsgleichheit und des Vertrauensschutzes zu orientieren (Näheres hierzu bei HUBMANN TRÄCHSEL 2000 und Seite 75 ff.).

Zur Kooperation zwischen Bauherrn, Planern und Behörden im Baubewilligungsverfahren vgl. STÖRI 2007: S. 5 ff.

Arbeitshilfen

Suchbegriff	Bezugsquelle
Baugesuchsformulare	www.baugesuche.zh.ch
Geländeveränderungen	www.fabo.zh.ch
Fluglärm	www.laerm.zh.ch/fluglaerm
Merkblatt des AWEL «Abwasserbewirtschaftung in Ihrem Betrieb»	www.bus.zh.ch
Leitfaden der Baudirektion «Die Umweltverträglichkeitsprüfung (UVP) im Kanton Zürich»	www.umweltschutz.zh.ch

8
Ausführung von Bauarbeiten

8 Ausführung von Bauarbeiten
8.1 Bauausführung und Baukontrolle

8.1.1 Baubeginn

8.1.1.1 *Bedeutung*

Die Zustellung einer baurechtlichen Bewilligung verleiht noch nicht ohne Weiteres das Recht, mit den Bauarbeiten zu beginnen. Nicht selten müssen noch vorbehaltene Bewilligungen vorliegen und auf den Baubeginn hin statuierte Nebenbestimmungen erfüllt werden. § 326 PBG schreibt vor, dass ohne schriftliche Erlaubnis der zuständigen Behörden mit der Ausführung eines Vorhabens nicht begonnen werden darf, bevor alle nötigen baurechtlichen Bewilligungen rechtskräftig erteilt und alle auf den Baubeginn gestellten Nebenbestimmungen erfüllt sind. Der Baubeginn ist auch unter dem Aspekt von § 322 PBG von Bedeutung. Nach dieser Bestimmung erlöschen Baubewilligungen nach drei Jahren, wenn nicht vorher mit der Ausführung begonnen worden ist.

8.1.1.2 *Begriff*

Bei Neubauten gilt der Aushub oder – wo er vorausgesetzt ist – der Abbruch einer bestehenden Baute als Baubeginn (§ 322 Abs. 1 PBG). Der Aushub beginnt mit dem Abtragen der Humusschicht. Dabei wird jedoch vorausgesetzt, dass aus diesen Vorkehren (Abtragen der Humusschicht beziehungsweise Aushub) auf den ernstlichen Willen geschlossen werden kann, das Bauvorhaben ohne Verzögerung und unnötige Unterbrechungen auszuführen (BEZ 1987 Nr. 38). Ob dies zutrifft, ist nach den gesamten Umständen zu entscheiden (MÄDER 1991: S. 213 f. mit weiteren Hinweisen, auch zum Folgenden). Mithin bilden der Aushub oder der Abbruch zwar ein gewichtiges Indiz für den Baubeginn, doch darf nicht ausschliesslich auf diese einzelnen äusseren Merkmale abgestellt werden; vielmehr gilt es, sämtliche objektiven und subjektiven Gesichtspunkte mit zu berücksichtigen, die den Schluss erlauben, der Gesuchsteller habe die Arbeiten mit dem Willen zur zügigen Realisierung der geplanten Baute und nicht allein zur Fristwahrung und damit zur Erhaltung der Baubewilligung vorgenommen. Wenn die von der Bauherrschaft getroffenen Massnahmen in erster Linie darauf abzielen, die Gültigkeit der Baubewilligung zu verlängern, entspricht dies nicht dem Sinn der gesetzlichen Befristung. Können selbst die für das Bauvorhaben notwendigen Aushubarbeiten nicht ohne grössere Unterbrechungen zu Ende geführt werden, sind die Aushubarbeiten nicht als Baubeginn zu betrachten (BEZ 2004 Nr. 48).

Die Umgebungsgestaltung (zum Beispiel das Fällen von Bäumen) und die Einrichtung der Baustelle sind nicht als Baubeginn zu qualifizieren (RB 1994 Nr. 88).

8.1.1.3 *Voraussetzungen*

§ 326 PBG untersagt die Ausführung bewilligungspflichtiger, jedoch nicht bewilligter Vorhaben. Daraus leitet sich auch die Pflicht des Bauherrn ab, sich an eine erteilte Bewilligung zu halten und im Falle einer beabsichtigten Abweichung im dafür vorgeschriebenen Verfahren eine erneute beziehungsweise geänderte Bewilligung einzuholen. Das Verbot des Ausführungsbeginns nach § 326

8 Ausführung von Bauarbeiten
8.1 Bauausführung und Baukontrolle

PBG gilt auch für noch nicht bewilligte Abweichungen von einer bereits erteilten Bewilligung (BEZ 1987 Nr. 19).

Aus dem Umkehrschluss zu § 326 PBG folgt, dass eine Bauherrschaft schon vor der Baufreigabe bewilligungsfrei jene Verrichtungen vornehmen darf, die nicht als Baubeginn zu qualifizieren sind (RB 1994 Nr. 88).

§ 326 PBG verlangt nur die Rechtskraft der «baurechtlichen» Bewilligungen, womit naturgemäss alle Bewilligungen anvisiert sind, die im Rahmen des baurechtlichen Bewilligungsverfahrens zu erteilen waren und nicht erst nach Baubeginn vorliegen können oder müssen. Im Unterschied zu § 322 Abs. 3 PBG (Fristenlauf im Zusammenhang mit der Gültigkeit der Baubewilligung) enthält § 326 PBG keinen Hinweis auf zivilrechtliche Rechtsmittelverfahren. Doch ist wohl davon auszugehen, dass die Baufreigabe nicht erteilt werden darf, solange ein zivilprozessuales Verfahren noch hängig ist und sich dieses auf die Bauarbeiten auswirkt (Schüpbach Schmid: S. 140). Die Baufreigabe kann allenfalls für die nicht streitigen Bauteile erteilt werden.

8.1.2 Baufreigabe und vorzeitige Baufreigabe

Die Gemeinden erteilen in der Regel eine schriftliche Baufreigabe, worin festgestellt wird, dass dem Baubeginn keine Hindernisse mehr entgegenstehen. Erforderlich ist aber diese behördliche Feststellung nicht. Hingegen bedarf es für einen vorzeitigen Baubeginn einer ausdrücklichen schriftlichen Erlaubnis (§ 326 PBG). Einem solchen vorzeitigen Baubeginn kann die Behörde ausnahmsweise zustimmen, wenn besondere Gründe vorliegen (zum Beispiel Abbruch von baufälligen Gebäuden). Die besonderen Gründe sind von der Bauherrschaft darzulegen. In der Regel kann die von der Bauherrschaft dargelegte Dringlichkeit keine vorzeitige Bauausführung rechtfertigen. Den Architekten und Bauherren ist vielmehr dringend zu empfehlen, sich rechtzeitig um die Erfüllung der vor Baubeginn zu erledigenden Auflagen zu kümmern.

Zuständig für die schriftliche Erlaubnis ist primär die Baubehörde, also jene Instanz, welche die baurechtliche Bewilligung erteilt hat. Das ist zwingend, weil jede vorzeitige Baufreigabe eine Änderung von Auflagen in der Baubewilligung, das heisst den Verzicht auf die Durchsetzung des mit der Baubewilligung festgelegten Erfüllungszeitpunktes darstellt. Die Gemeindeexekutive könnte allerdings (generell oder im Rahmen der einzelnen Baubewilligung) die Befugnis für derartige untergeordnete Wiedererwägungen zum Beispiel an den Bauvorstand delegieren, sofern die Gemeindeordnung eine allgemeine Delegationsnorm enthält. Es gilt das Verfahren der Wiedererwägung, was zur Folge hat, dass entsprechende Entscheide gestützt auf § 316 Abs. 2 PBG allfälligen Dritten zuzustellen und anfechtbar sind.

8.1.3 Meldepflichten

8.1.3.1 *Im Allgemeinen*

Baubeginn, Bauvollendung und die wesentlichen Zwischenstände sind der örtlichen Baubehörde so rechtzeitig anzuzeigen, dass eine Überprüfung möglich ist. Dies gilt sinngemäss auch für den Abbruch einer Baute ohne nachfolgenden Neubau (§ 327 Abs. 1 PBG).

8 Ausführung von Bauarbeiten
8.1 Bauausführung und Baukontrolle

Als wesentliche Zwischenstände im Sinne von § 327 Abs. 1 PBG gelten die Erstellung des Schnurgerüstes, die Fertigstellung der Kanalisationsgrundleitungen, die Rohbauvollendung und die Bezugsbereitschaft. Die zuständige Behörde kann die Meldung weiterer Zwischenstände anordnen oder auf Meldungen verzichten, wenn die Umstände es rechtfertigen (§ 23 BVV). Die Gemeinden regeln zum Teil im Detail in einer Beilage oder Meldekarte zur Baubewilligung, welche Tatsachen für die Kontrolle anzumelden sind.

Die Meldefrist ist von der Behördenorganisation abhängig. Die Meldung muss jedenfalls so rechtzeitig erfolgen, dass die entsprechende Kontrolle zeitgerecht erfolgen kann.

8.1.3.2 Zum Gebäudeabbruch im Besonderen

Die Meldepflicht eines Gebäudeabbruchs hat nichts mit dessen Bewilligungspflicht zu tun: Der Abbruch eines Gebäudes ist zwar nur in der Kernzone bewilligungspflichtig (§ 309 Abs. 1 lit. c PBG), aber auch in den anderen Zonen meldepflichtig. Mit dieser Meldepflicht wird die Baubehörde in die Lage versetzt, beispielsweise Auflagen zur Entsorgung des Abbruchmaterials und zur Sicherheit festzulegen oder Schutzanordnungen (§§ 205 f. und 209 f. PBG) zu prüfen.

8.1.4 Baupolizeiliche Kontrollen

8.1.4.1 Grundlagen und Zuständigkeiten

Örtliche Baubehörde

Nach § 327 Abs. 2 PBG prüft die örtliche Baubehörde in geeigneten Abständen, ob die Bauarbeiten den Vorschriften und Plänen entsprechen; falls nicht, trifft sie unverzüglich die nötigen Massnahmen.

Die Gemeinde ist verpflichtet, für eine Organisationsstruktur zu sorgen, welche den anfallenden Aufgaben gewachsen ist. In der Art und Weise, wie sie dies tut, ist sie im Rahmen des übergeordneten Rechts frei. Da sich § 318 PBG, worin die Zuständigkeit der «Baubehörde» geregelt ist, ausschliesslich auf die Entscheide über Baugesuche bezieht, braucht die Bewilligungsbehörde mit der Kontrollinstanz nicht identisch zu sein. Die Kontrollen können also im Auftrag der Baubehörde von Angestellten der Verwaltung (und nicht nur von Behördenmitgliedern) ausgeübt werden. In diesem Sinne werden ihnen oft aus praktischen Gründen Routinegeschäfte zur selbstständigen Erledigung delegiert. Durch diese Subdelegation erhalten die betreffenden Angestellten nicht eine selbstständige Organstellung in der Gemeinde. Vielmehr handeln sie stets nach den (ausdrücklichen oder sinngemässen) Weisungen beziehungsweise dem Auftrag und unter der Verantwortung ihrer vorgesetzten Behörde. Organisationsrechtlich sind die Angestellten (etwa der Baukontrolleur) dann Hilfspersonen der Behörden. Die kommunale Verantwortlichkeit verbleibt nach dem Gesetzeswortlaut von § 327 PBG jedoch zwingend bei der Baubehörde. Ausnahmen bilden die Beamten mit selbstständigen Befugnissen gemäss § 115a GG in Gemeinden mit grossem Gemeinderat (THALMANN: § 72 N 2).

Nicht jede Behörde verfügt über die nötigen Fachleute, um die erforderlichen Kontrollen vorzunehmen. Sie kann daher einen Teil dieser Kontrollen an

8 Ausführung von Bauarbeiten
8.1 Bauausführung und Baukontrolle

private Ingenieur- und Architekturbüros delegieren. Eine derartige Delegation muss den Betroffenen in geeigneter Weise bekannt gegeben werden (Hinweis in der Baubewilligung, schriftliche Mitteilung an den zu Kontrollierenden). Auf Verlangen ist ein amtlicher Ausweis vorzulegen.

Angestellte ohne selbstständige Verwaltungsbefugnisse oder Private (Mitarbeiter des beauftragten Ingenieurbüros) sind nicht befugt, amtliche Verfügungen zu erlassen, durch welche Rechte begründet, aufgehoben oder verändert werden. Baurechtliche Kontrollen sind aber wie andere faktische Verwaltungshandlungen zwar für die Betroffenen nicht bedeutungslos, werden aber in der Regel nicht in Verfügungsform angeordnet. Da sie die Rechtsstellung der Adressaten vorerst nicht verändern, sind sie nicht mit einem Rechtsmittel anfechtbar. Wer im Hinblick auf allfällige Rechtsfolgen mit solchen Kontrollhandlungen nicht einverstanden ist, muss von der zuständigen Behörde eine anfechtbare Verfügung erwirken.

Weitere Instanzen
Verständigung und Beizug weiterer beteiligter Instanzen obliegen der örtlichen Baubehörde (§ 327 Abs. 3 PBG). Damit bringt das Gesetz zum Ausdruck, dass – entsprechend den Kompetenzen im Baubewilligungsverfahren – das Schwergewicht der Überwachung auf Gemeindeebene liegt. In § 24 Abs. 2 BVV wird dies bestätigt und konkretisiert: Das örtliche Bauamt zieht die weiteren Stellen, die Bewilligungen zu erteilen hatten (also insbesondere kantonale Stellen, zum Beispiel das AWEL), auf ihr Verlangen zu den sie betreffenden Kontrollen bei. Die Vorschrift ist zwingend. Verlangt die kantonale Amtsstelle einen Einbezug, ist dem zu entsprechen. Die primäre Zuständigkeit der örtlichen Behörde für Kontrollen und allfällige Vollzugsanordnungen bleibt aber auch dann gewahrt, wenn die Durchsetzung von Auflagen kantonaler Instanzen infrage steht.

Zur privaten Kontrolle vgl. Seite 328 ff.

8.1.4.2 *Zeitpunkt*

Kontrollen aufgrund von Meldungen der Bauherrschaft
Bei den Kontrollen während des Bauablaufs geht es darum, sicherzustellen, dass die Vorschriften eingehalten werden. Der Zeitpunkt, in welchem eine Kontrolle durchgeführt werden muss, ergibt sich meist aus dem Bauablauf der zu kontrollierenden Arbeiten bzw. den Meldungen der Bauherrschaft nach § 327 Abs. 1 PBG und § 23 BVV. Sofern möglich erfolgt die entsprechende Kontrolle, nachdem eine Arbeit abgeschlossen ist und bevor der nächste Arbeitsschritt eingeleitet wird.

Kontrollen von Amtes wegen
§ 327 Abs. 2 PBG verlangt die Kontrolle in «geeigneten Abständen», was den zuständigen Personen entsprechendes Ermessen einräumt. Diese können unabhängig von den gemeldeten Sachverhalten die ihnen zweckmässig und notwendig erscheinenden Kontrollen durchführen. Kontrollen müssen allerdings von einem öffentlichen Interesse getragen sein. Dieses liegt insbesondere, aber nicht nur dann vor, wenn die Kontrollen meldepflichtige Zwischenstände (§ 23 BBV)

betreffen. Sie können und müssen aber auch als Folge eines begründeten Verdachts auf illegale Bauarbeiten oder Nutzungen vorgenommen werden.

Kontrollen haben dem Erfordernis der Verhältnismässigkeit zu entsprechen (Eignung, Erforderlichkeit und Verhältnismässigkeit im engeren Sinne). Vgl. Näheres in: RUOSS FIERZ: S. 46 ff.

Kontrollen auf Veranlassung von Drittpersonen

Kontrollen können auch stattfinden, wenn sich Drittpersonen über unbewilligte Bauten, Lärm, Geruchsbelästigungen usw. beschweren. Diese Personen haben im Allgemeinen keinen Anspruch auf Geheimnisschutz, es sei denn, ein besonderes öffentliches Interesse erfordere dies (THALMANN: § 71 N 5.3). Auf Wunsch ist daher dem Betroffenen mitzuteilen, wer ihn angezeigt hat. Es entspricht dies dem fundamentalen Gebot der Fairness. Der Erstatter einer Anzeige kann aus § 10 VRG keinen Anspruch darauf ableiten, über die Behandlung der von ihm aufgeworfenen Angelegenheit informiert zu werden. Hingegen besteht im Kanton Zürich eine entsprechende Verwaltungspraxis (RB 2002 Nr. 5).

In diesem Zusammenhang ist darauf hinzuweisen, dass die Behörde oder das Bauamt die zeitlichen Abstände der Baukontrollen nach pflichtgemässem Ermessen bestimmt. In diesem Rahmen entscheidet sie allein, wann und wie oft sie Kontrollen durchführen will. Es kann also keine Rede davon sein, dass schon immer dann eine Kontrolle angezeigt ist, wenn dies ein Dritter begehrt.

Nach Bauvollendung

§ 327 Abs. 2 PBG bezieht sich entsprechend dem ausdrücklichen Wortlaut lediglich auf die «Bauarbeiten». Ob die Bestimmung auch eine hinreichende gesetzliche Grundlage für Kontrollen nach Abschluss der Bauarbeiten und nach Bezug der Räume bildet, steht nicht zweifelsfrei fest. Allerdings ist anerkannt, dass sich Kontrollen üblicherweise nicht auf die Zeitspanne der Bauausführung zu beschränken haben, sondern grundsätzlich während der ganzen Lebensdauer eines Bauwerks erforderlich und zulässig sind (BEZ 1992 Nr. 26), insbesondere um die Einhaltung von Sicherheitsvorschriften und Unterhaltspflichten zu überprüfen, Nutzungen zu kontrollieren, historische Bausubstanz festzustellen und illegale Bautätigkeiten abzuklären (RUOSS FIERZ: S. 38). Ohne konkrete Anhaltspunkte soll allerdings von derartigen Kontrollen abgesehen werden. Es gebietet dies schon das Verhältnismässigkeitsprinzip.

8.1.4.3 *Durchführung*

Voranmeldung

Behördliche Kontrollen werden in der Regel vorangemeldet. Im Normalfall ist der Bauherrschaft oder deren Vertreter (Architekt, Ingenieur, Bauführer usw.) die Gelegenheit zu geben, bei der Kontrolle anwesend zu sein. Erfordert der Kontrollzweck eine unangemeldete Durchführung, ist dem Betroffenen zur Gewährung des rechtlichen Gehörs zu ermöglichen, zum Kontrollergebnis nachträglich Stellung zu nehmen.

8 Ausführung von Bauarbeiten
8.1 Bauausführung und Baukontrolle

Befugnisse der Kontrollorgane

§ 327 Abs. 2 PBG enthält auch die stillschweigende Anweisung und Ermächtigung, Grundstücke und Räume zu betreten, soweit dies für die Kontrollen notwendig ist. Andernfalls könnten die Kontrollorgane ihre Funktionen nicht wahrnehmen und § 327 Abs. 2 PBG wäre seines Sinnes entleert (BEELER: S. 53 Anm. 23; RUOSS FIERZ: S. 41).

Mitwirkungs- und Duldungspflichten

Der Betroffene ist verpflichtet, bei der Kontrolle, soweit erforderlich, mitzuwirken. Er hat Einblick in wesentliche Unterlagen für die Bauausführung zu gewähren und bei Bedarf Bauteile freizulegen. Insbesondere ist er grundsätzlich verpflichtet, das Betreten des Grundstücks beziehungsweise der baulichen Anlage oder Wohnung zu dulden, wenn die Kontrolle nicht von einem allgemein zugänglichen Ort aus durchgeführt werden kann.

Auf Verlangen hat die Kontrollperson einen Amtsausweis vorzulegen. Wehrt sich der Pflichtige gegen die Kontrollen und gewährt er keinen Zutritt, so setzt die Durchsetzung des Kontroll- und Zutrittsrechts den Erlass einer Verfügung voraus, mit welcher der Betroffene zur Duldung des Betretens und der Kontrolle verpflichtet wird (Duldungsbefehl). Dem Betroffenen wird aufgegeben, an einem bestimmten Tag zu einer bestimmten Zeit die Wohnung und einzelne Räume zugänglich zu halten. Gleichzeitig wird ihm angedroht, dass bei Widerstand der Duldungsbefehl mit unmittelbarem Zwang vollstreckt werde, das heisst durch einen Realakt, der hier im Betreten des Grundstücks gegen den Willen des Betroffenen besteht (RUOSS FIERZ: S. 48). Unter Umständen sind weitere Formen unmittelbaren Zwangs notwendig, beispielsweise das Aufbrechen der Haustür oder Festhalten von Personen (oder Tieren). Notfalls ist die Polizei beizuziehen.

8.1.4.4 *Auswertung*

Festhalten der Ergebnisse

Die Ergebnisse der Baukontrollen sind schriftlich festzuhalten (§ 24 Abs. 1 BVV). Aufgrund des Anspruchs auf rechtliches Gehör sind sie den Betroffenen auch schriftlich mitzuteilen. In diesem Sinne erlassen die Gemeinden etwa eine Rohbauabnahmeverfügung und eine Verfügung über die Schlusskontrolle. § 24 Abs. 1 BVV betrifft nicht nur die in § 23 BVV ausdrücklich genannten, sondern alle Baukontrollen und drängt sich schon aus Beweisgründen auf. Dabei ist zu beachten, dass die Bescheinigung der Zwischenstände und insbesondere die Schlussabnahme die Baubewilligung nicht abändern und erkannte oder unerkannt gebliebene Mängel nicht legalisieren können. Auch nach erfolgter Schlussabnahme kann verlangt werden, dass materiellrechtliche Mängel, die übersehen worden sind, behoben werden. Die Bauherrschaft kann sich gegen allfällige Massnahmen zur Beseitigung dieser Mängel nicht darauf berufen, sie habe nach der Schlussabnahme darauf vertrauen dürfen, dass keine Beanstandungen mehr folgten (RUOSS FIERZ: S. 40 f.).

8 Ausführung von Bauarbeiten
8.1 Bauausführung und Baukontrolle

Meldung von Verstössen

Stellt ein Angestellter der Gemeinde oder ein Mitglied der Baubehörde anlässlich einer Kontrolle eine Baurechtswidrigkeit fest, muss er sie unverzüglich jener Instanz melden, die zum Einschreiten gegen Baurechtsverstösse berechtigt und verpflichtet ist (MÄDER 1991: S. 314 f.). Eine Rolle beim Erfassen von Baurechtswidrigkeiten spielen auch andere Behörden oder Amtsstellen, soweit sie jedenfalls mittelbar mit Aufgaben der Bauaufsicht zu tun haben. Es gilt dies zum Beispiel für die Feuerpolizei, das Forstamt, Gewässerschutz- und Strassenbaubehörden. Auch sie sind verpflichtet, baurechtsrelevante Unregelmässigkeiten, auf die sie im Rahmen ihrer Tätigkeit stossen, an die Baubehörde weiterzuleiten. Die Meldepflicht lässt sich aus den Grundsätzen ableiten, dass die gesamte Verwaltung rechtmässig zu handeln hat und sie eine Einheit bildet (RUOSS FIERZ: S. 39 f., auch zum Folgenden). Ausnahmen von der Meldepflicht bestehen dann, wenn sich festgestellte Abweichungen im Toleranzbereich bewegen oder untergeordnete Abweichungen ohne Weiteres im Rahmen von Revisionsplänen nachträglich eingereicht und bewilligt werden können.

Anordnungen

Anordnungen im Anschluss an eine Baukontrolle werden sehr oft mündlich erteilt. Sie sind anschliessend schriftlich festzuhalten. Handelt es sich um schwer wiegende Anordnungen oder leistet die Bauherrschaft beziehungsweise ihr Architekt den mündlichen Anweisungen keine Folge, erweist sich der Erlass einer formellen Verfügung mit Rechtsmittelbelehrung als erforderlich. Eine solche Verfügung ist von der nach Gemeindeordnung bzw. kraft Delegation zuständigen Amtsstelle beziehungsweise Behörde zu erlassen und mit Rechtsmittelbelehrung zu versehen.

Anordnungen als Folge von Baukontrollen sind keine baurechtlichen Entscheide, welche den Dritten gestützt auf § 316 Abs. 2 PBG mitzuteilen wären. Eine mitzuteilende Anordnung stellt erst der Entscheid über eine sich allenfalls als Folge von Auflagen ergebende Projektänderung dar. Vgl. Seite 317.

Hält sich der Bauherr nicht an die vorgeschriebene Verfahrensordnung, widerspricht also etwa die Bauausführung nicht nur in untergeordnetem Masse den genehmigten Plänen, kann die Bewilligungsbehörde die Arbeiten einstellen. Eine solche Massnahme darf weder sachlich, zeitlich noch räumlich über das Notwendige hinausgehen (BEZ 1987 Nr. 19; vgl. Näheres Seite 480 f.

8.1.4.5 Folgen der Unterlassung der Baukontrolle

Wird eine Kontrolle nicht durchgeführt, weil die entsprechende Anmeldung unterblieb, und wird mit den Arbeiten fortgefahren, ist die Behörde berechtigt, alle Massnahmen zu verlangen, welche eine nachträgliche Kontrolle noch erlauben. Im schlimmsten Fall kann dies ein einstweiliger Baustopp oder der Abbruch sein. Die dadurch entstehenden Kosten und Terminfolgen sind vom Bauherrn zu tragen (eventuell Abwälzung auf den Schuldigen).

Unterlässt eine Behörde die Kontrolle, obschon diese fristgerecht verlangt worden ist, berechtigt dies die Bauherrschaft nicht dazu, mit den Arbeiten einfach weiterzufahren. Denn eine allenfalls ungenügende Bauaufsicht der Ge-

8	**Ausführung von Bauarbeiten**
8.1	Bauausführung und Baukontrolle

meinde entbindet nicht davon, die Bauvorschriften und die Auflagen der Baubewilligung einzuhalten. Es kann mindestens erwartet werden, dass die Behörde telefonisch auf ihre Unterlassung aufmerksam gemacht wird. Die pflichtwidrige Unterlassung einer Kontrolle stellt eine schuldhafte Amtspflichtverletzung dar, die zu Schadenersatzpflicht der Gemeinde führen kann, wenn sich etwa als Folge fehlender Abschrankungen ein Unfall ereignet (vgl. den Entscheid des Verwaltungsgerichts Bern vom 30. 6. 2010, 100.2008.23499 U).

Auf zwei Baukontrollen, nämlich die Bezugsbewilligung und die Schlusskontrolle, wird nachfolgend etwas näher eingegangen.

8.1.4.6 *Bezugsbewilligung*

Grundsätze

Die Bauherrschaft oder ihr Vertreter haben den in Aussicht genommenen Bezugstermin der Wohnungen, einzelnen Zimmer von solchen und Arbeitsräumen in Neu-, An-, Auf- und Umbauten der Gemeindebehörde mindestens 14 Tage im Voraus zu melden. Die Gemeindebehörde erklärt die Räume als bezugsfähig, wenn sie den Geboten der Wohn- und Arbeitshygiene entsprechen (§ 12a BBV I und Richtlinien der Baudirektion über den Bezug neu erstellter Wohn- und Arbeitsräume, Ausgabe 1986).

Gleich den anderen Baukontrollen ist auch die Mitteilung über die durchgeführte Bezugskontrolle kein den Begehrenstellern im Sinne von § 316 Abs. 2 PBG mitzuteilender baurechtlicher Entscheid. Erst der Entscheid über eine allfällige Projektänderung oder -ergänzung ist mitzuteilen (vgl. VB.2010.00087).

Austrocknungsfristen

In den erwähnten Richtlinien der Baudirektion sind für die genügende Austrocknung von Bau- und Witterungsfeuchtigkeit Fristen von vier bis sechs Monaten ab Rohbauvollendung angesetzt. Die Austrocknungsfrist kann unter bestimmten Voraussetzungen auf weniger als vier Monate verkürzt werden.

Die Austrocknungsfrist ist in jedem Fall vorzeitig beendet, wenn durch Messung festgestellt wird, dass die relative Luftfeuchtigkeit in den Räumen, auf die gleiche Temperatur bezogen, innerhalb von 48 Stunden um nicht mehr als 10 Prozent steigt (zum Beispiel von 60 auf 70 Prozent relativer Luftfeuchtigkeit). Die Räume müssen während dieser Zeit vollständig geschlossen bleiben. Die Messung hat durch die Eidgenössische Materialprüfungs- und Versuchsanstalt (EMPA) oder eine andere von der Gemeindebehörde anerkannte Fachstelle zu erfolgen. Die Gemeindebehörde kann vom Bauherrn, der um eine Verkürzung der Austrocknungsfrist ersucht, verlangen, dass er selbst eine solche Messung in Auftrag gibt.

Die Austrocknungsfrist kann verlängert werden, wenn auch nach ihrem Ablauf das Bauwerk noch nicht den in Ziff. 6 der Richtlinien umschriebenen Austrocknungsgrad erreicht hat.

Die Austrocknungsfristen werden von der Vollendung des Rohbaus an gerechnet. Die Rohbauvollendung ist daher der Gemeindebehörde ohne Verzug anzuzeigen. Diese Pflicht obliegt der Bauherrschaft oder ihrem Vertreter. Der Rohbau gilt als vollendet, wenn die Aussenmauern und inneren Tragwände

8 Ausführung von Bauarbeiten
8.1 Bauausführung und Baukontrolle

hochgeführt sind und der Bau in allen Teilen völlig eingedeckt ist. Die Gemeindebehörde besichtigt den Rohbau.

Aussenverputz

Der Aussenverputz darf frühestens zweieinhalb Monate nach der Vollendung des Rohbaus aufgetragen werden. Wenn während der Bauzeit trockenes Wetter herrschte, kann die Gemeindebehörde diese Frist auf zwei Monate verkürzen. Die Gemeindebehörde kann aus triftigen Gründen zulassen, dass der Aussenverputz ohne Aufschub angebracht wird, sofern kein Innenverputz vorgesehen ist oder dieser erst zwei Monate nach dem Aussenverputz aufgetragen wird. Der Innenverputz muss spätestens einen Monat vor dem Bezug der Räume aufgetragen sein.

Vollzug energetischer Massnahmen

Vor Erteilung der Bezugsbewilligung muss auch sichergestellt sein, dass die Bauausführung hinsichtlich der energetischen Anforderungen (Wärmedämmung, Feuerung, Klima- und Belüftungsanlagen) dem bewilligten Projekt entspricht und Abweichungen plausibel begründet werden können. Für die private Ausführungskontrolle besteht ein kantonaler Formularsatz «Anmeldung zur Bezugsabnahme» mit Berichten.

Weitere Aspekte

Neben der genügenden Austrocknung und der energetischen Aspekte ist im Rahmen der Bezugskontrolle auch auf andere wohn- und arbeitshygienischen Anforderungen zu achten, so etwa die Funktionstüchtigkeit von Lüftungs- und Klimaanlagen sowie die Installation der Wasch- und Abortanlagen usw. Gestützt auf § 327 Abs. 2 PBG sind bei der Bezugskontrolle auch Aspekte der Sicherheit (zum Beispiel Geländer, Brüstungen) zu überprüfen. In schwerwiegenden Fällen ist der Bezug zu verweigern. Gegebenenfalls können mit der Bezugsbewilligung auch geeignete Nebenbestimmungen (zum Beispiel Fristansetzung für das Anbringen von Geländern) verbunden werden.

Die Bezugsbewilligung dient nicht der allgemeinen Überprüfung der Bauausführung. Sie darf nur (unter Beachtung des Verhältnismässigkeitsprinzips) aus den oben erwähnten Gründen, nicht aber wegen anderer Widersprüche zu Bauvorschriften oder Abweichungen zu den bewilligten Plänen verweigert werden (BEZ 1992 Nr. 26).

8.1.4.7 *Schlusskontrolle*

Die allgemeine Übereinstimmung der Bauausführung mit den eingereichten und bewilligten Plänen ist nicht im Rahmen der Bezugskontrolle, sondern der Schlusskontrolle zu überprüfen. Nach Abschluss der Bauarbeiten (einschliesslich der Umgebungsgestaltung) hat der Bauherr oder sein Architekt um die Vornahme der Schlusskontrolle zu ersuchen. In der Regel werden für die Aspekte des Hochbaus, des Brandschutzes und der Hausentwässerung getrennte Schlusskontrollen durchgeführt. Werden Mängel festgestellt, ist eine Frist zur Behebung anzusetzen. Meist wird die Frist formlos (ohne Verfügungscharakter) angesetzt und damit die Androhung verbunden, dass bei Nichteinhaltung eine kostenpflichtige und anfechtbare Anordnung erlassen werde.

Gleich den anderen Baukontrollen ist auch die Mitteilung über die durchgeführte Schlusskontrolle kein den Begehrenstellern im Sinne von § 316 Abs. 2 PBG mitzuteilender baurechtlicher Entscheid. Erst der Entscheid über eine allfällige Projektänderung oder -ergänzung ist mitzuteilen (vgl. etwa VB.2010.00087).

8.2 Unterbruch der Bauarbeiten

8.2.1 Grundlagen

Zweck der gesetzlichen Regelung

Werden die Bauarbeiten während längerer Zeit unterbrochen, kann ihre Beendigung innert nützlicher Frist befohlen werden (§ 328 Abs. 1 PBG). Mit diesem Befehl ist je nach Stand der Arbeiten und den sonstigen Umständen eine der in § 328 Abs. 2 PBG vorgesehenen Anordnungen für den Säumnisfall zu verbinden.

§ 328 PBG trägt dem Umstand Rechnung, dass halb fertige Bauten in verschiedener Hinsicht polizeiwidrig sind (MÄDER 1991: S. 214 f.; RB 1996 Nr. 86; VB.2000.00046). Zu erwähnen sind namentlich die mit einer Baustelle regelmässig verbundenen Gefahren für das Publikum bzw. Passanten sowie die Verletzung des Einordnungsgebots von § 238 Abs. 1 PBG. Zu den unerwünschten, nicht beliebig lang hinzunehmenden Auswirkungen einer Baustelle gehören auch die mit Bauarbeiten zumeist verbundenen Immissionen (vgl. in diesem Zusammenhang § 226 Abs. 1, 2 und 4 PBG).

Mit § 328 sollen also die Nachbarschaft und die Öffentlichkeit vor dem Anblick einer «Bauruine» bewahrt werden. Es sollen auch Personen vor Schaden geschützt werden, sei es durch Hinunterstürzen in eine lange Zeit offen stehende Baugrube oder durch Herabfallen von einem Baugerüst usw. Ferner erscheint es störend, wenn nach einem längeren Unterbruch noch Bauten fertig gestellt werden können, die nach dem inzwischen geltenden Recht nicht mehr bewilligungspflichtig wären (ZBl 1995, S. 518).

Abgrenzungen

Entsprechend dem Zweck der Bestimmung wird § 328 PBG ausschliesslich dann anwendbar, wenn das nur unvollständig ausgeführte Bauwerk einen rechtswidrigen Zustand schafft, das heisst gegen materielles öffentliches Recht verstösst. Davon zu unterscheiden sind aber jene (häufigen) Fälle, da ein Bauwerk zwar nicht vollständig ausgeführt wird, doch in seinem Bestand eine in sich abgeschlossene Einheit darstellt. Hier ist im Rahmen der Schlussabnahme (§ 327 PBG) die entsprechende Projektänderung zu bewilligen. Das Bauvorhaben gilt dann auch ohne die ausgeführten Bauteile als abschlossen. Deren spätere Ausführung bedarf eines neuen baurechtlichen Bewilligungsverfahrens. Aber auch dann, wenn eine solche ausdrückliche (oder auch nur stillschweigende) Feststellung im Rahmen der Schussabnahme unterblieben ist, gebietet die Rechtssicherheit, dass über den Stand und den Umfang einer Baute beziehungsweise über das Schicksal nicht realisierter Projektteile Klarheit geschaffen wird. Denn es kann nicht im Belieben einer Bauherrschaft liegen, solche unterlassenen Arbeiten in einem viel späteren Zeitpunkt nachzuholen. In analoger Anwendung von § 322 Abs. 1 PBG liegt es nahe, hierfür höchstens einen Zeitraum von drei Jahren ab Schlussabnahme zu gewähren (BEZ 1995 Nr. 13).

8.2.2 Begriff des «Unterbruchs»

§ 328 PBG bestimmt – abgesehen vom Fall der Arealüberbauungen – nicht näher, wann von einem längeren Unterbruch der Bauarbeiten gesprochen werden kann. Darüber ist im Einzelfall mit Rücksicht auf die konkreten Umstände zu entscheiden; bei dieser Prüfung steht der zuständigen Baubehörde ein erheblicher Ermessensspielraum offen (BEZ 1987 Nr. 38; RB 1996 Nr. 86 mit Hinweisen; VB.2000.00046). Daher kann nicht abstrakt auf die in § 322 PBG festgelegte Gültigkeitsdauer der Baubewilligung abgestellt werden. Denn dieser Bestimmung liegt eine andere Motivation als jener über den Unterbruch der Bauarbeiten zugrunde (RB 1996 Nr. 86). Vielmehr wird die Behörde im Einzelfall eine Abwägung der auf dem Spiel stehenden privaten und öffentlichen Interessen vorzunehmen haben. Bei der Ausübung dieses Ermessens hat die Behörde die für die Begrenzung der Baudauer sprechenden Aspekte (namentlich Sicherheit, Einordnung, Störungswirkung für Dritte) gegenüber dem Interesse des Bauherrn an der gewählten Bauweise bzw. am Unterbruch der Bauarbeiten abzuwägen (VB.2000.00046).

Nach § 239 Abs. 1 PBG dürfen Bauten und Anlagen nicht nur nach Vollendung, sondern auch bei ihrer Erstellung weder Personen noch Sachen gefährden. Nicht erforderlich nach § 328 PBG ist, dass der gegenwärtige Zustand eine Gefahr für das Eigentum oder Leib und Leben Dritter bedeutet. Es genügen Missstände, wie sie von einer «ewigen Baustelle» ausgehen (RB 1996 Nr. 86). Je schwerwiegender eine Bauruine solchen öffentlichen Interessen der Sicherheit oder auch der Gestaltung (insbesondere in Ortsbildschutzzonen) sowie allfälligen weiteren öffentlichen Interessen, etwa an der Erstellung von Fahrzeugabstellplätzen, und allgemein an der Durchsetzung materiellen Rechts widerspricht, desto früher wird die Baubehörde zum Einschreiten berechtigt und verpflichtet sein. In RB 1986 Nr. 86 hat das Verwaltungsgericht einen Zeitraum von zweieinhalb Jahren als «längeren Unterbruch» bezeichnet.

§ 328 PBG verlangt nicht mehr, wie früher das alte Baugesetz, dass die Bauarbeiten «ohne erhebliche Unterbrechung» ausgeführt werden. Die üblichen Bauausführungszeiten können daher – etwa wenn die Arbeiten mit erheblichen Eigenleistungen vorgenommen werden – auch wesentlich überschritten werden. Ein Indiz für die Einstellung der Bauarbeiten ist etwa das Abräumen von Bauinstallationen, was der Baubehörde schon deshalb nicht entgehen kann, weil sie den Baufortschritt periodisch zu kontrollieren hat (§ 327 Abs. 2 PBG).

Zur Beurteilung des relevanten Unterbruchs ist nicht massgebend, in welchen zeitlichen Abständen die Bauherrschaft jeweils kleinere Bauarbeiten ausführte; entscheidend ist allein die zeitliche Distanz zwischen dem Augenblick, in welchem der Zustand des unvollendeten Bauwerks beurteilt wird, und demjenigen der rechtskräftigen Erteilung der Baubewilligung, unter Berücksichtigung der Grösse des Bauvorhabens. Ein Unterbruch der Bauarbeiten während längerer Zeit im Sinn von § 328 Abs. 1 PBG liegt mit anderen Worten auch dann vor, wenn an einer Baute zwar regelmässig, aber derart langsam gearbeitet wird, dass die Gesamtdauer der Bauarbeiten in keinem vernünftigen Verhältnis zum Bauvolumen bzw. zur Bauaufgabe steht (VB.2000.00046).

8.2.3 Rechtsfolgen des Unterbruchs

§ 328 Abs. 1 PBG verlangt als ersten Schritt zwingend, dass der Bauherrschaft die Beendigung der Bauarbeiten befohlen wird. Entsprechend dieser gesetzlichen Regelung tritt also nicht automatisch eine Verwirkung der Baubewilligung ein, wenn die Arbeiten für längere Zeit unterbrochen werden (BEZ 1987 Nr. 38).

Beendigung innert Frist befiehlt die Baubehörde, wenn sie den folgenschweren Unterbruch feststellt. Als nützliche Frist kann eine unter normalen Umständen noch erforderliche Bauzeit eingesetzt werden. Dabei ist in Berücksichtigung des Gebotes der Verhältnismässigkeit und der Umstände für den Unterbruch ein Zuschlag zu gewähren.

Die mit Befehl (zwingend) zu verbindenden Androhungen für den Säumnisfall sind in § 328 Abs. 1 PBG abschliessend aufgezählt. Danach ist eine der folgenden Säumnisfolgen anzudrohen:
- Fertigstellung durch Ersatzvornahme;
- Förderung der Bauarbeiten durch die Gemeinde so weit, als es die Sicherheit von Personen und Sachen oder der Natur- und Heimatschutz erfordern;
- Einebnung der bereits erstellten Bauarbeiten und Versetzen des Geländes in einen ordentlichen Zustand (§ 328 Abs. 2 lit. a–c PBG).

Statt der Einebnung und Wiederherstellung des Geländes kann die Behörde auch den Verfall der Baubewilligung androhen. Denn § 328 Abs. 1 lit. c PBG selbst geht vom Erlöschen der Baubewilligung aus (RB 1996 Nr. 87).

Die Kosten für die Durchführung der angedrohten Massnahmen tragen die Grundeigentümer (§ 328 Abs. 3 PBG), zu deren Lasten auch im Grundbuch ein gesetzliches Pfandrecht angemerkt werden kann. Dagegen ist für entsprechende Massnahmen kein Kostenvorschuss nach § 15 VRG aufzuerlegen, da sie aufgrund einer von Amtes wegen wahrzunehmenden Aufgabe erwachsen (BEZ 1995 Nr. 22).

8.2.4 Spezialfall der Arealüberbauungen

Besondere Probleme bieten dabei die Arealüberbauungen, welche sehr oft in Etappen ausgeführt werden. Etappen werden beispielsweise erst in Angriff genommen, wenn wieder Bedarf für neue Mietwohnungen usw. festzustellen ist. Nach § 72 PBG und den Bauordnungsvorschriften kommt der Arealüberbauung gegenüber der Regelbauweise eine Reihe von Privilegien zu. Diese Vorteile geniesst die Arealüberbauung deshalb, weil eine einheitliche Überbauung grösserer Grundstücke mit architektonisch sorgfältig aufeinander abgestimmten und ästhetisch sehr gut gestalteten Bauten erreicht werden soll (§ 71 PBG). Die unvollständige Ausführung kann daher einen rechtswidrigen Zustand schaffen. In diesem Sinne haben die Baurekurskommissionen schon entschieden, dass die Etappen nicht mehr als zwei Jahre auseinander liegen dürfen (Bauvollendung erste Etappe bis Baubeginn zweite Etappe; BEZ 1982 Nr. 14). Mit der Ergänzung von § 328 PBG per 1. Februar 1992 ist diese Praxis gesetzlich verankert worden. Danach ist für Arealüberbauungen ausdrücklich geregelt, dass die zulässige Unterbrechung höchstens zwei Jahre betragen darf (§ 328 Abs. 1 PBG). In Abweichung zur Regelbauweise ist mit dem Befehl zur Bauvollendung anzudrohen, dass die Bewilligung nach Ablauf der beiden Jahre dahinfalle (§ 328 Abs. 2 lit. d PBG).

8.3 Sicherheit der Baustelle

8.3.1 Regeln der Baukunde

8.3.1.1 *Anforderungen*

Gemäss § 239 Abs. 1 PBG müssen Bauten und Anlagen nach Fundation, Konstruktion und Material den anerkannten Regeln der Baukunde entsprechen und dürfen weder bei ihrer Erstellung noch durch ihren Bestand Personen oder Sachen gefährden. Die Einhaltung der Regeln der Baukunde, insbesondere der Vermeidung von Gefährdungen von Nachbargrundstücken durch Bauarbeiten, stellt eine der Grundanforderungen dar, welchen ein Bauvorhaben genügen muss. Diese Anforderung ist, soweit technisch möglich, bereits bei Erteilung der Baubewilligung zu erfüllen oder zumindest auf den Baubeginn hin sicherzustellen (BEZ 1982 Nr. 32; BEZ 2008 Nr. 42). Vgl. Näheres Seite 689 f.

Diese Baustelle aus Afrika dürfte hierzulande kaum behördlichen Segen erhalten ...

8.3.1.2 *Aufgaben der Behörden*

Sicherheitsvorkehrungen auf Baustellen, einschliesslich derjenigen für die Baugrube, gehören zur Bauausführung und werden nach herkömmlichem Verständnis von der (präventiven) Beurteilung des Baugesuchs nicht erfasst. Die Bauarbeiten sind lediglich meldepflichtig, und sie unterstehen – unabhängig von zivilen Rechtsbehelfen des Nachbarn – einer (repressiven) Kontrolle gemäss §§ 326 ff. PBG. Der Bauherr hat die aufgrund der Umstände sich aufdrän-

8	**Ausführung von Bauarbeiten**
8.3	Sicherheit der Baustelle

genden Sicherheitsvorkehren als unmittelbar anwendbare Verhaltensvorschrift ohne Weiteres zu beachten und es besteht daher in der Regel kein Anlass, diese in das baurechtliche Verfahren einzubeziehen. Vielmehr darf einem Bauherrn zugebilligt werden, dass er bei der Bauausführung mit der gebotenen Sorgfalt zu Werke geht. Anders verhält es sich demgegenüber dann, wenn bereits konkrete Anhaltspunkte vorliegen, die auf eine ganz besondere Gefährdung hindeuten und nahelegen, vom Bauherrn einen speziellen Nachweis oder bestimmte Vorkehren zu verlangen; dies namentlich dann, wenn nicht ohne Weiteres damit gerechnet werden kann, dass der Bauherr die gebotene Sorgfalt walten lässt (BEZ 2008 Nr. 42).

Somit ist also auch § 239 Abs. 1 PBG über die anerkannten Regeln der Baukunde eine Vorschrift, deren Einhaltung im Rahmen der Baukontrolle zu überwachen ist und bei deren Verletzung «unverzüglich die nötigen Massnahmen zu treffen» sind (§ 327 PBG). Dabei hat § 239 Abs. 1 PBG primär die Wahrung öffentlicher Interessen und jene unbeteiligter Dritter (etwa Nachbarn) im Auge. Die Vorschrift ändert aber nichts an der primären Verantwortlichkeit des Arbeitgebers und des Unternehmers gestützt auf die Bestimmungen der VUV und der BauAV. Behördliches Eingreifen rechtfertigt sich daher grundsätzlich nur in Fällen, da die Sicherheit des öffentlichen Grundes oder von Drittgrundstücken gefährdet ist.

8.3.1.3 Schutz benachbarten Grundeigentums

Falls nach rechtskräftig erteilter Baubewilligung Mängel zutage treten, die einem bedeutenden polizeilichen Missstand gleichkommen, darf und muss die Baubehörde gestützt auf § 358 PBG jederzeit von Amtes wegen auch zum Schutz benachbarten Dritteigentums die geeigneten Massnahmen treffen (RB 1993 Nr. 43). Denn Dritte haben Anspruch darauf, dass die notwendigen Abklärungen vorgenommen und entsprechende Massnahmen (etwa zur Vermeidung von Rutschungen) getroffen werden. Allenfalls ist durch die Baubehörde ein statisches Gutachten anzufordern (BEZ 1982 Nr. 32). Behaupteter Schaden ist aber vom Geschädigten zu beweisen (Art. 8 ZGB). Dieser hat daher allfällige Beweissicherungsmassnahmen auf eigene Kosten durchzuführen. Bei Bauvorhaben mit Risiken für die umliegenden Bauten ist es üblich, vor Baubeginn bei den umliegenden Bauten ein sogenanntes Rissprotokoll aufzunehmen. Solche Protokolle nimmt der Gemeindeammann auf. Das Protokoll beschreibt den Zustand der betreffenden Baute mit Worten, Zeichnungen und zweckmässigerweise mit Fotos.

Zur Inanspruchnahme von Nachbargrundstücken und von öffentlichem Grund während der Bauarbeiten vgl. §§ 229 ff. und Seite 552 ff.

8.3.2 Feuerpolizeiliche Anforderungen

Seit 1. Januar 2005 gelten die Anforderungen der BSN und Ziffer 8 der Brandschutzrichtlinie «Brandverhütung – Sicherheit in Betrieben und auf Baustellen». Bei Bauarbeiten sind von allen Beteiligten geeignete Massnahmen zu treffen, um der erhöhten Brand- und Explosionsgefahr wirksam zu begegnen. Dies insbesondere durch brandschutztechnisch einwandfreie Ordnung, Instruktion, Überwachung und periodische Kontrollgänge. Baustellen sind gegen unbefugten Zutritt angemessen abzusichern. Brennbares Material und Bauschutt sind periodisch zu entfernen oder in genügend Abstand zur Baustelle zu lagern. Mobile Feuerungsaggregate (Lufterhitzer, Bautrockner etc.) sind so aufzustellen, dass keine Brandgefahr entsteht. Es sind die Sicherheitsabstände einzuhalten, wie sie für vergleichbare stationäre Anlagen gelten. Zur Werbung an brennbaren Gerüstnetzen und brennbaren Geweben vgl. auch die Brandschutzerläuterung «Anbringen von brennbaren Geweben an Gebäuden».

Die jederzeitige Meldung und Bekämpfung von Bränden ist sicherzustellen. Die Rufnummer der Feuerwehr ist deutlich anzuschlagen. Es sind ausreichende Flucht- und Rettungswege anzulegen, freizuhalten und wo erforderlich zu kennzeichnen. Vor und nach feuergefährlichen Arbeiten haben die notwendigen Kontrollen zu erfolgen. Entsprechend dem Baufortschritt sind geeignete Löscheinrichtungen und Löschmittel bereitzustellen. Die Baustelle sowie angrenzende Bauten und Anlagen müssen für den Feuerwehreinsatz jederzeit zugänglich sein.

Wenn besondere Brandgefahren oder die Grösse der Baustelle es erfordern, ist ein Sicherheitsbeauftragter zu bestimmen.

8.3.3 Arbeitnehmerschutz

8.3.3.1 *Gesetzliche Grundlagen und Anforderungen*

Verordnung über die Unfallverhütung
Zum Schutz der Arbeitnehmer gilt die Verordnung über die Unfallverhütung (VUV). Sie regelt unter anderem die allgemeinen Pflichten der Arbeitgeber und der Arbeitnehmer hinsichtlich Schutzmassnahmen, Beizug von Spezialisten, Sicherheitsanforderungen an Gebäude sowie Anforderungen an Arbeitsmittel.

Bauarbeitenverordnung
Speziell zu beachten ist auch die BauAV. Die Verordnung legt fest, welche Massnahmen für die Sicherheit und den Gesundheitsschutz der Arbeitnehmer bei Bauarbeiten getroffen werden müssen (Art. 1 Abs. 1). Bauarbeiten müssen so geplant werden, dass das Risiko von Unfällen oder Gesundheitsbeeinträchtigungen möglichst klein ist und die notwendigen Sicherheitsmassnahmen eingehalten werden können (Art. 3 Abs. 1). Der Arbeitgeber, der sich im Rahmen eines Werkvertrages als Unternehmer zur Ausführung von Bauarbeiten verpflichten will, hat vor dem Vertragsschluss zu prüfen, welche Massnahmen notwendig sind, um die Arbeitssicherheit und den Gesundheitsschutz bei der Ausführung seiner Arbeiten zu gewährleisten. Baustellenspezifische Massnahmen, die nicht bereits realisiert wurden, sind in den Werkvertrag aufzunehmen und zu spezifizieren. Der Arbeitgeber hat die erforderlichen baustellenspezifischen Massnahmen zu treffen (Art. 3 Abs. 2–5). Er muss sodann auf jeder Baustelle eine Person bezeichnen, die für die Arbeitssicherheit und den Gesundheitsschutz zuständig ist (Art. 4 Abs. 1). Wer durch sein Verhalten oder seinen Zustand sich selbst und andere gefährdet, ist von der Baustelle wegzuweisen (Art. 4 Abs. 2). Art. 5 umschreibt die Schutzhelmtragpflicht. Die Verordnung enthält (unter anderem) weitere generell geltende Anforderungen an Arbeitsplätze und Verkehrswege (Art. 8–13), Leitern

8 Ausführung von Bauarbeiten
8.3 Sicherheit der Baustelle

(Art. 14), Absturzsicherungen (Art. 15), bestehende Anlagen und Werkleitungen (Art. 20 und 21), die Arbeitsumgebung (u.a. Luftqualität, Brandgefahr, Lärmschutz; Art. 22–26) und Transportanlagen (Art. 27). In weiteren Artikeln sind einzelne Arbeitsgattungen besonders geregelt (Art. 28–83), so zum Beispiel Arbeiten auf Dächern, die Erstellung von Gerüsten, Gräben, Schächten und Baugruben sowie Rückbau- und Abbrucharbeiten, Untertagsarbeiten und der Kiesabbau.

8.3.3.2 *Vorgehen bei besonders umweltgefährdenden Stoffen*

Besteht ein Verdacht, dass besonders umweltgefährdende Stoffe wie Asbest oder polychlorierte Biphenyle (PCB) auftreten können, so muss der Arbeitgeber die Gefahren eingehend ermitteln und die damit verbundenen Risiken bewerten. Darauf abgestützt sind die erforderlichen Massnahmen zu planen. Wird ein besonders umweltgefährdender Stoff im Verlauf der Bauarbeiten unerwartet vorgefunden, sind die betroffenen Arbeiten einzustellen und ist der Bauherr zu benachrichtigen (Art. 3 Abs. 1bis BauAV, in Kraft seit 1. Januar 2009). Die von den Ergebnissen der Risikobewertung nach Art. 3 Abs. 1 BauAV abhängenden Massnahmen sind in den Werkvertrag aufzunehmen und in der gleichen Form zu spezifizieren wie die übrigen Inhalte des Werkvertrages.

8.3.3.3 *Adressaten und Vollzug*

Die VUV und die BauAV richten sich an die privaten Baubeteiligten als Arbeitgeber (Unternehmer) und Arbeitnehmer. Die Arbeitssicherheit und der Gesundheitsschutz sind also nicht etwa durch den Bauherrn und seine Hilfspersonen (Architekt; Bauleiter) zu gewährleisten (Hess-Odoni: S. 7 und 9). Der Vollzug der Verordnungen erfolgt gemäss den Vollzugsbestimmungen des UVG und insbesondere der VUV. Das danach zuständige Vollzugsorgan koordiniert seine Tätigkeiten mit den Vollzugsbehörden des ArG (Art. 84 BauAV). Die Überwachung des Vollzuges erfolgt durch die SUVA und das kantonale Arbeitsinspektorat. Vgl. zu vertraglichen Problemen im Zusammenhang mit der Anwendung der BauAV Schumacher 2005.

Beide Verordnungen, die VUV und die BauAV, verpflichten nicht direkt die mit der Baukontrolle beauftragten Behörden und Angestellten der Gemeinden. Es lässt sich aus den Vorschriften keine Befugnis und Verpflichtung für Überwachung und Anordnungen ableiten.

Wie erwähnt gehören die Sicherheitsvorkehrungen (auch derer für die Baugrube) zur Bauausführung und sind von der – präventiven – Baubewilligung nicht erfasst. Die Bauarbeiten sind lediglich meldepflichtig, und sie unterstehen, unabhängig von den zivilen Rechtsbehelfen des Nachbarn, einer repressiven Kontrolle gemäss §§ 326 ff. PBG. Die Arbeitgeber (Unternehmer) und die auf dem Bau tätigen Personen haben die je nach Umständen sich aufdrängenden Sicherheitsvorkehrungen entsprechend den Anforderungen an die Arbeitssicherheit und den Gesundheitsschutz als unmittelbar anwendbare Verhaltensvorschriften zu beachten. Gewöhnlich (das heisst von aussergewöhnlichen Verhältnissen abgesehen) besteht daher kein Anlass, die Massnahmen in das baurechtliche Verfahren einzubeziehen oder ein ergänzendes Verfahren für die Sicherheitsmassnahmen durchzuführen (RB 1993 Nr. 43). Auch sind die Gemeinden etwa nicht

8	**Ausführung von Bauarbeiten**
8.4	Baustellenentsorgung

zur Gerüstkontrolle verpflichtet. Verantwortlich für die Sicherheit der Fassadengerüste ist in erster Linie der zuständige Unternehmer. Technische Fragen beantworten die SUVA in Luzern oder das kantonale Arbeitsinspektorat.

8.4 Baustellenentsorgung

8.4.1 Abfälle

8.4.1.1 *Vermeidung von Bauabfällen*

Nach Art. 30 USG sollen Abfälle soweit möglich vermieden werden. In Art. 30a USG ist der Bundesrat zuständig, ausführende Bestimmungen zu erlassen.

8.4.1.2 *Zweckmässige Trennung*

Beim Abbruch von Bauten und Anlagen sind die Materialien im Hinblick auf eine einwandfreie Entsorgung zweckmässig zu trennen (§ 239 Abs. 2 PBG). Details hierzu sind weitgehend im Bundesrecht sowie in Normen und Richtlinien von Fachverbänden enthalten. Zu erwähnen ist die SIA-Empfehlung 430 «Entsorgung von Bauabfällen bei Neubau-, Umbau- und Abbrucharbeiten» (Norm SN 509 430), welche gemäss Ziffer 2.61 Anhang BBV I beachtlich ist.

8.4.1.3 *Entsorgung von Sonderabfällen und anderer kontrollpflichtiger Abfälle*

Klassierung
Gemäss Art. 9 TVA dürfen Sonderabfälle nicht mit den übrigen Abfällen vermischt werden. Nach der VeVA fallen unter Sonderabfälle solche Bauabfälle, deren umweltverträgliche Entsorgung aufgrund ihrer Zusammensetzung, ihrer chemisch-physikalischen oder ihrer biologischen Eigenschaften auch im Inlandverkehr umfassende besondere technische und organisatorische Massnahmen erfordert (Art. 2 Abs. 2 lit. a VeVA). Die Verordnung des UVEK vom 18. Oktober 2005 «Listen zum Verkehr mit Abfällen» enthält im Anhang 1 entsprechende Verzeichnisse. Darin wird unterschieden zwischen Sonderabfällen, anderen kontrollpflichtigen Abfällen und weiteren Abfällen. Jeder Abfallart ist eine 6-stellige Codierung zugeteilt. Entscheidendes Kriterium der Codierung ist nicht die Abfallart, sondern die Herkunft. In den 20 verschiedenen Herkunftskapiteln sind rund 850 verschiedene Abfallcodes aufgeführt, wovon rund 450 Abfälle als Sonderabfall und rund 30 Abfälle als «andere kontrollpflichtige Abfälle» klassiert sind. Bauabfälle und Bodenaushub sind in Kapitel 17 behandelt, wobei bei jeder Abfallart verzeichnet ist, ob sie Sonder- oder anderen kontrollpflichtigen Abfall darstellt.
Sonderabfälle sind zum Beispiel:
- Glas oder Kunststoffe, die durch gefährliche Stoffe verunreinigt sind oder solche enthalten;
- teerhaltige Abfälle;
- Altkabel, die gefährliche Stoffe enthalten;
- Bodenaushub, der durch gefährliche Stoffe verunreinigt ist;
- Dämmmaterial, das Asbest enthält;
- Bauabfälle mit freien oder sich freisetzenden Asbestfasern;
- gemischte Bauabfälle sowie sonstige verschmutzte Bauabfälle;

8 Ausführung von Bauarbeiten
8.4 Baustellenentsorgung

andere kontrollpflichtige Abfälle sind etwa:
- Altholz;
- stark belasteter Bodenaushub;
- verschmutztes Aushub-, Abraum- und Ausbruchmaterial;
- gemischte Bauabfälle, soweit sie keine gefährlichen Stoffe enthalten.

Zuständigkeiten und Pflichten

Abgeberbetriebe und Empfängerunternehmen benötigen eine Betriebsnummer, die vom Kanton (www.abfall.zh.ch) erteilt wird. Die vergebenen Betriebsnummern können auf der Website www.veva-online.ch öffentlich eingesehen werden.

Inhaber von Abfällen müssen vor der Übergabe von Abfällen abklären, ob es sich dabei um Sonderabfälle oder andere kontrollpflichtige Abfälle handelt (Art. 4 Abs. 1 VeVA). Beide dürfen nur solchen Entsorgungsunternehmen übergeben werden, die über eine entsprechende kantonale Bewilligung verfügen. Für die Übergabe von Sonderabfällen besteht eine Begleitscheinpflicht. «Inhaber» ist nicht nur, wer etwa als Grundeigentümer oder Bauherr die Entsorgungskette in Gang setzt, sondern auch, wer als Akteur Abfälle sammelt, befördert, zwischenlagert oder behandelt (TSCHANNEN: Kommentar USG, Art. 31c N 13; vgl. auch Art. 9 Abs. 1 TVA, wo die Pflichten jenen übertragen werden, die Bau- und Abbrucharbeiten ausführen).

Transporteure dürfen Abfälle, von denen sie wissen oder annehmen müssen, dass es sich um Sonderabfälle handelt, nur dann transportieren, wenn die notwendigen Begleitscheine mitgeführt werden und die Abfälle ordnungsgemäss bezeichnet sind (Art. 13 VeVA). Entsorgungsunternehmen, die Sonderabfälle oder andere kontrollpflichtige Abfälle entgegennehmen, benötigen (mit Ausnahmen) eine kantonale Bewilligung (Art. 8 beziehungsweise 9 VeVA).

Zur VeVA bestehen zahlreiche Vollzugshilfen des BAFU. Vgl. ausführlich auch VILLIGER ALOIS.

Spritzasbest im Besonderen

Gestützt auf § 239 Abs. 1 PBG in Verbindung mit § 358 PBG sowie die ChemRRV, Anhang 1.6 Art. 2 sind asbesthaltige Spritzbeläge und andere asbesthaltige Produkte an Fassaden und Dächern aus Asbestzement oder asbesthaltige Brandauskleidungen, Bodenbeläge etc. nicht mehr zulässig. Sie sind entsprechend der Dringlichkeit zu beseitigen oder mindestens so zu sanieren, dass sie nicht mehr schädlich sind. Die im Kanton Zürich bekannten Spritzasbestbeläge sind in einer Datenbank erfasst, welche von einem beauftragten Ingenieurbüro laufend nachgeführt wird. Nahezu alle bekannten Beläge sind total- oder teilsaniert. Die als «teilsaniert» registrierten Beläge müssen periodisch inspiziert und mit Luftfasermessungen kontrolliert werden. Die Sanierung darf nur von ausgewiesenen Spezialfirmen durchgeführt werden (Art. 60b BauAV). Das internationale ILO-Übereinkommen Nr. 162 über die Sicherheit bei der Verwendung von Asbest (abgeschlossen in Genf am 24. Juni 1986) enthält Einzelheiten zu den Anforderungen an die Sanierung. Die Anforderungen sind in der EKAS-Richtlinie Nr. 6503 «Asbest», Ausgabe Dezember 2008, zusammengefasst und erläutert.

8 Ausführung von Bauarbeiten
8.4 Baustellenentsorgung

In öffentlichen Gebäuden gibt es praktisch keine unbekannten Spritzasbestvorkommen mehr. Die meisten vor 1990 erstellten Bauten enthalten jedoch andere asbesthaltige Materialien, die sowohl bei Bauprojekten als auch in der Nutzungsphase Probleme bereiten können. Vgl. zu Details und zur Asbestsanierung ausführlich LIMACHER/GUGERLI sowie die Unterlagen der SUVA und der EKAS.

8.4.1.4 *Behandlung von Altlasten*

Verfahren

Befindet sich das Baugrundstück im Altlasten- oder Altlastenverdachtsflächenkataster hat die Baubehörde das Vorhaben mit besonderem Formular dem AWEL zu melden, welches für die Anordnung von Massnahmen zuständig ist. Diese Meldepflicht stützt sich auf Weisungen des AWEL, die in § 6 lit.c AbfG ihre Rechtsgrundlage finden sowie auch auf Ziff. 1.7 Anhang BVV. Die Bauewilligung kann vorerst nicht oder nur mit Zustimmung des AWEL und unter sichernden Nebenbestimmungen erteilt werden. Eine Bewilligung ist erst möglich, wenn die Altlastensanierung durch die kantonale Behörde geregelt worden ist oder diese Behörde feststellt, dass darauf verzichtet werden kann. Diese Regelung hat insbesondere den Sanierungsumfang, die geplanten Entsorgungswege für Reststoffe sowie die vorzukehrenden Schutzmassnahmen während der Bauphase im Auge. Das kantonale Verfahren hat somit das konkrete Altlastensanierungsprojekt zu erfassen. Die kantonale Zustimmung zu diesem Projekt ist Voraussetzung der Baufreigabe.

Das beschriebene Verfahren gilt nicht nur für Neu-, sondern auch für Umbauten, bei denen von den bisherigen Verhältnissen erheblich abgewichen wird (§ 233 Abs. 2 PBG). Auch in solchen Fällen darf die Baubewilligung erst erteilt werden, wenn die einwandfreie Beseitigung von Altlasten gewährleistet ist.

Sofortmassnahmen

Werden im Rahmen von Bauarbeiten unversehens Altlasten entdeckt, hat die kommunale Behörde gestützt auf § 341 PBG allfällige Sofortmassnahmen zu treffen. Allenfalls ist eine Baueinstellung anzuordnen. In dringenden Fällen ist auch das AWEL zu vorsorglichen Massnahmen berechtigt (§ 6 AbfG).

Finanzierung bei Aushubmaterial von belasteten Standorten

Die Finanzierungsregelungen des Altlastenrechts (vgl. dazu Seite 644 ff.) sind in den häufigen Fällen nicht anwendbar, da der belastete Standort nicht sanierungsbedürftig ist. Nach Art. 32b[bis] USG wird das Verursacherprinzip aber auch bei der Entfernung von Aushubmaterial aus belasteten, nicht sanierungsbedürftigen Standorten anwendbar. Damit gilt eine Regelung, welche mit derjenigen im Altlastenrecht vergleichbar ist. Nach Abs. 1 der neuen Bestimmung kann der Inhaber eines Grundstücks in der Regel zwei Drittel der Mehrkosten für die Untersuchung und Entsorgung des Materials von den Verursachern der Belastung und den früheren Inhabern des Standortes verlangen. Voraussetzung ist, dass die Verursacher seinerzeit keine Entschädigung geleistet oder die früheren Inhaber beim Grundstücksverkauf keinen Preisnachlass gewährt haben. Sodann muss die Entfernung des Materials für die Erstel-

8 Ausführung von Bauarbeiten
8.4 Baustellenentsorgung

lung oder Änderung einer Baute notwendig sein. Ferner muss der Inhaber das Grundstück zwischen dem 1. Juli 1972 (Inkrafttreten GSchG) und dem 1. Juli 1997 erworben haben. Nach Art. 32b^{bis} Abs. 2 kann die Forderung beim Zivilgericht am Ort der gelegenen Sache geltend gemacht werden. Dies allerdings gemäss Absatz 3 nur bis längstens 15 Jahre nach Inkrafttreten der neuen Regelung (also bis zum 31. Oktober 2021). Näheres bei STUTZ 2006, S. 350 ff.

8.4.1.5 *Trennung und Entsorgung der übrigen Abfälle*

Grundsätze

Die übrigen Abfälle sind nach Art. 9 Abs. 1 und 1a TVA – sofern möglich auf der Baustelle – zu trennen in: unverschmutztes Aushub-, Abraum- und Ausbruchmaterial; Abfälle, die ohne weitere Behandlung auf Inertstoffdeponien abgelagert werden dürfen; brennbare Abfälle wie Holz, Papier, Karton und Kunststoffe; andere Abfälle (Abs. 1). Die Behörde (das heisst die Gemeinde) kann eine weitergehende Trennung verlangen (Abs. 2; § 16a Abs. 1 AbfG). Wird Aushubmaterial aus nicht sanierungsbedürftigen belasteten Standorten entsorgt, kann die Baudirektion von den Inhabern den Nachweis verlangen, dass dadurch die Umwelt gegenüber dem Ausgangszustand insgesamt nicht höher belastet wird (§ 16a Abs. 2 AbfG). Die Bewilligung, Bauabfälle in Deponien abzulagern, wird von der Baudirektion nur erteilt, wenn der Nachweis vorliegt, dass eine andere Entsorgung nicht möglich und nicht zumutbar ist. Damit bei Abbrüchen oder Umbauten die Trennung der Bauabfälle ordnungsgemäss erfolgen kann, ist ein geordneter Rückbau erforderlich.

Installationsplan und Entsorgungsnachweis

Der kommunalen Baubehörde ist vor Baubeginn ein Installationsplan mit Entsorgungsnachweis zur Kontrolle einzureichen. Das Entsorgungskonzept hat die zu erwartenden Materialien und deren Mengen, die Trennung der Abfälle sowie die Entsorgungswege und -anlagen aufzuzeigen. Details vgl. die Bauschutt-Richtlinie Kapitel 5 sowie Ziffer 22 der SIA-Empfehlung 430. Zumindest bei grösseren Baustellen hat die Behörde die Einhaltung des Entsorgungskonzeptes zu überwachen.

Unverschmutztes Material

Unverschmutztes Material von Aushub-, Ausbruch- und Abraumarbeiten kann ohne Einschränkungen auf der Baustelle oder anderswo (zum Beispiel für Hinterfüllungen, Terrainveränderungen, Wiederauffüllung von Kiesgruben) verwertet werden. Verschmutzter Aushub ist vor der Verwertung zu behandeln (allenfalls als Sonderabfall).

Bodenaushub

Beim Bauen wird meistens Boden abgeschält oder ausgehoben und später, beispielsweise für Rekultivierungen, Umgebungsarbeiten oder Bodenverbesserungen wieder verwendet. Stammt dieser Bodenaushub zum Beispiel aus der Nähe von Strassen, Eisenbahnlinien oder Flugplätzen, aus der Umgebung von Fabriken der Metallbranche oder aus Rebbergen, so ist er mehr oder weniger stark mit Schadstoffen verunreinigt. Wird solcher Bodenaushub unkontrolliert verschoben und verwertet, besteht vor allem die Gefahr, dass damit bisher saubere Böden neu oder schwach verschmutzte zusätzlich belastet werden.

Art. 7 VBBo bestimmt daher Folgendes: Wer Boden aushebt, muss damit so umgehen, dass dieser wieder als Boden verwendet werden kann. Wird ausgehobener Boden wieder als Boden verwendet (z.B. für Rekultivierungen oder Terrainveränderungen), so muss er so aufgebracht werden, dass die Fruchtbarkeit des vorhandenen und die des aufgebrachten Bodens durch physikalische Belastungen höchstens kurzfristig beeinträchtigt werden sowie der vorhandene Boden chemisch nicht zusätzlich belastet wird.

Der Begriff «Boden» im Sinne dieser Bestimmung bezieht sich auf den A- und B-Horizont, also im Sinne von Art. 7 Abs. 4bis USG auf den Boden als die oberste, unversiegelte Erdschicht, in der Pflanzen wachsen können.

Die Wegleitung «Bodenhaushub» des Bundes enthält Anwendungshilfen. Sie enthält Kriterien, anhand derer entschieden werden kann, ob ausgehobener Boden durch direktes Aufbringen verwertet werden kann oder – allenfalls nach einer Vorbehandlung – als Abfall abgelagert werden muss.

Die Kantone und die Gemeinden sind für den Vollzug von Art. 7 VBBo zuständig (Art. 13 VBBo). Die Lenkung von Bodenverschiebungen erfolgt in der Regel im Baubewilligungsverfahren (bei UVP-pflichtigen Anlagen im Rahmen des Hauptverfahrens). Eine Lenkung ist erforderlich, wenn nach den Vorgaben des Bundes deutliche Hinweise auf Bodenbelastungen bestehen.

Die kantonale Fachstelle Bodenschutz führt einen Plan zu sämtlichen ihr bekannten Hinweisen über aktuelle oder auch vor vielen Jahrzehnten erfolgte und auch heute noch vorhandenen Bodenbelastungen. Er eignet sich als Prüfperimeter, in welchem Bodenbelastungen vor Verschiebungen abgeklärt werden müssen. Den Gemeinden wurde als Vollzugshilfe ein Plan mit dem Prüfperimeter und mit Angaben zu den Belastungshinweisen abgegeben. Er ist öffentlich und behördenverbindlich. Aber auch ausserhalb des Prüfperimeters sind Lenkungsmassnahmen erforderlich, wenn Belastungshinweise vorhanden sind. Vgl. zum Prüfperimeter die Broschüre der FaBo «Bodenverschiebungen bei Bauvorhaben» und das neue Merkblatt des AWEL «Verwertung von schwach belastetem Aushub im Untergrund», 2010 sowie auch WALKER SPÄH 2006a.

Bodenverschiebungen

Für Bodenverschiebungen gilt insbesondere die «Weisung der Volkswirtschaftsdirektion zum Umgang mit ausgehobenem Bodenmaterial». Damit wurde ein kommunales Verfahren für alle Flächen mit begründeten Belastungshinweisen eingeführt. Bodenverschiebungen von mehr als 50 m³ aus dem Bauareal benötigen eine kommunale Bewilligung, wenn das Bauvorhaben im Prüfperimeter für Bodenverschiebungen liegt oder der Bauherrschaft beziehungsweise der Gemeinde weitere begründete Hinweise auf Belastungen bekannt sind. Die kommunale Baubehörde legt in der Baubewilligung die entsprechenden Auflagen fest. Die fachliche Prüfung und Begleitung der Bodenverschiebungen sind privaten Fachleuten übertragen. Wird der Bodenaushub, was anzustreben ist, auf dem Bauareal verwertet, ist dafür keine Bewilligung erforderlich. Die FaBo stellt den Gemeinden und Privaten zahlreiche Vollzugshilfsmittel zur Verfügung, die laufend aktualisiert werden (www.fabo.zh.ch). Vgl. auch SCHNYDER.

Aushub des Untergrundes
Nicht unter den Begriff des Bodens fällt der Aushub des Untergrundes (C-Horizont). Die Entsorgung dieses weitgehend unbelebten Aushubmaterials, das aus dem Untergrund stammt, wird in der Aushubrichtlinie des Bundes behandelt.

Diese Aushubrichtlinie hat zwar, wie andere Richtlinien des Bundes und der Kantone auch, keine Gesetzeskraft. Aufgrund des darin zum Ausdruck gelangenden Fachwissens ist sie jedoch geeignet, einen sachgemässen und rechtsgleichen Vollzug sicherzustellen, weshalb sie die gerichtliche Überprüfung dennoch erheblich beeinflussen kann (vgl. KÖLZ/BOSSHART/RÖHL: § 50 N 64 f.) Besonders Richtlinien technischer Natur wird eine präzisierende, die Auslegung beeinflussende Wirkung zugestanden; sie sind in diesem Sinn mit zu berücksichtigen (VB.2002.00206 mit Hinweisen; VB.2005.00037).

Bauschutt
Als Bauschutt gelten Bauabfälle, die zumindest 90 Massenprozent aus Steinen oder gesteinsähnlichen Bestandteilen, wie Beton, Ziegeln, Glas, Mauerabbruch bestehen und nicht mit Sonderabfällen vermischt sind. Unterschieden wird zwischen Ausbauasphalt, Strassenaufbruch, Betonabbruch und Mischabbruch (SIA-Richtlinie 430). Sie können ohne Aufbereitung in einer Inertstoffdeponie gemäss Art. 9 Abs. 1 lit. b in Verbindung mit Anhang 1 Ziffer 12 TVA abgelagert werden. Vgl. im Detail die BUWAL-Bauschuttrichtlinie.

Bausperrgut
Als Bausperrgut gelten Bauabfälle, die weder Aushub, Bauschutt noch Sonderabfall darstellen (Art. 9 Abs. 1 lit. c und d TVA, Ziff. 12 der SIA-Richtlinie 430) wie etwa Holz, Papier, Karton, mineralische Fraktionen (Verputze, keramische Wand- und Bodenbeläge), Metalle. Brennbare Anteile wie Holz, Papier, Karton und Kunststoffe gemäss Art. 9 Abs. 1 lit. c TVA sind, soweit sie nicht verwertet werden können, in geeigneten Anlagen (also nicht auf der Baustelle) zu verbrennen (Art. 11 TVA). Sie dürfen nicht auf Deponien gelagert werden.

8.4.2 Entwässerung von Baustellen

Die Behörde hat zu prüfen, ob das Baustellenwasser entsprechend den Vorschriften beseitigt wird.

Die Abwasserentsorgung auf Baustellen ist in der SIA-Empfehlung 431, Entwässerung von Baustellen (Norm SN 409 431) geregelt, welche gemäss Ziffer 2.71 Anhang BBV I als Norm verbindlich ist. Darum sind die folgenden Grundsätze zu beachten:
- Die einzelnen Abwasserteilströme sind möglichst am Ort ihres Anfalls, vor der Vermischung mit andern Abwassern, zu fassen.
- Nicht verschmutztes Abwasser ist vorzugsweise versickern zu lassen oder in ein oberirdisches Gewässer abzuleiten.

- Verschmutztes Abwasser muss auf der Baustelle mittels Sedimentation beziehungsweise Neutralisation vorbehandelt werden.
- Wassergefährdende Stoffe dürfen weder im Boden versickern noch in ein Gewässer oder in eine Kanalisation gelangen.

Vor Baubeginn ist der Behörde in der Regel ein Entwässerungskonzept einzureichen, das die zu erwartenden Qualitäten und Mengen des Abwassers, Fassung der einzelnen Abwasserarten, notwendigen Vorbehandlungen, Ableitung, Kontrollmessungen sowie vorgesehenen Massnahmen bei ausserordentlichen Ereignissen enthält.

Gegebenenfalls sind bei den zuständigen Behörden rechtzeitig die erforderlichen Bewilligungen einzuholen. Kantonal bewilligungspflichtig durch das AWEL sind die Einleitung von Baustellenabwasser in Oberflächengewässer und in die Kanalisation, die Versickerung von Abwasser, die Grundwasserhaltung und der Betrieb von Abwasservorbehandlungsanlagen.

Vgl. zur Baustellenentwässerung im Detail die Unterlagen in www.baustellen.zh.ch.

8.5 Bauemissionen

8.5.1 Lärm und Erschütterungen

Baulärm-Richtlinie

Gestützt auf Art. 38 Abs. 2 USG und Art. 6 LSV hat das BUWAL eine Richtlinie über bauliche und betriebliche Massnahmen zur Begrenzung des Baulärms publiziert. Das BAFU hat am 24. März 2006 eine aktualisierte Ausgabe erlassen (Baulärm-Richtlinie). Die Richtlinie zeigt im Sinne einer Auslegungshilfe auf, wie die allgemeinen Vorschriften von Art. 11 und 12 USG über die Begrenzung von Emissionen bei Baustellen zu konkretisieren und anzuwenden sind. Die Behörden können davon ausgehen, dass sie das Bundesrecht richtig anwenden, wenn sie sich an die Richtlinie halten. Wenn sie anders vorgehen, müssen sie nachweisen, dass die bundesrechtlichen Anforderungen auch so erfüllt werden können.

Die Richtlinie ist anwendbar für die Begrenzung von Baulärm gegenüber lärmempfindlichen Räumen. Die Emissionsbegrenzung folgt dabei dem Prinzip der Vorsorge des USG. Es gilt daher der Grundsatz, dass zur Vermeidung von Baulärm diejenigen emissionsbegrenzenden Massnahmen zu treffen sind, die technisch und betrieblich möglich und wirtschaftlich tragbar sind. Steht fest oder ist zu erwarten, dass die Einwirkungen lästig oder schädlich werden, sind die Massnahmen zu verschärfen. Diese Grundsätze werden in der Richtlinie konkretisiert für die Bereiche Bauarbeiten, lärmintensive Bauarbeiten (zum Beispiel Rammarbeiten) und Bautransporte. Die Massnahmen richten sich nach der Lärmintensität, der Bauzeit und der Lärmempfindlichkeit der betroffenen Gebiete. Sie werden in die drei Massnahmestufen A, B und C gegliedert, unterschieden nach Bauarbeiten und lärmintensiven Bauarbeiten. Für lärmintensive Bauarbeiten gelten erhöhte Werte. Auch Bautransporte auf der Strasse unterliegen analogen Beschränkungen. Die zuständigen Behörden können einen Nachweis der geplanten Massnahmen verlangen. Der Anhang zu den Richtlinien

8 Ausführung von Bauarbeiten
8.5 Bauemissionen

enthält einen ausführlichen Massnahmenkatalog. Die Richtlinien gehen den kantonalen und allfälligen kommunalen Vorschriften vor, soweit sie im Einzelfall strengere Anforderungen stellen.

Die Baulärm-Richtlinie gilt nicht nur für grosse, sondern auch kleine Baustellen (etwa für die Erstellung von Einfamilienhäusern). EGLI zeigt auf, welche vorausschauenden und kostengünstigen Massnahmen auch auf kleinen Baustellen sinnvoll sind und die Lärmemissionen jeder Baustelle in erheblichem Masse reduzieren. Es wird empfohlen, dass die kommunale Baubehörde die erforderlichen Massnahmen direkt in der Baubewilligung verfügt. Die Baulärm-Richtlinie wurde nicht, wie die «Baurichtlinie Luft» im Anhang der BBV I als beachtlich erklärt. Zur rechtlichen Bedeutung der Baulärm-Richtlinie wie anderer Richtlinien des Bundes siehe auch VB.2002.00206 mit Hinweisen; VB.2005.00037).

§ 226 PBG und die Baulärmverordnung

§ 226 PBG gilt sinngemäss auch für die Ausführung von Bauarbeiten (§ 226 Abs. 4 PBG). Vgl. hierzu die BaulärmV. Diese Verordnung behält trotz den Bestimmungen des Umweltschutzgesetzes ihre Bedeutung, nämlich dort, wo sie über die bundesrechtlichen Anforderungen hinausgeht (RB 1993 Nr. 59). Sie gewährleistet, dass sich die Lärmimmissionen aus Bauarbeiten in dem von § 226 PBG umschriebenen Rahmen bewegen. Für Baumaschinen gelten Emissionsgrenzwerte. Können sie aus besonderen Gründen nicht eingehalten werden, hat die Gemeinde auf Gesuch hin eine Ausnahmebewilligung zu erteilen (§§ 1–3 BaulärmV). Rammarbeiten und Sprengungen sowie Nachtarbeit zwischen 19 und 7 Uhr bedürfen der ausdrücklichen schriftlichen Bewilligung der Gemeinde (§§ 4 und 4a BaulärmV). Die Gemeinden können ergänzende Vorschriften in ihrer Polizeiverordnung aufstellen, Kontrollen durchführen und nötigenfalls den Bau einstellen (§§ 6–9 BaulärmV).

Polizeiverordnung

Neben den bereits erwähnten Bestimmungen des eigenössischen und kantonalen Rechts ist ergänzend auch die Polizeiverordnung der Gemeinde zu beachten, die in der Regel Sperrzeiten für Bauarbeiten und weitere Begrenzungen des Baulärms (allenfalls auch unter dem Titel «Gewerbelärm») vorschreibt. Diese Polizeiverordnung wird nicht etwa durch übergeordnetes Recht derogiert, sondern ist daneben selbstständig anwendbar, soweit sie Verschärfungen enthält.

8.5.2 Luftreinhaltung

Baurichtlinie Luft

Hinsichtlich der Luftreinhaltung ist auf die Baurichtlinie Luft, aktuelle Ausgabe 2009, hinzuweisen. Die Richtlinie zeigt den am Bau Beteiligten auf, wie im Rahmen der Bewilligungsverfahren die wichtigsten Kategorien von Baustellen aufgrund der vorgesehenen Bauarbeiten mit Emissionen zu beurteilen und welche vorsorglichen Massnahmen anzuordnen sind. Mit Änderung der BBV I per 1. Juli 2004 wurde die Baurichtlinie Luft, allerdings noch in der alten Ausgabe

2002, im Sinne von Richtlinien und Normalien als beachtlich erklärt (§ 360 PBG und § 3 BBV I; vgl. zur Bedeutung auch Seite 73 ff.

Die Baurichtlinie Luft stützt sich auf Ziffer 88 des Anhangs 2 zur LRV. Danach sind die Emissionen von Baustellen durch Emissionsbegrenzungen bei den eingesetzten Maschinen und Geräten sowie durch geeignete Betriebsabläufe so weit zu begrenzen, als dies technisch und wirtschaftlich möglich und wirtschaftlich tragbar ist. Dabei müssen Art, Grösse und Lage der Baustelle sowie Dauer der Bauarbeiten berücksichtigt werden. Die Richtlinien enthalten konkretisierende Hinweise für die Auslegung der zitierten Ziffer 88.

Für Bauvorhaben mit kleiner Emissionsrelevanz gelten genau umschriebene Basismassnahmen. Sie sind auf jeder Baustelle umzusetzen. Für mittlere und grosse Emissionsrelevanz werden zusätzlich spezifische Massnahmen vorgeschrieben. Die Einteilung in kleine Baustellen (mit Basismassnahmen) und Grossbaustellen (mit zusätzlichen Massnahmen) wird nach der Richtlinie wie folgt vorgenommen:

Auf dem Land gilt eine Baustelle als gross, wenn sie entweder mehr als eineinhalb Jahre besteht, über 10 000 m² gross ist oder wenn sie Kubaturen von mehr als 20 000 m³ umfasst. Eine Grossbaustelle in Agglomerationen und innerstädtischen Gebieten dauert entweder mehr als ein Jahr, weist eine Fläche mit mehr als 4000 m² auf oder umfasst Kubaturen von mehr als 10 000 m³.

Die Adressaten der Richtlinie sind die kantonalen und kommunalen Behörden, welche mit dem Vollzug der LRV betraut sind. Sie ergänzt die bereits bestehenden Umweltvorschriften für Baustellen. Die Behörden können davon ausgehen, dass sie das Bundesrecht richtig anwenden, wenn sie sich an die Richtlinie halten. Wenn sie anders vorgehen, müssen sie nachweisen, dass die bundesrechtlichen Anforderungen auch so erfüllt werden können.

Baumaschinen im Besonderen
Im Zusammenhang mit der Umsetzung der Baurichtlinie «Luft» für den Bereich Baumaschinen stellen sich immer wieder Fragen zum Thema Wartung, Unterhalt und Kontrollen von Baumaschinen. Der Verband der Schweizerischen Baumaschinenimporteure (VSBM) und die Schweizerische Bauindustrie (SBI) haben zuhanden der Luftreinhaltebehörden sowie der Bauunternehmungen eine technische Anleitung publiziert. Diese erleichtert den einheitlichen Vollzug durch die Behörden und dient als Grundlage zur korrekten Überwachung der motorischen Emissionen sowie der Funktionstüchtigkeit von Abgasnachbehandlungssystemen, insbesondere Partikelfiltern.

Die Pflicht zum Einbau von Partikelfiltern gemäss der Baurichtlinie Luft wird im kantonalen Luftprogramm, Ergänzung 2002, aktuelle Fassung 2008 wiederholt und konkretisiert. Danach sind Transportfahrzeuge und Baumaschinen auf kantonalen Baustellen sowie in lufthygienisch übermässig belasteten Gebieten und bei UVP-pflichtigen Anlagen mit Partikelfiltern auszurüsten. Ferner kann für den Transport von Aushub, Baumaterial, Abfällen und andern Massengütern die Erstellung oder die Benützung von Bahnanschlussgleisen verlangt werden. Der Regierungsrat wird hierzu die entsprechenden Vollzugsanordnungen und -empfehlungen erlassen.

8 Ausführung von Bauarbeiten
8.5 Bauemissionen

Weil sich die Baurichtlinie Luft nur den Emissionen auf der Baustelle annimmt, müssen die baubedingten Transporte von und zu den Baustellen separat behandelt werden.

Verbrennungsverbot

Zum Verbrennungsverbot von Bausperrgut vgl. Seite 630 ff.

8.5.3 Baustellenverkehr

Mit der Baubewilligung kann verlangt werden, dass der Baustellenverkehr über bestimmte Verkehrswege erfolgt (§ 226 Abs. 5 PBG). Diese Kompetenznorm stellt die gesetzliche Grundlage für Anordnungen über einen umweltschutzgerechten Baustellenverkehr dar. Der Oberbegriff «Verkehrswege» schliesst auch schienengebundene Verkehrsmittel mit ein. Anordnungen, die sich auf diese Bestimmungen stützen, müssen, wie jede Verwaltungstätigkeit, vom Grundsatz der Verhältnismässigkeit gedeckt sein und haben den örtlichen Gegebenheiten (insbesondere den Auf- beziehungsweise Abladeworkflow) Rechnung zu tragen. Aktuell dürfte die Bestimmung vor allem an Orten mit bestehenden Industriegleisen werden. Die Gemeinden sind berechtigt, vor Baubeginn ein ausführliches Transportkonzept zu verlangen, das über die Transportwege und -mittel Auskunft gibt.

Massnahmen gegen den Lärm von Bautransporten sind nur für Fahrten auf dem Strassennetz zu treffen. Vgl. im Detail Ziffer 2.3 der Baulärm-Richtlinie. Zur Luftreinhaltung vgl. die Vollzugshilfe «Luftreinhaltung bei Bautransporten». Sie zeigt Massnahmen gegen übermässige Immissionen auf und legt den Grundstein zur vorsorglichen Verminderung von Emissionen dank einer standardisierten Planung der Bauprozesse.

Auf Begehren einer voraussichtlich betroffenen Nachbargemeinde bedarf die baurechtliche Bewilligung in Bezug auf die Verkehrswege der Genehmigung durch die Baudirektion (§ 226 Abs. 5 PBG).

8.5.4 Überwachung durch die Behörden

Grundsätze

Die Überwachung der Immissionsschutzmassnahmen obliegt den zuständigen Baubewilligungsbehörden. Da Baustellen Anlagen im Sinne von Art. 12 LRV sind, ist der Behörde frühzeitig, in der Regel mit dem Baugesuch, eine Emissionserklärung einzureichen, sofern sich das Vorhaben nicht als absolut untergeordnet erweist.

Analoges gilt hinsichtlich des Lärmschutzes: Auch diesbezüglich können die Behörden einen Nachweis der geplanten emissionsbegrenzenden Massnahmen verlangen. Die Baulärm-Richtlinie enthält Weisungen an die zur Anwendung der lärmrechtlichen Vorschriften des USG zuständigen Vollzugsbehörden.

Die Behörden haben im Rahmen der Baubewilligung die erforderlichen Auflagen festzulegen und sind verpflichtet, die geeigneten Massnahmen zu treffen, um den gesetzmässigen Zustand herzustellen.

8 Ausführung von Bauarbeiten
8.6 Amtliche Vermessung

Umweltschutz-Kontrollen

Mit den Umweltschutzkontrollen auf den Baustellen wird überprüft, ob bei den Bauarbeiten die Abwasser- und Abfallentsorgung korrekt erfolgen, der Boden und die Gewässer nicht verschmutzt und die lufthygienischen Vorschriften sowie der Lärmschutz eingehalten werden. Kontrolliert wird also beispielsweise die Baustellenabwasserbehandlung, die Ausrüstung von Baumaschinen mit Partikelfiltern oder die geordnete Abfalltrennung auf der Baustelle.

Dabei werden Baustellen unter $3000\,m^3$ – zum Beispiel Einfamilienhäuser – nur stichprobenartig, mittelgrosse Baustellen im Durchschnitt einmal pro Jahr überprüft. Grossprojekte, die einer UVP bedürfen oder Investitionen von über 20 Mio. Franken auslösen, werden mindestens viermal jährlich besucht. Bei Bedarf finden zusätzliche Kontrollen statt.

Die Kontrollen werden von der örtlichen Baubehörde angeordnet, die auch für die baupolizeilichen Überprüfungen zuständig ist. Sie können von den gleichen Fachleuten vorgenommen werden, die auch baupolizeiliche Funktionen ausüben, d.h. von Mitarbeitern der Bauämter oder Gemeindeingenieuren und anderen Privaten, die im Auftrag der Gemeinde tätig sind. Auch regional tätige Kontrollorganisationen kommen infrage. Die Gemeinde meldet den beauftragten Kontrolleur dem AWEL. Sie bezieht bereits beim Erteilen der Baubewilligung die Umweltschutzkontrolle in ihr Vorgehen mit ein. Sie legt den Umfang der Kontrollen fest und beauftragt das Kontrollorgan. Stellt der Kontrolleur Verstösse gegen Umweltvorschriften fest, ordnet die zuständige örtliche Behörde die notwendigen Massnahmen an. Die Kosten für die Unweltkontrollen sind nach Art. 48 USG bzw. der kantonalen Gebührenordnung zum Vollzug des Umweltrechts den Bauherrschaften aufzuerlegen.

Sämtliche Detailinformationen und Arbeitshilfen zu den Baustellen-Umweltschutzkontrollen der Gemeinden sind online unter www.baustellen.zh.ch abrufbar.

8.6 Amtliche Vermessung

Neue Bauten und Anlagen müssen nach Massgabe der eidgenössischen Verordnung über die amtliche Vermessung in die amtliche Vermessung aufgenommen werden. Konkret massgebend ist die kantonale Verordnung über die amtliche Vermessung (VAV). Danach sind Bauten und Anlagen nach ihrer Fertigstellung durch die Baubehörde der Nachführungsstelle zu melden (§ 29 Abs. 2 lit. b VAV). Gemäss der auf 1. Juli 2005 in Kraft getretenen Verordnungsänderung sind bewilligte Bauten und Anlagen in der Regel spätestens auf den Zeitpunkt der Baufreigabe, ausgeführte Bauten und Anlagen innert eines Jahres seit der Bauvollendung in die amtliche Vermessung aufzunehmen. Die Ausführung ist der Meldestelle zu bestätigen (§ 30 VAV). Für die Aufnahme von Gebäuden in die amtliche Vermessung können Gebühren verlangt werden, die sich nach dem entsprechenden Tarif der Gemeinde richten (§ 28 Abs. 2 VAV). Die Pflicht zur frühzeitigen Erfassung besteht laut Regierungsrat jedoch nur unter der Bedingung, dass eine längere Bauzeit zu erwarten ist. Ziel der Verordnungsänderung ist, Planungs- und Bauarbeiten der Betreiber der Wasser-, Gas- und Stromversorgung besser aufeinander abstimmen zu können (TEC21 Nr. 28/2005, S. 28).

Arbeitshilfen

Suchbegriff	Bezeichnung	Bezugsquelle
Baukontrolle	BAUDIREKTION: Richtlinien über den Bezug neu erstellter Wohn- und Arbeitsräume, Ausgabe 1986	www.baugesuche.zh.ch
Entwässerung	SIA: Empfehlung 431, Entwässerung von Baustellen, Ausgabe 1997	SIA, Postfach 8039, Zürich, oder über www.webnorm.ch
Umweltschutz und Umweltschutzkontrollen	AWEL/ALN/FALS: Flyer: Umweltschutzvorschriften auf Baustellen	www.baustellen.zh.ch
	AWEL: Umweltschutzkontrollen auf Baustellen – Darum geht es. Eine Kurzinformation für Gemeindebehörden	www.baustellen.zh.ch
	AWEL: Konzept zum Baustellen-Umwelt-Controlling	www.baustellen.zh.ch
	AWEL: Textbausteine für den Umweltschutz in der Baubewilligung	www.baustellen.zh.ch
	AWEL: Ablaufschema Baustellen-Umweltschutzkontrollen	www.baustellen.zh.ch
	AWEL: Klassierung der Bauvorhaben für die Kontrollen	www.baustellen.zh.ch
	Weitere Unterlagen und Hilfsmittel zum Umweltschutz auf Baustellen	www.baustellen.zh.ch
Luftreinhaltung	BAFU: Luftreinhaltung auf Baustellen, Richtlinie über betriebliche und technische Massnahmen zur Begrenzung der Luftschadstoff-Emissionen von Baustellen (Baurichtlinie Luft), 2009	www.bafu.admin.ch/Luft
	BUWAL (heute BAFU): Luftreinhaltung bei Bautransporten, Ausgabe 2001	www.bafu.admin.ch/Luft
Boden	VOLKSWIRTSCHAFTSDIREKTION: Weisung zum Umgang mit ausgehobenem Bodenmaterial (Weisung Bodenaushub, WBa) vom 2. Dezember 2003	www.fabo.zh.ch
	FABO: Prüfperimeter für Bodenverschiebungen	www.gis.zh.ch
	FABO: Bodenverschiebungen bei Bauvorhaben	www.fabo.zh.ch
	FABO: Merkblatt, Umgang mit dem Boden bei Bauvorhaben	www.fabo.zh.ch
	FABO: Textbausteine zu Bodenverschiebungen	www.fabo.zh.ch
	AWEL: „Verwertung von schwach belastetem Aushub im Untergrund", 2010	www.altlasten.zh.ch/Dokumente
	Weitere Unterlagen zum Bodenaushub	www.fabo.zh.ch
	BAFU: Richtlinie für die Verwertung, die Behandlung und die Ablagerung von Aushub-, Abraum- und Ausbruchmaterial (Aushubrichtlinie), Ausgabe 1999	www.bafu.admin.ch
Abfälle und Altlasten	AWEL: Merkblatt, Bauen auf belasteten Standorten	www.baustellen.zh.ch
	BAFU: Richtlinie für die Verwertung mineralischer Bauabfälle, Ausgabe 2006	www.bafu.admin.ch
	EIDG. KOORDINATIONSKOMMISSION FÜR ARBEITSSICHERHEIT, EKAS: Richtlinie 6503, Asbest, Ausgabe 2008	www.luft.zh.ch

Ausführung von Bauarbeiten
Arbeitshilfen

Suchbegriff	Bezeichnung	Bezugsquelle
Abfälle und Altlasten	SUVA: Asbest in Innenräumen, Dringlichkeit von Massnahmen, Ausgabe 2008	www.ekas.ch
	SIA: Empfehlung 430, Entsorgung von Bauabfällen bei Neubau-, Umbau- und Abbrucharbeiten, Ausgabe 1993	SIA, Postfach 8039, Zürich, oder über www.webnorm.ch
Baulärm	BAFU: Richtlinie über bauliche und betriebliche Massnahmen zur Begrenzung des Baulärms gemäss Art. 6 der Lärmschutzverordnung vom 15. Dezember (Baulärm-Richtlinie), 2006	www.bafu.admin.ch

9
Rechtsschutz

9 Rechtsschutz
9.1 Vorbemerkungen
9.2 Rechtliche Grundlagen

9.1 Vorbemerkungen

Im Folgenden finden sich nur Ausführungen über den Rechtsschutz im öffentlichen Planungs-, Bau- und Umweltrecht sowie über Alternativen zu diesem Rechtsweg. Hinweise zum privatrechtlichen Rechtsschutz im Sinne von § 317 PBG – vor allem im Zusammenhang mit dem Nachbarrecht – gibt etwa SOMMER 2007: S. 51 f.

Regelungen zum privatrechtlichen Rechtsschutz im Nachbarrecht finden sich insbesondere:
- im Vierten Teil des ZGB: Im Sachenrecht (Art. 641 ZGB) finden sich vor allem die materiell-rechtlichen Vorschriften;
- in der eidgenössischen Zivilprozessordnung (ZPO): Sie ist am 1. Januar 2011 in Kraft getreten und regelt das Verfahren vor den Zivilgerichten.

Neben nachbarrechtlichen Auseinandersetzungen werden im Bereich des Planungs-, Bau- und Umweltrechts Streitigkeiten vor Zivilgerichten namentlich über folgende Punkte ausgetragen:
- private Erschliessungsverträge beziehungsweise superprivate Quartierpläne;
- Rückgriffsansprüche zwischen verschiedenen Verursachern von Altlasten und Abfällen;
- Haftpflichtansprüche gegen Private und staatliche Institutionen (§ 2 Abs. 1 VRG).

9.2 Rechtliche Grundlagen

Regelungen über das Rechtsmittelverfahren im öffentlichen Planungs-, Bau- und Umweltrecht auf kantonaler Ebene finden sich insbesondere:
- in der Kantonsverfassung (vgl. etwa Art. 18 und Art. 73 ff. KV);
- im Verwaltungsrechtspflegegesetz (VRG);
- im Gemeindegesetz (§§ 151 ff. GG);
- im Planungs- und Baugesetz (§§ 329 ff. PBG).

Auf Bundesebene bestimmt sich der Rechtsschutz im öffentlichen Planungs-, Bau- und Umweltrecht hauptsächlich nach folgenden Erlassen:
- Bundesverfassung (vgl. etwa Art. 29, Art. 29a und Art. 30 BV);
- Raumplanungsgesetz (Art. 33 f. RPG);
- Bundesgerichtsgesetz (BGG);
- Verwaltungsgerichtsgesetz (VGG)
- Bundesgesetz über das Verwaltungsverfahren (VwVG).

9 Rechtsschutz
9.3 Rechtsmittelinstanzen

9.3 Rechtsmittelinstanzen

9.3.1 Übersicht über den typischen Rechtsmittelweg

Nach Art. 77 Abs. 1 KV gewährleistet die Verwaltungsrechtspflege die wirksame Überprüfung von Anordnungen durch eine Rekursinstanz und den Weiterzug an ein Gericht. Gestützt hierauf sowie in Nachachtung der Rechtsweggarantie gemäss Art. 29a BV umfasst der typische Rechtsmittelweg im öffentlichen Planungs-, Bau- und Umweltrecht regelmässig drei Rechtsmittelinstanzen (Baurekursgericht; Verwaltungsgericht; Bundesgericht) und gestaltet sich in einer Übersicht wie folgt:

Übersicht über den Rechtsmittelweg

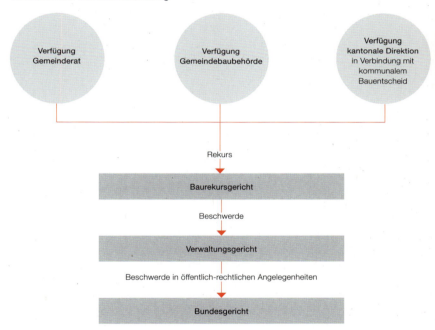

Daneben gibt es verschiedene Ausnahmen, die in den vergangenen Jahren allerdings – zugunsten des oben dargestellten Rechtsmittelwegs – stark an Bedeutung verloren haben. Mit dem 2009 initiierten Teilrevisionsprojekt zu Verfahren und Rechtsschutz soll das Baurekursgericht ganz grundsätzlich zur ersten Rechtsmittelinstanz, das heisst zur umfassend zuständigen Rekursinstanz im öffentlichen Planungs-, Bau- und Umweltrecht werden, womit die Ausnahmen praktisch vollumfänglich eliminiert werden. Demgemäss wird hier darauf verzichtet, die in den Vorauflagen dieses Buchs dargestellten Ausnahmen zum Rechtsmittelweg erneut grafisch zu veranschaulichen.

Nachfolgend werden die Instanzen aufgeführt, die sich mit Rechtsmitteln im Bereich des öffentlichen Planungs-, Bau- und Umweltrechts beschäftigen.

9 Rechtsschutz
9.3 Rechtsmittelinstanzen

9.3.2 Wichtigste Rechtsmittelinstanzen

9.3.2.1 *Baurekursgericht des Kantons Zürich*

Bis anhin war der Kanton Zürich in vier Baurekurskreise aufgeteilt, die je drei Bezirke umfassten; für jeden dieser Kreise war eine Baurekurskommission örtlich zuständig (§ 333 Abs. 1 und 2 aPBG). Per 1. Januar 2011 sind die Baurekurskommissionen durch das Baurekursgericht (BRG) abgelöst worden. Entgegen dem etwas missverständlichen Namen stellten zwar schon die Baurekurskommissionen ein von der Verwaltung unabhängiges Spezialverwaltungsgericht dar, das in seiner Rechtsprechung unabhängig war (§ 336 Abs. 1 aPBG; JAAG 2005: S. 139). Zwecks Stärkung des Gewaltenteilungsprinzips sowie in Nachachtung von Art. 73 KV ist das neu geschaffene Baurekursgericht nunmehr aber administrativ dem Verwaltungsgericht (statt wie die Baurekurskommissionen dem Regierungsrat) unterstellt und in seiner rechtsprechenden Tätigkeit gleichermassen unabhängig (§ 336 PBG).

Das Baurekursgericht weist vier Abteilungen auf, deren örtliche Zuständigkeit sich nach den streitbetroffenen Bezirken beziehungsweise Gemeinden bestimmt (§ 333 Abs. 2 PBG). Zudem beurteilt das Baurekursgericht ab 1. Juli 2011 auch Rekursfälle aus dem Bereich der Gebäudeversicherung sowie ab 1. Januar 2012, das heisst mit Aufhebung des Landwirtschaftsgerichts, landwirtschaftliche Streitigkeiten (§ 333 Abs. 3 PBG).

→ Siehe Grafik rechte Seite

Der Kantonsrat legt nach Anhörung des Verwaltungsgerichts die Zahl der Mitglieder und Ersatzmitglieder des Baurekursgerichts samt Beschäftigungsgrad fest (§ 334 Abs. 1 PBG) und wählt die Abteilungspräsidenten, die weiteren Mitglieder sowie die Ersatzmitglieder auf eine Amtsdauer von sechs Jahren (Art. 41 Abs. 2 KV; § 334 Abs. 2 PBG). Mit Beschluss des Kantonsrats vom 13. Dezember 2010 sind vier Präsidenten, zwölf Mitglieder und zwölf Ersatzmitglieder als massgebende Zahlen festgelegt worden. Wählbar ist als Mitglied und Ersatzmitglied, wer im Kanton Zürich stimmberechtigt ist (§ 334 Abs. 3 PBG); das Baurekursgericht ist ein sogenanntes Fachgericht, weshalb neben Juristen regelmässig auch Architekten, Ingenieure, Raumplaner, Landwirte und dergleichen als Mitglieder und Ersatzmitglieder gewählt werden. Das Amt eines Mitglieds des Baurekursgerichts ist mit der berufsmässigen Vertretung Dritter vor dem Baurekursgericht und dem Verwaltungsgericht unvereinbar (§ 334a Abs. 1 PBG).

Der Sitz des Baurekursgerichts wird vom Kantonsrat bestimmt (§ 333 Abs. 1 PBG) und befindet sich in Zürich (Beschluss des Kantonsrats vom 13. Dezember 2010). Neben den Mitgliedern und Ersatzmitgliedern besteht das Baurekursgericht aus einem Kanzleichef, zwei Stellvertretern, Gerichtsschreibern und administrativem Personal (§§ 337 f. PBG; Organisationsverordnung des Baurekursgerichts [OV BRG]). Die wichtigste Tätigkeit der Gerichtsschreiber besteht in der Ausarbeitung der schriftlichen Anträge und Begründungen sowie der rechtlichen Beratung der Mitglieder und Ersatzmitglieder des Baurekursgerichts (vgl. dazu auch www.baurekursgericht-zh.ch).

BRG Abt. 1

Bezirk Dietikon
Aesch
Birmensdorf
Dietikon
Geroldswil
Oberengstringen
Oetwil an der Limmat
Schlieren
Uitikon
Unterengstringen
Urdorf
Weiningen

Bezirk Zürich
Zürich

BRG Abt. 2

Bezirk Affoltern
Aeugst am Albis
Affoltern am Albis
Bonstetten
Hausen am Albis
Hedingen
Kappel am Albis
Knonau
Maschwanden
Mettmenstetten
Obfelden
Ottenbach
Rifferswil
Stallikon
Wettswil am Albis

Bezirk Horgen
Adliswil
Hirzel
Horgen
Hütten
Kilchberg
Langnau am Albis
Oberrieden
Richterswil
Rüschlikon
Schönenberg
Thalwil
Wädenswil

Bezirk Meilen (Teil)
Erlenbach
Herrliberg
Küsnacht
Meilen
Uetikon am See
Zollikon
Zumikon

BRG Abt. 3

Bezirk Hinwil
Bäretswil
Bubikon
Dürnten
Fischenthal
Gossau
Grüningen
Hinwil
Rüti
Seegräben
Wald
Wetzikon

Bezirk Meilen (Teil)
Hombrechtikon
Männedorf
Oetwil a. S.
Stäfa

Bezirk Pfäffikon
Bauma
Fehraltorf
Hittnau
Illnau-Effretikon
Kyburg
Lindau
Pfäffikon
Russikon
Sternenberg
Weisslingen
Wila
Wildberg

Bezirk Uster
Dübendorf
Egg
Fällanden
Greifensee
Maur
Mönchaltorf
Schwerzenbach
Uster
Volketswil
Wangen-Brüttisellen

BRG Abt. 4

Bezirk Andelfingen
Adlikon
Andelfingen
Benken
Berg am Irchel
Buch am Irchel
Dachsen
Dorf
Feuerthalen
Flaach
Flurlingen
Henggart
Humlikon
Kleinandelfingen
Laufen-Uhwiesen
Marthalen
Oberstammheim
Ossingen
Rheinau
Thalheim an der Thur
Trüllikon
Truttikon
Unterstammheim
Volken
Waltalingen

Bezirk Bülach
Bachenbülach
Bassersdorf
Bülach
Dietlikon
Eglisau
Embrach
Freienstein-Teufen
Glattfelden
Hochfelden
Höri
Hüntwangen
Kloten
Lufingen
Nürensdorf
Oberembrach
Opfikon
Rafz
Rorbas
Wallisellen
Wasterkingen
Wil
Winkel

Bezirk Dielsdorf
Bachs
Boppelsen
Buchs
Dällikon
Dänikon
Dielsdorf
Hüttikon
Neerach
Niederglatt
Niederhasli
Niederweningen
Oberglatt
Oberweningen
Otelfingen
Regensberg
Regensdorf
Rümlang
Schleinikon
Schöfflisdorf
Stadel
Steinmaur
Weiach

Bezirk Winterthur
Altikon
Bertschikon
Brütten
Dägerlen
Dättlikon
Dinhard
Elgg
Ellikon an der Thur
Elsau
Hagenbuch
Hettlingen
Hofstetten
Neftenbach
Pfungen
Rickenbach
Schlatt
Seuzach
Turbenthal
Wiesendangen
Winterthur
Zell

9 Rechtsschutz
9.3 Rechtsmittelinstanzen

Das Baurekursgericht entscheidet – unter Vorbehalt abweichender Regelungen – Streitigkeiten aus dem Planungs-, Bau- und Umweltrecht in erster Instanz (§ 329 Abs. 1 PBG). Mehrheitlich hat sich das Baurekursgericht mit der Beurteilung von Rekursen gegen die Erteilung beziehungsweise Verweigerung von Baubewilligungen durch die Gemeinden und kantonale Verwaltungsinstanzen zu befassen. Die restlichen Verfahren beziehen sich im Wesentlichen auf planungsrechtliche Gegenstände und auf den Natur- und Heimatschutz; materiell geht es häufig um Nutzungsplanungen, quartierplanrechtliche Fragen, feuerpolizeiliche Anordnungen sowie verfahrensrechtliche Probleme. Wie bereits erwähnt, soll das Baurekursgericht mit dem 2009 initiierten Teilrevisionsprojekt zu Verfahren und Rechtsschutz ganz grundsätzlich zur umfassend zuständigen Rekursinstanz im öffentlichen Planungs-, Bau- und Umweltrecht werden.

Das Baurekursgericht trifft seine Entscheide grundsätzlich in Dreierbesetzung (§ 335 Abs. 1 PBG). Der Einzelrichter entscheidet aber über Rekurse, die offensichtlich unzulässig, zurückgezogen oder sonstwie gegenstandlos geworden sind, sowie in Fällen mit einem Streitwert von maximal Fr. 20 000 (§ 335 Abs. 2 PBG); Fälle von grundsätzlicher Bedeutung können jedoch einer Dreierbesetzung zum Entscheid unterbreitet werden (§ 335 Abs. 3 PBG).

Die Bestimmung von § 330 PBG sieht vor, dass das Baurekursgericht in drei Spezialfällen (Bewertungsmethode im Quartierplanverfahren; Stundung von Leistungen eines Privaten, die beim Vollzug eines Quartierplans fällig werden; Recht zur Inanspruchnahme von Nachbargrundstücken) als ausschliessliche Rechtsmittelinstanz zuständig ist. Diese Zuständigkeitsordnung verstösst zwischenzeitlich gegen übergeordnetes Recht (Art. 29a BV [Rechtsweggarantie]; Art. 86 Abs. 2 und Art. 110 BGG; Art. 77 Abs. 1 KV) und soll mit dem 2009 initiierten Teilrevisionsprojekt zu Verfahren und Rechtsschutz ersatzlos aufgehoben werden; bis dahin ist der Bestimmung von § 330 PBG im Einzelfall die Anwendung zu versagen.

9.3.2.2 *Verwaltungsgericht des Kantons Zürich*

Soweit nicht ausnahmsweise eine andere Rechtsmittelinstanz als zuständige Instanz bezeichnet ist, entscheidet das Zürcher Verwaltungsgericht als letzte kantonale Instanz im Bereich des öffentlichen Planungs-, Bau- und Umweltrechts (§ 41 in Verbindung mit § 19 Abs. 1 lit. a VRG [in Kraft seit 1. Juli 2010]). Nicht zuständig ist das Verwaltungsgericht beispielsweise dann, wenn sich Gemeinden gegen übergeordnete Richtplanfestlegungen des Kantonsrats zur Wehr setzen; diesfalls haben sie direkt beim Bundesgericht «Beschwerde in öffentlich-rechtlichen Angelegenheiten» zu erheben (§ 42 lit. a und b VRG [in Kraft seit 1. Juli 2010] und Art. 86 Abs. 3 BGG; vgl. auch BGer 1C_101/2007, wiedergegeben in PBG aktuell 2/2008, S. 38 ff.; BGE 136 I 265).

Das Verwaltungsgericht besteht aus voll- und teilamtlichen Richtern sowie Ersatzrichtern (§ 32 VRG), welche praxisgemäss alle Juristen sind. Wahlbehörde der voll- und teilamtlichen Richter sowie Ersatzrichter ist der Kantonsrat (Art. 75 Abs. 1 KV; § 33 Abs. 1 VRG [in Kraft seit 1. Juli 2010]). Zur Vermeidung von Interessenkonflikten dürfen vollamtliche Richter nicht als Anwälte tätig sein (§ 34 Abs. 1 VRG). Den teilamtlichen Richtern ist es verwehrt, vor dem Verwal-

9 Rechtsschutz
9.3 Rechtsmittelinstanzen

tungsgericht Parteien zu vertreten (§ 34 Abs. 2 VRG). Das Gericht ist derzeit in vier Kammern aufgeteilt, welche sich teilweise auf bestimmte Rechtsgebiete spezialisiert haben (vgl. dazu auch www.vgrzh.ch). Das Gericht entscheidet grundsätzlich in Dreierbesetzung (§ 38 Abs. 1 VRG). Ein voll- und teilamtliches Mitglied des Verwaltungsgerichts entscheidet als Einzelrichter, wenn ein Rechtsmittel offensichtlich unzulässig, zurückgezogen oder sonst wie gegenstandslos geworden ist oder dessen Streitwert Fr. 20 000 nicht übersteigt (§ 38b Abs. 1 VRG [in Kraft seit 1. Juli 2010]). In Bau- und Planungssachen dürfte die Streitwertgrenze von Fr. 20 000 etwa bei Reklamen oder Gartenhäusern nicht erreicht werden. Der Hauptteil der Streitigkeiten im Bereich des öffentlichen Planungs-, Bau- und Umweltrechts wird damit in Dreierbesetzung entschieden.

9.3.2.3 *Bundesgericht*

Das Bundesgericht ist das höchste Gericht auf eidgenössischer Ebene (Art. 188 Abs. 1 BV). Es hat seinen Sitz in Lausanne (Art. 4 Abs. 1 BGG). Mit Streitigkeiten aus dem Bereich des öffentlichen Planungs-, Bau- und Umweltrechts beschäftigen sich vor allem die I. und II. die öffentlich-rechtliche Abteilung des Bundesgerichts. Weitere Informationen zum Bundesgericht finden sich unter www.bger.ch.

Mit Inkrafttreten des Bundesgerichtsgesetzes (BGG) und gleichzeitiger Aufhebung des Bundesrechtspflegegesetzes (OG) am 1. Januar 2007 hat das Verfahren vor Bundesgericht tiefgreifende Änderungen erfahren, indem die beiden im öffentlichen Planungs-, Bau- und Umweltrecht bisher gebräuchlichen Rechtsmittel der «Verwaltungsgerichtsbeschwerde» und «Staatsrechtlichen Beschwerde» durch die «Beschwerde in öffentlich-rechtlichen Angelegenheiten» abgelöst worden sind. Damit hat die mitunter recht schwierige Abgrenzung der «Verwaltungsgerichtsbeschwerde» von der «Staatsrechtlichen Beschwerde» ein Ende gefunden, ist doch fortan in Streitigkeiten aus dem Bereich des öffentlichen Planungs-, Bau- und Umweltrechts stets die «Beschwerde in öffentlich-rechtlichen Angelegenheiten» an das Bundesgericht zu erheben. Soweit die «Beschwerde in öffentlich-rechtlichen Angelegenheiten» nicht zulässig ist, steht – sozusagen als Rettungsanker – zwar noch die «Subsidiäre Verfassungsbeschwerde» gemäss Art. 113 ff. BGG zur Verfügung, mit welcher lediglich die Verletzung von verfassungsmässigen Rechten gerügt werden kann (Art. 116 BGG). Indes sind bei Streitigkeiten aus dem Bereich des öffentlichen Planungs-, Bau- und Umweltrechts kaum Anwendungsfälle für die «Subsidiäre Verfassungsbeschwerde» denkbar (vgl. dazu auch Griffel 2006b; BGE 133 II 249).

Mit der «Beschwerde in öffentlich-rechtlichen Angelegenheiten» können – neben der Verletzung von ausländischem Recht – folgende Beschwerdegründe geltend gemacht werden (vgl. Art. 189 Abs. 1 BV; Art. 95 f. BGG):

- Verletzung von Bundesrecht (Verfassung, Gesetz, Verordnung);
- Verletzung von Völkerrecht (insbesondere der EMRK);
- Verletzung von kantonalen verfassungsmässigen Rechten (namentlich der Gemeindeautonomie);
- Verletzung von kantonalen Bestimmungen über das Stimm- und Wahlrecht;
- Verletzung von interkantonalem Recht.

9 Rechtsschutz
9.3 Rechtsmittelinstanzen

Die Verletzung von verfassungsmässigen Rechten, die sich aus der Bundesverfassung, der Kantonsverfassung oder der EMRK ergeben, ist demnach ebenfalls mit der «Beschwerde in öffentlich-rechtlichen Angelegenheiten» zu rügen. Typische verfassungsmässige Rechte, die bei Streitigkeiten aus dem Bereich des öffentlichen Planungs-, Bau- und Umweltrechts häufig geltend gemacht werden, sind:

- Art. 8 BV (Rechtsgleichheit);
- Art. 9 BV (Treu und Glauben; Willkürverbot);
- Art. 13 BV beziehungsweise Art. 8 EMRK (Recht auf unversehrtes Privat- und Familienleben und eine unversehrte Wohnung [allenfalls im Zusammenhang mit Immissionen]);
- Art. 16 BV beziehungsweise Art. 10 EMRK (Meinungs- und Informationsfreiheit [namentlich im Zusammenhang mit Antennenanlagen]);
- Art. 26 BV (Eigentumsgarantie [unter Einschluss der Besitzstandsgarantie und der Baufreiheit]);
- Art. 27 BV (Wirtschaftsfreiheit);
- Art. 29 Abs. 1 BV (Anspruch auf gleiche und gerechte Behandlung; Verbot der Rechtsverzögerung);
- Art. 29 Abs. 2 BV (Anspruch auf rechtliches Gehör);
- Art. 29a und Art. 30 BV beziehungsweise Art. 6 EMRK (Rechtsweggarantie; Recht auf den verfassungsmässigen Richter);
- Art. 30 Abs. 3 BV beziehungsweise Art. 6 EMRK (Anspruch auf öffentliche Gerichtsverhandlung);
- Art. 50 BV und Art. 85 KV (Gemeindeautonomie).

9.3.3 Weitere Rechtsmittelinstanzen

9.3.3.1 *Bezirksrat/Statthalter*

Der Bezirksrat ist ein vom Volk gewähltes Aufsichtsgremium über die Gemeinden (Art. 80 KV; §§ 141 ff. GG). In jedem der zwölf Bezirke gibt es einen Bezirksrat. Dem Bezirksrat steht der Bezirksratspräsident vor, der in Personalunion gleichzeitig Statthalter ist (vgl. dazu das Bezirksverwaltungsgesetz [BezVG] sowie JAAG 2005: S. 110 ff.).

Im Bereich des öffentlichen Planungs-, Bau- und Umweltrechts hat der Bezirksrat seine Bedeutung als Rechtsmittelinstanz weitgehend verloren, sind doch insbesondere planungsrechtliche Beschlüsse der Gemeindeversammlung beziehungsweise des Gemeindeparlaments mittels Rekurs und/oder Gemeindebeschwerde gemäss § 151 GG beim Baurekursgericht anzufechten (§ 153 GG). Wird hingegen ausschliesslich die Verletzung der politischen Rechte – etwa im Zusammenhang mit deren Ausübung in der Gemeindeversammlung beziehungsweise im Gemeindeparlament (zum Beispiel wegen Fehlern in der Verhandlungsführung, falschen Abstimmungsunterlagen oder der Gültigkeit von kommunalen Initiativen) – gerügt, ist der Rekurs in Stimmrechtssachen beim Bezirksrat zu erheben (§ 151a GG in Verbindung mit § 19 Abs. 1 lit. c VRG [in Kraft seit 1. Juli 2010]; VB.2001.00245). Die Abgrenzung der sachlichen Zuständigkeit des Bezirksrats und des Baurekursgerichts ist allerdings schwierig und heikel (vgl. auch THALMANN: N 4 ff. zu § 153 GG). Der Bezirksrat

9 Rechtsschutz
9.3 Rechtsmittelinstanzen

wirkt sodann als Rechtsmittelinstanz, wenn es um Anschlussgebühren im Zusammenhang mit einem Baubewilligungsverfahren geht.

Der Statthalter übt die Aufsicht über die Ortspolizei, das Strassenwesen der Gemeinden und das Feuerwehrwesen aus. Dazu gehört auch der Entscheid über Rekurse aus diesen Gebieten (BEZ 2006 Nr. 58). Zudem übt der Statthalter Strafkompetenzen im Übertretungsstrafrecht aus (§ 12 Abs. 1 BezVG [in Kraft seit 1. Juli 2010]; vgl. JAAG 2005: S. 112 [mit weiteren Hinweisen]), so etwa im Zusammenhang mit Verwaltungsstrafen gemäss § 340 PBG (Bussen wegen widerrechtlicher Bauten beziehungsweise Bauens ohne Baubewilligung).

9.3.3.2 *Kantonale Direktion/Zürcher Regierungsrat*

Bis anhin waren sowohl die zuständige Direktion des Regierungsrats wie auch der Regierungsrat selber Rechtsmittelinstanzen im öffentlichen Planungs-, Bau- und Umweltrecht (§ 329 Abs. 2 und Abs. 3 PBG). Teilweise waren die zuständige Direktion des Regierungsrats und der Regierungsrat sogar die einzige kantonale Rechtsmittelinstanz (§§ 331 f. PBG), was zwischenzeitlich aber gegen übergeordnetes Recht verstösst (Art. 29a BV [Rechtsweggarantie]; Art. 86 Abs. 2 und Art. 110 BGG; Art. 77 Abs. 1 KV). Mit dem 2009 initiierten Teilrevisionsprojekt zu Verfahren und Rechtsschutz sollen die Zuständigkeiten der Direktion des Regierungsrats beziehungsweise des Regierungsrats als Rechtsmittelinstanz denn auch aufgehoben werden, da inskünftig das Baurekursgericht zur umfassend zuständigen Rekursinstanz im öffentlichen Planungs-, Bau- und Umweltrecht wird. Demgemäss werden die Zuständigkeiten der Direktion des Regierungsrats und des Regierungsrats als Rechtsmittelinstanz hier bloss pro memoria erwähnt.

9.3.3.3 *Bundesverwaltungsgericht*

Im Bereich der Planung und des Baus von bedeutenden Infrastrukturanlagen – wie etwa von Nationalstrassen, Eisenbahnen und Flugplätzen – verfügt der Bund aufgrund der geltenden Kompetenzausscheidung in der Bundesverfassung über weitreichende Gesetzgebungskompetenzen. Gestützt hierauf werden solche Bauvorhaben in einem bundesrechtlichen Plangenehmigungsverfahren (beispielsweise gemäss NSG, EBG und LFG) von einer Bundesbehörde bewilligt. Diese Plangenehmigungsverfügungen konnten bis Ende 2006 bei der Rekurskommission für Infrastruktur und Umwelt (REKO INUM) mittels Beschwerde angefochten werden. Seit 2007, das heisst mit dem Inkrafttreten des Verwaltungsgerichtsgesetzes (VGG) ist hierfür das Bundesverwaltungsgericht zuständig, das die rund 30 eidgenössischen Rekurskommissionen ersetzte und nunmehr als erste gerichtliche Rechtsmittelinstanz über Beschwerden gegen Verfügungen nach Art. 5 VwVG urteilt (Art. 31 VGG).

Entscheide des Bundesverwaltungsgerichts, die im Bereich des öffentlichen Planungs-, Bau- und Umweltrechts ergehen (also beispielsweise im Zusammenhang mit bundesrechtlichen Plangenehmigungsverfügungen), können regelmässig beim Bundesgericht mittels «Beschwerde in öffentlich-rechtlichen Angelegenheiten» angefochten werden (Art. 86 Abs. 1 lit. a BGG).

Vgl. zum Bundesverwaltungsgericht auch STEINER.

9	**Rechtsschutz**
9.3	Rechtsmittelinstanzen

9.3.3.4 *Europäischer Gerichtshof für Menschenrechte*

Art. 6 EMRK (beziehungsweise Art. 29, Art. 29a und Art. 30 BV) verleihen in Zivil- und Strafsachen einen Anspruch auf einen unabhängigen, aber auch rasch arbeitenden Richter. Der Begriff der Zivilsache – «civil rights» – in Art. 6 EMRK wird sehr ausgedehnt interpretiert. Überall, wo Eigentumsrechte berührt werden, liegt eine Zivilsache vor (HAEFLIGER: S. 113; SPÜHLER 1993: S. 109 ff., insbesondere S. 117 f.; HÄFELIN/MÜLLER/UHLMANN: Rz. 1718h ff.; PBG aktuell 1/2007, S. 22 ff.). Als Zivilsache gelten demnach etwa Enteignungssachen, Quartierpläne, Werkpläne, Zonenpläne, Baubewilligungen, Unterschutzstellungen von Gebäuden, Verkauf von landwirtschaftlichen Liegenschaften.

Verletzungen der EMRK können beim Europäischen Gerichtshof für Menschenrechte (EGMR) in Strassburg geltend gemacht werden. Angefochten werden können jedoch nur Entscheide, welche in der Schweiz letztinstanzlich entschieden worden sind, weshalb in aller Regel ein Entscheid des Bundesgerichts (aufgrund einer «Beschwerde in öffentlich-rechtlichen Angelegenheiten») vorliegen muss. Das Verfahren vor dem EGMR ist allerdings äusserst langwierig und recht kompliziert. Geltend gemacht werden kann vor allem in formeller Hinsicht die Verletzung der Verfahrensgarantien gemäss Art. 6 EMRK (Recht auf ein öffentliches Verfahren, Recht auf unabhängigen Richter, Recht auf ein rasches Verfahren). Die Schweiz hat das Zusatzprotokoll Nr. 1 zur EMRK nicht unterzeichnet, womit die Eigentumsgarantie nicht gewährleistet wird. Im Bereich des öffentlichen Planungs-, Bau- und Umweltrechts bleibt damit wenig Raum für materielle Rügen beim EGMR. Denkbar wären etwa Rügen wegen der Verletzung von:

- Art. 8 EMRK (Recht auf unversehrtes Privat- und Familienleben und eine unversehrte Wohnung [allenfalls im Zusammenhang mit Immissionen]);
- Art. 10 EMRK (Meinungsäusserungsfreiheit [namentlich im Zusammenhang mit Antennenverboten]).

9.3.4 Schiedsgericht

Ein Schiedsgericht ist ein juristisches Mittel zur Streitbeilegung im Rahmen eines Schiedsverfahrens. Es handelt sich um ein privates, aber staatlich anerkanntes Gericht, das allein auf Antrag der Parteien zusammentritt und ein Urteil (Schiedsspruch genannt) fällt. Der Schiedsspruch ist für die Parteien in der Regel rechtlich bindend und kann vor staatlichen Gerichten für vollstreckbar erklärt werden. Der Schiedsspruch kann nur noch beschränkt angefochten werden. Das Verfahren wird von den Parteien bestimmt; wenn eine Vereinbarung fehlt, kommt hilfsweise das staatliche Schiedsrecht zur Anwendung (Art. 353 ff. ZPO).

Während vor allem internationale Handelsstreitigkeiten häufig von Schiedsgerichten entschieden werden, sind Schiedsgerichte im Bereich des Verwaltungsrechts zwar nicht ausgeschlossen, aber eher selten eingesetzt (zur Schiedsgerichtsbarkeit im Verwaltungsrecht vgl. MÄCHLER: S. 566 ff.). Mögliche Einsatzgebiete solcher Schiedsgerichte sind etwa:

- Konflikte um Konzessionen (VK.2009.00002 betreffend Gasleitungen)
- Streitigkeiten aus verwaltungsrechtlichen Verträgen (VK.2004.00001 betreffend Minderwertentschädigung für eine Grundwasserschutzzone).

9.4 Verfahrensgrundsätze

Das Rechtsmittelverfahren wird von verschiedenen Verfahrensgrundsätzen beherrscht. Diese sollen nachfolgend skizziert werden.

9.4.1 Offizialmaxime/Dispositionsmaxime

Beim Begriffspaar «Offizialmaxime» und «Dispositionsmaxime» geht es um die Frage, wer das Verfahren einleiten und beenden kann und wer den Streitgegenstand bestimmt.

Die Dispositionsmaxime besagt, dass der Staat nur Rechtsschutz einräumt, soweit und solange es von ihm verlangt wird. Die Parteien bestimmen, ob ein Verfahren begonnen wird. Sie bestimmen den Umfang des Verfahrens mit ihren Rechtsmittelanträgen. Sie können das Verfahren auch durch Verzicht, Vergleich, Anerkennung oder Rückzug wieder beenden. Bei der Offizialmaxime bestimmt demgegenüber der Richter das Verfahren (vgl. auch HÄFELIN/MÜLLER/UHLMANN: Rz. 1618 ff.).

Das Rechtsmittelverfahren wird grundsätzlich von der Dispositionsmaxime beherrscht. Durchbrochen wird dieser Grundsatz durch das Recht der Rechtsmittelinstanz, zugunsten des Rekurrenten über seine Rekursbegehren hinauszugehen. Die Rekursinstanz kann auch die angefochtene Anordnung zum Nachteil des Rekurrenten (sogenannte «Verböserung» oder «reformatio in peius»; § 27 VRG) ändern. Der Rekurrent ist aber, wenn eine Verböserung in Betracht gezogen wird, vorher anzuhören. So erhält er Gelegenheit, seinen Rekurs zurückzuziehen und damit den für ihn nachteiligen Rekursentscheid zu vermeiden. Das Verwaltungsgericht darf hingegen nicht über die Parteianträge hinausgehen oder die Anordnung zulasten des Beschwerdeführers ändern (§ 63 Abs. 2 VRG).

Eine Abweichung von der Dispositionsmaxime im Rechtsmittelverfahren kann etwa dann vorliegen, wenn das zuständige Baurekursgericht die Akten der Baudirektion zur Abklärung von aufsichtsrechtlichen Massnahmen überweist (§ 336 Abs. 2 PBG). Für einen solchen Schritt, bei welchem die Offizialmaxime im Rechtsmittelverfahren zur Anwendung gelangt, müssen jedoch schwerwiegende öffentliche Interessen verletzt sein oder erhebliche Missstände vorliegen (vgl. dazu auch § 358 PBG). Sodann sind bundesrechtswidrige Vorentscheide nicht nichtig, sondern bloss anfechtbar (BEZ 2006 Nr. 57). Werden sie aber angefochten, führt dies – unbesehen der Parteianträge, das heisst in Durchbrechung der Dispositionsmaxime – zur Aufhebung der bundesrechtswidrigen Vorentscheide (BEZ 2007 Nr. 55).

9.4.2 Untersuchungsmaxime/Verhandlungsmaxime

Nach der Untersuchungsmaxime sind der Richter und die Verwaltung für die Beschaffung des Prozessstoffes verantwortlich. Die Behörde muss den rechtserheblichen Sachverhalt untersuchen. Sie darf sich nur auf Sachumstände stützen, welche sie selber abgeklärt hat. Sie kann auch Sachumstände beiziehen, welche von keiner Partei erwähnt werden. Nach der Verhandlungsmaxime müssen demgegenüber die Parteien den Verhandlungsstoff einbringen, weshalb der

Richter nicht eigene Nachforschungen anstellen darf (vgl. auch HÄFELIN/MÜLLER/UHLMANN: Rz. 1623 ff.).

Weder die eine noch die andere Maxime gilt im Verwaltungsprozess absolut; die Untersuchungsmaxime überwiegt jedoch. Die Rechtsmittelinstanzen stellen den Sachverhalt von Amtes wegen fest (§ 7 Abs. 1 und § 60 VRG; Art. 105 BGG). Die Parteien haben allerdings eine Mitwirkungspflicht (§ 7 Abs. 2 VRG; BEZ 2002 Nr. 35). Zudem muss der Rechtsmittelkläger, wenn er einen Anspruch geltend macht, von sich aus seinen Anspruch substanziieren und Beweismittel vorlegen (§ 23 Abs. 3 VRG [in Kraft seit 1. Juli 2010]; RB 1999 Nr. 5).

9.4.3 Eventualmaxime

Die Parteien müssen bis zu einem bestimmten Verfahrensabschnitt sämtliche Angriffs- und Verteidigungsmittel vorbringen, sonst sind diese verspätet und werden nicht mehr berücksichtigt. Sämtliche Rekursrügen sind in der Rekursschrift vorzubringen (§ 23 Abs. 1 VRG). In der Rekursvernehmlassung hat die Gegenpartei auf diese Rügen zu antworten.

9.4.4 Rechtsanwendung von Amtes wegen

Die Rechtsmittelinstanz wendet das Recht von Amtes wegen an (§ 7 Abs. 4 Satz 2 VRG; «iura novit curia» = «Der Richter kennt das Gesetz»). Die Parteien müssen sich nicht auf die Verletzung einer konkreten Rechtsnorm berufen. Auch die Nennung einer falschen Rechtsnorm schadet nicht. Immerhin müssen aber in der Rechtsmittelschrift gewisse Anhaltspunkte vorhanden sein, welche Rechtsnormen verletzt sein könnten. Zudem ist in einer «Beschwerde in öffentlich-rechtlichen Angelegenheiten» dem Bundesgericht darzulegen, welche Grundrechte und Bestimmungen des kantonalen Rechts verletzt worden sein sollen (Art. 106 Abs. 2 BGG). Die Rechtsmittelinstanz ist allerdings weder an die Rechtsauffassungen der Parteien noch an diejenigen der Vorinstanz gebunden (vgl. zum Ganzen auch HÄFELIN/MÜLLER/UHLMANN: Rz. 1632 ff.).

9.4.5 Rechtliches Gehör

Der Anspruch auf «rechtliches Gehör» stützt sich auf Art. 29 Abs. 2 BV ab. Er gibt den Beteiligten Anspruch auf Orientierung über sie treffende Anordnungen, namentlich durch die Eröffnung von Verfügungen oder durch das Akteneinsichtsrecht (§§ 8 f. VRG). Ein Modell des Bauprojekts, aber auch verwaltungsintern erstellte Berichte und Gutachten zu strittigen Sachverhaltsfragen unterliegen dem Akteneinsichtsrecht (BGer 1C_100/2009). Die Beteiligten haben sodann ein Recht, sich im Verfahren zu äussern, zum Beispiel mit Vernehmlassungen oder Stellungnahmen. Zum Anspruch auf rechtliches Gehör gehört auch das Recht auf Teilnahme der Parteien an Beweisaufnahmen oder Parteiverhandlungen (RB 1998 Nr. 126). Schliesslich haben die Parteien auch Anspruch, dass die Rechtsmittelinstanz alle Verfahrensanträge und Beweisofferten überprüft und darüber auch entscheidet (vgl. HÄFELIN/MÜLLER/UHLMANN: Rz. 1672 ff.).

9 Rechtsschutz
9.4 Verfahrensgrundsätze

Auf ein beantragtes Beweismittel kann nur dann verzichtet werden, wenn es eine nicht erhebliche Tatsache betrifft oder offensichtlich untauglich ist, wenn die Behörden den Sachverhalt aufgrund eigener Sachkunde oder nach den Akten hinreichend würdigen oder wenn sie in vorweggenommener Beweiswürdigung annehmen können, dass ihre Überzeugung durch weitere Beweiserhebungen nicht geändert würde (BGE 124 I 208, 124 I 241). Wird ein Augenschein beantragt, so steht der Entscheid, ob ein solcher angeordnet werden soll, im pflichtgemässen Ermessen der mit der Sache befassten Rechtsmittelinstanz. Eine solche Pflicht besteht nur, wenn die tatsächlichen Verhältnisse auf andere Weise nicht ermittelt werden können.

Nicht verstossen wird gegen den Anspruch auf «rechtliches Gehör» im Falle von unangemeldeten Augenscheinen oder Gutachten beispielsweise in Immissionsstreitigkeiten, wenn die Parteien hinterher zum Ergebnis des Augenscheins oder des Gutachtens Stellung beziehen können.

9.4.6 Gleichbehandlung der Parteien

Aus Art. 29 Abs. 1 BV und Art. 6 EMRK folgt, dass die Parteien im Rechtsmittelverfahren gleich und gerecht behandelt werden müssen. Die Parteien müssen die gleiche Chance haben, ihre Anliegen zu vertreten. Dies heisst aber auch, dass eine schwache Partei gegebenenfalls unterstützt werden muss (zum Beispiel durch die Gewährung der unentgeltlichen Prozessführung und die Bestellung eines unentgeltlichen Rechtsbeistandes [Art. 29 Abs. 3 BV; § 16 VRG] oder durch die Möglichkeit, eine ungenügende Rechtsschrift verbessern zu können [§ 5 Abs. 3 und § 23 Abs. 2 VRG]). Vgl. zum Ganzen auch HÄFELIN/MÜLLER/UHLMANN: Rz. 1655 ff.

9.4.7 Beschleunigungsgebot/Verbot der Rechtsverzögerung

Nach Art. 29 Abs. 1 BV, Art. 18 Abs. 1 KV und Art. 6 EMRK haben die Parteien Anspruch, dass ihre Sache innert angemessener Frist erledigt wird. Die Rechtsmittelinstanzen sind personell derart auszustatten, dass die Verfahren zeitgerecht erledigt werden können. Verfahrensfristen von mehr als einem bis zwei Jahren nach Abschluss des Ermittlungsverfahrens sind im Allgemeinen zu lange (vgl. BGE 119 Ib 325 f.).

Seit 1. Juli 2009 ist in § 339a PBG festgeschrieben, dass die kantonalen Rechtsmittelinstanzen im Bereich des öffentlichen Planungs-, Bau- und Umweltrechts über ein Rechtsmittel innert sechs Monaten nach dessen Eingang entscheiden. Ist für das Bauvorhaben eine Umweltverträglichkeitsprüfung, ein Gutachten oder die Mitwirkung von Bundesstellen erforderlich, so entscheiden sie innert sieben Monaten. Darüber hinaus wird für das Rekursverfahren, nicht aber für das Verfahren vor Verwaltungsgericht oder vor Bundesgericht das Beschleunigungsgebot in zweierlei Hinsicht konkretisiert:

- Vernehmlassungsfristen sollten in der Regel nicht länger als die Rechtsmittelfrist sein und nur einmal höchstens um die gleiche Dauer erstreckt werden (§ 26b Abs. 2 VRG [in Kraft seit 1. Juli 2010]).
- Verwaltungsinterne Rekursinstanzen sowie Rekurskommissionen sollten innert 60 Tagen seit Abschluss der Sachverhaltsermittlungen entscheiden

(§ 27c VRG [in Kraft seit 1. Juli 2010]). Innert dieser Frist sollte nicht nur der Entscheid gefällt werden, sondern den Parteien auch begründet zugestellt sein (vgl. BEZ 2000 Nr. 17).

Konkrete Sanktionen bei Verletzung dieser Normen werden nicht genannt. Immerhin werden von den Rechtsmittelinstanzen zur Umsetzung der genannten Bestimmungen die Vernehmlassungsfristen und deren Erstreckung neuerdings relativ knapp bemessen (Baurekursgericht: 30 Tage für die Rekursantwort/Rekursvernehmlassung, letztmalige Fristerstreckung um 30 Tage; 20 Tage für die Replik/Duplik, ohne Erstreckungsmöglichkeit [Merkblatt der Baurekurskommissionen des Kantons Zürich vom 10. September 2009]; Zürcher Verwaltungsgericht: 30 Tage für die Beschwerdeantwort/Beschwerdevernehmlassung, erstmalige Erstreckung um 20 Tage und letztmalige Erstreckung um 10 Tage; 20 Tage für die Replik/Duplik, letztmalige Fristerstreckung um 10 Tage [Merkblatt des Verwaltungsgerichts vom 30. Juni 2009]).

9.4.8 Anspruch auf rechtmässige Willensbildung der Rechtsmittelinstanz

9.4.8.1 *Ausstand*

Nach § 5a Abs. 1 VRG haben Personen, die eine Anordnung zu treffen, dabei mitzuwirken oder sie vorzubereiten haben, in den Ausstand zu treten, wenn sie in der Sache persönlich befangen erscheinen, insbesondere (vgl. RB 1999 Nrn. 2 und 3):
- in der Sache ein persönliches Interesse haben;
- mit einer Partei in gerader Linie oder in der Seitenlinie bis zum dritten Grade verwandt oder verschwägert oder durch Ehe, Verlobung, eingetragene Partnerschaft, faktische Lebensgemeinschaft oder Kindesannahme verbunden sind;
- Vertreter einer Partei sind oder für eine Partei in der gleichen Sache tätig waren.

Das Recht auf eine rechtmässig zusammengesetzte Entscheidinstanz ergibt sich schon aus Art. 30 Abs. 1 BV. Zudem bestehen für die bundesrechtlichen Rechtsmittelverfahren spezifische Ausstandsregelungen (vgl. etwa Art. 34 ff. BGG).

Ist der Ausstand streitig, so entscheidet darüber die Aufsichtsbehörde oder, wenn es sich um den Ausstand eines Mitglieds einer Kollegialbehörde handelt, diese Behörde unter Ausschluss des betreffenden Mitglieds (§ 5a Abs. 2 VRG). Unzulässig war beispielsweise, dass ein Richter in gewissen Fällen eine Gemeinde vertrat und dann als Richter in einem Fall, den diese Gemeinde betraf, mitwirkte. Nach den Grundsätzen von BGE 116 Ia 485 ff. hat ein Anwalt als nebenamtlicher Richter in Ausstand zu treten, wenn für eine Partei im Zeitpunkt des Urteils ein offenes Mandat besteht oder er für eine Partei mehrmals anwaltlich tätig war. Für die Beachtung der Ausstandspflicht genügt bereits der Anschein einer Befangenheit (vgl. auch BEZ 2007 Nrn. 33 und 34 = ZBl 2008, S. 216 ff., wiedergegeben und kommentiert in PBG aktuell 4/2007, S. 31 ff.).

9 Rechtsschutz
9.5 Verfahrensbeteiligte

Keine Ausstandsgründe liegen beispielsweise vor, wenn:
- dem Richter nur ein Verfahrensfehler unterlaufen ist (RB 1999 Nr. 2);
- ein Richter bereits in einem früheren Verfahren mitgewirkt hat, in dem teilweise die gleichen Beweismittel wie im nunmehrigen Verfahren zu würdigen, jedoch völlig andere Rechtsfragen zu beurteilen waren (RB 1999 Nr. 3);
- ein Richter in einem früheren Verfahren bereits zu Vorfragen Stellung genommen hat, die sich im neuen Verfahren wiederum stellen (BEZ 2005 Nr. 4).

9.4.8.2 *Willensbildungsfehler*

Die Parteien haben Anspruch darauf, dass die Rechtsmittelinstanz richtig zusammengesetzt ist, insbesondere bei keinem Mitglied Ausstandsgründe vorliegen.

Den Parteien ist es untersagt, Mitglieder der Rechtsmittelinstanz ausserhalb des Verfahrens von ihrer Sache zu unterrichten oder sie in anderer Weise zu beeinflussen (sogenanntes «Verbot des Berichtens»). Umgekehrt dürfen Mitglieder einer Rechtsmittelinstanz auch keine solchen Beeinflussungsversuche dulden. Sonst setzen sie einen Ausstandsgrund.

Die Rechtsmittelinstanz darf rechtswidrig erlangte Beweismittel nicht verwerten. Werden zum Beispiel bauliche Veränderungen anlässlich einer unbewilligten Hausdurchsuchung entdeckt, so dürfen diese Erkenntnisse nicht ohne Weiteres in einem nachträglichen Baubewilligungsverfahren verwertet werden (KÖLZ/BOSSHART/RÖHL: § 7 N 52 ff.).

9.5 Verfahrensbeteiligte

9.5.1 Urheber von Anordnungen

Am Rechtsmittelverfahren beteiligt sind in erster Linie die Urheber einer angefochtenen Anordnung gemäss § 19 Abs. 1 lit. a VRG (in Kraft seit 1. Juli 2010). Sie werden im Rechtsmittelverfahren als «Vorinstanz» bezeichnet. Urheber von Anordnungen können sein:
- die örtliche Baubehörde im Fall einer baurechtlichen Bewilligung (§ 318 PBG);
- der Gemeinderat bei einer Unterschutzstellung (§ 211 Abs. 2 PBG) oder einer Quartierplanfestsetzung (§ 158 Abs. 1 PBG);
- die politische Gemeinde bei einer Zonenplanänderung (§ 88 Abs. 1 und § 2 lit. c PBG; vgl. dazu auch BEZ 2007 Nr. 8 betreffend die Regelung von § 155 GG);
- ein kantonales Amt der Baudirektion beziehungsweise der Volkswirtschaftsdirektion, die Baudirektion, die Volkswirtschaftsdirektion oder der Regierungsrat (insbesondere bei koordinationspflichtigen Bauvorhaben [§ 319 Abs. 2 PBG] oder Genehmigungsentscheiden [§ 2 lit. a und b PBG]);
- im Falle des Weiterzugs im Rechtsmittelverfahren auch die Rechtsmittelinstanz, die vorher entschieden hat und deren Rechtsmittelentscheid angefochten ist.

9 Rechtsschutz
9.5 Verfahrensbeteiligte

9.5.2 Adressaten von Anordnungen

Am Verfahren beteiligt sind sodann die Adressaten von Anordnungen gemäss § 19 Abs. 1 lit. a VRG (in Kraft seit 1. Juli 2010), zum Beispiel:
- der Baugesuchsteller;
- der Eigentümer eines Schutzobjekts;
- der Grundeigentümer, dessen Liegenschaft von einer Zonenplanänderung erfasst ist (RB 1996 Nr. 10);
- die Stimmberechtigten im Falle eines planungsrechtlichen Gemeindeversammlungsbeschlusses (§ 21a lit. a VRG [in Kraft seit 1. Juli 2010]; vgl. dazu auch VB.2001.00245);
- der von einer kantonalen Verordnung oder Verfügung Betroffene.

9.5.3 Drittbeteiligte

Am Verfahren ebenfalls beteiligt können auch Dritte sein, die durch eine Anordnung berührt sind, ohne dass sie direkt als Adressaten angesehen werden. Solch ein Drittbeteiligter kann etwa sein:
- der Nachbar im Baubewilligungsverfahren;
- der Mieter in einem Enteignungsverfahren;
- der Quartierplangenosse, wenn ein anderer Quartierplangenosse ein Rechtsmittel einreicht;
- «Verbände mit ideellen Zwecken», die sich gestützt auf das Bundesrecht (beispielsweise Art. 55 ff. USG) oder das kantonale Recht (§ 338a Abs. 2 PBG) am Rechtsmittelverfahren beteiligen können (vgl. Seite 443).

9.5.4 Vertreter von Parteien

Jede Partei kann ein Rechtsmittelverfahren grundsätzlich allein führen. Es besteht – anders als im Ausland – kein Vertretungszwang. Die Parteien haben aber das Recht, sich im Verfahren vertreten zu lassen. Im Bereich des öffentlichen Planungs-, Bau- und Umweltrechts können im Rechtsmittelverfahren bis vor Bundesgericht als Vertreter beliebige Dritte wirken. Die Parteivertretung ist also im Gegensatz zur Regelung in anderen Kantonen beziehungsweise bei Zivil- oder Strafsachen vor Bundesgericht nicht nur Rechtsanwälten vorbehalten (vgl. Art. 40 Abs. 1 BGG). Der Vertreter muss aber immerhin schriftlich bevollmächtigt werden (Art. 40 Abs. 2 BGG).

Bezeichnet eine Partei einen Vertreter, ist es den Rechtsmittelinstanzen untersagt, mit der Partei direkt zu verkehren.

Sind an einem Verfahren mehrere Personen beteiligt, die eine gemeinsame Eingabe oder inhaltlich gleiche Eingaben eingereicht haben (Beispiel: Sammelrekurse gegen ein Bordell in der Wohnzone), kann die Rechtsmittelinstanz sie verpflichten, ein gemeinsames Zustellungsdomizil oder einen gemeinsamen Vertreter zu bezeichnen. Kommen die Beteiligten dieser Aufforderung innert angemessener Frist nicht nach, so kann die Rechtsmittelbehörde entweder ein Zustellungsdomizil bezeichnen oder einen Vertreter bestimmen (§ 6a VRG).

Verfahrensbeteiligte mit Sitz oder Wohnsitz im Ausland haben ein Zustellungsdomizil oder einen Vertreter in der Schweiz anzugeben. Kommen die Be-

9 Rechtsschutz
9.6 Sachurteilsvoraussetzungen/Kognition

teiligten dieser Aufforderung innert angemessener Frist nicht nach, so kann die Rechtsmittelinstanz entweder Zustellungen durch amtliche Veröffentlichungen ersetzen oder auf die Eingabe nicht eintreten (§ 6b VRG; vgl. auch § 6 Abs. 1 lit. b PBG; RB 2005 Nr. 7).

9.6 Sachurteilsvoraussetzungen/Kognition

Damit die Rechtsmittelinstanzen auf ein erhobenes Rechtsmittel überhaupt eintreten, müssen die Sachurteilsvoraussetzungen erfüllt sein. Sodann stellt sich stets die Frage, in welchem Umfang die Rechtsmittelinstanzen eine angefochtene Anordnung überprüfen dürfen (sogenannte Überprüfungsbefugnis oder Kognition). Die nachfolgenden Ausführungen geben hierzu einen Überblick.

9.6.1 Zuständigkeit

Die Zuständigkeit der angerufenen Rechtsmittelinstanz ergibt sich in erster Linie aus den Zuständigkeitsbestimmungen im anwendbaren «materiellen» Gesetz (Beispiel: § 329 Abs. 1 PBG). In zweiter Linie sind die Zuständigkeitsnormen in den entsprechenden Verfahrensrechten zu beachten (Beispiel: § 19b und § 41 VRG [in Kraft seit 1. Juli 2010]). Die angerufene Rechtsmittelinstanz hat ihre Zuständigkeit von Amtes wegen zu überprüfen (§ 5 Abs. 1 VRG).

Man unterscheidet zwischen sachlicher, örtlicher und funktionaler Zuständigkeit:

- Bei der sachlichen Zuständigkeit geht es um die Frage, welche Rechtsmittelinstanz zur Behandlung einer Streitsache zuständig ist. Abgrenzungsfragen ergeben sich etwa zwischen dem Baurekursgericht einerseits und dem Bezirksrat anderseits im Zusammenhang mit der Anfechtung von planungsrechtlichen Entscheiden der Gemeindelegislative (vgl. Seite 428). Vgl. auch BEZ 2006 Nr. 68 betreffend die sachliche Zuständigkeit zur Beurteilung von vermögensrechtlichen Folgen von planungs- und baurechtlichen Anordnungen.
- Die örtliche Zuständigkeit bestimmt sich nach der geografischen Zugehörigkeit der anordnenden Behörde. Rechtsmittelinstanzen des Kantons Zürich sind stets nur für Streitsachen zuständig, welche im Kanton Zürich liegen. Die Lage eines Streitobjekts in einem Bezirk bestimmt die Zuständigkeit, wenn mehrere gleichartige Rechtsmittelinstanzen im Kanton existieren (Baurekursgericht, Bezirksrat beziehungsweise Statthalter, Schätzungskommission).
- Die funktionale Zuständigkeit legt fest, welche Instanz innerhalb einer Rechtsmittelhierarchie zur Behandlung einer Streitsache zuständig ist. Bestimmungen über die funktionale Zuständigkeit finden sich in den materiellen Gesetzen und in den Verfahrensgesetzen. So ist eine kommunale Baubewilligung immer zuerst mit Rekurs an das Baurekursgericht und erst danach mit Beschwerde an das Verwaltungsgericht anzufechten, um schliesslich «Beschwerde in öffentlich-rechtlichen Angelegenheiten» beim Bundesgericht zu erheben.

9 Rechtsschutz
9.6 Sachurteilsvoraussetzungen/Kognition

Betrachtet sich die Verwaltungsbehörde oder die Rechtsmittelinstanz als unzuständig, so ist sie verpflichtet, die Verfahrensakten an die zuständige Instanz zu überweisen (§ 5 Abs. 2 VRG; vgl. auch Art. 30 BGG). Diese Überweisungspflicht gilt aber nur innerhalb von Verwaltungs- und Verwaltungsrechtsmittelinstanzen. Wenn ein Zivilgericht zur Behandlung einer Streitsache zuständig ist, muss die zuerst angerufene Verwaltungs- und Verwaltungsrechtsmittelinstanz keine Überweisung vornehmen. Der gleiche Grundsatz gilt auch umgekehrt: Zivilgerichte überweisen keine Streitsachen an Verwaltungs- und Verwaltungsrechtsmittelinstanzen.

Fällt ein Sachverhalt nach Auffassung der betreffenden Instanz in die Zuständigkeit der Strafjustiz, wenn also ein Straftatbestand erfüllt ist, so ist dies bei den Organen der Strafjustiz anzuzeigen (vgl. Art. 302 Abs. 2 StPO).

9.6.2 Anfechtungsobjekt

Damit ein Rechtsmittelverfahren durchgeführt werden kann, braucht es ein zulässiges Anfechtungsobjekt. Infrage kommen gemäss § 19 Abs. 1 VRG (in Kraft seit 1. Juli 2010) namentlich Anordnungen einschliesslich raumplanungsrechtlicher Festlegungen (zum Beispiel eine Baubewilligung oder Unterschutzstellung) und Erlasse (wie beispielsweise eine kommunale Verordnung). Nicht anfechtbar sind blosse Meinungsäusserungen oder Stellungnahmen von Behörden (BEZ 1999 Nr. 24). Ebenso kann eine verwaltungsstrafrechtliche Verzeigung beim Statthalteramt durch die Baubehörde wegen Verletzung von Bauvorschriften nicht angefochten werden (BEZ 2002 Nr. 69).

Gegenstand eines Rechtsmittelverfahrens kann immer nur sein, was Gegenstand der angefochtenen Anordnung war beziehungsweise nach richtiger Gesetzesauslegung hätte sein sollen (RB 1983 Nr. 5; vgl. auch § 20a VRG [in Kraft seit 1. Juli 2010]). Andernfalls würde die funktionale Zuständigkeitsordnung unterlaufen.

Anfechtbar ist auch das unrechtmässige Verweigern oder Verzögern einer anfechtbaren Anordnung (§ 19 Abs. 1 lit. b VRG [in Kraft seit 1. Juli 2010]). Während früher die Nichtbehandlung oder verzögerte Behandlung etwa eines Baugesuchs mit der Aufsichtsbeschwerde gerügt werden musste, stehen heute hierfür die ordentlichen Rechtsmittel – Rekurs, Beschwerde und «Beschwerde in öffentlich-rechtlichen Angelegenheiten» – zur Verfügung (HALLER/KARLEN 1998: S. 49; RB 2005 Nr. 13; BEZ 2006 Nr. 59).

Anfechtbar sind Anordnungen, die das Verfahren abschliessen (Endentscheide). Die Anfechtbarkeit von Teil-, Vor- und Zwischenentscheiden richtet sich nach Art. 91–93 BGG (§ 19a VRG [in Kraft seit 1. Juli 2010]). Nach der bundesgerichtlichen Rechtsprechung sind baurechtliche Vorentscheide nicht als Teilentscheide im Sinne von Art. 91 lit. a BGG, sondern als Zwischenentscheide gemäss Art. 93 BGG zu qualifizieren (BGE 135 II 30; BGer 1C_284/2009 [betreffend Ostanflüge auf Flughafen Zürich]; vgl. zur Abgrenzung von Vor- und Zwischenentscheiden auch ZBl 2008, S. 441 ff., und ZBl 2010, S. 289 f.). Die Aufhebung einer Verfahrenssistierung stellt in aller Regel keinen anfechtbaren Zwischenentscheid dar (BEZ 2009 Nr. 2 betreffend Uetliberg).

9 Rechtsschutz
9.6 Sachurteilsvoraussetzungen/Kognition

9.6.3 Rechtsmittelberechtigung/Legitimation

9.6.3.1 *Gesetzliche Grundlagen*

Nach § 21 Abs. 1 VRG und § 338a Abs. 1 PBG ist zum Rekurs und zur Beschwerde berechtigt, wer durch die angefochtene Anordnung berührt ist und ein schutzwürdiges Interesse an deren Aufhebung oder Änderung hat; dasselbe gilt für die Anfechtung von Erlassen. Es genügt somit ein faktisches (etwa wirtschaftliches oder ideelles) Interesse. Erforderlich ist allerdings, dass der Betroffene infolge einer besonders nahen Beziehung zur Sache mehr als irgendein beliebiger Dritter berührt ist (Unzulässigkeit der sogenannten «Popularbeschwerde»). Ausserdem muss sein Interesse aktuell sein. Die Legitimation ist im Kanton Zürich gleich umschrieben wie in Art. 89 Abs. 1 BGG; diese Vorschrift findet auf die beim Bundesgericht zu erhebende «Beschwerde in öffentlich-rechtlichen Angelegenheiten» Anwendung (vgl. dazu auch Art. 111 Abs. 1 BGG und Art. 33 Abs. 3 lit. a RPG betreffend die bundesrechtlichen Minimalanforderungen an die Rechtsmittelberechtigung im kantonalen Recht).

9.6.3.2 *Legitimation von Adressaten*

Gestützt auf die Umschreibungen von § 21 Abs. 1 VRG und § 338a Abs. 1 PBG sind Adressaten von Anordnungen zu deren Anfechtung befugt. Es können dies sein:

- der Baugesuchsteller;
- der Grundeigentümer, der nicht zugleich Baugesuchsteller ist, wenn sich in der Baubewilligung Anordnungen bezüglich seines Grundstücks finden. Hat der Baugesuchsteller indes die Bauverweigerung nicht angefochten, fehlt es dem Grundeigentümer an einem aktuellen Rechtsschutzinteresse, weshalb auf seinen Rekurs nicht einzutreten ist (BEZ 2009 Nr. 54);
- der Eigentümer eines Schutzobjekts;
- der Grundeigentümer in einem Quartierplangebiet (vgl. auch BEZ 2008 Nr. 33 betreffend Legitimation einer Stockwerkeigentümergemeinschaft im Zusammenhang mit einer quartierplanrechtlichen Schlussabrechnung);
- der Grundeigentümer, dessen Liegenschaft von einer Zonenplanänderung erfasst ist;
- die Stimmberechtigten im Falle eines planungsrechtlichen Gemeindeversammlungsbeschlusses. Die Legitimation von Stimmberechtigten, welche kein Grundeigentum im betroffenen Bereich haben, richtet sich nach § 151 GG. Diese Bestimmung lässt die sogenannte Gemeindebeschwerde unter der alleinigen Voraussetzung der aktuellen, aktiven Stimmberechtigung in der betreffenden Gemeinde zu. Allerdings schränkt die Vorschrift von § 151 GG die Rügemöglichkeiten von der Sache her ein, indem Gemeindebeschlüsse nur insoweit anfechtbar sind, als sie gegen übergeordnetes Recht verstossen oder mit früheren rechtsetzenden Gemeindebeschlüssen in Widerspruch stehen (vgl. THALMANN: N 4 zu § 151 GG); blosse Unzweckmässigkeit oder Unangemessenheit bilden keinen Gesetzesverstoss im Sinne dieser Vorschrift. Von der Gemeindebeschwerde zu unterscheiden gilt es den Rekurs in Stimmrechtssachen, mit welchem die Verletzung der politischen Rechte – etwa

9 Rechtsschutz
9.6 Sachurteilsvoraussetzungen/Kognition

im Zusammenhang mit deren Ausübung in der Gemeindeversammlung beziehungsweise im Gemeindeparlament – von den Stimmberechtigten gerügt werden kann (§ 151a GG in Verbindung mit § 19 Abs. 1 lit. c und § 21a lit. a VRG [in Kraft seit 1. Juli 2010]).

9.6.3.3 *Legitimation von Nachbarn*

Begriff des Nachbars

In erster Linie ist der benachbarte Alleineigentümer zu einem Rechtsmittel berechtigt. Diese Befugnis kommt auch einem Stockwerkeigentümer zu (RB 1998 Nr. 18; BEZ 2002 Nr. 15). Ein Kaufsrechtsberechtigter im Sinne von Art. 216 ff. OR, der sein Recht jederzeit ausüben kann, ist ebenfalls rechtsmittelberechtigt, nicht jedoch ein Vorkaufsberechtigter (BEZ 2002 Nr. 48).

Neben dem benachbarten Eigentümer sind auch Mieter und Pächter rechtsmittelberechtigt, sofern sie in einem ungekündigten Miet- oder Pachtverhältnis stehen (RB 2000 Nr. 10; BEZ 1981 Nr. 34). Kein Rekursrecht hat jedoch der Mieter oder Pächter, wenn das fragliche Projekt das von ihm gemietete oder gepachtete Gebäude betrifft und das Rechtsmittel nur der rechtsmissbräuchlichen Verlängerung des Miet- oder Pachtverhältnisses dient (BEZ 2008 Nr. 50).

Räumliche Beziehung zur Bauparzelle

Die Legitimation eines Nachbarn hängt davon ab, ob er in einer hinreichend engen räumlichen Beziehung zur Bauparzelle steht. Massgebend ist dabei nicht eine in Metern gemessene Distanz, sondern die Entfernung, auf welche sich das streitige Bauvorhaben auszuwirken vermag (RB 1998 Nr. 17; vgl. auch RB 2000 Nr. 8 bezüglich einer Mobilfunkantenne und VB.2009.00466 bezüglich Schweinestall). So kann Schattenwurf oder Lichtentzug nur bei einer verhältnismässig engen Nachbarschaft zur Abwehr herausfordern, wogegen sich etwa Staub-, Rauch-, Abgas- oder Lärmentwicklung von Anlagen mit grossflächig wirkenden Immissionen – wie zum Beispiel von Flughäfen, Industriebetrieben – in kilometerweitem Umkreis bemerkbar macht und allen Anlass zu entsprechenden Klagen gibt.

Für das Beschwerderecht von behinderten Einzelpersonen (Art. 7 BehiG) gilt in Bezug auf die geforderte örtliche Nähe zum Bauvorhaben je nach Umständen eine im Vergleich zu Nachbarn im Baurekursverfahren erweiterte Legitimation. Eine behinderte Person muss nicht notwendigerweise in der unmittelbaren Nachbarschaft zu einem Bauvorhaben wohnen. Sie ist zum Beispiel auch dann legitimiert, den erschwerten Zugang zum einzigen Kino im Ort zu rügen, wenn sich dieses nicht in unmittelbarer Nähe ihrer Wohnung befindet.

Zur Erhebung eines Rechtsmittels gegen eine Mobilfunkanlage sind diejenigen Personen berechtigt, die in einer Entfernung zur Anlage wohnen, in der die Strahlung mindestens 10 Prozent des Anlagegrenzwerts beziehungsweise rund 1 Prozent des Immissionsgrenzwerts beträgt (vgl. BEZ 2000 Nr. 53). Bei der Ermittlung des hierfür massgeblichen Radius ist auf die nachstehende Berechnungsformel abzustellen, welche nur die Strahlung in der Hauptstrahlrichtung berücksichtigt (vgl. auch BEZ 2002 Nr. 51 und 52; URP 2001, S. 155 ff.). Daraus resultiert regelmässig ein Perimeter von mehreren Hundert Metern im

Umkreis von Mobilfunkanlagen, wodurch bei solchen Bauvorhaben – zumindest in immissionsrechtlicher Hinsicht – eine sonst unzulässige «Popularbeschwerde» ermöglicht wird.

$d = 70 \times \frac{\sqrt{ERP}}{AGW}$	d =	Distanz in Metern zwischen der Antenne und den Punkten, bei denen die Strahlung 10% des Anlagegrenzwerts erreicht. Alle Personen innerhalb des Radius d werden zur Beschwerde zugelassen.
	ERP =	Äquivalente Strahlungsleistung der leistungsstärksten Antenne in Watt (Art. 3 Abs. 9 NISV). Strahlen mehrere Antennen in dieselbe Richtung, sind ihre Leistungen zusammenzurechnen.
	AGW =	Anlagegrenzwert in V/m (Anhang 1 Ziff. 64 NISV)

Schutzwürdiges Interesse

Neben der räumlichen Beziehungsnähe muss auch ein schutzwürdiges Interesse an der Rechtsmittelerhebung vorhanden sein. Ein schutzwürdiges Interesse – im Sinne einer sogenannten «materiellen Beschwer» – liegt vor, wenn der Nachbar einen praktischen Nutzen hat beziehungsweise einen Nachteil abwenden kann, den die angefochtene Bewilligung für ihn zur Folge hätte (BEZ 2009 Nr. 4 betreffend Abbruch eines Schutzobjekts; vgl. aber BGE 137 II 30, wonach keine rügespezifische Beurteilung der Legitimation erfolgt). Kann der gerügte Mangel ohne Weiteres durch eine für den Rekurrenten bedeutungslose Nebenbestimmung geheilt werden, so ist der Nachbar nicht legitimiert (RB 1987 Nr. 3, RB 1995 Nr. 9; KÖLZ/BOSSHART/RÖHL: § 21 N 34 ff.). Der Nachteil, den ein Nachbar erleidet, muss zudem von einer gewissen Erheblichkeit sein (RB 2004 Nrn. 3 und 5; BEZ 2007 Nr. 43 betreffend die restriktiv gefasste Legitimationspraxis bei Verkehrsanordnungen; VB.2008.00051 = URP 2009 S. 194 ff. betreffend die Rechtsmittellegitimation bei einem Bauvorhaben, das zu einem erhöhten Verkehrsaufkommen führt).

Verstösst die Ergreifung eines Rechtsmittels gegen den Grundsatz von Treu und Glauben, fehlt dem Beschwerdeführer das schutzwürdige Interesse (BEZ 2004 Nr. 67).

Exkurs: Rechtsmittelverzicht von Nachbarn

Unter Nachbarn wird zuweilen vereinbart, dass auf das Einreichen von Rechtsmitteln gegen Bauvorhaben auf dem Nachbargrundstück verzichtet wird. Solche Rechtsmittelverzichte im Voraus, das heisst vor Empfang des baurechtlichen Entscheids, sind unverbindlich. Sie werden im öffentlich-rechtlichen Rechtsmittelverfahren nicht berücksichtigt (RB 1995 Nr. 6).

In zivilrechtlicher Hinsicht wird das Einreichen eines Rechtsmittels trotz einer Rechtsmittelverzichtserklärung als Vertragsverletzung behandelt (vgl. dazu im Einzelnen LUSTENBERGER). Eine Vertragsverletzung, welche zu einer Schadenersatzzahlung führt, dürfte aber nur in klaren Fällen angenommen werden. So wenn ein Nachbar die Baueingabepläne mitunterzeichnet und bei dieser Gelegenheit ausdrücklich auf ein Rechtsmittel verzichtet.

Wenn sich eine Partei den Verzicht auf einen Baurekurs entgelten lässt, obschon sie nicht in guten Treuen darauf hoffen konnte, nachteilige Auswirkungen des geplanten Baus könnten durch das Rechtsmittel verhindert oder gemildert werden, so muss der Bauherr in einem solchen Fall die vereinbarte Entschädigung nicht bezahlen (ZR 2005 Nr. 53). Die Einreichung eines Rechtsmittels ist unter diesen Umständen rechtsmissbräuchlich (vgl. auch BGer 4C.353/2002), weshalb der Rechtsmittelkläger den Bauverzögerungsschaden bezahlen muss. Entsprechende Ansprüche werden durch die Zivilgerichte beurteilt.

Verlangt ein Nachbar für den Verzicht oder den Rückzug eines Rechtsmittels eine exorbitante Entschädigung, welche in keinem Verhältnis zu den ihn durch das Bauvorhaben treffenden Nachteilen steht, lässt er sich also sein Rechtsmittel «vergolden», so stellt dies eine Erpressung im Sinne von Art. 156 StGB dar (BGer 6S.7/2006 und 6S.8/2006). Eine Vereinbarung mit solchen Randbedingungen ist sittenwidrig und nichtig (Art. 20 OR; BGE 115 II 323, 123 III 101).

9.6.3.4 *Legitimation von Konkurrenten*

Die Legitimation kann auch bei einem Konkurrenten gegeben sein, der über keine nachbarliche Beziehung zum Streitobjekt verfügt. Bedingung ist aber, dass der Konkurrent zum Streitobjekt eine spezifische wirtschaftliche Beziehungsnähe aufweist. Dies ist der Fall, wenn für den betreffenden Wirtschaftszweig besondere Zulassungsbeschränkungen bestehen (Kontingente oder besondere staatliche Zulassungsbeschränkungen [BGE 109 Ib 198 ff.]; KÖLZ/BOSSHART/RÖHL: § 21 N 42 ff.). Eine solche wirtschaftliche Beziehungsnähe fehlte beispielsweise zwischen zwei Betreibern einer Tennishalle. Sie könnte aber gegeben sein bei zwei Taxihaltern, die über die Zuteilung von öffentlichen Standplätzen streiten.

9.6.3.5 *Legitimation von Verbänden*

Juristische Personen, die im Volksmund vereinfacht als «Verbände» bezeichnet werden, sind rechtlich meist als Vereine oder Stiftungen organisiert und können in verschiedenen Funktionen Rechtsmittel erheben:
- Der Verband kann ein Rechtsmittel zur Wahrung der eigenen Interessen einlegen (Beispiel: Ein Verband wehrt sich gegen unpassende Auflagen in der Baubewilligung für sein eigenes Bürogebäude).
- Der Verband ergreift ein Rechtsmittel im Interesse und im Namen eines seiner Mitglieder (Beispiel: Der Bauernverband reicht für einen Bauern Rekurs gegen eine Bauverweigerung für dessen geplantes Stöckli ein.). In diesem Fall hat der betreffende Verband die gleiche Rechtsstellung wie ein Rechtsvertreter.
- Der Verband erhebt ein Rechtsmittel im eigenen Namen, aber im Interesse seiner Mitglieder (Automobilclub wehrt sich gegen Geschwindigkeitsbeschränkungen). Dieses Rechtsmittel wird – wenn auch sprachlich falsch – als «egoistische Verbandsbeschwerde» bezeichnet. Die entsprechende Legitimation eines Verbands ist zu bejahen, wenn dieser über eigene Rechtspersönlichkeit verfügt, statutarisch zur Wahrung der infrage stehenden Interessen seiner Mitglieder befugt ist, diese Interessen zumindest einer grossen Anzahl seiner Mitglieder gemeinsam sind und die einzelnen Mitglieder zur Geltendmachung dieser Interessen auf dem Rechtsmittelweg ebenfalls befugt wären (vgl. BGE 128 II 24 E. 1b und HÄFELIN/MÜLLER/UHLMANN: Rz. 1787). Diese Voraussetzungen gelten auch im kantonalen Verfahren (BEZ 2008 Nr. 61;

VB.2004.00354; Kölz/Bosshart/Röhl: § 21 N 51; vgl. bei Stimmrechtssachen auch die Sonderregelung für politische Parteien und Gruppierungen gemäss § 21a lit. b VRG [in Kraft seit 1. Juli 2010]).
- Der Verband reicht im eigenen Namen ein Rechtsmittel ein und setzt sich für ideelle Interessen ein (Naturschutz, Umweltschutz). Dieses Rechtsmittel wird – ebenfalls sprachlich falsch – als «ideelle Verbandsbeschwerde» bezeichnet.

9.6.3.6 Legitimation von Verbänden mit ideellen Zwecken im Besonderen

Zum Verbandsbeschwerderecht vgl. auch Griffel 2006a; Häner 2007; Keller/Hauser.

Verbandsbeschwerde gemäss kantonalem Recht

Seit 1986 kennt das kantonale Recht – in Anlehnung an das Bundesrecht – das Beschwerderecht von Verbänden mit ideellen Zwecken. Das sind gesamtkantonal tätige Vereinigungen, die sich seit mindestens 10 Jahren im Kanton Zürich statutengemäss dem Natur- und Heimatschutz oder verwandten, rein ideellen Zielen widmen (§ 338a Abs. 2 PBG; Kölz/Bosshart/Röhl § 21 N 96 ff.). Keine Legitimation haben jedoch bloss regional oder lokal tätige Verbände mit ideellen Zwecken (RB 1996 Nr. 12).

Nach § 338a Abs. 2 PBG sind die kantonalen Verbände in folgenden Fällen zum Rekurs und zur Beschwerde legitimiert:
- gegen Anordnungen und Erlasse, die sich auf den III. Titel des PBG über den Natur- und Heimatschutz oder auf § 238 Abs. 2 PBG stützen (vgl. dazu auch BGer 1C_462/2009, wonach die Quartiererhaltungszone nicht der Bewahrung schutzwürdiger Ortsbilder dient und diesbezüglich somit kein Beschwerderecht von Verbänden mit ideellen Zwecken besteht);
- gegen Bewilligungen für Bauten und Anlagen ausserhalb der Bauzonen beziehungsweise Ausnahmebewilligungen gemäss Art. 24 ff. RPG;
- gegen überkommunale Gestaltungspläne ausserhalb der Bauzonen.

Voraussetzung für die Gültigkeit einer Verbandsbeschwerde ist der klare Beschwerdewille des betreffenden Verbands. Ein nachträglicher Verzicht auf die Erhebung eines Rechtsmittels ist grundsätzlich – unter Vorbehalt von Willensmängeln – verbindlich. Der Beschwerdewille muss – unter Berücksichtigung der Rechtsprechung zu bedingt eingereichten Rechtsmitteln – im Zeitpunkt des Ablaufs der Beschwerdefrist vorhanden sein. Eine vorsorgliche Beschwerdeerhebung ist nur in den gesetzlich geregelten Fällen zulässig. Wenn der Beschluss des verbandsintern zuständigen Organs, auf die Beschwerde zu verzichten, verbandsintern noch angefochten wird, führt dies zu keiner anderen Beurteilung (BEZ 2004 Nr. 51).

Mit dem 2009 initiierten Teilrevisionsprojekt zu Verfahren und Rechtsschutz soll die kantonale Verbandsbeschwerde an diejenige des Bundesrechts (vgl. dazu sogleich) angeglichen werden.

Verbandsbeschwerde gemäss Bundesrecht

Ein Verbandsbeschwerderecht haben von Bundesrechts wegen die seit mindestens 10 Jahren gesamtschweizerisch tätigen Umweltschutzorganisationen, wenn es um die Anwendung des Umweltschutzrechts geht (KÖLZ/BOSSHART/RÖHL: § 21 N 86 ff.). Dieses Beschwerderecht gilt allerdings nur hinsichtlich Verfügungen über die Planung, Errichtung und Änderung von ortsfesten Anlagen, für die eine UVP erforderlich ist (Art. 55 ff. USG). Eine Vereinigung kann auch geltend machen, es sei zu Unrecht keine UVP vorgenommen worden (RB 2001 Nr. 15). Das gleiche Recht besteht in Natur- und Heimatschutzsachen (Art. 12 ff. NHG), soweit die Erfüllung einer Bundesaufgabe strittig ist (Art. 2 NHG), sowie im Zusammenhang mit Fuss- und Wanderwegen (Art. 14 FWG). Schliesslich ergibt sich aus dem Bundesrecht ein Verbandsbeschwerderecht im Zusammenhang mit der Behindertengleichstellung (Art. 9 BehiG): Behindertenorganisationen gesamtschweizerischer Bedeutung, die seit mindestens 10 Jahren bestehen, können Rechtsansprüche aufgrund von Benachteiligungen, die sich auf eine grosse Anzahl von Behinderten auswirken, geltend machen (Art. 9 Abs. 1 und 3 BehiG).

Das USG, das NHG, das FWG und das BehiG machen das Recht der gesamtschweizerischen Umweltorganisationen zur Rechtsmittelerhebung ausdrücklich davon abhängig, dass sich die betreffenden Organisationen schon am vorangegangenen Verfahren als Partei beteiligt haben (sogenannte «formelle Beschwer»; Art. 55b USG, Art. 12c NHG, Art. 14 Abs. 3 und 4 FWG und Art. 9 Abs. 4 und 5 BehiG; vgl. dazu auch URP 1999, S. 155 ff., und BGE 125 II 50 ff.).

9.6.3.7 *Legitimation von Gemeinden und anderen Trägern von öffentlichen Aufgaben mit Rechtspersönlichkeit*

Gemäss § 21 Abs. 2 und § 49 VRG (in Kraft seit 1. Juli 2010) sind zum Rekurs oder zur Beschwerde auch Gemeinden und andere Träger öffentlicher Aufgaben mit Rechtspersönlichkeit berechtigt, wenn:
- sie durch die Anordnung wie eine Privatperson berührt sind und ein schutzwürdiges Interesse an deren Aufhebung oder Änderung haben (§ 21 Abs. 2 lit. a VRG);
- sie die Verletzung von Garantien rügen, die ihnen die Kantons- oder Bundesverfassung gewährt (§ 21 Abs. 2 lit. b VRG). Von Bedeutung ist namentlich die Gemeindeautonomie und die darauf gründende Ermessens- beziehungsweise Entscheidungsfreiheit der betreffenden Gemeinde (RB 2003 Nr. 14; RB 2000 Nr. 12; RB 1998 Nr. 13; ZBl 1991, S. 83 f.);
- sie bei der Erfüllung von gesetzlichen Aufgaben in ihren schutzwürdigen Interessen anderweitig verletzt sind, insbesondere bei einem wesentlichen Eingriff in ihr Finanz- oder Verwaltungsvermögen (§ 21 Abs. 2 lit. c VRG). So ist eine Gemeinde etwa dann rechtsmittellegitimiert, wenn eine Nachbargemeinde einen Richt- oder Nutzungsplan festsetzt, der den Planungsinteressen der eigenen Gemeinde zuwiderläuft (BEZ 2002 Nr. 58).

Eine vergleichbare Regelung findet sich im Bundesrecht im Zusammenhang mit der beim Bundesgericht zu erhebenden «Beschwerde in öffentlich-rechtlichen Angelegenheiten» (Art. 89 Abs. 1 lit. b und c sowie Abs. 2 lit. c BGG).

Im Bundesrecht ist sodann die sogenannte Behördenbeschwerde vorgesehen, mit welcher eidgenössische, kantonale und kommunale Behörden von Gesetzes wegen die Befugnis erhalten, Anordnungen von Verwaltungsbehörden anzufechten (zu den Einzelheiten vgl. WALKER SPÄH 2006b). Mit dem 2009 in-

9 Rechtsschutz
9.6 Sachurteilsvoraussetzungen/Kognition

itiierten Teilrevisionsprojekt zu Verfahren und Rechtsschutz soll die Behördenbeschwerde auch im kantonalen Recht verankert werden, indem die zuständige Direktion zur Wahrung der vom Kanton vertretenen schutzwürdigen Interessen ein Rechtsmittel erheben darf.

9.6.3.8 *Besonderheiten bei der Anfechtung von Baubewilligungen*

Nach § 315 Abs. 1 und § 316 Abs. 1 PBG hat der Nachbar – im Sinne einer «formellen Beschwer» – sein Rekursrecht verwirkt, wenn er nicht innert 20 Tagen seit der Bekanntmachung schriftlich die Zustellung des baurechtlichen Entscheids verlangt (RB 1993 Nr. 52). Verlangt der Vertreter den baurechtlichen Entscheid nur in eigenem Namen und nicht im Namen der vertretenen Nachbarn, so haben diese ihr Rekursrecht mangels rechtzeitigem Begehren um Zustellung des baurechtlichen Entscheids verwirkt (RB 1993 Nr. 53). Damit soll sichergestellt werden, dass ein Bauherr rechtzeitig erfährt, wer allenfalls gegen das Bauvorhaben opponieren könnte. Demgemäss hat die Begehrensstellung schon im ersten baurechtlichen Verfahren zu erfolgen, auch wenn hernach ein zweites baurechtliches Verfahren zwecks nachträglichem Erlass einer erforderlichen umweltschutzrechtlichen Bewilligung erfolgt (BEZ 2009 Nr. 51). Wer als Nachbar nicht rechtzeitig um Zustellung des baurechtlichen Entscheids ersucht, hat das Rekursrecht auch dann verwirkt, wenn die Baubehörde den Entscheid dem Nachbarn unaufgefordert eröffnet (BEZ 1998 Nr. 15). Diese Regelung gilt auch für die Verbände mit ideellen Zwecken. Auch diese müssen zur Wahrung ihres Rekursrechts innert 20 Tagen seit der öffentlichen Bekanntmachung die Zustellung des baurechtlichen Entscheids verlangen (RB 1994 Nr. 89; BGE 121 II 224 ff.). Vgl. auch Seite 314 ff.

9.6.3.9 *Besonderheiten bei der Anfechtung von raumplanungsrechtlichen Festlegungen*

Wird eine kommunale raumplanungsrechtliche Festlegung (beispielsweise die Revision einer Bau- und Zonenordnung oder ein Gestaltungsplan) beim Verwaltungsgericht angefochten, so veranlasst dieses Gericht die Baudirektion, für den Genehmigungsentscheid zu sorgen, welcher dann ebenfalls angefochten werden muss (§ 329 Abs. 4 PBG; VB.2002.00249). Das Bundesgericht tritt auf Beschwerden in öffentlich-rechtlichen Angelegenheiten gegen kantonale Rechtsmittelentscheide über die Festsetzung von Nutzungsplänen nur ein, wenn bereits ein Genehmigungsentscheid im Sinne von Art. 26 RPG vorliegt. Da die Genehmigung rechtsbegründende Wirkung entfaltet (Art. 26 Abs. 3 RPG; § 5 Abs. 2 PBG), liegt vor ihrer Erteilung kein vor Bundesgericht anfechtbarer Entscheid vor. Dies gilt auch bei Baulinienplänen (PBG aktuell 1/2009, S. 20 ff.).

Mit dem 2009 initiierten Teilrevisionsprojekt zu Verfahren und Rechtsschutz soll die Genehmigung von Erlassen und raumplanungsrechtlichen Festlegungen direkt anschliessend an den Beschluss über den zu genehmigenden Akt erfolgen. Damit werden die Rechtsmittelbehörden (also auch das Baurekursgericht) in einem Rechtsgang über die kommunale Festsetzung und die kantonale Genehmigung gleichzeitig entscheiden. Bislang ist diese Koordination von Planfestsetzung und Plangenehmigung erst vor Verwaltungsgericht erfolgt (vgl. dazu auch ZBl 2008, S. 679 ff.).

9 Rechtsschutz
9.6 Sachurteilsvoraussetzungen/Kognition

9.6.4 Rechtsmittelgründe

9.6.4.1 *Erste Rechtsmittelinstanz*

Nach § 20 Abs. 1 VRG (in Kraft seit 1. Juli 2010) können mit Rekurs bei der ersten Rechtsmittelinstanz – namentlich beim Baurekursgericht – gerügt werden:

- Rechtsverletzungen einschliesslich Ermessensmissbrauch, Ermessensunterschreitung oder Ermessensüberschreitung;
- unrichtige und ungenügende Feststellung des Sachverhalts;
- Unangemessenheit der angefochtenen Anordnung.

Wird ein Erlass angefochten, kann lediglich die Verletzung übergeordneten Rechts gerügt werden (§ 20 Abs. 2 VRG).

Von den Rechtsmittelgründen zu unterscheiden gilt es die Frage der zulässigen Rechtsmittelanträge (vgl. auch § 20a Abs. 1 VRG [in Kraft seit 1. Juli 2010]): Die Beschränkung eines ursprünglich gestellten Antrags auf ein Minus – im Sinne eines Teilrückzugs des erhobenen Rechtsmittels – ist zwar grundsätzlich zulässig. Die Reduktion des Streitgegenstands darf jedoch in Nachachtung der funktionalen Zuständigkeit nicht dazu führen, dass sich daraus eine wesentlich andere Ausgangslage ergibt, über welche die Rechtsmittelinstanz quasi als erstinstanzliche Behörde zu entscheiden hätte (BEZ 2009 Nr. 27).

9.6.4.2 *Verwaltungsgericht des Kantons Zürich*

Mit der Beschwerde an das Zürcher Verwaltungsgericht – als zweiter Rechtsmittelinstanz – können Rechtsverletzungen (einschliesslich Ermessensmissbrauch, Ermessensunterschreitung oder Ermessensüberschreitung), die unrichtige und ungenügende Feststellung des Sachverhalts sowie (bei der Anfechtung von Erlassen) die Verletzung übergeordneten Rechts geltend gemacht werden (§ 50 Abs. 1 VRG [in Kraft seit 1. Juli 2010]). Die Rüge der Unangemessenheit ist – im Gegensatz zu den Rekursinstanzen – nur ganz ausnahmsweise zulässig (§ 50 Abs. 2 VRG), weshalb das Verwaltungsgericht grundsätzlich keine Ermessenskontrolle ausübt.

In der Beschwerdeschrift an das Verwaltungsgericht kann man sich auf neue Tatsachenbehauptungen und neue Beweismittel berufen. Entscheidet das Verwaltungsgericht aber als zweite gerichtliche Instanz, was in planungs-, bau- und umweltrechtlichen Streitigkeiten meistens der Fall ist (Baurekursgericht als Vorinstanz), können neue Tatsachenbehauptungen nur so weit geltend gemacht werden, als es durch die angefochtene Anordnung notwendig geworden ist (§ 52 VRG [in Kraft seit 1. Juli 2010]).

9.6.4.3 *Bundesgericht*

Mit der «Beschwerde in öffentlich-rechtlichen Angelegenheiten» an das Bundesgericht können gerügt werden (vgl. Art. 189 Abs. 1 BV; Art. 95 BGG):

- Verletzung von Bundesrecht (Verfassung, Gesetz, Verordnung);
- Verletzung von Völkerrecht (insbesondere der EMRK);
- Verletzung von kantonalen verfassungsmässigen Rechten (namentlich der Gemeindeautonomie);

- Verletzung von kantonalen Bestimmungen über das Stimm- und Wahlrecht;
- Verletzung von interkantonalem Recht.

Die Feststellung des Sachverhalts kann vor Bundesgericht nur gerügt werden, wenn sie offensichtlich unrichtig ist oder auf einer Rechtsverletzung beruht und wenn die Behebung des Mangels für den Ausgang des Verfahrens entscheidend sein kann (Art. 97 Abs. 1 BGG). Zudem sind neue Tatsachenbehauptungen und Beweismittel nur so weit zulässig, als erst der Entscheid der Vorinstanz dazu Anlass gibt (Art. 99 Abs. 1 BGG).

9.6.5 Überprüfungsbefugnis der Rechtsmittelinstanz

Entsprechend den zulässigen Rechtsmittelgründen gestaltet sich auch der Umfang, in welchem die Rechtsmittelinstanz ein Rechtsmittel überprüfen kann und muss. Diese Überprüfungsbefugnis wird auch als Kognition bezeichnet.

Das Baurekursgericht überprüft einen baurechtlichen Entscheid gemäss § 20 Abs. 1 VRG umfassend auf seine Rechtmässigkeit und Angemessenheit (KÖLZ/BOSSHART/RÖHL: § 20 N 1 ff.; vgl. auch Art. 111 Abs. 3 BGG und Art. 33 Abs. 3 lit. b RPG betreffend die bundesrechtlichen Minimalanforderungen an die Kognition im kantonalen Recht). Indes kommt dem Baurekursgericht überall dort bloss eine eingeschränkte Kognition zu, wo das kantonale Recht der Gemeinde eine erhebliche Entscheidungs- und Ermessensfreiheit belässt (RB 2005 Nr. 8). Das gilt namentlich bei der Auslegung und Anwendung von Begriffen des kommunalen Rechts und wenn örtliche Verhältnisse zu würdigen sind. In solchen Fällen muss sich das Baurekursgericht Zurückhaltung auferlegen und die Entscheidungs- beziehungsweise Ermessensausübung der örtlichen Baubehörde so weit respektieren, als sie noch vertretbar ist. Diese Zurückhaltung beruht auf der Gemeindeautonomie (Art. 50 Abs. 1 BV; Art. 85 KV). Wenn die von der Baubehörde ermittelte Wertung als vertretbar erscheint, darf die Rechtsmittelinstanz nicht eingreifen, weil eben der Rechtsbegriff zu unbestimmt ist, um nur eine einzig mögliche Interpretation zuzulassen. Ob und in welchem Masse ein solcher Beurteilungsspielraum besteht, ist – wie erwähnt (vgl. Seite 77 ff.) – durch Auslegung zu ermitteln. Hauptfall dieser eingeschränkten Überprüfungsbefugnis ist die Behandlung von Ästhetikrügen gemäss § 238 PBG. Vgl. dazu auch WALKER SPÄH 2009 sowie VB.2007.00348 (Verneinung eines qualifizierten Beurteilungsspielraums bei der Anwendung von § 341 PBG).

Das Verwaltungsgericht übt nach § 50 Abs. 1 VRG nur Rechtskontrolle aus. Es steht ihm keine Kontrolle des Ermessens zu (ZBl 2006, S. 430 ff.). Bei der Auslegung und Anwendung unbestimmter Gesetzesbegriffe geht es indes um Rechtsanwendung und nicht um die Betätigung von Ermessen. Es prüft einen angefochtenen Rekursentscheid nur unter dem Gesichtswinkel der Rechtsverletzung, demnach nicht auf Angemessenheit hin (KÖLZ/BOSSHART/RÖHL: § 50–51 N 1 ff.; BEZ 2003 Nr. 10).

Bei der «Beschwerde in öffentlich-rechtlichen Angelegenheiten» an das Bundesgericht wird allein die Verletzung von Bundesrecht überprüft (Art. 95 BGG).

9 Rechtsschutz
9.6 Sachurteilsvoraussetzungen/Kognition

9.6.6 Rechtsmittelschrift

Ein Rechtsmittel ist schriftlich einzulegen. Es hat eine Darlegung der Legitimation, eine Begründung und einen Antrag zu enthalten (§ 23 Abs. 1 und § 54 Abs. 1 VRG; Art. 42 Abs. 1 BGG). Das Rechtsmittel ist eigenhändig durch den Verfasser der Rechtsschrift zu unterzeichnen. Wenn ein Vertreter tätig ist, muss eine Vollmacht beigelegt werden. Aus dem Antrag muss hervorgehen, ob die angefochtene Anordnung aufzuheben beziehungsweise inwieweit sie zu ändern ist. Die Begründung muss umschreiben, mit welchen rechtlichen Mängeln nach Auffassung des Rechtsmittelklägers die angefochtene Anordnung behaftet ist (vgl. auch Art. 42 Abs. 2 BGG). Dabei brauchen die als verletzt behaupteten Vorschriften nicht wörtlich oder nach Paragrafen beziehungsweise Artikeln zitiert zu werden. Vielmehr genügt es, dass aus der Begründung sinngemäss hervorgeht, von welcher Art die geltend gemachten Mängel sind. Strengere Anforderungen gelten indes vor Bundesgericht, wenn mit der «Beschwerde in öffentlich-rechtlichen Angelegenheiten» die Verletzung von Grundrechten (einschliesslich der willkürlichen Anwendung von kantonalem Recht und Willkür bei der Sachverhaltsfeststellung) geltend gemacht wird. Solche Rügen prüft das Bundesgericht nicht von Amtes wegen, sondern nur insoweit, als dies in der «Beschwerde in öffentlich-rechtlichen Angelegenheiten» vorgebracht und begründet worden ist (Art. 106 Abs. 2 BGG). Die Beschwerdeschrift muss somit die wesentlichen Tatsachen und eine kurz gefasste Darlegung darüber enthalten, welche verfassungsmässigen Rechte beziehungsweise welche Rechtssätze inwiefern durch die angefochtene Anordnung verletzt worden sind. Das Bundesgericht prüft nur klar und detailliert erhobene und, soweit möglich, belegte Rügen. Wird eine Verletzung des Willkürverbots geltend gemacht, muss anhand der angefochtenen Subsumtion im Einzelnen dargelegt werden, inwiefern der Entscheid an einem qualifizierten und offensichtlichen Mangel leidet (BGE 135 III 127; BGE 134 II 244; BGer 1C_12/2009).

Auch vor den kantonalen Rechtsmittelinstanzen muss in der Rechtsschrift konkret dargelegt werden, weshalb die angefochtene Anordnung an einem Mangel leiden soll; der Verweis auf eine Rechtsmittelschrift Dritter in einem andern Verfahren (RB 2002 Nr. 21) oder rein appellatorische Rügen genügen nicht. Wenn indes der angefochtene Entscheid inhaltlich dem vorangehenden gleicht beziehungsweise diesen bestätigt oder eine Verweisung in einer Rechtsmittelschrift ganz spezifisch auf einzelne Punkte erfolgt, darf ausnahmsweise auf im vorangehenden Verfahren gemachte Ausführungen verwiesen werden (BEZ 2008 Nr. 23). Die angefochtene Anordnung ist beizulegen oder zumindest genau zu bezeichnen. Allfällige Beweismittel sind mindestens zu bezeichnen, mit Vorteil jedoch, soweit möglich, dem Rechtsmittel beizufügen (§ 23 Abs. 3 und § 54 Abs. 2 VRG; Art. 42 Abs. 1 und 3 BGG).

Ungenügende Rechtsschriften (fehlende Anträge oder Begründung) sind zur Verbesserung zurückzuweisen unter Androhung, dass sonst auf das Rechtsmittel nicht eingetreten wird (§ 23 Abs. 2 und § 56 VRG; Art. 42 Abs. 5 und 6 BGG; vgl. RB 1996 Nr. 10; RB 1999 Nr. 10). Nicht verbessert werden können jedoch Rechtsmittelschriften, die zwar Anträge und eine Begründung enthal-

9 Rechtsschutz
9.6 Sachurteilsvoraussetzungen/Kognition

ten, deren Anträge und Begründung aber falsch sind (RB 1989 Nr. 16). Gleich verhält es sich in der Regel, wenn ungenügende Rechtsschriften von anwaltlich vertretenen Rechtsmittelklägern eingereicht worden sind (PBG aktuell 3/2008, S. 24 ff. [betreffend BGE 134 II 244]).

9.6.7 Rechtsmittelfrist

Rechtsmittel und auch andere Eingaben im Rechtsmittelverfahren müssen innert bestimmter Frist eingereicht werden.

Die Rechtsmittelfrist beginnt mit der Mitteilung der betreffenden Anordnung – in der Regel mit der Zustellung per Post – zu laufen (§ 22 Abs. 2 und § 53 VRG; Art. 44 BGG). Fehlt eine solche Mitteilung, läuft die Frist ab Kenntnisnahme. Bei Anordnungen, welche den Betroffenen nicht persönlich mitgeteilt werden, sondern nur im Amtsblatt und im lokalen Publikationsorgan veröffentlicht werden, beginnt die Frist am Tag der Veröffentlichung in diesen Zeitungen (Beispiel: Zonenplanrevision) zu laufen. Erfolgt die Veröffentlichung in den Zeitungen nicht am gleichen Tag, so ist die spätere Veröffentlichung für den Fristenlauf massgebend (RB 1997 Nr. 3). Wird eine Anordnung dem Betroffenen persönlich mitgeteilt und zusätzlich noch publiziert (Quartierplanfestsetzung, Baulinienfestsetzung oder Unterschutzstellung), so läuft die Frist ab der persönlichen schriftlichen Mitteilung (RB 1983 Nr. 3). Bei der Fristberechnung wird der Tag der Mitteilung oder Veröffentlichung nicht mitgezählt (§ 11 Abs. 1 VRG; Art. 44 Abs. 1 BGG).

Rechtsmittelfristen werden eingehalten, wenn die betreffende Eingabe am letzten Tag, an welchem sie abläuft, der Gerichtsinstanz oder der schweizerischen Post übergeben wird (§ 11 Abs. 2 VRG; Art. 48 Abs. 1 BGG). Die Zustellung per Fax oder E-Mail genügt nicht für die Fristwahrung (BGE 121 II 252 ff.). Art. 48 Abs. 2 BGG erwähnt nun aber die Möglichkeit der elektronischen Zustellung einer Rechtsschrift; entsprechende Regelungen auf kantonaler Ebene fehlen derzeit noch.

Die Frist berechnet sich am einfachsten so, indem zum Zustellungs- oder Publikationsdatum die Zahl der Tage der Rechtsmittelfrist – in aller Regel 30 Tage – hinzugezählt wird. Läuft die Frist über das Monatsende hinaus, muss dies entsprechend berücksichtigt werden. Fällt das Ende der Frist auf einen Samstag, einen Sonntag oder einen Ruhetag, so verlängert sich die Frist bis zum nächsten Werktag (§ 11 Abs. 1 VRG; Art. 45 BGG). Die Ruhetage sind in § 1 des Ruhetags- und Ladenöffnungsgesetzes aufgeführt: 1. Januar, Karfreitag, Ostermontag, 1. Mai, Auffahrt, Pfingstmontag, 1. August, 25. und 26. Dezember.

Beispiel für eine Fristberechnung

Eine Anordnung traf am Montag, 15. März 2010 ein. Die Rekursfrist beträgt 30 Tage. Das Eingangsdatum plus Frist ergibt den «45. März». Zieht man die 31 Tage des Monats März ab, so kommt man auf den Mittwoch, 14. April 2010.

Die Rechtsmittelfristen stehen in vielen Fällen während der Gerichtsferien still (§ 71 VRG in Verbindung mit Art. 145 ZPO; Art. 46 Abs. 1 BGG). Wenn eine

449

9 Rechtsschutz
9.6 Sachurteilsvoraussetzungen/Kognition

Anordnung in den Gerichtsferien zugestellt wird, so beginnt die Frist erst nach den Gerichtsferien zu laufen. Wenn das Ende einer Frist in die Gerichtsferien fällt, so verlängert sich die Frist um die Dauer der Ferien. Im Kanton Zürich und auch im Bund sind Gerichtsferien 7 Tage vor und nach Ostern, 15. Juli bis 15. August sowie 18. Dezember bis 2. Januar (Art. 46 Abs. 1 BGG; Art. 145 Abs. 1 ZPO). Im Verwaltungs- und Rekursverfahren gibt es keine Gerichtsferien. Bei Beschlüssen von Gemeindebehörden (zum Beispiel Baubewilligungen), bei welchen das zuständige Baurekursgericht Rechtsmittelinstanz ist, und bei Entscheiden der Bezirksräte verlängert sich die Rechtsmittelfrist somit nicht wegen allfälliger Gerichtsferien.

Bei den Fristen ist sodann zu unterscheiden zwischen gesetzlichen Fristen einerseits und richterlichen oder behördlichen Fristen anderseits. Gesetzliche Fristen können grundsätzlich nicht erstreckt werden, während richterliche und behördliche Fristen auf Gesuch erstreckt werden können (§ 12 Abs. 1 VRG; Art. 47 BGG). Eine gesetzliche Frist kann nur bei Tod oder Handlungsunfähigkeit der betreffenden Person erstreckt beziehungsweise wiederhergestellt werden (§ 12 Abs. 1 VRG; Art. 50 BGG).

Im Kanton Zürich ist die übliche Rechtsmittelfrist 30 Tage; in Stimmrechtssachen beträgt sie lediglich 5 Tage (§ 22 Abs. 1 und § 53 VRG [in Kraft seit 1. Juli 2010]). Ein Rekurs ist somit innert 30 Tagen ab Empfang des baurechtlichen Entscheids beziehungsweise nach amtlicher Publikation einer raumplanungsrechtlichen Festlegung einzureichen. Auch beim Bund beträgt die Rechtsmittelfrist in aller Regel 30 Tage (Art. 100 Abs. 1 BGG). In dringenden Fällen kann die Rechtsmittelfrist bis auf 5 Tage abgekürzt werden (§ 22 Abs. 3 VRG).

9.6.8 Leistung eines Kostenvorschusses

Ein Privater kann unter der Androhung, dass auf sein Begehren sonst nicht eingetreten wird, zur Sicherstellung der Verfahrenskosten angehalten werden (§ 15 Abs. 2 VRG), wenn:
- er in der Schweiz keinen Wohnsitz hat;
- er aus einem erledigten und nicht mehr weiterziehbaren Verfahren vor einer zürcherischen Verwaltungs- oder Gerichtsbehörde Kosten schuldet;
- er als zahlungsunfähig erscheint (Verlustscheine, Konkurs eröffnet, grosse Anzahl offener Betreibungen).

Entstehen aus der im Interesse eines Privaten veranlassten Untersuchung erhebliche Barauslagen, so kann die Durchführung der Untersuchung von der Leistung eines angemessenen Barvorschusses abhängig gemacht werden (§ 15 Abs. 1 VRG). Solche Kostenvorschüsse werden im Rechtsmittelverfahren regelmässig vor dem Auftrag an einen Gutachter einverlangt.

Beim Bundesgericht hat der Rechtsmittelkläger in der Regel die mutmasslichen Verfahrenskosten durch einen Kostenvorschuss sicherzustellen. Auf Antrag einer Partei muss ein Rechtsmittelkläger auch die Parteientschädigungen sicherstellen, wenn er in der Schweiz keinen Wohnsitz hat oder zahlungsunfähig ist (Art. 62 BGG). Wie im Kanton Zürich sind die Barauslagen ebenfalls von den betroffenen Parteien vorzuschiessen (Art. 63 BGG).

9 Rechtsschutz
9.7 Ablauf des Rechtsmittelverfahrens

→ Siehe Grafik nächste Seite

Das Rechtsmittelverfahren (wie auch das erstinstanzliche Verwaltungsverfahren) lässt sich gemeinhin in vier Phasen unterteilen: Einleitungsphase, Ermittlungsphase, Entscheidungsphase und Vollstreckungsphase.

9.7.1 Einleitungsphase

9.7.1.1 *Allgemeines*

Nach Eingang eines Rechtsmittels prüft die Rechtsmittelinstanz, ob
- die Rechtsmittelschrift einen Antrag und eine Begründung enthält. Andernfalls wird die Verbesserung unter Androhung des Nichteintretens angeordnet;
- die Zuständigkeit gegeben ist. Sonst wird das Rechtsmittel, wenn eine andere Verwaltungsrechtsmittel-Instanz zuständig ist, an diese überwiesen;
- eine Kautionspflicht besteht. Wenn ja, wird eine solche verlangt unter Androhung des Nichteintretens;
- das Rechtsmittel rechtzeitig eingereicht wurde. Wenn das Rechtsmittel auf den ersten Anschein verspätet ist, ist dem Rechtsmittelkläger Gelegenheit zu geben, zur Frage der Rechtzeitigkeit Stellung zu nehmen und allenfalls ein Fristwiederherstellungsgesuch zu stellen;
- einem allfälligen Sistierungsantrag stattgegeben werden kann;
- Stellungnahmen der Beteiligten einzuholen sind.

Soweit zu diesen Punkten ein Entscheid notwendig ist, wird dies in einer sogenannten Eingangsverfügung oder einem Eröffnungsbeschluss festgehalten.

9.7.1.2 *Vorsorgliche Massnahmen*

Nach Eingang des Rechtsmittels – oder falls notwendig auch in einem späteren Zeitpunkt – erlässt die Rechtsmittelinstanz vorsorgliche Massnahmen.

Als vorsorgliche Massnahme zählt in erster Linie die Erteilung oder der Entzug der aufschiebenden Wirkung für das betreffende Rechtsmittel. Einem Rechtsmittel kommt nach § 25 Abs. 1 VRG grundsätzlich aufschiebende Wirkung zu.

§ 339 PBG umschreibt diesen Grundsatz, soweit das PBG anwendbar ist, noch näher:

«Rechtsmittel gegen eine baurechtliche Bewilligung hindern den Baubeginn und den Baufortgang nur so weit, als der Ausgang des Verfahrens die Bauausführung beeinflussen kann.

Über den Umfang der aufschiebenden Wirkung entscheidet auf Gesuch einer Partei oder von Amtes wegen der Präsident der Rekurs- oder Beschwerdeinstanz endgültig.»

Nach Eingang eines Rekurses darf damit nicht mit den Bauarbeiten begonnen werden, es sei denn, die Rekursinstanz habe anders entschieden. Der Präsident der Rekursbehörde kann auf Gesuch hin oder von Amtes wegen die Bauarbeiten freigeben, sofern und soweit sie den Rekursausgang nicht beeinflussen.

9 Rechtsschutz
9.7 Ablauf des Rechtsmittelverfahrens

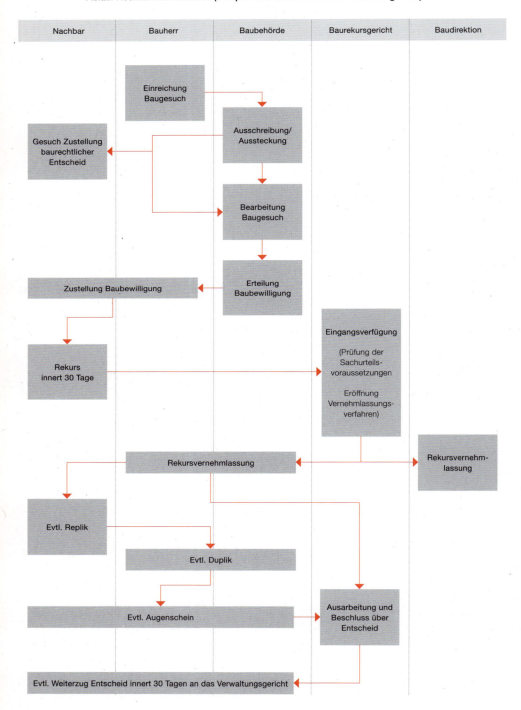

Ablauf Rechtsmittelverfahren (Beispiel: Nachbarrekurs beim Baurekursgericht)

9 Rechtsschutz
9.7 Ablauf des Rechtsmittelverfahrens

Richtet sich ein Rekurs beispielsweise bei einem Neubau nur gegen die Parkplätze, so kann die aufschiebende Wirkung auf die Parkplätze beschränkt werden und bezüglich der Erstellung des Neubaus entzogen werden. Bei grosser Dringlichkeit und bei Vorliegen wesentlicher Interessen der Bauherrschaft kann die aufschiebende Wirkung auch bei Nachbarrekursen entzogen werden, was allerdings nur sehr selten der Fall sein dürfte. So entzog das Baurekursgericht bei Rekursen gegen das Provisorium für das Eisstadion Zürich die aufschiebende Wirkung: Entscheidend war, dass für dieses Provisorium während des Umbaus des Hallenstadions ein erhebliches öffentliches Interesse und zeitliche Dringlichkeit bestand. Die Rekurrierenden waren sodann wegen der relativ kurzen Provisoriumsdauer nur geringfügig betroffen. Die Prognose für den Endentscheid war schliesslich auch negativ (BEZ 2004 Nr. 43).

Es steht auch der anordnenden Behörde zu, ihrem Entscheid die aufschiebende Wirkung zu entziehen (§ 25 Abs. 3 VRG). Dies kommt etwa dann vor, wenn für die Behebung von Missständen oder Mängeln Frist angesetzt wird. Diese Frist soll nicht durch das Einlegen von Rechtsmitteln ungebührlich hinausgeschoben werden können. Regelmässig wird die aufschiebende Wirkung entzogen beim unbewilligten Aufstellen von Reklameanlagen (BEZ 1981 Nr. 35). Damit soll verhindert werden, dass schon während dem Rechtsmittelverfahren die Werbewirkung eintritt. Ebenso wird Rekursen gegen Planungszonen (§ 346 PBG) regelmässig die aufschiebende Wirkung entzogen. Von Gesetzes wegen haben Rechtsmittel gegen Natur- und Heimatschutzmassnahmen keine aufschiebende Wirkung (§ 211 Abs. 4 PBG).

Auf Bundesebene hat die «Beschwerde in öffentlich-rechtlichen Angelegenheiten» grundsätzlich keine aufschiebende Wirkung (Art. 103 Abs. 1 BGG). Die Erteilung der aufschiebenden Wirkung muss dem Bundesgericht mit der «Beschwerde in öffentlich-rechtlichen Angelegenheiten» ausdrücklich beantragt werden (Art. 103 Abs. 3 BGG; vgl. dazu auch BAUMBERGER und MERKLI).

Weitere mögliche vorsorgliche Massnahmen können sein:
- ein Baustopp;
- ein vorsorgliches Nutzungsverbot (BEZ 2007 Nrn. 44 und 45 = ZBl 2008, S. 209 ff. betreffend Freitodbegleitungen);
- die Versiegelung von Räumen.

9.7.2 Ermittlungsphase

9.7.2.1 *Schriftenwechsel*

Wenn ein Rechtsmittel nicht auf den ersten Blick als unzulässig oder offensichtlich unbegründet erscheint, werden die Verfahrensbeteiligten zur Vernehmlassung eingeladen (§ 26b Abs. 1 [in Kraft seit 1. Juli 2010] und § 58 Satz 1 VRG). In Quartierplanrekursen ist auch den Quartierplangenossen, die am betreffenden Rechtsmittel nicht beteiligt sind, Gelegenheit zur Stellungnahme einzuräumen.

Die Rechtsmittelinstanzen entscheiden in der Regel aufgrund eines einmaligen Schriftenwechsels. Ein zweiter Schriftenwechsel wird etwa dann durchgeführt (§ 26b Abs. 3 und § 58 Satz 2 VRG),

- wenn die zuständige Rechtsmittelinstanz auf erstmals in der Vernehmlassung vorgebrachte Behauptungen abstellen will;
- wenn sie von sich aus beabsichtigt, ihrem Entscheid neu eingetretene oder bisher ausser Acht gelassene Tatsachen zugrunde zu legen;
- wenn sie den Entscheid auf einen von keiner Partei angerufenen Rechtsgrund abstützen will, dessen Heranziehung von den Rekursparteien nicht hat vorausgesehen werden können.

Allerdings schreibt die neuere Praxis des EGMR und des Bundesgerichts vor, dass einem Rechtsmittelkläger Gelegenheit geboten werden muss, zur Vernehmlassung der Vorinstanz oder Gegenpartei Stellung beziehen zu können (vgl. ZBl 2001, S. 662 ff.; PBG aktuell 1/2007, S. 22 ff.). Dementsprechend ist in § 26b Abs. 4 VRG seit 1. Juli 2010 vorgeschrieben, dass die Rekursinstanz die Vernehmlassungen den anderen Verfahrensbeteiligten zustellt. Übermittelt das zuständige Baurekursgericht oder das Verwaltungsgericht Vernehmlassungen mit dem Stempel «zur Kenntnisnahme» und hält der Rekurrent oder Beschwerdeführer eine Stellungnahme von seiner Seite für erforderlich, muss er eine solche dem Gericht unverzüglich beantragen beziehungsweise einreichen (BGE 132 I 42 ff.). Wenn das Gericht aber nach nur acht Tagen seinen Entscheid fällt, ohne abzuwarten, ob der Rechtsmittelkläger den Antrag auf zweiten Schriftenwechsel stellt oder seine Gegenbemerkungen einreicht, so verletzt es den Anspruch auf rechtliches Gehör (PBG akutell 2/2006, S. 22 f.; vgl. auch PBG aktuell 1/2007, S. 22 ff.).

9.7.2.2 *Beiladung*

Beiladung bedeutet Prozessbeteiligung einer Person, die schutzwürdige Interessen am Ausgang des Verfahrens hat, jedoch von der Vorinstanz nicht als Partei zugelassen beziehungsweise mit einbezogen worden ist (BEZ 2008 Nr. 51). Die Beiladung kann durch die Rechtsmittelinstanz verfügt werden, aber auch von der betreffenden Person verlangt werden. Im Rechtsmittelverfahren im Planungs- und Baurecht kommt eine Beiladung etwa in folgenden Fällen in Betracht:

- Rekurriert ein Bauherr gegen eine Bauverweigerung, so kann sich der Nachbar, der die Zustellung des baurechtlichen Entscheids rechtzeitig verlangt hat, am Rekursverfahren beteiligen (BEZ 1984 Nr. 6).
- Bei Erlass oder Änderung einer kommunalen Nutzungsplanung haben Grundeigentümer keinen Anlass, einen Rekurs einzureichen, wenn die betreffenden Festlegungen nicht nachteilig sind. Fällt dann die Rekursinstanz einen für sie ungünstigen Rekursentscheid, so sind sie im zweitinstanzlichen Rechtsmittelverfahren von Amtes wegen beizuladen (RB 1996 Nr. 10).
- Bei Rekursen von Dritten gegen Nutzungsplanungen sind auch die betroffenen Grundeigentümer beizuladen. Praktische Bedeutung hat dies vor allem bei Rekursen gegen Gestaltungspläne.
- Gleichermassen können sich, wenn ein Quartierplangenosse gegen einen Quartierplan einen Rekurs einreicht, die anderen Quartierplangenossen am Verfahren beteiligen.

9 Rechtsschutz
9.7 Ablauf des Rechtsmittelverfahrens

9.7.2.3 Beweisverfahren

In der Rechtsmittelschrift und in den Stellungnahmen dazu werden Behauptungen aufgestellt. Soweit diese Behauptungen bestritten werden, sind sie zu beweisen. Dies geschieht mit Beweismitteln. § 23 Abs. 3 VRG [in Kraft seit 1. Juli 2010] bestimmt, dass Beweismittel in den Rechtsschriften genau bezeichnet und soweit möglich beigelegt werden sollten.

Die Verfahrensbeteiligten haben – gestützt auf das rechtliche Gehör – Anspruch darauf, sich an der Beweiserhebung zu beteiligen. Sämtliche Beweisermittlungen sind aktenmässig zu belegen. Als Beweismittel kommen gestützt auf § 7 Abs. 1 VRG infrage:

Urkunden
Beweis kann in erster Linie mit Urkunden geführt werden (KÖLZ/BOSSHART/RÖHL: § 7 N 37 ff.). Dies können sein:
- Beschlüsse von Behörden;
- Briefe, Verträge oder Notizen;
- Pläne;
- Fotos.

Augenschein
Im Rahmen eines Augenscheins wird das Streitobjekt in Anwesenheit der Parteien besichtigt (KÖLZ/BOSSHART/RÖHL: § 7 N 41 ff.). Die Feststellungen anlässlich des Augenscheins sind zu protokollieren und allenfalls auch zu fotografieren (§ 20 Abs. 2 OV BRG). Auf einen Augenschein kann indes verzichtet werden, wenn der Sachverhalt aus den Akten genügend ersichtlich ist (URP 1995, S. 31 ff.; RB 1995 Nr. 12).

Besteht Gefahr, dass bei einem angemeldeten Augenschein der Sachverhalt verändert wird (zum Beispiel in Immissionsfällen), so kann die Rechtsmittelinstanz auch ohne Parteien einen Augenschein vornehmen. Zur Wahrung des rechtlichen Gehörs ist dann aber das Augenscheinprotokoll den Parteien im Nachhinein zur Stellungnahme zuzustellen (RB 1981 Nr. 1).

Gutachten beziehungsweise Sachverständiger
Gewisse Fragen können durch einen Sachverständigen beantwortet werden, falls dies erforderlich erscheint. Entscheidet ein Fachgericht (wie beispielsweise das Baurekursgericht), so kann aufgrund des Sachverstands der Rechtsmittelinstanz auf die Einholung eines externen Gutachtens gegebenenfalls verzichtet werden. Sachverständige werden vor allem dann eingesetzt, wenn bei der betreffenden Rechtsmittelinstanz die nötigen Fachkenntnisse fehlen (BEZ 2001 Nr. 23). Denkbar ist der Einsatz von Sachverständigen etwa bei:
- Immissionsgutachten (zum Beispiel Lärmmessungen);
- Fragen der Bausicherheit;
- Schutzwürdigkeit eines Natur- und Heimatschutzobjekts, allenfalls Gefährdung eines solchen Objekts.

Der Sachverständige erstattet seinen Bericht mündlich oder schriftlich in der Form eines Gutachtens (§7 Abs. 1 VRG; KÖLZ/BOSSHART/RÖHL: §7 N 22 ff.). Für Sachverständige gelten die gleichen Ablehnungs- und Ausstandsgründe wie für Mitglieder von Rechtsmittelinstanzen (§71 VRG).

Die Einholung von Obergutachten kommt nur infrage, wenn begründete Zweifel an der Richtigkeit des ersten Gutachtens bestehen.

Amtsberichte

Amtsberichte sind mündliche oder schriftliche Angaben einer Amtsstelle zuhanden einer Rechtsmittelinstanz (§7 Abs. 1 und 3 VRG). Berichte der (städtischen) Kommission für Denkmalpflege sind Amtsberichte, nicht Gutachten (RB 1990 Nr. 72 und 73; KÖLZ/BOSSHART/RÖHL: §7 N 31 ff.).

Befragung von Beteiligten, Zeugen und Auskunftspersonen

Ein bestimmter Sachverhalt kann auch durch die Aussage von Beteiligten, Zeugen oder Auskunftspersonen erhärtet werden. Auskunftspersonen können zur Aussage nicht gezwungen werden. Förmliche Zeugeneinvernahmen können nur Rechtsmittelinstanzen mit gerichtlicher Unabhängigkeit (§26c VRG [in Kraft seit 1. Juli 2010]), das heisst das Baurekursgericht, das Verwaltungsgericht und das Bundesgericht durchführen (KÖLZ/BOSSHART/RÖHL: §7 N 17 ff.).

Die Anhörung von Zeugen und Auskunftspersonen kommt allenfalls in Betracht:
- bei Immissionsstreitigkeiten;
- bei der Feststellung, welcher baurechtlich relevante Zustand zu einem bestimmten Zeitpunkt vorlag.

9.7.2.4 *Parteiverhandlung*

Mündliche Verhandlung

Nach §26b Abs. 3 und §59 Abs. 1 VRG (in Kraft seit 1. Juli 2010) können die Rechtsmittelinstanzen eine mündliche Verhandlung anordnen. Diese kann anstelle oder neben die schriftlichen Vernehmlassungen treten. Noch wenig benützt wird die Möglichkeit, anlässlich einer mündlichen Verhandlung auch eigentliche Vergleichsverhandlungen zu führen, wie es etwa beim Handelsgericht schon lange üblich ist.

Schlussverhandlung

Sind durch das Verwaltungsgericht Beweise erhoben worden, so erhalten die Verfahrensbeteiligten Gelegenheit, sich mündlich oder schriftlich zum Beweisergebnis zu äussern (§61 VRG). Auch die weiteren Rechtsmittelinstanzen müssen zur Wahrung des rechtlichen Gehörs analog zu §61 VRG vorgehen.

Öffentliche Verhandlung

Nach Art. 6 EMRK beziehungsweise Art. 30 Abs. 3 BV muss mindestens die erste richterliche Instanz eine öffentliche Verhandlung (öffentlich für die Parteien und das Publikum) durchführen, ausser die Parteien verzichteten darauf. Der Antrag auf Durchführung einer öffentlichen Verhandlung muss schon im Rekursverfahren vor dem Baurekursgericht gestellt werden (RB 1996 Nr. 1). Der Antrag auf Durchführung eines Augenscheins ist nicht zugleich ein genügender Antrag auf Durchführung einer öffentlichen Verhandlung (BEZ 1995 Nr. 32).

Zusammenlegung von Parteiverhandlungen
Es steht im pflichtgemässen Ermessen der Rechtsmittelinstanzen, in einem Verfahren verschiedene Arten von Parteiverhandlungen zusammenzulegen oder getrennt durchzuführen. Solange das rechtliche Gehör gewahrt bleibt und die Mindestanforderungen von Art. 6 EMRK erfüllt sind, sollte allein die Prozessökonomie Leitschnur für diesen Entscheid sein. Folgende Kombination von Parteiverhandlungen erscheint beispielsweise sinnvoll:
- Augenschein;
- Mündliche Verhandlung mit Gelegenheit zur Stellungnahme zu den Vernehmlassungen und den eingereichten Akten;
- Vergleichsverhandlung;
- Öffentliche Verhandlung nach Art. 6 EMRK.

9.7.3 Entscheidungsphase

9.7.3.1 *Verpflichtung zum Endentscheid*

Rechtsmittelverfahren, die einmal eingeleitet wurden, sind durch einen Entscheid abzuschliessen. Der Entscheid kommt bei Kollegialbehörden aufgrund einer Beratung, allenfalls im Zirkularverfahren zustande (§ 38 VRG; für das Baurekursgericht § 18 OV BRG).

9.7.3.2 *Abschreibung des Verfahrens*

Das Rechtsmittelverfahren wird ohne inhaltliche Prüfung durch Abschreibung erledigt:
- bei Rückzug des Rechtsmittels;
- bei Gegenstandslosigkeit. Gegenstandslos wird ein Rechtsmittelverfahren, wenn im Verlauf des Verfahrens eine Situation eintritt, die das Interesse am Rechtsmittelobjekt aufhebt (zum Beispiel Verzicht auf die Ausführung oder Unrealisierbarkeit eines angefochtenen Bauvorhabens [BEZ 2008 Nr. 32]);
- wenn die Parteien einen Vergleich schliessen. Das Verfahren kann aber nur dann abgeschrieben werden, wenn die sich vergleichenden Parteien über den Streitgegenstand überhaupt verfügen können.

Für Abschreibungsentscheide ist meist der Präsident (§ 335 Abs. 1 PBG) oder der Einzelrichter (§ 38b Abs. 1 lit. b VRG [in Kraft seit 1. Juli 2010]) der Rechtsmittelinstanz zuständig.

Ein Abschreibungsentscheid aufgrund eines Vergleichs oder eines Rückzugs kann nur innerhalb der Rechtsmittelfrist mit der Begründung angefochten werden, der ihm zugrunde liegende Rechtsmittelrückzug – beziehungsweise der Vergleich, auf dem dieser beruht – leide an einem Willensmangel im Sinne von Art. 23 ff. OR (RB 2003 Nr. 11).

9 Rechtsschutz
9.7 Ablauf des Rechtsmittelverfahrens

9.7.3.3 Nichteintreten

Formell und nicht materiell wird ein Verfahren entschieden, wenn eine Sachurteilsvoraussetzung (vgl. Seite 437 ff.) fehlt, so bei:
- Verspätung des Rechtsmittels;
- Nichtleistung des Kostenvorschusses für die Verfahrenskosten;
- Unzuständigkeit;
- fehlende Legitimation;
- fehlende Bevollmächtigung eines Parteivertreters;
- ungenügende Rechtsmittelschrift trotz Verbesserungsaufforderung.

9.7.3.4 Materieller Entscheid

Materiell wird ein Verfahren entschieden durch Gutheissung oder Abweisung des erhobenen Rechtsmittels. Möglich ist auch eine Gutheissung nur in einem Teil der Rechtsmittelbegehren. Ein materieller Entscheid liegt auch vor, wenn die Rechtsmittelinstanz die Akten zu weiteren Abklärungen und Entscheiden an die Vorinstanz zurückweist (§ 64 VRG; RB 2000 Nr. 13).

9.7.3.5 Kosten- und Entschädigungsfolgen

Die Kosten für das Rechtsmittelverfahren werden in der Regel der unterliegenden Partei auferlegt (§ 13 Abs. 2 VRG) und betragen für einen Fall mit durchschnittlichem Verfahrensaufwand beim Baurekursgericht rund Fr. 3000 bis Fr. 4000 (vgl. auch § 338 PBG), beim Verwaltungsgericht eher mehr. Beteiligen sich mehrere Private an einem Rechtsmittelverfahren, haften sie im Falle des Unterliegens solidarisch für die Gerichtskosten und eine allfällige Umtriebsentschädigung (§ 14 VRG; RB 1996 Nr. 9). Bei Gutheissung eines Nachbarekurses werden die Kosten des Rechtsmittelverfahrens in der Regel je zur Hälfte der Bauherrschaft und der Bewilligungsbehörde auferlegt (§ 13 Abs. 2 VRG; RB 2005 Nr. 12).

Die unterliegende Partei oder Amtsstelle kann sodann nach § 17 Abs. 2 VRG zu einer angemessenen Umtriebsentschädigung des Gegners verpflichtet werden, namentlich wenn
- die rechtsgenügende Darlegung komplizierter Sachverhalte und schwieriger Rechtsfragen besonderen Aufwand erforderte oder den Beizug eines Rechtsbeistands (Anwalts) rechtfertigte oder
- ihre Rechtsbegehren oder die angefochtene Anordnung offensichtlich unbegründet waren.

Der Beizug eines Rechtsbeistands ist im Rekursverfahren vor dem Baurekursgericht in den allermeisten Fällen gerechtfertigt (vgl. PBG aktuell 1/2004, S. 21 bezüglich eines «Ästhetik-Falls»). Einer obsiegenden, anwaltlich vertretenen privaten Partei ist daher regelmässig eine angemessene Umtriebsentschädigung zuzusprechen (BEZ 2004 Nr. 20 und 21). Dies gilt auch bei formellen Entscheiden (Rückzug, Gegenstandslosigkeit etc.), sofern der obsiegenden Partei überhaupt schon ein Aufwand entstanden ist. Eine Parteientschädigung ist indes nur für verwaltungsinterne und -externe Rekursverfahren sowie in den Verfahren vor Verwaltungsgericht, nicht aber im Einspracheverfahren zuzusprechen (§ 17 Abs. 1 VRG; RB 2000 Nr. 5).

9 Rechtsschutz
9.7 Ablauf des Rechtsmittelverfahrens

Bei grösserem Aufwand für die Beteiligung am Rechtsmittelverfahren ist auch einer Gemeinde eine Parteientschädigung zuzusprechen. Vorausgesetzt ist allerdings, dass die Gemeinde in besonderer Weise betroffen ist, beispielsweise wenn die Aufhebung einer Bewilligung durch die Vorinstanz eine kommunale Regelung oder Planung infrage stellt. Stehen sich in einem Rechtsmittelverfahren aber private Parteien entgegen, so ist nach § 17 Abs. 3 VRG das unterliegende Gemeinwesen in der Regel weder entschädigungsverpflichtet noch entschädigungsberechtigt (BEZ 2005 Nr. 15; BEZ 2008 Nr. 3). Diese zurückhaltende Praxis zur Entschädigung von Gemeinden im Rechtsmittelverfahren ist zuweilen unbefriedigend und sollte überdacht werden.

Es wird nur eine angemessene Parteientschädigung zugesprochen. Dies bedeutet, dass nur in Ausnahmefällen der obsiegenden Partei die vollen Anwaltskosten entschädigt werden (RB 1998 Nr. 8). Im Rechtsmittelverfahren vor dem Baurekursgericht und dem Verwaltungsgericht wird gemeinhin eine (volle) Parteientschädigung von rund Fr. 1000 bis Fr. 2000 zugesprochen. Die Parteientschädigung wird pauschal, das heisst ohne spezifische Abklärung von Mehrwertsteuerfragen zugesprochen (BEZ 2007 Nr. 56).

Bei der an das Bundesgericht zu erhebenden «Beschwerde in öffentlich-rechtlichen Angelegenheiten» bestehen ähnliche Bestimmungen bezüglich der Kosten- und Entschädigungsfolgen (Art. 65–68 BGG).

Von § 17 Abs. 2 VRG und Art. 68 BGG sind lediglich Aufwendungen für das Rechtsmittelverfahren erfasst (Erstellung der Rechtsschriften, Teilnahme an Verhandlungen), nicht aber etwa Mehrkosten, die einem Bauherrn durch die Verfahrensverzögerung entstehen (Teuerung usw.). Für solche Mehraufwendungen wird erst dann eine Entschädigung geschuldet, wenn sich die Einreichung eines Rechtsmittels als geradezu rechtswidrig im Sinne von Art. 41 OR erweist (zum Beispiel Verletzung eines Vertrags mit explizitem Rechtsmittelverzicht). Zuständig für solche Forderungsklagen sind indes die Zivilgerichte (§ 317 PBG; vgl. CASANOVA: S. 75 ff.; GADOLA 1994: S. 97 ff.; SCHALTEGGER 1997: S. 101; LUSTENBERGER).

Privaten, welchen die nötigen Mittel fehlen und deren Begehren nicht offensichtlich aussichtslos erscheinen, ist auf entsprechendes Ersuchen die Bezahlung von Verfahrenskosten und Kostenvorschüssen zu erlassen. Sie haben überdies Anspruch auf die Bestellung eines unentgeltlichen Rechtsbeistandes, wenn sie nicht in der Lage sind, ihre Rechte im Verfahren selbst zu wahren. Juristischen Personen wird die unentgeltliche Rechtspflege nicht gewährt (§ 16 VRG; Art. 64 BGG; vgl. auch Art. 29 Abs. 3 BV). Hat ein Rechtsmittelkläger Grundeigentum und ist dessen weitere Belehnung noch zumutbar, hat er keinen Anspruch auf unentgeltliche Rechtspflege (RB 1996 Nr. 8). Praktische Bedeutung dürfte die unentgeltliche Rechtspflege im Bereich des öffentlichen Planungs-, Bau- und Umweltrechts daher wohl nur in Fällen von Mieterrekursen erlangen.

9.7.3.6 Eröffnung Rechtsmittelentscheid

Der Rechtsmittelentscheid umfasst folgende Elemente (§ 28 und § 65 VRG; Art. 112 Abs. 1 BGG):
- Zusammensetzung der entscheidenden Instanz;
- Datum des Entscheids;

- Angaben über die beteiligten Parteien;
- Angaben über den Streitgegenstand;
- die Begründung (Umschreibung des Sachverhalts, Zusammenfassung der Parteivorbringen und die wesentlichen Entscheidgründe);
- das Dispositiv (Erledigungsentscheid, Entscheid über Kosten- und Entschädigung, Rechtsmittelbelehrung und Mitteilungssatz [Aufzählung der Personen, die den Entscheid erhalten]).

Der Entscheid ist schriftlich und begründet abzufassen und zu unterschreiben (meist durch den Präsidenten und den Sekretär) und den Parteien zuzustellen (§ 28 und § 65 VRG; § 19 OV BRG).

9.7.4 Vollstreckungsphase

Rekursentscheide werden – soweit die Rekursinstanz nichts anderes bestimmt – von der ersten Instanz (das heisst von der Verwaltungsbehörde) vollstreckt. Die Kosten des Rekursverfahrens bezieht indes die Rekursinstanz (§ 29 Abs. 2 VRG). Gleich verhält es sich mit Beschwerdeentscheiden des Zürcher Verwaltungsgerichts (§ 70 VRG) und mit Bundesgerichtsentscheiden (Art. 69 und Art. 70 Abs. 1 BGG).

9.8 Formlose Rechtsbehelfe und ausserordentliche förmliche Rechtsmittel

Der Rekurs, die Beschwerde an das Verwaltungsgericht und die «Beschwerde in öffentlich-rechtlichen Angelegenheiten» an das Bundesgericht sind sogenannte ordentliche förmliche Rechtsmittel. Daneben bestehen auch formlose Rechtsbehelfe (Wiedererwägungsgesuch; Aufsichtsbeschwerde) und ausserordentliche förmliche Rechtsmittel (Revision; Erläuterung und Berichtigung). Im Gegensatz zu den ordentlichen Rechtsmitteln sind die formlosen Rechtsbehelfe und die ausserordentlichen förmlichen Rechtsmittel nicht in der Rechtsmittelbelehrung aufzuführen (§ 10 Abs. 1 VRG [in Kraft seit 1. Juli 2010]; Art. 112 Abs. 1 lit. d BGG).

9.8.1 Wiedererwägungsgesuch

Mit dem Wiedererwägungsgesuch wird die erstinstanzlich verfügende Verwaltungsbehörde ersucht, auf ihre Anordnung (also beispielsweise den baurechtlichen Entscheid) zurückzukommen und sie abzuändern oder aufzuheben. Das Wiedererwägungsgesuch ist seiner Natur nach kein eigentliches Rechtsmittel, sondern ein blosser Rechtsbehelf, der einer gesetzlichen Regelung entbehrt. Das Wiedererwägungsgesuch unterbricht die Rekursfrist nicht. Sodann ist die Baubehörde nicht verpflichtet, eine Neubeurteilung vorzunehmen. Dies deshalb nicht, weil Wiedererwägungsgesuche aus Gründen der Rechtssicherheit und der Effizienz der Verwaltungstätigkeit nicht dazu dienen dürfen, Anordnungen unablässig infrage zu stellen oder die Rechtsmittelfristen zu umgehen (vgl. etwa ZBl 2000, S. 44). Daher braucht die Behörde auf ein Wiedererwägungsgesuch – gestützt auf das Verbot der Rechtsweigerung und den Anspruch auf rechtliches Gehör (Art. 29 Abs. 1 und 2 BV) – nur einzutreten, wenn

9 Rechtsschutz
9.8 Formlose Rechtsbehelfe und ausserordentliche förmliche Rechtsmittel

- sich mittlerweile die Verhältnisse massgebend geändert haben, wozu auch eine zwischenzeitliche Rechtsänderung zählen kann;
- wesentliche Verfahrensvorschriften verletzt worden sind;
- wesentliche Tatsachen, die sich aus den Akten ergeben, aus Versehen nicht berücksichtigt worden sind;
- der Gesuchsteller erst nachträglich erhebliche Tatsachen oder Beweismittel entdeckt, welche er auch bei Anwendung der erforderlichen Sorgfalt nicht rechtzeitig hätte beibringen können.

Tritt die Behörde auf ein Wiedererwägungsgesuch nicht ein, ist kein ordentliches Rechtsmittel zulässig. Ein solches steht aber zur Verfügung, wenn die Behörde aufgrund eines Wiedererwägungsgesuchs eine neue Sachverfügung trifft sowie auch dann, wenn wiedererwägungsweise aufgrund einer erneuten materiellen Prüfung an der früheren Anordnung festgehalten wird (Leitsatz in RB 2000 Nr. 6; VB.1999.00394 und VB.2000.00065).

In der Praxis kommt es zuweilen vor, dass neben dem bei der Rechtsmittelinstanz zu erhebenden Rekurs gleichzeitig ein Wiedererwägungsgesuch bei der erstinstanzlich verfügenden Baubehörde eingereicht wird. Gibt die Baubehörde dem Wiedererwägungsgesuch statt, wird das Rekursverfahren gegenstandslos.

Zum Wiedererwägungsgesuch vgl. auch HÄFELIN/MÜLLER/UHLMANN: Rz. 1828 ff., und JAAG 2005: S. 130.

9.8.2 Aufsichtsbeschwerde

Mit der Aufsichtsbeschwerde wird eine Verfügung oder eine andere Handlung einer Verwaltungsbehörde bei deren Aufsichtsbehörde beanstandet und darum ersucht, die Verfügung abzuändern beziehungsweise aufzuheben oder eine andere Massnahme zu treffen.

Die Aufsichtsbeschwerde verlangt keine besonderen persönlichen Eigenschaften des Beschwerdeführers, sondern sie kann von jedermann eingereicht werden. Beschwerdeberechtigt ist zum Beispiel auch eine Person, welcher die Rekurslegitimation fehlt: Der Beschwerdeführer kann, wenn ihm der Rechtsweg des Rekurses verwehrt ist, seine Rügen gegen eine Baubewilligung auf dem Weg der Aufsichtsbeschwerde vorbringen.

Im Bereich des öffentlichen Planungs-, Bau- und Umweltrechts, das heisst in den vom PBG erfassten Sachbereichen, ist die Baudirektion Aufsichtsbehörde über die Gemeinden (§ 2 lit. b PBG) und nicht etwa der Bezirksrat, dem normalerweise die Aufsichtsbefugnis über die Gemeinden zusteht (§ 141 GG). Der Entscheid der Baudirektion kann – wiederum mit Aufsichtsbeschwerde – an den Regierungsrat weitergezogen werden.

Die Überprüfungsbefugnis der Baudirektion und des Regierungsrats ist naturgemäss beschränkt. Die Voraussetzungen für ein behördliches Einschreiten sind daher nur gegeben, wenn klares Recht oder wesentliche öffentliche Interessen verletzt worden sind. Dagegen kann die Aufsichtsbehörde bei einfachen Rechtsverletzungen nicht einschreiten, so etwa wenn sie eine Gesetzesauslegung oder Sachverhaltswürdigung zwar nicht billigt, aber doch als mit guten Gründen vertretbar hält. In der Regel schreitet die Baudirektion auch dann nicht ein, wenn gegen die Verfügung das ordentliche Rechtsmittel des

Rekurses zur Verfügung stand oder noch steht (sogenannte Subsidiarität der Aufsichtsbeschwerde). Die Beschwerde gegen einen Aufsichtsentscheid, welcher im Anschluss an einen im ordentlichen Verfahren ergangenen und unangefochten gebliebenen Beschluss des Baurekursgerichts getroffen wurde, ist demnach ausgeschlossen (BEZ 2004 Nr. 6). Ebenso ist die Nichtbehandlung oder verzögerte Behandlung eines Baugesuchs – im Gegensatz zu früher – nicht mehr mit der Aufsichtsbeschwerde, sondern mit den ordentlichen Rechtsmitteln (Rekurs, Beschwerde und «Beschwerde in öffentlich-rechtlichen Angelegenheiten») zu rügen (HALLER/KARLEN 1998: S. 49; RB 2005 Nr. 13; BEZ 2006 Nr. 59; § 19 Abs. 1 lit. b VRG [in Kraft seit 1. Juli 2010]).

Wenn das Baurekursgericht im Rahmen von Rekursverfahren Missstände feststellt, denen es aus formellen Gründen selber nicht abzuhelfen vermag, kann es die Akten an die Baudirektion zur Ergreifung allfälliger aufsichtsrechtlicher Massnahmen überweisen (§ 336 Abs. 2 PBG).

Zur Aufsichtsbeschwerde vgl. auch HÄFELIN/MÜLLER/UHLMANN: Rz. 1835 ff., und JAAG 2005: S. 138.

9.8.3 Revision

Die Revision rechtskräftiger Anordnungen von Verwaltungsbehörden, Rekurskommissionen (heute: Baurekursgericht) und Verwaltungsgericht kann von den am Verfahren Beteiligten verlangt werden (§ 86a VRG), wenn

- im Rahmen eines Strafverfahrens festgestellt wird, dass ein Verbrechen oder ein Vergehen sie beeinflusst hat;
- diese neue erhebliche Tatsachen erfahren oder Beweismittel auffinden, die sie im früheren Verfahren nicht beibringen konnten.

Revisionsgesuche sind unzulässig (§ 86b VRG), wenn die Revisionsgründe im Verfahren, das der Anordnung vorausging, oder mit Rekurs oder Beschwerde gegen die Anordnung hätten geltend gemacht werden können. Das Revisionsgesuch ist bei der Behörde, welche die Anordnung getroffen hat, innert 90 Tagen seit Entdeckung des Revisionsgrunds einzureichen. Nach Ablauf von zehn Jahren seit Mitteilung der Anordnung ist ein Revisionsgesuch nur noch zulässig, wenn im Rahmen eines Strafverfahrens festgestellt wird, dass ein Verbrechen oder ein Vergehen sie beeinflusst hat.

Das Revisionsgesuch muss die Revisionsgründe angeben und die für den Fall einer neuen Anordnung in der Sache gestellten Anträge enthalten (§ 86c VRG). Beweismittel sollen beigelegt oder, soweit dies nicht möglich ist, genau bezeichnet werden. Die Einreichung des Revisionsgesuchs schiebt die Vollstreckung der angefochtenen Anordnung nur auf, wenn die angerufene Behörde es bestimmt.

Die Revision erfolgt, indem die Behörde die fragliche Anordnung aufhebt und eine neue erlässt (§ 86d VRG).

9.8.4 Erläuterung und Berichtigung

Ergeht ein widersprüchlicher oder unklarer Entscheid einer Rechtsmittelinstanz, können die Betroffenen die Erläuterung des Entscheids bei dieser Instanz verlangen. Für ein Erläuterungsbegehren besteht keine Frist. Nach Treu und Glauben darf aber ein solches Begehren nicht später als 30 Tage seit der Entdeckung des Widerspruchs beziehungsweise der Unklarheit gestellt werden.

Die Erläuterung ist keine allgemeine Interpretationshilfe für den Parteien schwer verständliche Urteile, sondern ein Rechtsbehelf zur Behebung von die Vollstreckung behindernden Widersprüchen in der Formulierung des Urteilsdispositivs. Erwägungen eines Urteils sind der Erläuterung nur zugänglich, soweit das Dispositiv ausdrücklich auf sie verweist (BEZ 1999 Nr. 7).

Bei sogenannten Kanzleiversehen (Schreib- oder Rechnungsfehler) können die Betroffenen die Berichtigung des betreffenden Entscheids verlangen.

9.9 Alternativen zum staatlichen Rechtsschutz

9.9.1 Übersicht

Streitigkeiten im Bereich Planung, Bau und Umwelt können grundsätzlich auf drei Wegen bereinigt werden:
- Entscheide von staatlichen und quasistaatlichen Gerichten (Baurekursgericht, Verwaltungsgericht, Zivilgerichte, Schiedsgerichte);
- Verhandlungen unter den Parteien;
- Mediation.

Konfliktlösungsmöglichkeiten

Quelle: Folie aus einer Präsentation der Fachgruppe «Mediation im öffentlichen Bereich» des Instituts für Mediation (Peter Bösch, Esther Haas, Ursula König und Hansueli Müller)

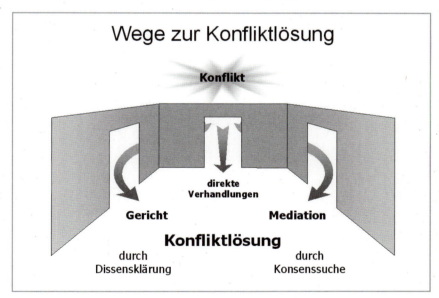

Die verschiedenen Konfliktlösungswege unterscheiden sich dadurch, dass die Parteien die Streitlösung kooperativ oder konfrontativ anstreben bzw. die Verantwortung für die Lösung bei den Parteien selbst oder bei einem Dritten liegt.

9 Rechtsschutz
9.9 Alternativen zum staatlichen Rechtsschutz

Verteilung der Verantwortung bei den Konfliktlösungswegen

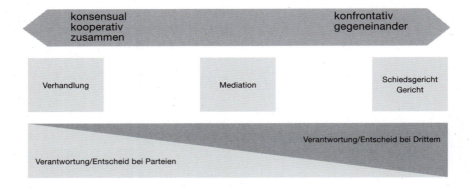

9.9.2 Charakteristika der Konfliktlösungswege

9.9.2.1 *Gericht/Schiedsgericht*

Hauptnachteile bei Gerichtsverfahren bzw. Schiedsgerichtsverfahren sind:
- Prozessverfahren sind meistens nur Momentaufnahmen. Entschieden wird, was im Zeitpunkt des Prozesses aktuelle Streitfrage ist. Streitpunkte, welche in den Prozess nicht eingebracht wurden oder erst später auftauchten, bleiben unbehandelt. Der Prozess dient somit vor allem der Vergangenheitsbewältigung und ist nur selten zukunftsgerichtet.
- Partei in Prozessen ist nur, wer klagt oder beklagt wird beziehungsweise Beschwerde führt oder Beschwerdegegner ist. Weitere Streitbeteiligte können im Rahmen eines Zivilprozesses oder in der Regel auch eines Verwaltungsprozesses gar nicht einbezogen werden. Eine nachhaltige Beilegung des Streits kann deshalb unter Umständen nicht erreicht werden.
- Die Entscheide in Prozessverfahren führen dazu, dass die eine Partei im gleichen Masse gewinnt, wie die andere verliert. Häufig stehen nach geschlagener Schlacht sogar beide Parteien als Verlierer da. Prozesse sind praktisch immer Nullsummenspiele.
- Prozesse belasten die beteiligten Parteien, ausser es handelt sich um passionierte Streithähne oder -hennen, physisch und psychisch. Streit mit Nachbarn oder langjährigen Geschäftspartnern vergällt die Lebensfreude. Die Belastung ist auch darum verheerend, weil beispielsweise Nachbarn oder Anwohner einer grossen Anlage in der Regel auch nach Prozessende immer noch dort wohnen bleiben oder arbeiten müssen. Das nachbarliche Verhältnis ist in der Regel eine Dauerbeziehung. Der unterlegene Nachbar hat den Gegenstand seiner Niederlage auch nach dem Prozess immer vor Augen.
- Baustreitigkeiten, welche in Prozessen ausgetragen werden, können sehr teuer werden, da meist aufwendige Beweisverfahren unerlässlich sind. Schiedsgerichte sind im Vergleich zu staatlichen Gerichten noch teurer.

9 Rechtsschutz
9.9 Alternativen zum staatlichen Rechtsschutz

- Prozessverfahren bei Baustreitigkeiten können sehr lange dauern. Die Entscheide können in der Regel über drei Instanzen weitergezogen werden. Auch Schiedsgerichtsprozesse dauern unter Umständen sehr lange.
- Gerichte wollen ihre Prozesse möglichst rasch und einfach erledigen. Sie konzentrieren sich deshalb häufig auf Formalien (Zuständigkeit, Legitimation, genügende Substanziierung, Fristen etc.) und nicht auf eigentliche Konfliktinhalte.

9.9.2.2 *Verhandlungen zwischen den Parteien*

Immer noch stark verwurzelt ist die Meinung, Konflikte zwischen Behörden, Bauherren, Architekten, Bauunternehmern und Drittbeteiligten seien mit Verfügungen, Urteilen und Rechtsmittelentscheiden zu lösen. Diese Konfliktlösungsmöglichkeiten sind starr, bringen bei den Betroffenen Akzeptanzprobleme und bringen vor allem in komplexen Sachverhalten kaum eine sachgerechte Lösung. Aus diesen Gründen wird heute in vielen Bereichen des Baurechts bei Konflikten der Ausweg über direkte Verhandlungen zwischen den Parteien gesucht. Solche Bereiche können sein:

- Aushandlungen von Festlegungen in Nutzungsplanungen (Gestaltungspläne) zwischen betroffenen Grundeigentümern und Behörden;
- Ausgestaltung von Quartierplanmassnahmen (namentlich vor und nach den Grundeigentümerversammlungen finden in der Regel intensive Gespräche zwischen Grundeigentümern, Quartierplaningenieur und Vertretern des Gemeinderates statt);
- Ausmass von Schutzmassnahmen bei Natur- und Heimatschutzobjekten im Rahmen des Erlasses von Schutzverfügungen oder des Abschlusses von verwaltungsrechtlichen Verträgen;
- Festlegungen im Umweltbereich (Sanierungsmassnahmen, Branchenvereinbarungen usw.);
- Auflagen in Baubewilligungsverfahren vor dem Erlass der Baubewilligung;
- Fragen der Einordnung von Bauten und Anlagen;
- Modalitäten des Vollzugs bei Abweichungen von Plänen oder beim Bauen ohne Bewilligung;
- Streitigkeiten zwischen Nachbarn;
- Auseinandersetzungen zwischen Partnern von privaten Bauverträgen;
- Haftpflichtansprüche zum Beispiel aus Bauimmissionen;
- Baubewilligungsverfahren mit grossem Koordinationsbedarf.

Die Konfliktlösung auf dem Verhandlungsweg im Bereich des Planungs-, Bau- und Umweltrechts ist dann zulässig, wenn das Verhandlungsergebnis folgende Bedingungen erfüllt:

- Die Streitparteien müssen über den Streitgegenstand frei verfügen können. Der für privatrechtliche Vereinbarung bestehende Rahmen muss eingehalten bleiben.
- Bei Verhandlungen zwischen Behörden und Privaten muss der von der Gesetzgebung gesetzte Rahmen eingehalten bleiben. Die Behörde darf das ihr zustehende Ermessen nicht überschreiten und nicht die Interessen Dritter verletzen.

9 Rechtsschutz
9.9 Alternativen zum staatlichen Rechtsschutz

Bedingung für das Gelingen einer Verhandlung ist aber auch, dass die Partner fair verhandeln und dass nicht eine der Parteien wesentlich stärker ist als die andere. Sind diese Bedingungen nicht gegeben, besteht die Gefahr, dass das ausgehandelte Verhandlungsergebnis nicht trägt und der Konflikt früher oder später mit noch grösserer Vehemenz ausbricht.

9.9.3 Mediation im Besonderen

Viele auch im Bereich des Planungs-, Bau- und Umweltrechts möglichen Verhandlungslösungen scheitern daran, dass die Parteien nicht miteinander verhandeln können oder aber mit einer Verhandlung unter sich nicht weiterkommen. In diesen Fällen könnte die Lösung über eine Mediation gesucht werden.

9.9.3.1 *Begriff der Mediation*

Mediation als Konfliktlösungsmethode entwickelte sich vor allem in den USA vor zirka 30 Jahren, wobei Wurzeln bis ins Mittelalter zurückgehen. Hierzulande wurde die Mediation zuerst vor allem bei Scheidungen eingesetzt (Regelung Kinderzuteilung, vermögensrechtliche Auseinandersetzung zwischen Scheidungspaaren). Die Mediation lässt sich aber auch bei Baustreitigkeiten einsetzen. Die Mediation wird wie folgt definiert:

> In der Mediation bearbeiten die im Widerstreit stehenden Parteien ihren Konflikt unter Beizug von Dritten. Die Tätigkeit des Mediators soll den Parteien helfen, eine Lösung des Konflikts zu finden. Mediation ist ein aussergerichtlicher Weg: Im Unterschied zu einem Gerichts- oder Schiedsgerichtsverfahren, einer Schlichtung oder einem Vergleich bestimmen die Parteien selbst über ihre Möglichkeiten und die Ergebnisse. Die in der Mediation angewandten Verfahren, Methoden und Techniken sind Gesprächs- und Verhandlungshilfen für die Parteien. In unserem Verständnis führt Mediation zur Befriedung der Parteien. Dies geht über blosse Interessenbefriedigung hinaus.

9.9.3.2 *Vorteile der Mediation*

Vorteile der Mediation gegenüber den herkömmlichen Gerichtsverfahren sind:
- In einer Mediation können beide Parteien gewinnen (sogenannte «Win-Win-Solution»).
- Mediation ist zukunftsgerichtet statt vergangenheitsbezogen.
- Persönliche Beziehungen zwischen streitenden Parteien werden durch die Mediation wiederhergestellt oder erhalten.
- Die Parteien können selbst Dauer, Inhalt und Ziele der Mediation bestimmen.
- In der Mediation können kreative Lösungen auch ausserhalb des Rechts gesucht werden. Die Mediation sucht nicht Erfüllung von Ansprüchen, sondern die Befriedigung von Interessen der Parteien. Sie ermöglicht Regelungen, die nicht den allgemeinen Gerechtigkeitsvorstellungen, sondern den subjektiven Gerechtigkeitsvorstellungen der Beteiligten entsprechen.
- Die Mediation erlaubt den Einbezug von mehreren Parteien in ein Verfahren, auch von Parteien, die formal als Unbeteiligte gelten. Es kann in

9 Rechtsschutz

9.9 Alternativen zum staatlichen Rechtsschutz

einer Mediation unter Umständen ein ganzes soziales Beziehungsgeflecht erfasst werden.
- Einigungen, welche die Parteien auf dem Weg der Mediation selber erarbeitet haben, haben in der Regel länger Bestand als Gerichtsurteile.

9.9.3.3 Grenzen der Mediation

Mediation ist dann nicht der geeignete Weg, wenn:
- nur die eine Partei ein Mediationsverfahren will.
- der Personenkreis, der in die Mediation einbezogen werden müsste, nicht klar eingegrenzt werden kann oder sehr gross ist. Personen, welche deswegen nicht in den Schlichtungsprozess einbezogen werden, können die Einigung nachträglich noch infrage stellen.
- im betreffenden Streit eine grundlegende Rechtsfrage gelöst werden sollte. Mediation verschafft «Einzelfallgerechtigkeit». Die Ergebnisse von Mediationen tragen aber nichts zur Rechtsfortentwicklung bei.
- zwischen Parteien massive Gewalt ausgeübt wurde, was bei Nachbarstreitigkeiten zum Beispiel leider vorkommen kann.

9.9.3.4 Grundsätze der Mediation

Freiwilligkeit

Die Parteien und der Mediator sind freiwillig im Mediationsprozess. Ein Ausstieg soll jederzeit möglich sein.

Neutralität des Mediators

Gegenüber den Streitparteien ist der Mediator strikt neutral. Er hilft ihnen zu einer allseitigen Konfliktlösung. Aus dieser Neutralität heraus kann ein Mediator nicht zuerst Anwalt einer Partei sein und später die Mediatorrolle übernehmen. Umgekehrt ist es einem Mediator verwehrt, nach der Mediation die eine Partei als Anwalt zu vertreten. Der Mediator hat auch keine Entscheidungskompetenz.

Parteiverantwortlichkeit

Der Mediationsprozess liegt grundsätzlich in der Verantwortung der Parteien. Sie bestimmen Beginn, Verlauf und Ende. Die Parteien entscheiden auch, welche Streitpunkte behandelt werden sollen und welche nicht. Der Mediator hilft den Parteien beim Mediationsprozess, indem er den formellen Ablauf der Verhandlung bestimmt und die Gespräche strukturiert. Es sind die Parteien, welche die für sie adäquate Streitlösung finden. Der Mediator begünstigt durch seine Interventionen diesen Prozess.

Vertraulichkeit

Informationen aus dem Mediationsverfahren sind vertraulich. Sie sollen ohne Einwilligung der Parteien in späteren Verfahren nicht preisgegeben werden. Der Mediator kann und darf nach Abschluss der Mediation nicht als Zeuge, Gutachter oder Anwalt für eine der Parteien tätig werden.

9 Rechtsschutz
9.9 Alternativen zum staatlichen Rechtsschutz

9.9.3.5 *Spezielle Fragen bei Mediationen in Baustreitigkeiten*

Einbezug aller Betroffenen

Bei Mediationen in Scheidungssachen lässt sich der Kreis der Teilnehmer relativ leicht eingrenzen. Es sind dies die Ehegatten, allenfalls noch die Kinder und Personen, die Betreuungsaufgaben für die Kinder übernehmen sollen. Bei Bausachen ist der mögliche Teilnehmerkreis hingegen nicht immer so klar bestimmbar. Damit ein Streit befriedigend beigelegt werden kann, sollten möglichst alle Betroffenen bei der Mediation mitmachen. In Vertragsstreitigkeiten beschränken sich die Teilnehmer in der Regel auf die Vertragsparteien, bei Nachbarstreitigkeiten auf die Nachbarn allenfalls mit ihren Angehörigen. Wesentlich weiter und diffuser ist das Teilnehmerfeld jedoch bei grösseren Planungs- und Bauvorhaben.

Das PBG bietet zwei Instrumente, welche sich ausgezeichnet eignen, den Kreis der möglichen Betroffenen einzugrenzen:

- Das Mitwirkungsverfahren in Planungssachen (Art. 4 RPG; § 7 PBG). In diesem Verfahren offenbaren sich in der Regel die Personen, welche bei einer Planungsmassnahme ein Anliegen haben.
- Drittbeteiligte im Baubewilligungsverfahren müssen die Zustellung des baurechtlichen Entscheids verlangen, damit sie allenfalls Rechtsmittel einlegen können (§§ 315 f. PBG). Da die Baubehörde dem Bauherrn nach Ablauf der Auflagefrist mitteilen muss, wer den Beschluss verlangt hat (vgl. § 315 Abs. 2 PBG), wird für den Bauherrn zu diesem Zeitpunkt der Kreis der möglichen Opponenten offengelegt. Er kann dann diesen Kreis allenfalls in eine Mediation einbeziehen.

Daneben besteht für eine Bauherrschaft vor allem vor der Einreichung eines Baugesuchs immer noch die Möglichkeit, mögliche Gegner zu einer Mediation einzuladen oder sogar eine solche Einladung zu publizieren. Bei grösseren Vorhaben kann es sich auch aufdrängen, für Probleme eine eigentliche Mediationsanlaufstelle einzurichten.

Einbezug der Behörden

Soweit Entscheide von Behörden für eine Konfliktlösung notwendig sind und die privaten Parteien sich nicht unter sich einigen können, ist der Einbezug der entscheidenden Behörden empfehlenswert. So kann sichergestellt werden, dass eine Einigung – soweit notwendig – auch die Zustimmung der betreffenden Behörden findet.

Kompetente Beteiligung am Mediationsverfahren

Damit eine Einigung rasch und auch nachhaltig erreicht werden kann, sollten die Parteien persönlich an der Mediation selber teilnehmen oder Personen abordnen, die orientiert und zum Eingehen einer Einigung kompetent sind. Mediationen nur mit untergeordneten Sachbearbeitern sind in der Regel nicht Erfolg versprechend. Dies gilt auch für allenfalls in die Mediation einbezogene Behörden. Mediation ist grundsätzlich Chefsache.

9 Rechtsschutz
9.9 Alternativen zum staatlichen Rechtsschutz

9.9.3.6 Ablauf der Mediation im Baustreit

Schon die methodischen Ansätze der Mediation sind unterschiedlich. Daraus folgt, dass es auch keine Verfahrensordnung für Mediationen gibt. Im Folgenden soll ein möglicher Verfahrensablauf für eine Mediation im Baustreit skizziert werden. Die folgende Grafik und die darauf abgestützten Abläufe sind als Schema zu verstehen. Die einzelnen Phasen lassen sich je nachdem nicht so strikt auseinanderhalten. Manche Phasen werden in grösseren Mediationen auch mehrmals durchlaufen.

Übersicht über den Mediationsprozess

Quelle: Folie aus einer Präsentation der Fachgruppe «Mediation im öffentlichen Bereich» des Instituts für Mediation (Peter Bösch, Esther Haas, Ursula König und Hansueli Müller)

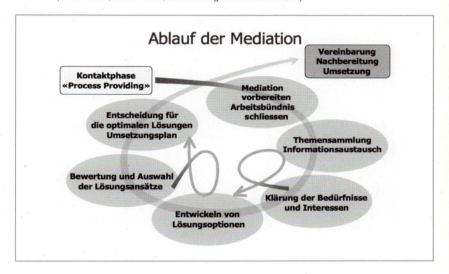

Kontaktphase/Process Providing

Vor allem wenn an einem Konflikt mehrere Parteien beteiligt sind, bedarf ein Mediationsverfahren einer längeren Vorbereitungsphase, welche auch «Process Providing» genannt wird. In dieser Phase werden unter anderen folgende Fragen geklärt:
- Eignet sich der Konflikt für eine Mediation?
- Wer soll an der Mediation teilnehmen?
- Worüber soll verhandelt werden?
- Besteht genügend Verhandlungsspielraum von den Parteien und vom Gesetz her?
- Besteht genügend Vertrauen zwischen den Beteiligten?
- Wer kommt als Mediator infrage?

Diese Phase wird meist von einer anderen Person (zuweilen als «Process Provider» bezeichnet) begleitet als die nachfolgende Mediation.

Phase 1: Mediation vorbereiten/Arbeitsbündnis schliessen

Im Rahmen der Einleitung der Mediation stellen sich die Beteiligten vor. Der Mediator übernimmt dann die Einführung. Er legt das Ziel der Mediation dar. Er bespricht mit den Parteien die Rollen der Parteien, der Rechtsvertreter und des Mediators. Die Parteien vereinbaren alsdann grundlegende Spielregeln der Mediation. Die Rechte und Pflichten der Parteien sowie des Mediators werden meist in einem Mediationsvertrag festgehalten.

Phase 2: Themensammlung/Informationsaustausch

In der nächsten Phase wird jede Partei eingeladen, ihre Sicht des Konflikts darzulegen. Der Mediator fasst die Darlegungen der Parteien in wesentlichen Zügen zusammen und zeigt damit, dass er die Anliegen der Parteien verstanden hat. Bei stark emotional gefärbten Parteidarstellungen kann der Mediator mit neutralen Zusammenfassungen das Gesprächsklima wesentlich verbessern. In diesem Rahmen bekommen die Parteien Gelegenheit, einander zuzuhören. Nur schon das ist eine Chance, wenn die Beteiligten ihren Streit vorher nur noch als Stellvertreterkrieg via ihre Anwälte geführt haben.

Phase 3: Klärung der Bedürfnisse und Interessen

Aufgrund der Darlegungen der Parteien bringt der Mediator die Parteien dazu, die Punkte herauszuarbeiten, wo Einigkeit herrscht. Auf diesen Gemeinsamkeiten kann dann später eine Einigung aufgebaut werden. Danach erstellt der Mediator mit den Parteien eine Liste der Konfliktpunkte. Diese Liste stellt gewissermassen eine Traktandenliste für die weiteren Besprechungen dar.

Wenn die Liste der Konfliktpunkte erstellt ist, werden diese Punkte im Gespräch untersucht und geklärt. In dieser Phase versucht der Mediator, die Parteien nicht nur zur Untersuchung und Klärung der Konfliktpunkte zu ermutigen, sondern sich auch mit ihren künftigen Bedürfnissen, ihren Interessen zu beschäftigen.

Phase 4: Entwickeln von Lösungsoptionen

In dieser Phase sollten sich die Parteien von ihren Positionen lösen und auf ihre Interessen konzentrieren. Im Zentrum der Mediation steht nicht mehr die Umschreibung der Konfliktpunkte, also die Vergangenheit, sondern vielmehr die Lösung des Konflikts, also die Zukunft.

Aufgrund der Begleitung durch den Mediator sollten die Parteien imstande sein, ihre eigenen Interessen zu benennen. Sie sollten Verständnis für die Interessen der Gegenpartei entwickelt haben. In dieser Phase sollten die Parteien mit der Hilfe des Mediators in einer kreativen Atmosphäre Lösungen für ihr künftiges Zusammenleben entwickeln. Wenn während des Mediationsprozesses den Parteien ihr eigener Anteil am Konflikt bewusst wird, dann wird ein guter Boden für solche Lösungen geschaffen. Im Rahmen dieses Prozesses kann auch zum Hilfsmittel der «Kuchenvergrösserung» gegriffen werden. «Kuchenvergrösserung» heisst, der Verhandlungskuchen wird vergrössert, damit mehr zum Teilen da ist. Jeder soll etwas bekommen, was ihm wichtig ist, ohne dass dem anderen etwas fehlt (Beispiel: Zwei Nachbarn planen je auf ihrem Grundstück

Parkplätze. Die jeweiligen Bewilligungen werden von beiden Nachbarn mit Rechtsmitteln bekämpft. In der Medation vereinbaren sie, eine gemeinsame Tiefgarage zu bauen.).

Phase 5: Bewertung und Auswahl der Lösungsansätze
Wichtig ist, dass im Rahmen der Mediation alle möglichen Alternativen und Optionen besprochen werden, aber auch auf ihre Realisierbarkeit überprüft werden. Im Baustreit kann die Überprüfung der Realisierbarkeit auch bedeuten, dass die Bewilligungsfähigkeit von gewissen Lösungen bei den Behörden oder die technische Machbarkeit von baulichen Massnahmen bei Fachleuten abgeklärt wird. Aus diesem Grund ist es wertvoll, wenn in geeigneten Fällen Vertreter der zuständigen Behörden bereits in den Mediationsprozess einbezogen sind. Aufgrund der Bewertung werden dann die gangbaren Lösungsansätze ausgewählt.

Phase 6: Entscheidung für die optimalen Lösungen/Umsetzungsplan
Die im Rahmen der Problemlösungsphase erarbeiteten Teillösungen werden schliesslich zu einer Gesamteinigung zusammengeführt. Der Mediator muss herausfinden, ob tatsächlich alle aktuellen Streitpunkte beseitigt sind. Die Einigung muss ausgewogen und fair sein. Sie wird dann schriftlich festgehalten. In gewissen Baustreitigkeiten braucht es allenfalls zum Zustandekommen der Vereinbarung noch die Mitwirkung von Behörden (Grundbuchamt, wenn Dienstbarkeiten geändert werden sollen; Baubehörde, wenn bauliche Massnahmen zur Diskussion stehen). Nicht vergessen werden sollte in der Vereinbarung, die Parteien auch bei künftigen Streitigkeiten auf die Durchführung eines Mediationsverfahrens zu verpflichten.

Scheitert die Mediation, bleibt es den Parteien überlassen, ob sie resignieren, unter sich weiterverhandeln, den Prozessweg beschreiten oder einen neuen Mediator suchen wollen. Diese Optionen bei Scheitern der Mediation sollten die Parteien von Beginn der Mediation an vor Augen haben. Damit diese Wege offen bleiben, ist es nötig, dass bei Beginn der Mediation diese anderen Wege nicht verbaut werden (zum Beispiel Verzicht auf Verjährungseinreden oder Vollzugsmassnahmen während der Mediation).

Einzelgespräche
Einzelgespräche sind persönliche und vertrauliche Gespräche des Mediators mit jeweils einer Partei. Einzelgespräche dienen dazu, von den Parteien Informationen zu holen, welche sie vor der anderen Partei nicht preisgeben möchte. In solchen Gesprächen können auch Lösungsmöglichkeiten entwickelt und allenfalls Parteien wieder aus einer Sackgasse herausgeführt werden. Einzelgespräche können in jeder Phase der Mediation eingesetzt werden.

Nachbereitung der Mediation
Um die persönliche und fachliche Weiterentwicklung zu gewährleisten, sollte ein Mediator nach Abschluss einer Mediation darüber nachdenken, wie der Mediationsprozess abgelaufen ist, um daraus Schlüsse für die nächste Mediation

zu ziehen. Ebenso sollten die Parteien nach geraumer Zeit nach Abschluss befragt werden, wie sich die Parteibeziehung weiterentwickelt hat und wie sich die erarbeitete Einigung bewährt hat.

Umsetzung des Mediationsergebnisses
Eine Einigung im Rahmen einer Mediation muss je nach den Umständen auch noch umgesetzt oder vollzogen werden. Dies geschieht meist in der Form einer schriftlichen Mediationsschlussvereinbarung.

Soweit erforderlich ist das Mediationsergebnis noch in behördliche Bewilligungen und Genehmigungen zu überführen.

9.9.3.7 *Wege zur Mediation*

Die Parteien können, wenn ein Konflikt auftaucht, die Durchführung einer Mediation vereinbaren und sich auf einen Mediator einigen. Sinnvoll ist es aber, dass bereits bevor Streitigkeiten entstehen, die Parteien vereinbaren, dass Differenzen mit einer Mediation beizulegen sind. Dies geschieht mit der Aufnahme einer entsprechenden Mediationsklausel in einem Vertrag oder den betreffenden Statuten. Sehr geeignet für die Aufnahme solcher Mediationsklauseln sind etwa Erschliessungs- oder Planungsverträge.

Erfahrungen vor allem auch im Ausland (USA, Australien, England, aber auch Österreich) zeigen, dass die Mediation erst dann eine grössere Verbreitung findet, wenn eine gesetzliche Grundlage vorhanden ist.

In der Schweiz finden sich gesetzliche Regelungen in der ZPO, im Bündner Raumplanungsgesetz, im Bundesgesetz über das Jugendstrafrecht, in Art. 33b des BG über das Verwaltungsverfahren (VwVG) und in gewissen kantonalen Verwaltungsrechtspflegegesetzen (nicht in Zürich).

9.9.3.8 *Beispiele für Mediationen im öffentlich-rechtlichen Bereich*

Als Beispiele für Mediationen, welche in der Schweiz im Bereich Bau, Planung und Umwelt durchgeführt wurden, sind zu nennen:
- Konflikt um den Ausbau einer Kiesgrube in Kirchberg SG;
- Immissionsklagen beim Jugendhaus Bülach;
- Flughafen Zürich (diese Mediation wurde bereits in der Vorbereitungsphase beendigt, weil sich die Beteiligten in wichtigen Verfahrensfragen nicht einigen konnten);
- Auseinandersetzungen rund um die Verteilung der Sanierungskosten für die Deponie Bärengraben in Würenlingen AG;
- Vorbereitung von Naturschutzverordnungen im Gebiet Hirzel und Sihlwald;
- Erschliessungs- und Gestaltungsplanung im Industrieareal Neuparadies, Schlatt TG.

10 Widerrechtliche Bauten und deren Sanktionierung

10 Widerrechtliche Bauten und deren Sanktionierung
10.1 Übersicht

Damit die Vorschriften des Planungs-, Bau- und Umweltrechts eingehalten werden, genügt das Baubewilligungsverfahren allein nicht. Es muss auch dafür gesorgt werden, dass nur bewilligte Bauvorhaben – und diese nur soweit sie bewilligt wurden – zur Ausführung gelangen. Diesem Zweck dient die Baukontrolle (vgl. Seite 392 ff.). Wird im Rahmen der Baukontrolle eine widerrechtliche Baute und Anlage festgestellt, ist zuerst in einem Erkenntnisverfahren festzustellen, wie diese Baurechtswidrigkeit zu qualifizieren und materiell- wie auch verfahrensrechtlich zu behandeln ist (nachfolgend Ziff. 10.2). Eine effiziente Baukontrolle setzt sodann entsprechend wirksame Sanktionsmöglichkeiten voraus, die im Falle der Verletzung von Vorschriften des Planungs-, Bau- und Umweltrechts in einem Vollstreckungsverfahren ergriffen werden können. Unterschieden werden Sanktionen des Verwaltungsrechts (nachfolgend Ziff. 10.3) und des Strafrechts (nachfolgend Ziff. 10.4).

Übersicht über das verwaltungsrechtliche Verfahren beim widerrechtlichen Bauen

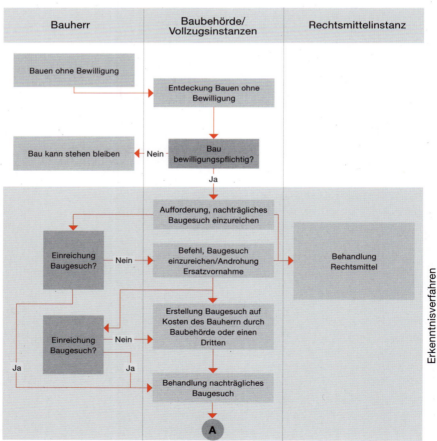

10 Widerrechtliche Bauten und deren Sanktionierung
10.1 Übersicht

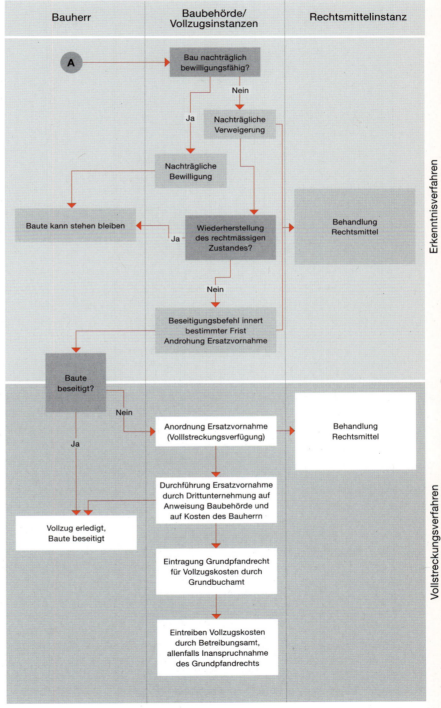

10.2 Widerrechtliche Bauten und Anlagen

10.2.1 Formelle und materielle Baurechtswidrigkeit

Bei illegalen Bauten und Anlagen wird zwischen formeller und materieller Baurechtswidrigkeit unterschieden: Formell rechtswidrig ist eine Baute und Anlage, wenn sie der Bewilligungspflicht unterliegt und ohne Baubewilligung oder in Abweichung von einer erteilten Bewilligung erstellt wurde oder wenn – bei kleineren Vorhaben – die gesetzlich vorgeschriebene Anzeigepflicht missachtet wurde. Materiell rechtswidrig ist eine Baute und Anlage dagegen, wenn sie inhaltlich nicht hätte bewilligt werden dürfen beziehungsweise können. Häufig kommt es vor, dass eine Baute und Anlage sowohl formell als auch materiell rechtswidrig ist, etwa wenn eine Baubewilligung missachtet und die für die betreffende Zone festgelegte Ausnützungsziffer überschritten wurde (BEZ 1986 Nr. 22; RB 1985 Nr. 118; BEZ 2007 Nr. 38 [Erweiterung eines eigenmächtig erstellten Schnitzelplatzes]).

Es lassen sich folgende drei Fallgruppen von widerrechtlichen Bauten und Anlagen unterscheiden:

Formell widerrechtliche, aber materiell rechtmässige Bauten und Anlagen
Bei dieser Fallgruppe wurde ein an sich bewilligungsfähiges Bauvorhaben ohne entsprechende Baubewilligung ausgeführt. Geeignetes Mittel, um den rechtmässigen Zustand herbeizuführen, ist die Durchführung eines nachträglichen Baubewilligungsverfahrens. Allenfalls sind die Voraussetzungen für die Erteilung einer Ausnahmebewilligung gegeben. Damit wird die formelle Widerrechtlichkeit der Baute und Anlage beseitigt. Dagegen wäre ein Abbruchbefehl in solchen Fällen unverhältnismässig. Der Abbruch von Bauten und Anlagen hat trotz Fehlen der Bewilligung zu unterbleiben, wenn sie den Vorschriften entsprechen und nachträglich bewilligt werden können.

Formell und materiell rechtswidrige Bauten und Anlagen
Bei dieser Fallgruppe wurde ein materiell nicht bewilligungsfähiges Bauvorhaben ohne entsprechende Baubewilligung realisiert. Auch bei einer solchen Konstellation ist vorerst ein nachträgliches Baubewilligungsverfahren durchzuführen. Kann eine ordentliche Baubewilligung oder eine Ausnahmebewilligung nachträglich nicht erteilt werden, muss die widerrechtliche Baute und Anlage aber nicht zwingend abgebrochen werden. Vielmehr können die Grundsätze der Verhältnismässigkeit und des Schutzes guten Glaubens gebieten, dass ein Abbruch unterbleibt, worüber in der Regel im Rahmen des nachträglichen Baubewilligungsverfahrens befunden wird. Nach der Gerichtspraxis ist auf den Abbruch namentlich dann zu verzichten, wenn die Abweichung vom Erlaubten nur unbedeutend ist oder der Abbruch nicht im öffentlichen Interesse liegt, ebenso wenn der Bauherr in gutem Glauben angenommen hat, er sei zur Bauausführung ermächtigt, und der Beibehaltung des ungesetzlichen Zustands nicht schwerwiegende öffentliche Interessen entgegenstehen (RB 1985 Nr. 118).

10 Widerrechtliche Bauten und deren Sanktionierung
10.2 Widerrechtliche Bauten und Anlagen

Formell rechtmässige, aber materiell rechtswidrige Bauten und Anlagen

Bei dieser Fallgruppe geht es um eine zu Unrecht erteilte Baubewilligung. Zwar wurde für ein Bauvorhaben ein Baugesuch eingereicht, doch wurde die Bewilligung im Widerspruch zum materiellen Planungs-, Bau- und Umweltrecht erteilt. Die erteilte Baubewilligung ist demnach anfechtbar oder allenfalls gar nichtig. Wenn öffentliche Interessen in schwerwiegender Weise verletzt sind, kann sich auch die Frage des Widerrufs stellen (vgl. Seite 363 f.).

10.2.2 Vorsorgliche Massnahmen

10.2.2.1 *Bedeutung von vorsorglichen Massnahmen*

Schon während der Ausführung von illegalen Bauarbeiten steht im Zürcher Planungs- und Baurecht eine Reihe von Massnahmen zur Verfügung, welche der einstweiligen Sicherung des rechtmässigen Zustands dienen. Diesen vorsorglichen Massnahmen – insbesondere dem Baustopp und dem Nutzungsverbot – kommt im Bereich des Bauordnungsrechts zunächst die Funktion zu, den Bewilligungszwang durchzusetzen. Die Baubehörde kann damit dem Bewilligungszwang den nötigen Nachdruck verleihen und zugleich verhindern, dass der eigenmächtig Vorgehende besser gestellt wird als der sich korrekt Verhaltende. Die vorsorglichen Massnahmen haben aber auch eine präventive Funktion, indem sie einen bestehenden – formell und/oder materiell – widerrechtlichen Zustand gleichsam «einfrieren» und so verhindern, dass neue materielle Verstösse geschaffen und bestehende intensiviert werden oder akute Gefahren sich vergrössern. Schliesslich sichern sie die Wiederherstellung des rechtmässigen Zustands (Ruoss Fierz: S. 94, mit Hinweisen).

10.2.2.2 *Voraussetzungen von vorsorglichen Massnahmen*

Nach herrschender Lehre und Praxis ist die Grundlage für vorsorgliche Massnahmen unmittelbar in jener materiellrechtlichen Norm enthalten, deren Durchsetzung vorläufig gesichert werden soll (RB 1994 Nr. 88). Eine ausdrückliche gesetzliche Grundlage findet sich jedoch in § 6 VRG, wonach die Verwaltungsbehörde die nötigen vorsorglichen Massnahmen trifft. Die Anordnung vorsorglicher Massnahmen bedarf des Vorliegens besonderer Gründe. Sie sind dann zulässig, wenn überwiegende öffentliche oder private Interessen zu wahren sind und der definitive materielle Entscheid aus verfahrensrechtlichen Gründen nicht sogleich getroffen werden kann. Die zuständige Behörde hat stets eine Interessenabwägung vorzunehmen. Vorsorgliche Massnahmen müssen sodann im Einklang mit dem übergeordneten Recht stehen sowie die Rechtsgleichheit und den Grundsatz von Treu und Glauben wahren. Zudem ist – gestützt auf das Verhältnismässigkeitsprinzip – kumulativ erforderlich, dass eine vorsorgliche Massnahme im Einzelnen geeignet, erforderlich sowie zumutbar ist und die zu erlassende Verfügung nicht präjudiziert oder gar verunmöglicht (vgl. zu Einzelheiten Kölz/Bosshart/Röhl: § 6 N 9; BEZ 2007 Nrn. 44 und 45). Die möglichen Arten von vorsorglichen Massnahmen werden in § 6 VRG nicht einzeln aufgezählt. Stattdessen ermächtigt das Gesetz die Verwaltungsbehörden, die «nötigen» Massnahmen zu treffen, und öffnet hiermit einen Ermessensspielraum.

10.2.2.3 *Zuständigkeiten und Verfahren bei vorsorglichen Massnahmen*

Zuständig zum Erlass vorsorglicher Massnahmen ist die in der Hauptsache formell und sachlich zuständige Behörde. Obliegt also zum Beispiel die Erteilung einer baurechtlichen Bewilligung nicht dem Gemeinderat als Gesamtbehörde, sondern einer Baukommission oder dem Bauvorstand, sind diese Organe auch für vorsorgliche Massnahmen zuständig. Bei Kollegialbehörden kann bei zeitlicher Dringlichkeit der Vorsitzende vorsorgliche Massnahmen anordnen (§ 6 Satz 2 VRG; vgl. dazu auch BEZ 2007 Nr. 44). Auf diese Weise wird dem Bedürfnis nach einer flexiblen, dem Dringlichkeitserfordernis angepassten Regelung Rechnung getragen.

Vor dem Erlass einer vorsorglichen Massnahme sind die Betroffenen anzuhören, wenn es die Umstände erlauben. Darauf kann nur bei besonderer Dringlichkeit verzichtet werden (superprovisorische Massnahme), die nicht leichthin angenommen werden kann. In einem solchen Fall ist die Anhörung so rasch als möglich nachzuholen. Sobald dies stattgefunden hat, ist gegebenenfalls eine (ordentliche) vorsorgliche Massnahme zu treffen, welche die superprovisorische ablöst. Im Übrigen ist die Gehörgewährung nicht nur aus rechtsstaatlichen Gründen notwendig; sie kann auch dazu beitragen, dem Grundsatz der Verhältnismässigkeit Nachachtung zu verschaffen, indem ein vom Betroffenen vorgeschlagener, weniger weitgehender Eingriff allenfalls dem öffentlichen Interesse ebenso gerecht wird wie der vorgesehene Eingriff (KÖLZ/BOSSHART/RÖHL: § 6 N 23).

Als Zwischenentscheide sind vorsorgliche Massnahmen in Verfügungs- oder Beschlussform zu erlassen und mit Rechtsmittelbelehrung zu versehen (§ 19a Abs. 2 VRG [in Kraft seit 1. Juli 2010]). Einem allfälligen Rekurs ist im Einzelfall von vornherein die aufschiebende Wirkung zu entziehen, wofür die anordnende erstinstanzliche Behörde zuständig ist (§ 25 Abs. 3 VRG [in Kraft seit 1. Juli 2010]). Bei besonderer Dringlichkeit kann die Rekursfrist bis 5 Tage herabgesetzt werden (§ 22 Abs. 3 VRG [in Kraft seit 1. Juli 2010]).

Vorsorgliche Massnahmen – etwa ein Baustopp – werden oft direkt durch die Verwaltung (Baukontrolle) unmittelbar auf der Baustelle angeordnet, was meistens praktikabel, wirksam und ausreichend ist. Sie sind aber im Streitfall durch die zuständige Behörde zu verfügen.

10.2.2.4 *Arten von vorsorglichen Massnahmen*

Baustopp

Mit einem Baustopp (Baueinstellung) wird vom Bauherrn der Unterbruch der Bauarbeiten verlangt. Ein Baustopp kann in der Regel nur verfügt werden, wenn ein Bauherr massiv von den bewilligten Plänen abweicht oder ohne Bewilligung baut. Der Baustopp bleibt so lange in Kraft, als dem Bauherrn nicht im Rahmen eines nachträglichen Bewilligungsverfahrens der Weiterbau bewilligt oder die Entfernung der bereits gebauten Teile verfügt wird.

Der Baustopp stellt die häufigste vorsorgliche Massnahme dar und wird von der Rechtsprechung in konstanter Praxis zugelassen (BEZ 1992 Nr. 26; BEZ 1987 Nr. 19). In der Verfügung ist der Umfang der verbotenen beziehungsweise noch zulässigen Massnahmen genau zu umschreiben. Mit der Anordnung eines Baustopps (wie auch eines Nutzungsverbots) soll der Grundsatz durchgesetzt werden, dass die Errichtung von Bauten und Anlagen einer vorgängigen Bewilligung bedarf. Widerrechtliches Verhalten soll unterbunden werden. Typischerweise werden durch einen Baustopp vorhandene, wenn auch (vorläufig) nicht rechtmässig erlangte Vermögensvorteile nicht oder nur in geringem Umfange zerstört. In der Regel genügt daher die Feststellung, dass Bauarbeiten (oder vorgesehene Nutzungen) formell baurechtswidrig sind, um einen Baustopp oder ein vorläufiges Nutzungsverbot anzuordnen, wobei allerdings der Grundsatz der Verhältnismässigkeit zu beachten bleibt (PBG aktuell 4/2003 S. 32 f.).

Abbruchverbot
Der Abbruch eines Gebäudes bedarf grundsätzlich nur in den Kernzonen einer Bewilligung (§ 309 Abs. 1 lit. c PBG). Auch dort, wo keine Bewilligungspflicht besteht, ist der örtlichen Baubehörde der Abbruch eines Gebäudes so rechtzeitig anzuzeigen, dass eine Überprüfung – insbesondere die Festlegung allfälliger Nebenbestimmungen (zum Beispiel Massnahmen zur Verhütung von Schäden auf Nachbarparzellen) oder allenfalls eine Schutzmassnahme gestützt auf §§ 205 ff. PBG – möglich ist (§ 327 Abs. 1 PBG). Der Abbruch einer bestehenden Baute und Anlage bedeutet aber auch Baubeginn (§ 322 Abs. 1 PBG). In all diesen Fällen kann stattdessen ein Abbruchverbot verfügt werden, welches in seinen Wirkungen und Voraussetzungen einem Baustopp gleichkommt.

Nutzungsverbot
Das vorläufige Nutzungsverbot stellt das Gegenstück zur Einstellung der Bauarbeiten dar. Es dient dazu, entweder eine bestehende rechtswidrige Nutzung zu unterbinden oder nach Abschluss der Bauarbeiten die Aufnahme einer rechtswidrigen Nutzung zu verhindern. Wenn die Bauarbeiten beendet sind, nützt ein Baustopp nichts mehr. Stattdessen kann in solchen Fällen die Nutzung der «unrechtmässigen» Baute und Anlage einstweilen untersagt werden, bis über das Schicksal des betreffenden Bauteils endgültig entschieden ist (nachträgliche Bewilligung, Änderung oder Abbruch; PBG aktuell 4/2003 S. 32 f.; BEZ 2007 Nrn. 44 und 45 = ZBl 2008, S. 209 ff. betreffend Freitodbegleitungen). Zur (definitiven) Durchsetzung des Verbots, bestimmte Räumlichkeiten als Massagesalons zu nutzen, ist zum Beispiel die Verpflichtung des Hauseigentümers denkbar, Mietverträge zu kündigen (RB 1996 Nr. 88; PBG aktuell 4/2003 S. 32 f.).

Eine andere Funktion kommt der Verweigerung der Bezugsbewilligung gestützt auf § 12a BBV I zu. Die Baubehörde ist verpflichtet, die Bezugsbewilligung zu erteilen, wenn die materiellen Voraussetzungen erfüllt sind (insbesondere hinsichtlich der Austrocknung, sanitären Anlagen und Sicherheit). Eine Verweigerung darf nicht damit begründet werden, die Bauherrschaft habe in Abweichung von den bewilligten Plänen oder ohne Baubewilligung gebaut. Die Übereinstimmung der Unterlagen mit dem tatsächlich Ausgeführten ist durch Kontrollen zu verifizieren, deren Durchführung im Allgemeinen auch nach Bezug der Räumlichkeiten möglich und unabhängig von der Bezugsabnahme durchzusetzen ist (BEZ 1992 Nr. 26).

Siegelung

Die Nutzung von «unrechtmässigen» Bauteilen kann durch Anbringung von amtlichen Siegeln verhindert werden. Der Bruch eines solchen Siegels wird mit Freiheitsstrafe bis zu drei Jahren oder Geldstrafe bestraft (Art. 290 StGB).

10.2.2.5 Vollstreckung von vorsorglichen Massnahmen

Vorsorgliche Massnahmen können und müssen durch die Baubehörde auf ihre Einhaltung kontrolliert werden. Die Baubehörde kann dabei für die Kontrollen die Polizei beiziehen (Beispiel: Das Amt für Baubewilligungen der Stadt Zürich lässt sich bei Kontrollen, ob Massagesalons in Verletzung des Wohnanteilplans eingerichtet sind, von der Sittenpolizei begleiten). Zu den Mitteln, welche der Baubehörde zur Verfügung stehen, vgl. die Ausführungen auf Seite 480 ff.

Liegt eine sehr schwere Rechtsverletzung vor, kann die Herbeiführung des rechtmässigen Zustandes vorweggenommen werden. Dies ist gerechtfertigt, wenn erhebliche Gefahren drohen (zum Beispiel Abstützung von Bauteilen, welche auf eine öffentliche Strasse stürzen könnten; sogenannte «antizipierte Ersatzvornahme») oder wenn die sofortige Vollstreckung eine «Belohnung» des unrechtmässig Bauenden verhindern können (Beispiel: Entfernung einer Reklameanlage, welche ohne Bewilligung angebracht wurde; BEZ 1981 Nr. 35).

10.2.3 Nachträgliches Baubewilligungsverfahren

Baut jemand ohne Bewilligung oder weicht er von bewilligten Plänen wesentlich ab, so ist die rechtswidrige Baute oder Anlage nicht schon aus diesem Grunde abzubrechen oder zu ändern. Vielmehr ist im Rahmen eines – gesetzlich nicht speziell geregelten – nachträglichen Baubewilligungsverfahrens zu prüfen, ob die bereits erstellten Bauteile bewilligungsfähig sind oder nicht (BEZ 2006 Nrn. 15 und 16 [mit weiteren Hinweisen]; BEZ 2007 Nr. 6; zum Ablauf des nachträglichen Baubewilligungsverfahrens vgl. auch BEZ 2007 Nr. 32). Dieses Erkenntnisverfahren ist von Amtes wegen durchzuführen (vgl. dazu auch BEZ 2010 Nr. 31 [wobei die Minderheitsmeinung des Verwaltungsgerichts Zustimmung verdient]). Ein nachträgliches Baubewilligungsverfahren ist auch dann durchzuführen, wenn der Pflichtige bei der – für den baurechtlichen Entscheid erforderlichen – Feststellung der eigenmächtig herbeigeführten Nutzungsverhältnisse nicht genügend mitwirkt. Gegebenenfalls ist die Baueingabe im Rahmen einer Ersatzvornahme durch die Baubehörde erstellen zu lassen (BEZ 2004 Nr. 42).

Ist die materielle Rechtmässigkeit einer Baute und Anlage beziehungsweise deren Nutzung nachträglich zu beurteilen, so findet nach ständiger Rechtsprechung dasjenige Recht Anwendung, das bei der baulichen oder nutzungsmässigen Änderung in Kraft stand. Hat sich dieses Recht in der Zwischenzeit geändert, so ist nur dann darauf abzustellen, wenn es für den Eigentümer der Baute günstiger ist. Für den Betroffenen günstigeres Recht ist abweichend von der Regel auch dann anzunehmen, wenn Unsicherheit über den Zeitpunkt der Vornahme der streitigen Änderung besteht.

Wenn sich im Rahmen des nachträglichen Baubewilligungsverfahrens die fraglichen Bauteile als nicht bewilligungsfähig erweisen, sind – in der Regel gleichzeitig – Massnahmen zur Wiederherstellung des gesetzmässigen Zustandes zu prüfen (nachfolgend Ziff. 10.2.4). Bei widerrechtlichen Bauten und Anlagen ausserhalb der Bauzonen steht der Entscheid über die Anwendung von Art. 24 ff. RPG, das heisst die Erteilung einer Ausnahmebewilligung zwar der Baudirektion zu (Art. 25 Abs. 2 RPG); der Entscheid über die Wiederherstellung des rechtmässigen Zustands verbleibt allerdings der kommunalen Baubehörde (BEZ 2009 Nr. 44 [in Präzisierung von BEZ 2007 Nr. 24]). Mit dem 2009 initiierten Teilrevisionsprojekt zu Verfahren und Rechtsschutz soll dieses Auseinanderfallen eliminiert werden, indem bei Bauten und Anlagen ausserhalb der Bauzonen die Baudirektion neu auch zuständig für die Anordnung der Wiederherstellung des rechtmässigen Zustands ist.

10.2.4 *Wiederherstellung des rechtmässigen Zustands*

Zur Wiederherstellung des rechtmässigen Zustands vgl. auch Walker Späh 2008, S. 5 ff. (mit zahlreichen Hinweisen auf die Gerichtspraxis).

10.2.4.1 *Allgemeines zur Wiederherstellung*

Grundsätzliche Wiederherstellungspflicht

Bauten und Anlagen oder Teile von solchen, die polizeiwidrig sind, müssen grundsätzlich abgebrochen oder geändert werden. § 341 PBG verlangt seinem Wortlaut entsprechend ohne Vorbehalt – also in allen Fällen – die Anordnung der Wiederherstellung des rechtmässigen Zustands. Ein Ermessen, ob die zuständige Behörde tätig werden soll oder ob sie die Sache auf sich beruhen lassen soll, besteht damit grundsätzlich nicht (VB.2000.00033; BEZ 2000 Nr. 23; VB.2005.00484 [mit Hinweisen]; vgl. auch INFORAUM Nr. 3/10, S. 10 ff.). Vereinbarungen zwischen Behörden und Privaten, wonach ohne Prüfung der Voraussetzungen auf die Wiederherstellung verzichtet wird, sind nichtig (BGer 1A.77/2005).

Verhältnismässigkeitsprinzip

Beim Entscheid über die Wiederherstellung ist – wie bei allen Verwaltungshandlungen – stets das Verhältnismässigkeitsprinzip zu beachten (BEZ 2002 Nr. 39; BEZ 2009 Nrn. 3 und 16 [betreffend Uetliberg: Abbruchbefehl für Kiosk]; PBG aktuell 2/2009, S. 29 ff. [betreffend widerrechtliche Fassadensanierung in der Kernzone; BGer 1C_270/2008]). Aus Gründen der Verhältnismässigkeit ist auf die Wiederherstellung des rechtmässigen Zustandes zu verzichten, wenn die Abweichung vom gesetzes- oder bauordnungsgemässen Zustand geringfügig ist und die berührten allgemeinen Interessen den Schaden, welcher der Bauherrschaft durch den Abbruch entstünde, nicht zu rechtfertigen vermögen (BGE 111 Ib 224). Von den allgemeinen Interessen sind insbesondere auch die privaten Interessen von Nachbarn erfasst (BEZ 2004 Nr. 49).

Geringfügig ist eine Abweichung, wenn nur um Weniges von der materiellen Vorschrift abgewichen wird und sie der Bauherrschaft keinen oder nur einen geringen Nutzen bringt. Entscheidend sind diesbezüglich auch präjudizielle Aspekte.

Ferner können Gründe des Vertrauensschutzes einen Verzicht auf Wiederherstellung gebieten, wenn die Bauherrschaft gutgläubig angenommen hat, sie sei zur Ausführung der Baute und Anlage ermächtigt, und wenn der Beibehaltung des ungesetzlichen Zustands nicht schwerwiegende öffentliche Interessen entgegenstehen (vgl. etwa VB.2004.00151; BEZ 2009 Nr. 3). Vgl. zur Verhältnismässigkeit des Abbruchs widerrechtlicher Bauten und Anlagen insbesondere KÖLZ/BOSSHART/RÖHL: § 30 N 52 ff. und RUOSS FIERZ: S. 151 ff.

Dem Verhältnismässigkeitsprinzip unterliegt auch die Massnahme im Einzelfall. Sie muss geeignet und in ihrem Mass erforderlich sowie zumutbar sein (BGer 1C_270/2008). In diesem Zusammenhang stellte das Verwaltungsgericht in einem Entscheid betreffend ein unzulässiges Vollgeschoss infolge erhöhtem Kniestock unter anderem Folgendes fest (VB.2005.00484): Die vom Gemeinderat verlangte Änderung des Dachs ist nicht nur die geeignete Massnahme, um den gesetzmässigen Zustand herzustellen. Sie ist auch aus Gründen der Rechtsgleichheit und der baurechtlichen Ordnung erforderlich. Zu berücksichtigen war, dass der Bauherr sich seit Jahren professionell mit dem Erstellen von Bauten beschäftigt. Der von ihm selber im vorinstanzlichen Verfahren eingereichte Werkplan zeigte, dass bei der Detailplanung bewusst von den bewilligten Bauplänen abgewichen, der Kniestock vergrössert und das Dach angehoben wurde. Wenn die zuständige Behörde unter diesen Umständen auf die Durchsetzung der gesetzlichen Ordnung grosses Gewicht legte und die Anpassung des Dachs und damit die Herbeiführung des bauordnungsgemässen Zustands verlangte, handelte sie verhältnismässig.

Auf die Wiederherstellung des rechtmässigen Zustandes ist aus Gründen der Verhältnismässigkeit (einstweilen) zu verzichten, wenn eine laufende Gesetzesrevision mit grosser Wahrscheinlichkeit den rechtswidrigen Zustand beheben wird (RB 1990 Nr. 85). Praktische Bedeutung hat diese Praxis zum Beispiel, wenn eine künftige Bauordnung einen Dachausbau zulässt, der nach dem geltenden Recht noch untersagt ist.

Die Frage der Verhältnismässigkeit des Abbruchs ist grundsätzlich eine Rechtsfrage. Allerdings ist mit der Gewichtung der infrage stehenden öffentlichen und privaten Interessen die Auslegung unbestimmter Begriffe verbunden, bei der den verfügenden Behörden ein gewisser Beurteilungsspielraum zusteht, den die Rechtsmittelinstanzen nur mit Zurückhaltung überprüfen (KÖLZ/BOSSHART/RÖHL: § 50 N 73). Vgl. dazu auch VB.2007.00348 (Verneinung eines qualifizierten Beurteilungsspielraums).

10.2.4.2 *Relevante Kriterien im Besonderen*

Mass der Abweichung

Bei der Frage, ob eine Abweichung geringfügig ist, darf nicht nur auf das objektive Mass der Abweichung abgestellt werden, sondern es ist in der Regel das wirtschaftliche Interesse des Bauherrn in die Beurteilung mit einzubeziehen. Geringfügig sind Abweichungen, die einerseits objektiv gesehen nur um Weniges von der materiellen Vorschrift abweichen und andererseits dem Bauherrn keinen oder nur einen geringfügigen Nutzen bringen (BVR 1997, S. 23). Nach der Praxis stellt etwa der Verstoss gegen eine Vorschrift, welche für Dächer Ziegel in herkömmlicher Form und Farbe verlangt, keine untergeordnete Regelabweichung dar. Entscheidend sind allgemein auch präjudizielle Aspekte. Wird auf die Einhaltung einer solchen Norm (und anderer) verzichtet, müsste aus Gründen rechtsgleicher Behandlung in vergleichbaren Fällen in derselben Weise verfahren werden, womit das gestalterische Ziel der Norm unterlaufen werden könnte (BEZ 2002 Nr. 39). Erweist sich die Abweichung vom Erlaubten als gering, ist ein Abbruchbefehl trotz Bösgläubigkeit unverhältnismässig (RB 1999 Nr. 126 betreffend Durchstossung der imaginären Profillinie durch Dachaufbaute um wenige Zentimeter; Analoges gilt auch betreffend Grenzabständen). Vgl. zur Geringfügigkeit auch BEZ 2003 Nr. 5.

Weicht aber eine eigenmächtig erstellte Baute und Anlage erheblich von den materiellen Bauvorschriften ab, vermögen einzig Gründe des Vertrauensschutzes zu einem Verzicht auf die Wiederherstellung des rechtmässigen Zustands zu führen (RB 2000 Nr. 106).

Guter oder böser Glaube
Das Verhältnismässigkeitsprinzip schützt primär den gutgläubigen Gesuchsteller beziehungsweise Bauherrn. Nach der Rechtsprechung kann sich aber auch ein Bauherr, der sich nicht in gutem, sondern in «bösem» Glauben befindet, gegenüber einem Abbruchbefehl auf den Verhältnismässigkeitsgrundsatz berufen. Der böse Glaube bezieht sich nicht nur auf die materielle, sondern auch auf die formelle Baurechtswidrigkeit. Bösgläubig handelt demnach, wer vorsätzlich oder fahrlässig ohne Baubewilligung oder in Abweichung einer solchen baut (VB.2005.00008). Der Bösgläubige muss in Kauf nehmen, dass die Behörden aus grundsätzlichen Erwägungen – namentlich zum Schutz der Rechtsgleichheit und der baurechtlichen Ordnung – dem Interesse an der Wiederherstellung des gesetzmässigen Zustands erhöhtes Gewicht beimessen (BGE 113 Ia 332; BEZ 2002 Nr. 4; VB.2004.00407; VB.2005.00484).

Wer Bauarbeiten ausführt, ohne den Ablauf der Rekursfrist und den Ausgang eines allfälligen Beschwerdeverfahrens abzuwarten, kann in der Regel nicht mit Erfolg geltend machen, das Verhältnismässigkeitsprinzip sei wegen der hohen Kosten der ausgeführten Arbeiten verletzt. Überhaupt muss vermieden werden, dass ein Bauherr ein «fait accompli» schafft und hernach unter Berufung auf das Verhältnismässigkeitsprinzip die Fortdauer des Zustands beansprucht. Auch wer dem Baugesuch für einen Umbau fahrlässig ungenaue alte Archivpläne zugrunde legt, sodass die Bauausführung vom bewilligten Projekt abweicht, kann sich gegenüber dem Befehl zur Wiederherstellung des bewilligten Zustands nicht auf Gutgläubigkeit berufen (BEZ 1992 Nr. 12).

In Fällen, da eine Bauherrschaft Vorschriften missachtet und durch rechtswidriges Verhalten Tatsachen schafft, kann die nachträgliche Wiederherstellung nicht von einer Abwägung der Interessen der Bauherrschaft an ihren getroffenen Investitionen einerseits sowie der öffentlichen und nachbarlichen Interessen anderseits abhängen. Sonst ergäbe sich die unhaltbare Folge, dass der Grundsatz der Verhältnismässigkeit umso eher verletzt und die Wiederherstellung des rechtmässigen Zustandes umso erschwerter wäre, je umfangreichere Investitionen in Abweichung von der erteilten Bewilligung und im Widerspruch zum materiellen Baurecht getätigt worden sind (BEZ 2002 Nrn. 2 und 39).

Rechtsnachfolger haben sich den bösen Glauben des Erstellers anrechnen zu lassen. Andernfalls könnte jede rechtswidrige Baute oder Anlage mit einer Handänderung Bestand erlangen (BEZ 1987 Nr. 22). Ein Bauherr muss sich ebenso das Wissen eines von ihm Beauftragten anrechnen lassen (VB.2005.00008 betreffend Dachaufbauten).

Vertrauensschutz
Das Recht der Baubehörde, im Rahmen des Erkenntnisverfahrens einen Abbruch zu verfügen, ist nach der Praxis des Bundesgerichts grundsätzlich auf 30 Jahre nach Erstellung befristet (BGE 107 Ia 123). Eine Baubewilligung kann also quasi nach 30 Jahren ersessen werden: Der Grundeigentümer «ersitzt» das Recht, den – an sich rechtswidrigen – Zustand des Gebäudes beizubehalten, vorbehältlich baupolizeilicher Massnahmen im engeren Sinn (BEZ 2002 Nr. 4 [mit Hinweisen]). Von dieser Ersitzungsdauer zu unterscheiden gilt es die Vollstreckungsverjährung, bei welcher es um die Frage geht, wie lange die zuständige Behörde berechtigt ist, den im nachträglichen Baubewilligungsverfahren ausgesprochenen Befehl zu vollstrecken (BEZ 2010 Nr. 42, vgl. nachfolgend Ziff. 10.3.4).

Eine kürzere Frist als die erwähnten 30 Jahre wird aber angenommen, wenn der baurechtswidrige Zustand offensichtlich war oder bei Anwendung der erforderlichen Sorgfalt von der Baubehörde hätte erkannt werden können und diese trotzdem nicht eingeschritten ist (vgl. ZBl 1974, S. 259; BEZ 1986 Nr. 21; BEZ 2002 Nr. 4; VB.2003.00371). Solange die Behörde jedoch bloss untätig geblieben ist, kann nicht ohne Weiteres auf Duldung geschlossen werden (BEZ 1987 Nr. 22). Aus dem blossen Nichtstun lässt sich jedenfalls kein Vertrauensschutz im Sinne von Art. 9 BV ableiten. Denn gerade in weitläufigen Landgemeinden, aber auch in grösseren Städten ist es für die Baubehörden unmöglich, jedes Gebäude auch nur in grösseren Abständen auf seine Rechtmässigkeit hin zu überprüfen (BEZ 2002 Nr. 4; BEZ 1987 Nr. 22). Neben der Untätigkeit müssen daher zusätzliche Anhaltspunkte beim Betroffenen die Meinung aufkommen lassen, rechtmässig gehandelt zu haben. So erschien etwa die Untätigkeit der Baubehörden zwischen Dezember 1995 und Januar 2002 als vergleichsweise lang und war geeignet, den Eindruck entstehen zu lassen, die Behörde wolle die Sache auf sich beruhen lassen (VB.2004.00160). Selbst die Nichtreaktion der örtlichen Baubehörde seit 23 Jahren steht unter Umständen der Anordnung der Wiederherstellung des rechtmässigen Zustands nicht entgegen, zumal wenn dem Bauherrn die Bedeutung der baurechtlichen Hindernisse bekannt sein musste. Die Wiederherstellungsfrist ist aber angesichts der langen Duldung des baurechtswidrigen Zustands entsprechend zu verlängern (VB.2004.00407).

Der Vertrauensschutz setzt auch voraus, dass derjenige, der sich darauf beruft, selbst in gutem Glauben gehandelt hat (BGE 113 Ia 332 E. 3b; BEZ 2002 Nr. 4; VB.2004.00407). Der Bösgläubige kann sich also nicht vor Ablauf von 30 Jahren erfolgreich auf durch behördliches Dulden geschaffenes Vertrauen berufen. Auch wer aus pflichtwidriger Nachlässigkeit die Bewilligungspflichtigkeit seines Vorhabens verkennt, kann sich nicht auf guten Glauben hinsichtlich der Bewilligungsfähigkeit berufen (BEZ 2002 Nr. 4). Es verletzt den Grundsatz von Treu und Glauben, wenn die Bauherrschaft im Rahmen des Bewilligungsver-

10 Widerrechtliche Bauten und deren Sanktionierung
10.2 Widerrechtliche Bauten und Anlagen

fahrens einer Kompromisslösung zugestimmt hat und hernach geltend macht, die Durchsetzung dieser in der Folge bewilligten Lösung sei unverhältnismässig. Im Interesse des Vertrauensschutzes und der Rechtssicherheit ist in einem solchen Fall die Herbeiführung des bewilligten Zustands auch dann gerechtfertigt, wenn die Abweichung von der vereinbarten und bewilligten Lösung nur geringfügig ist (BEZ 2005 Nr. 3).

Nicht massgeblich sind sodann die Kenntnisse einer anderen Behörde (zum Beispiel der Steuerbehörde oder eines früheren Behördenmitglieds), da sich diese nicht um planungs-, bau- und umweltrechtliche Belange zu kümmern brauchen. In einem die Stadt Zürich betreffenden Fall wurde allerdings das Wissen der Sittenpolizei um eine Bordellnutzung der Baubehörde angerechnet (PBG aktuell 4/2001, S. 23 ff.).

Eine kürzere Frist als die vorstehend erwähnten 30 Jahre wird nach neuer Praxis auch dann angenommen, wenn die Erstellung einer unbewilligten abstandswidrigen Baute vom Nachbarn beziehungsweise von einem allfälligen Rechtsvorgänger widerspruchslos hingenommen und mehr als zehn Jahre geduldet worden ist. Dies lässt auf eine stillschweigende Zustimmung schliessen, weshalb ein blosser Meinungsumschwung des Nachbarn in der Regel kein hinreichendes Interesse an der Beseitigung der abstandswidrigen Baute zu begründen vermag (BEZ 2008 Nr. 28; BEZ 2010 Nr. 5).

Rechtsgleichheit
Im Rahmen von Vollzugshandlungen bringen Bauherren häufig vor, die Behörde habe in vergleichbaren Fällen den unrechtmässigen Zustand geduldet oder sei nicht eingeschritten. Da der Private nur einen Anspruch auf rechtsgleiche Behandlung, aber nicht auf eine Gleichbehandlung im Unrecht hat (BEZ 1986 Nr. 4), kann mit diesem Argument ein Vollzug nur selten abgewendet werden. Eine Ausnahme liegt etwa dann vor, wenn eine Behörde zahlreiche widerrechtliche Bauten toleriert hat und nur in einem Fall sich zum Einschreiten entschliesst, im Übrigen aber ihre rechtswidrige Praxis nicht ändern will. Vgl. Seite 83.

10.2.4.3 *Wiederherstellungsfrist*

Die Frist soll so bemessen werden, dass der Verpflichtete nach dem gewöhnlichen Lauf der Dinge selber das Notwendige vorkehren kann. Sodann ist das bei der Fristansetzung zu berücksichtigende öffentliche Interesse an der möglichst unverzüglichen Wiederherstellung des rechtmässigen Zustands umso stärker zu gewichten, je gravierender gegen Vorschriften des Planungs-, Bau- und Umweltrechts verstossen wird. Es gilt abzuwägen, wie dringlich die Durchsetzung der Norm beziehungsweise Beseitigung des Normverstosses im Licht der öffentlichen Interessen ist und wie lange die Vollstreckung mit Rücksicht auf die persönliche – unter Umständen auch finanzielle – Situation des Verpflichteten aufgeschoben werden soll. Der Berücksichtigung solcher Umstände sind jedoch dadurch Grenzen gesetzt, dass im Interesse der rechtsgleichen Behandlung ein bestimmtes Regelmass anzustreben ist, von dem nur unter besonderen Umständen abgewichen werden darf und soll. In diesem Sinn hat sich in der Praxis ein Regelmass von drei Monaten herausgebildet (VB.2004.00416 [unter Hinweis auf MÄDER 1991: S. 348 f. mit zahlreichen Hinweisen auf Fälle mit abweichenden Fristen in FN 46]; VB.2000.00050). Vgl. zur längeren Frist bei jahrelanger Duldung des rechtswidrigen Zustandes VB.2004.00407.

10.3 Verwaltungsrechtliche Sanktionen

10.3.1 Übersicht

Damit baurechtliche Entscheide und die daraus resultierenden Pflichten überhaupt vollstreckt werden können, bestehen verschiedene verwaltungsrechtliche Sanktionen. Die wichtigsten sind die Schuldbetreibung, die Ersatzvornahme und die Anwendung unmittelbaren Zwangs (§ 30 Abs. 1 VRG; § 341 PBG). Unabhängig von diesen Sanktionsmitteln können auch strafrechtliche Sanktionen in Betracht gezogen werden (§ 30 Abs. 2 VRG und § 341 PBG; nachfolgend Ziff. 10.4).

Die Wahl der verwaltungsrechtlichen Sanktionen wird ebenfalls vom Verhältnismässigkeitsprinzip beherrscht. Welche Massnahme diesem Grundsatz entspricht, lässt sich nur im Einzelfall genau bestimmen. Bei schweren Verstössen gegen Vorschriften des Planungs-, Bau- und Umweltrechts erweist sich häufig eine Abbruchverfügung verbunden mit der Androhung von Ersatzvornahme für den Säumnisfall als unumgänglich, um den rechtmässigen Zustand herbeizuführen.

Gestützt auf § 341 PBG hat die zuständige Behörde den rechtmässigen Zustand herbeizuführen. Wird im Rahmen eines nachträglichen Baubewilligungsverfahrens die Wiederherstellung des rechtmässigen Zustandes angeordnet, stellt dies eine Realverpflichtung des Verfügungsadressaten dar. Dem Pflichtigen wird zuerst Gelegenheit zur freiwilligen Erfüllung eingeräumt. Verweigert dieser die Vornahme der Wiederherstellungsmassnahme, so schreitet die Behörde im Vollstreckungsverfahren zur eigentlichen Sanktionierung. Diese verläuft regelmässig in drei Schritten: Androhung der Zwangsvollstreckung, Vollstreckungsbefehl und Durchführung der tatsächlichen Zwangsvollstreckung mit Kostentragungspflicht. Diese Vollstreckungsschritte können allerdings auch ganz oder teilweise zusammengefasst werden (RB 1999 Nr. 125).

10.3.2 Arten von verwaltungsrechtlichen Sanktionen

10.3.2.1 *Schuldbetreibung*

Die Schuldbetreibung kommt infrage, wenn eine Anordnung auf Geldzahlung oder Sicherheitsleistung gerichtet ist. Sie geht nach den Regeln des Bundesgesetzes über Schuldbetreibung und Konkurs (SchKG) vor sich (§ 30 Abs. 1 lit. a VRG) und kommt vor, wenn zum Beispiel Kosten einer Baubewilligung oder fällige Erschliessungsbeiträge nicht bezahlt werden.

Verwaltungs- und Verwaltungsrechtspflegebehörden, die über eine in Betreibung gesetzte Forderung zu befinden haben, entscheiden nicht nur in der Sache, sondern sind gleichzeitig auch befugt, einen gegen die streitige Forderung erhobenen Rechtsvorschlag aufzuheben (Art. 79 Abs. 1 SchKG; RB 1999 Nr. 46).

10 Widerrechtliche Bauten und deren Sanktionierung
10.3 Verwaltungsrechtliche Sanktionen

10.3.2.2 *Ersatzvornahme*

Einem Bauherrn wird im Erkenntnisverfahren, das heisst im nachträglichen Baubewilligungsverfahren befohlen, eine rechtswidrig erstellte Baute abzubrechen. Wenn der Pflichtige dieser Anordnung innert Frist nicht Folge leistet, verfügt die Baubehörde im Vollstreckungsverfahren die Ersatzvornahme auf Kosten des Pflichtigen (§ 30 Abs. 1 lit. b VRG), indem sie einen Bauunternehmer mit dem Abbruch des Gebäudes beauftragt. Die Ersatzvornahme dient dazu, eine vertretbare Handlung, die vom Pflichtigen rechtswidrig verweigert wird, im Auftrag des Staats von einem Dritten oder von einer amtlichen Stelle auf Kosten des Pflichtigen vornehmen zu lassen (im Einzelnen dazu Ruoss Fierz: S. 189 ff.; BEZ 2004 Nr. 42 betreffend Mitwirkungspflichten im Baubewilligungsverfahren [Erstellen von Plänen]). Für die Kosten einer solchen Ersatzvornahme hat das Gemeinwesen ein mittelbar gesetzliches Grundpfandrecht am Baugrundstück (Art. 836 ZGB; § 197 lit. c EG ZGB). Da ein gesetzliches Pfandrecht für Vollzugsmassnahmen gegenüber bereits eingetragenen Pfandrechten im Rang nachgeht, ist vor allem bei Liegenschaften, welche bereits hoch belastet sind, bei einer allfälligen Verwertung kaum ein Erlös zu erwarten.

Der Ersatzvornahme muss mindestens eine einmalige Androhung vorausgehen (§ 31 Abs. 1 VRG). Die Androhung kann auch bereits im Erkenntnisverfahren, also etwa mit dem Wiederherstellungsbefehl, ausgesprochen werden. Wenn Gefahr im Verzug ist, können Sachverfügung, Vollstreckungsverfügung und Vollstreckung zusammengelegt werden (sogenannte «antizipierte Ersatzvornahme»; vgl. Kölz/Bosshart/Röhl: § 30 N 21; Häfelin/Müller/Uhlmann: Rz. 1162 ff.).

Hat die Androhung keine Wirkung, so wird die Ersatzvornahme in Verfügungsform festgesetzt. Die Vollstreckungsverfügung enthält:

- Ort, Zeitpunkt und je nach dem konkreten Fall weitere Angaben über die Ersatzvornahme;
- die Aufforderung an den Pflichtigen, die notwendigen Voraussetzungen zu schaffen, damit die Ersatzvornahme stattfinden kann;
- die Aufforderung an den Pflichtigen, zur Abwendung möglichen Schadens an der Ersatzvornahme teilzunehmen;
- Name des Dritten, der mit der Ersatzvornahme betraut ist;
- Rechtsmittelbelehrung.

Die Vollstreckungsverfügung ist nur insoweit anfechtbar, als sie Elemente enthält, die nicht schon in der Sachverfügung (also im Wiederherstellungsbefehl) enthalten und in jenem Verfahren anfechtbar waren (Kölz/Bosshart/Röhl: § 30 N 57 ff.; VB.2006.00016). Gemäss ausdrücklichem Gesetzeswortlaut ist jedenfalls die Kostenauflage anfechtbar (§ 30 Abs. 1 lit. b VRG).

Die Behörde kann die Ersatzvornahme selber durchführen, wenn sie über die entsprechenden Mittel verfügt, oder aber Dritte damit betrauen. Sie hat dafür zu sorgen, dass die Ersatzvornahme ruhig verläuft. Sind Private mit der Ersatzvornahme betraut, müssen diese durch ein Behördenmitglied überwacht werden. Zum Schutz der mit der Ersatzvornahme betrauten Personen kann die Behörde – sofern nötig – Polizeikräfte anfordern (Kölz/Bosshart/Röhl: § 30

N 17 ff.). Vgl. auch BEZ 2004 Nr. 42 betreffend Mitwirkungspflichten im Baubewilligungsverfahren (Erstellen von Plänen).

10.3.2.3 *Direkter Zwang*

Bedeutung

Unmittelbarer Zwang im Sinne von § 30 Abs. 1 lit. c VRG, das heisst die direkte Einwirkung gegen Personen oder Sachen zwecks Herbeiführung des rechtmässigen Zustandes hat im Planungs-, Bau- und Umweltrecht nur untergeordnete Bedeutung. Direkter Zwang kann etwa dann zur Anwendung kommen, wenn der Pflichtige eine Ersatzvornahme mit Gewalt zu verhindern versucht. Weitere Beispiele: Versiegelung, Räumung, Betriebsschliessung, Baueinstellung, Betreten von Wohnungen und Räumen (vgl. dazu auch nachfolgend).

Nach dem Verhältnismässigkeitsprinzip sind Massnahmen zuerst immer gegen das Vermögen und die Sachen des Pflichtigen zu richten und erst, wenn es unumgänglich ist, gegen seine Person. Der direkte Zwang ist ausschliesslich durch staatliche Organe auszuüben. Der Einsatz Dritter ist hier – im Gegensatz zur Ersatzvornahme – ausgeschlossen. Im Vordergrund steht die mit dem Vollzug betraute Verwaltungsbehörde, also etwa die Baubehörde. Sie ist befugt, den unmittelbaren Zwang selbst anzuwenden, soweit dieser sich auf die Form der symbolischen Gewalt beschränkt (Siegelung). Darüber hinaus, unter Umständen auch zum Schutz der eigenen Person, ist sie aber auf die Mithilfe der Polizei (Kantonspolizei, Gemeindepolizei) angewiesen (§ 30 Abs. 1 lit. c Satz 2 VRG), die das unmittelbare staatliche Monopol ausübt. Eine materielle Überprüfung der dem Vollzug zugrunde liegenden Verfügung steht der Polizei nicht zu. Differenzen zwischen dem Vollstreckungsorgan und der Polizei entscheidet die gemeinsame Aufsichtsbehörde (KÖLZ/BOSSHART/RÖHL: § 30 N 30). Aus dem Verursacherprinzip folgt, dass die Kosten des unmittelbaren Zwangs in der Regel dem Pflichtigen auferlegt werden können.

Betreten von Räumen und Grundstücken

Zum unmittelbaren Zwang gehört namentlich das Betreten von Gebäuden und Wohnungen gegen den Willen des Pflichtigen. Vollstreckt wird der Befehl zur Gewährung des Zutritts und zur Duldung des Betretens. Der Pflichtige kann sich gegen diese Form des unmittelbaren Zwangs nicht unter Berufung auf das Grundrecht der Unverletzlichkeit der Wohnung wehren. Wer den Sanktionen für rechtswidriges Verhalten entgehen will, kann sich also nicht auf dieses Grundrecht berufen. Die Vollstreckungsbeamten sind befugt, Gebäude und Wohnungen zu betreten und verschlossene Türen zu öffnen, soweit es der Zweck der Vollstreckung erfordert. Solange ein Beamter in den Grenzen seiner Befugnisse handelt, liegt denn auch kein Hausfriedensbruch vor (RUOSS FIERZ: S. 202).

Für Begehungen überbauter und anderer Grundstücke zwecks Durchführung von Planungsmassnahmen findet sich in § 17 PBG eine spezifische Regelung.

Kontrollen im Bereich des Umweltrechts

Gemäss Art. 46 USG ist jedermann verpflichtet, den Behörden die für den Vollzug des Umweltrechts erforderlichen Auskünfte zu erteilen, nötigenfalls Abklärungen durchzuführen oder zu dulden. Beispiele: Duldung der Entnahme von Bodenproben, Zutritt zu einer Wohnung zur Ermittlung der Aussen- oder Innenlärmbelastung, zur Abklärung von unzulässigen Abfallbeseitigungen und Verbrennungen, periodische Feuerungskontrollen. Vgl. im Detail BRUNNER: Kommentar USG, Art. 46 N 1 ff.

Im Bereich des Gewässerschutzes gilt Art. 52 Abs. 1 GSchG. Danach können die Behörden des Bundes und der Kantone beziehungsweise der Gemeinden Erhebungen an privaten und öffentlichen Gewässern durchführen. Sie können die dazu notwendigen Einrichtungen erstellen und Anlagen kontrollieren. Die Grundeigentümer und die Inhaber von Anlagen müssen den damit betrauten Personen den Zutritt gewähren und ihnen die erforderlichen Auskünfte erteilen.

10.3.3 Adressaten von verwaltungsrechtlichen Sanktionen

10.3.3.1 *Störerprinzip*

Adressat einer Vollstreckungsverfügung kann nur derjenige sein, der in einer bestimmten Beziehung zur Rechtswidrigkeit der Baute oder Anlage steht. Die verwaltungsrechtlichen Sanktionen haben sich demnach gegen den sogenannten «Störer» zu richten. Zu den Einzelheiten vgl. HÄFELIN/MÜLLER/UHLMANN: Rz. 2488 ff.

Unterschieden wird zwischen dem «Verhaltensstörer», dem «Zustandsstörer» und dem «Veranlassungsstörer»:

- Verhaltensstörer ist, wer den Schaden selber oder durch das unter seiner Verantwortung erfolgte Verhalten Dritter verursacht hat (Beispiel: Grundeigentümer baut ohne Bewilligung sein Dachgeschoss aus).
- Zustandsstörer ist derjenige, der über die Sache – rechtlich oder tatsächlich – Gewalt hat, welche ein Polizeigut (öffentliche Ordnung, Sicherheit, Gesundheit und Sittlichkeit) unmittelbar stört oder gefährdet (Beispiel: Grundeigentümer einer Liegenschaft mit einer Altlast, welche er aber nicht selber eingebracht hat). Die mit der Baubewilligung angeordnete Auflage, den Altbau abzubrechen, geht auf den neuen Zustandsstörer über (ZBl 2002, S. 582; BR 2003 S. 16 Nr. 30; BEZ 2001 Nr. 61).
- Veranlassungsstörer ist, wer durch sein Tun oder Unterlassen bewirkt oder bewusst in Kauf nimmt, dass ein anderer ein Polizeigut stört oder gefährdet (Beispiel: Inhaber eines Nachtklubs, wenn seine Gäste nach dem Verlassen des Lokals lärmen).

10.3.3.2 *Auswahl des Störers*

Bei der Auswahl des Adressaten hat die Behörde einen gewissen Ermessensspielraum. Ins Recht gefasst werden soll in erster Linie derjenige Störer, bei dem sich die Beseitigung der fraglichen Missstände am ehesten erreichen lässt (BEZ 1986 Nr. 22; BEZ 2001 Nr. 61; RB 2005 Nr. 81; BEZ 2007 Nr. 7 = ZBl 2008, S. 105 ff. [mit Bemerkungen]). Geht es nur um die Verteilung von Kosten und sind mehrere Störer vorhanden, so sind die Kosten entsprechend dem Anteil an der Verursachung des polizeiwidrigen Zustandes zu verteilen (BGE 107 Ia 19 ff.).

Es ist unzweckmässig, die Pflicht zur Beseitigung dem früheren Eigentümer und Bauherrn aufzuerlegen, wenn die Eigentumsübertragung über vier Jahre zurückliegt und zudem unklar ist, wer den rechtswidrigen Zustand herbeigeführt hat. In solchen Fällen ist allein der heutige Eigentümer in seiner Eigenschaft als Zustandsstörer ins Recht zu fassen (BEZ 2001 Nr. 61).

Ist eine Vollstreckungsverfügung gegen den Verhaltensstörer gerichtet, dem zwischenzeitlich keine oder keine ausschliessliche Verfügungsmacht über die betreffende Baute und Anlage mehr zusteht, so ist gegen den privatrechtlich Verfügungsberechtigten (als Zustandsstörer) gleichzeitig eine Duldungsanordnung zu erlassen. Allerdings muss die Duldungsanordnung so ausgestaltet sein, dass die dem Rechtsvorgänger beziehungsweise der Bauherrschaft auferlegten Rückbaumassnahmen dem Rechtsnachfolger soweit zur Kenntnis gebracht werden, dass dieser in der Lage ist, deren Recht- oder Verhältnismässigkeit zu beurteilen und gegebenenfalls anzufechten (BEZ 2003 Nr. 18; BEZ 2007 Nr. 7).

10.3.4 Vollstreckungsverjährung

Ist im Erkenntnisverfahren, das heisst im nachträglichen Baubewilligungsverfahren ein Wiederherstellungsbefehl ergangen, stellt sich die Frage, wie lange die zuständige Behörde berechtigt ist, den bereits ausgesprochenen Befehl zu vollstrecken. Das Zürcher Verwaltungsgericht hat entschieden, dass diesbezüglich in analoger Anwendung von Art. 137 Abs. 2 OR eine zehnjährige Vollstreckungsverjährung gilt, die mit Rechtskraft der Sachverfügung zu laufen beginnt (VB.2006.00016, wiedergegeben in PBG aktuell 4/2006 S. 42 ff.; BEZ 2010 Nr. 42).

10.4 Strafrechtliche Sanktionen

10.4.1 Straftatbestände

10.4.1.1 *Tatbestände des Verwaltungsstrafrechts*

In den verwaltungsrechtlichen Erlassen finden sich regelmässig Straftatbestände, mit denen die Verletzung der betreffenden verwaltungsrechtlichen Pflichten auch strafrechtlich sanktioniert werden soll. Man spricht in diesem Zusammenhang vom Verwaltungsstrafrecht (vgl. dazu auch HÄFELIN/MÜLLER/UHLMANN: Rz. 1171 ff.). Die Tatbestände des Verwaltungsstrafrechts, die sich sowohl im Bundesrecht wie auch im kantonalen Recht finden (vgl. Art. 123 Abs. 1 BV und Art. 335 StGB), sind überaus zahlreich; nachfolgend sollen lediglich die wichtigsten im Zusammenhang mit dem Bauen dargestellt werden.

Widerhandlung gegen das Baurecht
Wer gegen das PBG, gegen die Bau- und Zonenordnung oder ausführende Verfügungen (zum Beispiel baurechtliche Bewilligungen) vorsätzlich verstösst, wird – unter Vorbehalt des allgemeinen Strafrechts – mit Busse bis zu Fr. 50 000, bei Gewinnsucht mit Busse in unbeschränkter Höhe bestraft. Handelt der Täter fahrlässig, ist die Strafe Busse bis zu Fr. 5 000. In besonders leichten Fällen kann auf Bestrafung verzichtet werden (§ 340 Abs. 1 – 3 PBG). Letzteres ist etwa bei einer geringfügigen Abweichung von den bewilligten Plänen oder bei einer geringfügigen Überschreitung der zulässigen Ausnützung von weniger als einem Prozent zu bejahen (PBG aktuell 3/2002 S. 19).

Als Täter kommt in erster Linie der Bauherr infrage. Bestraft werden können aber auch natürliche und juristische Personen, zu deren Aufgabenkreis die Erarbeitung und Realisierung von Bauvorhaben für den Bauherrn gehören (Architekt, Ingenieur, Generalunternehmer; § 340 Abs. 4 und 5 PBG).

Widerhandlung gegen feuerpolizeiliche Vorschriften
Widerhandlungen gegen feuerpolizeiliche Anordnungen werden mit Busse geahndet; in leichten Fällen kann ein Verweis erteilt werden (§ 38 FFG).

Widerhandlung gegen umweltrechtliche Vorschriften
Auch das Umweltschutzgesetz kennt Straftatbestände, die im Zusammenhang mit dem Bauen von Relevanz sein können. Im Vordergrund stehen dabei die Übertretungstatbestände von Art. 61 USG.

Neben dem Umweltschutzgesetz finden sich im Bundesrecht weitere umweltrechtliche Verwaltungsstraftatbestände, so etwa im Gewässerschutzgesetz (Art. 70 f. GSchG), im Waldgesetz (Art. 42 f. WaG) sowie im Natur- und Heimatschutzgesetz (Art. 24 f. NHG).

10.4.1.2 *Tatbestände des Allgemeinen Strafrechts*

Zur Haftung der Baubeteiligten aufgrund des Strafrechts vgl. SCHUMACHER 2010: S. 95 ff.

Widerhandlung gegen amtliche Verfügungen
Neben § 340 PBG kommt für eine Bestrafung subsidiär auch Art. 292 StGB infrage («Ungehorsam gegen amtliche Verfügungen»). Nach dieser Vorschrift wird mit Busse bestraft, wer einer an ihn erlassenen Verfügung nicht Folge leistet, nachdem er auf die Strafdrohung ausdrücklich hingewiesen worden ist. In der Praxis wird deshalb meist der Wortlaut von Art. 292 StGB in der Verfügung wiedergegeben. Zu den Einzelheiten vgl. etwa HÄFELIN/MÜLLER/UHLMANN: Rz. 1181 ff.

Verletzung der Regeln der Baukunde
Einen spezifisch das Bauen betreffenden Straftatbestand normiert Art. 229 StGB («Gefährdung durch Verletzung der Regeln der Baukunde»). Danach wird mit Freiheitsstrafe bis zu drei Jahren oder Geldstrafe bestraft, wer vorsätzlich bei der Leitung oder Ausführung eines Bauwerks oder eines Abbruchs die anerkannten Regeln der Baukunde ausser Acht lässt und dadurch wissentlich Leib und Leben von Mitmenschen gefährdet; mit der Freiheitsstrafe ist eine Geldstrafe zu verbinden (Art. 229 Abs. 1 StGB). Sanktioniert wird aber auch die fahrlässige Nichtbeachtung der Regeln der Baukunde, ebenfalls mit Freiheitsstrafe bis zu drei Jahren oder Geldstrafe (Art. 229 Abs. 2 StGB). Da der Vorsatz nur schwer nachzuweisen ist, erfolgen die meisten Verurteilungen wegen Fahrlässigkeit.

Die Tathandlung kann zunächst in der Leitung eines Bauwerks (oder eines Abbruchs) bestehen. Bauleiter ist, wer unmittelbare Befehlsgewalt über die Ausführenden hat, wer jederzeit «mit bindenden Weisungen in die gesamte Bauführung eingreifen darf und diese Befugnis auch tatsächlich ausübt». Bauleiter

10 Widerrechtliche Bauten und deren Sanktionierung
10.4 Strafrechtliche Sanktionen

haften allerdings nicht nur für die infolge ihrer Anordnungen bewirkten Gefährdungen, sondern auch für jene, welche ihre Ursache in mangelhafter Kontrolle der Untergebenen haben. Gemeint ist nicht nur die Gesamtbauleitung. Die Bauleitereigenschaft fehlt dagegen, wenn jemand einen Bau lediglich plant, wenn also zum Beispiel ein Architekt nur den Bauplan anfertigt.

Bauleitend betätigen sich regelmässig Bauunternehmer, auch Teilunternehmer in Bezug auf den Teil des Baus, für den sie verantwortlich sind, ferner zum Beispiel Bauführer. Auch der Architekt wird als Bauleiter im Sinne von Art. 229 StGB angesehen, wenn er in der Realisierungsphase mit der Bauleitung betraut ist. Der Bauherr selber kommt dagegen nur in Ausnahmefällen als Bauleiter infrage, so zum Beispiel wenn er selber vom Fach ist und konkret Bauarbeiten lenkt.

Unter die Kategorie der Bauausführenden fallen alle Personen, die auf der Baustelle tatsächlich im Einsatz sind und bei den Bauarbeiten selber Hand anlegen.

In Art. 229 StGB ist ausdrücklich von «anerkannten Regeln der Baukunde» die Rede. Gemeint sind damit Regeln, welche die technische Seite des Bauens betreffen, insbesondere die Bauausführung. Hinzugerechnet werden auch Unfallverhütungsvorschriften. Es geht um geschriebene und ungeschriebene Grundsätze der Baubranche. Sie sind oft in kommunalen, kantonalen oder eidgenössischen Erlassen sowie in privaten Regelwerken (zum Beispiel SIA-Normen) kodifiziert. Diese Grundsätze müssen anerkannt sein, das heisst, die Praxis muss sie übernommen und als theoretisch richtig anerkannt haben. Sie müssen praktiziert werden, verfestigt und akzeptiert sein, sich in der Praxis durchgesetzt haben (vgl. dazu BGE 106 IV 264 [ungewöhnliche Konstruktion einer Hangsicherung] und BGE 109 IV 15 [ungenügende Sicherung von Dachluken]).

Art. 229 StGB setzt sodann voraus, dass Leib und Leben von Mitmenschen gefährdet werden. Von konkreter Gefahr spricht man, wenn die Verletzung von Leib und Leben wahrscheinlich ist. Findet nicht nur eine konkrete Gefährdung, sondern sogar eine eigentliche Verletzung von Leib und Leben statt, tritt der Tatbestand von Art. 229 StGB in Konkurrenz zu den Tatbeständen der fahrlässigen Tötung gemäss Art. 117 StGB beziehungsweise der fahrlässigen Körperverletzung gemäss Art. 125 StGB (vgl. etwa BGE 115 IV 199 [Hallenbad Uster: Konkurrenz mit Art. 227 StGB (Verursachen eines Einsturzes)]).

10.4.1.3 *Verjährung der Übertretungsstraftatbestände*

Mit den Revisionen des Strafgesetzbuchs, die im Oktober 2002 und Januar 2007 in Kraft traten, wurden die Verjährungsfristen geändert. Die Übertretungen, also namentlich die Widerhandlungen gegen das Baurecht im Sinne von § 340 PBG, verjähren seither innert dreier Jahre – und nicht mehr wie früher nach einem Jahr – nach ihrer Begehung (Art. 109 StGB). Die Verjährungsfrist beginnt mit dem strafbaren Verhalten (zum Beispiel mit der unerlaubten Umnutzung) zu laufen (Art. 104 in Verbindung mit Art. 98 StGB). Nach dieser Zeit kann ein Delikt nicht mehr strafrechtlich verfolgt werden. Eine Unterbrechung oder ein Stillstand der Verjährungsfrist ist nicht mehr vorgesehen. Neben dieser sogenannten «Verfolgungsverjährung» gilt eine zweite Verjährungsfrist: Die

10 Widerrechtliche Bauten und deren Sanktionierung
10.4 Strafrechtliche Sanktionen

«Vollstreckungsverjährung» beträgt ebenfalls drei Jahre (Art. 109 StGB) und beginnt mit dem Tag, an dem das Urteil rechtlich vollstreckbar wird (Art. 104 in Verbindung mit Art. 100 StGB).

Gerade beim widerrechtlichen Bauen kann es eine beträchtliche Zeit dauern, bis das inkriminierte Verhalten beziehungsweise der baurechtswidrige Zustand von den Behörden überhaupt bemerkt wird. Aufgrund der erwähnten Verjährungsbestimmungen muss das Strafverfahren aber rechtzeitig eingeleitet werden, damit bis zum Ablauf von drei Jahren die Strafe mindestens erstinstanzlich ausgesprochen werden kann (Art. 104 in Verbindung mit Art. 97 Abs. 3 StGB).

Diese strafrechtlichen Verjährungsfristen gelten selbstverständlich nicht für die verwaltungsrechtliche Wiederherstellung des rechtmässigen Zustands. Eine solche, für die Bauherrschaft oft deutlich einschneidendere Massnahme kann auch nach Ablauf der erwähnten strafrechtlichen Fristen durchgesetzt werden.

10.4.2 Einziehung von Vermögenswerten

Das Strafgesetzbuch sieht neben den eigentlichen Strafen auch Massnahmen vor, darunter die Einziehung von Vermögenswerten. So verfügt gemäss Art. 70 Abs. 1 StGB das (Straf-)Gericht die Einziehung von Vermögenswerten, die durch eine Straftat erlangt worden sind. Diese Bestimmung ist auch auf das Übertretungsstrafrecht anwendbar (Art. 104 StGB). Im Planungs-, Bau- und Umweltrecht, das stark von den Tatbeständen des Verwaltungsstrafrechts (Übertretungsstrafrecht) bestimmt wird, kommt der Einziehung von Vermögenswerten eine nicht zu unterschätzende Funktion zu, ist doch diese restitutorische Massnahme häufig deutlich wirksamer als die eigentliche Verwaltungsstrafe. Mit der Einziehung von Vermögenswerten soll ausgeglichen werden, dass die Bereicherung mit der Busse zuweilen nicht beziehungsweise nicht vollständig abgegolten werden kann; zudem soll dem Rechtsempfinden zum Durchbruch verholfen werden, dass sich strafbares Verhalten finanziell nicht lohnen darf (Häfelin/Müller/Uhlmann: Rz. 1208 ff.; Haller/Karlen: S. 210 f.). Zuständig für die Einziehung von Vermögenswerten sind im Bereich des Übertretungsstrafrechts die Statthalterämter (vgl. dazu nachfolgend Ziff. 10.4.3; zum selbstständigen Einziehungsverfahren vgl. Art. 376–378 StPO). So hat etwa das örtlich zuständige Statthalteramt des Bezirks Affoltern am Albis verfügt, dass ein gestützt auf widerrechtliches Bauen auf dem Uetliberg erwirtschafteter Vermögensvorteil von Fr. 400 000 eingezogen wird (NZZ vom 6. Juli 2010, S. 12).

10.4.3 Strafrechtliches Verfahren

Das strafrechtliche Verfahren hat einschneidende und grundlegende Veränderungen erfahren: Während der Strafprozess bisher grundsätzlich durch das kantonale Recht geregelt wurde, ist gestützt auf Art. 123 Abs. 1 BV die eidgenössische Strafprozessordnung (StPO) per 1. Januar 2011 in Kraft getreten und hat die bisherigen kantonalen Prozessgesetze abgelöst. Für die Organisation der Gerichte sind jedoch weiterhin die Kantone zuständig (Art. 123 Abs. 2 BV), weshalb der Kanton Zürich – ebenfalls per 1. Januar 2011 – ein neues Gesetz über die Gerichts- und Behördenorganisation im Straf- und Zivilprozess (GOG) in Kraft gesetzt hat.

10 Widerrechtliche Bauten und deren Sanktionierung
10.4 Strafrechtliche Sanktionen

Nachfolgend soll ein Überblick über die Grundsätze des strafrechtlichen Verfahrens, die Zuständigkeiten und den Ablauf eines Übertretungsstrafverfahrens gegeben werden.

10.4.3.1 *Grundsätze des strafrechtlichen Verfahrens*

Verwaltungsstrafen sind Strafen im Rechtssinne, sodass für das Verfahren die Grundsätze des Strafverfahrensrechts im Sinne von Art. 3 ff. StPO ebenfalls gelten (HÄFELIN/MÜLLER/UHLMANN: Rz. 1171).

Zentrale Bedeutung kommt dabei der Unschuldsvermutung und der freien Beweiswürdigung zu (Art. 32 Abs. 1 BV; Art. 10 StPO). Blosse Wahrscheinlichkeit der Täterschaft genügt nicht. Nach dem Grundsatz «in dubio pro reo» (= im Zweifel für den Angeklagten) darf keine Strafe verfügt werden, wenn sich Zweifel an der Schuld aufdrängen (Art. 10 Abs. 3 StPO).

Wie im Verwaltungsverfahren ist der Grundsatz des rechtlichen Gehörs auch im Strafverfahren von wesentlicher Bedeutung (Art. 32 Abs. 2 BV; Art. 3 Abs. 2 lit. c StPO). Diesem Grundsatz ist Genüge getan, wenn der beschuldigten Person Gelegenheit zur Äusserung und zur Einsicht in die Akten gegeben wird. Nimmt sie diese Gelegenheit nicht wahr, so beeinträchtigt dies das Verfahren nicht.

Das Verwaltungsstrafrecht ist weitgehend vom Opportunitätsprinzip beherrscht, weshalb bei gegebenen Voraussetzungen nicht zwingend eine Strafe auszusprechen ist (vgl. auch Art. 8 Abs. 1 StPO in Verbindung mit Art. 52 StGB). Vielmehr entscheidet die Behörde nach Zweckmässigkeitsüberlegungen von Fall zu Fall über die Einleitung eines Strafverfahrens. § 340 Abs. 3 PBG sieht denn auch ausdrücklich vor, dass in besonders leichten Fällen auf Bestrafung verzichtet werden kann. Dies rechtfertigt sich zum Beispiel bei geringfügigen Abweichungen von den Plänen oder bei fahrlässig (das heisst aus Unkenntnis) begangener Verletzung von materiellen Bauvorschriften.

Massgebend für das Strafmass ist das Verschulden des Täters. Zu berücksichtigen sind die Beweggründe, das Vorleben (insbesondere allfällige frühere Verwaltungsstrafen wegen Übertretungen des Baurechts) und die persönlichen Verhältnisse, insbesondere die berufliche Erfahrung (Art. 47 und Art. 106 Abs. 3 StGB).

10.4.3.2 *Zuständigkeiten im Strafrecht*

Die «Gefährdung durch Verletzung der Regeln der Baukunde» ist ein Vergehen gemäss Art. 10 Abs. 3 StGB, das von der Staatsanwaltschaft verfolgt wird (Art. 12 lit. b StPO). Demgegenüber stellen der «Ungehorsam gegen amtliche Verfügungen» (Art. 292 StGB) und die Widerhandlungen gegen das Baurecht (§ 340 PBG) Übertretungen im Sinne von Art. 103 StGB dar. Übertretungen sind Taten, die mit Busse bedroht sind und von den Übertretungsstrafbehörden verfolgt werden, wobei Letztere auch Verwaltungsbehörden sein können (Art. 17 Abs. 1 StPO).

Im Kanton Zürich wird diese Kompetenz neu grundsätzlich den Statthalterämtern zugewiesen (§ 89 Abs. 1 GOG). Indes kann der Regierungsrat die Verfolgung und Beurteilung von einzelnen Übertretungen des Strafgesetzbuchs, der übrigen Bundesgesetzgebung sowie des kantonalen und kommunalen Rechts auf Gesuch hin einer Gemeinde übertragen, wenn diese sicherstellt, dass

10	**Widerrechtliche Bauten und deren Sanktionierung**
10.4	Strafrechtliche Sanktionen

sie dazu fachlich und organisatorisch in der Lage ist (§ 89 Abs. 2 GOG). Damit werden Übertretungen – wie namentlich Widerhandlungen gegen das Baurecht gemäss § 340 PBG – inskünftig nicht mehr von den Gemeinden, sondern ausschliesslich von den Statthalterämtern verfolgt. Anders verhält es sich nur bei denjenigen Gemeinden, die über diesbezüglich professionelle Verwaltungsbehörden verfügen, was insbesondere für die Städte Zürich und Winterthur gilt. Die Strafbefugnis dieser Gemeinden beträgt jedoch höchstens Fr. 500 Busse (§ 89 Abs. 3 GOG).

10.4.3.3 *Ablauf des Übertretungsstrafverfahrens*

Verfahrenseinleitung

§ 340 PBG stellt kein Antragsdelikt, sondern ein Offizialdelikt dar. In der Regel steht dem Täter auch kein verletzter Privater gegenüber, weshalb die Strafverfahren meist von den Behörden selbst – gegebenenfalls mittels Strafanzeige – einzuleiten sind (Ruoss Fierz: S. 253). Behörden und Verwaltungsangestellte des Kantons und der Gemeinden haben ihnen bekannt gewordene strafbare Handlungen anzuzeigen, die sie bei Ausübung ihrer Amtstätigkeit wahrnehmen. Ausnahmen bestehen bei besonderem Vertrauensverhältnis zu einem Beteiligten (Art. 302 Abs. 2 StPO; § 167 GOG). Soweit eine Anzeigepflicht besteht, hat die entsprechende Behörde oder Verwaltungsperson die in ihren Zuständigkeitsbereich fallenden Sofortmassnahmen zu treffen.

Sachverhaltsermittlung

Für die Führung von Untersuchungen verfügen die Behörden über die Angestellten der kantonalen und kommunalen Polizei nach Massgabe der Strafprozessordnung (Art. 15 und Art. 357 Abs. 1 StPO). Zur Entlastung von Behörden und Verwaltung ist es häufig angebracht, die Ermittlungen durch die Polizei durchführen zu lassen. Der Polizei ist aber ein klarer Auftrag zu erteilen, der den Gegenstand der Abklärungen umschreibt. Die Polizei erstattet der zuständigen Verwaltungsbehörde über ihre Ermittlungen einen Bericht, der in der Regel auch eine Stellungnahme der beschuldigten Person zur vorgeworfenen Übertretung enthält (vgl. dazu auch Art. 306 f. StPO). Die Verwaltungsbehörde entscheidet dann aufgrund der ihr vorgelegten Rapporte und Berichte, wobei sie nach dem Grundsatz der freien Beweiswürdigung nicht an die tatsächlichen Feststellungen der Polizei gebunden ist.

Bussenverfügung

Grundsätzlich sind die Statthalterämter und ausnahmsweise der Gemeinderat (Exekutive) zur Ausfällung einer Busse zuständig (§ 89 GOG). Ist der zu beurteilende Sachverhalt nach Auffassung der Übertretungsstrafbehörde als Verbrechen oder Vergehen strafbar, so überweist sie den Fall der Staatsanwaltschaft (Art. 357 Abs. 4 StPO).

Die Busse wird in Form einer Bussenverfügung ausgefällt. Die zwingenden Bestandteile einer Bussenverfügung sind in Art. 357 Abs. 2 in Verbindung mit Art. 353 Abs. 1 StPO festgehalten. Danach hat eine Bussenverfügung zwingend zu enthalten:

- die Bezeichnung der verfügenden Behörde;
- die Bezeichnung der gebüssten Person;
- den Sachverhalt, welcher der gebüssten Person zur Last gelegt wird, sowie die dadurch erfüllten Tatbestände;
- die Sanktion, also den Betrag der Busse;
- die Kosten- und Entschädigungsfolgen;
- den Hinweis auf die Möglichkeit einer Einsprache und die Folgen einer unterbliebenen Einsprache;
- Ort und Datum der Ausstellung sowie Unterschrift der ausstellenden Person.

Die Bussenverfügung wird den Personen und Behörden, die zur Einsprache befugt sind, unverzüglich schriftlich eröffnet. Die Strafverfügung ist aber nicht im Sinne von § 316 Abs. 2 PBG Dritten mitzuteilen. Aus Gründen des Amtsgeheimnisses und des Persönlichkeitsschutzes soll sie daher auch nicht in einer (verwaltungsrechtlichen) Verfügung enthalten sein, die sich zur Frage der Bewilligungsfähigkeit beziehungsweise zur Wiederherstellung des rechtmässigen Zustands ausspricht. Denn diese ist oftmals einem weiteren Personenkreis zuzustellen.

Einsprache
Gegen die Bussenverfügung des Statthalteramts beziehungsweise der allenfalls zuständigen kommunalen Exekutive kann der Gebüsste innert 10 Tagen bei der Verwaltungsbehörde schriftlich Einsprache erheben. Ohne Einsprache wird die Bussenverfügung zum rechtskräftigen Urteil (Art. 357 Abs. 2 in Verbindung mit Art. 354 StPO).

Wird Einsprache erhoben, nimmt die Verwaltungsbehörde anschliessend die ergänzende Untersuchung an die Hand; insbesondere erhebt sie die zur Beurteilung der Einsprache notwendigen Beweise (Art. 357 Abs. 2 in Verbindung mit Art. 355 Abs. 1 StPO). Aufgrund des Untersuchungsergebnisses kann die Verwaltungsbehörde an der Bussenverfügung festhalten, dieselbe durch eine andere ersetzen, das Verfahren einstellen oder Anklage beim erstinstanzlichen Strafgericht erheben (Art. 357 Abs. 2 in Verbindung mit Art. 355 Abs. 3 StPO).

Gerichtliche Beurteilung
Hält die Verwaltungsbehörde an der Bussenverfügung fest, so überweist sie die Akten unverzüglich dem erstinstanzlichen Gericht – dem Einzelgericht des betreffenden Bezirksgerichts (§ 27 GOG) – zur Durchführung des Hauptverfahrens. Die Bussenverfügung gilt dabei als Anklageschrift. Bis zum Abschluss der Parteivorträge vor dem erstinstanzlichen Gericht kann der Gebüsste seine Einsprache zurückziehen (Art. 357 Abs. 2 in Verbindung mit Art. 356 StPO).